KB040621

분노학

憤怒學

Angerology

류창현

박영사

필자는 본 저서 "분노학(Angerology)"이 **시민여상(視民如傷)**의 정신과 마음을 담고
자 노력했다. 분노로 인한 마음의 깊은 상처로 영적·정신적·정서적·신체적인 고
통 속에서 사는 사람을 위로하고, 돌보고, 아끼는 마음으로 본 저서를 집필했다.

"분노학(Angerology)"은 흔히 분노유발상황과 폭력위기상황의 노출로 사회·문화
에서 암묵적으로 학습된 부정적·충동적·폭력적·공격적인 행동방식을 인식하고
(자각하고, 알아차리고), 인정하고, 조절하고, 개선하여 개인의 삶의 질과 공유적인 관
계의 질을 향유(享有)할 수 있는 다양한 기술들을 소개했다.

"분노학(Angerology)"은 흔히 개인의 분노유발상황과 폭력위기상황으로 인해 발
생할 수 있는 사회갈등관계상황을 바로 인식하고, 자기충동분노(self-impulse anger)
와 관련한 정서조절(emotional regulation)을 위해 더 이해하기 쉽고, 경험적 증거에
기반(evidence-based)한 단계적 분노대처기술(분노대처사고, 분노대처진술, 분노대처행동)
을 제시했다. 이는 현 대학교 심리학과, 상담학과, 상담교육학과, 임상심리학과, 심
리치료학과, 중독재활복지학과, 재활심리학과, 사회복지학과, 교정보호학과, 교정
상담교육학과, 스포츠건강학과, 보건학과, 간호학과, 목회상담학과 등에서 통합적
심리치료의 이론과 실제 교재로 활용할 수 있다.

또한, "분노학(Angerology)"은 4차 산업혁신과 바이오메디컬융합기술의 창의적
도전에 이바지하는 긍정기술(Positive Technology)로서의 다양한 가상현실치료(Virtual
Reality Therapy)기술과 정량뇌파(QEEG)의 임상적 평가 및 해석을 제공하고 있기에
뇌신경과학, 뇌신경계질환, 뇌공학, 뇌인지과학, 인지행동치료학, 디지털문화콘텐츠학
등 다학제적인 이론과 실제로 폭넓게 적용될 수 있다. 향후 "분노학(Angerology)"이
소년원, 교도소, 보호관찰소, 청소년쉼터, 아동치료보호시설, Wee센터, 상담센터, 학교,

군, 경찰청(청소년 표준선도프로그램) 등의 기관에서도 개인과 집단치료개입 프로그램으로 적극적으로 사용되어 재범예방 및 억제와 더불어 사회적·공유적인 삶의 질을 향상하고 실현해주는 **"수용의 지혜지침서"**이자 **"분노해독제"**가 되길 희망한다.

오래 기다림 속에서도 적극인 도움과 헌신을 하신 교정에 한서영, 최윤서, 은선경, 김지윤 선생님, 편집에 양수정 선생님, 그림에 박하림 선생님에게도 고마움을 전한다. 또한, 변함없이 저술을 후원해 주신 박영사 안종만·안상준 대표님께도 깊은 감사를 표한다.

끝으로 **"분노학(Angerology)"**이란 새로운 사회적 신념이 현실을 만들어가길 소망한다.

"네 분노를 다스리고 네 마음을 지켜라!"
(Master Your Anger & Guard Your Heart!)

2022년 8월
광교산 아래 끝자락에서
저자 **류창현**

1장 분노학(Angerology)

2장 분노의 정의(The Definition of Anger)

3장 분노와 성격(Anger & Personality)

19장
분노조절 인지행동치료(CBT) 상담사례

1장.
분노학
(Angerology)

분노학
(Angerology)

01 분노학(Angerology)이란?

분노학(Angerology)은 "자기분노는 선택이다!(Self−Anger is a Choice!)", "분노는 전염된다!(Anger is Contagious!)"라는 두 전제에서 시작한다. 즉, 인간은 분노유발 상황(anger−provoking situation)이나 폭력긴급상황(violent emergency situation)에 관련한 사전 교육으로서의 대처기술(coping skills)을 충분히 기능적으로 훈련하여 대처능력(coping ability)을 함양하지 못했기에 흔히 유모, 미소, 웃음, 수용, 지혜가 아닌 분노, 격분, 우울, 스트레스, 두려움, 공황, 혐오, 슬픔, 경악 등과 같이 부정적·자동적 사고(negative automatic thoughts: NATs)에 기반한 감정들을 선택하여 표출한다(참조 〈그림 1.1〉).

그림 1.1 〉 인간의 다양한 감정표출

분노   격분   우울   스트레스   두려움

공황   웃음   혐오   슬픔   경악

따라서 분노학(Angerology)은 분노유발상황 혹은 폭력긴급상황에서 파생하는 적대감, 분노, 격분, 공격성을 적절하게 대처하고 해결하기 위한 방법론으로 다양한 통합적·절충적 분노조절 인지행동치료(Cognitive Behavior Therapy: CBT)와 더불어 디지털치료제(Digital Therapeutics)의 핵심 기제인 가상현실치료(Virtual Reality Therapy: VRT)에 기반한 자기분노조절기술(Self-Anger Management Skill: SAMS)과 자기분노치료기술(Self-Anger Therapy Skill: SATS)에 중점을 두고 연구하는 학문이다. 즉, 통합적·절충적 자기분노조절기술(SAMS)과 자기분노치료기술(SATS)로 "본능적인 쾌락과 만족 지연을 훈련하는 기술", "분노의 생각에서 벗어나 자유로워지는 기술", "집착을 내려놓는 기술", "깨달음이란 생각(중독)을 뛰어넘는 기술", "진실을 수용하는 것은 단독헌신을 결심하는 기술", "누군가를 사랑하기 위해 그/그녀의 한계를 넘어 사랑하는 기술", "배신·불신을 이기고 더 신뢰를 쌓으며 살아가는 참사랑의 기술", "현재 가진 것, 주어진 것에 대한 감사하는 기술" 등을 포함한다. 자기분노조절기술(SAMS)을 훈련을 하는 데 왜 이렇게도 많은 다양한 통합적·절충적 심리치료접근들이 필요하냐고 묻는다면, 인간은 흔히 자신의 분노를 타인들에게 분출하고, 화풀이하고, 격분하고, 투사하는 분노 표출방식을 선호하고 이것이 긴 시간 습성화되었기 때문이라 할 수 있다. 아울러 파괴적인 충동조절장애(Destructive Impulse Control Disorder: DICD)를 보이는 ADHD, CD(conduct disorder, 품행장애), 충동분노조절내담자(impulse-anger control client: IACC)는 흔히 자신이 처한 분노유발상황이나 폭력긴급상황에서 자신의 반동적·공격적 사고, 진술, 행동으로 산출될 미래결과에 대한 예측력(예지력)을 4초 이상 발동하지 못한다. 즉, 이러한 상황에서 직면하면, 이들은 무의식적·잠재의식적인 반동적·공격적 사고, 진술, 행동을 적절한 이성적인 필터 없이, 적절한 생각 없이, 생각하기도 전에 충동적으로 표출하게 된다. 따라서 분노학(Angerology)에서는 자기분노조절기술(SAMS)과 자기분노치료기술(SATS)을 통해 이러한 잦은 충동성(인지, 운동, 무계획)에 의해 고착되어 좁아진 4초의 예측력(예지력)을 1단계: 5~15초까지, 2단계: 15~45초까지 점진적·단계적으로 끌어올려 분노유발상황이나 폭력긴급상황에 대한 적절한 대처능력(coping ability)을 함양해야 한다. 대처능력(coping ability)은 대처기술(coping skills)을 지속해서 훈련함으로써 축적된다. 대처기술(coping skills)은 대처사고(coping thought), 대처진술(coping statement),

그림 1.2 〉 대처기술(Coping Skills)의 3가지 구성요소

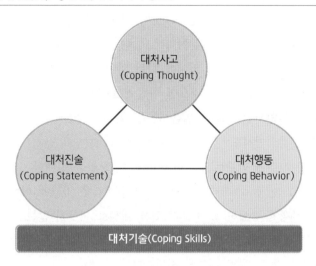

대처행동(coping behavior) 등과 같이 세 가지 구성요소로 되어 있고, 이를 충분히 시연하여 체득할 수 있는 것은 개인의 몫이다(참조 〈그림 1.2〉).

여기서 대처사고(coping thought)와 대처진술(coping statement)은 일련의 과정으로 Albert Ellis의 합리대처진술(rational coping statement)과 더불어 노자, 맹자, 정자, 스웨이의 긍정적 철학에 기반한다(류창현, 2009; 2022).

- 어떤 힘든 고통과 역경의 순간에도 희망은 있다!
- 모든 것을 한꺼번에 해야 한다는 걱정은 할 필요가 없다!
- 왜 모든 일이 내가 원하는/주장하는 대로 반드시 되어야만 하는가?
- 오직 나만이 내가 만든 분노(우울) 세상을 변화시킬 수 있다!
- 나는 용기를 내어 이 분노유발상황을 직면하고 잘 대처할 수 있다!"
- 시련과 역경이 나를 더 강하게 만든다!
- 나는 충분하고, 할 수 있고, 하면 되고, 직면/도전할 수 있다!
- 길을 찾지 못한다면 새로운 길을 창조하라!(Carve out for your way!)
- "나는 아무리 배움이 적을지라도 이성의 길을 더듬어 나아갈 수 있다. 내가 두려워해야 할 것은 오직, 그렇지도 않은데 깨달은 척하는

것이다. 최고의 지혜는 지극히 단순하다! 그러나 사람들이 그것을 이해하지 못하고 있는 것은, 그들이 자신들이 알지도 못하는 것을 알고 있다고 착각하기 때문이다!"(노자)

- "사람이 하지 않는 것이 있어야 하는 일이 있다!"(맹자).
- "어질지 않은 일을 하지 않으면 어진 일을 할 수 있고, 의롭지 않은 일을 하지 않으면 의로운 일을 할 수 있다!"(정자)
- "군자는 같으면서도 다르게 한다!(Carve out for your way!)"(주역)
- "소중한 하루를 함부로 낭비하지 않으며, 오늘을 지배할 수 있는 사람이 꿈을 이룰 수 있다. 성공한 사람의 비결은 과거에 미련을 두지 않고, 현재에 충실하고, 오늘의 일을 내일로 미루지 않는다. 하루를 소중히 생각하고, 어제의 일로 후회하지 말고, 내일을 위해 오늘을 낭비하지 말고, 매일 새롭게 시작한다!"(스웨이).
- "행복이란 무엇일까? 행복이란 결과가 아니라 과정이다. 많은 사람이 불행하다고 느끼는 이유는 과정은 소홀히 하고 결과에만 집착하기 때문이다!"(스웨이).
- 감사 없는 진정한 용서는 없다! (류창현, 2009).

우리는 자기분노(self-anger)를 인식하고(자작하고, 알아차리고), 인정하고, 조절하고, 내려놓고, 내보내고, 포기하고, 죽이는 기술들(skills)을 훈련하는 데 참으로 긴 자기분노조절기술(SAMS) 훈련의 여정이 필요하다. 일반적으로 개인의 성격, 기질, 유전적 소인, 환경적 요인(가족, 교육, 공동체) 등에 따라 다소 정도의 차이는 있으나, 흔히 자기분노조절기술(SAMS) 훈련의 여정은 평생 자기훈련의 과정이며, 점진적인 수양(修養)의 길을 걸어가야만 한다. 어떤 사람은 자신의 분노를 알아차리고, 자각하고, 인정하는 데에만 인생의 황혼을 맞이하는 사람도 있을 것이다. 또 다른 사람은 자신의 간헐적인 충동분노나 격분을 조절하지 못해 대체안으로 약물중독이나 행위중독에 빠져 살거나 이미 사망의 길을 떠날 수도 있다. 오늘도 충동분노내담자(IAC)는 브레이크 없는 인생을 쉬지도 않고, 생각도 없이 분노의 고속도로를 초고속으로 끊임없이 질주한다. 그러나 충동분노내담자(IAC)는 늘 그렇듯 자신의 파괴적인 충동분노조절장애로 인해 막대한 내·외적인 손실들(후회, 실직, 이혼,

단절, 교통사고, 소송, 고통, 상처, 두려움, 외로움, 상흔, 질병, 약물중독, 행위중독, 전쟁, 사망)에 직면하게 된다. 이것이 현실이다. 충동분노내담자(IAC)는 오래된 습성과 고착들, 즉 저항, 충동, 부인, 회피, 의존 등을 내려놓고, 이 현실을 용기를 내서 인정하고, 직면하고, 수용해야 한다. 이것이 바로 자기분노수용기술(Self-Anger Acceptance Skill: SAAS)이다. 분노를 수용한다는 것은 자신의 단점, 결점, 실패감, 열등감, 죄책감, 자괴감, 질투감 등으로 유발하는 심리적 방어기제를 과감하게 깨고 자신의 분노를 있는 그대로를 인정한다는 의미이다. 즉, 우리가 자신의 분노를 인정하고, 직면하고, 수용하는 데에는 "직면의 용기"와 "수용의 지혜"가 필요하다.

▼
02 분노 이면의 감정, 불충족된 욕구, 불충족된 원함 이해

분노학(Angerology)에서의 자기분노(self-anger)는 흔히 자기부인, 자기기만, 자기연민, 자기연기(self-play)로 유발하는 충동적·반동적인 투사행위로 간주한다. 모든 분노표출(Anger-Out)은 인간의 가장 아픈 상처가 노출될 때 감추고 싶은 수치심, 모욕감, 두려움, 열등감을 방어하며 진실을 회피하고 부인하기 위해 유발된다. 또한, 분노학(Angerology)에서는 인간의 분노 이면의 공존하는 또 다른 감정들(우울감, 불안감, 두려움, 공포감, 상실감, 슬픔, 좌절감, 죄책감, 자괴감, 무망감, 무력감, 무능감, 무가치감, 무감정, 무쾌감, 무관심, 무감각, 무동기, 미움, 소외감, 외로움, 긴장감, 열등감 등), 불충족된 욕구들(인정욕구, 존중욕구, 지배/통제/조종욕구, 우월욕구, 충동욕구, 의존욕구, 회피욕구), 불충족된 원함들(실직, 이혼, 교통사고, 질병, 전쟁, 사망) 등을 분노를 유발하는 주요 소인이자 결정요인(determining factors)으로 본다.

만일 당신이 자신의 분노를 식별할 수 있고, 그 이면의 감정들, 불충족된 원함들과 욕구의 의미들을 이해했다면, 이제부터 당신은 자기분노조절(SAM)을 하는 데 있어 좋고 나쁜 방법을 구별하는 것을 배울 수 있다. 당신은 항상 자신의 분노표출을 좋아할 수는 없듯이, 당신은 어떻게 분노를 다룰 것인지에 대한 선택(choices)을 할 수 있다. 사람들은 정서문제, 갈등, 분노가 유발할 때 선택들에 대해 생각을 하지 않는 경향이 있다. 분노유발상황이나 폭력긴급상황에서도 보다 나은 선택(better choice)을 했을 때 분노는 곧 사라진다. 자신의 선택들을 인정한다는 것은 자신의 정서들에 대한 책임을 자신의 어깨에 올려놓고 직면한다는 의미이다. 이는 자신이 원하지도 않는 사건들로 인해 피의자가 될 필요가 없다는 의미이다. 자기분노조절(SAM)은 자신의 자유선택(free choice)과 자유의지(free will)에 기초한다. 비록 세상은 불안정하고 불공정하여도, 나는 나의 선택으로 안정될 수 있다(Carter & Minirth, 2012; 류창현, 2009).

▼ 03 비생산적인 분노순환 VS. 생산적인 분노순환 이해

비생산적인 분노순환(Nonproductive Anger Cycle)에서의 고통스러운 상황(painful circumstances)은 (1) 평가절하의 메시지(message of devaluation), (2) 불충족된 욕구(unmet need), (3) 신념에 반대되는 상황(event counter to convictions) 등의 형태를 보이며, 이는 분노정서를 유발시킨다. 이 시점에서 대부분 사람은 환경을 바꾸려고 시도함으로써 자신들의 분노에 반응한다. 예를 들면, 자신들의 잘못을 타인들에게 설득하거나, 집의 다른 방으로 옮기거나, 울분을 발산하기 위해 한 가지 프로젝트에 빠져드는 행동이나 행위중독이 이에 속한다. 이러한 방법은 항상 나쁜 것은 아니지만, 분노경감을 보장할 수 없는 방법이기에 위험할 수 있다. 이는 대인관계에서의 높은 갈등/마찰과 화난 사람의 정서혼란을 증가시킨다. 최초의 분노정서는 적절하게 해결되지 않는 채로 상처받기 쉬운 충동분노내담자(IAC)에게 해로운 긴장으로 쌓인다(Carter & Minirth, 2012).

Taylor와 Wilson(1997)은 비생산적인 분노순환(Nonproductive Anger Cycle)을 1. 고통스러운 상황(painful circumstances), 2. 분노정서(angry emotion), 3. 환경을 바꾸기 위한 노력(effort to change environment), 4. 타인들에 의한 저항(resistance by others), 5. 고통스러운 상황(painful circumstances) 등으로 악순환을 형성한다고 제기한다(참조 〈그림 1.3〉).

Taylor와 Wilson(1997)은 비생산적인 분노순환(Nonproductive Anger Cycle)을 1. 파괴적 가치, 기대, 자존감, 2. 분노의 정서/생리, 3. 방어적·보호적 행동, 4. 타인들에 의한 반동적 저항. 5. 관계단절, 6. 고통증가, 7. 철수 등과 같이 악순환으로 확대하여 제시했다(참조 〈그림 1.4〉).

그림 1.3 》 비생산적인 분노순환(Nonproductive Anger Cycle)

그림 1.4 》 비생산적인 분노순환(Nonproductive Cycle of Anger)

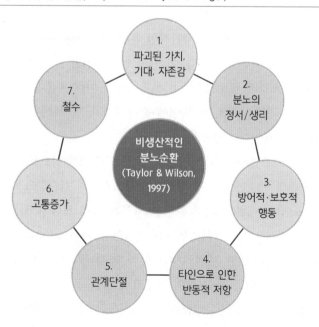

그림 1.5 〉 생산적인 분노순환(Productive Cycle of Anger)

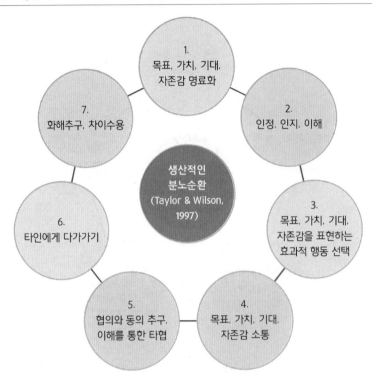

또한, Taylor와 Wilson(1997)은 생산적인 분노순환(Nonproductive Anger Cycle)을
1. 목표, 가치, 기대, 자존감 명료화, 2. 인정 인지, 이해, 3. 목표, 가치, 기대 자
존감을 표현하는 효과적 행동 선택, 4. 목표, 가치, 기대 자존감 소통, 5. 협의와
동의 추구, 이해를 통한 타협, 6. 타인에게 다가가기, 7. 화해추구, 차이수용 등
과 같이 선순환을 제기했다(참조 〈그림 1.5〉).

　　우리는 자기분노조절(SAM)과 자기분노치료(SAT)를 선택함으로써 이러한 비생
산적인 분노순환의 악순환을 끊어 생산적인 분노순환의 선순환으로 전환하는 것
이 주요한 목표이다. 때론 자신의 환경을 바꾸는 것이 도움이 될 수도 있을 것
이다. 그러나 장기적으로 볼 때는 우리의 정서안정(emotional stability)이 정서선택
(emotional options)으로 인한 내적 변화로부터 초래되기 때문에(Carter & Minirth,
2012), 우리는 내적 변화를 통한 삶의 안정과 균형을 유지하기 위해서 자기분노
조절기술(SAMS)과 자기분노치료기술(SATS)을 지속적으로 훈련해야 한다.

04 자기분노조절(SAM)과 자기분노치료(SAT) 이해

　인간은 흔히 "분노유발상황이나 폭력긴급상황에서 자신의 분노를 폭발시킬
것인가?", "시간을 갖고 자기 스스로가 조절(통제)할 것인가?", "또는 스스로 억
제할 것인가?"는 온전히 개인의 의사결정과 선택에 달려있다. 즉, 이는 개인의
자유의지(fee will)와 자유선택(free choice)에 의존한다. 개인의 자유의지와 자유선
택은 혼신을 다한 지속적인 배움과 훈련을 통한 통찰과 체득으로 변화하고, 진
화하고, 성장하고, 강화한다. 따라서 개인이 주취 시 또는 음주 후에도 다른 많
은 적절한 행동들을 선택할 수 있듯이, 분노, 격분, 음주 관련 범죄행동들(도로폭
력, 성폭력, 가정폭력, 학교폭력, 군폭력)도 선택할 수 있다.

　흔히 음주 시 알코올이 개인을 직간접적으로 분노하게 강요하거나 조종하지
는 않는다. 반면에, 분노 이면에 숨겨진 부정적인 정서들, 불충족된 원함들, 불
충족된 욕구들(예: 1. 인정욕구, 2. 존중욕구, 3. 지배/통제/조종욕구, 4. 우월욕구, 5. 충동
욕구, 6. 회피욕구, 7. 의존욕구) 등이 연합해 분노를 촉발하여 개인을 고통스럽게 하
며, 또다시 개인의 무분별한 반동적·공격적 행동으로 인해 가족과 주위 사람들
까지도 고통스럽게 만들거나 자신을 소원시킨다(Petracek, 2004; Ryu et al., 2016;
Ryu, 2020; Ryu, 2022). 주취폭력자, 알코올남용자, 알코올의존자는 흔히 대인관계
로 인해 발생한 긴장, 스트레스, 갈등, 분노, 불안, 우울, 두려움, 공황을 풀고 해
결하기 위해 술을 마신다는 왜곡된 신념(distorted myth)과 손상신화(damaging
myth)를 가지고 있다. 즉, 자신의 부정적 감정들을 알코올에 의존하고 숨기고 회
피하기 위해 오늘도 취할 때까지 마신다. 과도한 알코올은 결코 개인의 스트레
스, 갈등, 분노를 해결해 줄 수가 없으며, 오히려 자신의 분노를 증폭시키고 관
계를 파괴한다. 알코올은 중추신경계(Central Nervous System: CNS)를 저하해 의사
결정능력에 영향을 미치고 억제력(자기통제력)을 낮추어, 성마름과 분노폭발을 증
가시킨다. 결론적으로, 알코올은 충동행동과 부적절한 판단을 통제하는 뇌의 중
심영역들을 단락시킴으로써 분노를 자극한다(Hamburger, 1991).

　21세기를 사는 우리는 어떤 전염병에 의한 내외적 긴장, 스트레스, 분노유발
상황과 역경에도 굴복하거나 압도되지 말고 더욱 지혜롭고 강해질 수 있는 삶을

선택해야 한다. 아울러 우리는 사랑하는 사람을 잃고 슬픔에 빠진 지인, 가족, 공동체가 믿고 의지할 수 있는 사람이 되도록 자기분노(self-anger)를 인식하고 (자작하고, 알아차리고), 인정하고, 조절하고, 내려놓고, 내보내고, 포기하고, 죽이는 기술들(skills)을 체득하고 함양해야 한다. "분노학(Angerology)"은 다양한 분노유발 상황에서 올바르고 적절한 선택을 도울 수 있는 "수용의 지혜의 지침서(指針書)" 이자 "분노의 해독제(Antidotes)"가 될 것이다. 즉, "분노학(Angerology)"은 잦은 분 노유발상황에서 쉽게 높은 수위의 적대감, 분노, 수동공격성, 능동공격성, 본능 적 쾌락, 충동성에 도달하는 청소년과 성인 ADHD, CD, 충동분노내담자(IAC)의 중독성분노증후군(Toxic Anger Syndrome: TAS)을 해독해줄 수 있을 것이다.

예상치 못한 갑작스러운 코로나-19 전염병과 코로나-19 원형 바이러스나 델타 변이보다 더 쉽게 전염되는 오미크론변이로 인해 기존의 질적 삶은 갑자기 비좁고 제한된 공간 생활과 활동 범위에 처하거나 강제적으로 억압되고 격리되 는 현실에 직면했으며, 이런 상황은 흔히 불안, 우울, 긴장, 공황, 스트레스, 적 대감, 분노, 공격성을 유발한다. 특히 파괴적, 충동조절장애 및 품행장애 성향이 높은 충동분노조절내담자(impulse-anger control client)나 청소년과 성인 ADHD는 충동조절과 분노조절의 실패로 학교 및 직장생활 부적응, 학교폭력, 군폭력, 가 정폭력, 절도, 묻지마폭력, 도로보복폭력, 교통사범, 상습폭행, 가정폭력, 주취폭 력, 성폭력, 데이트폭력, 알코올중독, 인터넷게임중독, 강박적 성행동, 병적방화, 병적도벽, 마약, 살인 등의 중독범죄들을 초래하여 사회경제적 비용손실뿐만 아 니라 개개인의 자기실현적인 삶과 사회적 안녕의 삶을 저해한다(류창현, 2018; 2020). 대다수 청소년과 성인 ADHD의 생태학적·심리적 문제는 충동조절(impulse control) 상실이나 분노조절(anger management) 결손으로 특징화할 수 있다(김정은 등, 2015; Kutscher, 2008; Ryu et al., 2016). 즉, 이는 자기분노조절(Self-Anger Management, SAM)과 자기분노치료(Self-Anger Therapy: SAT)기술과 학습의 부재로 인한 것이다.

코로나-19 유행병의 시대에 산다는 것은 세계보건비상사태(global health emergency)뿐 아니라 개인의 정체성과 대인관계에 중압감을 더해 극심한 심리적 불안, 우울, 긴장, 스트레스, 적대감, 분노, 공격성을 경험하는 것을 의미한다. 코로나-19 전염병은 우리에게 질병의 스트레스, 장소의 소멸, 공동체 의식의 위기 등 세 가지 심리적 딜레마를 동시에 관리하도록 강요한다. 강제적인 격리

(quarantine)는 개인의 장소와 인권의식을 파괴하고 있다. 현재 사회적 거리 두기 (social distancing)와 격리(quarantine)된 생활로 인해 사적·공적 공간이 줄어들고 침해를 받는 실태이다. 사적·공적 장소의 소멸(예, 코로나-19 격리실, 교도소, 폐쇄병동)은 인간의 정체성(sense of identity)과 자전적 기억(autobiographical memory)을 약화해, 늘 같은 날, 장소, 사람 등을 기억하게 하고 고착시켜 '내가 누구이고', '내가 무엇을 원하는지'에 대한 인식과 기억을 잃게 만든다(Riva et al., 2020; Riva & Wiederhold, 2020; Riva et al., 2020). 모든 날이 똑같아 보이는 공허감과 암담한 현실 속에서 충동분노내담자(IAC)는 더욱 적대적·공격적인 행동환경에 노출되어 쉽게 좌절하고, 스트레스받고, 격분하는 반동적 공격성(reactive aggression), 충동적·공격적 행동(impulsive·aggressive behavior), 반사회적 행동(antisocial behavior) 등의 임상적 특징들을 보일 것이며, 이는 곧 자아동조적 행동(Ego-Syntonic Behavior)과 파괴적 충동분노조절장애(Destructive Impulse-Anger Control Disorder: DIACD) 등으로 고착될 것이다(Kutscher, 2008; 류창현, 2022; Ryu et al., 2016; Ryu, 2020; 2022)

따라서 "분노학(Angerology)"의 목적은 충동분노내담자(IAC)의 적대적·공격적 행동, 반동적 공격성, 충동적·공격적인 행동, 반사회적 행동 등과 같은 파괴적·충동적·공격적 증상을 줄이기 위해 분노인식, 사회기술(사회적 갈등문제 상황 속에서 적절한 해결안을 생성할 수 있는 능력), 강화기반 의사결정, 반응억제, 정서적 공감, 긍정적·사회적 행동, 친사회적 행동을 향상하기 위한 인지행동치료(CBT) 기술과 더불어 다양한 전통적 심리치료기제들 및 분노조절 가상현실치료(Virtual Reality Therapy: VRT) 등을 통합하고 절충하여 새로운 대안으로서의 심리교육과 자가치료를 가능케 하는 "수용의 지혜의 지침서(指針書)"이자 "분노의 해독제(Antidotes)"로 다양한 통합적·절충적 자기분노조절(SAM)과 자기분노치료(SAT)를 제시하는 데 있다(류창현, 2021; 2022). 예를 들면, 합리정서행동치료(Rational Emotive Behavior Therapy, REBT), 인지치료(Cognitive Therapy), 자기교시훈련(Self-Instructional Training), 불안관리훈련(Anxiety Management Training), 문제해결중심(Problem-Solving Focus), 스트레스 면역훈련(Stress Inoculation Training), 자율훈련(Autogene Training), 합리적·체계적 재구조화(Rational Systematic Restructuring), 심리사회대인관계기술훈련(Psychological Social Interpersonal Skills Discipline), 가상현실치료(Virtual Reality Therapy), 자기통제(Self-Control), 대처능력(Coping Ability), 심리사회기술훈련(Psychological

Social Skills Discipline), 긍정심리치료(Positive Psychological Therapy), 변증법적 행동 치료(Dialectical Behavior Therapy), 구조적 심리치료(Structural Psychotherapy), 긍정인 지행동치료(Positive Cognitive Behavior Therapy) 등을 중심으로 소개하고자 한다 (류창현, 2009).

그림 1.6 〉통합적·절충적 자기분노조절(SAM)과 자기분노치료(SAT)

통합적 · 절충적 자기분노조절과 자기분노치료	
합리정서행동치료 (Rational Emotive Behavior Therapy)	가상현실치료 (Virtual Reality Therapy)
인지치료 (Cognitive Therapy)	자기통제 (Self-Control)
자기교시훈련 (Self-Instructional Training)	대처능력 (Coping Ability)
불안관리훈련 (Anxiety-Management Training)	심리사회기술훈련 (Psychological Social Skills Discipline)
문제해결중심 (Problem-Solving Focus)	긍정심리치료 (Positive Psychological Therapy)
스트레스 면역훈련 (Stress Inoculation Training)	변증법적 행동치료 (Dialectical Behavior Therapy)
자율훈련 (Autogene Training)	구조적 심리치료 (Structural Psychotherapy)
합리적 · 체계적 재구조화 (Rational Systematic Restructuring)	긍정인지행동치료 (Positive Cognitive Behavior Therapy)
심리사회대인관계기술훈련 (Psychological Social Interpersonal Skills Discipline)	

2장.

분노의 정의
(The Definition of Anger)

분노의 정의
(The Definition of Anger)

▼
01 분노(Anger)란?

　분노에 대한 학자들의 정의는 매우 다양한 양상을 보인다. Arthur Reber와 Emily Rever(2001)의 심리학 사전인 "The Penguin Dictionary of Psychology"에서 분노는 일반적으로 다양한 상황에 대한 매우 강하고 감정적인 반응이다. 신체적으로 억압을 당할 때, 심한 간섭을 받을 때, 재산을 빼앗겼을 때, 공격이나 협박을 받았을 때 등등의 상황을 맞이할 때 생기는 격렬한 감정적인 반응으로 언급하고 있다. 특히 Arthur Reber와 Emily Reber(2001)는 분노를 다른 감정적 반응들에 대해 불확실한 개념을 설명하고 범위를 정하기 위해서 유사용어; 남성적인 요소(Animus), 격분(Rage), 적대감(Hostility), 증오(Hatred)와 같은 용어로 설명하고 있다.

　분노는 하나의 일반적으로, 혹은 자연적으로 이해할 수 있는 감정적 요소이다(Schiraldi & Kerr, 2002). 그러나 잘못 표출되고 분산되면, 현 생활의 역기능과 돌이킬 수 없는 파괴적인 상처와 재앙을 불러올 수 있다. 분노는 고통스럽고 파괴적인 감정이지만, 동시에 위협상황에서 인간의 생존을 도와주는 적응적인 감정이란 의견도 있다(Bilodeau, 1992; Ellis & Haper, 1975; Izard, 1977; Lazarus, Kranner, & Folkman, 1980). 분노에 대해 유아인 경우라도 생후 2개월 정도면 경험하고 표출하는 정서이다. 이는 분노라는 정서가 인간의 생존 적응기능에 꼭 필요하다(Lewis, Alessandrini, & Sullivan, 1990).

　분노는 인간의 개인의 가치/목표존중, 본능적 욕구, 기본적 신념을 보존하려는 의지를 반영한다(Carter & Minirth, 2001). 분노는 스트레스와 좌절에 대한 자연적인 반응이다(Crockenberg, 1981). 분노는 위협이나 공격에 대한 자연적인 반응이

자 자신을 지키기 위한 감정이며, 그 자체가 선하거나 악한 것은 아니다(Ellis & Happer, 1975; Lazarus, Kranner & Folkman, 1980). 분노는 자기방어체계 일부로 인간의 생존 가능성을 높여주며, 이러한 관점에서 분노는 인간이 살아가는 데 없어서는 안 되는 아주 중요한 정서라고 언급하고 있다(서수균, 2004). 따라서 분노는 인간이 가지고 있는 감정 중에서 가장 파괴적이고, 고통과 아픔을 수반하고, 역기능적 요소를 가지고 있을 뿐만 아니라 개인을 방어해주고, 생존본능의 영역을 확장하고 이어가는 인간의 정서적 메커니즘이라고 볼 수 있다.

일부 학자들은 분노를 가벼운 성가심, 짜증에서부터 격노, 격분, 강한 흥분 상태에까지 이르는 강도가 다양한 감정들로 구성된 정서 상태라고 정의하였다 (Spielberger et al., 1983; Yerkes & Dodson, 1980). DiGiuseppe, Eckhardt, Tafrate, & Robin(1994)은 분노를 인지적 및 생리적 각성 양상과 연합된 내적, 정신적, 주관적 감정이라고 정의하고 있고, Buss & Perry(1992)는 분노란 공격을 위해서 생리적으로 각성되고 준비된 상태라고 정의하고 있다. Novaco(1994)는 분노를 혐오적인 사건을 초래한 사람이나 사물을 향한 적대적이고 부정적인 정서 경험으로 보았고, Berkowitz(1993)는 또한 분노는 표적을 향한 공격 경향성을 수반하는 정서로 간주한다. 또한 서수균(2004)은 분노감은 공격을 위한 생리적 각성과 준비성을 수반하는 부정적인 감정 상태라고 수렴 보완하였다. 따라서 인간에게 있어서의 분노감은 인지적·생리적·정서적으로 각성될 뿐만 아니라 부적감정(상처, 고통, 수치심, 죄책감, 시기, 질투, 열등의식)과 부적정서를 수반하여 내·외적인 파괴와 외상을 파생시키는 주요한 기저요인들이다(류창현, 2009).

John Steinbeck은 "분노(忿怒)의 그림자는 아픔이다."라고 정의하고 있다. 즉, 분노는 내면 깊숙이 가려지고 숨겨진 아픔의 그림자로 잔여하고 있다는 것이다. 필자는 분노에 대한 정의를 다음과 같이 내리고자 한다. "분노(忿怒)는 자신의 내·외면에 미분화된 자아와 미해결된 과제로 인한 정서파편(情緖破片)으로 표류하는 한(恨)의 소인(素因)이다." 즉, 우리는 분노를 의식과 무의식의 삶 속에서 내·외면에 미분화된 자아로 또는 미해결된 과제로서 지금까지 자신과 가족, 동료, 사회, 국가에 대한 격분(rage)의 파편으로 공격하며 상처를 주고받으면서 살아가는 것이다(류창현, 2009). 그러므로 현시대에 개인, 가족, 사회, 정부에 가장 중요한 문제로 부각되는 분노를 자각하고, 탐색하고, 분석하고, 통제할 수 있는 자기분노조절(SAM)와 자기분노치료(SAT)기술을 학습하고 실천하는 것은 매우 우선시되어야만 한다.

여기서 분노는 인지적·생리적·정서적으로 각성될 뿐만 아니라 부정적 기저 감정요인(상처, 고통, 수치심, 죄의식, 열등의식, 부인, 시기, 질투)을 통해서 내·외적(자신을 비롯한 가족과 사회)인 삶을 포기하고 파괴시키려는 경향의 주원인과 주요요인인 것이다. 이러한 유기와 파괴를 일삼는 행동은 정신이상의 특징 중 하나이다. 즉, 반사회성 인격 장애로 이해할 수 있다. 그러므로 우리는 어떻게 분노를 인지하고, 분석하고, 통제하고, 다스릴 수 있는지에 대한 대응책을 제시해야만 하는 시점에 도달했다. 필자는 이에 대한 해결안을 자기분노조절(SAM)과 자기분노치료(SAT)기술에서 찾고자 한다.

▼
02 분노표출양상(The Aspects of Anger-Out)

분노가 일어나는 양상은 너무나 다양하고 복잡하다. 분노는 인간이 표현하는 가장 기초적인 감정이기 때문에 무수한 원인이 그 내면에 있다. 분노는 다양한 모습으로 나타나는 것과 마찬가지로 여러 가지 발생 이유가 있다. 분노의 숨겨진 정서를 깨닫는 것 이상으로 원인을 찾는 것이 중요하다. 왜냐하면, 분노는 일단 자아 보존 감정이라고 볼 수 있기 때문이다. 분노에 대해서 타인이 알아차리지 못할 수도 있지만, 일단 분노가 일어날 때 우리는 크게 세 가지 면에서 그 원인을 설명해 볼 수 있다. 첫째로, 분노는 무엇보다도 자신의 가치를 보존하려는 의지가 손상되었을 때에 발생한다. 즉, 자신이 인정받지 못하거나 존중받지 못하고 있다고 느낄 때 나타난다. 둘째로, 분노는 나의 본능적인 욕구가 충족되지 못할 때 일어난다(Carter & Minirth, 1993). 내가 기대했던 것과는 다른 결과가 나타날 때의 경우를 살펴보면 더욱 쉽게 분노가 일어나는 사례를 살펴볼 수 있다. 마지막으로, 분노는 일반적으로 개인이나 사회 등이 가지고 있는 가치나 신념이 위협받거나 무시당할 때 일어난다. 그 외에도 건강 상태에 따라서 달라지기도 하고 환경이나 개인적인 상황에 따라 달라지기도 한다. 그러므로 분노는 외적인 사건뿐만 아니라 내적인 심리적 불편감이나 기억에 의해서도 유발되며, 분노를 경험하는 동안 사람들은 생리적·신체적·인지적 반응을 경험하게 된다(Deffenbacher & McKay, 2000; Izard, 1977).

(1) 생리적·신체적 반응(Physiological and Physical Responses)

Sostek와 Wyatt(1981)는 분노에 대한 생리적인 이론들을 검토하면서 분노의 원인이 유전인자구조(gene structure)와 혈액화학(blood chemistry)적 성질, 혹은 뇌 질환(brain disease)에 있다고 강조하였다. Cosgrove(1988)는 자기방어와 모성적인 공격, 유아 살해, 약탈적인 공격 등과 같은 동물적인 공격이 생리적으로 억제된 것이라고 보고 있다. 쥐들이 개구리를 죽이는 것과 같이 종류마다 특정적인 행동은 자발적으로 나타나는데 쥐의 경우에는 생후 50일쯤 되었을 때 그러한 행동을 한다. 이 행동이 나타나는 생리적 시간기록계(the biological time clock)는 그 쥐의 선행 경험한 바에 의해 달라지지 않는다. 다양한 동물들의 시상하부나 편도선(amygdala)에 대한 뇌 자극은 공격적인 행동을 취하게 할 수 있다. 테스토스테론(testosterone, 남성호르몬)이나 코르티코스테론(corticosterone, 부신피질의 결정성 스테로이드)같은 호르몬을 실험동물에게 주사했을 때 공격적인 행동을 자극하는 것으로 나타났으며(Carlson, 1986), 십대 남성호르몬 수치도 정서적 성향과 공격성에 관련된 것으로 나타났다(Susman, Inoff-Germain, Nottlemann, Loiaux, Cutler, & Chrousos, 1987). 아울러 분노를 약물로 치료하는 몇 가지 성공적인 처방도 보고되었다(Mattes, 1986).

Mayne과 Ambrose(1999)는 우리가 분노를 경험할 때 교감신경계의 활성화로 인해 혈압 상승이나 심장박동의 증가와 같은 다양한 생리적 반응과 신체적 변화가 일어난다고 정의하고 있다. 또한, 체내에서는 아드레날린과 노르아드레날린이 분비되도록 자극한다. 두 생화학물질은 분노와 각성, 긴장, 흥분 그리고 열기를 느끼게 하는데, 심장박동과 혈압, 호흡에 변화를 가져다줄 뿐만 아니라 그 외 신체적인 변화에도 영향을 주기 때문에 건강에 유해한 영향을 끼치게 된다. Deffenbacher와 McKay(2000)는 분노로 초래될 수 있는 생리적, 신체적 반응을 다음과 같이 표현하고 있다; 심장박동의 증가, 속이 거북해짐, 소화 안 됨, 두통, 어지러움, 식은땀, 손에 땀이 나고 손이 끈적거림, 입술이나 손, 혹은 몸이 떨림, 얼굴이 붉어짐, 몸을 가만히 두지 못하고 이리저리 움직이게 됨, 어깨가 뻐근해짐, 주먹을 불끈 쥐게 됨, 몸이 굳게 됨, 입을 꽉 다물게 됨, 눈을 부릅뜨게 됨, 얼굴표정이 굳음, 목소리가 커짐 등 지적해 주고 있다.

우리 몸의 생리적 반응은 상당한 부분이 신경계의 상태에 의해서 결정된다 (Schiraldi & Kerr, 2002). 즉, 우리가 스트레스를 받으면 이에 대한 반응으로 코르티솔(cortisol)이라는 호르몬이 분비된다. 코르티솔(cortisol)은 콩팥의 부신피질에서 분비되는 스트레스 호르몬이다. 코르티솔은 외부의 스트레스와 같은 자극에 맞서 몸이 최대의 에너지를 만들어 낼 수 있도록 하는 과정에서 분비되어 혈압과 포도당 수치를 높이는 것과 같은 역할을 수행한다. 스트레스에 대해 코르티솔이 몸에서 분비된다. 일반적으로 스트레스와 같은 위협 상황이 오면 몸은 그러한 위협에 대항하기 위해 에너지를 생산해 내야 한다. 따라서 신체의 신경계 중 교감신경계가 활동을 시작하고 부신(adrenal gland)에서 에피네프린(epinephrine), 노르에피네프린(norepinephrine), 스테로이드(steroid) 계열의 호르몬이 분비된다. 코르티솔은 부신피질에서 분비되는 스테로이드호르몬으로 포도당의 대사에 영향을 주기 때문에 글루코코티코이드(glucocorticoid)라고도 한다. 시상하부의 실방핵 (Paraventricular Nucleus; PVN)이 실질적으로 코르티솔의 분비를 조절한다. 시상하부의 실방핵은 CRF(corticotropin-releasing factor)를 분비하고 이것이 뇌하수체 (pituitary gland)를 자극하여 ACTH(adrenocorticotrophic hormone)를 분비시킨다. 이 호르몬은 혈액을 타고 부신피질로 이동하여 코르티솔 분비를 증가시킨다. 분비된 코르티솔은 스트레스와 같은 외부자극에 맞서 신체가 대항할 수 있도록 신체 각 기관으로 더 많은 혈액을 방출시킨다. 그 결과 맥박과 호흡이 증가한다. 근육을 긴장시키고 정확하고 신속한 상황 판단을 하도록 하기 위해 정신을 또렷하게 하며 감각기관을 예민하게 한다. 우리 몸의 에너지원인 포도당이 뇌로 바로 전달될 수 있도록 집중시키는 일도 한다. 그러나 문제는 스트레스를 지나치게 받거나, 만성스트레스가 되면 코르티솔의 혈중농도가 높아지고 그 결과 식욕이 증가하게 되어, 지방의 축적을 가져온다는 것이다. 혈압이 올라 고혈압의 위험이 증가하며, 근조직의 손상도 야기될 수 있다. 불안과 초조 상태가 이어질 수 있고 체중의 증가와 함께 만성피로, 만성두통, 불면증 등의 증상이 나타날 수 있다. 또한, 면역기능이 약화되어 감기와 같은 바이러스성 질환에 쉽게 노출될 우려도 있다(Davidson, Neale, & Kring, 2004).

연구결과에 따르면, 코르티솔(부신피질 호르몬)의 수준이 우울증 환자에게서 높은데, 이것은 아마도 시상하부에서 Thyrotropin 방출 호르몬이 과다하게 분비되기 때문이라고 시사하고 있다. 우울증 환자에게 코르티솔의 과다 분비는 또한 그들의 내분비선의 확장 원인이 된다. 우울증 환자 중 일부는 해마의 비정상적 상태를 드러내기도 한다는 연구결과도 있다(Davidson, Neale, & Kring, 2004). 즉, 코르티솔은 해마(hippocampus)에 영향을 미친다는 의미이다. 해마에서는 우리의 정서 상태와 함께 기억을 저장하는 역할을 담당하고 있다. 그러므로 습관성 분노와 연결된 격한 분노의 기억은 신경조직상의 과민성을 지속시킨다. 자기분노조절(SAM), 자기분노치료(SAT), 인지치료(CT), 합리정서행동치료(REBT), 인지행동치료(CBT), 문제해결중심, 대처능력, 자기교시인지행동치료, 변증법적 행동치료(DBT), 심리사회대인관계기술훈련, 점진적 근육이완, 마음·챙김·명상(MBSR), 운동, 웃음치료(LT) 등과 같은 다양한 접근기법들을 통해서 해마의 부정적 영향을 해소할 수 있다고 보고되고 있다. 일상생활에서 스트레스를 받는 사건이나 상황을 만날 때 신체 내에서는 어떠한 현상들이 발생하는가? Bruno(2003)와 McEwen(2000)은 우리의 신체가 어떻게 정상적인 유스트레스(Eustress; 힘차게 살기 위한 원동력, 자신의 최적(最適)의 목표를 향한 노력 등 상쾌한 스트레스)에 반응하고, 디스트레스(Distress, 고뇌(苦惱))상황에서 어떻게 반응하는지 다음과 같이 정의한다.

- 어떤 형태의 스트레스든 간에 우리의 몸은 스트레스에 대한 자동적·신체적 반응을 나타낸다.
- 뇌와 신체는 스트레스에 의한 손상을 최대한 보호하고 방어하기 위해 서로 간에 상호작용을 한다.
- 신체의 이상변화, 심장박동변화, 혈압변화가 일어난다.
- 고도 긴장 상황에서 신체는 행동을 촉진하게끔 반응하며, 때론 강한 육체적 힘을 동반한다.
- 긴장을 주는 사건이 사라지거나 끝난 후의 정상적인 상황에서 우리 신체는 정상적으로 기능할 수 있는 표준상태로 되돌아간다(항상성, Homeostasis).
- 스트레스를 지속해서 받게 되는 디스트레스상황에서 우리 신체는 전

혀 휴식을 취하지 못하게 된다.

- 디스트레스를 경감시키기 위해서 우리 신체는 자발적으로 노력을 하게 되는데, 그것이 바로 신체 내에서의 끊임없는 긴장을 유지하는 것이다. 마치 방치된 수도꼭지에서 물이 흘러내리듯이, 디스트레스에 대응하기 위한 화학적인 호르몬반응들이 계속해서 우리 신체 내에서 발생하게 된다.
- 이러한 디스트레스의 지속적인 반응은 심장, 신장, 순환계, 뼈까지도 상하게 한다.

(2) 인지적 반응(Cognitive Response)

분노란 인지 및 생리적 각성 양상과 연합된 감정이라고 정의하였으며(DiGiuseppe, 1994), 분노란 특정한 인지적 왜곡과 연합된 감정상태(Kassinove & Sukhodolsky, 1995)임을 강조하였다. 분노의 유발 과정을 설명하는 대부분의 이론은 분노유발 상황이나 폭력긴급상황에 대한 인지적 평가와 해석 과정을 강조하고 있다(Beck, 2000; Deffenbacher & McKay, 2000; Lazarus, 1991; Ryu, et al, 2016; Ryu, 2020; 2022).

Berkowitz(1993)는 더위, 소음, 악취 등과 같은 불쾌한 자극만으로도 분노가 일어난다는 사실을 실험을 통해서 검증했으며, 이로써 인지가 개입되지 않고서도 분노가 유발된다고 주장한 바 있다. 그러나 대부분의 분노는 대인관계 상황에서 유발되며(Averill, 1983), 이 경우에는 인지적 평가가 개입되지 않은 불쾌한 대인관계상황을 전제하기란 어렵다. 인지는 분노가 발생하는 과정이나 분노를 경험하는 동안에 반드시 수반되는 경험이다. 분노를 경험할 때, 사람들은 흔히 보고하는 생각이나 인지적 반응의 내용을 다음과 같이 요약하고 있다(Beck, 2000; Deffenbacher & MaKay, 2000; Ellis & Tafrate, 1997; 서수균, 2004).

- 모든 게 엉망이다. 불공평하다.
- 왜 나만 이렇게 고통 속에 외롭게 몸서리치며 살아야 하나.
- 내게 상처를 주고 화나게 한 인간들은 다 죽어야 한다.
- 나의 분노, 격분, 반동적 공격성은 적절하고 정당하다.

- 날 골탕 먹이려고 일부러 또 저렇게 행동한다.
- 날 화나게 했던 대상에 대한 저주나 보복행동을 시뮬레이션(게임) 하거나, 관련된 장면을 상상하거나, 몰입한다.
- 분노를 일으킨 사건에 대해 반복적으로 반추한다.

(3) 정서적 반응(Emotional Responses)

Fiske와 Taylor(1984)는 정동, 감정, 평가, 기분 및 정서에 대해 다음과 같이 분류하고 있다.

- 정동(affect): 감정과 정서 전체에 대한 반응이며, 즐거움과 각성은 실증분석에서 반복해서 나타남.
- 감정(feelings): 본질적으로 유쾌하거나 불쾌한 주관적인 반응.
- 평가(evaluations): 감정에 연관된 좋거나 싫은 양상이며, 타인에 대한 긍정적 반응이거나 부정적 반응.
- 기분(moods): 사회인지와 행동에 광범위한 영향을 미치며, 단순한 긍정적 반응이거나 부정적인 반응.
- 정서(emotions): 슬픔, 노여움, 기쁨, 즐거움과 같이 단순히 좋거나 나쁜 감정이라기보다 정동의 복잡한 양상이며, 생리적인 각성과 같은 신체증상을 수반한 강렬한 감정으로 반응.

정서(emotions)는 적응(adaptive)할 수가 있는 것이다. 즉, 정서는 행동준비성의 상태를 반영해주기 때문이다. 얼굴표정은 다른 사람에게 의미를 전해주고 정서상태(emotional states)를 강화한다. 또한, 정서는 높은 주의력과 정서적으로 연관된 사건들에 대한 보다 정확한 부호화(encoding) 처리의 저장을 통해서 기억과정(memory process)에 도움을 줄 수가 있다. 긍정적이고 부정적인 정서들은 행동에 대한 지침서 역할을 한다. 또한, 정서는 사람과 사람 간의 친밀한 관계성을 회복시켜주고 유지하는 역할을 감당하기도 한다(Gazzaniga & Heatherton, 2006).

우리는 정서를 주관적으로 경험한다. 즉, 당신은 한 정서를 경험하고 있을 때 그것을 느끼기 때문이다. 정서반응의 긴장강도는 다양하다. 어떤 사람들은 다양하고 뚜렷한 정서들을 매일 경험하는 반면, 다른 사람들은 다만 가끔 그리고 더욱 적게 정서반응을 경험하는 것으로 보인다. 이러한 정서적 흥분(over-emotional)과 정서적 위축(under-emotional)은 심리적 문제들을 초래하는 경향이 있다. 우울증(depression)과 공황발작(panic attack)과 같은 정동장애를 겪고 있는 사람들은 이와 같은 강렬하고 긴장된 정서들을 경험하게 되며, 이로 인하여 그들의 활동력은 고정하는 현상을 가져오게 된다(Gazzaniga & Heatherton, 2006).

또 다른 예로, 극단적인 정서반응을 보이는 사람들은 감정표현불능증(alexithymia)을 겪고 있는 사례이다. 이 장애를 갖는 사람은 정서의 주관적 구성요인을 경험할 수가 없게 된다. 즉, 정서들과 결합된 생리적 정보(메시지, 말)들은 정서를 해석해주는 뇌 중심부에 전달되지 못하는 현상으로 설명된다. 이는 뇌 어느 부분의 손상으로 인한 것이며, 특히 전전두엽(pre·frontal cortex) 부분으로 예측되며, 기분(mood)의 주관적 구성요인의 결손과 연관된다(Gazzaniga & Heatherton, 2006).

"정서의 종류를 구별하는 데 있어, 얼마나 많은 정서를 인간은 경험하며 살아가고, 각각의 정서 간에 어떠한 관계를 형성하는가?" 살펴보고자 한다. 정서학자들은 1차적 정서(primary emotion), 2차적 정서(secondary emotion), 원형모델(circumplex model)로 정서를 분류해주고 설명하려는 접근을 시도하고 있다. 즉, 1차적 정서(primary emotion)는 발전적으로 적응할 수 있고, 다른 문화권과 공유하며, 특유의 생물학적·물리적인 상태들과 연합된다. 이것들은 분노(anger), 두려움(fear), 슬픔(sadness), 혐오감(disgust), 행복감(happiness), 놀람(surprise) 그리고 경멸(contempt) 등의 정서들을 포함하고 있다. 2차적 정서(secondary emotion)는 1차적 정서(primary emotion)의 혼합형으로써 양심의 가책(remorse), 죄의식(guilt), 굴복감(submission)과 기대감(anticipation)을 포함한다(Gazzaniga & Heatherton, 2006).

정서(emotion)의 경험을 이해할 수 있는 한 가지 접근방법은 원형모델(circumplex model)로 설명할 수 있을 것이다. 이 모델은 정동(affect)의 두 가지 핵심치수의 교차점을 한 원주로 정리하여 표현을 해주고 있다(Russell, 1980). Russel과 Barrett (1999)는 정서들은 그 자체가 지니고 있는 유의(遺意), 기쁨 또는 불쾌감의 정도, 각성의 수준과 에너지의 동원을 할 수 있는 활동력(activation)에 따라서 정서를 도식화(mapped)할 수 있다고 긍정적으로 가정하고, 이와 같은 모형을 발전시켜

나갔다. 그러므로 "흥미로운 정서"는 즐거움과 각성을 포함하고 있는 정서상태 (emotional states)를 반영하는 반면에 "우울한 정서"는 낮은 각성상태와 부정적 정서 상태(emotional states)를 반영해 주는 것이다.

이러한 원형모델은 사람들의 기분상태를 기본적으로 분류해 줄 수 있는 모형임이 입증되고 있다. 심리과학자인 Watson과 Clark(1997)는 긍정적 활성화(유쾌한 정동)와 부정적 활성화(불쾌한 정동) 간의 차이점을 구별할 수 있으며 정서원형모델로 요약할 수 있다. 또한, 그들은 긍정적 정동과 부정적 정동을 독자적인 것으로 제안했다. 예를 들면, 사람들은 행복과 슬픔을 동시에 둘 다 경험할 수가 있다. 아마도 당신은 좋은 친구와 추억을 되살릴 때 또는 얼마 전에 가족의 죽음에 관한 기억에 잠길 때도 같은 경향일 것이다. 한 연구에 따르면, 연구 참여자들은 "Life Is Beautiful"이라는 영화를 본 후, 기숙사를 떠나는 것과 대학을 졸업하는 것은 그들에게 있어서 행복감과 슬픔을 동시에 느끼게 하는 것이었다고 한다(Larsen, McGraw, & Cacioppo, 2001). 신경화학물질은 긍정적 활성화 상태는 도파민(dopamine: 부신에서 만들어지는 뇌에 필요한 호르몬)을 증가시키는 반면에 부정적 활성화 상태는 노르에피네프린(norepinephrine)을 증폭시킨다는 것을 제시해주고 있으며, 이러한 증명은 긍정적 정동(positive affect)과 부정적 정동(negative affect)이 독립성을 취한다는 견해를 지지해주는 것이다.

게다가 Watson과 그의 동료들은 긍정적 활성화와 부정적 활성화는 적용될 수 있다고 주장하고 있다. 예를 들면, 접근(approach, 해결방법)과 도피(avoidance)에 관한 동기부여상태에 정동을 결부시켜 설명하고 있다. 즉, 음식, 섹스와 친교를 추구하는 것은 전형적으로 즐거움(pleasure)과 연합된 동기부여상태지만, 위험한 동물을 회피하는 것은 고통(pain)과 관련된 동기부여상태를 대변하는 것이다 (Watson, Wiese, Vaidya, & Tellegen, 1999).

정서들은 한 생리적 구성요소를 가지고 있다. 즉, 꼴사나운 실수는 대부분의 사람들을 당황스럽게 만들고 이는 혈액을 얼굴 쪽으로 맥진시켜 양 볼을 달아오르게 한다. 확실히 정서들은 신체적 변화와 연관돼있다. 원인이 무엇일까? 우리가 가지고 있는 일반상식으로도 정서는 신체적 변화를 이끌어낸다는 사실을 알고 있다. 그러나 1884년에 William James와 Carl Lange는 이와는 반대의 의견을 주장하였다. 이론적 제안은 1600년대의 Descartes와 유사성을 띠고 있으며,

James는 사람들은 주어진 한 상황 안에서의 신체적인 변화를 어떻게 해석하는 가에 따라서 어떠한 종류의 정서에 관한 감정을 유도할 수 있다고 주장하였다. 즉, James에 따르면, "우리는 울기 때문에 슬프다!, 우리는 싸우기 때문에 화가 난다!, 우리는 떨기 때문에 두렵다!"이지 "우리가 슬프고, 화나고, 두려운 것 때문에 우리가 울고, 싸우고, 화를 내는 것은 아니다"라고 제기한다. James와 Lange는 신체적 변화는 개별적인 패턴에서 이루어지며 이는 곧바로 하나의 구체적인 정서로 표현된다는 것을 시사해주고 있다. James와 Lange의 정서이론은 특정한 자극과 상황에 대한 생리적 반응으로 정서경험이 유도된다고 제시하고 있다 (Gazzaniga & Heatherton, 2006). 다음 〈그림 2.1〉은 James Russel과 Lisa Feldman Barrett(1999)의 정서모델이다.

그림 2.1 〉 James Russell & Lisa Feldman Barrett의 정서모델(1999)

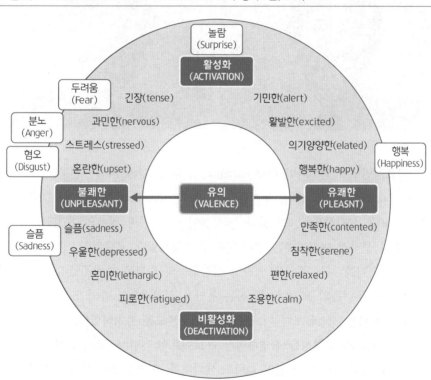

James와 Lange의 정서이론의 함축성은 "만약 당신이 얼굴근육을 움직여서 하나의 정서 상태를 흉내 낸다면, 당신은 그와 관련된 정서로 활성화될 것이다." Silvan Tomkins의 1963년에 주장했던 얼굴반응가설(facial feedback hypothesis)에 따르면, "얼굴표정은 정서들에 관한 경험을 유도해낸다. 그러나 이와 반대의 반응은 발생하지 않는다." 1974년에 James Laird는 사람들이 연필을 그들의 치아로 또는 입으로 지탱하도록 하여 이를 실험해보았다. 그 결과 미소와 우거지상을 자아냈다(Gazzaniga & Heatherton, 2006). 다음 〈그림 2.2〉는 미소 대 우거지상을 보여주고 있다.

그림 2.2 〉 미소 대 우거지상

 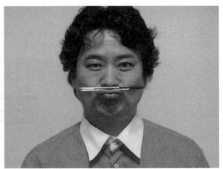

얼굴표정연구의 권위자인 Paul Ekman과 그의 동료(1983)들은 전문연기자들에게 분노(anger), 고통(distress), 두려움(fear), 혐오감(disgust), 즐거움(joy) 그리고 경악(surprise)을 묘사하도록 요구했다. 배우들이 여러 가지 정서의 표정연기를 하는 동안의 생리적 변화기록은 무척 다르게 측정되었다. 즉, 경악, 즐거움, 혐오감의 표정연기를 하는 동안은 약간의 심장박동의 변화를 보여주었지만, 반면에 분노, 고통, 두려움의 표정연기를 하는 동안은 심장박동의 증가가 나타났다. 또한, 분노는 다른 정서들보다 더 높은 얼굴피부온도를 유지하였다.

인간의 분노와 공격성을 설명하면서 프로이트의 "리비도"(libido, 성본능의 에너지)에 강조점을 두고 있다. 만일 리비도 에너지가 공격에 대한 사회적 제약에 의해서 차단이 될 경우에, 그 공격적인 성향은 다른 곳에서 분출될 것이다. 어딘가

출구를 찾아서 배출하게 될 분노에너지(공격성 에너지)를 담아 둔 거대한 저수지가 있다는 프로이트의 이 개념은 뒤에 수력이론(The hydraulic theory)으로 알려졌다. 이 이론은 분노의 표현을 차단하는 것이 위험하다고 시사하고 있다. 왜냐하면 이 분노 에너지의 압력이 결국 "넘쳐흘러서" 또는 "터져서" 폭발적인 격노로 발전하게 될 것이기 때문이다(Carter & Minirth, 1993).

프로이트의 이론에서는 카타르시스(Catharsis; 정서의 저수지에서 감정을 다 빼내는 것, 즉 정화(淨化))가 자기분노치료(SAT)이다. 즉, 속에 든 말을 시원하게 발산한다든지, 운동한다든지, 베개를 두들긴다든지, 혹은 보복 음모를 꾸미는 것과 같은 정서적인 환기(Emotional Ventilation)가 필요하다는 것이다(Carter & Minirth, 1993).

분노가 쌓이면 이는 우리의 정서 반응에 영향을 미친다. 분노로 인한 정서 반응 및 그 문제는 다음과 같다; 악의, 미움, 적대적 공격을 포함한다. 무절제하고, 통제할 수 없다. 너무 잦고, 너무 격렬하거나, 너무 오래간다. 좋지 못한 시간대에 발생한다. 분노는 끊임없이 우리의 마음을 벼랑 끝 쪽으로 이끌며, 성미가 급하게, 냉소적이게, 차갑게, 비관적으로 하고, 비꼬는 정서를 지속시킨다. 분노는 습성(anger habit)이며(Semmelroth & Smith, 2000), 분노는 만성(chronic) 성향을 보인다. 자신과 타인 간의 좋은 대인관계를 파괴한다. 또한, 자신 스스로 어리석은 짓을 하도록 유도한다. 언어적·신체적·정서적 학대 그리고 동물의 학대를 포함하는 잔혹한 행동이 특징이다. 좋은 감정을 못 갖는다. 평온을 파괴하고, 당신에게 과도한 스트레스를 준다. 수행능력에 장애를 준다(운전, 일, 관계성, 생각, 판단력, 창의력 결여; 예를 들면, 한 병사가 무모하게 적군에게 돌격하다가 총알을 맞게 되는 경우이다). 남을 지배하려고 하고, 조종하려고 한다(예를 들면, 좋은 대접이나 존경을 요구한다(Schiraldi & Kerr, 2004).

신체적 상태는 우리의 정서적인 반응에 많은 영향을 준다. 분노는 수많은 심리적, 정서적 장애에 의한 증후군이다(Schiraldi & Kerr, 2004). 또한, 분노는 건설적이고, 보호적이고, 방어적이기보다는 정서적으로 상처를 주고, 처벌하고, 헐뜯고, 복수하고 싶은 마음을 불러일으킨다. 이러한 분노로 인한 정서적 반응 및 그 문제점들을 살펴보고자 한다. Schiraldi와 Kerr(2004)는 분노정서반응과 그 문제점들을 다음과 같이 기술하고 있다.

- 분노는 악의, 미움, 적대적 공격을 포함한다.
- 무절제하고, 통제할 수 없다.
- 너무 잦고, 너무 격렬하거나, 너무 오래 지속된다.
- 좋지 못한 시간대에 발생한다.
- 분노는 끊임없이 당신의 마음을 벼랑 쪽으로 이끌며, 성미가 급하게, 냉소적이게, 차갑게, 비관적이게, 그리고 비꼬는 정서를 지속시킨다.
- 분노는 습성이다.
- 분노는 만성이다.
- 자신과 타인 간의 좋은 대인관계를 파괴한다. 자신 스스로 어리석은 짓을 하도록 유도한다.
- 언어적·신체적·정서적·경제적 학대 그리고 동물의 학대를 포함하는 잔혹한 행동으로 특징 짓는다.
- 좋은 감정을 못 갖는다. 평온을 파괴하고, 또한 자신에게 과도한 스트레스를 안겨준다.
- 업무능력의 장애를 도출시킨다(운전, 과제, 대인관계, 대처능력, 판단력, 융통성, 의사결정능력, 창의력 결여; 예를 들면, 전시에 한 병사가 무모하게 혼자서 적군에게 돌격하다가 총알을 맞게 되는 경우이다).
- 타인을 지배하고, 조종하려고 한다(예를 들면, 항상 타인에게 좋은 대접이나 인정과 존중을 요구한다).

▼
03 분노의 후속효과

누구나 분노가 유발한다고 해서 반드시 공격행동이 뒤따르는 것은 아니며, 동시에 공격행동을 할 때 반드시 분노를 경험하는 것은 아니다(Averill, 1983; Baron, 1977). 분노는 분노를 유발할 대상을 공격하거나 상해를 입히고 싶은 충동이나 경향성을 수반할 뿐이다(Berkowitz, 1993).

Averill(1983)은 대학생과 사회인을 대상으로 공격적 충동을 느낀 에피소드를 수집하여 분석한 결과, 분노로 인한 공격적 충동을 경험하더라도 이를 직접적인 신체적 공격으로 표현하거나 벌을 준 경우는 10%에 지나지 않았다. 많은 경우에 평온한 반응을 보이거나 분노 유발자에게 아무런 해가 없는 대화를 나누었으며, 공격하더라도 대부분 언어적이거나 상징적인 표현 방식을 사용했다.

Schiraldi와 Kerr(2002)에 따르면, 분노는 항상 나쁜 것은 아니다. 분노는 때때로 유용하다; 분노의 의도가 도움을 주거나 가치성을 높이는 데 있을 때(즉, 분노가 개인의 성장을 가져올 때, 자신이나 남들의 가치성을 높이거나 보호해줄 때, 파괴적인 대우를 정지시킬 때 등), 또는 분노가 측정되고, 조절되고, 건설적인 행동으로 이끌릴 때(높은 집중력, 동기, 업무 수행이 향상됨)에 그러하다. "유용한 분노는 악의, 미움, 또는 적대적 공격성이 전혀 배제된 상태를 말한다."라고 기술하고 있다. 즉, 필자는 이것은 승화된 분노(cathartic anger)와 온유한 분노(mild anger)로 대용하여 기술하고자 한다. 승화된 분노(cathartic anger)란 자신의 분노가 융화된 상태(resolved state) 또는 융화되고 있는 상태(being resolved state)라고 정의할 수 있으며, 온유한 분노(mild anger)란 자기통제력(self-control)을 잃지 않는 상태(not the loss of self-control)라고 정의하고자 한다. 상호 간의 무식한 변론(foolish and stupid arguments)을 피하고 온유하게 가르치고(gently able to teach), 온유하게 교시(gently instruct)하는 기법을 성경은 온유한 자기분노표현기법으로 기술하고 있다. "어리석고 무식한 변론을 버리라. 이에서 다툼이 나는 줄 앎이라. 마땅히 주의 종은 다투지 아니하고 모든 사람을 대하여 온유하며 가르치기를 잘하며 참으며 거역하는 자를 온유함으로 징계할지니 혹 하나님이 저희에게 회개함을 주사 진리를 알게 하실까 하며 저희로 깨어 마귀의 올무에서 벗어나 하나님께 사로잡혀 그 뜻을 좇게 하실까 함이라."(딤후 2:23-26).

다음은 분노의 긍정적인 영향(positive affects of anger)과 부정적인 영향(negative affects of anger)에 관해서 더욱더 세밀하게 살펴보고자 한다.

(1) 분노의 긍정적 측면(Positive Affects of Anger)

분노의 긍정적 영향은 분노가 신체와 심리에 미치는 긍정적인 관점으로 설명할 수 있다. 이것들은 실제 삶 속에서 많은 이점을 얻게 해준다(Schiraldi & Kerr, 2002). 분노는 인류의 생존에 중요한 기여를 하는 정서로, 위협적인 상황에서 에너지를 효율적으로 동원해서 위기에 잘 대처하게 해주는 적응적인 역할을 한다 (Lazarus et al., 1980; Izard, 1977, Ellis & Haper, 1975).

Biodeau(1992)는 분노의 긍정적인 측면을 다음과 같이 설명하고 있다. 첫째, 인류의 생존에 기여한다. 분노상태에서 많이 분비되는 아드레날린이라는 화학물질은 사람을 통증에 둔감하게 만들어, 상처를 입더라도 싸움을 지속할 수 있게 해준다. 둘째, 사회적 상황에 맞게 적절히 사용된 분노는 사회적 조절자 역할을 하며, 때로는 사회적 결속을 다져주고, 사회적 변화를 일으키는 자극이나 점화장치가 되기도 한다. 셋째, 분노는 의사소통의 한 양상이다. 위험받거나 방해받는 상황에서 얼굴을 붉힌다거나 화난 목소리를 내는 것은 위협이나 방해물을 없애준다. 넷째, 분노는 개인의 존엄성, 주체성, 자존심을 보호해 준다. 무시당하거나, 비웃음을 당하거나, 고통 받고 있다고 생각할 때 분노가 일어난다. 그러므로 분노는 남에게 속거나, 과소평가 당하거나, 공격받을 때 우리 자신을 방어할 수 있도록 용기를 북돋아 준다.

Averill(1983)은 사람들이 분노가 초래하는 결과를 얼마나 긍정적으로 혹은 부정적으로 평가하는지를 조사하였다. 그 결과, 분노를 경험한 사람과 분노의 표적이 되었던 사람 모두에게서 분노로 인한 긍정적인 측면이 부정적인 측면보다 많은 경향을 보였다. 분노 사건 자체는 불쾌하지만, 그 사건이 가져오는 결과는 긍정적인 측면이 더 많다는 것이다. 분노의 표적이 된 사람의 76%가 자신의 잘못을 깨닫게 되었고, 거의 50% 정도가 분노를 보인 사람과의 관계가 이전보다 더욱 호전되었다.

분노는 우리에게 어떤 어려운 일이라도 감당해낼 수 있는 동기를 부여하고 힘을 제공해주기도 한다. 그리고 어떤 일에 대하여 경고의 역할을 하게 되어서, 잘 활용한다면 더 큰 문제나 어려움을 예방하고 준비하는 데 요긴하게 사용할 수 있다. 그러므로 분노를 통해 자신을 더욱더 깊게 객관적으로 성찰할 기회가 되기도 하고, 자신과 타인의 인간관계, 자신 속에 깊이 내재하여 있던 미해결된 상황과 그늘에 가려진 분노(the shadowed anger)들을 살펴볼 기회가 되기도 한다.

또한, 성경은 선한 분노를 하나님의 뜻(God's Will)에 부합하는 정의행동(righteous act)을 근거로 규정하고 다음과 같이 시사해주고 있다. "사람들이 예수께서 만져 주심을 바라고 어린아이들을 데리고 오매 제자들이 꾸짖거늘 예수께서 보시고 노하시어 이르시되 어린아이들이 내게 오는 것을 용납하고 금하지 말라 하나님의 나라가 이런 자의 것이니라. 내가 진실로 너희에게 이르노니 누구든지 하나님의 나라를 어린아이와 같이 받들지 않는 자는 결단코 그곳에 들어가지 못하리라 하시고 그 어린아이들을 안고 그들 위에 안수하시고 축복하시느니라."(막 10:13-16).

다음은 Schiraldi와 Kerr(2002)가 설명해주고 있는 분노의 긍정적인 측면(분노의 이점)과 분노의 부정적인 측면(분노의 불이익)에 관해서 더 세밀하게 살펴보고자 한다. Schiraldi와 Kerr(2002)는 분노의 긍정적 측면을 다음과 같이 기술하고 있다.

- 활기를 돋우게 된다(아드레날린(adrenaline) 맥진).
- 재능, 초점, 집중력을 증가시킨다.
- 추진력과 통제력(sense of power and control)을 갖게 된다.
- 두려움을 둔화시킨다.
- 비교적 짧은 시간에 복종을 얻게 된다(예를 들면, 내가 아이들에게 "조용히 해"라고 고함을 질렀을 때 그 아이들이 잠시 동안 조용히 응한다).
- 부적절한 감정들을 최소화해준다.
- 공정한 주장들을 할 수 있도록 지지해주고 돕는다.
- 무엇인가 잘못되어 자신이 원하는 것을 얻지 못할 때 자신을 일깨워준다.
- 자신의 약점을 바꾸도록 동기부여하고, 내면을 강하게 만든다.
- 악용되는 상황을 떠날 수 있도록 행동을 부추긴다.
- 존경, 주의, 공포감을 얻는다.
- 자신을 상관처럼 보이게 한다.
- 사회적, 개인적 잘못들을 지적하고, 또한, 자기 자신에게 그것들을 변화시킬 수 있도록 동기를 부여한다.
- 죄책감, 공포, 슬픔, 상처, 고통, 무력감, 비애로부터 자아를 방어해준다.
- 좌절감을 배출시키며, 긴장감을 풀어준다.
- 자신을 보호해준다.
- 자신이 무엇을 원하는지 알 수 있도록 돕는다.

- 자신을 표현해 준다(자신의 의도는 생존하는 것이고 남들보다 탁월하게 사는 것이다).

- 자기 자신을 느낄 수 있도록 해준다(어떤 사람을 감정적으로 죽은 사람이라고 느낀다. 그러나 분노는 그들에게 살아 있는 자신들을 느끼게 만들어 주고, 자신들을 인정해 준다).

- "내가 옳다"라고 생각하게 한다.

- 같은 일에 화를 내는 다른 사람들과 자신을 동맹으로 묶어준다.

- 자신이 원하는 방식대로 행동할 수 있도록 해준다.

(2) 분노의 부정적 측면(Negative Affects of Anger)

분노의 부정적 영향이란 분노가 신체와 심리에 미치는 부정적인 측면으로 설명되는 것이다. 분노의 부정적인 영향을 통해 실제 삶 속에서 불이익을 얻게 된다. 높은 수준의 분노가 오래가거나 부적절하게 표현될 때, 분노는 개인의 신체적 및 심리적 건강을 해칠 뿐만 아니라 타인과의 인간관계나 직업 생활에 부정적인 영향을 미치기 쉽다. 고혈압, 심장혈관계질환, 통증이나 암, 아동과 배우자 폭력, 대인관계 손상, 사회적 회피와 비효율적인 문제해결, 단절, 약물 남용, 정신적·의학적 질환(외상 후 스트레스 장애, 조현병, 우울증, 불안장애, 약물남용, 복합적인 비애, 인격장애(경계성, 반사회성, 자기애성)) 등이 나타난다(Schiraldi & Kerr, 2002).

분노는 단순히 그 감정에서 그치는 것이 아니라 분개나 적개심으로 발전되고 나중에는 증오나 한으로 남아 개인의 정서와 관계에 어려움을 주게 된다. 나아가서 사람들과의 관계에서 신뢰를 잃게 되고 때에 따라서는 사회적인 지위와 생명까지도 위협을 받을 수 있다. 자신의 의사결정과정에서도 충동적으로 되거나 정서적으로 불안한 상태가 되어 바르게 판단하지 못하여 불이익을 받는 경우도 생기게 된다. Schiraldi & Kerr(2002)와 Semmelroth(2002)는 분노의 부정적 측면을 다음과 같이 기술하고 있다.

- 자신을 통제할 수 없다는 생각에 혐오스럽다.
- 타인의 시선에 부정적인 모습으로 비치게 된다. 나쁜 인상을 만든다.

- 에너지를 과다하게 소비한다.
- 피로, 소진, 탈진 등을 갖게 된다.
- 자신을 추하게 만든다.
- 자신의 분노감을 더욱더 증폭시킨다.
- 타인에게도 분노를 촉진시킨다.
- 타인에 의해 공격행동, 보복행동, 사보타주(태업)[1]행동을 하도록 부추긴다.
- 자신의 분노 밑에 깔린 정확한 감정(선/악)에 대한 변별력을 감소시킨다.
- 타인에게 지속적인 영향을 끼칠 수 없으며, 단지 짧은 시간 동안에만이다.
- 업무에 최선을 다할 수 없도록 방해하고, 혼란을 초래한다.
- 문제해결에 방해가 된다.
- 판단력에 손상을 준다.
- 더욱더 많은 사람에게 불신을 주게 된다.
- 타인이 자신을 싫어하고, 불신하고, 분개하고, 회피하고, 차갑게 대하고, 비열한 인간으로 취급하게 한다.
- 타인과 불화하며, 적대적인 관계를 형성한다.
- 타인과 잦은 충돌을 한다.
- 타인과의 관계에서 회피하거나 소원시킨다.
- 재산의 손실을 초래한다.
- 대개 화가 나면 날수록 더 화가 나게 한다.
- 자신의 경력에 손상을 가져다주며, 끝내 해고당하게 한다.
- 타인의 미움 사는 특성을 갖게 한다(오만, 으스대며 약자를 못살게 구는 짓, 편견, 속단).
- 만성적 건강의 문제를 일으킨다. 화내거나 적대시하거나 이유 없는

---

1 "노동 쟁의 수단의 하나. 노동자들이 일하면서도 노동 능률을 낮아지게 하여 사용자에게 손해를 끼치는 방법." (NAVER 어학사전).

공격을 하기 쉬운 사람들은 고혈압, 관상동맥심장병, 뇌졸중, 모든 원인에 의한 죽음, 직업 손상의 위험이 크다. 충동분노내담자(IAC)는 두통, 요통, 암, 뇌졸중, 위장장애의 주요 소인이 될 것이다. 충동분노내담자(IAC)는 담배를 더 피우게 되며, 정신질환의 재발경향도 높다. 외상 후 스트레스장애(PTSD)에서 분노는 외상진행과정을 촉진시키며, 차후에 나타나게 될 외상결과에서도 더욱 심한 증상과 연관되어 있다. 충동분노내담자(IAC)는 스트레스호르몬(스테로이드호르몬과 카테콜아민: 신경전달작용을 하는 호르몬으로 심장근육과 내층혈관에 손상을 주고, 혈소판을 더욱더 응고시키고, 면역조직을 약하게 하며, 콜레스테롤을 증가시킴)을 과다 분비하기 쉽다.

- 파괴된 관계로 인한 외로움을 초래하며, 심각한 심장질환과의 관련성이 있다.
- 행복, 기쁨, 즐거움, 화평, 자유, 위로, 항상성 등 타인과의 조화를 빼앗아 간다.
- 사랑을 받아야 할 사람들에게 피해를 준다.
- 기억들이 즐겁기보다 혐오감을 느끼게 한다.
- 즐거움을 파괴한다(예를 들면, 운전하는 것이 젊었을 땐 즐거운 기분전환이었는데, 이젠 격렬한 전쟁이 되었다).
- 깊은 상처들을 느끼고 깨닫지 못하므로 치료를 방해한다.
- 자신의 행동 또는 약점을 극복하는 데 책임을 지지 않는다면, 결코 자신의 장점들을 찾을 수도, 내면 성찰을 할 수도 없게 된다. 따라서 자신의 진정한 성장과 변화도 존재하지 않는다.
- 자신의 앙금으로 남아 있는 감정들을 풀지 않으면, 분노가 쌓인다.
- '어떤 사람들은 신뢰할 수 있고 친절한 사람들이다'라는 것을 배우지 못한다면 분노는 더욱더 불신을 초래한다.
- 분노는 불쾌한 죄책감을 이끈다.
- 분노는 자녀들에게 있어 가장 취약한 예를 제공하게 된다.
- 분노는 자신이 지금까지 유지해온 인간성을 증오하게 한다. 또한, 자존감을 상실시킨다.

- 분노가 유발되면, IQ가 낮아진다.
- 분노가 유발되면, 비이성적인 사람으로 변한다.
- 분노가 유발되면, 위험한 일들을 서슴지 않고 하게 된다.
- 분노가 유발되면, 자신과 사랑하는 사람에게도 위험/위협을 끼치는 경향이 있다.
- 분노가 유발되면, 뭔가 어리석은 행동을 하게 된다.
- 어리석고 파괴적인 자아로 하여금 자신이 지금 어떤 언행(言行)을 해야 하는지에 대해 결정하고 명령하게 하는 원격조종을 받는다.
- 자신의 삶을 정신장애를 가진 격분한 자신에게 위탁하는 것이다.
- 격분하면 부정적 분노유발상황이나 폭력긴급상황에 더욱 집착하거나 반추하여 함몰된다(류창현, 2009).

　　분노는 아무것도 해결할 수 없다. 분노는 아무것도 성취할 수 없다. 분노는 모든 것을 파괴한다. 만일 당신이 자기분노(Self-Anger)를 조절할 수 없다면, 분노가 당신을 지배할 것이다! 따라서 우리는 일상에서의 분노유발상황과 폭력긴급상황에서도 합리적이고 적절한 의사결정과 선택을 위해 순간순간 득실론을 기반한 "분노의 손익적 사고"로 한 번 더 생각하고 적절한 행동을 과감히 선택해야 한다.

　　분노는 분노를 쫓아낼 수 없다. 용서만이 그렇게 할 수 있다!(Anger can't drive out anger, only forgiveness can do that!)

3장.

분노와 성격
(Anger & Personality)

분노와 성격
(Anger & Personality)

01 분노와 성격(Anger and Personality) 이해

분노를 격발(擊發)시킬 때에는 나름대로 자신의 격노폭발(激怒爆發)로 인한 5~7
초간의 충동질의 희열(喜悅)과 즐거움을 만끽할 수 있겠지만, 이에 대한 결산의
보응(報應)은 전보다 더한 성마름, 분노, 반동적 공격성, 파괴, 파멸, 범죄, 증오,
공포, 죄의식, 반사회성, 좌절의 본질적 기질의 산물(産物)로 경화(硬化)될 것이다.
그러므로 인간의 본질적 기질의 산물로 형성되는 성격의 특성 또는 요인을 살펴
보는 것이 매우 중요하다.

'인간의 분노에 대한 성격 기질은 어떻게 형성되는가?'를 이해하기 위해서는
먼저 인간의 성격은 어디서 왔는가? 당신은 왜 지금 그러한 성격을 갖고 살고
있는가? 등과 같은 논제를 먼저 살펴볼 필요가 있다. 과거 몇십 년 동안의 연구
조사에 따르면, 유전자구조(gene structures), 뇌구조(brain structures), 그리고 신경
화학물질(neurochemistry) 등과 같은 생물학적 요소들은 성격을 결정하는 데 지대
한 역할을 한다(Gazzaniga & Heatherton, 2006).

프로이트의 심리성적발달단계이론에서 보면, 유년기 시절의 경험으로 성격이
형성된다고 강조하고 있다. 물론 대부분의 사람이 생각하고 있듯이 부모들이 어
떠한 방법으로 그들의 자녀들을 다루느냐에 따라 자녀들의 성격에 지대한 영향
을 끼치게 된다는 사실이다. 예를 들면, Carl Rogers가 주장한 대로 무조건적(아
무런 조건도 없는) 긍정적 관심(unconditional positive concern)이 긍정적 정신건강을
이끌어낸다는 것이다(Gazzaniga & Heatherton, 2006).

Gazzaniga & Heatherton(2006)은 "성격은 적응될 수 있다!"라고 시사하고 있

다. 선천적인 선택(natural selection)은 인간의 성장 진화과정을 통해서 인간의 게놈을 형성한다. 성격이란 다른 말로, 우리는 생존과 재생산에 유용한 작용을 하는 "특성(traits)"이라는 용어로도 생각할 수 있을 것이다. 사람들이 갖는 경쟁적인 기질은 그들에게 큰 보상을 받도록 이끌어 줄 것이며, 또한 협조적인 기질을 갖는 사람들은 직장에서 그들의 가치성을 높여줄 것이다. 그러나 기질은 또한 한 배우자를 선택할 때 바람직한 자격조건을 갖는지 혹은 그렇지 않은지에 관한 중요한 정보를 제공해 준다. 예를 들면, 배우자가 양심적인 사람인지, 호감을 주는 사람인지, 또는 신경질적인 사람인지에 관한 정보를 얻게 된다. Buss(1990a)는 "주요 5가지 성격특성(The Big Five Personality Traits)"에서 성격의 근본적인 특성들을 설명해주고 있는데 이 성격의 근본적인 특성유형들이 배우자를 선택하는 데 중요한 정보를 제공해주기 때문이라고 주장한다. McCrae와 John(1992; 98)은 5요인 이름, 단면, 그리고 관찰자가 사용한 형용사들을 〈표 3.1〉과 같이 시사해 주고 있다.

인간의 성격유형을 Costa와 MaCrae(1992)를 통해서 살펴보고자 한다. Pervin 등(2005)은 성격의 5요인모델을 쉽게 기억하기 위해서 "OCEAN"이라는 약어를 사용해서 설명해주고 있다. 즉, O는 개방성(Openness), C는 양심성(Conscientiousness), E는 외향성(Extraversion), A는 호의성(Agreeableness), N은 신경성(Neuroticism) 등으로 표현을 해주고 있다.

표 3.1 〉성격의 5요인모델 이름, 단면들과 관찰자가 사용한 형용사들(McCrae & John, 1992)

요인 이름	단면	형용사
외향성(E) (Extraversion)	따뜻함(Warmth) 군집성(Gregariousness) 주장성(Assertiveness) 활동성(Activity) 흥분추구(Excitement Seeking) 긍정적 정서(Positive Emotion)	Active Assertive Energetic Enthusiastic Outgoing Talkative
호의성(A) (Agreeableness)	신뢰성(Trust) 솔직성(Straightforwardness) 이타성(Altruism) 순종성(Compliance)	Appreciative Forgiving Generous Kind

요인 이름	단면	형용사
	겸손함(Modesty)	Sympathetic
	민감성(Tender-Mindedness)	Trusting
양심성(C) (Conscientiousness)	유능성(Competence) 질서(Order) 의무감(Dutifulness) 성취욕(Achievement Striving) 자제(Self-Discipline) 숙고(Deliberation)	Efficient Organized Planful Reliable Responsible Thorough
신경성(N) (Neuroticism)	불안(Anxiety) 적대감(Hostility) 우울(Depression) 자의식(Self-Consciousness) 충동성(Impulsiveness) 취약성(Vulnerability)	Anxious Self-Pitying Tense Touchy Unstable Worrying
개방성(O) (Openness)	공상(Fantasy) 심미안(Aesthetics) 감정(Feelings) 행위(Actions) 상상력(Ideas) 가치(Values)	Artistic Curious Imaginative Insightful Original Wide Interests

신경성(Neuroticism)은 정서적 안정성, 불안, 슬픔, 분노와 더불어 신경질적인 긴장을 포함한 넓은 범위의 부정적 감정들과는 뚜렷한 차이를 보인다. 새로운 경험에 대한 개방성(Openness)은 개개인의 정신적·경험적 삶의 깊이와 복잡성을 시사한다. 외향성(Extroversion)과 호의성(Agreeableness)은 양쪽 모두 대인관계를 중요시하는 특성(trait)을 나타낸다. 즉, 사람들이 상호 간에 그리고 서로의 대인 관계 형성을 위해 어떻게 대우를 하고 다루어야 하는지를 이해하는 것이다. 마지막으로 양심성(Conscientiousness)은 업무, 목표조절행동, 그리고 사회적으로 요구되는 충동조절을 주요하게 묘사한다(Pervin et al., 2005). 다음 〈표 3.2〉는 성격의 주요 5가지 특성요인과 실례척도(The Big Five Trait Factors and Illustrative Scales)이다.

표 3.2 〉 성격의 주요 5가지 특성요인과 실례척도(The Big Five Trait Factors and Illustrative Scales)

높은 점수의 성격특성	특성척도(Trait Scales)	낮은 점수의 성격특성
걱정이 많고, 신경성의, 감정적인, 불안한, 미숙한, 우울한 성격특성.	**신경성(Neuroticism(N))** 부적응(정서적 불안정) 대 적응(정서적 안정)을 평가한다. 심리적 고통, 비현실적 사고, 지나친 요구나 주장, 그리고 부적응 대처반응에 대한 개개인의 경향성을 식별한다.	온화한, 이완된, 감정에 치우치지 않는, 강건한, 자기만족 성격특성.
사교적, 활동적, 말 많은, 대인관계를 선호, 낙천적, 재미추구, 애정이 많은 성격특성.	**외향성(Extraversion(E))** 대인관계의 상호작용(활동범위, 격려의 필요성, 즐길 수 있는 능력)의 양과 강도를 평가한다.	내성적, 착실한, 비활동적, 냉담한, 일·지향적, 비사교적, 조용한 성격특성.
호기심, 폭넓은 관심, 창의력, 독창성, 상상력, 비전통적인 성격특성.	**개방성(Openness(O))** 순행추구(proactive seeking)와 가지고 있는 경험 그 자체에 대한 이해(관용과 미지에 대한 탐구심 등)를 평가한다.	전통적, 현실적, 옹색한, 복수적, 비예술적, 비분석적인 성격특성.
친절한, 호인인, 잘 믿는, 잘 돕는, 용서하는, 속기 쉬운, 정직한 성격특성.	**호의성(Agreeableness(A))** 생각, 감정, 행실에 있어 동정에서 적대감까지의 연속성에 따라 대인관계 지향 속성을 평가한다.	비꼬는, 무례한, 의심이 많은, 비협조적, 복수적, 무자비한, 분노하는, 조종하는 성격특성.
조직적, 믿음직한, 근면한, 자기통제적인, 어김없는, 신중한, 정연한, 야심적인 성격특성.	**양심성(Conscientiousness(C))** 목표조절행동 안에서의 조직화, 지속성, 동기부여에 관한 개개인의 정도를 평가한다. 대조적으로는 열의가 없고 되는대로 사는 의존적이고 까다로운 사람들의 특성을 보인다.	비조직적, 신뢰할 수 없는, 게으른, 부주의한, 해이한, 태만한, 의지가 약한, 쾌락주의적 성격특성.

출처: Costa & MaCrae, 992, p. 2.

▼

02 내향성 대 외향성척도(Introversion Versus Extroversion Scale)

Goldberg(1992)은 양극성특성(예, 침묵-말 많음)의 설문지를 제시하고 있다. 개개인은 자신이 가지고 있는 특성들을 주요 5가지 특성요인모델을 사용해서 평가할 수 있다. 다음은 축소판 설문지로 제작되었다.

다음 설명서를 읽고 설문지에 작성하라. 아무 부담 없이 진솔하게 작성하라.

당신 자신에 대해서 되도록 정확하게 묘사하도록 시도하라. 당신 자신을 현재의 시각에서 묘사하라. 당신이 원하는 미래의 상으로 부각하여 기술하지는 말라. 당신이 알고 있는 같은 성을 지니는 다른 사람들과 비교해볼 때, 당신 스스로가 일반적이고 전형적인 자신을 얼마나 잘 나타내는지 그 정도를 표시해라. 각각의 특성척도는 목록화되어있고, 문항별로 당신을 가장 잘 설명해 주고 있는 번호에 "○"표를 하라.

당신은 어떤 점수를 얻었는가? 당신의 점수가 자신의 성격과 얼마나 부합된다고 생각되는가? 이 설문지는 공식적인 평가서가 아니라 보다 당신 자신을 성격의 5가지 특성요인모델에 익숙해지도록 돕는 하나의 유용한 연습에 지나지 않는다는 사실을 기억해주길 바란다. 그런데도, 당신의 전체적인 성격의 5가지 특성요인모델의 점수에 관심이 있다면, 각각의 요인에 대해 응답한 점수의 총계를 낸다. 다음은 그 합치된 총 점수를 5로 나누어준다.

- 어떤 요인에서 당신의 점수가 가장 높게 평가되었는가?
- 어떤 요인에서 당신의 점수가 가장 낮게 평가되었는가?
- 당신이 예상한 대로 5요인의 평가점수가 일치했는가?
  (또는) 당신이 자신을 일반적으로 평가했던 부분하고 사뭇 불일치를 이루는가?

내향성 대 외향성(Introversion Versus Extroversion)									
	매우		중간		둘 다 아님		중간		매우
말없는	1	2	3	4	5	6	7	8	9	말 많은
비주장성	1	2	3	4	5	6	7	8	9	주장성
비모험심	1	2	3	4	5	6	7	8	9	모험심
비활동성	1	2	3	4	5	6	7	8	9	활동성
소심함	1	2	3	4	5	6	7	8	9	담대함

적대감 대 호의성(Antagonism Versus Agreeableness)									
불친절함	1	2	3	4	5	6	7	8	9	친절함
비협조적	1	2	3	4	5	6	7	8	9	협조적
이기적인	1	2	3	4	5	6	7	8	9	자애심
불신하는	1	2	3	4	5	6	7	8	9	신뢰성
인색함	1	2	3	4	5	6	7	8	9	관대함

목표결여 대 양심성(Lack of Direction Versus Conscientiousness)									
비조직화	1	2	3	4	5	6	7	8	9	조직화
무책임성	1	2	3	4	5	6	7	8	9	책임성
비현실성	1	2	3	4	5	6	7	8	9	현실성
부주의함	1	2	3	4	5	6	7	8	9	철저함
게으름	1	2	3	4	5	6	7	8	9	근면함

정서안정성 대 신경성(Emotional Stability Versus Neuroticism)										
느슨함	1	2	3	4	5	6	7	8	9	긴장감
편안함	1	2	3	4	5	6	7	8	9	신경성
안정감	1	2	3	4	5	6	7	8	9	불안감
만족감	1	2	3	4	5	6	7	8	9	불만족
확고함	1	2	3	4	5	6	7	8	9	감정적
폐쇄성 대 새 경험에 대한 개방성(Closedness Versus Openness to New Experience)										
비상상력	1	2	3	4	5	6	7	8	9	상상력
비창조성	1	2	3	4	5	6	7	8	9	창조성
비탐구심	1	2	3	4	5	6	7	8	9	탐구심
무분별성	1	2	3	4	5	6	7	8	9	분별성
소박함	1	2	3	4	5	6	7	8	9	세련됨
	매우		중간		둘 다 아님		중간		매우	

▼
03 절충성격모형(Neutrality Personality Model)

성격특성(personality trait)은 시간이 흘러도 변화하지 않는다. 우리가 어떻게 성격의 중요한 특성들을 정의하느냐에 따라서 성격이 고착될 것인지 또는 변화하기 쉬운 성격인지에 관한 중요한 영향력을 가지게 된다. 성격특성은 환경이나 시긴과 관계없이 연속성을 보이는 극히 선전적인 특성을 가신다는 것으로 정의할 수 있다. 많은 연구에 따르면, 성격특성은 성인기에도 현저하게 영속적인 성향을 가진다(Heatherton & Weinberger, 1994). 예를 들면, "The Big Five Personality Traits"에서 개개인이 가지고 있는 성격특성은 수십 년이 지나도 변화 없이 더욱 더 완고해지고 고착된다(McCrae & Costa, 1990). 즉, 외향적인 성향의 성격특성을 갖는 사람들은 외향적인 성격으로 머무르는 경향이 있다. 또한, 내향적인 성향의 성격특성을 갖는 사람들은 내향적인 성격의 소유자로 남아있게 될 것이다.

내향적인 사람들은 고통에 대해 외향적인 사람들보다 더 민감하며, 더 쉽게 피곤해하며, 자극(excitement)은 내향적 사람들의 업무수행에 방해를 주지만, 외향적인 사람들에게 있어서는 더욱더 업무능력을 고양하는 경향이 있다. 또한,

내향적인 사람들은 외향적인 사람들보다 더 주의 깊게 행동을 하지만, 추진력은 떨어진다. 다음은 내향성·외향성의 차이점을 시사해주고 있다(Watson & Clark, 1997; Pervin, Cervone, & John, 2005).

- 내향적인 사람들은 외향적인 사람들보다 더 학업능력이 뛰어나며, 특히 고급과목일수록 더욱더 그렇다. 대학에서 학업부진으로 인한 퇴학을 하는 학생들은 외향적인 사람들인 반면에, 정신증적인 원인으로 인해 내향적인 사람들은 학업을 그만두게 된다.
- 외향적인 사람들은 타인과 상호작용하는 직업(vocation)을 선호하는 반면에 내향적인 사람들은 혼자서 하는 직업을 선호하는 경향이 있다. 외향적인 사람들은 일상적인 직업에서 다른 직업으로 전환하려 하지만, 내향적인 사람들은 새로운 직업을 선호하지 않는다.
- 외향적인 사람들은 숨김없는 성적·공격적 유머를 즐기지만, 내향적인 사람들은 익살(pun)과 미묘한 농담과 같이 보다 더 지적인 유머유형을 선호한다.
- 외향적인 사람들은 내향적인 사람들보다 더 성관계에 적극적이며, 빈도가 잦으며, 다른 상대들과의 성관계를 선호한다.
- 외향적인 사람들은 내향적인 사람들보다 더 제시적인 경향이 있다.

최근 150개의 연구사례의 메타분석에 따르면, 5만 명의 피험자를 대상으로 적어도 1년 동안 진행된 성격특성에 관한 연구실험결과 성격의 지속성을 유력하게 시사해주고 있다(Roberts & Friend – DelVecchio, 2000). 그러므로 쉽게 흥분하고 분노를 유발하는 성격의 소유자로 성장한 사람들은 추후에도 별다른 성격의 큰 변화 없이 그 성격특성을 가지고 살게 된다는 것을 시사하고 있다. 우리 속담으로 표현하면, "세 살 버릇 여든까지 간다!"라고 대언할 수 있을 것이다.

모든 연령대에서 개개인의 성격특성은 오랜 기간이 지나도 지속성을 유지하게 된다. 그러나 가장 성격특성이 변화하기 쉬운(the lowest stability of personality traits) 때는 유년기이고, 성격특성이 변화하기가 가장 어려운(the highest stability of personality traits) 때는 50세를 넘기면서이다. 유년기에는 다소 성격특성의 변화를

그림 3.1) 성격의 영속성(The Stability of Personality)

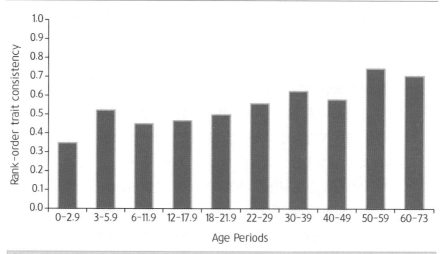

(This graph shows consistency across time measures for personality at different ages. Consistency is lowest in childhood and highest after age 50)

볼 수 있지만, 중년이 되면서부터 성격이 더욱더 변화하지 않고 완고해짐을 설명해주고 있다. William James에 의하면, "연령 30세의 성격은 석고(plaster)처럼 굳어져서 고착(fixed)되며 다시는 결코 부드러워지지 않는다."고 시사한다(Gazzaniga & Heatherton, 2006). 〈그림 3.1〉은 성격의 영속성(the stability of personality)을 제시해주고 있다.

결론적으로 나이가 들수록 성격특성(personality trait)은 좋은 성격특성으로 변화하기가 무척 어려워진다는 것이다. 그러나 필자는 자기분노조절(SAM)과 자기분노치료(SAT)를 통해 우리의 부정적이고 완악해져 버린 영혼, 정서, 생각, 행동이 어느 정도는 인지되고, 분석되어서 충분히 개선되고 순화될 수 있는 긍정적 효과를 가져다줄 수 있다고 생각한다.

가장 좋은 성격특성(best personality trait)을 형성하기 위해서는, 아니마(Anima)와 아니무스(Animus)를 통합한 절충성격모형(neutrality personality model) 성격특성(personality trait)이 자아(ego)의 의식적인 세계와 자기(self)의 무의식의 세계를 활용하여 절충하는 단계(step)와 준행(practice)을 절실히 필요로 한다. 달리 말하면, 과도한 외향성 성격특성(extrovert personality trait)의 경향이 높은 사람들은 내향성

성격특성(introvert personality trait)을 수용하여 절충성격모형(neutrality personality model)을 유지하며, 반면에 영속적 내향성 성격특성(introvert personality trait)의 경향이 높은 사람들은 외향성 성격특성(extrovert personality trait)을 받아들여 절충성격모형(neutrality personality model)을 수용하여 자신의 성격특성(personality trait)을 분석하고 보다 나은 성격특성(better personality trait)으로 향상시키기 위해서 혼신의 훈련(discipline)과 노력(effort)을 수행해야 한다. 다시 말하자면, "우리에게 생명이 남아있는 한, 우리는 혼신을 다해 배우기에 힘쓰며, 주어진 운명을 도전해 나아가야만 한다!" 이사야에서는 가난하고 소외된 자들을 돕기 위해서 학자의 지혜로운 말(instructed tongue, 교육을 받은 언어능력)/온유한 말(gentle tongue)과 적극적·긍정적 경청능력을 함양할 수 있도록 혼신을 다해 노력하라고 선포한다. "주 여호와께서 학자의 혀를 내게 주사 나로 가난한 자를 말로 어떻게 도와줄 줄을 알게 하시고 아침마다 깨우치시되 나의 귀를 깨우치자 학자같이 알아듣게 하시도다(The Sovereign Lord has given me an instructed tongue, to know the word that sustains the weary. He wakens me morning by morning, wakens my ear to listen like one being taught)(사 50:4)."

4장.

자기분노인식
(Self-Anger Recognition)

자기분노인식
(Self-Anger Recognition)

01 자기분노인식(Self-Anger Recognition)이란?

 인간은 흔히 자기분노인식(Self-Anger Recognition)을 하는 것을 두려워하고, 부인하고, 회피하는 경향이 있다. 이는 흔히 자신의 반동적·공격적 행동과 성격특징이 타인에게 노출되는 것에 관한 부담이나, 그 이면에는 변화와 포기에 대한 두려움(쾌락적 보상욕구 포기: 지배/통제/조종욕구, 우월욕구, 충동욕구, 의존욕구, 회피욕구)이나, 직면에 대한 내적 불안이 존재하기 때문이다. 이럴 때 인간은 직면의 용기가 필요하다. 이는 바로 자기분노인식이다. 자기분노인식이란? 분노유발상황이나 폭력긴급상황에서 자기분노(self-anger)를 자각하고, 알아차리는 행위이다. 또한, 자기분노인식에 따른 자기분노(self-anger)를 스스로 인정하는 일은 약간의 체면에 부담과 손상을 가져다줄 수도 있지만, 결국엔 자기분노(self-anger)를 직면하고, 조절하고, 승화하고, 변화시켜야 할 주요 과제이며, 이로 인해 더욱더 많은 인생의 즐거움, 행복, 안녕, 자유, 평화, 위로, 지지, 공감, 친밀감, 도덕성과 더불어 창의적·긍정적 에너지를 발현하면서 인생을 향유(享有)할 수 있다.
 분노는 우리 자신의 또 다른 얼굴(페르소나), 또 다른 인격, 또 다른 분노 습성을 표출한다. 또한, 분노는 우리의 삶 전체를 변조하거나 왜곡하여, 긍정적인 면보다는 부정적인 면을 더욱더 부각하는 경향이 있다. 아마 여러분들 중에도 어렸을 때 한두 번쯤은 "두 얼굴을 가진 사나이"라는 TV 방송을 시청한 적이 있을 것이다. 외부환경으로부터의 부당함, 스트레스, 자극을 받으면 자신도 모르는 사이에 분노와 격분으로 인하여 또 다른 자신의 얼굴(헐크)로 변하게 된다. 이것이 바로 우리의 내면 깊이 숨겨진 분노의 얼굴인 것이다. 인간은 누구나 두 얼굴을 가지고 살아가고 있다. 아니 그보다 더 많이 가려진 얼굴로 숨기고 사는 것이 바로 우리의 실상이다. 인간은 흔히 분노유발상황이나 폭력긴급상황, 즉 다양한 예측불허의 상황적 변인들에 따라 무의식·잠재의식적으로 그늘에 가려진 분노(shadowed anger) 속 자신의 다양한 내면의 얼굴을 외면의 얼굴로 표출한다.

우리는 누구나 무의식적·의식적이든 간에 분노를 느끼고, 유발하고, 억압하고, 부인하고, 회피하고, 격분하는 등 다양한 형태로 표현한다. John Steinbeck의 『분노의 포도』에서 "분노의 그림자는 아픔이다!"라고, 필자는 『최신 분노치료』에서 "분노(忿怒)는 자신의 내·외면에 미분화된 자아와 미해결된 과제로 인한 정서파편(情緒破片)으로 표류하는 한(恨)의 소인(素因)이다."라고 분노의 정의를 내렸다(류창현, 2009). 즉, 분노의 파편으로 인한 불안, 우울, 긴장, 스트레스, 두려움, 공포, 상처, 상흔, 억제, 억압, 강압, 그림자는 자신의 내면에 미분화된 자아(undifferentiated ego), 미해결된 과제(unfinished business), 오랫동안 상처받고 억압되어 맺힌 한으로서의 또 다른 나의 페르소나를 내·외부로 표상한다. 분노의 어둡고 음침한 그림자 속에서 괴로움, 외로움, 그리고 고통으로 시달리며 아파하는 자신의 삶과 가족과 사회생활을 쉽게 포기하고 파괴하려는 충동분노조절장애의 임상적 특징들을 수반한다. 자신의 의식적·무의식적 억압·저항·한(恨)·우울·불안·강박·그늘에 가려진 분노(shadowed anger) 등을 관찰하고, 인지하고(자각하고, 알아차리고), 분석하고, 자가치료(Self Therapy)를 할 수 있는 "수용의 지혜"를 체득해야 한다.

인간의 가려진 분노(shadowed anger), 즉, 파괴적 충동분노조절장애의 임상적 특징들은 또 다른 나의 모습, 나의 인격으로 표출된다. 다른 말로 표현하자면, 열등의식(inferiority complex)의 나, 우울증(depression)의 나, 불안장애(anxiety)의 나, 히스테리(hysteria)의 나, 신경증(neuroticism)의 나, 강박증(psychasthenia)의 나, 편집증(paranoia)의 나, 경조증(hypomania)의 나, 분노의 화신이 되어버린 나, 회피성(avoidance)의 나, 분노복수자살을 시도하는 나, 분노복수살인을 시도하는 나, 알코올중독(alcohol addict)의 나, 마약중독(drug addict)의 나, 도박 중독(gambling addict)의 나, 게임중독(game addict)의 나, 분노복수섹스(anger revenge sex)의 나, 분노섹스(anger sex)의 나, 의부증·의처증의 나, 정신분열(schizophrenia)의 나, 피해망상(persecutory delusions)의 나, 과대망상(grandiose delusions)의 나, 관계망상

(delusion of reference)의 나, 우울성 망상(depressive delusions)의 나, 조종망상(delusion of being controlled)의 나, 색정망상(erotic delusions)의 나, 신체망상(somatic delusions)의 나, 건강염려증(hypochondriasis)의 나, 반사회성인격장애(antisocial personality disorder)의 나, 경계성인격장애(borderline personality disorder)의 나, 히스테리성인격장애(histrionic personality disorder)의 나, 회피성 인격장애(avoidant personality disorder)의 나, 의존성인격장애(dependent personality disorder)의 나, 강박성인격장애(obsessive compulsive personality disorder)의 나, 수동공격성인격장애(passive aggressive personality disorder)의 나, 우울성인격장애(depressive personality disorder)의 나 등과 같이 자기분노(self-anger) 이면에 존재하는 각양각색(各樣各色)의 또 다른 성격특징들을 인식하고(자작하고, 알아차리고), 인정하고, 조절하고, 내려놓고, 수용하고, 분석하고, 자가치료하는 것이 바로 개인의 삶의 질과 더불어 사회적·공유적 삶의 질을 향상하고 고양하는 것이다. 이렇게 다양한 개인 성격특징들을 귀인하는 신경증(neurosis)과 정신증(psychosis)의 소인들은 개인의 유기체, 환경, 자아에 의해 영향을 받는다(류창현, 2009).

사랑의 결핍(사랑기술, Love Skills)과 자기분노조절기술(SAMS) 결여로 인한 그늘에 가려진 분노(Shadowed Anger)는 자신의 깊은 의식·무의식의 내면에 잔여유형, 상흔으로 남아 석고처럼 고착되어 자리하고 있으며, 동시에 왜곡된 확증편향(confirmation bias)[1]으로 인해 자신과 타인의 삶을 원격조종하고, 끝내 파괴한다. 즉, 그늘에 가려진 분노(Shadowed Anger)는 개인을 의식·무의식 속의 분노의 올가미(trap), 늪(swamp), 독방(cell-room)에 수용하여 지배를 받는 분노의 종(Servant of Anger)으로서의 모습으로 살게 한다. 따라서 분노 이면의 또 다른 나를 발견할 수 있는 데 있어 배움, 통찰력, 수용의 지혜가 요망된다(류창현, 2009).

---

1 "기존의 신념에 부합되는 정보나 근거만을 찾으려고 하거나, 이와 상반되는 정보를 접하게 될 때는 무시하는 인지적 편향을 의미. 즉, 자신의 신념과 일치하는 정보는 받아들이고, 일치하지 않는 정보는 무시." (네이버 지식백과).

02 성경적 분노조절기술(Biblical Anger Management Skills)

성경은 "분노(anger)"에 관해서 276번이나 언급해 주고 있다. 분노가 우리의 실생활에 얼마나 많은 영향을 끼치고 자리 잡고 있는지를 잘 반영해 주고 있다. 분노는 단순히 우리 자신의 미분화된 자아(undifferentiated ego), 미해결된 과제(unfinished business), 미해결된 분노(unfinished anger)와 그늘에 가려진 분노(shadowed anger, 원한(怨恨))로 인한 인격적인 문제(personality disorder)만을 반영하는 것이 아니다.

적대감, 분노, 격분, 공격성, 시기, 미움, 질투, 경멸 등으로 인해서 인류의 첫 번째의 가정인 아담의 가정에서 최초의 존속살인이 발생하게 되었다. 다시 말하면, "인류 최초의 존속살인의 원인은 분노로 귀인 된다."라는 것이 필자의 입지이다. 우리는 여기서 보통살인과 존속살인의 차이점을 이해할 필요가 있었다. 즉, 보통살인이란 형법 제250조 제1항(살인, 존속살인)에 "사람을 살해한 자는 사형, 무기 또는 5년 이상의 징역에 처한다. 자기 또는 배우자의 직계존속을 살해한 자는 사형, 무기 또는 7년 이상의 징역에 처한다."라고 명시하고 있으며. 존속살인이란 형법 250조 제2항에 해당하는 범죄로써 "자기 또는 배우자의 직계존속을 살해함"으로써 성립하는 것이다. 여기서 배우자와 직계존속은 법률상의 개념을 의미한다. 사실상의 부모관계가 있더라도 인지절차를 완료하지 않았을 경우는 직계존속이 아니며, 양자가 양부를 살해하는 것은 본죄를 구성한다. "배우자란 현재의 배우자를 의미하고 사망한 배우자는 해당하지 않는다."라 명시하고 있으며, 또한 영아살인일 경우에는 형법 제251조(영아살해) "직계존속이 치욕을 은폐하기 위하거나 양육할 수 없음을 예상하거나 특히 참작할 만한 동기로 인하여 분만 중 또는 분만 직후의 영아를 살해한 때에는 10년 이하 징역을 처한다."고 명시하고 있다.

"아벨은 자기도 양의 첫 새끼와 그 기름으로 드렸더니 여호와께서 아벨과 그 제물은 연납하셨으나 가인과 그 제물은 연납하지 아니하신지라. 가인이 심히 분하여 안색이 변하니 여호와께서 가인에게 이르시되 네가 분함은 어찌함이며 안색이 변함은 어찌함이뇨"(창4:4~6). 가인의 내면에는 동생 아벨에 대한 시기와 질투심으로 인한 격노의 앙금이 깔려있었다. 가인의 시기와 질투심의 주된 원인은 가인 자신의 "그늘에 가려진 분노의 올가미(The Shadowed Anger of Trap)"로부터 비롯된 것이다. 여기서 예배 때에 하나님은 제물만 받으시는 분이 아니라는 사실을 깨닫게 된다. 예물을 드리는 자신의 전인격(The Whole Personality)이 매우 중요하다는 메시지를 담고 있다. "여호와께서 아벨과 그 제물은 연납하셨으나(The Lord looked with favor of Abel and his offering)", "가인과 그 제물은 연납하지 아니하신지라(but on Cain and his offering he did not look with favor)"를 살펴보면 아벨과 그 제물(Abel and his offering)과 가인과 그의 제물(Cain and his offering)을 비교강조(compared emphasis)해 주고 있다. 아무리 귀하고 소중한 예물로 그리고 많은 돈을 헌금한다 해도 예배하는 자의 마음 중심이 왜곡된 심령(distorted heart)이라면, 하나님은 그 예배를 연납하지 않으실 것이다. 왜냐면 하나님은 우리의 외형을 취하시지 아니하시며, 우리의 중심을 먼저 살피시기를 원하시기 때문이다. 다시 말하면, 하나님은 우리의 마음을 다하고 성품을 다하고 힘을 다하여 하나님 여호와를 사랑하고 또한 신령과 진정의 드리는 예배를 기뻐 흠향하신다.

만일 가인이 자신의 질투심과 열등의식으로 분출된 분노를 숨기지 않고, 직면하고 인정하여 그것을 하나님께 고백하여 자신의 연약함을 기도하고, 하나님께 자기분노조절(SAM)을 위해 수용의 지혜와 도움을 요청하였다면, 인류 최초 가정에서 발생한 가장 잔혹한 참사의 시발인 존속살인사건을 미연에 방지할 수가 있었을 것이다.

하나님은 가인에게 죄를 다스리라고 명령하신다. "네가 선을 행하면 어찌 낯을 들지 못하겠느냐? 선을 행치 않으면 죄가 네 문 앞에 도사리고 앉을 것이라. 죄(분노)가 너를 다스리고 싶어 하여도 너는 죄(분노)를 다스릴지니라(but you must master it(sin).)"(창4:7). 여기서 죄를 다스리라는 것(You must master sin!)은 분노를 조절하고 이기라는 것(You must master anger!)으로 해석할 수 있다. 우리는 인생을 살아가면서 자신의 분노를 조절하고 이길 수 있는 자기분노조절기술(SAMS)과 자기분노치료기술(SATS)을 개발하여 훈련해야 한다. 전도서와 잠언에서는 노를 쉽게 내는 자(quick-tempered man)를 어리석은 일을 행하는 우매한 자로 칭하고 있으며 또한 노의 격동으로 인한 다툼을 삼가라고 권면하고 있다. "급한 마음으로 노를 발하지 말라 노는 우매자의 품에 머무름이니라"(전 7:9). "노하기를 속히 하는 자는 어리석은 일을 행하고 악한 계교를 꾀하는 자는 미움을 받느니라"(잠 14:17). "대저 젖을 저으면 엉긴 젖이 되고 코를 비틀면 피가 나는 것 같이 노를 격동하면 다툼이 남이니라"(잠 30:33). "미련한 자는 당장 분노를 나타내거니와 슬기로운 자는 수욕을 참느니라"(잠 12:16). 성경은 확고하게 분노를 버리라고 천명해주고 있다. "이제는 너희가 이 모든 것을 벗어 버리라. 곧 분함(anger)과 노여움(rage)과 악의(malice)와 비방(slander)과 너희 입의 부끄러운 말(filthy language)이라"(골3:8).

상황적 압력과 변인에 의한 분노, 스트레스, 긴장, 적대감, 공격성, 격분으로 인해 우리는 자주 마음의 평안(平安)을 잃게 되며 더 나아가 뼈를 마르게 하고 썩게 되어 끝내 심령의 병으로 또는 육신의 질병으로 나타나게 된다는 것을 성경은 우리에게 다음과 같이 시사하고 교훈하고 있다. "마음의 즐거움은 양약이라도 심령의 근심은 뼈를 마르게(A crushed spirit dries up the bones) 하느니라"(잠 17:22), "마음의 화평은 육신의 생명이나 시기는 뼈의 썩음이니라"(잠 14:30). "사람의 심령은 그 병을 능히 이기려니와 심령이 상하면 그것을 누가 일으키겠느냐?"(잠 18:14).

잠언은 또한 우리에게 무엇보다도 분노를 다스리고 우리의 마음을 다스리라고 천명하고 있다. 그리하면 생명의 근원을 보상으로 얻게 된다는 것이다. "노하기를 더디 하는 자는 용사보다 낫고 자기의 마음을 다스리는 자는 성을 빼앗는 자보다 나으니라"(잠 16:32), "무릇 지킬 만한 것보다 더욱 네 마음을 지키라, 생명의 근원이 이에서 남이니라"(잠 4:23). "유순한 대답은 분노를 쉽게 하여도 과격한 말은 노를 격동하느니라"(잠 15:1). "온량한 혀는 곧 생명 나무라도 패려한 혀는 마음을 상하게 하느니라"(잠 15:4). "분을 쉽게 내는 자는 다툼을 일으켜도 노하기를 더디 하는 자는 시비를 그치게 하느니라"(잠 15:18). 이처럼 잠언은 인간에게 있어서 분노를 조절하고 마음을 다스리면서 사는 것이 얼마나 중요한지를 시사해주고 있다.

03 전인격치유모형

"웃음과 용서는 영혼을 치유하는 메커니즘(mechanism)이다!" 인간의 영혼(靈魂)의 치유가 이루어지면 정서가 치유되고, 정서의 치유가 이루어지면 사고가 치유되고, 사고의 치유가 이루어지면 행동이 치유되고, 이른바 이것은 바로 행동수정모형(Behavior Modification Pattern)을 형성한다. 이러한 치유모형이 바로 전인격치유 모형(The Whole Personality Healing Model)이다. 즉, 영혼의 치유(Spiritual Healing: Quanturm Change) → 정서치유(Emotion Healing) → 생각치유(Thought Healing) → 행동치유(Paradigm Shift & Behavior Modification Towards God)로 전개될 것이다. 역으로, 행동의 치유(Paradigm Shift & Behavior Modification Towards God) → 사고치유(Thought Healing) → 정서치유(Heart Healing) → 영혼치유(Spiritual Healing: Quanturm Change)로 또한 전개될 수 있다. 다음 〈그림 4.1〉은 전인격치유모형(The Whole Personality Healing Model)과 〈그림 4.2〉는 전인격치유상호작용모형(The Whole Personality Healing Correlation Model)을 설명하고 있다.

그림 4.1 〉 전인격치유모형

4장 • 자기분노인식(Self-Anger Recognition) **59**

그림 4.2) 전인격치유상호작용모형

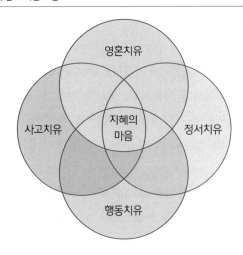

<그림 4.1> 전인격치유모형(The Whole Personality Healing Model)은 서로 간에 상호작용을 하며 상호관계성을 공유하고 유지한다. 즉, 영혼, 마음, 생각, 행동 등은 상호 간의 소원(疏遠)된 관계가 아닌 상호관계성을 공유하고, 유지하며 형성된다. 만약 이러한 전인격치유모형(The Whole Personality Healing Model)에서의 상호관계성(correlation)이 왜곡되고, 부인되고, 편향되고, 파괴된다면, 이에 따른 육신의 질병(신경증(neurosis)과 정신장애(psychosis))도 유래된다. 그러므로 우리의 영적치유를 얻기 위해서 성령과 말씀에 의지하여 자신의 격분, 시기, 질투, 열등의식, 투사, 분노를 순화시키는 것이 우선적으로 실행되어야 한다. 또한, 일상생활에서도 자기묵상기도와 사랑과 용서의 실천에 힘쓰며, 순응하고, 적응하고, 직면해 나아가야만 한다.

하나님은 실로 찬양, 경배, 예배를 신령과 진정으로 드려질 때에만 우리의 영혼이 자유, 평강, 행복, 유익, 즐거움, 치유를 얻게 된다. "아버지께 참으로 예배하는 자들은 신령과 진정으로 예배할 때가 오나니 곧 이때라. 아버지께서는 이렇게 자기에게 예배하는 자들을 찾으시느니라. 하나님은 영이시니 예배하는 자가 신령과 진정으로 예배할지니라."(요 4:23 – 24).

개인의 분노를 조절하고 마음을 다스리기 위해 최근에 유망시되는 많은 다양한 자기분노조절기술(SAMS)과 자기분노치료기술(SATS)인 묵상기도치료(meditation &

prayer therapy), 사랑치료(love therpay), 감사치료(gratitude therapy), 울음치료(crying therapy), 회개치료(repentance therapy), 용서치료(forgiveness therapy), 분노조절 인지행동치료(anger management cognitive behavior therapy), 웃음치료(laughter therapy), 찬양치료(praise therapy; 음악치료) 등을 통해서 자신에게 가장 적합한 기법들을 선택하여 활용해야만 한다. 이로써 우리는 분함, 노여움, 공격성, 악의, 비난, 비판의 삶을 벗어버리겠다는 자신과의 확고한 결심을 통해서 그리고 실질적인 학습, 실천, 체득을 통해서 우리의 신앙의 질(quality of faith)과 삶의 질(quality of life)을 동시에 향상할 수 있을 것이다. 즉, 우리는 자신에게 최선의 효율적·효과적·실용적인 자기분노조절기술(SAMS)과 자기분노치료기술(SATS)를 선택하고 훈련(訓練)하여, 자신이 만들고 억압한 어두운 분노의 감옥으로부터 해방되어, 더욱더 고양된 자유와 평강과 행복한 삶의 장을 열어가기를 소망한다.

▼
04 자기분노치료여정(self-anger therapy journey)

자기분노치료(SAT)를 위해 4단계의 훈련과정을 거쳐야 한다.(참조 〈그림 4.3〉).

먼저 자기분노(self-anger)를 관찰(observation)하는 자기분노관찰단계(self-anger observation step)이다. 즉, 자기분노관찰단계에서는 자기분노(self-anger)를 객관적인 시각에서 관찰하고 반영하기 위해서 자기를 비우는 작업이 우선으로 실행되어야 한다. 바꾸어 말하면, 자기를 내려놓는 훈련이 필요하다.

다음은 자기분노인식단계(self-anger recognition step: 자각하기(realize), 이해하기(understand), & 수용하기(accept))이다. 자기분노인식단계에서는 3가지 과정을 경험한다. 첫째, 자신의 분노를 자각하는 과정이다. 즉, 자기관찰훈련을 통해 자기분노(self-anger를 알아차리는 단계이다. 둘째, 자기분노(self-anger)를 이해하는 과정이다. 즉, 자기분노(self-anger)를 이해하게 되면, 점진적으로 자신의 분노를 인정할수 있다. 셋째, 자기분노(self-anger)를 수용하는 과정이다. 즉, 자신의 분노를 있는 그대로 수용하고 자기분노조절기술(SAMS)과 자기분노치료기술(SAMT)을 훈련하기로 하는 단계이다.

그 다음은 자기분노분석단계(self-anger analysis step: 자신의 분노 직면하기(confront

그림 4.3) 자기분노치료여정(self-anger therapy journey)

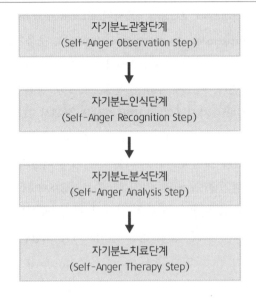

your anger))이다. 즉, 자신의 분노를 회피하지 말고 자신의 분노를 보다 객관적인 통찰로 명확하게 분석하고 직면하는 단계이다. 자기분노분석단계에서 가장 중요시되는 것은 바로 분노 이면에 숨겨진 자신의 부정적인 정서들, 불충족된 원함들, 불충족된 욕구들(예: 1. 인정욕구, 2. 존중욕구, 3. 지배/통제/조종욕구, 4. 우월욕구, 5. 충동욕구, 6. 회피욕구, 7. 의존욕구) 등을 탐색하고 직면하는 것이다. 이를 실현하기 위해, 자신의 편향적·왜곡적·고정적·주관적 분석사고를 최대한 배제한 상태에서의 자기분노분석이 실행돼야 한다. 많은 사람이 이 과정에서 자기방어기제들(self-defense mechanisms)인 자기부인(self denial), 신경적 불안(neurotic anxiety), 억압(repression), 반동형성(reaction formation), 자기합리화(self rationalization), 대치(replacement), 투사(projection), 분리(splitting), 동일시(identification), 신체화(somatization), 행동화(acting out), 퇴행(regression), 이타주의(altruism), 승화(sublimation) 등을 경험하게 된다.

이 단계를 거치면 진정으로 자기분노(self-anger)를 스스로 자발적으로 조절하고 치료할 수 있는 단계인 자기분노치료단계(self-anger therapy step: forgive yourself, your past, your parents and then others)에 이른다. 본 단계에서는 자신과 자신의 과거를 용서하고, 부모님을 용서하고, 나아가 자신에게 상처를 주고 미워하는 타인들까지도 용서하고 수용할 수 있도록 용서치료(forgiveness therapy)를 실연한다. 이 것이 바로 일상에서 자기분노조절기술(SAMS)과 자기분노치료기술(SATS)을 내·외적으로 시연하고 실현하기 위한 자기분노치료여정(self-anger therapy journey)이다.

자기분노(self-anger)가 격분으로 전환될 때, 자신의 분노를 효과적으로 조절하고, 다스릴 수 있는 자신만의 마술기술(magic skills)이 필요로 한다. 한 예로, 이와 관련한 성경적 자기분노조절기술(SAMS)을 소개하면, 듣기는 빨리하고(quick to listen), 말을 천천히 하고(slow to speak), 분노를 천천히 하라(slow to anger)이다. 여기서 듣기는 빨리하고(quick to listen)의 의미는, 먼저 경청하라는 의미이다. 즉, 자신의 많은 메시지를 전달하려고 노력하기보다는 긍정적·적극적 경청에 더 초점을 두고 대화를 시도하라는 의미이다. 또한, 말을 천천히 하고(slow to speak)의 의미는 복식호흡을 활용한 15초 자기분노조절기술(SAMS)2을 3단계로 나누어 시연하면서 잠시 합리적·건설적·대안적·긍정적·중립적·손익적 사고를 할 수 있는 시간을 갖는 것이다(참조 〈그림 4.4〉).

그림 4.4) 15초 자기분노조절기술(Self-Anger Management Skill)

[1단계]	[2단계]	[3단계]

| 미소를 지으며 호흡을 코로 5초간 들이마시면서 양손에 점진적으로 긴장을 줍니다. | 미소와 함께 호흡을 5초간 유지하면서 양손에 최대한 강하게 긴장을 줍니다. | 입을 위아래로 벌리고 호흡을 5초간 천천히 내쉬고 어깨선에 맞춰 손가락 마디에 힘을 주며 양손가락을 활짝 펼칩니다. |

2 15초 자기분노조절기술(SAMS): 미소와 함께 양손을 주먹을 꽉 쥐고 들숨을 들이쉬면서 긍정적인 에너지, 창의적 에너지, 평화의 에너지를 들이쉬는 상상을 한다. 5초간 들이쉬면서 1, 2, 3, 4, 5 (5초간 들숨), 5초간 호흡을 잠시 유지하면서 5, 4, 3, 2, 1 (5초간 유지), 5초간 날숨과 함께 5, 4, 3, 2, 1 (5초간 날숨) 분노(불안, 우울, 긴장, 스트레스, 적대감, 공격성, 강박, 공황)를 내보낸다. 그리고 자신의 분노를 내려놓는다.

마지막으로, 분노를 천천히 하라(slow to anger)의 의미는 분노유발상황이나 폭력응급상황에서 나−메시지, 자기주장기법, 대처기술(대처사고, 대처진술, 대처행동) 등을 활용해서 자기분노조절(SAM)과 자기분노치료(SAT)를 실행하는 것이다. "내 사랑하는 형제들아! 너희가 알지니 사람마다 듣기는 빨리하고(quick to listen), 말을 천천히 하고(slow to speak), 분노를 천천히 하라(slow to anger)"(약1:19−20).

▼
05 분노는 상처다!

John Ernest Steinbeck의 "분노의 포도(The Grapes of Wrath)"에서는 "분노의 그림자는 아픔이다!"라고 표현해주고 있다. 즉, 인간의 상처, 한, 억압, 저항, 갈등, 우울, 강박성, 편집성, 반사회성, 히스테리, 신체형장애 등은 분노의 그림자에 가려져 있을 뿐, 아주 완벽히 사라진 것은 아니라는 의미를 부여한다. 즉, 분노는 깊은 상처이다!

분노는 우리 자신의 또 다른 얼굴, 또 다른 인격, 또 다른 분노습성으로 표출된다. 또한, 분노는 우리의 삶 전체를 변조, 왜곡시키며, 긍정적인 면보다는 부정적인 면을 더 많이 부각한다. Semmelroth & Smith(2000)에 따르면, "분노는 매일 삶 속에서 볼 수 있는 정신이상(insanity)의 한 종류이다; 그리고 정신이상의 특징은 자제심을 잃어버리는 것(loss of self−control)"이라고 언급하고 있다. 만일 우리가 자신을 제어(Self−Control)할 수 없다면, 우리는 쉽게 분노의 종이 되어 살게 된다. 분노를 다스린다는 것은 자기 생각(thought), 정신(spirit), 정서(emotion), 마음(heart), 몸(body)을 다스린다는 말로도 대언할 수 있다. 먼저 분노를 조절하려면 자신의 마음을 다스릴 수가 있어야한다. 즉, 수심(修心)의 중요성을 명시해 주는 것이다. 자기를 다스리는 자는 마음을 다스릴 수 있는 자이며, 동시에 마음을 다스릴 수 있는 자는 곧, 자신의 분노(anger control)를 다스릴 수 있게 되며, 나아가 자신을 수심(修心) 할 수 있는 사람은 자기 가족, 직장, 사회, 나라를 다스릴 수 있는 지혜롭고 겸손한 인격체가 될 것이다. 결국 수심(修心)을 통한 자기훈련은 자기 확장과 자기실현을 성취하는 데 있어 초석이 된다는 것을 강조해주고 있다.

Harbin(2000)에 따르면, 남성들은 여성들보다 분노를 달리 표현하는 경향을 보인다고 한다. 남성들은 여성들보다 일반적으로 폭력적이다. 남성들은 대체로 분노를 유발할 때에 여성보다 그들의 감정을 다스리고, 통제하지 못하는 경향이 있다. 분노의 문제를 가진 남성들은 어느 누군가와 불화를 일으킬 가능성이 있다. 따라서 분노는 남성들에게 있어서 좋은 직장의 사장으로, 직원으로, 그리고 가정적인 남편으로 살아가는 데 큰 걸림돌이 되기도 한다.

가정과 사회에 대한 분노로 인한 현시대적 큰 재앙들, 유영철, 대구참사, 조승희, 정성현, 강호순의 사례들은 이 시대를 살아가는 우리에게 잊지 못할 아픔을 안겨주고 있다. 현재 많은 가족이 가정폭력에 노출되어 있으며, 범람하는 시대에 살고 있다. 이러한 가정폭력의 이면에는 자신의 부정적인 감정이나 분노감을 통제하지 못하는 문제를 안고 있는 남성들이 많으며, 동시에 이 사회는 이제는 남성들의 폭력을 간과할 수가 없게 되었다. 교도소는 남성들의 분노로 폭력과 살인, 방화, 가정폭력, 성폭력, 강간, 강도 상해 등을 저지른 수감자들로 붐비고 있으며, 40대, 50대, 60대의 중년의 수감자들이 해마다 그 수가 더욱더 증가하고 있다.

가정의 폭력으로 인해 편친 가정의 수가 급증하고 있으며, 이 가정폭력의 잔재로 인하여 또 다른 청소년의 비행인 학교폭력으로 더 이상 학교는 안전지대의 역할을 감당하지 못하고 있는 것이 현실이다. 그렇다고 해서 이 사회의 모든 범죄의 짐을 남성들에게 덮어씌울 수만은 없을 것이다. 그런데도 대다수를 인정하지 않을 수는 없다. 폭력범죄는 여성보다 남성들에게 많으며, 무책임하고, 교육을 잘 받지 못한 남성들은 여성들보다 그들의 가정과 자녀를 더욱 빈번하게 버려두는 경향이 있다(Harbin, 2000).

분노로 인한 가정폭력과 반사회성에 노출되어 사는 청소년들은 일반적인 청소년에 비해 정신질환과 폭력적인 성향이 현저하게 높다. 청소년 범죄예방에 있어 가장 중요한 것이 바로 그들 스스로가 자신의 분노를 자각하고, 통제하려는 자발성이 우선으로 요망된다.

06 포스트 코로나 19시대의 충동분노조절장애 이해

급속한 시대적·사회적 요구와 변화로 인한 전통적 사회규범의 와해, 사회통제력상실 등으로 초래되는 부작용, 부적응, 높은 자극추구성향(novelty seeking)(Cloninger, 1994)으로 일상생활 속에서 사소한 자극이나 스트레스에 노출될 때 긴장, 분노, 과도한 반응, 공격성에 이르기까지 쉽게 격분하는 청소년 ADHD(Attention Deficit/Hyperactivity Disorder, 주의력결핍 및 과잉행동장애)가 최근 지속적인 급증 반향을 보인다.

청소년 ADHD는 1. 부주의(산만함): 외현화된 자극에 대한 억제 결여, 2. 충동성: 내현화된 자극에 대한 억제 결여, 3. 과잉행동: 이러한 자극에 대한 신체적 부합 행동 등과 같은 주요한 임상적 특징을 보인다(Kutscher, 2008, 류창현, 2018). 청소년 ADHD의 빈약한 전두엽과 전전두엽(브레이크)기능은 수행기능, 억제기능, 자기조절, 자기통찰 등을 담당한다. 즉, 이러한 뇌의 수행기능장애(수행역기능)는 자기조절과 자기통찰 결여, 공존장애(불안, 우울, 품행장애, 적대적 반항장애, 간헐적 폭발장애, 반사회성 성격장애, 강박장애 등), 가족, 학교, 군, 직장 스트레스 등을 동반하며, 행동의 억제, 과제착수, 자기대화(Self-Talk, 생각 없이, 생각 전에 말하고 행동), 작업기억, 예측(미래 일은 상관없고, 마음속에 유지하지 못하고 현재에 감금됨, 가장 큰 어려움(the biggest issue)), 반추적 사고(과거경험으로부터의 지혜), 시간감각(너무 짧거나 너무 길다), 조직화, 유연성, 행동전환, 사실로부터의 감정분리하기, 사실에 대한 감정활성화하기(과거의 실패와 성공에 대한 재경험결여, 동기부여), 좌절감내, 분노조절, 경청, 학습장애 등을 초래한다(Kutscher, 2008, 류창현, 2018).

특히 분노충동조절장애와 범죄에 관련한 주요 핵심요인인 청소년 ADHD의 충동성(impulsiveness)은 복합적인 개념을 가지고 있는 행동으로서 충동적 반응들을 조절하지 못하고 사고 전이나 사고 없이 실행하는 행동이며, 자신이나 타인에게 위해가 될 수 있는 것에 대한 유혹(침투적 사고, 반추적 사고, 심상, 감정, 충동)을 쉽게 실행하는 행동으로 정의한다: 1. 충동적인 행동의 억제, 2. 기다림의 수용력, 3. 행동전환, 4. 자기만족지연 등의 기능 부재를 충동적 행동이라 표현한다(Pedro Antônio, 2007; 류창현, 2018; Ryu et al., 2016; Ryu, 2020; 이재원, 2020; 민성길, 2010).

아울러 Barratt(1995)의 충동성척도 2(Impulsiveness Scale (BIS) II)에서는 총점이 높을수록 충동성이 높음을 의미하며, 하고자 하는 일에 주의 및 초점을 맞추는 정도를 측정하는 주의충동성(attentional impulsiveness), 충동적으로 행동하는 정도를 측정하는 운동충동성(motor impulsiveness), 심사숙고하거나 계획하는 정도를 측정하는 무계획충동성(non-planning impulsiveness) 등으로 충동성에 관한 통합적 요인들을 평가한다. 즉, 청소년 ADHD들이 경험하는 문제들은 주의충동성, 운동충동성, 무계획성, 현재 순간에만 존재하듯 즉각보상적인 삶 살기, 과잉행동, 소리 지르기, 거짓말, 악담, 절도, 타인 비난하기 등으로 요약된다(Kutscher, 2008; 류창현, 2018; 이재원, 2020). 이러한 충동적 폭력행동(impulsive-violent behaviors)은 아동기에는 단지 주의력결핍이나 과잉행동 정도 수준에 그치지만 적절한 치료적 개입 없는 채 방치되면(Pedro Antônio, 2009), 사회부적응적인 청소년 ADHD는 학교중도탈락, 학교집단폭력, 중독(행위 및 약물중독), 상습폭행, 성폭행, 방화, 묻지마폭력, 데이트폭력, 살인 등과 같은 치명적인 반사회적 범죄와 중독에 이르기까지 확대되듯 예후(prognosis)가 좋지 않은 경향이 있다(민성길, 2010; Flores, 2007; Bioulac et al., 2020).

현재 전국 6호 처분 아동보호시설, 소년원, 청소년교도소, 보호관찰소 등에서 시행하고 있는 다양한 교정, 교화, 심리치료 프로그램을 전반적으로 개선 및 보완하여 재구성할 필요성이 있으며, 특히 디지털문화와 밀레니엄 시대 청소년의 욕구(need)를 충족하고 부합할 수 있는 다양한 맞춤형 분노조절 가상현실치료(AM-VRT) 프로그램을 개발 및 검증하여 더욱 효과적·효율적인 치료개입 프로그램을 제공하여 교정보호대상 범죄소년의 재범률을 낮추고 재사회화를 향상하기 위한 연구가 절실히 요망된다. 따라서 본서에서는 "통합적 분노조절 가상현실 인지행동치료(IAM-VR-CBT)" 프로그램을 통해 청소년 ADHD에게 새로운 브레이크(New Brakes)를 제공하여 분노의 역기능적 신념과 간헐적 분노폭발의 악순환 고리를 끊고자 한다. 즉, 이를 통해 약물남용, 학교부적응 및 중도탈락, 낮은 자존감, 높은 재범률이나 공범률, 높은 교통사고(오토바이, 자동차) 등을 조기에 개입하여 예방하고 억제하는 데 조력하고자 한다.

(1) 국내 청소년 ADHD(10~24세[3])의 증가 현황

미국 DSM−Ⅳ 진단을 기준을 따르면, 학령기(만6~12세)의 아동 ADHD는 6%가 발생한다(Kutscher, 2008). 16명의 아동 중 1명 꼴로 이러한 ADHD 문제를 가지고 있으며, 이는 가족당 구성원이 4명이라는 가정하에 4가정 중 1가정은 ADHD 문제에 영향을 받으며 살고 있다는 것을 의미한다(Kutscher, 2008).

최근 국내 청소년 ADHD(10~24세) 관련한 국민건강보험공단의 건강보험 진료데이터를 살펴보면, 국민건강보험공단은 건강보험 진료데이터를 활용해 최근 5년간 ADHD 진료 현황을 2020년 2월에 발표하였다. 국민 ADHD 전체 환자 수는 2015년 50,106명에서 2017년 53,070명, 2019년 71,362명으로 증가추세이다.

본 연구대상 연령대에 해당하는 10~24세 연령대 환자수는 2015년 35,529명에서 2017년 35,379명으로 약간 감소에서 2019년에는 다시 43,761명으로 증가하였으며, 최근 5년간 남성 환자가 여성 환자와 비교해 3.9배가량 많은 것으로 나타났다. 하지만 남녀 성비는 2015년 4.1배에서 2017년 4.0배, 2019년 3.6배로 점차 비슷해지는 추세를 보였다. 특히 2019년 전년도 대비 국민 전체 환자수와 남성 환자수는 각각 11.1%, 13.0% 증가하였으나, 여성 환자수의 경우 20.1% 높은 증가세를 보였다. 최근 10~24세 환자 진료비 현황은 2015년 147억 원에서 2017년 158억 원, 2019년 227억 원으로 꾸준히 증가하는 추세를 보였으며, 2019년 기준 남성 환자의 진료비는 119억 원, 여성 환자의 진료비는 28억 원이었다.

2019년 연령 대비 진료 현황을 보면 10~14세가 2만 2천 9백 명으로 29.4%를 차지해 가장 많았고, 5~9세 2만 2천 6백 명으로 28.9%, 15~19세 1만 3천 8백 명의 순으로 나타났다. 이는 초등학교 저학년까지 ADHD 증상이 있더라도 크면 괜찮아질 것이라는 생각으로 진료를 받지 않다가 고학년이 되어 치료를 시작하는 경우가 많아서 10~14세 환자가 다른 연령보다 더 많은 것으로 추정된다. 위 〈그림 4.5〉는 연도별 성별 10~24세 ADHD 환자수 및 진료비 추이를 제시하고 있다.

---

3 청소년기본법(靑少年基本法)에 따르면, 2017. 7. 6. 법률 제14839호로 개정되어 9세 이상 24세 이하를 청소년으로 규정하고 있으며, 본 연구에서는 청소년 ADHD 13~24세 대상으로 구성함.

그림 4.5 〉 연도별 성별 10~24세 ADHD 환자수 및 진료비 추이

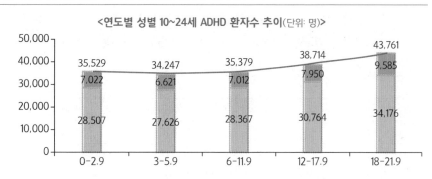

〈연도별 성별 10~24세 ADHD 환자수 추이(단위: 명)**〉**

	0-2.9	3-5.9	6-11.9	12-17.9	18-21.9
전체	35,529	34,247	35,379	38,714	43,761
여	7,022	6,621	7,012	7,950	9,585
남	28,507	27,626	28,367	30,764	34,176

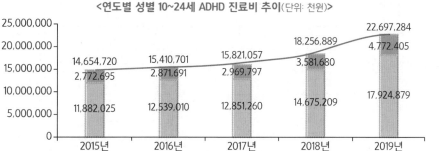

〈연도별 성별 10~24세 ADHD 진료비 추이(단위: 천원)**〉**

	2015년	2016년	2017년	2018년	2019년
전체	14,654,720	15,410,701	15,821,057	18,256,889	22,697,284
여	2,772,695	2,871,691	2,969,797	3,581,680	4,772,405
남	11,882,025	12,539,010	12,851,260	14,675,209	17,924,879

여 ▨ 남 ▬ 전체

출처: 국민건강보험공단, 2020년

(2) 국내 법무부 치료적 사법제도 강화 추세

청소년 ADHD는 청소년기에 생태학적으로 지속적인 부적응으로 인한 스트레스 취약성(stress-vulnerability)과 더불어 우울과 불안, 적대적 반항장애, 품행장애, 반사회성격장애의 공병률이 높다(Lopez-Duran, 2010; 민성길, 2010; Bioulac et al., 2020). 이는 부정적인 자기정체감을 형성하고 적대감, 충동성, 분노, 공격성 등과 관련한 범죄위험수위도 성인범죄의 수준이며, 범죄형태는 지속해서 집단화, 지능화, 저연령화, 흉포화, 조직화 등으로 진화되고 있다. 순간적인 파괴적인 충동 분노조절의 실패로 인한 우발범죄는 지속해서 증가하고 있는 실태이다. 다음 〈표 4.1〉과 〈그림 4.6〉은 주요 범죄군별 소년범죄의 발생비 추이(2009년~2018년)를 제시하고 있다.

표 4.1 〉 주요 범죄군별 소년범죄의 발생비 추이(2009년~2018년)　　　　　(단위: 발생비, %)

연도	재산범죄		강력범죄(흉악)		강력범죄(폭력)		교통범죄	
	발생비	증감률	발생비	증감률	발생비	증감률	발생비	증감률
2009	434.8	-	34.7	-	292.2	-	182.6	-
2010	400.7	-7.9	33.7	-2.8	250.5	-14.2	150.9	-17.3
2011	403.0	-7.3	38.1	9.9	265.2	-9.2	136.3	-25.3
2012	442.4	1.8	34.7	0.0	310.0	6.1	115.1	-36.9
2013	430.9	-0.9	34.4	-0.8	215.4	-26.3	96.2	-47.3
2014	367.4	-15.5	32.0	-7.7	196.0	-32.9	93.7	-48.7
2015	332.9	-23.4	28.2	-18.8	181.4	-379	89.4	-51.0
2016	352.9	-18.8	35.7	2.9	207.7	-28.9	99.4	-45.6
2017	319.3	-26.6	38.1	9.8	231.2	-20.9	105.8	-42.1
2018	300.6	-30.9	39.8	14.8	224.0	-23.3	86.7	-52.5

출처: 대검찰청, 범죄분석 2009~2019년

그림 4.6 〉 주요 범죄군별 소년범죄의 발생비 추이(2009~2018년)

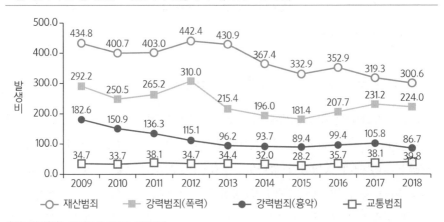

출처: 대검찰청, 범죄분석 2009~2019년

　　최근 법무부는 치료적 사법제도를 강화하고 있다. 즉, 이는 "처벌 위주에서 벗어나 약물치료, 치료감호 등을 통해서 범죄자가 재범에 빠지지 않고 사회공동체의 구성원으로 복귀할 수 있도록 돕는 것이다." 이러한 21세기 디지털 문화와

4차 산업혁명 시대정신(zeitgeist)적 이해, 기대, 반영에 순응하여 본 연구에서는 "청소년 ADHD 생체신호분석 기반 통합적 분노조절 가상현실치료(Integrative Anger Management Virtual Reality Therapy, IAM－VRT)기술 개발"과 검증을 통해 청소년 ADHD의 재비행과 재범을 예방 및 억제하고 재사회화의 역할을 충분히 기능할 수 있도록 하는 데 새로운 대안으로 제시하고자 한다.

(3) 국내외 통합적 분노조절 가상현실치료(IAM-VRT) 개입

몰입형 머리 착용 디스플레이(VR－HMD), 데스크탑 VR, 홀로그래픽 VR 등과 더불어 오감각을 사용한 가상현실환경(Virtual Reality Environment, VRE)에서의 다양한 가상현실치료(VRT) 프로그램을 진행할 수 있기에 통합적·절충적 심리치료와 재활에서의 개입이 증가하고 있으며, 몰입되고 혼합된 가상현실환경(VRE) 외에는 주위 환경이 막혀 청소년 ADHD에 독립적인 가상공간을 줌으로써 높은 주의력 (attention), 몰입감(immersion), 현실감(realism), 실재감(presence), 동기부여(motivation), 심리적 정화(공감, 사회적 조망수용, 정서안정), 자기표현기술(self－expression skill), 자기주장기술(self－assertion skill), 자기돌봄(self－care), 자기신뢰(self－trust), 자존감 (self－worth), 잠재력(potentiality), 자기통제력(self－control), 자기개선(self－improvement), 협동심(cooperation), 대인문제해결기술(interpersonal problem－solving skill), 회복탄력성(resilience), 인지기능, 신경 가소성(neural plasticity) 향상과 더불어 뇌기능손상의 감소 효과를 가져온다(Adamovishet al., 2009; Bohilet al., 2011; Ryu et al., 2016; Ryu, 2020; 권석만, 2013; Blair et al., 2005; APA, 2013; Rose et al., 2005).

"통합적 분노조절 가상현실치료(IAM－VRT)"는 오감 활용과 맞춤형 가상현실공간(VRE)에서의 생태학적 분노유발자극을 통한 청소년 ADHD의 생리적·정신적·정서적·행동적 변화와 성장을 가정한다. 즉, 긍정변화(positive change)를 창출하기 위한 가상(virtual)과 현실(reality)을 연결하여 개인의 경험을 구조화, 강화, 대체하는 긍정기술(positive technology)에 기반으로 긍정적이고 즐거운 경험을 창출하는 기술(쾌락수준), 성취적·직면적·자기실현적인 경험을 지지하는 기술(행복수준), 사회통합과 유대감을 향상하고 지지하는 기술(사회대인관계수준, social & interpersonal level)인 가상현실치료(VRT)기술은 교정대상 청소년 ADHD의 긍정순환(positive cycle)을 이끌 수 있는 통합적인 개입 도구로서 기존의 교정 처우 프로그램 시스템의 한계점을 개선 및 보완할 수 있는 역할을 할 수 있다(류창현, 연성진, 2015; 류창현, Ryu et al., 2016; Ryu, 2020; 2018; Wiederhold et al, 2014; Graffigna et al., 2013; Bioulac et al., 2020).

최근 국외 많은 연구사례에서 가상현실치료(VRT)는 청소년 ADHD의 심리치료와 재활 프로그램으로 적극적으로 개입되어 보고되고 있지만, 국내 연구사례에서는 매우 드문 실태이다. 현재까지 가상현실환경(VRE)을 활용한 국내외 충동적인 분노조절 및 치유와 관련된 통합적·융합적 처우 시스템은 전무한 상태로 부주의, 충동성 및 과잉행동 등을 병리적 현상으로 보고 심리치료와 약물치료를 병행하는 상담센터와 정신건강센터가 운영되고 있다.

본 연구과제에서는 공동연구로 다학제간과 소프트웨어 가상현실(VR-HMD) 콘텐츠 제작팀과 협업을 통해 "통합적 분노조절 가상현실치료(IAM-VRT) 프로그램"을 개발하여 청소년 ADHD의 파괴적 충동조절장애와 '뇌'의 전두엽피질(frontal cortex), 전전두엽피질(prefrontal cortex), DMN(default mode network) 등의 관련성 연구로 생체신호검사(QEEG, HRV), 행동심리검사(CPT), 정신정서검사(BDI-2, BAI, BIS-2, STAXI-2) 등의 도구들을 활용해 뇌가소성, 충동성, 강박성, 분노, 공격성, 우울, 불안 정도를 검증하는 심층적 임상연구가 지속화될 필요가 있다(Scofield et al., 2019; Fan et al., 2019; Abramov et al., 2019; Lau-Zhu et al., 2019; van Loon et al., 2018).

(4) 교정보호대상 청소년 ADHD IAM-VRT 플랫폼 개발 실태

청소년 ADHD의 대다수의 심리적·생태학적 문제들은 유전적 소인과 가벼운 스트레스 상황들에서의 충동분노조절 결여로 특징화된다(권석만, 2013; 이재원, 2020; 류창현, 2018). 특히 충동조절기술과 분노조절기술의 부재는 청소년 ADHD의 신체적·생리적·정신적·생태학적 건강에 있어 지대한 손상과 더불어 지속적인 정서적·정신적·행동적 악영향과 악순환을 초래한다(권석만, 2013; 류창현, 2018; Ryu et al., 2016; Ryu, 2020; 민성길, 2010; Bioulac et al., 2020; 김정인 등, 2015; 오수환 등, 2018). 이는 역시 지대한 사회적·경제적·교육적 손실비용을 일으킨다. 따라서 본 "교정보호대상 청소년 ADHD 생체신호 분석 기반 분노조절 가상현실치료 (AM-VRT)기술 개발" 연구는 역동적인 분노조절 가상현실 인지행동치료(AM-VR-CBT), 우울·불안 가상현실 자기공감훈련(VR-Self-Empathy Training), 가상현실 마음챙김명상(VR-MBSR) 등을 확대 및 통합하여 현재 교정 및 보호시설 내(아동보호시설, 소년원, 소년교도소 등)에 복역 중인 분노조절장애, 파괴적 충동조절장애(DICD), 우울·불안의 자살사고와 자살시도 등의 공존장애를 지닌 청소년 ADHD 대상자들(남 70명, 여 30명; 연령 13~24세)을 적극 참여, 치료, 재활할 수 있는 "통합적 분노조절 가상현실치료(IAM-VRT) 프로그램"을 개발하여 그 효과를 검증하는 데 있다.

본 연구에서 기술개발을 위한 구체적인 목표로 삼은 "통합적 분노조절 가상현실치료(IAM-VRT) 콘텐츠"는 1) 분노조절 가상현실 인지행동치료(AM-VR-CBT), 2) 우울·불안 가상현실 자기공감훈련(VR-Self-Empathy Training), 3) 가상현실 마음챙김명상(VR-MBSR) 등을 구성하여 가상현실환경(VRE)으로 구현하고자 한다 (Hortensius et al., 2018; Vijverberg et al., 2020; van Loon et al., 2018; Migoya-Borja et al., 2020; Lim et al., 2019; Areces et al, 2018; Amer et al., 2019; Herrera etal, 2018; Slater et al., 2013). 총 5년간의 "통합적 분노조절 가상현실치료(IAM-VRT) 콘텐츠" 개발 후, 그 효과를 검증하기 위해서 전국 교정 및 보호시설 내(아동보호시설, 소년원, 소년교도소 등)에 수형 중이거나 수강 및 보호관찰 대상자 중 100명의 청소년 ADHD 대상자들(남 70명, 여 30명; 연령 13~24세)로 구성하여, 매회 120분씩, 총 8회기를 진행하며, 생체신호검사(뇌파(EEG), 심박변이도(HRV)), 행동심리검사(주의력 지속 수행검사(CPT)), 정신정서검사(Beck 우울척도 2(BDI-2), Beck 불안척도(BAI), Barrett 충동성척도2(BIS-2), 상태특성분노표현척도 2(STAXI-2)) 등의 검사 도구들을 사용하여, 사전-사후 2회씩 효과를 검증하고자 한다. 즉, 본 연구에서는 기존 연구와 차이를 두어 집단별 가장 치료 효과가 클 것으로 예상하는 청소년 맞춤형 "통합적 분노조절 가상현실치료(IAM-VRT) 콘텐츠"를 개발하여 진행하며, 그 후 사전 측정한 검사들을 사후에 재측정하여 그 결과값들이 얼마만큼 정상인에 가까운 값으로 양호하게 바뀌었는지를 확인하여, 각각의 "통합적 분노조절 가상현실치료(IAM-VRT) 콘텐츠"의 효과를 검증하고자 한다(참조 〈그림 4.7〉).

그림 4.7 〉 연구개발의 전체 개요도

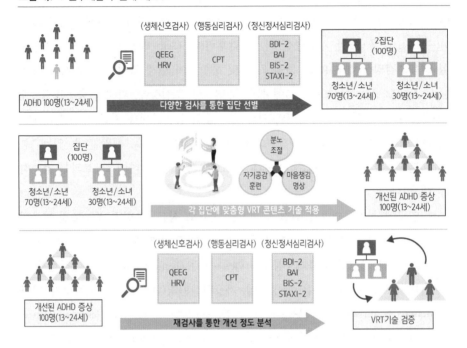

1) 국내외 청소년 ADHD 가상현실치료 개발현황

최근 국내외에서 청소년 ADHD의 치료적 개입으로 가상현실(VR)과 가상환경 (VE)과 더불어 인지행동치료(CBT)를 "통합한 분노조절 가상현실 인지행동치료 (IAM-VR-CBT)"가 소개되고 있다(Ryu et al., 2016; Anton et al., 2009). 특히 가상현실 인지행동치료(VR-CBT)는 청소년의 자기분노조절, 사회적응기능, 통찰, 객관화, 좌절감내력, 자율성, 조망훈련, 상호작용을 통한 공감능력, 몰입, 집중력 등을 높여주며, 상담자와 감정노동자의 신경적·정서적 에너지 소진에 대한 대안으로도 제시되고 있다(류창현, 연성진, 2015; 류창현, 2018; 2019; 2020; Bioulac et al., 2020).

청소년 ADHD는 충동적인 자극추구환경에서 노출시 자신을 통제하기 어려워지며, 특히 분노조절장애, 파괴적 충동조절장애(DICD), 우울·불안의 자살사고와 자살시도 등이 공존하는 교정대상 청소년 ADHD의 경우는 일반적인 교정처우 프로그램으로 부정적이고 역기능적인 감정, 사고, 신념, 행동을 변화시키는 데 한계가 있다(Yalom et al., 2005; Ryu et al., 2016; Ryu, 2020; Vanzin et al., 2018). 본 연구과제 "교정보호대상 청소년 ADHD 생체신호분석 기반 통합적 분노조절 가상현실치료(IAM-VRT)"는 이러한 한계를 극복하고 실질적인 치료 효과를 가져올 수 있다(Yeh et al., 2012; Ryu et al., 2016; Ryu, 2020; 2022). 아울러 가상현실환경(VRE)을 활용하여 교정대상 청소년 ADHD가 일상생활에서 가장 필요로 하는 핵심 주제들로 다양한 맞춤형 사회기술에 초점을 맞추어 소개하고자 한다. 즉, 청소년 ADHD가 충동적 분노유발상황에서 자신의 분노를 자각하고, 인정하고, 내려놓고, 조절하는 자기분노조절(self-anger management skills)(Slater et al., 2013; Ryu et al., 2016; Ryu, 2020; 2022), 가장 필요한 자신의 사고와 감정을 진솔하고 명확하고 간결하게 표현하여 친밀감을 만드는 의사소통기술(communication skills): 친밀감 만들기, 자신의 긍정적·부정적 의견, 사고, 감정을 적절하게 표현하는 자기표현기술(self-expression skill), 타인에게 요청하거나 타인의 제안을 친절하게 거절하는 자기주장기술(self-assertion skill), 사회적 대인관계에서 발생하기 쉬운 갈등과 문제를 해결하고 대처하는 대인문제해결기술(interpersonal problem-solving skill), 우울·불안한 자신의 마음을 있는 그대로 이해하고 공감하는 자기공감기술(self-empathy skill)(류창현, 2015; Valizadeh, 2010; van Loon et al., 2018; Hortensius et al., 2018; Migoya-Borja et al., 2020; Herrera et al, 2018), 다양한 자연치유영상물들을 보면서 자신의 분노와 스트레스를 내려놓고, 조절하고, 분산시키는 가상현실 마음챙김명상(VR-MBSR)을 구성하여 개발해야 한다(〈그림 4.8〉 참조).

그림 4.8 〉 연구개발내용

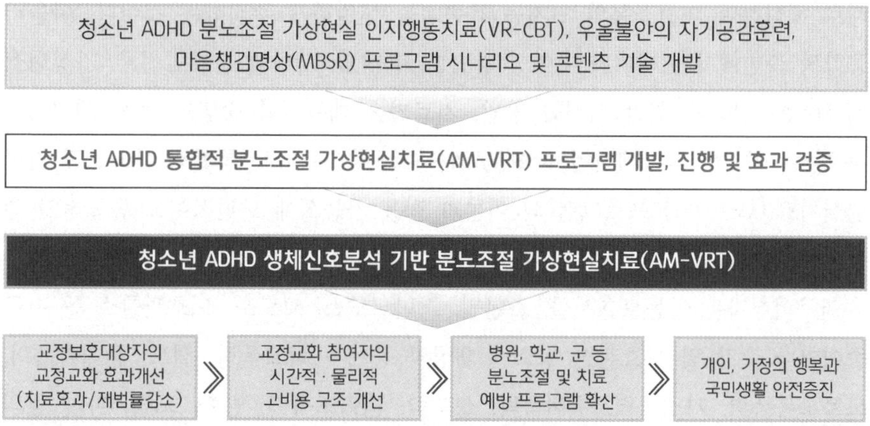

청소년 ADHD 분노조절 가상현실 인지행동치료(VR-CBT), 우울불안의 자기공감훈련, 마음챙김명상(MBSR) 프로그램 시나리오 및 콘텐츠 기술 개발

청소년 ADHD 통합적 분노조절 가상현실치료(AM-VRT) 프로그램 개발, 진행 및 효과 검증

청소년 ADHD 생체신호분석 기반 분노조절 가상현실치료(AM-VRT)

| 교정보호대상자의 교정교화 효과개선 (치료효과/재범률감소) | 교정교화 참여자의 시간적·물리적 고비용 구조 개선 | 병원, 학교, 군 등 분노조절 및 치료 예방 프로그램 확산 | 개인, 가정의 행복과 국민생활 안전증진 |

청소년 ADHD 통합적 분노조절 가상현실치료(IAM-VRT) 프로그램 개발, 진행, 및 그 효과 검증을 통한 교정보호대상자의 교정교화 효과 개선(치료효과/재범률 감소), 교정교화 참여자의 시간적·물리적 교육비용 구조 개선, 병원, 학교, 군 등 분노조절 및 치료 예방 프로그램 확산, 개인, 가정의 행복과 국민 생활 안전증진 등에 이바지하는 데 있다.

2) 연구추진전략과 검증방법

본 연구는 "청소년 ADHD 생체신호분석 기반 통합적 분노조절 가상현실치료 (IAM-VRT) 개발"을 수행하기 위해 교정보호학, 정신의학, 심리학, 윤리학, 철학, 그리고 컴퓨터공학 등의 다학제 간의 융합적 기술 연구와 개발, 그리고 평가 시스템을 통합적으로 실행하는 데 있다. 이러한 과정을 통해 파괴적 충동조절장애, 분노조절장애, 자살사고와 자살시도 등의 증상이 나타나는 교정보호대상 청소년 ADHD의 치료, 교육, 훈련, 재활 등을 위한 심층적인 "통합적 분노조절 가상현실치료(IAM-VRT) 프로그램 개발"에 더 포괄적인 학문적 이해와 협업으로 기하고자 한다(참조 〈그림 4.9〉).

본 연구가 기존 연구와 크게 차별되는 부분은 프로그램 개발에 있어 절차적이고 설득 가능한 해석 결과를 얻어내기 위해 개발 전 단계에 걸쳐 인문사회과학적인 관여를 시도하는 데 있다. 즉, 교정보호대상자들을 선정하고 그들의 문제 해결을 위해 교정보호 전문가가 연구의 모든 과정을 안전하게 개입하고, 윤리학과 철학 전공자는 대상자들의 변화과정을 인간주의적 관점에서 직접 대면의 형태로 해석하며 의사소통의 인지능력 변화를 면밀하게 추적하는 것이다. 아울러 공학적 측면에서는 데이터 마이닝 방법론, 유형별, 상황별 분류방법론, 가상현실치료(VRT) 검증을 위한 최적화 방법, 치료기술 매뉴얼화 방법론 등을 제시하고자 한다. 이러한 다학제적인(多學際的) 연구접근을 토대로 "통합적 분노조절 가상현실치료(IAM-VRT) 프로그램"의 이론과 적용 가능성에 보편적이고 통합적인 연구의 모델링을 제시하고자 한다.

연구피험자는 아동보호시설, 소년원, 소년교도소, 교도소, 보호관찰소 등 수형 중이거나 수강 및 보호관찰 청소년 대상자 중에서 학교폭력, 절도, 묻지마폭력, 도로보복폭력, 가정폭력, 주취폭력, 성폭력, 데이트폭력, 방화, 도벽, 마약 등의

그림 4.9 〉 연구추진전략 개요도

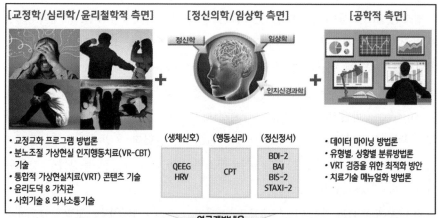

범죄유형들로 청소년 ADHD 임상진단특성들을 충족하는 청소년 100명(남 70명, 여 30명; 연령 13~24세)을 무작위로 선별하여, "통합적 분노조절 가상현실치료 (IAM-VRT) 프로그램"을 매회 120분씩, 총 8회기를 진행하며, 생체신호검사(뇌파 (EEG), 심박변이도(HRV)), 행동심리검사(주의력 지속 수행검사(CPT)), 정신정서검사 (Beck 우울척도 2(BDI-2), Beck 불안척도(BAI), Barrett 충동성척도2(BIS-2), 상태특성분노 표현척도 2(STAXI-2)) 등 검사 도구들을 사용하여 사전-사후 2회씩 t-test를 실행하여 그 효과를 검증한 후, 교정 및 보호시설에 개입하여 사용하는 것이 최적의 임상연구방법이라 생각한다.

(5) 교정보호대상 청소년의 주요 심리적 특징들

청소년 ADHD들이 경험하는 문제들은 주의충동성, 운동충동성, 무계획성, 현재 순간에만 존재하듯 즉각보상적인 삶 살기, 과잉행동, 소리 지르기, 거짓말, 악담, 절도, 타인 비난하기 등으로 요약된다(Kutscher, 2008; 류창현, 2018; 이재원, 2020). 특히 ADHD와 공존으로 발현되는 동반장애들로 우울, 불안, 강박장애(OCD), 분노, 학습장애, 조울증, 틱, 아스퍼거, 자폐증, 감각통합장애, 중앙청각처리장애, 품행장애(CD), 적대적 반항장애(ODD), 간헐적 폭발장애(IED), 반사회성 성격장애(APD) 등이 포함되고 이는 청소년 ADHD의 임상적 특징들을 강화한다(Kutscher, 2008; 류창현, 2020).

청소년 ADHD는 수행기능, 행동의 억제(No Stop!), 계획착수, 모방학습, 자기대화(self-talk), 작업기억(working memory), 예측력, 통찰과 반추적 사고, 조직화, 유연성, 행동전환, 공감능력, 고통감내 등이 부족하다(Kutscher, 2008; 류창현, 2018). 이러한 역기능적 요인들은 가족구성원들 간의 스트레스와 갈등문제들을 지속시킨다. 청소년 ADHD 자녀로 인해 둘러싼 가족의 불화는 분노의 주기만 연장하고 회피패턴을 만든다. 이러한 가족불화의 문제는 역으로 또다시 이미 과도한 스트레스를 받는 청소년 ADHD 자녀에게 새로운 정서적 스트레스, 분노, 충동성, 강박성, 문제유발의 원인을 제공하게 된다. 최후의 승자는 청소년 ADHD를 포기하지 않고 지속해서 함께 머무르고, 학습하고, 연구하고, 조력할 수 있는 공동치료자이다. 먼저, 가족구성원이 그리고 이 사회공동체구성원이 그 역할을 감당해야 한다(Kutscher, 2008; 류창현, 2020).

최근 청소년들 사이에서 탈진증후군(burn-out syndrome)이 흔히 발생하고 있다. 이는 청소년들의 도파민결핍증후군(dopamine deficiency syndrome) 때문이다. 즉, 과도한 욕심, 탐욕, 목표 등으로 도파민이 결핍된 사회심리 스트레스 환경시스템에 노출된 현대 청소년들은 20세기보다 더 빠른 적응과 동화가 요구되는 21세기 디지털 사회문화교육에 부적응함으로써 쉽게 철수되고 소진되고 있다. 도파민결핍(dopamine deficiency) 욕구를 충족시키기 위해 쉽고 빠르고 자극적이고 충동적인 즉각보상(immediate reward)을 제공하는 '음주, 수면, 폭식, 게임, 도박, 섹스, 텔레그램 n번 방, 마약' 등을 선택함으로써 자극추구성향(novelty seeking)이 높아져 행위중독과 약물중독증상이 나타날 것이다.

특히 청소년 ADHD는 지연보상(delay reward)보다 즉각보상(immediate reward)에 차츰 더 길들고 중독되기 때문에 자극추구성향(novelty seeking)이 높아지고 있다. 즉, 충동성, 강박성, 분노, 쾌락추구는 본능(id)이 이성(reason)보다 더 강력하게 작용할 때, 지연보상보다 즉각보상을 더 요구하게 되며, 이는 결국 도파민보상결 핍을 초래한다(이재원, 2020; 류창현, 2018). 이를 대처할 방법은 통합적 맞춤형 분노 조절 가상현실치료(AM-VRT) 프로그램을 통해 청소년의 지연보상을 강화하는 것이다. 즉, 여유, 합리적 사고(Rationality), 창의성(Creation), 긍정성(Positiveness), 침착성(Calmness), 조직성(Organization), 융통성(Flexibility), 회복탄력성(Resilience), 영성(Spirituality), 지속성(Maintenance) 등은 이성(reason)이 본능(id)보다 더 강력하 게 작용할 때, 즉각보상보다 지연보상을 더 요구하게 되며, 이는 인생의 행복과 의미를 장기적으로 보상충족을 한다. 이는 결국 신피질에 도파민을 향상한다. 신피질은 문제해결회로(problem solving loop)를 가지고 있는데 이는 문제가 인지 되면 좋은 아이디어와 대안을 착수해서 해결하는 일을 담당한다. 청소년 ADHD 에 가장 필요한 것이 바로 신피질의 도파민 활성화할 수 있는 기제이다.

본 "통합적 분노조절 가상현실치료(IAM-VRT) 프로그램"을 활용해 청소년 ADHD의 폭력적 응급상황(Violent Emergencies)에서도 적절하게 문제를 대처하여 자기효능감(self-efficacy)과 자존감(self-esteem)을 높여 주는 것이 중요하다. 이러 한 맞춤형 가상현실환경(VRE)에서 책임을 회피하고 두려워하던 청소년 ADHD가 반복적인 실행으로 많은 시행착오와 실패를 즐기고 재도전을 통해 일상에서도 자신의 회복탄력성(resilience)과 역량(capacity)을 함양시킬 수 있다.

인생목표(life goal)를 자신의 역량보다 한두 단계 높게 착수한 후, 한 걸음씩 한 걸음씩 노력하면서 소소하고 완전한 행복을 성취하며 맛보며 즐기며 사는 것 이 참 행복(true happiness)이다. 이것이 바로 소확행(小確幸)의 삶이다. 현 디지털 시대의 청소년들이 소확행(小確幸)의 삶을 향유하기 위해 우선으로 "본능적인 쾌 락과 만족지연훈련(Delay of Instinct Pleasure & Gratification Training)인 자기분노조절 기술(Self-Anger Management Skills)"이 절실히 요망된다. 이를 기능적으로 충족시 킬 수 있는 "통합적 분노조절 가상현실치료(IAM-VRT) 기술플랫폼"을 소개하고 활용해 청소년 ADHD 스스로 자기긍정대화(self-positive talk), 자기지지(self-support), 자기공감(self-empathy), 자조(self-help), 자가치유(self-healing), 자기개선(self-improvement)의 장을 열고자 한다.

(6) 자기분노조절(SAM)과 자기분노치료(SAT) 개입

21세기에 사는 현대인들이 누구나 공감할 수 있는 급격한 산업의 발전과 빠른 시대 변화로 부적응·부조화 문제가 파생됐다. 이는 현대인의 불안, 우울, 스트레스, 긴장, 공황으로 나타났고, 개인·가족·사회·국가 간의 갈등과 분노는 높은 수위에 직면했다. 특히 코로나-19 유행병에 직면해 질병과의 전쟁에서 생존하고 있는 우리 사회에서의 불안, 우울, 긴장, 스트레스로 인한 파괴적 충동조절장애(DICD)는 또 다른 사회문제이자 해결할 핵심 의제로 떠오르고 있다. 급속한 사회변화에 따라 일상생활 속에서의 사소한 자극이나 스트레스 노출 시 과도한 분노폭발, 과민반응, 공격적 행동 등의 증상들을 보이는 청소년과 성인 ADHD가 급증하는 추세이다(류창현, 2018; 2020; 2021; Ryu et al., 2016; Ryu, 2020; 2022).

청소년(10~24세) ADHD와 관련된 국민건강보험공단의 건강보험 진료데이터를 살펴보면, 국민 ADHD 전체 환자 수는 2015년 50,106명에서 2017년 53,070명, 2019년 71,362명으로 증가추세를 보인다. 청소년(10~24세) 연령대 환자 수는 2015년 35,529명에서 2017년 35,379명으로 약간 감소하였다가, 2019년에는 다시 43,761명으로 증가하였다. 최근 5년 동안의 남성 환자 수가 여성 환자 수의 3.9배가량 많은 것으로 나타났으나, 남녀 성비는 2015년 4.1배에서 2017년 4.0배, 2019년 3.6배로 점차 비슷해지는 추세이다. 2019년 전년도 대비 청소년 전체 환자 수와 청소년 남성 환자 수는 각각 13.0%, 13.1% 증가하였으며, 특히 청소년 여성 환자 수의 경우 20.6%로 높은 증가추세를 보인다. 최근 10~24세 환자 진료비 현황은 2015년 147억 원, 2017년 158억 원, 2019년 227억 원으로 꾸준히 증가하는 추세이며, 2019년 기준 남성 환자의 진료비는 179억 원, 여성 환자의 진료비는 48억 원으로 보고된다. 2019년 연령 대비 진료 현황을 보면 10~14세가 2만 2천 9백 명으로 29.4%, 5~9세 2만 2천 6백 명으로 28.9%, 15~19세 1만 3천 8백 명의 순으로 기록되어 있다. 이를 통해 초등학교 저학년까지 ADHD 증상이 있더라도 크면 괜찮아질 것이라는 생각으로 진료받지 않다가 고학년이 되어 치료를 시작하는 경우가 많아 10~14세 환자가 다른 연령대보다 많은 것으로 추정할 수 있다(국민건강보험공단, 2021).

사실 ADHD는 가장 흔한 소아신경정신장애들(childhood neuropsychiatric disorders) 중 하나이다. 학령기 아동의 전 세계 유병률은 약 5%이며, 10대 초반(10세~12세)의 약 60%가 성인기까지 ADHD 증상들로 계속 고통을 받고 있다(김정인 등, 2015; 민성길, 2010) 청소년 ADHD는 1. 부주의(산만함): 외현화된 자극에 대한 억제 결여, 2. 충동성: 내현화된 자극에 대한 억제 결여, 3. 과잉행동: 이러한 자극에 대한 신체적 부합 행동 등과 같은 주요한 임상적 특징을 보인다(류창현, 2018; 2020; Kutscher, 2008). 청소년 ADHD의 빈약한 전두엽과 전전두엽(브레이크) 기능은 수행기능, 억제기능, 자기조절, 자기통찰 등을 담당한다. 즉, 이러한 뇌의 수행기능 장애(수행역기능)는 자기조절과 자기통찰 결여, 공존장애(불안, 우울, 품행장애, 적대적 반항장애, 간헐적 폭발장애, 반사회성 성격장애, 강박장애 등), 가족, 학교, 군, 직장 스트레스 등을 동반하며, 행동의 억제, 과제착수, 자기대화(Self-Talk, 아무런 생각 없이, 생각 이전에 충동적·공격적 말과 행동을 표출함), 작업기억, 예측(미래 일은 상관없고, 마음속에 유지하지 못하고 현재에 감금됨, 가장 큰 어려움(the biggest issue)), 반추적 사고(과거 경험으로부터의 지혜), 시간감각(너무 짧거나 너무 긺), 조직화, 유연성, 행동전환, 사실로부터의 감정분리하기, 사실에 대한 감정활성화(과거의 실패와 성공에 대한 재경험 결여, 동기부여 결여), 좌절감내, 충동분노조절, 경청, 학습, 공감 등의 장애들을 초래한다(이재원, 2020; 류창현, 2018; 2020; 2022; Kutscher, 2008).

특히 충동분노조절장애(impulse-anger control disorders)와 범죄에 관련한 주요 핵심요인인 청소년 ADHD의 충동성(impulsiveness)은 더욱 복합적인 개념을 가지고 있는 행동으로서 충동적 반응을 조절하지 못하고 사고 전이나 사고 없이 실행하는 행동이며, 자신이나 타인에게 위해가 될 수 있는 것에 대한 유혹(침투적 사고, 반추적 사고, 심상, 감정, 충동)을 쉽게 실행하는 행동으로 정의된다: 1. 충동적인 행동의 억제, 2. 기다림의 수용력, 3. 행동전환, 4. 자기만족지연 등의 기능 부재를 충동적 행동이라 표현한다(류창현, 2018; 2020; 2022; Kutscher, 2008; Ryu et al., 2016; Ryu, 2020; 2022).

잠시 인간의 뇌 기능과 역할에 관해 살펴보면(Parashar et al., 2021), 전두엽(frontal region): 주의력(attention), 집중력(concentration), 추론(reasoning), 판단(judgment), 의사

결정(decision making), 통제력(self-control) 등에 중요 역할, 두정엽(parietal region): 중앙부로 감각(senses), 운동, 신체 움직임을 처리하는 역할, 측두엽(temporal region): 기억(memory), 학습(learning), 언어이해(understanding language) 역할, 후두엽(occipital lobe): 시각(vision), 사물식별(object recognition)을 관장, 좌반구(left hemisphere): 분석적 사고(analytical thinking), 우반구(right hemisphere): 상상력(imagination), 전체적 사고(holistic thinking) 관여 등으로 정의된다.

청소년과 성인 ADHD, CD, 충동분노내담자(IAC)의 중독성분노증후군(TAS)을 해독하는 최고의 방법은 통합적·절충적 치료접근(integrative & eclectic therapeutic approaches)이다. 통합적·절충적 분노조절과 분노치료기법을 통해 충동분노내담자(IAC)의 고착되고, 왜곡되고, 획일화된 신념과 관점에서 벗어나 보다 합리적·긍정적·중립적·대안적·생산적·손익적4 사고와 관점을 선택할 수 있도록 다양한 심리치료기술을 제공한다. 또한, 통합적·절충적 분노조절과 분노치료기법을 자율적인 의도를 가지고 숙지하고 체득함으로써 충동분노내담자(IAC)의 전두엽(prefrontal lobe)과 기저핵(basal ganglia)을 회복시킬 수 있다.

흔히 외상(trauma)과 PTSD 환자는 기저핵(basal ganglia)의 손상을 보인다(Parashar et al., 2021). 기저핵(basal nucleus)은 다양한 기원의 피질하핵(subcortical nucleus)이 모여 이루는 뇌 내 구조물로서, 사람을 포함한 척추동물에서 전뇌(forebrain)의 하부와 중뇌(midbrain)의 상부에 있다. 기저핵은 수의운동(voluntary movement), 절차기억(procedural memory), 안구운동(eye movement), 인지(cognition), 감정(emotion) 등의 기능을 수행하는 데 중요하다. 환자의 기저핵은 모든/어떤 환경에서도 늘 과잉 경계상태 및 과도한 각성상태를 유지한다. 따라서 통합적·절충적 심리치료는 충동분노내담자(IAC)의 전두엽(prefrontal lobe)과 기저핵(basal ganglia)을 회복시키는 데 초점을 맞추어야 한다. 전두엽(prefrontal lobe)과 기저핵(basal ganglia)을 원상태로 회복시키기 위해 충동분노내담자(IAC)는 동기의 기능적 자율성이 필요하다. 동기의 기능적 자율성을 바탕으로 충동분노내담자(IAC)는 뇌 가소성(plasticity)을 위해 의식적·자발적으로 자기분노조절기술(SAMS)과 자기분노치료기술(SATS)을 충분히 기능할 수 있도록 숙지하고, 훈련하고, 체득해야 한다. 이로

---

4 손익적 사고란? 어떤 사고, 감정, 행동의 결과에 따른 손실과 이득을 따져보는 사고

써 내면의 변화가 시작될 것이다. 따라서 사회적 미숙성(social immaturity)의 발달과 사회적 유능성(social competence)을 향상하기 위해 지속적인 자기분노조절기술(SAMS)과 자기분노치료기술(SATS) 훈련을 통해 충동분노내담자(IAC)는 자신의 분노에 대한 내적인 인식변화, 사고변화, 감정변화, 언어변화, 행동변화 등과 같은 일련의 점진적 변화단계를 새롭게 경험할 것이며, 아주 조금씩, 천천히, 점진적(0.001%씩, 0.01%씩, 0.1%씩)으로 자기분노조절(SAM)와 자기분노치료(SAT)를 할 수 있다.

마지막으로 필자는 "자기분노는 선택이다!(Self-Anger is a Choice!)"라고 강조하고 싶다. 우리가 다양한 자기분노조절(SAM)와 자기분노치료(SAT) 기술들을 충분히 훈련해서 자신이 처한 분노유발상황과 폭력긴급상황에서도 적대감, 분노, 격분, 반동적 공격성(reactive aggression)이 아닌 웃음(laughter)을 선택할 수 있는 "수용의 지혜"를 깨달아 얻기를 소망한다.

여기서 자기분노조절(SAM)의 한 예로: 1. 먼저 최근에 발생한 자신의 분노유발상황이나 폭력긴급상황을 떠올려 본다. 2. 자신의 분노유발상황이나 폭력긴급상황에서 자신의 부정적·자동적 분노사고를 탐색하고 이해한다. 3. 자신의 일차적 자동적 분노사고를 탐색하고 이해한다. 4. 자신의 이차적 자동적 분노사고를 탐색하고 이해한다. 등을 차례대로 시연할 수 있다. 부정적·자동적 분노사고란 어떤 사건, 행동, 사건, 사람, 상황, 외부자극에 대한 자신이 스스로 인식하기도 전에 부정적·자동적으로 왜곡되거나 편향된 분노사고를 의미한다.

- **부정적·자동적 분노사고의 예:**
  "또 날 건들려고 다가오나!"
  "내 스타일이 아니다!"
  "저 사람 완전히 잘난 체 대왕이다!"
  "이 사람 완전 성격 있네!"
  "저런 인간이 왜 살아있나!"

부정적·자동적 분노사고에 계속해서 집착하게 되면 자신도 모르는 사이에 일차적 자동적 분노사고로 전환된다.

- **일차적 자동적 분노사고의 예:**

  "그 선배는 일부러 나를 못살게 군다."

  "그 친구는 내 일에 사사건건 참견이다."

  "내 편이 없다. 난 버려졌다."

  "부모님은 내 의견을 묻지 않는다."

  "교수님이 날 한심하게 본다."

일차적 자동적 분노사고에 계속해서 집착하게 되면 자신도 모르는 사이에 이차적 자동적 분노사고로 전환된다.

- **이차적 자동적 분노사고의 예:**

  "그 선배는 나쁜 일을 당해 죽었으면 좋겠다."

  "입을 다물도록 흠씬 패고 싶다."

  "어른들의 말은 듣지 않아도 된다."

  "부모님에게 반항하는 것은 어쩔 수가 없다."

  "저런 교수는 잘려도 싸다."

위 세 가지 자동적 분노사고를 조절하고 치료하기 위해서는 먼저 다음과 같은 합리대처사고(rational coping thoughts)를 활용할 수 있어야 한다.

  "그 선배는 나름 아르바이트도 하고 열심히 수업에도 참여하는 성실함
  도 있다. 좋은 면을 보자!"

  "폭력은 나의 인생을 파멸시킬 수 있다. 운동하며 마음을 다스리자!"

  "저번에도 부모님 말씀을 듣지 않고 사고쳤으니, 이젠 경청하는 기술을
  배우자!"

  "부모님에게 반항하는 것보다 더 위대하고 의미 있는 일을 찾자! 남을
  비판할 시간에 나 자신의 역량을 향상할 수 있는 일을 하자! 경찰공무
  원이 되기 위해 노력하자!"

  "교수님도 가족을 부양하고 계신다. 말 안 듣고 공부하기 싫어 대충대충

눈치만 보고 무임승차하며 점수만 받으려는 학생을 지도하시랴 많은 스트레스에 흰머리까지 나셨다. 이런 교수님의 입장을 한 번 이해해 보자!"

"나는 과거보다 더 소중한 존재이다!"

"나는 분노보다 더 위대한 존재이다!"

"나는 나 자신의 영웅이 되겠다!"

"인생의 어떤 힘든 고통 상황에도 희망은 있다!"

"나는 더 이상 과거의 상처 속에서 살지 않겠다!"

"나는 현재 문제를 충분히 직면하고, 수용하고, 웃으며 살아가겠다!"

"나는 미래를 두려워하지 않겠다!"

"고통과 시련은 나를 더 강하게 만든다!"

"긍정적 신념이 긍정적 현실을 만든다!"

"과거의 상처로 분노하지 말자!"

"나는 상처받은 모습대로 더 이상 살지 않겠다!"

"나는 매사에 새롭게 배우며, 감사하며, 성장/성숙하겠습니다!"

5장.

ADHD의
자기분노조절기술

(Self-Anger Management Skills)

ADHD의 자기분노조절기술
(Self-Anger Management Skills)

01 ADHD를 위한 다양한 자기분노조절기술(SAMS) 이해

ADHD(Attention Deficit Hyperactivity Disorder, 주의력결핍 과잉행동장애)와 CD(Conduct Disorder, 품행장애)에서 나타나는 충동적·공격적인 행동문제는 아동과 청소년에게 영향을 미치는 가장 일반적인 문제들 중 하나이다(Lochman & Matthys, 2017; Ryu et al., 2016; Ryu, 2020; 류창현, 2018, 2020, 2021). 이러한 아동과 청소년의 충동적·공격적인 행동문제는 성인기에도 계속되는 행동결과를 초래하고, 낮은 교육성취도, 비행, 약물중독, 행위중독, 정신건강문제 등과 같은 부정적인 결과를 초래할 위험성이 높다(Burkey et al., 2018; Loeber & Farrington, 2000; 류창현, 2017; 류창현, 장석헌, 2020).

충동적·공격적인 행동이 부정적인 행동결과를 지속해서 초래하는 것을 예방하기 위해, 충동적·공격적인 행동문제가 나타나는 아동기에 치료를 개입하는 것이 가장 중요하다(Lochman & Matthys, 2017). 이를 위한 다양한 치료기법 중, CBT(Cognitive behavior Therapy, 인지행동치료)는 아동의 공격성을 감소시키는 것으로 나타났다(Weisz & Kazdin, 2017). 그러나 효과는 미온적이고 이질적이며(McCart et al., 2006), 아동이 분노노출(anger explosure)과 실제 사회문제(real-life social problem) 해결을 더 많이 연습할 때 CBT 개입에 대한 더 강력한 효과가 나타나는 것으로 드러났다(De Mooij et al., 2020; Landenberge & Lipsey, 2005). 따라서 청소년 ADHD와 CD의 적대감, 분노, 충동성, 공격성을 조절하고 감소시키기 위해 생태학적으로 유효한 노출과 실행을 강화할 수 있는 새로운 방법인 가상현실(VR) 개입이 필요하다(Weisz et al., 2019; Ryu et al., 2016; Ryu 2020). 대화형(상호작용)

가상현실(VR)은 충동적·공격적인 행동문제를 보이는 아동과 청소년에게 CBT 개입의 효과를 증가시킬 수 있는 유망한 도구이다(Ryu et al., 2016; Ryu 2020; Dellazizzo et al., 2021; Alsem et al., 2021).

한편, 대화형 VR은 특히 반동적 공격성(reactive aggression)을 줄이는 데 유익하다. 이는 흔히 중기 아동(middle childhood)에게 나타나는 가장 일반적인 공격성 형태이다(Vitaro et al., 2002). 반동적 공격성은 인식된 위협(perceived threat)이나 좌절(frustration)에 대한 공격성으로 정의될 수 있다(Dodge, 1990). 이러한 형태의 공격성을 줄이기 위해 대부분의 CBT 개입은 정서조절(emotional regulation)과 사회인지처리(social cognitive processing) 결함의 수정을 목표로 삼는다. 이는 아동기 공격성의 기저가 되는 두 기제이다(Crick & Dodge, 1994; Lochman & Matthys, 2017). 아동과 청소년 ADHD와 CD는 자신의 분노를 모니터링하고 사회적 상호작용 중에 높은 수준의 분노를 조절하는 분노조절기술과 사회문제해결기술을 학습하게 함으로써 더욱 독립적이고 상황에 맞는 적절한 방식으로 행동하도록 도울 수 있다(Chorpita & Daleiden, 2009; Sukhodolsky et al., 2016; Garland et al., 2008; Mattys & Schutter, 2021). 이는 아동과 청소년 ADHD와 CD가 분노를 잘 조절하면 공격성이 줄어들 것이라는 가정에 근거한다. 치료사는 일반적으로 역할극에서 다양한 분노조절기술을 가르친다(Garland et al., 2008; Sukhodolsky et al., 2016). 역할극 연습은 외현적 행동문제가 있는 아동을 위한 증거기반 아동 CBT와 부모훈련개입의 83%에 통합된다(Menting et al., 2015). 대화형 VR은 역할극 연습을 위한 가상환경(Virtual Environment: VE)을 제공한다. 이는 (1) 사회적 상호작용에서 개별적 맞춤형 연습을 허용한다, (2) 정서조절을 연습하는 데 필요한 주의집중적이고 몰입적이며, 정서적으로 관련된 환경을 제공한다, (3) 오늘날 디지털 문화세대의 청소년에게 동기부여를 제공하여 매력적인 치료 접근법이 될 수 있다 등의 이점을 제공한다(Ryu et al., 2016; Ryu, 2020; Alsem et al., 2021).

최근 교정통계연보(2020)에 따르면, 소년수형자의 죄명별로 강간, 강도, 폭력 및 상해 등의 순으로 변동추이를 보이며(참조 〈그림 5.1〉), 교도소 내 규율위반은 폭력행위(202건, 25.5%), 상해(200건, 25.2%), 폭행치사상(116건, 14.6%) 등으로 나타났다(참조 〈그림 5.1, 5.2〉).

그림 5.1 〉 소년수형자 죄명별 인원 변동추이(교정통계연보, 2020) (단위: 명)

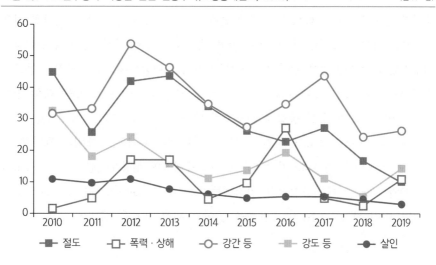

절도   폭력 · 상해   강간 등   강도 등   살인

그림 5.2 〉 규율위반: 입건 송치 사유별 구성비(교정통계연보, 2020)

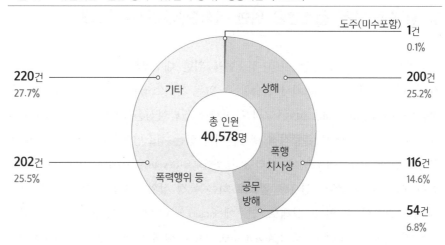

통합적 VR-CBT 기술개발의 목표는 청소년 ADHD와 CD가 신경영상연구에서 손상된 것으로 나타난 일련의 심리적 기능들(psychological functions)에 더 많은 주의를 기울임으로써 VR-CBT 효과의 개선방법과 가능성을 모색하는 것이다 (Matthys & Schutter, 2021; Ryu et al., 2016; Ryu, 2021). 따라서 (1) 분노인식, (2) 사회기술(사회적 상황 속에서 적절한 해결안을 생성할 수 있는 능력), (3) 강화기반 의사결

정, (4) 반응억제, (5) 정서적 공감 등의 심리적 요인들(Matthys & Schutter, 2021)을 통합한 분노조절 VR－CBT 기술개발 설계를 위한 이론적인 접근이 제시될 필요가 있다. 이에 따라, 본 연구에서는 아동 개입에 국한된 선행연구의 연구대상과 연구방법을 확대해 높은 수위의 충동적·공격적인 행동문제, 즉 파괴적 충동조절 장애(Destructive Impulse Control Disorder, DICD)를 흔히 보이는 교정보호대상 청소년 ADHD와 CD를 위한 통합적 분노조절 VR－CBT(경도, 중도, 고도 단계별 분노노출 가상환경(VE) 구현 및 대처기술훈련: 대처사고, 대처진술, 대처행동) 개입과 효과에 대한 실현 가능성을 연구하고자 한다. 아울러 공격적인 행동문제를 보이는 청소년 ADHD와 CD를 위한 증거기반 인지행동치료(CBT, Cognitive Behavior Therapy)의 효과가 미미하므로, CBT의 효율성을 높이기 위한 새로운 방법에 관한 연구를 하고자 한다.

▼
02 공격적 아동·청소년을 위한 가상현실치료(VRT) 소개

공격적 행동문제가 있는 아동·청소년을 위한 대부분의 CBT는 집단형식으로 진행되어 역할극(role play)에서 연습할 수 있는 자연스러운 상황(natural context)을 제공한다(Lochman et al., 2019). 그러나 실제로 집단형식은 CBT 효과를 감소시킬 수 있다. 선행연구에서는 공격적 행동문제가 있는 청소년에 대한 집단치료의 의원성효과(iatrogenic effects)[1]가 나타났다('일탈교육(deviancy training)')(Dodge et al., 2006). 아울러 치료에서 연습을 필요로 하는 특정 상황, 인지, 행동은 개별 아동에 따라 고유할 수 있다. 실제로, 연구에(Saiano et al., 2015), 아동·청소년이 새로 배운 기술을 자동화할 수 있다(Alsem et al., 2021). 실제로 최근 한 연구에서는 VR 속에서 아동·청소년의 분노를 반복적으로 이끌어내 정서적 몰입 상태를 유지하면서 반복적으로 연습할 수 있었다(Verhoef et al., 2021).

공격적인 행동문제가 있는 아동·청소년은 흔히 낮은 동기(low motivation)와 치료에 대한 저항(resistance)을 나타낸다(Frick, 2012; Lochman et al., 2019). 치료 효과

---

1 의사나 치료자의 행위의 결과로 발생하는 성질

를 높이기 위해서는 아동·청소년의 치료 동기(treatment motivation)를 높이는 것
이 중요한데(Lochman et al., 2017b), VR은 오늘날 디지털 혁신에 참여하는 아동·
청소년의 공감을 불러일으키기 때문에(Weisz et al., 2019) 이러한 목표에 부합할
수 있다. 실제로 기술을 사용(즉, 인터넷 구성요소를 추가)하면 공격적 행동문제가
있는 아동·청소년의 치료 참여도를 높일 수 있다(Lochman et al., 2017a). 유사하
게도, VR은 청소년과 성인의 치료 동기와 참여를 향상하는 것으로 나타났다
(Hadley et al., 2019; Park et al., 2011). 마지막으로, VR 연구에 참여한 공격적 행동
문제가 있는 아동에게 이 방법이 매우 효과적이라는 것이 밝혀졌다(Verhoef et
al., 2021).

다음에서는 VR 활용의 잠재적 장점과 효과적인 전통적 심리치료기제들을 고
려해 반사회적·공격적인 행동장애 및 ADHD와 CD의 아동·청소년에게 개입한
선행연구 사례들을 소개하고자 한다.

▼
03 공격적 아동·청소년을 위한 대화형 VR-CBT

공격적인 행동문제를 가진 아동·청소년을 위한 심리치료개입으로 VR을 구현
하는 사례는 매우 적다(Ryu et al., 2016; Alsem et al., 2021). Alsem 등(2021)은 메뉴
얼화된 CBT 기반 대화형 VR-CBT "YourSkills"을 개발하여 공격적인 문제행동
을 보이는 6명 소년(연령 8~12세, IQ 80 이상, 중증 자폐스펙트럼장애나 간질 증상이 없고,
시작이나 청각 제한 없음)에게 10주 동안 개입했다. 대화형 VR-CBT "YourSkills"는
대처능력(Lochman et al., 2008)과 통제력(Van Manen, 2001)을 포함한 공격적인 행동
문제를 가진 아동에 대해 증거기반 치료를 한다. 기존 치료법에 VR을 추가하는
대신 새로운 치료 메뉴얼을 개발하여 단순히 역할극 연습을 VR로 대체하는 것
이 아니라, 대화형 VR을 치료의 모든 회기마다 통합하여 진행한다(Alsem et al.,
2021).

"YourSkills"는 부모와 함께 하는 45분 프로그램 전반적인 소개 1회기와 자녀
와 함께 하는 45분, 총 10회기로 구성된다. 부모들은 치료의 내용에 관해 배우
며, 치료자는 부모와 교사의 참여(예: 집안일 지원 및 집에서 연습한 기술(practiced

skills) 강화) 중요성을 강조한다. 부모는 자녀에게 적절한 분노유발상황(relevant anger-provoking situations)을 만든다.

- 제1회기: 너 자신을 알라!(Know yourself!)—아동과 치료자가 서로를 알아가고 아동의 강점(strengths)에 관해 이야기한다. 치료자는 정서를 소개하고 분노감정이 특정 상황과 어떻게 연결되는지 설명한다. 아동은 VR에서의 상호작용에 익숙해진다. 아동은 보상시스템(reward system)과 가정에서의 훈련이 어떻게 작동하는지를 배운다.
- 제2회기: 자신의 감정을 확인하라!(Check your feelings!)—치료자는 분노의 계단을 사용하여 시각화된 분노가 쌓이는 방식을 설명한다(온도계나 신호등 방식과 유사). 아동은 신체감각(bodily sensations)과 인지(cognition)에 초점을 맞춰 VR에서 분노감정을 인식하는 연습을 한다.
- 제3회기: 휴식을 취하라!(Take a break!)—아동은 타임아웃(time-out, 중간 휴식)(즉, 행동전환(behavioral distraction))을 갖는 방법을 배우고 VR에서 이 기술을 연습한다.
- 제4회기: 편안함을 느껴라!(Feel relaxed!)—아동은 이완운동(즉, 행동이완(behavioral relaxation))을 사용하는 방법에 대해 배우고 VR에서 이 기술을 연습한다.
- 제5회기: 강하게 생각하라!(Think strong!)—아동은 도움이 되는 생각(helping thoughts)(즉, 인지재평가(cognitive reappraisal))을 사용하는 방법에 대해 배우고 VR에서 이 기술을 연습한다.
- 제6회기: 다시 생각하라!(Think again!)—아동은 부정적인 해석(즉, 귀인재훈련(attribution retraining)과 조망수용(perspective taking))을 바꾸는 방법을 배우고 VR에서 이 기술을 연습한다.
- 제7회기: 현명하게 행동하라!(Make a smart move!)—아동은 동의하는 것이 최선의 해결책(즉, 문제해결(problem solving))이 될 수 있음을 배우고 VR에서 이 기술을 연습한다.
- 제8회기: 단결하라!(Stand together!)—아동은 성인에게 도움을 청하는 방법(즉, 문제해결(problem solving))을 배우고 이 기술을 VR에서 연습

한다.

- 제9회기: 프로교육하라!(Pro training!)—아동은 VR에서 배운 기술 (learned skills)을 시연한다. 아동과 부모는 아동에게 상기시키는 "비밀신호(secret signal)"에 동의한다.

- 제10회기: 전문가교육하라!(Expert training!)—아동은 VR에서 배운 기술(learned skills)을 시연한다. 아동과 치료자는 재발예방계획(relapse prevention plan)을 세운다. 부모, 자녀, 치료자는 인증서로 치료를 종료한다(Alsem et al., 2021).

표 5.1 〉 "Yourskills" 치료 회기 내용

회기(Session)	내용(Content)
부모와 함께하는 45분 프로그램 전반적인 소개회기 (Introduction Session)	부모들은 치료의 내용에 관해 배우며, 치료자는 부모와 교사의 참여 (예: 집안일 지원 및 집에서 연습한 기술(practiced skills) 강화) 중요성을 강조한다. 부모는 자녀에게 적절한 분노유발상황(relevant anger-provoking situations)을 만든다.
제1회기: 너 자신을 알라! (Know yourself!)	아동과 치료자가 서로를 알아가고 아동의 강점(strengths)에 관해 이야기한다. 치료자는 정서를 소개하고 분노감정이 특정 상황과 어떻게 연결되는지 설명한다. 아동은 VR에서의 상호작용에 익숙해진다. 아동은 보상시스템(reward system)과 가정에서의 훈련이 어떻게 작동하는지를 배운다.
2회기: 자신의 감정을 확인하라! (Check your feelings!)	치료자는 분노의 계단을 사용하여 시각화된 분노가 쌓이는 방식을 설명한다(온도계나 신호등 방식과 유사). 아동은 신체감각(bodily sensations)과 인지(cognition)에 초점을 맞춰 VR에서 분노감정을 인식하는 연습을 한다.
제3회기: 휴식을 취하라! (Take a break!)	아동은 타임아웃(time-out, 중간 휴식)(즉, 행동전환(behavioral distraction))을 갖는 방법을 배우고 VR에서 이 기술을 연습한다.
제4회기: 편안함을 느껴라! (Feel relaxed!)	아동은 이완운동(즉, 행동이완(behavioral relaxation))을 사용하는 방법에 대해 배우고 VR에서 이 기술을 연습한다.
제5회기: 강하게 생각하라! (Think strong!)	아동은 도움이 되는 생각(helping thoughts)(즉, 인지재평가 (cognitive reappraisal))을 사용하는 방법에 대해 배우고 VR에서 이 기술을 연습한다.

회기(Session)	내용(Content)
제6회기: 다시 생각하라! (Think again!)	아동은 부정적인 해석(즉, 귀인재훈련(attribution retraining)과 조망수용(perspective taking))을 바꾸는 방법을 배우고 VR에서 이 기술을 연습한다.
제7회기: 현명하게 행동하라! (Make a smart move!)	아동은 동의하는 것이 최선의 해결책(즉, 문제해결(problem solving))이 될 수 있음을 배우고 VR에서 이 기술을 연습한다.
제8회기: 단결하라! (Stand together!)	아동은 성인에게 도움을 청하는 방법(즉, 문제해결(problem solving))을 배우고 이 기술을 VR에서 연습한다.
제9회기: 프로교육하라! (Pro training!)	아동은 VR에서 배운 기술(learned skills)을 시연한다. 아동과 부모는 아동에게 상기시키는 "비밀신호(secret signal)"에 동의한다.
제10회기: 전문가교육하라! (Expert training!)	아동은 VR에서 배운 기술(learned skills)을 시연한다. 아동과 치료자는 재발예방계획(relapse prevention plan)을 세운다. 부모, 자녀, 치료자는 인증서로 치료를 종료한다

출처: Adapted from Alsem, S, C. et al. (2021). Using virtual reality to treat aggressive behavior problems in children: A feasibility study, p. 5.

"YourSkills"의 목적은 정서조절(emotion regulation)과 사회정보처리기술(social information processing skills)을 강화하여 아동의 공격적인 행동문제를 줄이는 데 있다. 아동은 가상의 사회적 상호작용(virtual social interactions)에서 분노인식(anger recognition), 분노조절(anger regulation), 사회문제해결(social problem solving)을 연습한다. 회기마다 치료자는 먼저 새로운 기술을 설명하고 역할극을 활용하여 기술을 모델링한 다음 VR을 사용하여 아동이 분노유발사회상황(anger-provoking social situations)에서 분노조절기술을 연습하도록 한다. 즉, 다른 상황(different situations)이나 난도가 증가하는 분노유발상황에서 같은 기술을 여러 번 반복적으로 연습한다(참조 〈그림 5.3〉). "YourSkills"는 아동이 새로 배운 기술을 연습하도록 동기를 부여하는 보상시스템(reward system)을 제공한다. 아동은 회기 중과 집에서 연습할 때마다 토큰을 받는다(Alsem et al., 2021).

치료자는 아동이 연습할 수 있는 도전적인 사회상황(challenging social situations)을 만들기 위해 가상환경(virtual environment: VE)을 이용한다. "YourSkills" VR 소프트웨어는 치료자가 아동의 개별적인 요구에 맞출 수 있는 26가지 분노유발시

그림 5.3) 분노유발사회상황: 가상현실교실, 거실, 운동장환경

출처: Adapted from Alsem, S, C. et al. (2021). Using virtual reality to treat aggressive behavior problems in children: A feasibility study, p. 6.

작상황(anger-provoking starting situations)으로 구성되어 있다. 이러한 상황은 공격적 행동문제가 있는 아동의 문제상황분류(a taxonomy of problematic situations)에 기반을 두며, 여기에는 불이익, 권위갈등, 또래거부, 또래도발 등이 포함된다 (Matthys et al., 2001). 모든 상황은 아동이 정서적으로 참여하는 동안 조절기술 (regulation skills)을 연습시키기 위해 중간 수준의 분노(moderate levels of anger)를 유발하도록 설계되었다. 치료자는 VE를 완전히 통제하고 필요할 때 상황을 즉시 조정하거나 중지할 수 있다(Alsem et al., 2021).

각 회기에서 치료자는 아동의 분노감정을 불러일으키기 위해 가상현실환경 (virtual reality environment)을 사용할 것이라 설명함으로써 아동을 준비시킨다. 치료자는 VR 자체를 조작하거나(예: 아동이 게임에서 지게 하거나 TV를 끄거나) 가상인물(virtual characters)의 말과 행동을 조작함으로써 아동의 분노를 유발시킨다. 치료자는 음성변환기(voice transformer)가 있는 마이크를 사용하여 각 가상인물 (virtual character)을 다른 음성으로 변조시킨다(Alsem et al., 2021).

비록 본 연구는 6명 소년의 작은 표본으로 이루어진 타당성 연구였지만, 공격

적인 행동문제가 있는 8살~12살까지의 소년들을 치료하기 위해 VR을 사용하는 것이 실현될 수 있고 잠재적으로 공격적인 행동을 줄일 수 있다는 예비적 지표를 보여준다(Alsem et al., 2021). 대화형 VR은 공격적인 행동문제가 있는 아동에게 CBT를 강화하는 유망한 도구일 수 있다. 대화형 VR은 아동이 집단치료에 내재된 위험 없이 개별적인 맞춤형 방식으로 사회적 상호작용(social interaction)을 반복적으로 연습할 수 있는 장점이 있으며(Dodge et al., 2006), 아동이 현실적인 분노유발사회상황(anger–provoking social situations)에서 자주 조절기술(regulation skills)을 시연할 수 있도록 정서적으로 관련된 연습환경을 제공한다. 미래의 가상현실치료(virtual reality treatments: VRT)에는 가상현실상황(virtual reality situations)에서 아동의 성공적인 행동에 대한 기록도 포함될 수 있으며, 부모에게 그 기록을 보여줌으로써 사회적 합의(social confirmation)를 자극하는 데 사용될 수 있다. 마지막으로, 대화형 VRT는 공격적인 행동문제가 있는 아동에게 매력적인 방법이라는 것을 보여주었으며, 이는 이 집단에서 흔히 직면하는 동기부여문제(motivational problems)와 치료에 대한 저항(resistance)을 예방할 수 있다(Frick, 2012; Lockman et al., 2019). 이러한 미래 연구는 특히 VR의 사용이 이론적으로 유망해 보이고 실무자들에 의해 점점 더 요구되고 있어서 중요하다(Lindner et al., 2019).

인지행동치료자(Cognitive Behavior Therapists)는 인지(cognition)가 사람의 정서와 행동에 개입한다고 믿는다. 그들은 또한 이상행동(abnormal behavior)과 관련된 믿음(faith)이나 생각(thought)이 모니터링을 통해 바뀔 수 있다고 믿는다. 마지막으로, 만약 그들이 사람의 인지를 바꾼다면, 그/그녀의 행동과 정서는 지속해서 바뀌어야 한다고 주장한다(Cho et al., 2002). 정신장애(mental disorder)를 치료하는 데 있어서 기존의 인지행동치료(CBT)는 몇 가지 약점이 있다. 인지행동치료(CBT)로서의 노출치료(exposure therapy)는 환자에게 불안이나 공포를 유발하는 몇 가지 자극을 제공한다(Won et al., 2000). 그러나 최근의 많은 연구에 따르면, 많은 환자가 끔찍한 장면을 상상하는 데 문제가 발생하며 때로는 실제 상황에 노출되는 것이 환자들에게 위험하다(Bloom, 1997; Strickand et al., 1997). VRT는 이러한 문제에 대한 해결책이다. 몰입형 VE는 환자를 위험한 상황에 빠뜨릴 가능성 없이 자극을 제공한다. 또한, VRT는 환자의 사생활을 보장하며 실제 노출 치료(exposure therapy)보다 경제적이다. 지난 10년 동안 고소공포증(Acrophobia), 광장공포증

(Agoraphobia), 비행공포증(Fear of flight), 대중연설공포증(Fear of public speaking), 파괴적 충동분노조절장애(Destructive Impulse－Anger Control Disorder) 등 다양한 종류의 VRT시스템이 개발되어 임상적으로 CBT의 효과가 입증되었다(Rothbaum et al., 1995; North et al., 1997; North et al., 1995; North et al., 1994; Antony, 1997; Slater et al., 1999; Ryu et al., 2016; Ryu, 2020).

▼ 04 ADHD를 위한 뇌파·바이오피드백[EEG Biofeedback] 치료

주의(attention)는 집중도(intensiveness), 관리과정지속성(management process sustainability), 선택성(selectiveness), 통제가능성(controllability) 등을 통합하고 상호작용하는 정보관리과정(information management process)이다. 주의력결핍(attention deficit)을 설명하기 위한 주의과정은 일반적으로 초점적 주의(focused attention), 지속적 주의(sustained attention), 선택적 주의(selective attention), 교대적 주의(alternating attention), 분리적 주의(divided attention) 등 5가지 구성요소로 분류된다(Sohlbert & Mateer, 1989)(참조 〈표 5.2〉).

표 5.2 〉 주의과정구성요소(Attention Process Components)

구성요소	설명
초점적 주의 (Focused attention)	특정 자극에 반응하는 능력
지속적 주의 (Sustained attention)	과제 수행에 일관된 집중을 유지하는 능력
선택적 주의 (Selective attention)	간섭이나 경쟁 자극에 주의가 산만하지 않은 능력
교대적 주의 (Alternating attention)	주의의 초점을 바꾸는 능력
분리적 주의 (Divided attention)	두 가지 이상의 자극에 동시에 반응하는 능력

출처: Adapted from Cho et al. (2002). Attention Enhancement System using Virtual Reality and EEG Biofeedback, p. 2.

뇌파(EEG)에 관한 선행연구는 ADHD의 기저 메커니즘에 대한 몇 가지 설명을 제공했다. 또한, ADHD를 위한 뇌파(EEG) 바이오피드백(Biofeedback, BF) 치료 연구결과는 과잉행동(hyperactive), 부주의(inattentive), 파괴적 행동(disruptive behaviors)의 현저한 감소뿐만 아니라 학업성과와 IQ 점수의 개선에서도 유의미한 결과를 보고했다(Linden et al., 1996; Monastra et al., 1999). 최근 Othmer와 Kaiser는 VR과 더불어 뇌파(EEG) BF, 뉴로피드백(Neurofeedback, NF)의 사용을 제안했다(Othmer & Kaiser, 2000).

여러 연구에 따르면, 가상현실기술(Virtual Reality Technology)은 산만함(distractions)을 제거하고 피험자의 주의력과 집중력을 높이는 환경을 제공하는 데 사용할 수 있는 특정 자극을 제공한다(North et al., 1996; Rizzo et al., 2000). VE에서의 현존감(presence)은 선택적 주의(selective attention)를 요구한다(Witmer & Singer, 1998). 즉, 원격조작과제(remote operations task)나 VE에서의 현존감(presence)을 위해서는 관련 없는 자극을 제외하고 의미 있게 일관된 자극 세트에 집중할 수 있는 능력이 필요하다. 가상현실기술(Virtual Reality Technology)에서 VR은 몰입적(immersive)이고, 상호작용적(interactive)이며, 상상력(imaginal)이 풍부하고, 흥미진진(interesting)하므로 다른 방법보다 더 오랫동안 환자의 주의를 끌어낼 수가 있다(Cho et al., 2002). 따라서 가상교실(virtual classroom)은 아동 ADHD에게 매우 친밀하고 몰입할 수 있도록, 가상교실환경 자체만으로도 쉽게 집중할 수 있도록 고안되어야 한다.

Cho 등(2002)은 아동 ADHD을 위한 초점적 주의와 선택적 주의를 강화하기 위해 가상현실 비교교육(Virtual Reality Comparison Training: VRCT)을 개발했다. 교육회기가 시작되면, 피험자는 책상 위에 있는 두 개의 3차원 물체를 볼 수 있다. 예를 들어, 구(sphere)와 사각기둥(square pillar)이 보인다. 그 물체들은 때로는 같거나 때로는 다르게 나타난다. 만약 같은 물체가 제공되면, 그 물체 중 하나는 때때로 요(yawed), 피치(pitched), 롤(rolled) 등으로 나타난다. 따라서 피험자는 물체에 주의해야 한다. 만약 피험자가 물체들이 같다고 판단하면 그/그녀는 왼쪽 마우스 버튼을 누르도록 권장되고, 물체가 같지 않다고 판단하면 그/그녀는 오른쪽 버튼을 눌러야 한다. 매 회기 피험자는 이를 보통 60번 정도 반복하고, 정답 수와 반응시간을 평가한다. 만약 피험자가 정답 수 57개를 넘으면. 다음 단계로 넘어간다. 피험자는 총 10가지 단계들을 거치면서, 물체를 볼 수 있는 시간이

점점 줄어들고, 주어진 물체들은 삼각형 피라미드나 사각형 피라미드와 같이 구별이 덜 되도록 난도가 상승하는 것을 경험한다.

Cho 등(2002)은 지속적 주의를 개선하기 위해 가상현실 지속적 주의훈련 (Virtual Reality Sustained Attention Training: VRSAT)을 사용했다. 운영자가 훈련을 시작하면, 피험자는 아랍 숫자를 볼 수 있다. 피험자는 '8'이 제시되는 경우를 제외하고 임의의 숫자 뒤에 '0'이 제시될 때 마우스 왼쪽 버튼을 누르도록 권장되고, 그렇지 않을 때는 반응하지 않도록 권장된다. 피험자가 더 높은 단계를 진행함에 따라, 자극이 나타나는 빈도는 점진적으로 증가한다. 결과적으로, 피험자는 그 과제에 훨씬 더 인내심을 가져야 하고, 지속적으로 집중해야 한다. 본 교육과정에서는 VRCT와 마찬가지로 정답 수와 반응시간을 평가한다. 또한, VRSAT도 10가지 단계로 진행한다.

그림 5.4 〉 VRCT의 예   그림 5.5 〉 VRSAT의 예

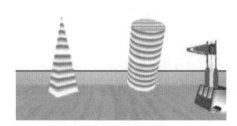 

출처: Adapted from Cho et al. (2002). Attention Enhancement System using Virtual Reality and EEG Biofeedback, p. 4.

뇌파(EEG)는 정서적·신체적 상태에 따라 달라질 수 있기에, VR 뇌파(EEG) 바이오피드백교육(Virtual Reality EEG Biofeedback Training: VR-EEG BT)은 모든 교육회기 전에 피험자의 뇌파(EEG) 기저선을 측정한다. 뇌파(EEG) 전극이 부착된 HMD를 착용한 피험자가 VE에 주의를 기울이고, 베타파가 지정된 임계값을 초과하여 점수가 향상되면 VE가 바뀐다. 피험자가 주의를 기울일 수 없고 점수가 바뀌지 않을 때, 운영자는 피험자가 더 주의를 기울이거나 임계값 수준을 낮추도록 권장한다(Cho, et al., 2002).

연구결과 주의강화(attention enhancement)에서 VR-EEG BT와 VR 인지훈련(cognitive training)이 큰 효과를 나타냈다. VR-EEG BT에 대한 베타파만 연동시켜 인상적인 결과를 얻었지만, 향후 연구에서는 Beta/Theta Ratio 등을 더 확대하여 평가하고, 교육 콘텐츠의 약점 보완, VR의 그래픽 품질을 개선할 필요가 있다(Cho, et al., 2002). 따라서 연구는 새로운 VR 기반 개입의 설계 및 구현에서 과학적 발전을 위한 관련 결과를 제공한다. VR 기반 개입은 누락의 감소(a decrease in omissions)와 지속적인 경계(sustained vigilance)가 필요한 ADHD의 인지수행(cognitive performance) 향상에 효과적이다(Romero-Ayuso et al., 2021).

▼
05 청소년 CD를 위한 심리치료개입

아동과 청소년 CD 치료를 위해 다양한 유형의 치료개입들이 이루어졌지만, 대부분은 효과가 매우 제한적이다. 어떤 경우에는 의원성 효과(iatrogenic effects)를 보인다. 이러한 제한된 효과의 주된 이유는 대부분의 치료개입들이 CD의 발달과 관련된 인과적 기전(causal mechanism)을 직접적으로 다루지 못하기 때문이다(Frick, 2001). CD는 다른 사람의 권리나 주요 사회적 규범, 또는 두 가지 모두가 침해되는 반사회적·공격적 행동의 만성패턴(chronic pattern)을 나타낸다(APA, 2000). 행동장애(behavioural disturbance)의 심각성은 아동 CD 사이에서 크게 다를 수 있지만(Frick & Ellis, 1999), 공통적으로 심각한 정신사회장애(psychosocial impairments)를 보인다(Frick, 1998). 여기에는 교육 성취도 저하, 사회적 관계 악화, 부모와 교사와의 상당한 갈등, 법체계와의 관여, 높은 정서적 고통 등이 포함되며, 임상 연구로 문서화된 몇 가지 영역만 언급할 수준이다(Frick, 1998). 이러한 개인 비용 외에도 CD는 사회적으로 매우 비용이 많이 드는 형태의 정신병리(psychopathology)이기도 하다. 비용은 금전적인 측면도 있고 사회적인 측면도 있다. 금전적 비용(monetary costs)에는 심각한 비행행위(delinquent acts)를 저지르는 아동 CD의 추가 범죄를 방지하기 위해 감금하는 비용이 포함된다. 또한, 기물 파손(vandalism)으로 손상된 학교를 수리하는 비용도 포함된다. 사회적 비용(social costs)에는 많은 아동 CD의 행동으로 인해 학교에서 조성된 부적절하고 불안전한 학습환경이 포함된다. 또한, 아동 CD와 범죄율이 높은 다른 이웃 사람들에 의해 권리를 침해 받은 피해자들이 경험하는 삶의 질 저하도 포함된다(Zigkr et al., 1992). 청소년들에 의해 자행되는 폭력의 영향보다 사회에 대한 이러한 비용 부담의 더 좋은 예는 없다. 폭력행위(violent acts)를 저지르는 대부분의 청소년 CD는 진단과 일치하는 반사회적 행동의 이력을 보여준다(Loeber & Farrington, 2000). 결과적으로, 아동 CD를 이해하고 효과적으로 치료하는 것은 청소년 폭력을 줄이기 위한 계획의 중요한 구성요소이다(Frick, 2001).

CD에 관해 성공적으로 검증된 네 가지 개별중점 치료들로는 우발상황관리 프로그램(Contingency Management Programs), 부모관리교육(Parent Management Training: PMT), 인지행동기술교육(Cognitive-Behavioural Skills Training, CBST), 각성제(Stimulant medication) 등이 있다(Frick, 2001)(참조 〈표 5.3〉). 우발상황관리 프로그램은 아동에게 제공되지 않은 행동에 대한 최적의 우발상황들(optimal contingencies)을 훈련함으로써 부적절한 사회화 환경(inadequate socializing environments)을 극복하도록 한다(Patterson, 1996). 이는 아동이 덜 최적화된 우발상황에 자신을 더 민감하게 만드는 기질적 취약성(temperamental vulnerability) 때문에 필요하다(O'Brien, 1996)는 이론에 기반한다. 이러한 프로그램은 행동변화(behavioural changes)에 동기를 부여하기 위해 적절한 우발상황을 모니터링하고 적용하는 매우 구조화된 시스템을 사용하여 명확한 행동목표(clear behavioural goals)를 설정하고 점진적으로 행동을 형성한다(Ross, 1981; Abramowitz, 1991; Lyman, 1996).

부모관리교육은 부적절한 사회화실행(inadequate socialization practices)을 CD와 가장 일관된 상관관계 중 하나로 간주한다(Frick, 1994, 1998). 실행결핍은 CD 발달의 주요 원인이 될 수 있다(Patterson, 1996). CD 발달은 또한 특정 기질을 보이는 아동에게 적절한 사회화(appropriate socialization)의 중요성이 더해졌기 때문에 발생할 수 있다(Colder et al., 1997). 이 교육 프로그램을 통해 부모는 가정에서 우발상황관리 프로그램을 개발하고, 부모-자녀 상호작용을 개선하고, 다른 양육기술(예, 부모-자녀 의사소통, 모니터링 및 슈퍼비전, 일관된 훈육)을 강화한다(Hembree-Kigin et al., 1995; Forehand & McMahon, 1981; Pallerson & Forgatch, 1987; Barkery 1987).

인지행동기술교육은 많은 아동 CD가 사회정보(social information)를 처리하는 방식과 이 정보를 사용하여 문제의 사회적 상호작용(problematic social interactions)

표 5.3 〉 CD에 관한 성공적으로 검증된 네 가지 개별 치료들
(Four individual treatments for conduct disorders that have proven success)

치료(Therapy)	이론(Theoretical)	개관(Overview)
우발상황관리 프로그램 (Contingency Management Programs)	우발상황관리 프로그램은 아동에게 제공되지 않은 행동에 대한 최적의 우발상황들(optimal contingencies)을 훈련함으로써 부적절한 사회화환경 (inadequate socializing environments)을 극복하도록 한다(Patterson, 1996). 이는 아동이 덜 최적화된 우발상황에 자신을 더 민감하게 만드는 기질적 취약성(temperamental vulnerability) 때문에 필요하다(O'Brien, 1996)는 이론에 기반.	이러한 프로그램은 행동변화(behavioural changes)에 동기를 부여하기 위해 적절한 우발상황을 모니터링하고 적용하는 매우 구조화된 시스템을 사용하여 명확한 행동목표(clear behavioural goals)를 설정하고 점진적으로 행동을 형성(Ross, 1981; Abramowitz, 1991; Lyman, 1996).
부모관리교육 (Parent Management Training, PMT)),	부모관리교육은 부적절한 사회화실행 (inadequate socialization practices)을 CD와 가장 일관된 상관관계 중 하나로 간주한다(Frick, 1994, 1998). 실행결핍은 CD 발달의 주요 원인이 될 수 있다(Patterson, 1996). CD 발달은 또한 특정 기질을 보이는 아동에게 적절한 사회화(appropriate socialization)의 중요성이 더해졌기 때문에 발생(Colder et al., 1997).	이 교육 프로그램을 통해 부모는 가정에서 우발상황관리 프로그램을 개발하고, 부모-자녀 상호작용을 개선하고, 다른 양육기술(예, 부모-자녀 의사소통, 모니터링 및 슈퍼비전, 일관된 훈육)을 강화(Hembree-Kigin et al., 1995; Forehand & McMahon, 1981; Pallerson & Forgatch, 1987; Barkery 1987).
인지행동기술교육 (Cognitive-Behavioural Skills Training, CBST)	인지행동기술교육은 많은 아동 CD가 사회정보(social information)를 처리하는 방식과 이 정보를 사용하여 문제의 사회적 상호작용(problematic social interactions)에 대응하는 데 결손을 보이며, 이는 아동 CD가 사회적 맥락(social contexts)에서 공격적으로 행동하기 쉽게 만든다고 제기(Crick & Dodge, 1996).	이 훈련은 아동에게 분노나 충동반응을 억제하고, 사회인지결핍을 극복하며, 더욱 적절한 사회문제해결능력 (social problem solving skills)과 사회기술(social skills)을 사용하게 하려고 집단형태로 진행(Lochman & Wells, 1986; Bierman & Greenberg, 1996; Kendall et al., 1990).
각성제 (Stimulant medication)	각성제 치료는 많은 아동 CD의 반사회적·공격적인 행동이 자신과 타인에게 미칠 잠재적인 결과에 관해 생각하지 않고 충동적으로 행동하는 경향이 높을 때 사용(Frick, 2001).	이에 따라 ADHD와 공존장애진단을 받은 아동 CD를 위해 주의 깊게 통제된 자극제 약물 시험과 각성제를 제공(Pelham, 1993; Hinshaw, 1991).

출처: Adapted from Frick (2001). Effective Intervention for Children and Adolescents with Conduct Disorder. p. 601.

에 대응하는 데 결손을 보이며, 이는 아동 CD가 사회적 맥락(social contexts)에서 공격적으로 행동하기 쉽게 만든다고 제기한다(Crick & Dodge, 1996). 이 훈련은 아동에게 분노나 충동반응을 억제하고, 사회인지결핍을 극복하며, 더욱 적절한 사회문제해결능력(social problem solving skills)과 사회기술(social skills)을 사용하게 하려고 집단형태로 진행된다(Lochman & Wells, 1986; Bierman & Greenberg, 1996; Kendall et al., 1990).

각성제 치료는 많은 아동 CD의 반사회적·공격적인 행동이 자신과 타인에게 미칠 잠재적인 결과에 관해 생각하지 않고 충동적으로 행동하는 경향이 높을 때 사용된다(Frick, 2001). 이에 따라 ADHD와 공존장애진단을 받은 아동 CD를 위해 주의 깊게 통제된 자극제 약물 시험과 각성제를 제공한다(Pelham, 1993; Hinshaw, 1991).

CD에 대한 발달경로는 청소년기발병(Adolescent onset), 유년시절 주로 발병하는 충동성유형(Childhood onset, primarily impulsive type), 유년시절 발병하는 냉담성-무정서유형(Childhood onset, callous unemotional type) 등 세 가지로 분류된다. 청소년 기발병은 반항적(rebellious)이고, 전통적인 지위위계질서를 거부(reject)하고, 일탈동료들(deviant peers)과 어울리는 특징들이 있다(Moffitt et al., 1996; Moffitt & Caspi, 2001)(참조 〈표 5.4〉). 정체성발달에 따른 규범적 발달과정의 과장(exaggeration)이 청소년기에 권위갈등을 증가시키는 잠재적 원인으로 간주되며, 치료적 가정에서는 자율적인 자아로서의 정체성을 발전시키는 적응적 방법을 촉진하는 개입과 친사회적 동료 및 멘토와의 접촉을 촉진하는 개입을 사용한다(Frick, 2001).

유년시절 주로 발병하는 충동성유형은 높은 비율의 ADHD(Moffitt, 1993), 높은 수준의 정서반동성(emotional reactivity)(Frick et al., 1999), 낮은 언어지능(verbal intelligence)(Loney et al., 1998), 높은 수준의 가족역기능(family dysfunction)(Wootton et al., 1997) 등의 특징들을 보인다. 여러 인과경로로 아동 CD는 흔히 높은 정서 각성(emotional arousal)의 맥락에서 결과에 대해 생각하지 않고 행동할 가능성을 크게 만드는 반응억제(response inhibition)의 결핍과 분노각성(angry arousal)에 대한 감수성(susceptibility)의 결핍으로 나타난다. 치료의 목적은 충동적 행동(impulsive behavior)을 줄이고 분노조절(anger control)을 촉진하는 데 있다. 따라서 이러한 성향(예, 문제해결기술(problem solving techniques))을 보완하기 위한 대처기술(coping

표 5.4 》 CD에 관한 발달경로와 개입에 대한 잠재적 함의
(Developmental pathways to conduct disorder and potential implications for intervention)

CD의 발달경로 (Developmental pathways to conduct disorder)	다양한 경로의 아동특성 (Characteristics of children in the various pathways)	잠재적 인과기전[2] (Potential causal mechanisms)	치료에 대한 가설적 함의 (Hypothesized implications for treatment)
청소년기발병 (Adolescent onset)	청소년기발병은 반항적(rebellious)이고, 전통적인 지위위계질서를 거부(reject)하고, 일탈동료들(deviant peers)과 어울리는 특징(Moffitt et al., 1996; Moffitt & Caspi, 2001).	정체성발달에 따른 규범적 발달과정의 과장(exaggeration)이 청소년기에 권위갈등을 증가시키는 잠재적 원인으로 간주.	치료적 가정에서는 자율적인 자아로서의 정체성을 발전시키는 적응적 방법을 촉진하는 개입과 친사회적 동료(pro socialpeers) 및 멘토(mentors)와의 접촉을 촉진하는 개입.
유년시절 주로 발병하는 충동성유형(Childhood onset. primarily impulsive type)	높은 비율의 ADHD(Moffitt, 1993), 높은 수준의 정서반동성(emotional reactivity) (Frick et al., 1999), 낮은 언어지능(verbal intelligence) (Loney et al., 1998), 높은 수준의 가족역기능(family dysfunction)(Wootton et al., 1997) 등의 특징들.	여러 인과경로로 아동 CD는 흔히 높은 정서각성(emotional arousal)의 맥락에서 결과에 대해 생각하지 않고 행동할 가능성을 크게 만드는 반응억제(response inhibition)의 결핍과 분노각성(angry arousal)에 대한 감수성(susceptibility)[3]의 결핍.	치료의 목적은 충동적 행동(impulsive behavior)을 줄이고 분노조절(anger control)을 촉진하는 데 있다. 따라서 이러한 성향(예, 문제해결기술(problem solving techniques))을 보완하기 위한 대처기술(coping skills)을 가르치고, 기술개발(skill development)을 장려하고 유지하기 위해 부모의 사회화실행(socialization practices)을 향상하는 데 초점을 맞춰 개입.
유년시절 발병하는 냉담성-무정서유형(Childhood onset, callous unemotional type)	스릴과 모험추구활동(예, 낮은 두려움)(Frick, 1999)을 선호하고, 비교적 보상단서들(reward cues)보다 처벌단서들(punishment cues)에 덜 민감하고(O'Bren & Frick, 1996; Fisher & Blair, 1998), 부정적인 정서자극(negative emotional stimuli)에 덜 반응하는 특징들(Blair, 1999).	잠재적 인과기전은 양심(conscience)의 정서적 구성요소의 발달과 부모 및 사회규범의 내면화를 방해할 수 있는 낮은 행동억제(behavioral inhibition)로 특징짓는 기질.	공감발달(empathy development)과 가치내재화(internalization of values)를 촉진하기 위해 조기에 개입하고, 보상지향적인 반응양식(reward-oriented response style)을 활용하며, 자기관심(자기이익)(self-interest)에 호소하는 동기부여전략(motivational strategies)을 활용.

출처: Adapted from Frick (2001). Effective Intervention for Children and Adolescents with Conduct Disorder. p. 601.

skills)을 가르치고, 기술개발(skill development)을 장려하고 유지하기 위해 부모의 사회화실행(socialization practices)을 향상하는 데 초점을 맞춰 개입한다(Frick, 2001).

유년시절 발병하는 냉담성-무정서유형은 스릴과 모험추구활동(예, 낮은 두려움) (Frick, 1999)을 선호하고, 비교적 보상단서들(reward cues)보다 처벌단서들(punishment cues)에 덜 민감하고(O'Bren & Frick, 1996; Fisher & Blair, 1998), 부정적인 정서자극 (negative emotional stimuli)에 덜 반응하는 특징들이 있다(Blair, 1999). 잠재적 인과 기전은 양심(conscience)의 정서적 구성요소의 발달과 부모 및 사회규범의 내면화를 방해할 수 있는 낮은 행동억제(behavioral inhibition)로 특징짓는 기질이다. 공감발달(empathy development)과 가치내재화(internalization of values)를 촉진하기 위해 조기에 개입하고, 보상지향적인 반응양식(reward-oriented response style)을 활용하며, 자기관심(자기이익)(self-interest)에 호소하는 동기부여전략(motivational strategies)을 활용한다(Frick, 2001).

다음으로 CD에 대한 개별 패스트 트랙 개입에 사용되는 요구평가영역은 정체성개발과 개인조정(Identity development and personal adjustment), 가족기능과 성인참여(Family functioning and adult involvement), 학업성취도와 지향성(Academic achievement and orientation), 동료관계(Peer relations) 등으로 구성된다(Frick, 2001; Problems Prevention Research Group, 2000)(참조 〈표 5.5〉). 정체성개발과 개인조정에서 다루는 특정 위험요인의 예는 폭력을 미화하는 반사회적 태도 과시, 일탈역할모델의 존재, 사회적 상황에서 매우 높은 반동적·충동적인 행동, 고자극이나 고위험활동에 대한 친화성이다. 반면에, 특정 보호요인의 예는 긍정적인 자기감, 민족정체성, 미래지향성, 대인관계민감성(특히 타인에 대한 공감과 관심을 보이는 능력), 직업개발을 지원하기 위한 관심과 동기이다.

가족기능과 성인참여에서 다루는 특정 위험요인의 예는 높은 가족갈등의 비율과 청소년 활동에 대한 부모의 부적절한 모니터링 및 부적절한 제한 설정이다. 반면에, 특정 보호요인의 예는 친사회적 지원자원인 가족이나 성인의 존재와 학교나 지역사회의 감독하에 여가활동을 할 기회의 존재이다.

---

2 기전: 병의 진화나 변화과정
3 "외부 세계의 자극을 받아들이고 느끼는 성질"(네이버 국어사전)

표 5.5 》 개별 패스트 트랙 개입에 사용되는 요구평가 중점
(Focus of needs assessment used to individual fast track intervention)

평가영역 (Assessment domain)	특정 위험요인의 예 (Examples of specific risk factors)	특정 보호요인의 예 (Examples of specific protective factors)
정체성개발과 개인조정 (Identity developmen and personal adjustment)	폭력을 미화하는 반사회적 태도 과시, 일탈역할모델의 존재, 사회적 상황에서 매우 높은 반동적·충동적인 행동, 고자극이나 고위험활동에 대한 친화성	긍정적인 자기감(postive sense of self), 민족정체성(ethnic identity), 미래지향성(future orientation), 대인관계민감성(interpersonal sensitivity)(특히 타인에 대한 공감과 관심을 보이는 능력), 직업개발을 지원하기 위한 관심과 동기
가족기능과 성인참여 (Family functioning and adult involvement)	높은 가족갈등의 비율과 청소년 활동에 대한 부모의 부적절한 모니터링 및 부적절한 제한 설정	친사회적 지원자원인 가족이나 성인의 존재나 학교나 지역사회의 감독하에 여가활동을 할 기회의 존재
학업성취도와 지향성 (Academic achievement and orientation)	학교성적낙제, 잦은 정학이나 퇴학신고, 낮은 출석률과 학교에 대한 부정적인 태도	학업능력, 자녀의 학업성취에 대한 부모의 참여와 지원, 학교에서 특별 서비스나 지원을 받는 경우
동료관계 (Peer relations)	일탈동료에 대한 높은 수준의 노출과 정상적 동료집단으로부터의 소외	긍정적인 동료활동에 대한 관심과 참여, 비일탈동료들(non deviant peers)과의 양질의 우정

출처: Adapted from Conduct Problems Prevention Research Group (2000). FAST track adolescent implementation manual.

학업성취도와 지향성에서 다루는 특정 위험요인의 예는 학교성적낙제, 잦은 정학이나 퇴학신고, 낮은 출석률과 학교에 대한 부정적인 태도이다. 반면에, 특정 보호요인의 예는 학업능력, 자녀의 학업성취에 대한 부모의 참여와 지원, 학교에서 특별 서비스나 지원을 받는 경우이다.

동료관계에서 다루는 특정 위험요인의 예는 일탈동료에 대한 높은 수준의 노출과 정상적 동료집단으로부터의 소외이다. 반면에, 특정 보호요인의 예는 긍정적인 동료활동에 대한 관심과 참여, 비일탈동료들(nondeviant peers)과의 양질의 우정이다.

마지막으로, 현 미국에서 범죄소년을 위해 개입하여 실행하고 있는 통합적·절충적 CBT의 한 사례인 MST(Multi−systemic Therapy, 다계통치료)는 약물남용할 가능성이 있는 심각한 범죄를 저지른 청소년을 위한 가족 중심과 지역사회기반 치료 프로그램이다. MST는 또한 범죄소년의 가족에게 성공적인 회복을 촉진하는 방법을 가르치는 치료전략이다(Duncan, 2019). MST의 목표는 청소년 범죄자들의 범죄행동비율을 낮추는 것이다. MST는 (1) 행동에 영향을 미칠 수 있는 다양한 위험요인을 인정하는 경험기반치료(empirically based treatment)의 통합, (2) 궁극적으로 보호자(caregiver)에게 권한을 부여하는 행동과 환경의 긍정적인 변화에 대한 보상, (3) 치료를 위해 설정된 목표를 완료하는 데 중점을 둔 많은 철저한 품질보증기제(quality assurance mechanisms) 등의 원칙을 포함한다(Duncan, 2019). 2014년 MST의 메타분석결과는 범죄소년의 비행, 심리적 문제, 약물사용에 대한 약간의 개선을 보였으며(van der Stouwe, 2014), 2017년 MST의 메타분석결과에 의하면 심각한 범죄소년에 대한 가족기반치료(family−based treatments)는 기존의 지역사회서비스와 비교할 때 반사회적 행동을 줄이고 다른 결과를 개선하는 데 있어 보통(modest)의 효과 수준으로 비교적 오래가는 치료 효과를 보였다(Dopp et al., 2017).

MST는 초기에 정신병리학적 상태(psychopathological conditions)(Henggeler & Borduin, 1990)에 대한 개입을 위해 일반적인 접근방법으로 개발되었지만, 아동과 청소년의 고도 반사회적 행동(severe antisocial behavior)(Henggeler et al., 1998)을 치료하기 위해 광범위하게 적용되었다. MST는 가족치료(family therapy)에 대한 체계지향의 확장이다. 체계가족치료(systemic family therapy)에서는 CD와 같은 아동의 적응문제를 더 큰 가족맥락 안에 내재한 것으로 간주한다. MST는 아동의 동료, 학교, 이웃과 같은 다른 상황들을 포함하여 이 개념을 확장한다. MST는 CD의 발달에 기여할 수 있고 이러한 맥락을 형성하는 데 중요한 역할을 할 수 있는 개별 아동의 특성에 대한 강조가 부족함을 반영하듯이 명시적으로 발달하지는 못했다. 그러나 아동 CD에 개입하기 위해 위에서 설명한 원칙과 일치하는 포괄적이고 개인화된 개입 접근방식을 강조한다(Frick, 2001).

MST는 이러한 문제의 체계맥락(systemic context)뿐만 아니라 아동이나 청소년의 현재 문제의 수준과 심각성을 이해하기 위한 초기 종합평가도 함께 포함한다. 평가에서 얻은 정보는 아동과 가족의 구체적인 요구에 따라 개별화된 치료계획를 세우는 데 사용된다. 이러한 개별화된 접근방법과 MST의 포괄적인 특성을 설명하기 위해 Henggeler와 Borduin(1990)은 156명의 범죄소년(평균 연령 15.1세)에 대해 모두 여러 차례 체포(평균 4.2명)된 경험을 보고했다. 이들 중 88명의 범죄자와 가족은 5~54시간(평균 23시간) 범위의 MST를 받았다. 이러한 강도의 다양성과 더불어 시간이 사용되는 방식은 내담자의 요구에 따라 다양하게 진행됐다. MST 집단의 83%는 가족치료에 참여했으며 60%는 학부모와 교사 간의 의사소통촉진, 학업개선, 교실행동조절 도움을 포함한 일종의 학교개입에 참여했다. 57% 사례에서는 친사회적 동료 집단(예, 스카우트, 운동팀)으로의 통합을 위한 코칭(coaching)과 정서적 지원(emotional support) 등과 같은 일종의 동료개입이 포함되었다. 사례의 28%에서, 청소년은 전형적으로 일종의 CBST 개입을 포함한 개인치료(individiual therapy)를 받았다. 마지막으로, 26% 사례에서는 청소년의 부모가 부부치료(marital therapy)에 참여했다.

〈표 5.3〉에 기술된 개별개입 및 패스트 트랙 프로그램과는 달리 MST는 특정 기술의 사용을 강조하지 않는다. 그 대신, 오리엔테이션에서 개입에 이어지는 몇 가지 원칙들을 강조한다. 이러한 원칙들에는 다음이 포함된다: (1) 아동의 확인된 문제는 더 넓은 체계맥락 내에서 이해한다, (2) 치료적 접촉은 변화를 위한 긍정적인(강점지향(strength-oriented)) 지렛대를 강조한다, (3) 개입은 가족구성원 간의 책임행동(responsible behavior)을 촉진한다, (4) 개입은 구체적이고 잘 정의된 문제를 목표로 진행하는 현재·중심적(present-focused)이고 행동·지향적(action-oriented)인 것이어야 한다, (5) 개입은 다양한 체계(multiple systems) 내의 일련의 행동을 목표로 한다, (6) 개입은 발달상으로 적합해야 한다, (7) 개입은 가족구성원에 의해 매일 또는 매주 노력을 요구하도록 설계되어야 한다, (8) 개입효과(intervention effectiveness)는 여러 관점에서 지속해서 평가되어야 한다, (9) 개입은 보호자(caregiver)에게 권한을 부여함으로써 치료변화(therapeutic change)의 유지를 촉진하도록 설계되어야 한다(Henggeler, 1998). MST는 치료자들에 의한 강력한 슈퍼비전체계를 포함한다. 치료자들은 각각의 개별 사례의 요구를 충족시키기 위해 이러한 원칙들이 어떻게 구현되어야 하는지를 결정해야 하며, 개입 내내 원칙들이 지켜지도록 관리해야 한다.

패스트 트랙 프로그램과 달리 MST는 가족에 따라 보통 3~5개월 사이의 시간 제한 개입으로 설계된다. 이것의 목표는 개입이 가져온 변화들을 더 오랜 기간에 걸쳐 유지할 수 있도록 돕기 위해 아동과 가족에게 자연스러운 상황에서 지원자원을 확립하는 데 있다. 그러나 패스트 트랙 프로그램과 일관되게 MST는 가능한 한 가족에게 자연적인 환경(예, 집, 학교, 지역 사회)에서 가능한 한 많은 서비스가 제공되도록 하는 공동체 기반으로 설계된다(Henggeler, 1998).

치료결과문헌(treatment-outcome literature)에 대한 MST의 중요한 기여 중 하나는 MST가 이러한 개별과 공동체 기반 개입이 통제된 치료결과연구(controlled treatment-outcome studies)를 통해 엄격하게 평가되었음을 검증할 수 있다는 것이다. 매우 고도 장애가 있는 아동의 반사회적·공격적 행동을 감소시키는 MST의 효과에 관한 연구의 초기결과는 매우 유망하다(Frick, 2001). 일례로, 대학에 기반을 둔 외래환자진료소에서 박사과정 학생들이 수행한 통제된 치료결과연구에서는 범죄를 반복하는 88명의 청소년이 MST를 받고, 그들의 결과는 일반적인 개별 심리치료에 중점을 둔 전통적인 외래환자서비스를 받은 68명의 범죄자로 구성된 통제집단과 비교되었다(Borduin et al., 1998). 4년의 추적조사에서 MST를 받은 청소년 중 26%만이 재구속됐지만, 대조군 청소년의 71%와 비교되었다.

MST의 두 번째 결과연구는 지역 사회 정신건강센터의 석사수준 치료자가 개입한 사례이다(Henggeler et al., 1992). 표본에는 비행청소년으로 판정되어 여러 차례 구속된 청소년이 포함됐다. 이 청소년들은 MST나 청소년사법제도(juvenile justice system)에 의해 제공되는 표준서비스를 받도록 무작위로 배정되었다. MST를 받은 집단은 표준서비스를 받은 청소년들에 비해 1/2의 구속횟수를 보여주었고, 평균 73일을 더 적게 수감(收監)되었다. 이 두 연구는 지금까지 치료가 매우 어려운 CD, 즉 여러 차례 구속된 범죄소년을 치료하기 위한 MST의 매우 우수한 특성을 보여주는 것이다.

MST 청소년 범죄예방 프로그램은 청소년의 환경체계(가정, 학교, 사회) 내에서 친사회적 행동을 촉진하고 반사회적 행동을 감소시킴으로써 청소년의 실제 기능을 향상하도록 고안되어 사용되고 있다(Kazdin & Weisz, 2017). 즉, MST는 청소년 ADHD와 CD의 반동적 공격성, 충동적·공격적인 행동, 반사회적 행동을 줄이고 분노인식, 사회기술(사회적 상황 속에서 적절한 해결안을 생성할 수 있는 능력), 강화기반 의사결정, 반응억제, 정서적 공감, 긍정적·사회적 행동/친사회적 행동을 향상시킬 것이다(류창현, 2020, 2021).

▼ 06 청소년 ADHD와 CD를 위한 통합적 분노조절 VR-CBT

지금까지 충동적·공격적인 행동장애와 반사회적 행동장애를 보이는 청소년 ADHD와 CD에 있어 효과적인 치료개입을 위한 VR 활용 심리치료기술들과 다양한 전통적 치료개입들을 소개하고 제시했다. Jones와 Foster(2009)의 연구결과에 따르면, 아동 ADHD에 6년 동안 평균적으로 사용하는 공공비용은 1일당 $40,000을 초과하며, 이는 비 ADHD 집단의 서비스 지출비용의 두 배이다. ADHD와 CD를 동반하는 아동의 공공비용은 ADHD 단독 아동의 두 배이다. 치료서비스, 진단 및 시간에 따른 다양한 패턴은 다양한 조건과 연령대의 청소년 ADHD와 CD에 대한 다양한 요구들을 제기하며 치료연구자들에게 중요한 정보를 제공할 수 있다(Jones & Foster, 2009).

교정보호대상 범죄소년 ADHD와 CD를 위한 효과적인 치료개입은 검증된 다양한 전통적 치료기제들을 기반으로, 세밀한 주의 아래 통합적 분노조절 VR−CBT를 진행해야만 한다(Ryu et al., 2016; Ryu, 2020). 범죄소년 ADHD와 CD를 대상으로 한 많은 치료방법이 비효과적인 것으로 검증되었으며, 일부는 도리어 해로운 영향을 미칠 수 있다(Frick, 2001; 류창현, 2020, 2021). 성공적인 개입은 포괄적이어야 하고, ADHD와 CD 발달을 유발하는 다양한 반사회적·공격적인 요인들을 가상환경(VE)에서 맞춤형으로 제시하고 다루는 것이어야 하며, 또한 이 두 장애를 초래할 수 있는 다른 인과경로를 고려해 개별적으로 치료개입할 필요가 있다(Frick, 2001; 류창현, 2020). 청소년 ADHD와 CD를 위한 개입으로 MST와 패스트 트랙 프로그램(Dodge et al., 2011) 등이 개별적이고 포괄적인 치료방법으로 선호되고 있다(Frick, 2001). 따라서 교정보호대상 청소년 ADHD와 CD를 위한 통합적 분노조절 VR−CBT는 통합적·절충적인 치료 접근법에 기반하여 개발되어야 더 효과적·효율적인 산물이 될 수 있다.

향후 개별화된 개입을 소개하고 ADHD와 CD의 발달과 관련한 다양한 인과경로를 이해하기 위해서는 더 많은 연구가 필요하다(Frick, 2001; 류창현, 2020). 효과적이고 비용 효율적인 VR-CBT 서비스 제공 모델을 설계하려면 더 많은 연구가 필요하다(Frick, 2001; 류창현, 2017, 2018, 2020, 2021; 류창현, 연성진, 2015; 류창현, 장석헌, 2019, 2020). 많은 정신건강전문가가 훈련되지 않은 치료접근방식을 사용하고, 정치적 가치가 일부 환경에서 대체치료방법의 선택에 영향을 미칠 수 있다는 점을 고려할 때, 효과적인 VR 모델치료 프로그램을 보급하기 위해 더 큰 노력과 연구가 필요하다(Frick, 2001). 그러나 이러한 개입에는 많은 정신 및 심리치료전문가가 훈련받아 사용하고 있는 것보다 더욱 다양하고 맞춤형인 치료모델이 필요하다. 즉, VR 활용한 ADHD와 CD를 디지털치료제(digital therapeutics)를 상용화하기 위해서 먼저 VR 영상의 통합적 분노조절 콘텐츠 시나리오를 위한 VFX(visual effect) 및 UI/UX 제작으로 더 몰입, 주의, 상호작용(대화) 강화를 통해 체험자의 적극적인 참여도와 자율성을 더 높일 필요가 있다. 통합적 분노조절 VR-CBT 콘텐츠 기술개발을 위해서는 VR 영상과 모델을 제작하는 리소스 및 환경 연구와 VR 콘텐츠의 전문기획이 필요하며, 이를 통해서 확대현실(XR) 플랫폼에 필요한 메타버스 중 단일버스에 해당하는 환경과 리소스를 제작하는 과정이 필수이며 향후 ADHD와 CD의 증상에 관한 사례의 콘텐츠가 다수 필요할 수밖에 없고 치유 및 평가에 대한 접근에서도 콘텐츠가 필요하다. 이러한 몰입형/대화형 VR-HMD, 매트리스 등을 기반으로 개발하여 검증된 다양한 디지털치료제(digital therapeutics)의 설계, 구현, 개입에서 과학적 발전을 위한 관련 결과를 제공할 수 있을 것이다. VR 기반 개입은 누락의 감소(a decrease in omissions)와 지속적인 경계(sustained vigilance)가 필요한 ADHD와 CD의 인지능력 및 정서조절 향상을 초래할 것이다(Romero-Ayuso et al., 2021; Ryu et al., 2016). 이러한 시대적 요망에 부합되는 것이 바로 통합적 분노조절 VR-CBT 프로그램일 것이다(류창현, 2018, 류창현, 한우섭, 2019, 류창현 2021, 2021; 류창현, 황영섭, 2021).

따라서 앞으로 연구 개발될 통합적 분노조절 VR-CBT 내용 구성은 청소년 ADHD와 CD에 효과적인 다양한 전통적 심리치료기법과 VR-CBT를 결합하고 재구성하여 제시하고자 한다. 즉, Stop(분노인식) → Think Positive Again(분노객관화: 인지재구조화) → Action(선택/행동/결과) → Anger Management(분노조절) 등과 같이 구성하여 개입한다면, 치료 효과가 더 향상될 것이다(참조 〈그림 5.6〉).

그림 5.6 〉 통합적 분노조절 VR-CBT 내용 구성의 예

Stop	Think Positive Again	Action	Anger Management
분노인식	분노객관화 (인지재구조화)	선택/행동/결과	분노조절
• 분노유발상황에서 자신의 분노를 인식하고, 인정하고, 잠시 자신의 분노사고, 분노언어, 분노행동 등을 멈추고 내려놓기 • 폭력위기상황을 단계별 (경도, 중도, 고도)로 구현 - 분노유발단서와 분노유발 상황을 위한 폭력적·공격적 대화 시나리오 구축 • 360 영상 및 대화형 VR 제작 - 주의력, 몰입감, 현실감 극대화	• 자신의 분노에 대한 객관화 - 분노를 자각하고 분노 이면의 부정적·폭력적 정서, 불충족된 욕구: 1. 인정, 2. 존중, 3. 통제/조종, 4. 우월, 5. 충동, 6. 회피, 7. 의존 등의 욕구들 탐색하기 - 분노의 자동적 사고와 비합리적 신념인 당위와 강요 이해하기 • 분노유발단서 및 분노유발 상황의 영상을 시청 후 설문을 통해 자신의 분노수치 및 분노객관화 평가 • 웨어러블 장비를 통해 체험자의 심박수, 혈압, 혈중 산소 포화 농도 등을 취합하여 분노수치에 대한 객관적인 데이터 구축 및 분석	• 설문에서 얻은 분노수치와 부정적·폭력적·공격적 행동 선택으로 야기할 수 있는 결과 영상 제시 • 분노유발상황에서 손익적 사고 (손실 vs 이득)하기 - 분노유발상황에서 자신이 한 번 더 분노사고, 분노언어, 분노행동 등을 선택했을 경우로 인해 초래할 수 있는 결과 예측하기: 손실 vs 이득 따져 보기 • 사회기술적용하기 - 사회갈등문제에 대한 상황적 적절한 해결안을 선택하기 - 강화기반 의사결정하기 - 반응억제하기 - 정서적 공감하기 - 긍정적·사회적 행동/ 친사회적 행동을 향상하기	• 분노조절을 위한 15초 자기 분노조절 근육이완, 복식호흡 웃음치료, 마음챙김인지치료 (MBCT), 자연치유영상과 향기치료 등을 개입한 자기분노 내보내기 시나리오 등의 콘텐츠 시청 및 시연 • 분노조절기술 전달에 대한 만족도 평가

아울러 통합적 분노조절 VR-CBT 내용 구성의 전반적인 절차는 VR 상담자나 진행자가 상담/VR교육과정 설명 → 분노조절 VR-HMD 콘텐츠 학습 → 분노조절 VR-HMD 콘텐츠 적용 등의 전반적인 절차에 따라서 진행하게 될 것이다(참조 〈그림 5.7〉).

그림 5.7 〉 통합적 분노조절 VR-CBT 내용 구성의 전반적인 절차

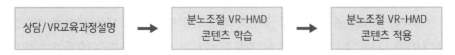

상담/VR교육과정설명 → 분노조절 VR-HMD 콘텐츠 학습 → 분노조절 VR-HMD 콘텐츠 적용

VR을 활용한 청소년 ADHD와 CD를 위한 통합적 분노조절 VR-CBT 기술은 처우에 대한 몰입성, 안전성, 효율성, 객관성, 개별성 면에서 우수하며, 치료비용

의 경제성 및 환자의 치료 순응성 면에서도 우수할 것으로 기대된다. 특히 개발될 통합적 분노조절 VR-CBT 기술은 다학제간(정신의학, 심리학, 범죄학, 컴퓨터공학, IT)의 연구 산물로서 높은 파괴적 충동성, 공격성 및 특성 분노, 청소년 ADHD와 CD의 반동적 공격성, 충동분노조절문제, 반사회적 행동 등과 같은 병리적 증상들을 가진 환자와 일반 청소년들에게 치료적, 심리교육 프로그램으로 널리 활용될 수 있을 것이다. 또한, 기존의 교정보호기관, 청소년상담센터, Wee 센터, 군상담센터, 경찰청 등에서 혁신적 치료 대안으로 자리매김할 수 있을 것이다. 향후 검증된 통합적 분노조절 VR-CBT 기술이 비행청소년과 범죄소년에게 적극적으로 개입되면 부모와의 친밀한 관계, 또래와의 친사회적 행동, 긍정적인 사회적 행동/친사회적 행동 등을 높이고, 비행과 범죄행동, 품행문제, 폭력 등은 감소시켜, 궁극적으로 청소년의 재비행과 재범을 예방하고 억제할 것이다.

6장.

분노와 청소년 범죄
(Anger and Juvenile Crime)

분노와 청소년 범죄

(Anger and Juvenile Crime)

▼
01 청소년 범죄의 원인

청소년에 관련한 분노는 이익보다는 불이익 쪽으로 더욱더 편중되는 경향이 있다. 즉, 파괴적 충동분노조절장애(DIACD)로 인해 청소년 폭행, 성폭력, 약물남용, 언어폭력, 또래 집단에서의 소외(왕따), ADHD, CD(품행장애), 반사회적 성격(Antisocial Personality), 영적·성적·심리적·경제적 문제가 초래한다. 이러한 분노의 부정적인 측면들이 결국 청소년들에게 비행에 가담하도록 부추기게 하는 요소를 제공한다(참조 〈그림 6.1〉).

청소년이 일탈행동이나 법에 어긋나는 행동을 하였을 때 그들을 비행청소년이라고 부른다. 사회에서 청소년이 행하기에 바람직하지 못하다고 생각하는 청소년의 일탈 및 문제행동 등을 일컬어 비행이라는 용어를 사용한다(이수정, 2006).

그림 6.1 〉 청소년 분노의 불이익

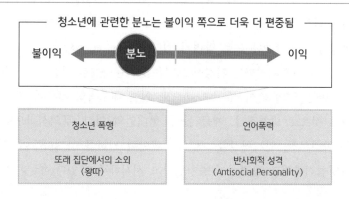

그림 6.2 〉 청소년의 분노와 관련한 범죄 사유

특히 현대사회에서는 비행청소년의 충동분노조절 결여에 의한 반사회성 성격이 매우 심각하다. 또한, 연령층이 다소 낮아지는 추세이다. Hare(1983)에 의하면 교도소 혹은 기타 수용기관에 수용된 범죄자 중 분노에 의한 39~75%가 반사회성 성격의 진단기준에 부합한다고 시사해주고 있다. 분노와 관련 있는 청소년 범죄의 사유를 살펴보면 우발적인 폭력, 원한 및 분노, 사행심, 현실 불만(반사회적 성격), 가정불화 순으로 정리할 수 있다(참조 〈그림 6.2〉).

청소년의 비행에 관한 원인 규명은 매우 복합 다양한 요인들로 추정할 수 있다. 생물학적 요인으로서는 신경내분비계의 이상과 뇌신경계의 기능장애 등으로 설명될 수 있다(이수정, 2006). 중추신경체계의 화학적 호르몬 활동의 부조화, 분노, 적대감, 공격성의 유발을 경험하도록 유도하는 뇌신경계의 결함이 반사회적 행동과 관련되어 있다(민성길, 2010; 이재원, 2020; 류창현, 2021; 2022).

청소년의 빠른 신체적 변화는 내분비선에서 나와 혈관을 통해 신체에 전달하는 호르몬이라는 강력한 화학물질 때문에 나타나는 현상으로 보고 있다(이수정, 2006). 즉, 사춘기 발달에 중요한 두 개의 호르몬인 안드로겐(androgen)과 에스트로겐(estrogen)이 형성된다. 또한, 사춘기 동안의 남자청소년들은 테스토스테론(testosterone(남성호르몬))의 증가로 인해서 신체적 성장과 자신감(self-confidence)을 갖게 하는 촉매역할을 한다. 테스토스테론(testosterone)은 청소년기에 남성화시키기 위한 남성호르몬일 뿐만이 아니라, 청소년의 비행을 증가시키는 주된 공격성에 영향을 주는 호르몬으로 알려져 있다(Nottelmann, 1987).

비행청소년 증가에 기인하는 환경적 요인은 음식문화에서 비롯될 수 있다. 현재 청소년들은 많은 양의 즉석식(fast food)으로 인한 내구력의 부족과 공격적 행동이 증가하는 것으로 밝혀졌다. 예를 들어, 현대인의 의식, 무의식적으로 섭취된 납의 경우 학업부진, 인지력결함, 저지능, 판단력 저하를 가져다주며, 당분(탄수화물)을 과잉섭취하여도 공격성이 증가한다고 시사해주고 있다(이수정, 2006).

02 청소년 범죄(Juvenile Crime)

청소년의 범죄예방은 우리 사회에 가장 중요하게 그리고 시급히 다루어져야 하며 동시에 청소년 범죄예방에 관한 대안이 고려돼야만 한다. 최근 5년간 청소년 범죄는 매년 13~15만 건이 발생하고 있으며, 청소년의 심리적 특성과 왕성한 체력 등의 영향으로 인한 범죄별 비율을 보면 절도 40%, 강도 32%, 공갈 20%, 작물 13%등이 높은 편이고 상해, 강간 등도 비교적 증가하고 있다(이영근, 2005).

최근 5년간 급속도로 증가하고 있는 청소년 범죄현황은 사이버범죄의 20배 이상으로 급증하고 있으며, 범행의 60%가 20대 이하의 청소년에 의한 범죄이다. 즉, 바이러스에 의한 컴퓨터 손괴, 음란물 유포, 인터넷 사기, 해킹(hacking) 등을 포함하고 있다. 이러한 사이버범죄가 남용되고 있는 주요한 이유는 비교적 청소년들이 컴퓨터를 잘 다루고, 인터넷을 접할 기회도 많고, 호기심과 충동성이 높고, 신중성과 자제력이 부족하기 때문인 것으로 기인되고 있다(이영근, 2005).

청소년의 성범죄비율은 여성은 남성의 성범죄율에 비해 10% 미만이며, 연령 상으로는 18~19세의 비행이 가장 많고 16~17세, 14~15세, 14세 미만 등의 순이다. 즉, 최근의 청소년 성범죄의 경향은 15세 미만의 범죄율이 증가하는 추세이다. 또한, 무분별한 카드대출과 핸드폰 과용에 의한 범죄도 증가하고 있다. 아직 경제적 능력도 없는 아이들을 대상으로 신용카드 대출과 과도한 핸드폰 사용료로 인해 청소년들에게 사회에 입문하기도 전에 카드빚에 허덕이게 하고, 끝내는 신용불량자라는 낙인을 귀인 하는 현실을 우리는 더 이상 간과할 수 없는 사회적 병폐에 직면하게 되었다. 이러한 사회적 병폐를 조속히 분석하고 예방하지 않는다면, 향후 청소년 범죄의 유형에서 청소년 살인의 증가를 막을 수 없는 당위에 도달하게 될 것이다(이영근, 2005).

(1) 청소년 비행의 정의

비행이란? 『The American Heritage College Dictionary(2002)』에서는 "아이들이나 청소년들에 의한 반사회적 행동이나 범죄행동"으로 정의하고 있다. 사회학적 용어로서 일정한 행위규범에 반하는 행위나 인격적 태도를 지칭하며 학자들에 따라 개인적, 사회적 붕괴의 위험성이 있는 형태나 인격적 태도, 특정한 시간과 장소에서 법규범 및 법률관계에서 벗어나는 소년의 행동, 장래 반사회적 행위를 할 위험을 표시하는 것 등으로 정의하고 있다(이영근, 2005).

(2) 청소년의 심리적 특성

청소년기는 심리적 · 정서적 · 인지적 · 생리적 · 신체적으로 범죄에 빠질 위험성이 가장 높은 시기이다. 독일의 범죄학자 엑스너(Exner)는 청소년의 심리적 특성을 과대한 행동충동, 공상적 체험욕구, 자기현시 및 자주적 결정욕구, 권력과 강제에 대한 반항심, 내적 불안과 기분 이변성, 오만과 혈기, 성욕 분방성 등으로 시사해주고 있다(이영근, 2005).

사회학적 관점에서 범죄의 원인은 자기 주위의 타인을 통하여 범죄적 문화의식을 습득하기 때문이라는 문화전달이론, 규범과의 일체감 약화에서 일탈행위의 원인을 찾는 아노미(Anomie)이론, 이들 두 이론의 융합을 시도하는 하위문화이론, 범죄의 원인적 분석보다도 형법을 비롯한 사회적 규제의 성격과 그 위반자들에 대한 사회적 반응 또는 사회적 낙인의 성격에 중점을 두는 사회화통제론(이영근, 2005), 청소년들의 일상생활에서의 긴장 및 그로 인해 경험하는 부정적 감정을 비행의 원인으로 간주하는 일반긴장이론(Agnew, 1992) 등이 주장되고 있다.

(3) 범죄에 대한 인지이론과 성격이론

1) 사회인지이론(Social Cognitive Theory)

사회인지는 사람들이 자기와 다른 사람을 어떻게 이해하는가에 대한 것이며, 사람들의 일상적인 이해에 대한 이론적 기초 및 그들의 관심사에 초점을 두며, 특히 사람들이 사회적 세계를 어떻게 이해하는가? 하는 것과 사회적 세계에 대한 이해가 어떻게 이루어지는가? 하는 것을 연구한다. 또한, 사회적 상호작용을 일으키는 원인은 지각된 세계 속에 있으며 사회적 상호작용의 결과는 감정, 행동 및 사고로 나타난다. 즉, 사물과는 달리 사람은 인과관계의 주체이며 지각의 대상이며 주체이고 또한 자신의 관찰자이기도 하다(Fiske & Taylor, 1984).

인지(cognition)는 사고의 과정으로서 행동의 근원이 되고 수동적인 인지정보처리과정이 아닌 능동적인 인지정보처리과정을 갖는다. 인간의 행동원리를 이해하려면 인지과정에 대한 이해가 선행되어야 한다. 특히 사회인지이론은 개인의 내적 인지과정보다 사람과 사람 간의 인지과정을 중요시하며, 범죄에 관련된 자기통제력(self-control) 결여인 충동성은 중요한 범죄의 원인요인으로 작용한다. 범죄는 충동성과 행동 간에 상황에 대한 인지적 분석이라는 단계가 부재할 시 발생하는 것이다(Ross & Fabiano, 1985).

범죄자들의 경우 자신의 행동이 자신의 통제권 아래에 있는 행위, 즉 자신이 책임을 져야 하는 행위이기보다는 외부의 통제력에 있다고 주장한다(Hollin & Wheeler, 1981).

사회인지과정에서 또 다른 요소는 공감, 조망수용, 역할수용이 있다. 즉, 타인의 입장을 이해할 수 있는 능력과 타인의 감정을 공감할 수 있는 감정적 능력을 시사하며, 범죄자들의 경우 이와 같은 공감능력이 심각하게 결여되었으며, 이와 같은 증상은 특히 성범죄자에게 나타난다.

옳고 그른 것을 구별하며 타인의 권리 및 감정을 존중하고 이해하는 도덕성추론(moral reasoning)도 매우 주요한 관점이다. Haan 등(1976)은 도덕성추론능력(moral reasoning ability)이 6단계를 거쳐 발달한다고 한다. 즉, 각기 두 단계씩 묶어 전인습적 도덕성, 인습적 도덕성, 후인습적 도덕성으로 정의한다. 그는 비행과 관련된 전인습적 단계에서 인습적 단계로 발달해가는 과정상의 지연현상에 주목하였다. 비행청소년들은 전인습적 단계의 도덕성 발달수준에 머물러 있는 반면에, 비행을 저지르지 않는 청소년들은 인습적 단계의 도덕성 발달수준으로 성장한다. 범죄를 설명하는 또 하나의 사회심리이론은 사회정보처리모델(social information processing model)이다. 다음 〈그림 6.3〉은 사회정보처리모델은 사회적인 자극에 대한 6가지 정보처리과정을 제시해 주고 있다(Bandura, 1986).

그림 6.3 〉사회자극에 대한 6가지 정보처리과정

공격적인 사람은 비폭력적인 사람들보다 사회적 단서를 더욱 낮게 포착하거나, 단서를 지나치게 폭력적인 것으로 해석하며, 갈등관계에서 적절한 반응양식을 잘 찾을 수 없고, 자신의 폭력반응이 사회적으로 용인되는 것이라고 왜곡되어 있고, 편향되어 있다. 즉, 대인관계의 갈등을 더욱 공격적인 반응양식으로 해결하고자 시도하려는 왜곡된·편향된·고착된·고정된 인지를 인지재구조화를 통해서 개입 및 치료를 하고자 하는 인지행동치료(CBT: Cognitive Behavior Therapy)가 높은 효과 검증과 호응을 받고 있다(Crick & Dodge, 1994, 1996).

2) 성격이론(Personality Theory)

Eysenck(1970)은 내향성－외향성(Introversion－Extroversion)과 신경증(Neuroticism; 정서적인 불안정성(Ustable)과 안정성(Stable))으로 분류를 하였으며, 차후에 정신증

그림 6.4 》 4가지 그리스사람의 기질유형에 대한 요인분석으로 유래된 2가지 성격유형의 관계성
(The Relationship of Two Dimension of Personality Derived from Factor Analysis to Four Greek Temperamental Types, Eysenck, 1970).

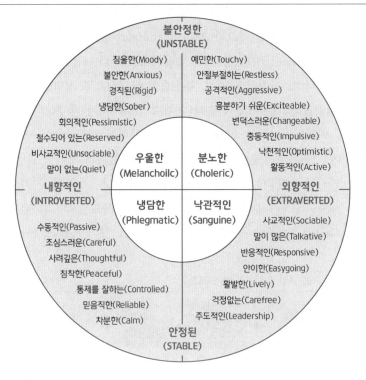

그림 6.5 〉 신경증의 위계구조(Eysenck, 1990).

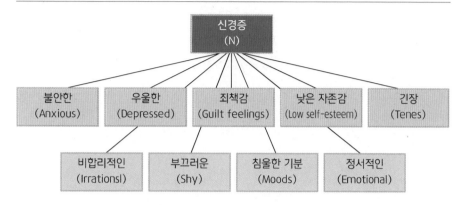

(Psychoticism)을 추가시켜 성격의 3가지 요인 이론을 제시하였다. 다음 〈그림 6.4〉
는 4가지 그리스사람의 기질유형(우울한, 분노한, 낙관적인, 냉담한)에 대한 요인분석
으로 유래된 2가지 성격유형(불안정성, 안정성)의 관계성을 설명하고 있다(Pervin,
Cervone, & John, 2005).

　　Eysenck(1970)은 그리스사람들에게 독특한 성격유형으로 분노(성마른)한 유형
(Choleric Type), 외향성(Extraversion), 정서불안전성(Emotional Instability) 성격기질이
높게 나타났다고 제시하고 있다(Pervin, Cervone, & John, 2005). 신경증(Neuroticism)
유형은 불안(Anxiety), 우울(Depression), 죄책감(Guilt Feelings), 낮은 자존감(Low
Self−Esteem), 긴장(Tense) 등의 경향이 높게 나타난다. 다음 〈그림 6.5〉는 신경증
(Neuroticism)의 위계구조를 도식화하고 있다(Pervin, Cervone, & John, 2005).

　　정신증(Psychoticism)유형은 공격적인(aggressive), 냉담한(cold), 고독한(solitary), 무
감각한(insensitive), 타인에 대한 배려가 없는(uncaring about others), 인정된 사회관
습을 반대(opposed to accepted social custom) 등의 경향이 높게 나타난다. 다음
〈그림 6.6〉은 정신증(Psychoticism)의 위계구조를 도식화하고 있다(Pervin, Cervone,
& John, 2005).

　　Eysenck(1964)은 범죄에 대한 생물학적 관점에 근거한 유전적 소양을 통하여
각 개인의 대뇌피질과 자율신경계상의 차이를 지니게 된다고 시사하고 있다. 그
는 성격의 기본요소로서 세 가지로 내·외향성(I/E), 신경증(N), 정신증(P) 등으로
설명하고 있다. 내·외향성은 일종의 대뇌피질의 타고난 각성수준(arousal level)으

그림 6.6 〉 정신증의 위계구조(Eysenck, 1990)

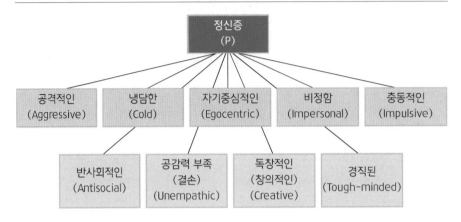

로서 외향성의 경우 내재된 각성수준은 낮고, 반면에 내향성의 경우는 각성수준
이 높다. 즉, 내면의 낮은 각성수준상태는 유기체적 항상성을 유지하기가 어렵
고 결과적으로 외부로부터 더 많은 자극추구(novelty seeking)를 하는 경향이 높
다. 반면에, 내면의 높은 각성수준상태는 충분한 자극이 내부적으로 있어서 굳
이 외부적으로부터 더 이상의 자극을 추구하지 않게 된다. 즉, 외향성의 경우에
는 내면의 각성수준이 낮아 외부로부터 자극을 추구하게 되고, 내향성의 경우 내
면의 각성수준이 높기에 외부로부터의 자극이 필요 없다는 것이다(이수정, 2006;
Ryu, 2020; Ryu 2022).

성격은 범죄행동에 지대한 영향을 미친다. Gottfredson & Hirschi(1990)에 따
르면 범죄율은 자기통제력(self-control) 결여에서 비롯된 주요 공통된 성격특성
(personalty traits)을 갖고 있다. 즉, 자기통제력(self-control)의 유무에 따라서 범죄
성의 특질을 제공해 준다. 즉, 흔히 말하는 범죄성(criminality)이라고 불리는 성격
특성은 자기통제력(self-control)의 결여를 의미하고, 자기통제력 결여에 따라서
범죄행위를 유발한다는 것을 시사해주고 있다. 흔히 범죄성이라고 불리는 인성
특질은 자기통제력 결여의 범죄성을 유발시킨다는 것이다. 자기통제력 결여가
범죄유발에 미치는 범죄자들의 공통된 성격특성들을 다음과 같이 제시해 주고
있다(박광배, 2004).

- 즉각적인 만족을 가장 노력을 적게 들이고 손쉽게 얻고자 하는 행위
- 흥분과 모험, 스릴을 동반하는 행위
- 특별한 기술이나 계획을 요구하지 않는 행위
- 피해자에게 고통과 불편을 초래하는 행동 등이다.
- 한 범죄자가 특정한 종류의 범죄를 전문적으로 범하기보다는 다양한 범죄를 동시에 범하는 경향이 있다(범죄의 다양성(versatility)).
- 어린 시절에 범죄경력이 있는 사람은 평생에 걸쳐서 반복적으로 범죄를 범하는 경향이 있다(시간적 지속성(temporal stability)).

범죄를 일으키는 성격의 주된 범주를 신경증 성향에서 관찰해보고자 한다. 신경증 성향은 불안(anxiety), 적대감(hostility), 우울(depression), 자의식(self-consciousness), 충동성(impulsiveness), 취약성(vulnerability), 염려(worry), 반사회성 인격장애(antisocial personality disorder), 신경과민성(nervous), 망상장애(delusional disorder) 등을 수반한다.

신경증성향이 높을수록 불쾌감, 긴장감, 분노감, 강박감, 외로움은 더욱 증가한다. 또한, 신경증성향이 높은 운전자들은 분노, 불안, 자신감 부족 등을 호소하며, 성관계에서도 불안과 죄의식의 문제가 도식화된다. 신경증성향은 나쁜 사건과 상황에 더욱더 많이 노출될 수 있으며, 노출 시에 그것들에 더욱 민감하게 반응하거나 대처능력이 부족하다. 또한, 환경적 사건들과 접촉할 때도 반응성이나 대처방식과도 상관없이 성격 자체가 직접 불만과 고통을 가져올 수 있다고 시사한다(홍숙희, 2005). 신경증성향에서의 도피공상, 적대적 반응, 우유부단, 수동성, 진정, 자책감, 소망적 사고, 철수 등의 성격유형은 범죄행위와도 직결된다고 보인다. 〈표 6.1〉은 신경증성향에서 보여주는 범죄유발의 성격기질을 설명해주고 있다.

표 6.1) 범죄행위의 신경증성향(McCrae & Costa, 1986)

신 경 증 성 향(N)
• 도피공상-문제를 잊어버리기 위해 헛된 공상을 하며 시간을 보냄. • 적대적 반응-타인에게 화풀이함. • 우유부단-문제에 대해 생각하고 또 생각하면서도 실제로 결정을 내리지는 못함. • 수동성-남들이 기다리고 있는데 질질 끄는 성격. • 진정-마음을 진정시키기 위해 진정제나 술을 마시거나 명상이나 다른 방법으로 이완함. • 자책감-자책을 하거나 죄책감을 느끼거나 변명을 함. • 소망적 사고-문제가 지나가거나 도움이 오기를 그냥 바람. • 철수-다른 사람들을 만나 도움을 청하지 않고, 혼자서 문제를 대처하려고 함.

3) Sampson & Laub의 통합이론

Sampson & Laub(1993)은 삼원구조이론(tripartite theory: Id, Ego, and Superego)을 통해서 청소년범죄의 착수(onset)와 중지(desistance(단념))에 관한 설명을 발전시켜 왔다. 한 개인의 생애과정동안 기능하는 사회통제이론에 근거한 그들의 논지의 가설은 다음과 같다.

- 구조변인들은 과정변인들의 효과의 부재에서는 고찰될 수 없다.
- 생애과정 동안 청소년과 성인의 반사회적 행동은 연속성을 띤다.
- 이러한 연속성은 구조변인과 과정변인에 의해서 중단된다.

즉, 환경적 변인들이 청소년과 성인의 반사회적 행동의 연속성에 영향을 미치게 된다는 이론이다. 사회통제이론은 왜 현상이 존재하는지는 질문하지 않은 채로 연령범죄곡선을 주어진 현상으로 보지만, 연결범죄곡선은 정상적 신경화학에 있어 확고한 기반을 다져주었다는 점에서 매우 중요시된다.

청소년 행동(사회적·반사회적)의 신경생물학적 구성요소는 가바(GABA: 생후부터 감소되며 성인기부터는 느리게 감소됨)라 불리는 주요 억제신경전달물질을 포함하고 있다. 청소년 시기(adolescence period)에는 뇌에서 5−HT(Serotonin)은 증가하기 시작하며, 이러한 신경화학물질은 공격행동(aggressive behavior)을 억제하는 것으로 밝혀졌다. 또한 5−HT(Serotonin)는 증가하는 반면에 DH(Dopamine)의 활성은 개

그림 6.7 〉 신경화학요인들과 범죄의 착수와 억제 간의 가설

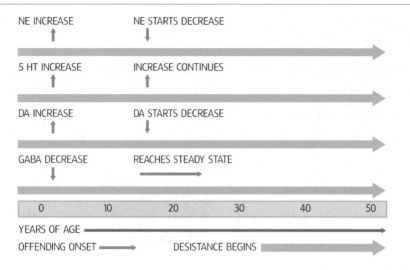

인의 생애과정을 통해서 감퇴하기 시작한다. 노르에피네프린(Norepinephrine: NE)도 역시 연령과 함께 감소하며, 변연계와 뇌의 다른 부분에서 자극신경전달물질의 역할을 담당한다(Christiansen, 1993). 테스토스테론은 공격성, 지배, 자극추구 등과 같은 행동적 요인들에 관련하며(Collins, 2004), 뇌파도(EEG) 측정에 의하면 남성과 여성 모두에게 연령에 따른 테스토스테론의 감소는 뇌파활동을 느리게 한다고 시사하고 있다(Duffy et al, 1993). 게다가 폭력적 범죄자들은 신경생물학적 기능이 정상인의 평균치보다 두 배가 높은 표준차를 보인다(Collins, 2004). 다음 〈그림 6.7〉은 신경화학요인들과 범죄의 착수와 억제 간의 가설적 관련성을 도식화한 것이다.

03 반사회성 인격장애(APD)

범죄자들의 성격특성 중에 가장 많이 내포되어있는 성격장애는 반사회성 성격장애(antisocial personality disorder)이다. 반사회성의 성격특성이 있는 사람 중에 80%가 남성이고(Goleman, 1987), 경범죄자들보다 강력범죄자 중에 이 성격특성을

보이는 사람이 많이 나타난다(McCord, 1982). 이들은 불안수준(anxiety level)과 각성수준(arousal level)이 일반인들보다 낮아서 늘 새로운 자극추구(novelty seeking)를 원하며, 한 가지 일에 빨리 싫증과 지루함을 갖게 된다.

Hare & Mcpherson(1984)에 따르면, 반사회성 인격장애(antisocial personality disorder)는 뇌의 좌반구의 결함에서 시작된다고 시사한다. 이와는 달리 Buss(1966)는 환경요인에 의해서 반사회적 성격이 형성된다고 시사한다. 특히 부모가 아동을 지나치게 냉정하게 거리감을 가지고 대하거나 아동들의 행동에 무분별하게 상벌을 행사하는 경우 아동에게 반사회성 인격장애(antisocial personality disorder)를 가져다주는 계기가 된다. 반사회성의 성격특성을 골자로 하는 성격이론이 범죄이론으로서 가지는 단점은 실제로 사회에서나 교도소에서 이러한 반사회성 인격장애(antisocial personality disorder)의 특성을 보이지 않는 경우가 너무 많이 존재한다는 사실이다(박광배, 2004).

DSM-IV(1995)에서 반사회성 인격장애의 증상들은 생활전반에 걸쳐서 타인의 권리를 무시하거나 침해하는 것으로서, 이는 소아기 또는 사춘기 초기에 시작되어 성인기까지 지속된다고 보고하고 있다. 이러한 성격은 정신병질, 사회병질, 비사회적 인격장애로 명명되며, 속임수와 조정이 반사회성 인격장애(antisocial personality disorder)의 주요 특성이기 때문에, 체계적인 임상적 평가와 주변 정보가 뒷받침되어야 한다. 다음 〈표 6.2〉는 반사회성 인격장애(antisocial personality disorder)의 진단기준이다.

우리는 서로 다양한 성격특성(personality traits)을 갖고 태어나고 성장하고, 또한 그 성격특성은 사회적 환경에서 지대한 영향을 받고 변해간다. 그런데도 한번 형성된 성격특성은 시간이 흘러가도 변화하지 않는다. 우리가 어떻게 성격의 중요한 특성들을 정의하느냐에 따라서 성격이 고착될 것인지 또는 변화하기 쉬운 성격인지에 관한 중요한 영향력을 가지게 된다. 성격특성은 환경이나 시간과 관계없이 지속성을 보이는 극히 선천적인 특성을 가진다는 것으로 정의할 수 있다. 많은 연구에 따르면, 성격특성은 성인기에도 현저하게 영속적인 성향을 가진다(Heatherton & Weinberger, 1994). 예를 들면, "The Big Five Personality Traits"에서 개개인이 가지고 있는 성격특성들은 수십 년이 지나도 변화 없이 더욱더 완고해지고 고착된다(McCrae & Costa, 1990). 외향적인 성향의 성격특성을 갖는 사람

표 6.2 〉 DSM-IV(1995) 반사회성 인격장애 진단기준

반사회성 인격장애의 진단기준

A. 15세 이후에 시작되고, 다음에 열거하는, 타인의 권리를 무시하거나 침해하는 광범위한 행동 양식이 있고, 다음 중 3개 또는 그 이상 항목을 충족시킨다.
  1. 법에서 정한 사회적 규범을 지키지 못하고, 구속당할 행동을 반복 하는 양상으로 드러난다.
  2. 개인의 이익이나 쾌락을 위한 반복적인 거짓말, 가명을 사용하거나 타인들을 속이는 것과 같은 사기.
  3. 충동성 또는 미리 계획을 세우지 못함.
  4. 빈번한 육체적 싸움이나 폭력에서 드러나는 과흥분성(자극과민성)과 공격성.
  5. 자신이나 타인의 안전을 무시하는 무모성.
  6. 일정한 직업을 갖지 못하거나 채무를 청산하지 못하는 행동으로 드러나는 지속적인 무책임성.
  7. 타인에게 상처를 입히거나 학대하거나 절도행위를 하고도 무관심하거나 합리화하는 양상으로 드러나는 양심 가책의 결여.
B. 연령이 적어도 18세 이상이어야 한다.
C. 15세 이전에 발생한 품행장애의 증거가 있어야 한다.
D. 반사회적 행동이 조현병이나 조증삽화 경과 중에만 나타나는 것이 아니어야 한다.

들은 외향적인 성격으로 머무르는 경향이 있다; 또한, 내향적인 성향의 성격특성을 갖는 사람들은 내향적인 성격의 소유자로 남아 있게 될 것이다. 최근 150개의 연구사례의 메타분석에 따르면, 5만 명의 피험자를 대상으로 적어도 1년 동안 진행된 성격특성 연구실험결과 성격의 지속성을 유력하게 검증해주고 있다(Roberts & Friend-DelVecchio, 2000). 그러므로 쉽게 흥분하고 분노를 유발하는 성격의 소유자로 성장한 사람들은 추후에도 별다른 성격의 큰 변화 없이 그 성격특성을 가지고 살게 된다는 것을 시사해준 바가 크다.

최근 연구에 의하면, 초기 유년기의 성격특성은 발달과정 동안의 행동과 성격구조를 형성하는데 지대한 영향력을 갖는다(Caspi, 2000). 또한 뉴질랜드(New Zealand)의 더니든(Dunedin)에서는 1살가량 1000명의 유아를 대상으로 매 2년 건강, 발달과 성격을 조사한 결과, 흥미롭게도 21살 때까지도 97%가 같은 성격유형을 보유하고 있었다는 보고이다(Silva & Stanton, 1996). 즉, 세 살의 성격구조와 다양한 행동들의 분류는 초기 성인기의 성격과 행동들을 예측할 수 있다. 예를 들면,

3살 때의 자기통제력(self control) 결여는 성인기에 알코올, 범죄, 실직, 자살시도, 반사회성, 불안, 낮은 사회적 지지 등등의 문제를 초래하며, 반면에 억제된 아동들(inhibited children)은 성인기에 우울증을 앓게 되는 경향이 매우 높다고 시사한다. 그러므로 초기 유년기의 성격특성은 향후 행동들을 예측할 수 있는 좋은 예이다(Gazzaniga & Heatherton, 2006). 즉, "세 살 버릇 여든 간다!"라는 격언의 중요성을 다시 한번 상기시킨다.

▼
04 성격특성의 방어기제

우리의 성격특성에는 우리 자신을 무의식적·의식적으로 보호하고 방어하려는 자아방어기제가 누구에게나 존재한다. 원초아적 욕구가 강해지거나 이를 통제할 수 있는 자아의 기능이 약화된 경우에, 개인의 원초아적 욕구와 욕망이 표출되는 것에 대한 두려움과 불안을 느끼게 되는데 이를 신경증적 불안(neurotic anxiety)이라고 한다(권석만, 2007). 즉, 자아는 방어기제를 이용해서 자신의 불안을 회피하고, 다른 한편으로는 본능욕구를 부분적으로 충족시킨다. 이러한 과정을 통해서 마음의 갈등과 충돌이 해소되며 평정이 회복된다. 또한, 이 과정에서는 본능적 욕망과 초자아의 욕구 간에 타협적인 절충형성(compromise formation)이 이루어진다. 서로 간에 조금씩 양보하고 타협하여 절충안을 찾는 것이 바로 절충형성이다. 이러한 절충형성의 결과가 외부로 노출되고 행동으로 표현되는 것이 바로 증세(symptom)와 징후(sign)이며, 이는 성격특성을 이루게 된다. 성격특성의 방어기제유형은 다음과 같다(이무석, 2006).

① 억압(repression): 원초아(ID)적 욕구나 욕망을 무의식에 눌러놓은 것이며, 이를 통해서 자아는 위협적인 충동, 감정, 소원, 상상, 기억 등이 의식되는 것을 막아준다. 특히 죄의식, 수치심, 자존심의 손상을 일으키는 경험들은 고통스러운 불안을 일으켜 억압한다. 억압으로 불안을 방어하려고 시도하다 실패를 하게 되면, 투사(projection), 상징화(symbolization) 등의 다른 방어기제들이 동원되어, 신경증 또

는 정신증을 유발한다. 억압이 많은 사람일수록 편견과 선입견과 한(恨)이 많이 내재화되어 있다.

② 억제(suppression): 의식적으로 또는 반의식적으로 잊으려고 노력하는 것이다. 예를 들면, 사별한 남편(아내)과의 추억을 잊으려고 애쓰는 것이다.

③ 취소(undoing): 무의식에서 자신의 성적 욕구 혹은 적대적인 욕구로 인해서 상대에게 피해를 주었다고 느낄 때, 그에게 준 피해를 취소하고 원상복귀 하려는 행동을 일컫는다. 즉, 속죄행위가 취소의 한 예이다.

④ 반동형성(reaction formation): 겉으로 나타나는 태도나 언행이 마음속의 욕망과는 정반대의 행동을 하는 경우이다.

⑤ 상환(restitution): 무의식의 죄책감을 씻기 위해 사서 고생과 고행의 삶을 선택하는 것을 일컫는다.

⑥ 동일화(identification): 중요한 인물들의 태도와 행동을 자신의 것으로 받아들이고 닮으려고 행동한다. 또한, 공격자나 가학자에게 동일화를 시킴으로써 자신의 불안을 방어하는 것, 이를 공격자의 동일화(identification with aggressor)라고 한다. 예를 들면, 스톡홀름신드롬을 들 수 있다.

⑦ 투사(projection): 자신이 무의식에 품고 있는 공격적 계획과 충동을 남의 것이라고 탓하고 떠넘겨버리는 것이다.

⑧ 자기에게로의 전향(turning against self): 공격적인 충동이 다른 사람이 아닌 자기에게로 향하는 것이다.

⑨ 대치 또는 전치(displacement): 한 대상에 대한 욕구나 욕망을 다른 대상을 통해서 대리적으로 충족시키는 것이다. 원래의 무의식적 대상에게 주었던 감정을 덜 위험한 대상에게 옮기는 과정을 일컫는다.

⑩ 대체형성(substitution): 목적하던 것을 갖지 못하게 되면서 생기는 좌절감을 줄이기 위해 원래의 것과 비슷한 것을 취해 만족을 얻는 것이다.

⑪ 부인(denial): 수용하기 힘든 일들을 부정하는 것이다. 즉, 의식화된

다면 도저히 감당하지 못할 어떤 생각, 욕구, 충동, 현실적 존재를
무의식적으로 부정하는 것이다.

⑫ 상징화(symbolization): 어떤 대상이나 사상이 다른 대상이나 사상을
나타내는 데 사용되는 정신기제이다. 예를 들면, 자신을 재림한 예
수로 여기는 사람이다.

⑬ 보상(compensation): 실제적 노력이든 상상으로 하는 노력이든 간에
자신의 성격, 지능, 외모 등과 같은 이미지의 결함을 메우려는 무
의식적인 노력을 일컫는다. 예를 들면, "작은 고추가 맵다!"이다.
비록 키는 작지만, 목소리가 큰 것으로 보상을 받으려는 행위를 일
컫는다.

⑭ 합리화(rationalization): 수용되기 어려운 욕망에 대해서 그럴듯한 현
실적 이유와 핑계를 붙여서 자신의 불안을 회피하려는 것이다.

⑮ 격리(isolation): 과거의 고통스러운 기억과 관련된 감정을 의식에서 떼
어 내는 과정을 일컫는다. 격리의 예로 강박증(obsessive-compulsive
disorder)을 들 수 있다.

⑯ 주지화 또는 지식화(intellectualization): 감정과 충동을 억누르기 위해,
직접 경험을 하는 대신 그것들에 대한 공상과 상상 속에서만 만족
하는 것이다.

⑰ 퇴행(regression): 심한 좌절을 당했을 때 현재보다 유치한 과거의 아
동의 수준으로 후퇴하는 것이다.

⑱ 해리(dissociation): 마음을 편치 않게 하는 성격의 일부가 그 사람의
지배를 벗어나 하나의 독립된 성격인 것처럼 행동하는 경우이다.
몽유병, 이중인격(dual personality), 둔주(fugue, 일시적 기억상실상태), 자
동 필서 (automatic writing) 등이다.

⑲ 저항(resistance): 억압된 사건사례, 미해결된 과제, 그늘에 가려진 분
노(shadowed anger) 등이 의식으로 떠올라오는 것을 막는 것이다. 이
러한 억압된 상황, 미해결된 과제, 그리고 그늘에 가려진 분노 등이
의식으로 떠오르게 되면 너무나 큰 고통이 수반되기 때문이다.

⑳ 차단(blocking): 서로 연결된 몇 가지 생각들 가운데서 앞선 것은 기

억이 나지만 뒤를 잇는 생각이 억압당해 도저히 기억되지 않는 것이다. 의식적으로 용납할 수 없는 사고들을 차단하는 것이다.

㉑ 신체화(somatization): 심리적 갈등이 감각기관, 수의근육계 외의 신체 증상으로 표출된다.

㉒ 성화(sexualization): 성적으로 대단한 의미를 지닌 것도 아닌 것에 성적인 의미를 크게 부여하는 것이다.

㉓ 금욕주의(asceticism): 의식에서 지각되는 모든 쾌락은 반대하면서, 금욕, 고행, 그리고 수행을 통해서 만족감을 얻는 것이다.

㉔ 유머(humor): 자신이나 타인에게 거북하고 불쾌한 감정을 느끼지 않도록 하면서 자기의 느낌을 즐겁게 그리고 공개적으로 표현하는 것이다.

㉕ 이타주의(altruism): 남들의 본능적 욕구충족을 집요하게 건설적인 쪽으로 도와주는 것이다. 즉, 자신의 무의식적인 욕망과 소망을 충족하는 방법으로서 타인의 욕구를 충족하도록 헌신적인 도움으로써 대리 만족을 얻는 것이다.

㉖ 분리(splitting): 자신과 남들의 이미지, 태도가 '전적으로 좋은 사람'과 '전적으로 나쁜 사람' 또는 "선과 악"이라는 두 개의 상반된 것이다. 유아기 때의 "분리－개별화"기에 쓰는 방어기제이다.

㉗ 투사동일화(projective identification): 환자는 분석가에게 내적 이미지를 투사한다(전이). 환자가 분석가에게 투사한 어떤 사람의 역할을 분석가가 받아들여 동일화하고 환자의 조종을 받아 느끼고 행동하게 된다(역전이). 투사된 내용들은 분석가에 의해 수정된 다음에 다시 환자에게 긍정적 재투사(positive reintrojection)를 한다.

㉘ 회피(avoidance): 위험한 상황이나 대상으로부터 안전한 거리를 유지하기 위해서 의식적·무의식적으로 회피한다.

㉙ 승화(sublimation): 본능적 욕망과 인내하기 힘든 충동에너지를 사회적으로 용납될 수 있는 형태로 돌려쓰는 방어기제이다. 예를 들면, 폭력적인 비행청소년이 농구, 축구를 배워 올림픽에서 금메달을 획득하는 것이다.

㉚ 방어과정(defensive processes): 성격방어(character defense; 타인에 대한 태도나 반응이 지속적인 어떤 특성을 갖는다. 불안을 극복하기 위해서 습관화된 인격과 태도와 방법에 의한, 지나치게 친절한 성격의 사람은 숨겨진 공격성, 분노억압, 갈등, 가학적 욕구 등을 성격 자체로 방어하고 있을 수도 있으며, 반면에 완벽주의적 성격은 모욕당하는 위험을 사전에 예방하고자 완벽한 성취감을 얻고자 이를 활용한다), 전환(conversion; 심리적 갈등이 신체감각기관과 수의근육계의 증세로 표출되는 것이다. 예를 들면, 상관을 칠 것을 두려워하여, 자신의 팔과 다리가 마비가 오는 경우이다), 환상(fantasy; 자아의 적응과정(ego−adaptive process) 중 하 나이며 정신건강과 창조적 사고에 중요한 역할을 감당한다), 그리고 꿈(꿈; 잠재몽과 현재몽으로 구성되며, 본능적 욕구, 신체적 감각주입, 현재 생활의 소망, 그리고 그 날 있었던 일(day residue)들이 꿈속에서 재현된다) 등을 구성하고 있다.

▼
05 청소년의 살인범죄

현대사회에서 청소년비행의 심각성이 강조되면서, 그들 비행의 특성 중 과잉적인 공격성, 범죄수법의 잔혹성, 범죄수행의 충동성 등이 청소년들에 의한 살인범죄에 대해서도 중요한 문제로 지적되고 있다. 최근에 발생했던 청소년들의 엽기적 살인행각을 보면 오늘날 청소년들에게 소중한 생명이라는 것이 매우 가벼운 존재로 다루어지고, 나 아닌 타인을 물건과 게임의 대상으로 간주한다는 것을 알 수 있다. 이는 어른들의 이기주의와 물질만능주의에 따라 청소년들의 정체성과 현실적 대처능력이 침몰해가고 있는 현대사회를 반영한다.

살인은 대인관계갈등의 심리를 들여다볼 수 있는 매우 가치 있는 창을 제공해준다(Daly & Wilson, 1988). 죽음이라는 결과는 너무나 극명한 것이기에 그 진위를 판단하는 데 있어 다른 편견들이 개입하기 어려우며, 여타의 폭력사건들과 달리 발생 사실을 은폐하기 힘들다(공정식, 2006). 다음은 청소년들에 의해 이루어지는 범죄적 살인행위의 사회적·심리적 요인에 따른 범죄형성과정을 살펴보고자 한다.

(1) 살인의 정의

살인은 재생할 수 없다는 특성 때문에 다른 모든 범죄와 구분되는 범죄로 그 결과는 돌이킬 수 없는 인간의 생명을 단절시키는 행위이다. 상해의 의향이 존재하지 않는 우발적인 사고와 용서 가능한 살인행위(면죄가 가능한(Excusable Homicides))와 경찰관이 도주하는 강도범을 사살하거나 시민이 자기방어를 위하여 사람을 죽이는 경우와 같이 죽일 의향이 없었더라도 어쩔 수 없는 것으로 받아들여지는 정당방위에 의한 살인행위(Justifiable Homicides)도 존재하며, 이에 비해 우리의 관심 대상이 되는 살인은 한 개인이 타인에 의해 불법적 죽임을 당하는 범죄적 살인행위(Criminal Homicides)에 초점을 두고 있다(이수정, 2006).

살인은 우리나라에서는 고의를 가지고 의도적으로 행한다는 점을 중시하며 형법 제24장 "살인의 죄"라고 명시하고 보통살인, 존속살인, 영아살해, 촉탁·승낙에 의한 살인, 자살의 교사·방조, 위계에 의한 촉탁살인, 살인예비·음모 등으로 분류하고, 연쇄살인에 대해서는 체계적(조직적) 연쇄살인과 비체계적(비조직적) 연쇄살인으로 규정하고 있다.

(2) 청소년 살인범죄 특징

최근의 한국사회에서 발생하는 살인사건의 특징을 이해하기 위해서는 정상적 살인(normal homicide)과 비정상적인 살인(deviant homicide)으로 분류할 수 있다. 전자는 살인의 동기가 면식관계에서 분노, 모욕감, 복수감 등의 감정적인 이유와 관련된 경우에 비해, 비면식관계의 경우에는 금전적인 목적 등 수단적인 동기에 기인하는 경우를 말한다. 반면에 후자는 비면식관계에서 살인의 동기가 분노, 모욕감, 복수감 때문이고, 면식관계에서는 살인의 동기가 금전적 목적 같은 수단적 동기를 부여하는 개념을 내포한다. 우리 사회에서는 정상적인 살인사건 사례보다 비정상적인 사건사례가 최근에 많이 발생하고 있디(이웅혁, 2007). 이는 청소년 살인사례도 부합된다. 살인과 같이 극단적인 폭력행위를 범하는 청소년들에 대한 여러 연구자에 따르면, 청소년들은 대개 가정에서의 신체적 학대 경험, 발작 등 신경학적 문제, 정신병적 증후, 연령에 따른 공격성의 증가, 어린 연령부터의 약물남용, 패거리집단에 가담함 등의 특징을 보인다(이웅혁, 2007).

청소년 살인범죄의 일반적인 특징을 살펴보면, 살인은 전혀 모르던 낯선 사람에 의해 저질러지기보다는 평소 면식이 있는 사람 간에서 대부분 발생하며, 특히 가족 등 근친관계에서 이루어지는 경우가 많다. 청소년들의 살인범죄는 일반적인 살인범죄의 특징을 가지면서 보다 즉흥적이고 맹목적인 욕망추구의 양상을 보이는데, 이는 소년범죄의 최근 경향으로, 현재의 생계유지를 위함과 같이 어떤 절실하고 급박한 욕구 때문이 아니라 일시적이고 이차적인 향락을 위해 범죄를 저지른 것이다. 또한, 다른 소년범죄들에서 나타나는 것과 같이 살인에서도 모방범죄로 인한 범죄유발의 사례들이 증가하는 경향이다(예, 남양주 사건).

청소년 살인범죄의 또 하나의 특징은 지나친 잔인성과 과잉성을 들 수 있다. 돈만 빼앗는 것으로도 충분한데도 살인을 일삼거나 사체를 무참히 훼손하여 유기한다. 이해할 만한 아무런 이유도 없이 살인하는 묻지마살인(동기 없는 살인)이 일어나고 있는 것도 현시대 청소년의 비행을 반영하는 사회문제가 아닐 수 없다. 이렇게 극도로 공격적인 살인들을 범한 청소년이 때로는 심리테스트와 행동관찰보고에서는 공격성이 낮게 나타내며 더욱더 이성적이고 통제력이 강한 것으로 나타나는 경우도 존재한다(이웅혁, 2007).

(3) 청소년 살인범죄 형성과정

청소년의 살인범죄 형성과정은 다양한 측면에서 접근할 수 있는데, 먼저 청소년의 성장 및 사회화과정을 통하여 추론해 볼 수 있다. 유아기에 있어서 가학적 성격이 형성될 가능성에 관하여 Freud의 학설을 살펴보는 것은 의미가 있다.

Freud는 환경이나 자신을 향한 공격적이고 파괴적인 행동에서 죽음 본능이 관찰될 수 있다고 생각했다. 오늘날 대부분의 정신분석학자들은 임상적 활동과 살인에 관련된 연구 문헌들에서 리비도와 공격성이라는 본능적 욕구추동개념을 사용하고 있다. 그들은 또한 일반적으로 본능적 욕구추동이 표면적인 문화현상으로 나타나지 않는다는 생각에 동의한다. 대개 인간의 행동은 이미 내재화된 조절을 담당하는 대리자의 영향을 받으며, 자신 및 환경과의 관계에 의해 영향을 받을 뿐만 아니라 성적 충동과 공격적 충동(갈등적이건 협력적이건 간에)에 의해 영향을 받는다고 이해된다. 따라서 본능적 충동은 개인의 과거사와 현재 개인이

속해 있는 환경의 영향 아래 변화무쌍하게 표현될 것이다. 이 본능적 충동들은 생애 초기에는 하나로 합쳐지는 "융합"의 과정을 거치며, 그 후에는 상황에 따라 퇴행현상과 함께 서로 분리되는 "탈융합"의 과정을 겪는다(공정식, 2006).

정신분석학적인 이론가들은 Freud의 죽음의 본능이라는 개념을 생물학적이고 유사-신화적인(quasi-mythological) 추론으로 다루었지만, 현재 정신분석의 대가인 Klein은 그것을 자신이 세운 이론의 중심으로 삼았다. 그녀의 이론에서 살인을 설명하자면, 임박한 파멸에 대해 불안을 느낀다는 것이다. 그들이 불안을 느끼는 것은 미숙한 자신의 공격성이 자신을 파괴하는 세력으로 다가오기 때문이다. 자신의 존재가 위험에 처해 있다는 박해불안은 일생에 걸쳐 가장 절박하고 집요한 문제가 된다. 그래서 박해불안은 그것으로부터 도망치려는 욕구를 발생시킨다. 박해불안에서 도망치기 위해 원시적인 자아는 자기에게 향한 공격성 일부를 외부에 투사해 '나쁜 젖가슴(공허감, 박탈감, 공격성유발 등)'을 창조한다. 악의가 도망칠 수 없는 자신의 내부에 있는 것보다 자신이 도망칠 수 있는 외부세계의 대상에게 있다고 느끼는 편이 덜 위협적이기 때문이다(공정식, 2006).

발달이론에서 살펴보면 아동기와 청소년기에 있어서 지나친 공격성이나 가학적 성격을 유발할 수 있는 요인에 대하여 생각해 볼 수 있다. 그 첫 번째 요인으로 아동학대나 가정폭력을 생각해 볼 수 있다. 초기 사회화과정에서 학대의 경험 여부는 매우 중요하다. 기존의 많은 연구들이 아동에 대한 학대가 정서장애를 가져오고, 장애가 심해지면 비행을 결과적으로 야기할 수 있음을 보고하고 있다.

부모들의 자녀에 대한 폭력은 결국, 그들 자신의 불안정한 사회관계와 부부관계에 대한 염려와 적개심을 자녀에게로 돌리는 것인데, 부모들은 자신들의 문제와 욕구에 몰두해 있어서 자녀들이 본인들의 감정이나 의견을 나타낼 기회를 주지 않는다. 국내의 한 연구결과에 의하면 남·녀 청소년 모두에게 있어서 학대경험이 많을수록 비행 가담이 높은 것으로 나타니며, 남자아이들의 경우 특히 폭력비행과 재산비행으로 이어지는 경우가 많으며, 여자아이들은 지위비행(음주, 흡연, 금지지역출입, 음란물접촉 등)이 많았다.

초기 사회화의 과정에서 부모로부터의 학대(신체적, 정신적 학대, 소외 등)를 받은 아동들은 성인이 되었을 때 부모로서 부적절한 양육태도를 보이며, 자신이 받았던 학대를 자신의 자녀들에게도 행하게 되는 경우가 많다. 또한, 그러한 자녀들 역시 지나치게 공격적이거나 정서적 불안상태를 나타내게 되는 것이다. 가족과의 관계 이외에, 학교에서의 또래집단과의 관계도 성격의 형성이나 사회화 과정에 있어서 많은 영향을 미친다. 학교생활에서의 비행적인 인격형성에 관련될 수 있는 주된 요인으로는 학업곤란과 잘못된 교우관계를 들 수 있다.

동료관계의 문제는 학업부진으로부터 초래된 경우도 많지만 그밖에 가정의 빈곤, 특수한 가정(부모이혼, 편모, 편부, 범죄적 부모 등), 본인의 용모 등이 그 원인이 되는 예도 있으며, 성격이 자기중심적이거나 반사회적 또는 공격적인 경우도 있다. 동료관계의 문제는 개인적 고립, 불량친구와의 접촉, 범죄자들과의 접촉, 학교 밖의 불량소년집단에서의 소속 등으로 범죄에 빠져들기도 한다. 최근에는 학업성적으로 인한 공통과 더불어 일본의 이지메와 비슷한 현상인 집단따돌림이 심각한 상황에 이르렀다. 일본의 경우 이지메로 인한 학생사망자까지 발생하고 있다.

청소년기 대부분의 생활이 이루어지고 있는 학교생활에서 또래집단으로부터 소외된 청소년들은 가정에 돌아와서도 가족과의 관계를 원만히 유지하지 못하며, 더욱이 최근 악화한 가정경제상황을 감안할 때 부모 양자가 모두 경제활동을 하는 가정이 증가한 현실에서 가족과 따뜻한 유대관계로 이를 극복하는 것조차도 힘들 수 있다. 학교 또래집단으로부터의 소외, 가정에서의 고립은 청소년들을 또 다른 또래집단, 범죄적 소년집단을 찾게 만든다. 가정에서 부모로부터 자신에게 적합한 성역할에 대한 학습을 하기 힘든 소년들은 성역할 정체감에 대한 불안을 느낄 수 있으며, 이를 해결하기 위해 동성의 또래집단에서 각각의 성 정체성을 찾고자 한다. 즉, 동성의 청소년 동료집단에서 성역할의 정체성, 지위, 소속감을 추구하게 되는 것이다. 이런 또래집단은 거리의 비행청소년집단이 될 수도 있고, 컴퓨터 통신상의 새로운 형태의 동료집단이 될 수도 있다. 다른 형태의 또래집단에 참여하지 못하는 청소년들은 학교와 가정으로부터 소외되고 결과적으로 혼자만의 세계에 몰두하게 되는데, 대중매체에서 등장하는 인물들을 보면서 간접적으로 성정체성을 추구하려 하기도 하며, 이들과 자신의 동일시를 통하여 범죄적 역할모형을 선택하기도 한다.

또한, 영화상의 폭력적이고 잔혹한 행동, 인터넷상에 올라와있는 실제 사건들에 관한 자세한 정보가 제공하는 상징적인 모델역할은 특히 또 하나의 청소년의 모방범죄를 유발할 수 있는 원인을 제공해주는 셈이 되는 것이다. 방송매체들은 폭력형의 행동을 가르치며, 폭력행위에 대한 억제력에 변화를 주기도 하고 폭력의 습관에 젖어 들게 한다. 매체들에서는 야비하고 무법적인 인물들이 자주 등장하기 때문에 현실 세계에 관한 지식을 왜곡시킬 수 있다. 이러한 영상물들을 많이 접하는 사람들은 적게 접하는 사람들보다 타인을 신뢰하지 못하며 타인이 범죄자가 될 가능성이 크다고 평가하는 경향이 있다.

범죄자와의 직접적인 접촉을 통해서도 가능하지만, 대중매체로부터 보고 듣던 사람과의 동일시를 통해서 또는 범죄반대세력에 대한 부정적 반응으로서 이루어질 수도 있다는 것이다. 따라서 사람은 자신의 범행이 받아들여질 것 같은 실제 인물이나 그밖에 상상된 다른 사람과 자신을 동일시하면서 범죄행위를 추구하게 된다.

(4) 청소년 살인범죄 현황

대검찰청 범죄분석의 최근 보고에 따르면 전체범죄에 대한 소년범죄 발생비율보다 소년살인범죄는 오히려 다소 감소한 경향을 나타내고 있어 기존의 연구결과들처럼, 살인에서는 강력범죄의 저연령화 현상이 발견되지 않는다고 추측할 수 있다. 그러나 통계를 구성할 때 대상에서 촉법소년과 그 이하 연령의 아동들의 범죄는 제외한 것이기 때문에 앞으로의 연구들에서는 촉법소년은 물론 더 어린 아동들까지 조사해 보는 것이 미성년자의 살인행위를 좀 더 정확히 분석할 수 있도록 해줄 것이다.

청소년 성별, 연령별 살인동기에 관한 연구에 따르면, 남자의 경우 '상대방과의 사소한 시비'가 30.2%, '모욕감을 참을 수 없어서'가 22.5%로서 격정살인의 경우가 많은 것으로 나타났다. 여자는 남자와 달리, 상대방의 시비나 모욕감을 참을 수 없어 살인한 경우는 12.5%, 17%로 남자보다 낮지만, 상대방의 부정행위, 자신의 비관이 범행동기로 작용한 경우가 14.8%, 12.5%로 남자보다 높게 나타난다.

연령별로는 50대를 제외하고는 '상대방과의 사소한 시비'로 인한 살인이 공통으로 높게 나타났다. 20대 이하 청소년들의 경우에 특징적인 것은 '자신에 대한 비관'과 '기타'가 7.2%, 14.5%로 타 연령에 비해서 높은 비율의 차이를 시사하고 있다. '자신에 대한 비관'은 사춘기, 학업부진, 집단따돌림 등의 청소년기 특유의 심리상태와 상황에 관련된 것으로 보이며, 기타의 비율이 높은 것은 최근 청소년 범죄에 있어서, 뚜렷하고 심각한 동기가 없는 사례가 늘고 있다는 것을 반영한다(이웅혁, 2007).

Konrad Lorenz는 청소년 범죄의 특징인 과도한 공격성을 '감정형폭력'이라고 일컫는다. "늑대처럼 강인한 육식동물들은 종족에 대해서는 공격성을 줄이는 자기들끼리의 내규 같은 것이 존재하는 데 반하여, 평화의 상징으로 여겨지고 있는 비둘기는 종족끼리 싸울 때 상대를 갈기갈기 찢어 죽을 때까지 싸움을 그치지 않는다고 한다."(이웅혁, 2007) 즉, 가정과 직장 내 가까운 친분의 대인관계 속에서 파생된 감정의 깊은 갈등과 상처는 더욱 심화되고 고조되며, 이로 인한 격분된 분노폭발은 더 난폭하고 잔혹한 경향이 있다는 것을 시사하고 있다.

현대 가정과 학교에서 이루어지고 있는 교육은 입시를 중심으로 모든 것이 진행되고 계획되고 있다. 기본적 인성이 형성되는 초등학교 교육에서부터, 심리적으로 매우 중요한 사춘기를 보내는 중·고등학교에 이르기까지 생명의 소중함에 대한 교육은 너무도 부족한 상황이다. 청소년들이 각종 방송매체, 폭력영상, 컴퓨터게임, 인터넷에 널려있는 폭력적 살인과 섹스와 범죄에 관련된 정보를 접촉할 때, 이러한 가상현실(virtual reality) 속에서의 인간의 생명은 극히 가볍고 무의미한 것으로 심화하며, 또한, 타인을 물질적인 대상으로 간주하게 되고 그렇게 의식적·무의식적으로 착상된다. 컴퓨터게임과 인터넷게임에서의 출현하는 가상현실(virtual reality) 인물과 대상들은 아주 쉽게 죽고 쉽게 되살아날 수 있다는 것이다. 그러나 현실에서의 생명이 다시 재생시킬 수 없다는 사실을 게임에 중독된 청소년과 성인들은 너무나 쉽게 간과하고 망상의 늪에 빠지게 된다. 이러한 증후로 유발된 범죄사례는 해마다 증가하고 있다.

가정 내에서는 올바른 부모의 역할모델이 부재하며, 학교에서는 입시에 부적합한 학생으로서 낙인되며, 청소년들의 가치관과 정체성은 희미하게 탈색된 현실 속에서, 그들에게 있어 중요시되는 것은 역시 눈앞의 즐거움과 쾌락과 자극 추구이며, 노력과 수고와 인내 없이도 쉽게 얻을 수 있는 범죄행위와 범죄수단을 통해 자신의 욕구를 충족하려 하는 편향된 삶을 살아가는 경향이 매우 높다. 또한, 다분히 충동적이고 자기통제력(self control)이 없는 청소년의 특성과 성적 욕구와 물질적 욕구가 연합되어 강도 살인을 초래하게 된다.

이러한 비행청소년을 초기에 치료적 개입이 필요하다고 필자는 제시하는 바이다. 즉, 청소년에게 실제로 사용될 수도 있고 적용할 수도 있는 자가치료기법인 자기분노조절(SAM)과 자기분노치료(SAT)를 통해 청소년의 자기분노(self-anger)를 인식하고(자각하고, 알아차리고), 인정하고, 조절하고, 내려놓고, 내보내고, 포기하고, 죽이는 기술들(skills)을 훈련하여 더욱 건설적·긍정적·합리적·창의적·낙관적·중립적·손익적인 사고와 행동으로 현실의 문제를 대처하고 해결할 수 있도록 자율적으로 자기교시할 수 있어야 한다. 또한, 문제해결능력과 대인관계기술을 고양하기 위해서 문제해결치료, 심리사회대인관계기술훈련, 대처능력 등과 같은 통합인지행동치료의 개입이 절실히 요망된다.

▼
06 정신병질자(Psychopath)의 살인

최근에 살인범을 포함한 범죄인의 심리적 특성 중 정신병질과 기질불안 등을 중심으로 범죄성을 측정하는 연구들이 활발하게 전개되고 있다. Hare(1996)는 "정신병질자는 자신의 마음상태를 언어적으로 표현할 수 있으나 감정적으로는 매우 깊이가 없는 사람들이다"라고 시사한다. 그러나 이들은 정신장애가 없고 걱정, 망상, 우울, 환각상태 역시 없다. 정서적인 주된 특성은 사랑할 능력결여, 이타심결여, 극단적 이기주의, 공감능력결여 및 죄책감이나 양심의 가책이 없다 (이수정, 2006).

Cleckley(1976)는 정신병질(Psychopathy)의 개념을 처음으로 소개하였으며, 정신병질자들(Psychopath)은 외관상으로는 상당히 정상적으로 보이고 지능도 보통 수준 이상의 소유자들이며, 극단적으로 이기적이고 타인을 목적달성의 도구로써 활용하며, 무책임하면서 냉담하고 쉽게 거짓말을 하는 특성이 있으며, 특히 이들의 정서적인 결함에 의한 의미실어증(Semantic Aphasia)을 띄고 있다. 즉, 글자대로는 말을 읽고 알기는 하지만 그것에 대한 글과 말의 사실상 깊은 의미 또는 함축적 의미는 전혀 이해하지 못한다는 것이다. 즉, 노래의 가사(words)는 알고 있으나 음악(music)은 이해하지 못한다는 것이다(이수정, 2006).

Hare(1996)는 정신병질자는 전체인구의 1%, 수용된 범죄자들의 약 15~25% 정도이며, 교정시설에서 수용되어있는 수감자 중 4명 중 1명의 정도는 정신병질자(Psychopath)에 해당한다고 시사하고 있다. 이들은 범죄행동을 일종의 "게임(Game)"으로 여기며 피해자에 대한 이해심이 적으며, 유죄판결을 받은 강간범, 연쇄강간범, 연쇄살인강간범들 중 35~45%의 높은 비율이 정신병질자였다고 보고하고 있다(Hare, 1991).

Hickey(1997)는 정신병질자의 일반적인 특성이 공격성, 둔감성, 카리스마, 무책임성, 지적능력, 위험성, 쾌락주의, 자기중심성, 반사회성 등을 띠고 있으며, Cleckley(1982)와 Hare(1970)는 정신병질자들은 정서 관련 영역에서 문제가 있고, 그 문제는 정신병적인 징후로 나타나는 불안과는 분명히 차이가 있다고 이론적으로 이를 뒷받침해주고 있다. 즉, 자기목적을 위해서 도구를 활용하며, 또한 수단과 방법을 가리지 않는 잔인한 행동을 주저하지 않을 뿐만 아니라, 그런 행동은 정신병질자들에게 정서적 각성 충족을 위해 충동적으로 일어나므로 예측하기가 어렵다. 예를 들면, 성적 능력을 과시하기 위해서 성기를 변형하거나, 주위 사람을 위협할 목적으로 자해나 문신을 새기는 등의 불량한 행위를 자행하며, 실제로 누범자들은 초범자들보다 신체적으로 과시적 성기변형, 문신, 자해 등과 같은 불량한 징표를 많이 지니고 있다(법무부, 2005).

"평생 지속적인 비행자"라고 불리는 정신병질자(psychopath)는 기존의 범죄자에 대한 통념을 바꾸고 있다. 이들은 대체로 타인에게 친근하고 외향적이며, 호감이 가고, 기민해 보이는 인상을 줄 수 있으며, 그들은 종종 좋은 교육을 받고 아는 것이 많으며, 많은 것에 흥미를 나타내는 등 사회적 상호작용을 잘하는 듯 보이지만, 그런 행위들은 전부 피상적인 성향이 크며, 사실상 별 의미를 담고 있지 않은 특성을 보인다(이수정, 2006). Cleckley(1976)와 Hare(1991)는 정신병질자의 특성을 다음과 같이 정의하고 있다.

최근 많은 연구에서 정신병질자들의 정서적 특성상 유독 슬픔과 관련된 정보 재인에 어려움을 겪음을 시사해주고 있다(Blair et al., 2001). 이는 폭력성 제지 메커니즘(Violence Inhibition Mechanism; VIM)에 문제가 생겨 슬픈 정서에 대한 정보

표 6.3 〉 Cleckley(1976)와 Hare(1991)의 정신병질자의 특성(공정식, 2006).

Cleckley의 정의	Hare의 정의
• 피상적인 매력과 좋은 지능	• 말주변이 좋음, 피상적인 매력
• 병적인 자기중심성	• 자기가치와 신념에 대해 과장하는 경향성
• 비진실성과 위선	• 병적인 거짓말
• 교묘한 속임수	• 피상적인 감정
• 연민이나 죄책감의 부족	• 냉담, 무정한 경향과 공감능력부족
• 빈곤한 감정반응	• 행동 책임감 수용의 실패
• 대인관계 둔감(동정심 결여)	• 난잡한 성행위
• 신뢰할 수 없음	• 현실적이고 장기적인 목표결여
• 도구적 성행위	• 빈약한 행동 조절력
• 생애주기 수행 실패	• 높은 자극추구/지루함 경향성
• 충동성	• 무책임
• 부적절하게 동기화된 반사회적 행동	
• 빈약한 판단력	
• 망상 및 신경적 증상의 부재	
• 자살비율 매우 낮음	

를 왜곡하고 자신의 폭력행위에 대한 통제력이 결여되었기 때문이다(Blair et al., 2001). 즉, 타인의 슬픈 표정은 보는 이에게 굴종의 의미를 전달해주고, 그 사람에 대한 공격성이 억제된다고 결론을 내린다(이수정, 2006).

정신병질자들은 슬픔, 공포, 역겨움 등의 얼굴인식정보처리과정에 많은 손상(KLevenston et al., 2000)을 보일 뿐만 아니라 정서적인 단어와 정서적인 목소리(Blair, 2001) 인식에도 모두 일관된 결과가 나타났다.

결론적으로 정신병질자들의 정서경험 상의 특이성에 관한 구체적인 실험의 평가 예로는 K-PAI, PPI-R, PCL-R, ERT(Emotional Recognition Test, Lee, Miller, & Moon, 2004), PSD(Psychopathy Screening Device), EEMT(Emotional Expression Multimorph Task) 등을 통한 연구사례들이다.

(1) 연쇄살인의 유형

Homes & Homes의 연쇄살인범에 대한 이분법적 유형론에서 범죄자가 범죄를 저지를 때 남기는 두 가지의 심리적 단서인, 범행수법(M.O.: Modus Operandi,

범죄자의 범행방식)과 인증(signature)이 매우 중요시된다. 범행수법은 수사관이 사건의 연관성을 파악하고자 할 때 매우 중요하며, 이를 근거로 하여 범죄분석 및 다른 사건의 관련성분석(linkage analysis)을 하게 된다. 또한, 범죄수법은 학습된 행동으로써 범죄를 저지르는 동안 범죄자가 보이는 "범죄자만의 특유의 행동양식"이며, 시간 경과에 따라서 범행수법은 개발, 수정, 전문화, 재형성, 진화된다. 반면에 인증(signature)은 일정하고 영속적이고 진화되지만, 범죄현장에서 발생하는 우발상황에 의해 기인 되지 않는다. 결론적으로 범죄수법(M.O.)은 범죄가 저질러진 방식이나 범죄를 완성하기에 필요한 행동들을 의미하며, 인증은 범죄가 일어나는 동안에 일관되게 표출되는 행동을 의미하지만, 범죄를 완성하기 위해서 범죄자가 필수적으로 필요로 하는 행동은 아니다(Mott, 1999; 이수정, 2006).

Homes & Homes(1996)는 이분법적 유형론으로써 체계적 범죄자와 비체계적 범죄자 등으로 분류한다. 조직적 비사회적 범죄자의 현장특성은 조직적이고 체계적인 범죄현장의 특성을 보이고, 반면에 비조직적 반사회적 범죄자의 행동특성으로는 비조직적이고 비체계적인 범죄현장을 보여주는 범주의 특성을 보인다. 다음 〈표 6.4〉는 조직적 비사회적 범죄자의 프로파일링 특성과 〈표 6.5〉는 비조직적 반사회성 범죄자 프로파일링 특성을 제시하고 있다.

표 6.4 〉 조직적 비사회적 범죄자의 프로파일링 특성(Homes & Homes, 1996)

개인적 특징	범행 후 행동	면담기법
높은 지능	범행현장 회귀(回歸)	지시적 면담기법사용
사회적응	자발적인 정보	정확한 세부증거 제시
성적 유능	경찰애호가	범죄자는 오직 자신의 죄만 시인
배우자와 동거	신문에 관해 예측	
높은 신분계층출생	사체 범죄현장에서 이동	
유아기 가혹한 학대	사체유기 후 범죄를 알림	
감정통제 가능		
남성다운 이미지		
매력적		
상황적 요인		

개인적 특징	범행 후 행동	면담기법
지리적 이동		
업무적 이동		
미디어 추종		
모범수		

출처: Scene and Profile Characteristic of Organized and Disorganized Murders, 1985. FBI Law Enforcement Bulletin, 54, 18-25.

표 6.5) 비조직적 반사회성 범죄자 프로파일링 특성(Holmes & Homes, 1996)

개인적 특징	범행 후 행동	면담기법
평균 이하 지적능력	범죄현장회귀	공감대 형성하기
사회 부적응	피해자 장례/묘지 참석	간접적 정보제시
미숙련자	추모식에 참석	상담기법 사용
낮은 신분계층출생	종교 귀의(歸依) 가능	밤에 면담하기
부(父)직업 불안정	일기쓰기/신문 오려 보관	
엄하고/모순된 처벌	빈번한 이사 가능성	
범죄시 불안	직업변경 가능성	
소량의 음주사용	성격변화 가능성	
독신생활		
현장 부근에서 일/생활		
뉴스 미디어 기피		
주요 행동변화		
야행성		
빈약한 개인위생		
비밀 장소를 가짐		
데이트를 하지 않음		
중·고등학교중퇴		

출처: Scene and Profile Characteristic of Organized and Disorganized Murders,(1985). Fbi Law Enforcement Bulletin,54,18-25.

다음 〈표 6.6〉은 조직적 비사회성과 비조직적 반사회성 살인사건현장비교이다.

표 6.6 〉 조직적·비조직적 반사회성 살인사건현장비교(Holmes & Homes, 1996)

조직적 비사회성 살인자	비조직적 반사회성 살인자
• 계획된 범행	• 자동적(무의식적) 사건
• 낯선 사람 목표	• 피해자 익명
• 피해자 인격화	• 피해자 비인격화
• 정제된 대화	• 최소한의 대화
• 정돈된 현장	• 어지러운 범행현장
• 피해자 복종	• 돌발적인 난폭성
• 감금 사용	• 감금하지 않음
• 공격적 행동	• 사후 성관계
• 사체 이동	• 사체 이동하지 않음
• 흉기 은닉	• 흉기를 남김
• 적은 증거	• 물적 증거

출처: 현장 및 조직적 그리고 비조직적 살인자의 프로파일 특성(1985, FBI 경찰 공보 54권 p18~25)

Homes와 Homes(2002)는 110명의 연쇄살인범에 대한 범행동기, 범죄현장의 증거, 피해자의 특징, 살해방법, 범죄자의 공간적 특성 등에 대한 자료를 분석하여 연쇄살인범의 유형을 4가지로 분류해주고 있다. 대부분 연쇄살인범은 정신병적인 증상을 보이지는 않지만, 간혹 정신병적인 경향을 보이는 자들도 있다. 첫 번째 유형은 환각적 연쇄살인범(The Visionary Serial Killer)이다. 이들은 정신병적 경향을 보이며, 자신만이 듣는 환청이나 환시(악마의 계시)에 의해서 살인을 한다. 두 번째 유형으로는 사명적 연쇄살인범(The Mission Serial Killer)이다. 이들은 어떠한 특정한 단체, 인종 등을 근절시키고자 하는 욕구를 강하게 느끼며, 이들은 특정 지위의 사람들이나 유태인, 흑인, 황인종, 백인 등과 같은 집단에 대한 범죄 욕구를 갖는다. 세 번째로는 쾌락적 연쇄살인범(The Hedonistic Serial Killer), 쾌락주의적이고 색욕적인 살인범인 이들의 살인은 성적으로 자극적인 경험으로 작용된다. 살인을 통해서 쾌락을 추구하기 때문에 이들은 살인의 과정에 매우 중요한 초점을 두고 있으며, 살인행위가 이루어지기까지는 어느 정도의 시간이 소요된다. 이들의 살인과정 중 식인(anthropophagy), 사지절단(dismemberment), 사후강간(necrophilia, 시간(屍姦), 사간(死諫)), 고문(torture), 피해자 지배욕과 피해자에게 두려움을 주는 행위들이 포함된다. 네 번째는 권력·통제적 연쇄살인범(The Power−Control Serial Killer)이다. 이들은 피해자들에게로부터 완전한 권력과 통제력을 행사함으로써 자기만족감을 얻게 된다. 이들에게 있어 성적만족이 근본적인 동기는 아니고 피해자를 자신의 권력과 지배력으로 통제할 수 있다는 것에서 만족을 갖는다. 일반적으로 이러한 유형은 정신병적인 것이 아니며, 사회병질자나 성격장애자인 경향이 높다(Holmes & Holmes, 2002). 다음 〈표 6.7〉은 Homes & Homes(1996; 이수정, 2006)의 연쇄살인범을 4가지 유형으로 분류하고 있다.

표 6.7 〉 연쇄살인범의 분류(Homes & Homes, 1996: 이수정, 2006)

분 류	내 용
환각적 연쇄살인범	• 정신병적 경향 • 환청이나 환시에 의한 살인 • 범죄현장을 조작하거나 계획적이지 않음
사명적 연쇄살인범	• 특정집단에 대한 근절 욕구에 의한 살인
쾌락적 연쇄살인범	• 폭력과 성적만족을 연결 • 성적만족을 중시 • 살인의 과정에 초점을 두고 범죄에 어느 정도의 시간이 소요됨 • 색욕살인범: 성적인 만족이 가장 중요한 동기임 • 스릴추구살인범: 살인의 과정에서 만족감과 흥분을 느끼고 과도한 고문 수반함
권력적·통제적 연쇄살인범	• 피해자에 대한 완전한 통제감과 성적만족을 얻음 • 피해자에 대한 권한과 통제력이 1차적인 동기

Canter & Wentinke(2004)은 다음 〈표 6.8〉은 연쇄살인범죄의 5가지 유형으로 분류하고 있다.

표 6.8 〉 연쇄살인범죄의 유형에 따른 특성(Canter & Wentinker, 2004; 이수정, 2006)

환상유형	사명감유형	쾌락유형	스릴추구유형	권력·통제유형

• 약탈
• 소지품이 흩어짐
• 옷이 찢김
• 무기를 남겨둠
• 우연히 발견한
  무기사용
• 옷을 질질 끌림
• 곤봉 등으로 때려서
  위협 및 살해
	• 곤봉 등으로 때려서
	  위협 및 살해
	• 무기를 없앰
	• 목 절단
	• 권총 등 화기사용
		• 복합적인 범죄현장
		  을 남김
		• 여러 가지 성행위를 함
		• 고문
		• 과도한 살인 행위
		• 성행위 동안 피해자
		  생존
		• 강간
		• 물건 삽입
		• 생식기 훼손
		• 흉관 훼손
		• 복부 훼손
		• 안면 손상
		• 물어뜯음
		• 손으로 교살
		• 살인도구 없앰
		• 사후에 사체유기
		• 사체전시
		• 신체 일부 없앰
		• 사체 숨김
		• 고립된 지역에 사체
		  유기
		• 피해자에게 화상을
		  입힘
		• 생식기에 폭행을 가함
			• 복합적 사건현장
			• 구금
			• 고문
			• 재갈물림
			• 성행위 동안 피해자
			  생존
			• 강간
			• 생식기에 물건 삽입
			• 치흔
			• 손으로 교살
			• 사후에 사체유기
			• 고립된 지역에
			  사체유기
			• 피해자에게 화상을
			  입힘
				• 복합적 사건 현장
				• 구금
				• 고문
				• 재갈물림
				• 성행위 동안 피해자
				  생존
				• 강간
				• 할퀸 자국
				• 물어뜯음
				• 끈으로 교살
				• 살인무기 없앰
				• 사후 사체유기
				• 사체일부 없앰
				• 증거조작
				• 참수
				• 사체 숨김
				• 고립된 지역에 사체
				  유기
				• 피해자에게 화상을
				  입힘

Canter 등(2004)은 분석된 변인 중에서 연쇄살인범죄의 범죄현장특성 중에서 가장 빈번하게 나타나는 특성들을 3차원 공간분석을 통해서 분석하였는데, 성행위를 하는 동안에 피해자가 살아있는 경우가 91%, 다양한 성적행위를 보이는 경우 66%, 강간 74%, 물어뜯음 61%, 고문 53%, 사체전시 75%, 과도한 살해행위 70%, 복합적인 범죄현장을 남기는 경우 61%, 고립된 지역에 사체유기 54% 등을 보인다. 이러한 변인들은 연쇄살인범의 성적인 동기와 연쇄적인 측면들을 나타내주는 특성들이 있으며, 범죄들의 유형을 구분해주기보다는 범행방식을 확인해주는 특성을 기술해주고 있다(이수정, 2006).

외국의 연쇄살인범죄 유형론의 문제점들은 다음과 같다. 첫째, 이분법적 유형론의 기초적인 자료는 FBI 요원들에 의한 교도소 수감자 36명의 연쇄살인범을 인터뷰한 자료이다. 둘째, 이분법적 유형론에 관한 타당도연구가 거의 이루어지지 않았다. 셋째, 이분법적 유형론에 근거한 프로파일링은 수사관의 경험에 의존한다(이수정, 2006).

결론적으로 외국의 연쇄살인범죄 유형론이 한국적 연쇄살인범죄에 그대로 적용한다는 것은 매우 부적합하다. 이론적 근거와 경험적 검증의 결여와 수사관의 경험에만 의존하는 범죄자 프로파일링기법은 많은 한계를 안고 있다. 또한, 모든 범죄가 성을 매개로 한 살인은 아니므로 모든 살인사건에서 유용하게 사용될 수는 없을 것이다. 그런데도 연쇄살인범죄에 대한 개념, 특성, 유형, 그리고 경험적 연구수행은 범죄자 프로파일링의 이론적 근거를 제공해 줄 뿐만 아니라 한국적 범죄자 프로파일링모델개발에도 많은 도움을 줄 것이다.

▼
07 연쇄살인범의 정신분석

그림 6.8 〉 연쇄살인의 단계(Stages of Serial Murder, Holmes & Holmes, 2002, p.125)

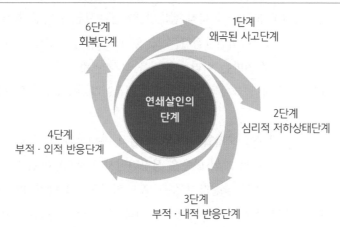

모든 연쇄살인범이 똑같이 생각한다고 말하는 것은 실수일지 몰라도 그들 사이에 아예 유사점이 없다고 말하는 것 역시 무모한 것이다. 이러한 유사점들은 심리프로파일링수사에 있어 중요 영향을 끼친다. 이러한 폭력 절차의 시작은 외부적 힘에 크게 영향을 받는다. 외부적 자극은 현실적이거나 가상적일 수 있는데 자극의 현실성은 폭력적인 범죄자에게만 중요하다(Holems & Holmes, 2002).

〈그림 6.8〉에서 보여주는 바와 같이 연쇄살인범의 통상적인 심리단계는 왜곡된 사고단계(Distorted Thinking, 단계 1)이다. 이 위치에서 살인자는 명백히 심리적인 균형 상태에 있다. 그는 결과를 드러내지 않거나 그의 행동의 내부적 또는 외부적 보상에 관심이 있기에 그의 일탈행위를 고려하는 위치에 있지 않다. 연쇄살인자는 사회에 다양한 모습을 보일 것이다. 앞에서 보여줬던 연쇄살인범의 경우(환상에 의한 연쇄살인범 제외)는 사회병질자이고, 그들은 다른 사람의 경계를 풀기 위해 자신의 매력을 이용하고 그 자신을 끊임없이 왜곡된 사고단계(Distorted Thinking)로 몰아넣는다. 그러나 아무리 가장 매력적인 사람도 왜곡된 사고에 영원히 머무를 순 없다. 조만간 현실이 그를 향해 도전할 것이고 그는 두 번째 단계인 심리적 저하상태단계(The Fall, 단계 2)로 변천될 것이다. 연쇄살인범의 행동을 두 번째 단계로 몰아넣는 것은 하나의 가상적 현실과 여러 가상적인 현실 또는 현실적인 사건의 축적일지도 모른다. 예를 들어, A, B, C, D, 그리고 E 사건이 있다고 하자. 그리고 E 사건이 살인자를 타락의 단계로 몰아넣는다면, 그때 A, B, C 그리고 D 사건은 타락을 위한 기반을 마련해주는 셈이다. E 사건은 그냥 사소한 사건일지도 모르나 폭력적 살인자에게는 E사건이 가장 중요하다. 자극(stimulus)은 인간적 또는 비인간적일 수도 있다. 그러나 반응(reaction)은 항상 인간적으로 대처한다. 살인마는 이러한 사건을 그의 머릿속에 깊이 각인시킬 것이다. 왜냐하면 그의 자아가 너무 광범위하기 때문이다. 폭력에 대한 반응은 사건과 불균형적이다.

연쇄살인범이 이 단계에 도달할 때마다 개인적 폭력성과 함께 반응한다고는 말하지 않을 것이다. 때때로 그의 반응은 상징적일지도 모르나(예를 들어, 자위하면서 포르노를 보는 행위) 그러한 상징적 반응은 오직 일시적이고 단기적이다. 때때로 폭력적 개인은 신체적 배출이 필수적이라고 생각하고 스토킹을 시작한다. "심리적 저하상태단계(The Fall, 단계 2)"의 절차가 시작되면 다시 왜곡된 생각으로 회귀하진 않는다.

세 번째 단계는 부적내적반응(Negative Inward Response, 단계 3)이다. 연쇄살인범은 부적절한 자신의 감정을 다루어야 하며, 그러므로 그는 처음부터 부정적인 현실 메시지를 의식적으로 직면함으로써 자신의 감정을 다루어 나간다. 그의 정신적 발언으로 "나는 무척 중요한 인물이야. 그래서 나는 이러한 대우를 받아들일 수가 없어(이러한 대우를 참아서는 안 돼)"라고 진술한다. 그는 반드시 자기 자신의 신분을 정당화해야만 하고, 그는 그가 가장 잘할 수 있는 폭력을 통해 자신의 신분을 정당화할 것이다.

다음은 정신준비과정으로서 네 번째 단계로 "부적외적반응(Negative Outer Response, 단계 4)"이다. 이 단계는 연쇄살인범이 자신의 우월감을 자기 스스로가 확인할 수 있는 매우 강박적이고 필수적인 요소이다. 이 단계에 미치면, 연쇄살인범은 자신의 행동의 가능한 결과에 관련된 생각을 결코 하지 못한다. 만약 자신의 개인적 우월감을 정당화하고 확인을 하면, 그는 더 이상 통제권 속에 있지 않는다. 그는 더욱더 많은 부정적 현실 메시지에 의해 위험을 무릅쓸 수가 없기에, 그는 유일하게 연약한 희생자만을 선택하게 된다.

마지막 단계로, 그가 다시 한번 재정립된 상태로써, 다섯 번째 단계인 회복단계(Restoration, 단계 5)에 이른다. 이 정신적 상태에 들어가면 연쇄살인범은 그의 잠재된 위험한 결론을 야기할 행동에 대해 생각해보고 그가 적절한 방식으로 그의 피해자를 다루어야 한다는 것을 알게 된다. 피해자 처분, 인식, 그 밖의 것들에 관한 걱정들은 그가 다섯 번째 단계에 이를 때까지 중요한 것은 아니다. 그의 개인적 위험을 최소화하기 위해서 반드시 지금 단계를 밟아 나아가야 한다. 한 차례로 그가 무엇인가를 필요로 해서 일을 끝냈으면, 그는 다시 첫 번째 단계인 왜곡된 생각으로 돌아가게 되며 동시에 한 주기는 완성되게 된다.

범죄자는 자신이 상상한 것 중에서 자신에게 가장 극도로 만족감을 선물로 보상해줄 방법을 선택하여 범행하며, 범죄자들에게 있어서 피해자의 깊은 고통, 절망감, 굴욕감 등을 보고 즐기는 것이 그들에게 가장 중요한 자극을 촉진하는 촉매역할을 한다(이수정, 2006).

연쇄살인의 다른 유형은 살해과정의 다섯 시기(window)가 있다. 〈그림 6.9〉와 같이 살인의 시작을 위해서는 환상이 먼저 시작된다. 이러한 살해과정을 종료시키는 것은 살인 자체가 아니라 시체의 처리이다. 범죄현장의 요소를 나열하고 그 요소와 다양한 연쇄살인범의 유형과의 관계를 나열하고 있다. 연쇄살인범의 유형과 FBI가 제시한 폭력적 범죄자의 유형을 결합해 봤을 때, 특히 범죄자의 동기가 성적만족감일 때, 프로파일러(profilers)의 이론적 모델을 가장 잘 사용할 수 있다. 다음 〈그림 6.9〉는 연쇄살인의 5단계에서 제시된 범죄현장의 특징은 다양한 연쇄살인범의 유형과 비교되고 검증될 수 있다.

그림 6.9 〉 연쇄살인의 5단계(Holmes & Holmes, 2002, p.128)

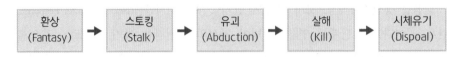

예를 들어, 환영적, 사명감적, 쾌락적 연쇄살인범의 경우 시체를 살해현장에서 옮기지 않을 것이다. 프로파일링의 관점에서 보면 시체이동은 살인 전과 이후에 대해 계획을 하고 있었다는 것을 나타낸다. 살해 현장에 있는 물리적 증거는 수사관에 의해 검사될 것이다. 이것은 시체 유기현장에 증거가 발견되지 않는다는 것을 나타내는 것은 아니다. 그러나 살해현장에서 유기현장으로의 시체이동은 그것 자체만으로 범죄자의 성향에 대한 중요한 정보이다(Holmes & Holmes, 2002).

유일하게 환상에 의한 연쇄살인범만 피해자의 구체적 유형에 관해 상관하지 않는데, 이는 외부로부터의 목소리와 환상에 의해 동기부여가 되었기 때문이다. 쾌락적 연쇄살인범, 권력적·지배적 연쇄살인범, 환영적 연쇄살인범 등은 그의 심리적 필요를 만족시켜주거나 물리적 이익을 가져다줄 피해자를 고를 것이다. 유일하게 쾌락추구형 연쇄살인범 중 하나의 유형인 안락형 연쇄살인범은 그와 관계가 있는 사람을 죽이고, 나머지 유형의 연쇄살인범의 경우 낯선 사람을 폭력적인 방법으로 직접 손에 가지고 있는 무기로 살해할 것이다. 오직 안락형 연쇄살인범만이 보통 약물을 통한 살인을 저지른다.

살해현장은 종종 분명하게 처리현장과 다르다. 환영적, 사명감적, 쾌락적 연쇄살인범은 보통시체를 다른 현장으로 옮기지 않을 것이다. 그러므로 살해현장이 곧 처리현장이라면 그때 범죄자는 피해자 근처에 살고 반사회적이고 잘 조직되어 있지 않은 성격의 범죄자일지도 모른다(Holems & Holmes, 2002).

무기의 선택, 무기의 주인, 시체 성애의 증거, 성기 또는 이물질 삽입증거, 사용된 줄, 그리고 범죄현장에서 드러난 다른 요소들은 수사관이 수사의 범위를 좁히는 데 도움을 줄 수 있다. 예를 들어, 여러 명의 창녀가 살해되었고 사간의 흔적이 발견된다면 범죄자가 그의 신으로부터 이 세계에서 바람직하지 않은 것들을 제거하라는 메시지를 받았다고 믿고 있는 사람이라는 것이 당연하다. 만약 이 사건 현장이 어지럽혀져 있고 여러 물리적 증거가 발견된다면 이러한 가능성은 더욱 커진다. 만약 사간의 흔적이 없다면 살인자의 동기는 광신자형 연쇄살인범의 성격 즉, 정신적인 원인이 있을지도 모른다(Holmes & Holmes, 2002).

7장.

분노의 화신: 사이코패스
(Incarnation of Anger: Psychopath)

분노의 화신: 사이코패스
(Incarnation of Anger: Psychopath)

▼
01 사이코패스(Psychopath)란?

　사이코패스(Psychopath)는 흔히 우리와 일상을 함께하며 매우 가까운 생활 주변에 살고 있는 사람들로서 남녀불문(男女不問), 직업불문(職業不問)의 특성을 가진 자들로, 형제, 이웃, 친구, 동료, 배우자, 상사, 부하직원, 교수, 의사, 부모, 자식, 경찰, 목사, 스님, 신부, 화이트칼라 등 중의 한 사람일 수도 있다. Hare(2005)는 "사이코패스(Psychopath)는 냉담하고, 충동적이고, 무책임하며, 이기적인 사람들로서 자신의 행동이 타인에게 끼친 피해를 자각하지 못하고 죄책감이나 후회도 느끼지 못하는 사람들이다. 그들이 다른 사람들과 맺는 정서적·사회적 교감은 피상적이며, 그들은 오직 자기 자신만을 위해 존재한다."고 기술하고 있다. 즉, 사이코패스는 우리의 주변에 은밀히 숨어 살인을 계획하고 즐기는 이기적인 살인자이다.

　일반적으로 우리는 사이코패스의 이해에 대한 많은 면에서 왜곡된·편향된 신념과 인식이 있는 경향이 있다. 사이코패스에 대한 5가지 왜곡된·편향된 신념들을 다음과 같이 제시하고자 한다.

　　첫째, 사이코패스는 나약한 노인 여성은 살인하지 않을 것이라는 신념.
　　둘째, 사이코패스는 남성들을 대상으로는 살인하지 않을 것이라는 신념.
　　셋째, 사이코패스의 외견상의 얼굴은 무척 흉악무도(凶惡無道)하고 사악
　　　　한 악마인 상을 하고 있을 것이라는 신념.
　　넷째, 사이코패스는 남성에게 성폭행을 가하지 않고 살인만을 일삼을
　　　　것이라는 신념.

다섯째, 사이코패스는 성폭력을 범행의 목적으로만 삼을 것이라는 신념.

사이코패스는 뉴욕에 10만 명, 북미에 300만 명이 넘게 살고 있으며, 미국 연쇄살인범의 90%, 폭력사범의 50%, 강력범죄의 40%가 사이코패스로 나타났다. 출소 후 이들의 재범률은 살펴보면, 사이코패스는 80% 재범률, 강력범죄는 40% 재범률을 보인다. 이들은 치료와 교정을 시도할수록 오히려 이들의 재범률은 급격하게 상승하는 경향이 있다(Hare, 1993).

현재 우리나라에서도 현저하게 다수의 사이코패스가 출현하고 있다. 예를 들면, 지존파, 정남규, 유영철, 김해선, 김현철, 정성현, 강호순 등과 같다. 사실상 포착된 가시적인 사이코패스(visible psychopaths)들보다 은닉하여 체계적·조직적·지능적·계획적으로 진화된 범행을 즐기고 있는 비가시적인 사이코패스(invisible psychopaths)들이 실제로 우리의 생활 주변에서 더 많이 활보하고 있다.

자연스럽게 우리는 다음과 같은 자문을 하게 된다. 사이코패스는 어떻게 정의를 할 수 있는가? 사이코패스는 누구인가? 사이코패스의 발생원인은 무엇인가? 사이코패스는 어떤 성격적 특성과 정신장애의 진단(DSM-Ⅳ)을 나타내는가? 현재 사이코패스들을 위한 치료적 방안과 치료프로그램은 어떤 것들이 존재하는가? 향후 사이코패스들을 위해 효과적·효율적인 유력한 처우 프로그램은 구체적으로 어떤 치료기법들을 전제로 예상할 수 있을까? 등을 차례로 살펴보고자 한다.

▼
02 사이코패스(Psychopath)는 누구인가?

사이코패스는 누구인가? 최근에 대부분 연구자는 Cooke과 그의 동료들이 사이코패스에 대한 정의를 수용하고 있다. 이들은 중요한 세 가지 특징을 바탕으로 정의하였다(Cooke & Michie, 2001; Cooke, Michie, Hart, & Clark, 2004).

첫째, 거만하고 사기적인 대인관계유형(ADI: Arrogant, Deceitful Interpersonal Style): 입심 좋음, 피상적 매력, 자기중심적, 과도한 자존감, 거짓말, 남들을 잘 속임, 남들을 잘 조종함, 그리고 사기성 등을 포함한다.

둘째, 정서적 경험결여유형(Deficient Affective Experience: DAE): 낮은 후
회감, 낮은 죄책감, 양심결여, 냉담함, 낮은 감정 이입, 얕은 정
서, 행동(부인과 변명)에 대한 책임성 부재 등을 포함한다.

셋째, 충동성·무책임성행동유형(Impulsive or Irresponsible Behavioral Style:
IIB): 지루함, 자극추구, 장기적 목표 부재, 충동성, 행동 전 사고
결여, 그리고 기생적 생활양식(빚, 불만족스러운 행동습관) 등을 포
함한다.

19세기 초 Pinel은 "범죄를 습관적으로 또는 이기적이며 반사회적으로 행동을
하지만, 그런 상황이 정신적 질병징후를 나타내지는 않는 사람들"로서 사이코패스
의 범주를 분류했으며, 이들을 "정신착란 없는 정신이상(insanity without delirium)"
으로 특징화하였다(이수정, 2006). 사이코패스는 정신분열증을 나타나는 정신병자
가 아닌 사회병질자 또는 반사회성 인격장애자 등과 같은 특징을 갖는다. Hare
(1993)는 "사이코패스는 인식능력이 전혀 부족하거나 현실감각이 떨어지지 않으
며, 대부분의 정신장애자에게 나타나는 환상, 망상, 착란, 과도한 부정적 스트레
스도 경험하지 않는다. 이들은 정신병자와는 전혀 다르게 극히 이성적이며, 자
신의 행동이 무엇을 의미하며, 원인이 무엇인지 잘 인식하고 있다. 즉, 자신들의
행동은 자유로운 선택적 의지에 의한 실행의 결과이다."라고 정신병자들과의 차
이점을 명료화하고 있다(조은경, 황정하, 2005). 결론적으로 필자는 "사이코패스
(Psychopath)는 전혀 이유가 없는 사회반항자이다!(Psychopath is antisocialist without
a cause!)"라고 정의하고자 한다.

Hare(1993)는 사이코패시(Psychopathy, 정신병질)란 사회적 관점에서의 잘못된
행동(bad behavior)과 성격특성이 있는 인격장애로 정의하고 있으며, 사이코패스
(Psychopath)를 다른 용어로는 정신병질자와 같이 사용한다(조은경, 황정하, 2005).
또한, Millon(1998)은 "사이코패시(정신병질)는 정신의학적인 견해에서 인격장애
(personality disorder; 성격장애)로 진단하였다. 이러한 견해는 최근 10년 동안의 연
구결과 타당도에서 뒷받침하고 있다"(Blackburn et al., 2008). 사이코패시의 정의를
내리기 위해서 한 가지 염두에 두어야 할 것은 넓은 범위에서 사이코패시(정신병

질)는 범죄를 설명하기 위해서 사용될 수도 있을 것이다. 그러나 중요한 것은 사이코패시의 정의에 반드시 범죄와 반사회성 행동의 측정하는 도구로만 관련시키어서는 안 된다는 것이다(Farrington, 2005).

McCord & McCord(1964)는 "사이코패스는 이기적이고 충동적이고 공격적이고 무정한 개인들로서 소름 끼치는 행동을 하고서도 전혀 죄책감과 양심의 가책을 느끼지 않는 자들이다."라고, Craft(1965)는 "사이코패스는 수치심, 양심의 가책 또는 다른 이에 대한 감정에 대한 이해가 심각하게 결여되어 충동적이고 공격적인 행위를 하는 자이다."라고, Hare(1993)는 "사이코패스(정신병질자)는 냉담하고, 충동적이고, 자기중심적이고, 무책임하고, 이기적인 사람들로서 자신의 행동이 타인에게 끼친 피해를 자각하지 못하고 죄책감이나 후회도 느끼지 못하는 사람들이다. 그들이 다른 사람들과 맺는 감정적·사회적 교감은 피상적이고, 그들은 오직 자신들만을 위해 존재한다. 사이코패시(정신병질)는 범문화적인 인격장애(성격장애)지만 그것은 구체적인 양상이나 측정방법은 문화적 전통이나 규범, 사회적 기대 등에 의해 영향을 받는다."라고, Karpman(1961)은 "사이코패스는 실제적으로는 무감각하지만, 자신들에게 유리한 감정과 정서적 애착을 가장할 수 있는 이중인격자"로 설명하고 있으며, Buss(1966)는 "사랑 또는 진정한 우정에 대한 근본적으로 무능력하고, 신뢰할 수 없고, 통찰력 결여, 죄의식, 수치심, 충동을 통제하거나 욕구만족을 지연시키지 못하고, 병적인 거짓말을 하고, 스릴을 추구하고, 판단력이 부족하고, 사회관습을 경시하고, 비사교적이고, 반사회적인 행동을 하는 인격장애자이다."라고 기술하고 있다.

▼
03 사이코패스의 발생원인은 무엇인가?

사이코패스는 타고난 것인가? 아니면 환경이나 상황적 변인에 의해 만들어지는 것인가? 등에 대한 필자의 견해는 두 가지 모두 가능하다고 생각한다. 즉, 사이코패스의 선천적인 요인으로는 유전적인 소양인(부모의 성격기질, 세로토닌, GABA, 도파민, 노르에피네프린, 코르티솔 수준)과 후천적인 요인으로는 부모양육결핍(애착장애), 범죄학습(사회학습이론), 사회적 영향(교육, 종교, 문화) 등이 포함된다. 정신병질을 포함한 반사회적 행동에 영향을 미치는 주요한 세 가지 요인들을 기술하면 다음과 같다.

첫째, 성격기질은 유전학적·생물학적인 요인에 의해 영향을 받는다.
둘째, 신경계 장애를 초래하는 임신 기간과 출생 시 합병증도 공격 행동에 영향을 끼친다.
셋째, 안와전두엽피질은 폭력성 조절기능에 관련하며, 염색체의 이상으로 인한 MAOA(Monoamine Oxidase A)라는 유전물질의 저하로 인한 뇌신경전달물질인 노르아드레날린계의 이상과 세로토닌(5-HT) 감소로 파생된 감정통제와 의사결정기능을 담당하고 있는 뇌의 전두엽에 자극을 전달하지 못하게 된다.

정신병질적 성격(psychopathic personality)은 막연하게 정의된 이질성의 집단(heterogeneous group)으로 언급되었다. Karaman(1946, 1948)은 일차적 사이코패스(primary psychopath)와 이차적 사이코패스(secondary psychopath) 간의 특성을 제시하였다. 즉, 일차적 사이코패스(primary psychopath)의 반사회적 행동은 자아·동조적(ego-syntonic: 나르시시즘, 피해의식, 애정결핍이 복합된 상태로서, 약간의 스트레스와 불쾌한 상황에서도 감정이 폭발하며, 이는 주위의 사람들에게 상처와 분노감을 안겨주지만, 자신에 있어서는 문제가 전혀 없다고 느끼는 상태를 일컫는 것), 억제할 수 없는 본능적 충동(uninhibited instinctive trend), 그리고 양심과 죄의식의 결여 등에 의해 유래된다. 이것은 아마도 기질적으로 타고난 것이며, 치료가 불가하다. 이와는 대조적으로 이차적 사이코패스는 근원적으로 정신병리 또는 신경증적 장애에 의해 유발되며, 잠재적으로 치료할 수 있다. 이와 유사한 특성들은 최근에 더욱더 제시되고 있다(Lykken, 1995; Porter, 1996; Zuckerman, 1995). 예를 들면, Porter(1996)는 일차적 사이코패시(정신병질)를 대인관계결속능력 부족과 공감능력과 양심의 결여로, 이차적 사이코패시(정신병질)를 학대에 의한 초기 외상의 경험들에서 초래된 결과로 특징화한다. 이는 외상 후 스트레스장애(PTSD)를 시사하고 있다.

Dolan, Deakin, Roberts, & Anderson(2002)의 세로토닌(5-HT)에 대한 연구결과에 따르면, 비정신병질적(낮은 충동성) 공격성의 인격장애(Personality Disorder: PD)

집단은 극심한 충동성·공격성의 사이코패스집단과 통제집단보다 더 세로토닌 (5-HT) 기능이 높게 나타났다. 일차적 사이코패스와 이차적 사이코패스는 비사이코패스집단과 통제집단보다 더 전두엽의 실행력이 상이하게 떨어지지만, 측두엽의 신경심리기능인 기억에서는 전혀 부족하지 않게 나타났다. 충동성(impulsivity)은 신경심리기능장애와 세로토닌(5-HT) 기능장애에 의해 기인된다. 반면에 공격성은 단지 신경심리기능장애에 의해서만 기인한다. 그러므로 사이코패스의 처우에 있어서 반드시 신경심리장애와 생화학적인 결손에 의한 관련성을 참작할 필요가 있다.

충동적 공격성의 인격장애와 사이코패스들을 위한 치료적 개입으로 세로토닌 (5-HT) 분비를 활성화하는 방안이 제시될 수 있다. 우리의 일상에서 실질적으로 세로토닌(5-HT) 분비를 증가시키기 위한 삶의 지혜를 다음과 같이 12가지 방법으로 제시하고자 한다.

1. 아침에 눈을 뜨자마자 얼굴에 미소지으며 감사한다!
2. 산책이나 조깅을 즐긴다!
3. 샤워나 목욕을 하면서 긴장을 푼다!
4. 커피나 홍차 한잔의 시간을 갖거나 음식을 감사하고 음미하며 꼭꼭 씹어 먹는다!
5. 자신과 타인의 관계에서 깊게 사랑하고 먼저 빨리 용서한다!
6. 복식호흡 웃음요법을 실행한다!
7. 매일 자신과 타인을 존중하고, 칭찬하고, 친절하게 대한다!
8. 자신의 마음과 몸을 돌본다!
9. 독서를 하거나 글을 쓴다!
10. 사회봉사를 자원한다!
11. 자신이 풍부하게 소유한 재산을 사회에 나누어주며 산다!
12. 천국에 소망을 두고 넓고 거시적인 안목으로 산다!

사이코패스는 평균적으로 40세까지는 범죄발생률이 매우 높다가 이후에는 감소하는 경향이 있다. 그러나 모든 사이코패스가 중년 이후에 반사회적 인격장애와 근본적인 인성이 변화되는 것은 아니라는 점이다. 대부분 사이코패스는 나이가 들어도 계속해서 범행이 진행되며, 더욱더 전문화·조직화·체계화·지능화되고 진화되어 간다. 대체로 중년 이후에는 비폭력 관련 범죄가 폭력 관련 범죄보다 더 감소하는 경향이 있다(Hare, 1993).

후천적인 요인들로 부모양육결핍(애착장애), 범죄학습(사회학습이론), 사회적 영향(교육, 종교, 문화) 등은 Maslow의 제시한 인간의 6가지 욕구결여로 설명할 수 있다. 즉, 생리적 욕구, 안전욕구, 소속과 사랑욕구, 인정욕구, 자아실현욕구, 자기초월욕구 등의 불충족이나 결여에 의해 귀인된다. 우리는 주어진 삶과 환경에서 사회적 압력과 영향으로 인해 Maslow의 6가지 욕구단계를 모두 다 충족하고 성취할 수는 없을 것이다. 그렇게 되었으면 좋겠다는 자기 내면의 바람일 뿐이다. 그런데도 부모역할, 환경문제(상황적 변인), 문제해결능력, 대처능력, 자기통제, 고통감내, 자기분노조절 등의 부재를 스스로 자각하고 자신을 훈련하고, 개발하고, 고양하고, 하루하루 혼신을 다해 삶을 진실하게 책임을 지고, 용기 있게 직면하며 살아간다면, 가까운 미래에 자기성취와 자기확장을 통한 자기실현과 자기초월의 자유와 기쁨을 만끽하게 될 것이다. 다음 〈그림 7.1〉은 Maslow의 6가지 욕구 단계를 도식화한 것이다.

그림 7.1 〉 Maslow의 6가지 욕구 단계

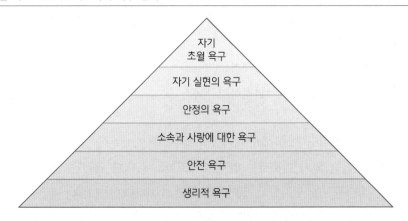

▼ 04 사이코패스는 어떤 특이한 성격특성을 가지고 있는가?

Cleckley(1976)은 사이코패스의 성격특성을 다음과 같이 기술하고 있다(조은경, 이수정, 2008).

- 피상적인 매력과 좋은 지능
- 망상은 부재하되 분별력 없는 사고의 증상
- 신경증 또는 정신징후의 부재
- 신뢰할 수 없음
- 거짓 또는 불성실
- 양심의 가책 또는 수치심의 결여
- 부적절하게 동기화된 반사회적 행동
- 판단력 부족과 경험으로부터 학습하지 못함
- 병적인 자기중심성과 사랑에 대한 무능력
- 주요 정서적 반응의 일반화된 결핍현상
- 통찰력의 부족
- 대인관계에 둔감함
- 취중이나 평상시에도 터무니없거나 용인되지 않는 돌발적 행동을 함
- 자살 가능성 부재
- 비인간적이고 문란한 성생활
- 인생계획을 수립하여 완성하지 못함

왜 사람들은 사이코패스들에게 어이없이 속수무책으로 속아 넘어가야만 하는가? 이에 대한 해답을 얻기 위해서는 먼저 사이코패스에 대한 왜곡된 신념과 정신병질자들의 성격특성을 인지하고 있어야만 한다. Hare(1993)는 PCL-R(Psychopathy Checklist-Revised) 문항들에서 이러한 독특한 성격유형들을 이해할 수가 있다. 다음은 "Hare의 PCL-R(Psychopathy Checklist-Revised) 문항들"이다(Hare, 1993: 조은경, 황정하).

1. 입심 좋음/피상적 매력(Glibness/Superficial Charm)

2. 과도한 자존감(Grandiose Sense of Self-Worth)

3. 자극 욕구/쉽게 지루해함(Need for Stimulation/Proneness to Boredom)

4. 병적인 거짓말(Pathological Lying)

5. 남을 잘 속임/조종함(Conning/Manipulative)

6. 후회 혹은 죄책감 결여(Lack of Remorse or Guilt)

7. 얕은 감정(Shallow Affect)

8. 냉담/공감 능력의 결여(Callous/Lack of Empathy)

9. 기생적인 생활방식(Parasitic Lifestyle)

10. 행동통제력 부족(Poor Behavioral Controls)

11. 문란한 성생활(Promiscuous Sexual Behavior)

12. 어릴 때 문제행동(Early Behavioral Problems)

13. 현실적이고 장기적인 목표 부재(Lack of Realistic and Long-Term Goals)

14. 충동성(Impulsivity)

15. 무책임성(Irresponsibility)

16. 자신의 행동에 대한 책임감 결여(Failure to Accept Responsibility for His/Her Own Actions)

17. 여러 번의 혼인관계(Many Short-Term Marital Relationships)

18. 청소년 비행(Juvenile Delinquency)

19. 조건부 가석방 혹은 유예의 취소(Revocation of Conditional Release)

20. 다양한 범죄력(Criminal Versatility)

사이코패스는 유년 시절부터 내·외적인 소인들로부터 영향을 받게 된다. 하루아침에 사이코패스가 되는 법은 없는 것이다. 그러므로 그들의 유년 시절의 특이한 성격특성을 이해해야 할 필요가 있다. 다음은 유년 사이코패스의 성격특성(Youth Psychopath Traits)이다(Hare, 1993: 조은경, 황정하).

- 반복적, 우발적으로 겉보기에 부주의한 거짓말을 한다.
- 다른 사람들의 감정, 기대, 고통에 무관심하며 이해하지도 못한다.

- 부모, 선생, 규칙에 반항한다.
- 끊임없이 말썽을 부리며, 체벌의 위협이나 질책에 반응이 없다.
- 다른 아이나 부모의 물건을 훔친다.
- 끊임없이 공격성향, 괴롭힘, 싸움을 일삼는다.
- 잦은 무단결석, 늦은 귀가, 가출 경력이 있다.
- 동물을 학대하거나 죽이는 행동을 한다.
- 이른 나이에 성행위를 한다.
- 기물파괴와 방화를 저지른다.

아동의 경우 정서표현과정은 전형적인 사회화와 상호작용에 기초 한다. Blair (1995; 97)는 슬픔(sadness)과 두려움(fear)의 정서표현에 대한 감소된 반응은 사이코패시(정신병질) 발달을 의미한다. 즉, 아동의 슬픔과 두려움 표현에서의 선택적 장애(selective impairment)는 정신병질경향을 시사한다(Blair, Colledge, Murray, & Mitchell, 2001).

▼
05 사이코패스에 대한 처우 및 예방은 존재하는가?

거만하고 사기적인 대인관계 양식(ADI: Arrogant, Deceitful Interpersonal Style), 정서적 경험 결여 양식(Deficient Affective Experience: DAE), 그리고 충동성·무책임성 행동 양식(Impulsive or Irresponsible Behavioral Style: IIB)에 의해 규정된 아동과 청소년 사이코패스들을 위한 개입과 치료의 효과는 특별하게 검증된 것이 없다 (Farrington, 2005). 많은 연구자와 임상학자들은 초기의 치료적 개입을 확대하는 것이 매우 중요하다고 시사하고 있다(Frick et al, 2005). 사이코패스들이 치료적 효과와 접근이 가장 힘겨운 데는 4자기 요인들로 분류된다(Farrington, 2005).

- 사이코패스는 극단적이고 기질적으로 독특한 범주에 속한다.
- 정신병질은 일생동안 극도로 영속된다.
- 정신병질은 심리사회적 개입에 의해서도 개선할 수 없는 생물학적인

소인을 가지고 있다.

- 거짓말, 타인을 잘 속임, 타인을 잘 조종함 등과 같은 사이코패스의 성격특성으로 인해 치료를 저항하는 경향이 있다.

반면에 사이코패시(정신병질)에서도 공통으로 나타나는 반사회성 인격장애의 경우는 사전에 예방할 수도 있다는 유망한 제안을 하고 있다(Farrington & Coid, 2005; Harrington & Bailey, 2003). 더욱 거시적인 관점에서 청소년 사이코패스는 기질적으로 독특성을 띠고 있기에 다양한 치료개입 기법들이 요망된다(Vasey et al, 2005). 예방과 치료방법들의 효과를 검증하기 위해서 많은 후속 연구가 진행되어야 할 것이다.

사이코패스의 치료비관론(therapeutic pessimism)에 대한(Salekin, 2002) 도전으로 최적의 심리치료를 검증하기 위한 연구들이 진행되고 있다. 사이코패스는 일반적인 신경증 환자들보다 더 강도 높고 넓은 관점에서의 치료적 개입과 높은 수준의 약물치료가 요망된다. 처우효과를 높이기 위해 중요시 되는 또 하나의 방법은 시간을 갖고 강도 있는 치료와 약물치료가 선행되어야만 한다는 것이다 (Schwartz et al., 2001; Blackburn, 2000; Howard, et al., 1986; Kopta et al., 1994). 이러한 치료적 접근방법의 효과는 비행청소년과 성인범죄자들의 연구결과에서도 검증되었으며(Dolan, 1998; Lipsey, 1995; Salekin, 2002), 재범률 감소도 영향을 미친다 (Andrews et al., 1990). 그리고 최근에는 사회생활 및 환경 내에서의 지지(support) 가 또한 처우의 예로 시사되고 있다(Bonta et al., 2000). 향후 사이코패스들을 위한 약물용법지침서를 개정하고 만성질환자들을 위한 최신의 치료기법들을 적응시키기 위한 연구에 초점을 두어야 한다(Skeem et al., 2002).

현재 우리 사회에서도 현저하게 다양한 사이코패스들이 존재한다는 것은 두말할 필요가 없을 것이다. 그러나 이러한 사이코패스(정남규, 유형철, 김해선, 김현철, 정성현, 강호순)들을 교정보호 프로그램과 처우 프로그램 등을 적용하는 데는 전혀 관심 없이 교도소에 그저 방치된 상태로 방관하고 있으므로, 이 사회가 또 다른 사이코패스들을 배양하고 있다는 데에 책임의식을 가져야만 한다. 필자는 지금이 바로 우리 현실과 문화와 사회에 부합되고 포괄적으로 이해될 수 있는 효과적·효율적인 사이코패스 치료 프로그램을 연구하고 개발을 해야만 하는 시점에 도달했다고 사료한다. 또한, 아동과 청소년 사이코패스들을 위한 개입과 치료도 매우 시급한 상황이다. 만약 우리 사회가 아동과 청소년 사이코패스들을 사전에 선별하여 장기적인 치료와 개입을 할 수 있다면, 사이코패스에 의한 많은 피해자와 그/그녀의 가족들과 우리 사회는 더욱 밝고 행복한 자유의 선진 문화와 삶의 질을 유지하며 살게 될 것이다.

　필자는 사이코패스를 위한 개입, 예방, 치료프로그램을 다음과 같이 제시하고자 한다. 자율훈련(Autogenes Training), 자기분노조절(SAM), 자기분노치료(SAT), 웃음치료(Laughter Therapy), 대처능력 프로그램(Coping Ability Program), 심리사회대인관계기술훈련(Psychological Social Interpersonal Skills Training), 변증법적 행동치료(Dialectical Behavior Therapy), 긍정인지행동치료(Positive Cognitive Behavior Therapy), 사이코드라마(Psychodrama), 사회문제해결 프로그램(Social Problem Solving Program), 교정 프로그램(Corrections Program), 동기부여개입 프로그램(Motivational Intervention Program), 범죄예방 프로그램(Crime Prevention Program), 정신건강 조정실(Mental Health Court, McNiel & Binder, 2007), 회복적 사법 프로그램(Restorative Justice Program), MST(Multi-systemic Therapy, 다계통치료)(Duncan, 2019), 분노조절 가상현실 인지행동치료(Anger Management VR-CBT)(Beck et al., 2001; Ryu et al., 2016; Ryu, 2020; 2022)등과 같다. 향후 이 모든 개입, 예방, 치료프로그램을 종적 연구를 통해 효과 검증이 필요하다.

8장.

분노와 조현병

(Anger and schizophrenia)

분노와 조현병
(Anger and schizophrenia)

▼
01 조현병(Schizophrenia)이란?

정신분열증(schizophrenia)이란 용어는 Schizo(분열시키다(split))와 Phrenia(마음 (mind))의 합성어로 "마음을 분열시킨다"는 의미이다. 국내에선 2011년 이후부터 현재까지 조현병(schizophrenia)이라는 용어로 대체하여 사용하고 있다. 조현(調絃)이란 의미는 '현악기의 줄(음률)을 고르다'는 의미에서 비롯되었고 조현병환자에서 보이는 환각(환시, 환청, 환촉, 환미, 환후), 망상, 와해된 언어와 행동, 정서적 둔화 등 정신사회적 기능의 혼란 상태를 반영하여 채택됐다(민성길, 2015).

전 세계적인 조현병 유병률은 0.5%~1.5%로 추정되며(Souto et al. 2012), 1년 유병률은 0.2~0.4%, 1년 발생률은 0.01~0.05%이며, 발병률이 가장 높은 연령층은 남성일 때 15~24세, 여성은 25~34세로서 여성이 남성보다 늦게 발병한다(민성길, 2015).

조현병은 복잡하고 다차원적인 장애(multidimensional disorder)이며, 주로 동요(agitation), 망상(delusions), 환각(hallucinations), 와해된 사고(disorganized thoughts) 등의 양성증상(positive symptoms), 둔화된 정동(blunted affect), 무언어증(alogia), 무욕증(avolition), 무관심(apathy), 무쾌감증(anhedonia), 비사회성(asociality), 부주의(inattention) 등의 음성증상(negative symptoms), 기억(memory), 수행기능(executive function), 언어(language), 주의(attention) 등의 인지장애(cognitive impairment)로 제기된다(Jibson, 2008).

여러 연구에서 조현병을 앓고 있는 사람들이 특히 정서인식(emotional recognition)과 사회지각(social perception)과 관련된 사회인지장애(social cognition difficulties)를 가지고 있다고 주장한다. 즉, 의사소통과 대인관계뿐만 아니라 사회적 기능과 기술이 손상되어 사회적 배제에 기여한다(Bellack, 2004). 조현병은 개인마다 다른 영향을 미쳐 만성적으로 또는 다차원적인 기능손상을 유발하지만, 정신질환자의 삶의 질과 사회적 통합(social inclusion)과 참여에 있어 정신치료와 재활은 생사와 관련된 것이다(Souto et al. 2013).

Irwin Weinberg는 청소년 시기 전두엽의 과도한 시냅스 가지치기(excessive synaptic pruning)와 기능장애(dysfunction)가 조현병의 원인이라는 가지치기가설 (pruning hypothesis)을 제기한다. 즉, 청소년기 뇌의 성장은 시냅스 가지치기(synaptic pruning)에 의존한다(Keshavan, et al., 1994).

뉴런의 수상돌기나무(dendritic tree)는 일생동안 가지를 싹 틔우고, 성장시키고, 수많은 새로운 시냅스 연결을 형성할 뿐만 아니라 필요할 때 그러한 연결을 제거하거나, 변경하거나, 다듬거나, 파괴할 수 있다. 시냅스(synapses)와 수상돌기 (dendrites)를 해체하는 과정은 성장인자(growth factors)를 제거하거나 때론 흥분독성(excitotoxicity)이라고 불리는 자연적으로 발생하는 파괴적인 과정으로 통제될 수 있다. 따라서 수상돌기(dendrites)를 제거하기 위한 정상적인 가지치기(pruning) 과정이 존재한다. 다음 〈그림 8.1〉은 뇌의 정상적 수상돌기 가지치기(Normal Dendritic Pruning)를 보여주고 있다(Stahl, 2008).

질병은 정상적인 가지치기과정(normal process of pruning)을 통제할 수 없는 상태로 만들 수 있다. 아울러 질병은 뉴런을 잘라서 죽게 할 수 있다. 뉴런은 수상돌기 나무(dendritic tree)에 대해 정상적인 유지기제(normal maintenance mechanism)를 가지고 있는 것으로 보이며, 이로 인해 오래되거나 사용되지 않거나 쓸모없는 시냅스(synapses)와 수상돌기(dendrites)를 가지치거나 제거할 수 있다. 일부 퇴행성질환(degenerative diseases)에 관한 하나의 가정기제(postulated mechanism)는 정상적인 가지치기기제(normal pruning mechanism)가 통제할 수 없게 되어, 결국 뉴런을 쓸모없게 만들거나 잘라서 죽일 수 있다(Stahl, 2008). 다음 〈그림 8.2〉는 통제불능의 수상돌기 가지치기(out of control dendritic pruning)를 보여주고 있다.

그림 8.1 〉 정상적 수상돌기 가지치기(Normal Dendritic Pruning)

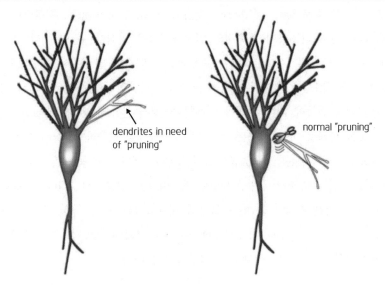

dendrites in need
of "pruning"

normal "pruning"

출처: Stahl (2008). Stahl's Essential Psychopharmacology: Neuroscientific Basis and Practical
Applications 3 rd. Ed. Cambridge University Press. p. 46.

그림 8.2 〉 통제불능의 수상돌기 가지치기(Out of control dendritic pruning)

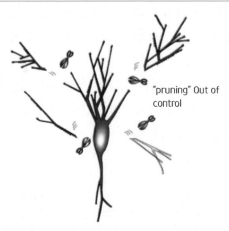

"pruning" Out of
control

출처: Stahl (2008). StahFs Essential Psychopharmacology: Neuroscientific Basis and Practical
Applications 3 rd. Ed. Cambridge University Press. p. 46.

정서는 인간의 의사소통에 중요한 역할을 담당하며, Ekman과 Friesen(2003)에 따르면, 인간은 격분(rage), 공포(fear), 슬픔(sadness), 혐오(disgust), 행복(happiness), 놀라움(surprise) 등의 6가지 보편적인 얼굴표정들을 인식할 수 있는 타고난 용량을 가지고 있다고 제기한다. 정서는 기본적으로 인간의 얼굴에서 표현되고 인식되며, 이는 연구자들에게 어떤 자세를 취하거나 자발적인 정서얼굴표현과 정적이고 역동적인 표현들에 대한 논의를 초래한다. 정서인식(emotional recognition)을 가르치는 것을 목표로 하는 연구는 서로 다른 결과들을 도출하며, 실시간 얼굴합성(facial synthesis)을 사용할 수 있음에도 불구하고 대다수 연구는 얼굴표정사진을 사용한다. 이를 보완하기 위해 Souto 등(2013)은 얼굴정서인식(facial emotional recognition)을 위한 가상현실(VR) 프로그램 개발하였다. 이는 가상 3D 환경(virtual 3-dimensional environments) 내에서 3D 아바타를 사용함으로써, 개인의 실제 세계의 묘사보다 더 혁신적·생태적인 접근방식이다.

▼
02 조현병과 관련한 분노형범죄

조현병환자들에 관련한 살인범죄와 살인미수사례들은 하루가 멀다 지속해서 급증하고 있는 실태이다.[1] 일반인뿐만 아니라 현장에서 직무를 담당하고 있는 의사, 간호사, 교도관, 경찰관, 소방관, 군인, 교사 등도 조현병환자의 묻지마식 폭행범죄에 대해 피해자로 확대되고 있는 실태이다.[2] 이들의 특징은 조울증과 조현병을 공존으로 앓았고 치료가 중간에 중단된 채 방치돼 1년 이상 적절한 처우 관리가 되지 않았다는 데 공통점이 있다.

---

1 김성수(30)의 강남 PC방 살인사건(1명, 2018.10.14.), 안인득(42)의 경남 진주 방화살인사 건(5명, 2019.04.17.), 창원에서 조현병을 앓는 고교 자퇴생 10대가 위층 할머니를 흉기로 무참히 찔러 숨지게 한 살인사건(1명, 2019.04.24.), 경북 칠곡의 한 정신병원에서는 30대 조현병 환자가 다른 환자를 둔기로 때려 숨지게 한 살인 사건(1명, 2019.04.25.), 서울 동대문경찰서는 조현병을 앓고 있는 여성(46)이 "물소리가 시끄러워 거슬린다" 라며 이웃 주민을 흉기로 찌른 살인미수혐의(2019. 04.26.) 등
2 대표적인 사건으로는 강북삼성병원 정신과 의사 임세원(47세) 살인사건 (2018.12.31.), 오후 5시 44분경 서울 강북삼성병원에서 환자인 박ㅇ민(30세)이 진료상담을 받던 중 임교수의 가슴 부위를 흉기로 수 차례 찔러 살인한 사건이다.

최근 정신장애범죄자의 주요 범죄유형별현황(2013년~2016년)을 살펴보면, 살인, 강도, 방화, 성폭력, 폭행, 상해, 절도, 사기, 특별법범죄(성폭력특별법, 성폭력범죄의 처벌 및 피해자보호 등에 관한 법률), 도로교통법, 교통사고처리 특례법, 마약류관리법 등과 같이 다양한 형사범죄가 증가하고 있으며, 특히 살인, 폭행, 상해, 절도, 사기, 특별법범죄(성폭력특별법, 성폭력범죄의처벌 및 피해자보호 등에 관한 법률), 마약류관리법위반 등이 급증하고 있는 실태이다(범죄백서, 2017).

정신장애범죄자의 전과현황(2013년~2016년)을 살펴보면, 1범, 2범, 3범, 4범, 5범, 6범, 9범 이상 등이 증가하고 있으며, 특히 1범, 2범, 4범, 9범 이상 등이 급증하고 있는 실태이다(범죄백서, 2017).

이렇게 증가한 조현병환자들의 묻지마식 살인범죄사건들은 국민의 안정과 복지생활 유지의 위협과 더불어 경찰관의 초기 대응전략에 문제점들을 또다시 불러일으키는 추세이다. 최근 발생한 사건을 예로 2019.03.25. 관악 경찰서 초등학교 앞 정신이상자 흉기 난동 사건을 들 수 있다. 만취한 정신이상자인 홍모씨(50대)는 이날 오전 1시 20분께 관악구 신림동의 한 부동산 중개업소에서 주인을 칼로 협박하고, 초등학교 인근 노상에서 경찰과 대치 중 칼을 휘둘러 출동한 경찰의 얼굴을 다치게 한 혐의를 받고 있다.

또 다른 사례는 2018년 7월 8일 발생한 경북 영양파출소 김선현(51) 경위 피습사건이다. 8일 낮 12시 49분쯤 영양군 영양읍의 한 주택에서 백모씨(42)가 난동을 부린다는 어머니의 112신고를 받고 현장에 도착해, 집 마당에서 흥분한 상태로 가재도구를 부수며 난동을 부리는 백모씨(42)를 발견, 백모씨(42)를 달래기 위해 대화를 시도했으나, 백모씨(42)는 갑자기 뒷마당에서 흉기를 들고 와 무방비 상태인 김선현(51) 경위를 피습해 사망에 이르게 한 사건이다.

최근 경찰관이 사건현장을 대치하는 중에 정신이상이나 주취폭력 가해자의 우발적인 피습에 따른 경찰관의 부상이 빈번히 발생하고 있다. 이와 관련한 최근 5년 간(2014년~2018년) 돌발적인 범인피습으로 인한 경찰관의 피습부상 29%(2,424 건), 안전사고 46%(3,873건) 등을 차지한다(경찰통계자료, 2019). 경찰관 공상으로 인한 사회적 비용손실이 증가하고 있는 실태이다. 아울러, 경찰관 공상에 따른 산술적인 수치 외에도, 상해 및 사망에 따른 생산성차질비용, 공무상 요양비, 진료비 등의 경제적·사회적 비용손실이 증가하고 있다.

국외사례로, 워싱턴포스트자료(Washington Post data)에 따르면, 2015년 경찰에 의해 990명이 총에 맞아 사망했다. 사건의 약 25%는 대상자가 정신질환의 징후를 보였다. 16%는 대상자가 칼을 소지했던 사건이고, 9%는 대상자가 비무장 상태였다(PERF, 2016).

따라서 본 연구에서는 조현병 유형 및 조현병 스펙트럼 대상자의 경우에 묻지마식범죄가 살인, 강도, 방화, 성폭행, 폭행, 상해, 절도, 사기, 음주운전, 마약 등의 강력사건으로 이어지는 경우를 미리 예방하고 차단하기 위해 조현병 유형 및 조현병 스펙트럼 대상자들에 대한 경찰관의 초기대응 가상현실(VR) 면담교육 매뉴얼 시스템 구축이 절실하며, 이는 조현병에 대한 선이해교육과 맞춤형 가상현실(VR) 면담교육을 통해 초기 적합한 대응력과 경찰관의 안전훈련(Officer Safety Training)을 강화하는 데 조력하고자 한다.

조현병 유형 중 편집성조현병과 파괴형 조현병 대상자에 대한 경찰관의 초기대응 가상현실(VR) 면담교육 매뉴얼 시스템 개발과 조현병 스펙트럼장애의 조현형 성격장애 대상자에 대한 경찰관의 초기대응 가상현실(VR) 면담교육 매뉴얼 시스템개발이 필요하다.

아울러 구체적 초기 대처방안으로 조현병 대상자에 대한 경찰관의 가상현실(VR) 선이해교육을 목적으로 조현병의 10가지 주요 증상들(10 Main Symptoms of Schizophrenia)을 쉽고 빠르게 식별하고, 조현병범죄사건의 상황별 가상현실환경(VRE) 면담교육 매뉴얼을 통해 시연하고 대처할 수 있는 시뮬레이션 시스템개발이 요망된다(참조 〈그림 8.3〉).

조현병 유형 및 조현병 스펙트럼장애 대상자로 구축된 맞춤형 플랫폼을 활용하여 파괴적 충동분노조절장애나 이상행동장애자에 대한 경찰관의 선이해교육과 더불어 초기 상황대처를 위한 행동분석면담기술 및 대응력을 제고시키는 솔루션으로 확대 발전시켜 묻지마범죄를 예방하고 억제하는데 기여할 수 있다. 몰입형 가상현실(VR-HMD) 프로그램을 활용한 가상환경(VE)에서 조현병환자의 입장에서 환각과 망상을 경험하게 됨으로써 조현병환자의 이상행동에 대한 경찰관의 이해와 초기 대응력을 넓힐 수 있다. 아울러 조현병환자가 불(신나, 휘발유 등), 칼, 총, 야구배트, 골프채 등을 사용해 폭력을 행하는 위기 상황극과 인질소동, 자해 및 자살소동 등의 극도의 위기 상황극을 가상현실환경(VRE)에 구현하여 경

그림 8.3 〉 조현병범죄에 대한 초기대응 가상현실 면담교육 매뉴얼 시스템

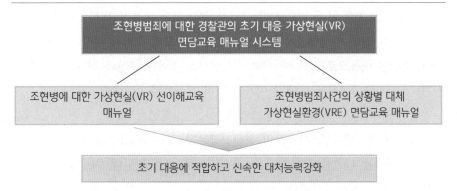

찰관들이 새로운 대처기술들을 충분히 훈련하고 숙지해서 향후 실제 사건현장에서도 적절히 대응할 수 있는 능력을 강화할 수 있다. 본 연구개발은 경찰관과 국민 개인의 생명과 안전을 더 보장할 수 있는 장치가 될 것이다.

▼ 03 정신건강을 위한 가상현실(VR) 활용

정신건강문제(mental health problems)는 환경으로부터 분리될 수 없다. 사람들은 가상현실(VR)과 컴퓨터로 만들어진 대화형 가상환경(VE)을 통해 반복적으로 자신의 문제가 되는 상황들을 경험할 수 있으며, 증거 기반의 심리치료를 통해 어려움을 극복하는 방법을 배울 수 있다(Freeman, et al. 2017).

최근 가상현실(VR)은 정신건강관리분야의 기술혁명으로 개인이 심리적 행복(psychological wellbeing)을 위해 새로운 학습을 할 수 있는 강력한 도구로 주목받고 있다. 특히 몰입형 가상현실(VR-HMD)은 상호작용적인 컴퓨터 생성 환경을 만들어 내며, 실세계의 감각인식(real-world sensory perceptions)을 디지털 방식으로 생성된 세계로 대체하여 실제 크기의 새로운 환경에 실제로 존재하는 느낌을 만들어낸다. 가상현실(VR)은 제시된 자극에 대한 엄격한 통제를 허용하여 치료전략(therapeutic strategies)을 정확하게 구현할 수 있다. 가상현실(VR)은 올바른 방법으로 사용하면 치료적으로 도움이 될 수 있지만, 실생활에서는 재현할 수 없는

상황을 도출할 수도 있다. 가상현실(VR)은 반복적이고, 즉시 사용할 수 있고, 더 나은 치료프로그램 입력이 요구된다. 가상현실(VR)은 치료전달의 불일치를 줄일 수 있다. 고품질의 가상현실기기(VR Device)가 처음으로 소비자 시장에 도달 하게 되면, 저렴한 비용으로 인해 이 기술이 실험실을 벗어나 가정과 진보적인 정신건 강진료소(mental health clinic)에 들어가는 것이 가능하다(Freeman, et al. 2017).

가상현실(VR)은 사람들을 고통스럽게 하는 상황에서 높은 수준의 실재감 (presence)이 완성된다면, 사람들의 정신건강문제(mental health problems)를 극복하 는 데 조력하는 특별한 잠재력(extraordinary potential)을 지닌다. 세상과 상호작용 하는 어려움은 정신건강이슈(mental health issues)의 핵심이다. 예를 들면, 거미 공포증(arachnophobia)은 거미와 같은 특정한 절지동물이 접근할 때 매우 높은 수 준의 불안을 유발하며, 외상 후 스트레스장애(PTSD)는 과거의 트라우마(trauma) 나 원상처(raw spot)를 상기시키는 강렬한 플래시백(flashbacks)과 더불어 피해망상 (persecutory delusions)을 겪는 사람의 전쟁공격(attack)으로부터 두려움을 유발하며, 알코올남용장애(alcohol abuse disorders)는 다시 술을 마시고 싶은 충동에 저항하는 정신적 증상들을 나타낸다(Freeman, et al. 2017). 따라서 정신적·정서적 회복과 치 유는 이러한 상황들에서 전과는 다르게 생각하고, 반응하고, 행동하는 것이다.

이러한 훈련과정을 맞춤형 가상현실환경(VRE)에서 반복적으로 직면하고 시연 할 수 있는 장점이 있다. 가장 성공적인 개입은 사람들이 스스로 실제 상황에서 도 필요한 변화와 행동수정을 만들어 낼 수 있게 하는 데 있다. 사람들은 가상현 실(VR)로 어려운 상황에 대한 시뮬레이션을 입력하여 특정 장애에 대한 최상의 이론적 이해를 바탕으로 적절한 대응을 코치를 받을 수 있다. 시뮬레이션은 난이 도에 따라 등급이 나누어지며 올바른 학습이 이루어질 때까지 반복적으로 경험 할 수 있다. 현실에서 찾기 어려운 문제 상황들은 결국 가상환경(VE)에서 실현될 수 있다. 아울러 가상현실(VR)의 큰 장점은 사람들이 가상환경(VE)이 실재는 아니 지만, 자신들의 마음과 몸은 실재인 것처럼 느끼고 행동한다는 것을 알고 있다는 것이다. 따라서 사람들은 실생활보다 가상현실(VR)에서 더 쉽게 어려운 상황들을 직면하게 되며 새로운 치료전략(therapeutic strategies)을 시도할 수 있다. 즉, 가상 현실에서 배운 기술들은 현실 세계로 전환시킬 수 있다(Freeman, et al. 2017).

따라서 가상현실(VR)을 사용한 조현병환자에 대한 평가, 이해, 치료개입 등의 결과를 바탕으로 생성되는 표준화된 대응책은 현장의 업무효율을 높이고 업무 스트레스를 줄일 수 있다. 아울러 잠재적 위험 조현병대상자에 대한 초기 대처 통합플랫폼관리시스템(Integrated Platform Management System: IPMS)을 구축하여 가정, 학교, 경찰서, 교도소, 보호관찰소, 군, 소방서 등 위기관리가 필요한 기관에도 제공할 수 있다.

▼
04 불안(Anxiety)

가상현실(VR) 연구들은 좀 과다할 정도로 불안장애(anxiety disorders)의 치료에 관심을 보인다(n＝127, 개입보고서(intervention reports). 심지어 치료를 위한 가상현실 환경(virtual reality environments, VRE)의 타당도 검증을 목적으로 한 연구들(n＝46)이 주로 진행되고 있다. 반면에 가상현실(VR)을 활용해 불안의 원인을 조사하는 연구는 더 적게 수행되고 있다(n＝19)(Freeman, et al. 2017). 치료연구(treatment studies)의 핵심은 일반적으로 특정 공포증(specific phobias)(Rothbaum et al, 2000; Emelkamp et al, 2002; Botella et al. 2004), 사회불안(social anxiety)(Anderson et al. 2013; Bouchard et al. 2016), 외상 후 스트레스 장애(PTSD)(Rizzo et al. 2009) 등에 두고 있다. 강박장애(obsessive－compulsive disorder: OCD)에 대한 조사도 적지만 치료는 흔히 외부자극(external stimuli)에 대한 두려움(fear)의 변화를 요구한다는 것과는 달리 범불안장애(generalized anxiety disorder: GAD)는 내적 초점을 두고 있다. 주된 개입 기술은 노출(exposure)이며, 대부분의 개입 연구에서 참여자를 안내하기 위해 치료사가 있었다. 이러한 치료연구는 의심할 여지가 없이 특히 가상현실 노출치료 영역에서 기술의 잠재력을 인식하는 데 선구적인 역할을 하고 있다(Rothbaum et al. 1996; Botella et al. 1998).

▼

05 우울증(Depression)

　놀랍게도 우울증과 관련한 몰입형 가상현실(immersive VR)을 사용한 임상연구
는 2가지 사례들로 확인된다. 이러한 타당성 연구는 통제집단 없는 소규모의 연
속적 사례들로 단일 치료기법들(single treatment techniques)로 시간이 지남에 따라
우울증의 수준이 감소하는 것을 검증했다(Shah et al. 2015; Falconer et al. 2016). 또한,
2가지 비몰입형 가상현실유형과제(non-immersive VR-type tasks)는 우울증환자의 공
간탐색기억(spatial navigation memory)을 평가하는 연구사례이다(Gould et al. 2007).

▼

06 정신증(Psychosis)

　조현병과 그 관련 문제들에 관한 가상현실(VR) 연구문헌들은 44건으로, 이론
개발(theory development)에 관한 연구 23건, 평가에 관한 연구 15건, 치료 검증에
관한 연구 6건 등으로 구성된다. 여기서 가상현실(VR) 연구들의 유형은 아마도
다른 정신건강상태에 비해 가장 이질적인 것으로 임상문제의 복잡성과 정신병의
진단과 이해를 위해 취해진 다양한 관점들을 반영하고 있다(Freeman, et al. 2017).
　연구들은 원인들을 이해하기 위해 주로 가상현실(VR)을 사용하여 정신병적 경
험(psychotic experience)을 평가해 왔다. 가상현실(VR)은 중립적 사회상황들(neutral
social situations)의 제시가 진짜가 아닌 근거 없는 적대감을 감지할 수 있기에 편
집증(paranoid)의 평가에 특히 유용하게 사용되고 있다(Freeman et al. 2003). 가
상현실(VR)이 조현병환자의 정신병적 경험이나 관련 진단을 안전하게 평가할
수 있다는 점은 분명하다. Freeman 등(2003)은 가상현실(VR)을 활용해 편집증
(paranoid)을 평가했으며, 편집증을 예측할 수 있는 개인의 특성들을 이해했으며
(Freeman et al, 2008), 편집증의 원인을 결정하기 위해 심리적 요인을 조작했으며
(Freeman, et al. 2014), 아울러 가장 최근에는 조현병의 피해망상(persecutory delusions)
을 치료했다(Freeman et al. 2016).
　개인의 자존감과 그에 따른 편집증에 영향을 주기 위해 그의 키(height)를 조

작하고 사회적 비교(social comparison)를 함으로써, 즉 실생활에서 쉽게 달성할 수 없는 상황을 조성하는 데 가상현실(VR)을 사용할 수 있다(Freeman et al. 2014). 피해망상에 걸린 환자 30명을 대상으로 한 소규모 치료연구에서는 가상현실 인지치료(VR-Cognitive Therapy)가 실제 상황에서 망상과 고통을 줄이는 측면에서 가상현실 노출치료(VR-Exposure Therapy)보다 잠재적으로 훨씬 효과적이라는 연구결과가 나타났다. 가상현실 인식치료(VRCT)에 대한 통제효과크기(controlled effect size, d=1.3)가 더 컸는데, 또 다른 신뢰할 수 있는 기존 치료접근기법인 가상현실 노출치료와 비교 검증했다는 점에서 주목할 만하다. 가상현실(VR)은 인구밀도(population density)와 민족성(ethnicity) 등의 변수를 바꿔 편집증에 영향을 미치는 환경요인(environmental factors)을 탐색하는 연구하는 데도 활용되고 있다(Valmaggia et al. 2015; Veling et al. 2016). 또한, 조현병(Sorkin et al. 2006)의 인지기능(cognitive functioning)과 사회기능(social functioning)을 평가하는 가상현실(VR) 연구와 그에 따른 개입과 직업재활교육 프로그램(vocational rehabilitation training Program)(Rus-Calafell et al. 2014; Sohn et al. 2016) 연구들도 이루어지고 있다. 조현병에 관한 치료연구는 일반적으로 수가 매우 적고 크기는 작지만, 연구결과는 매우 고무적이다. 조증(mania)과 관련된 연구는 아직 진행되지 않고 있다(Freeman, et al. 2017).

최근 파괴적 충동조절장애환자 7명과 주취폭력 알코올의존환자 40명을 대상으로 분노조절 가상현실 인지행동치료(VR-CBT) 프로그램 개입 효과를 검증한 연구가 소개되고 있다(Ryu et al. 2016; 류창현 등, 2015; 류창현 등, 2016; 류창현, 2017).

▼
07 물질장애(Substance Disorders)

가상현실(VR)은 약물남용(drug misuse), 알코올남용(alcohol abuse), 과도한 도박(excessive gambling) 등과 같은 지속적인 문제행동을 유발하도록 갈망을 초래하는 단서자극들을 개인에게 제공할 수 있다. 물질장애(substance disorders)에 관한 가상현실(VR) 연구문헌은 22건, 평가와 관련한 연구는 15건, 치료개입 연구는 5건, 이론개발은 2건이 보고되고 있다(Freeman, et al. 2017). 대부분의 연구는 적절한 가상현실환경(VRE)이 갈망을 촉진할 수 있다는 것을 보여주고 있으며, 알코올

(Lee et al. 2008), 코카인(Saladin et al. 2006), 흡연(Bordnick et al. 2005) 등을 포함한 다양한 물질남용에 관련해 연구되고 있다. 가상현실환경(VRE)이 담배에 대한 강한 갈망을 만들어 낼 수 있다는 것은 분명하다(Pericot-Valverde et al. 2016). 비록 이러한 연구가 아직 엄격하게 검증되지는 않았지만, 갈망의 도출은 가상현실(VR)이 치료에 성공적으로 사용될 수 있는 긍정기술(positive technology)의 가능성을 시사한다(Freeman, et al. 2017).

미국 경찰기관들은 정신이상자의 긴장된 충돌을 완화하기 위해 고안된 단계적인 완화전략(deescalation strategies)과 전술(tactics)의 포괄적인 프로그램에 대해 경찰관들을 훈련하고 있다. 단계적인 완화(deescalation)는 특히 정신질환(mental illness), 약물남용(substance abuse), 발달장애(developmental disabilities), 또 다른 상황들로 인해 호전적이고 위기를 겪는 대상자들과 대치할 때 사용될 수 있다. 단계적인 완화전략(deescalation strategies)은 다음과 같은 핵심 원칙들에 기반한다(PERF, 2016).

- 효과적인 의사소통(effective communication)은 많은 상황을 해결하기에 충분하다. 경찰관은 의사소통이 첫 번째 선택이 되어야 하고, 어떤 만남(encounter)에서도 의사소통을 유지해야 한다.
- 어려운 상황에서 의사소통은 흔히 "낮은 수준(low level)"에서 시작할 때 보다 효과적이다. 예를 들면, 경찰관은 차분하게, 정상적인 음조로, 명령을 내리는 것보다 질문할 때 더 효과적이다.
- 가능할 때마다, 경찰관들은 거리(distance)와 방어(cover)를 사용해서 "상황의 속도를 줄이고(slow the situation down)" 계속해서 의사소통하고 선택을 개발할 수 있는 더 많은 시간을 만들 수 있도록 훈련받는다.
- 물리력 사용이 필요한 경우, 경찰관은 위협(threat)을 완화하는 데 필요한 힘의 수준(level of force)에서 시작해야 한다. 경찰관은 상황을 불필요하게 악화시켜서는 안 된다.
- 상황과 위협이 변화함에 따라, 경찰관은 이를 재평가하고 비례적 원칙으로 반응해야 한다. 즉, 어떤 경우, 상황에 따라서 더 높은 물리

력 사용을 선택해야 하며, 다른 경우에는 낮은 물리력 사용을 선택
할 수 있다는 의미이다.

미국 경찰관들은 정신건강문제(mental health issues)가 있는 사람들을 인지하고
안전하고 인간적인 방법으로 다룰 수 있도록 훈련받는다. 많은 경찰기관이 이미
단계적인 완화(deescalation)의 핵심 요소로 어떤 형태의 위기개입훈련(Crisis
Intervention Training, CIT)을 제공하고 있지만, 위기개입정책과 훈련은 경찰관이
상황들을 단계적으로 완화(deescalation)하는 데 사용할 수 있는 전술에 새로운 초
점을 맞춰 통합해야 한다(PERF, 2016).

- 모든 경찰관에게 정신건강(mental health)과 약물남용문제 (substance
  abuse issues)에 대한 인식과 인지뿐만 아니라 이러한 문제를 가진 사
  람들과 의사소통하기 위한 기본기술(basic techniques)을 제공한다.
- 경찰관과 현장감독관(이 분야에 관심을 표시한 자)의 하위집단에 대한
  심층훈련(예: 40시간의 위기개입팀(Crisis Intervention Team)이나 "위기개
  입훈련(CIT)"을 제공한다. 위기개입훈련(CIT)의 목표는 경찰관의 직무
  교육에 활용하여 어떤 위기사건현장에서도 상시 대응할 수 있도록
  하는 데 있다. 이러한 훈련은 의사소통(communication)과 단계적인 완
  화전략(deescalation strategies)에 역점을 둔다.
- 일부 경찰기관은 모든 경찰 직원에게 직무교육 심화과정으로 위기개
  입훈련(CIT)을 제공하고 있다.
- 경찰관과 정신건강종사자(mental health workers)로 구성된 위기개입팀
  (CIT)은 흔히 가장 효과적인 선택이 될 수 있다. 이 팀은 정신질환
  (mental illness)이나 이와 유사한 문제와 관련한 위기사건들을 대처하
  기 위해 소집된다. 위기개입팀(CIT)은 전문기술(expertise)을 개발하고,
  시간이 지남에 따라 다수의 교육서비스를 받은 경찰관은 정통하게
  된다. 어떤 경우, 위기관리팀(CIT)은 정신 질환자가 치료를 받을 수
  있도록 도와줌으로써 근본적인 문제를 해결하도록 노력한다.
- 모든 정신건강훈련(mental health training)을 위해, 경찰기관들은 내용과

정보전달에 관해 지역 정신건강전문가들(local mental health professionals)
과 협력해야 한다.

따라서 현재 대한민국 경찰청에서도 정신질환(mental illness), 약물남용(substance abuse), 발달장애(developmental disabilities), 주의력결핍 및 과잉행동장애(ADHD) 대상자를 위한 몰입형 가상현실(VR-HMD) 면담교육 매뉴얼 시스템을 개발하여 모든 경찰관에게 의무적인 직무교육으로 단계적인 완화전략(deescalation strategies)과 전술(tactics)의 포괄적인 교육훈련 프로그램인 위기개입훈련(CIT)을 도입할 필요가 있다.

▼
08 조현병에 대한 가상현실(VR) 선이해교육 매뉴얼 내용

조현병환자에 대한 가상현실(VR) 선이해교육 매뉴얼 제작 목적으로 조현병의 10가지 주요 증상들(10 Main Symptoms of Schizophrenia)을 핵심증상군(환각, 망상, 와해된 언어와 행동), 신체증상군(수면장애, 신체위생, 우울과 불안), 인지증상군(무감동, 정서표현불능, 집중력저하, 인지장애, 극단적 반응) 등으로 구성하여 제시하고자 한다.

(1) 핵심증상군: 환각

조현병의 핵심증상군으로 환각은 환청, 환시, 환후, 환미, 환촉, 체감(신체)환각 등과 같이 지각되는 감각에 따라 분류한다(민성길, 2015). 따라서 핵심증상군 중 환각(hallucination)증상들에 관한 행동분석 기반 가상현실(VR) 선이해교육 매뉴얼 제작이 필요하다(참조 〈그림 8.4〉).

그림 8.4 〉 환각(hallucination)증상

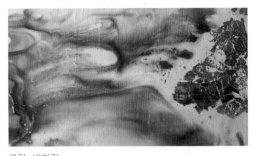

그림: 박하림

(2) 핵심증상군: 망상

조현병의 핵심 증상군으로 망상(de-lusion)은 색정형(erotomanic type), 과대형(grandiose type), 질투형(jealous type), 피해형(persecutory type), 신체형(somatic type), 혼합형(mixed type) 증상들에 따라 분류한다(민성길, 2015). 따라서 핵심증상군 중 망상(delusion)증상들에 관한 행동분석기반 가상현실(VR) 선이해교육 매뉴얼 제작이 필요하다(참조 〈그림 8.5〉).

그림 8.5 〉 망상(delusion)증상

그림: 박하림

(3) 핵심증상군: 와해된 언어와 행동

조현병의 핵심증상군으로 와해된 언어(disorganized speech)와 행동증상들에 따라 분류한다(민성길, 2015). 따라서 핵심증상군 중 와해된 언어(disorganized speech)와 행동증상들에 관한 행동분석기반 가상현실(VR) 선이해교육 매뉴얼 제작이 필요하다(참조 〈그림 8.6〉).

그림 8.6 〉 와해된 언어(disorganized speech)와 행동증상

그림: 박하림

(4) 신체증상군: 수면장애(sleep disorder)

조현병의 신체증상군으로 과수면이나
불면증(oversleeping or insomnia) 증상들에
따라 분류한다(민성길, 2015). 따라서 신체
증상군의 과수면 또는 불면증(oversleeping
or insomnia) 증상들에 관한 행동분석 기
반 가상현실(VR) 선이해교육 매뉴얼 제
작이 필요하다(참조 〈그림 8.7〉)

그림 8.7 〉 신체증상군의 과수면이나 불면증
(oversleeping or insomnia)증상

그림: 박하림

(5) 신체증상군: 신체위생(hygiene)

조현병의 신체증상군으로 신체위생
(hygiene) 증상들에 따라 분류한다(민성
길, 2015). 따라서 신체증상군의 개인위
생의 악화(deterioration of personal hygiene)
증상들에 관한 행동분석 기반 가상현실
(VR) 선이해교육 매뉴얼 제작이 필요하
다(참조 〈그림 8.8〉).

그림 8.8 〉 개인위생의 악화(deterioration of
personal hygiene)증상

그림: 박하림

(6) 신체증상군: 우울(depression)과 불안(anxiety)

조현병의 신체증상군으로 우울
(depression)과 불안(anxiety)증상들
에 따라 분류 한다(민성길, 2015).
따라서 신체증상군의 우울(de-
pression)과 불안(anxiety)증상들에
관한 행동분석 기반 가상현실(VR)
선이해교육 매뉴얼 제작이 필요
하다(참조 〈그림 8.9〉).

그림 8.9 〉 우울(depression)과 불안(anxiety)증상

그림: 박하림

(7) 인지증상군: 무감동이나 정서표현불능
(apathy or inability to express)

조현병의 인지증상군으로 무감동이나
정서표현불능(apathy or inability to express)
증상들에 따라 분류한다(민성길, 2015).
따라서 인지증상군의 무감동이나 정서
표현불능(apathy or inability to express)증
상들에 관한 행동분석 기반 가상현실
(VR) 선이해교육 매뉴얼 제작이 필요하
다(참조 〈그림 8.10〉).

그림 8.10 〉 무감동이나 정서표현불능(apathy
or inability to express)증상

그림: 박하림

(8) 인지증상군: 집중불능(inability to concentrate)

조현병의 인지증상군으로 집중불능(inability to concentrate)증상들에 따라 분류한다(민성길, 2015). 따라서 인지증상군의 집중불능(inability to concentrate)증상들에 관한 행동분석 기반 가상현실(VR) 선이해교육 매뉴얼 제작이 필요하다(참조 〈그림 8.11〉).

그림 8.11 〉 집중불능(inability to concentrate)증상

그림: 박하림

(9) 인지증상군: 인지장애(cognitive impedance)

조현병의 인지증상군으로 인지장애(cognitive impedance)증상들에 따라 분류한다(민성길, 2015). 따라서 인지증상군의 인지장애(cognitive impedance)증상들에 관한 행동분석 기반 가상현실(VR) 선이해교육 매뉴얼 제작이 필요하다(참조 〈그림 8.12〉).

그림 8.12 〉 인지장애(cognitive impedance)증상

그림: 박하림

(10) 인지증상군: 극단적 반응(extreme reactions)

조현병의 인지증상군으로 극단적 반응(extreme reactions)증상들에 따라 분류 한다(민성길, 2015). 따라서 인지증상군의 극단적 반응(extreme reactions)증상들에 관한 행동분석 기반 가상현실(VR) 선이해교육 매뉴얼 제작이 필요하다(참조 〈그림 8.13〉).

조현병대상자가 불(신나, 휘발유 등), 칼, 총, 야구배트, 골프채 등을 가지고 극단적 반응(extreme reactions) 증상들을 보일 때에 예상할 수 없는 폭력이나 자해를 할 수 있는 극단적 위기상황에 대처하기 위한 가상현실(VR) 면담교육 매뉴얼을 제작할 필요가 있

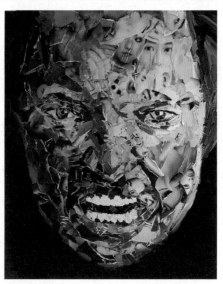

그림 8.13 〉 극단적 반응(extreme reactions)증상

그림: 박하림

다. 즉, 극단적 위기상황으로 가정폭력, 데이트폭력, 도로폭력, 묻지마폭력, 방화, 인질소동, 자해, 자살소동 등 점진적인 단계별 위기 상황극을 가상현실환경(VRE)에 구현하여 경찰관들이 새로운 대처기술들을 충분히 훈련하고 반복해서 차후 위기현장상황에서도 최적으로 대응할 수 있는 능력과 기술을 함양할 수 있을 것이다.

조현병대상자에 대하여 경찰관이 초기대응과 면담을 보다 효과적·효율적·전문적·윤리적으로 대처하기 위한 가상현실(VR) 선이해교육 매뉴얼 시스템과 사건상황별 대처 가상현실환경(VRE) 면담교육 매뉴얼 시스템을 제작하여 지속 반복적으로 충분히 시연하고, 이해하고, 학습한 다양한 대처기술들은 실제 상황들에서 적절하게 적용할 수 있다는 관점, 즉 경찰관의 안전훈련(Officer Safety Training)을 강화할 수 있다는 데 가장 큰 유익이 될 것이다.

조현병 유형 및 조현병 스펙트럼장애 대상자의 경우에 묻지마식 범죄인 살인, 강도, 방화, 성폭행, 폭행, 상해, 절도, 사기, 음주운전, 마약 등의 강력사건으로

이어지는 경우를 미리 예방하고 차단하기 위해 현장 경찰관의 초기대응 가상현실 (VR) 면담교육 매뉴얼 시스템 구축이 절실하며, 이는 경찰관의 조현병에 관한 선 이해교육과 맞춤형 면담교육 시스템을 통해 초기에 적합한 대응력을 강화할 수 있다. 따라서 가상현실(VR)을 사용한 조현병의 평가, 이해, 치료개입과 더불어 조현병대상자에 대한 가상현실(VR) 선이해교육 매뉴얼 시스템 제작 목적으로 조 현병의 10가지 주요 증상들(10 Main Symptoms of Schizophrenia)을 핵심증상군(환각, 망상, 와해된 언어와 행동), 신체증상군(수면장애, 신체위생, 우울과 불안), 인지증상군(무 감동, 정서표현불 능, 집중력저하, 인지장애, 극단적 반응) 등으로 구성하여 소개했다. 조 현병 유형 및 조현병 스펙트럼장애 대상자로 구축된 맞춤형 가상현실(VR) 플랫 폼을 활용하여 파괴적 충동분노조절장애나 이상행동장애자에 대한 경찰관의 선 이해교육과 더불어 초기대응 행동분석 면담 및 대응력을 제고시키는 해결책으로 확대 발전시켜 묻지마범죄를 예방하고 억제하는 데 이바지할 수 있을 것이다.

현재 미국 경찰관들은 다양한 정신질환자에 대한 초기대응 가상현실(VR) 면담 교육 매뉴얼 시스템을 통해 보수교육을 받고 있으며, 이를 통해 위기상황들에 실질적인 도움과 대처능력을 함양하고 있는 실태이다. 국내에도 본 연구를 토대 로 향후 조현병대상자에 대한 체계적이고 시의적절한 대응과 관리를 위해서 조 현병대상자의 상태를 정확하고 빠르게 보고 전달할 수 있는 경찰관의 초기대응 방법에 대한 체계적 매뉴얼 개발 연구가 전개돼야 할 것이다.

아울러 조현병범죄자를 대상으로 경찰관의 초기대응 시 발생할 수도 있는 시 민들의 경찰혐오(police hatred) 현상을 사전 예방하기 위해 모든 가상현실(VR) 시 나리오 콘텐츠 개발에 보다 과학적·합법적·윤리적·인권적·전문적인 개입이 필 요하다. 즉, 조현병 범죄에 대한 가상현실(VR) 시나리오 내용과 가상현실환경 (VRE)을 구성 및 제작할 때 발생할 수 있는 합법적·인권적·윤리적 이슈들을 예 측하고 충분히 고려하여 사전에 조정해야 한다.

향후 개발에서는, 사건 상황별 초기대응 VR 교육훈련 시나리오 콘텐츠 구성으 로 1. 일반인(Normal Person) VS. 정신질환자와 장애인(Abnormal Person & Disabled Person) 구별 및 고려(윤리적·인권적 적용) 개발, 2. 정신 및 신체장애 가상현실(VR) 선이해교육 시스템 VS. 사건 상황별 가상현실환경(VRE) 교육훈련 시스템개발, 3. 과학적·합법적·윤리적·인권적·전문적인 가상현실(VR) 프로그램개발, 4. 한국형 VS. 미국형 사건 상황별 대처시나리오 소개, 개입 및 통합 개발: 사건 상황별 대처 교육훈련 중점으로 현장에서 즉시 활용 가능한 콘텐츠 시나리오 제작 등이 우선시되어야 한다.

미국 경찰기관에서는 영국에서 몇 년 동안 효과적으로 사용되고 있는 국가결정모델(National Decision Model)에 기반한 5단계 위기의사결정모델(Critical Decision-Making Model: CDM)을 재구성하여 위기현장에서 사용하고 있다. 경찰행정연구포럼(PERF, Police Executive Research Forum, 2016)에서 제기된 위기의사결정모델(CDM)은 경찰관에게 다양한 상황들에 대해 비판적으로 생각하는 방법과 더 효과적이고 안전한 결정을 내리는 방법을 가르치는데 더 나은 방법을 찾고 있는 미국 경찰기관의 욕구를 충족하도록 고안되었다(PEFR, 2016). 즉, 중요 의사결정 모델(CDM)은 인간의 윤리(ethics), 가치(values), 비례의 원칙(proportionality), 인간생명의 존엄(sanctity of human life)에 기반한 1단계: 사건에 대한 정보수집, 2단계: 사건상황, 위협, 위기 평가, 3단계: 경찰권한과 기관정책 고려, 4단계: 최고의 선택과 행동 결정, 5단계: 행동, 검토, 재평가 등으로 구성하여 진행한다(PERF, 2016). 다음 〈그림 8.14〉는 5단계 위기의사결정모델(CDM)을 보여주고 있다(PERF, 2016).

그림 8.14 〉 5단계 위기의사결정모델(CDM)

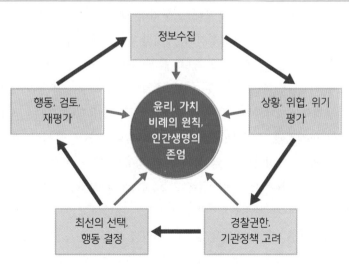

출처: Police Executive Research Forum, 2016, p.27

5단계 위기의사결정모델(CDM)은 더 나은 의사결정을 할 수 있도록 조력한다. "나는 생각할 시간이 없었습니다." 실제로는 이러한 사건상황은 거의 없다. 5단계 위기의사결정모델(CDM)은 정보수집, 위협과 위기 평가, 선택을 결정하도록 조력하며, 사건처리 및 보고 후 경찰관의 신뢰성(credibility) 향상과 법정에서 보호를 받도록 한다(PERF, 2016).

이러한 인간의 의사결정과정은 다양한 추론기법(reasoning techniques)을 사용하여 촉진된다. 이러한 기법의 하나는 유추적 추론(analogical reasoning)이다(알려진 해결책/방법에 유추를 통해 새로운 해결책을 추론). 의사결정은 궁극적으로 다른 의사결정 상황들에 대한 추론을 통해 문제와 가능한 결과에 대해 추론함으로써 이루어진다. 유추적 추론(analogical reasoning)을 이해하기 위한 많은 이론과 기법은 의사결정을 보다 일반적으로 이해하는데 직접적인 관련이 있다(Azuma, et al., 2006). 유추적 추론(analogical reasoning)의 구성과정은 다음과 같은 일련의 절차를 포함한다(Sternberg, 1977): 1. 부호화(encoding): 자극을 내부(정신적) 표현으로 변환, 2. 추론(inference): 문제들 간의 관계 결정, 3. 매핑(mapping): 새로운 항목과 오래된 항목 간의 대응관계 결정, 4. 적용(application): 의사결정과정의 실행, 5. 반응(response): 추론과정의 결과 표시.

최근 경찰청에서는 미국과 캐나다 경찰기관들이 사건현장에 적용해 사용하고 있는 5단계 물리력 행사기준을 토대로 물리력 행사수준별로, 즉 '경찰 물리력 사용 연속체'로 세분화 및 정교화하여 제시한다. 1. 협조적 통제(순응: 현장임장, 언어적 통제, 신체적 물리력, 수갑), 2. 접촉 통제(소극적 저항: 경찰봉, 방패(밀어내기)), 3. 저위험 물리력(적극적 저항: 분사기), 4. 중위험 물리력(폭력적 공격: 전자충격기), 5. 고위험 물리력(치명적 공격: 권총) 등 사건현장에서 사용할 수 있는 체계적인 물리력 행사의 한계점과 주의사항들도 제공하고 있다. 5단계 물리력 행사는 객관적 합리성의 원칙, 대상자 행위와 물리력 간 상응의 원칙, 위해 감소 노력 우선의 원칙 등을 포함한다(PERF, 2016; 뉴시스, 2019; 경찰청, 2020). 5단계 위기의사결정모델(CDM)과 5단계 경찰 물리력 행사 연속체를 통합하고 재구성하여 도식화하였다. 다음 〈그림 8.15〉는 통합적 경찰의 물리력 행사기준을 재구성하여 도식화한 것이다(PERF, 2016).

경찰관의 초기대응 가상현실(VR) 면담교육 시스템개발의 함의를 7가지로 요약

그림 8.15) 통합적 경찰의 물리력 행사기준 도식화

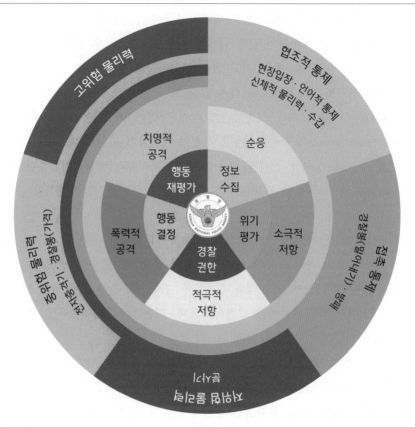

출처: Police Executive Research Forum, 2016. / 경찰청, 2020.

하고자 한다. 첫째, 치안이라는 경찰철학과 경찰목적을 달성하기 위한 과학적·합리적·윤리적인 원칙들에 따라서 모든 몰입형 가상현실(VR) 교육훈련 시뮬레이션 시스템을 개발해야 한다. 경찰관은 모든 사건을 구현하는 가상현실환경(VRE)에서 과학적·합리적·윤리적인 위기개입 중요 의사결정 5단계(1. 정보와 지식 수집, 2. 위협과 위기 평가, 3. 권한과 정책고려, 4. 선택과 우발사건대비, 5. 행동과 검토)를 상황별로 지속해서 훈련하고 숙지함으로써, 실제 사건현장에서의 경찰관과 대상자 간의 대치 중 최소한의 물리력을 선택하고 사용하여 최대한의 안전성을 확보하여 인권을 수호한다. 즉, 몰입형 가상현실(VR) 교육훈련 시뮬레이션 시스템을 통해 경찰관은 반복적인 모의 시연을 함으로써 다양한 사건현장에 대한 사전경

험과 더불어 신속한 합리적 평가, 합리적인 분석, 선택, 행동대처, 재평가를 함양하게 되어, 적절한 대응력을 갖춘 합리적인 경찰관을 배양하는 데 있다.

둘째, 기계적이고 지속적인 잦은 물리력 사용으로 인한 무의식적인 부적강화는 경찰관의 언어기능을 마비시키고 끝내 언어기능을 상실케 해 대상자와의 최소한의 대화조차도 시도하려고도 하지 않는 채 물리력 도구에만 의지하려는 경향이 높아질 수 있다. 따라서 경찰관의 상실된 언어기술 사용기능을 확대하고 경찰혐오(police hatred)의 악순환기능을 사전에 차단하기 위한 노력으로써 단계별 생태학적·생리적·정신적·정서적·행동적 위기대처기술과 경찰관안전훈련(Officer Safety Training)을 가상현실 교육훈련 시뮬레이션 시스템을 통해 강화할 필요가 있다.

셋째, 사건상황별 맞춤형 가상현실환경(VRE)에서 경찰관 개인 및 팀워크 능력(협업역량) 교육훈련 강화를 통한 합리적 경찰관 교육 배양을 가능케 할 수 있다.

넷째, 경찰관과 대상자 모두 상호 간의 '최소한의 자존감을 존중'하는 인권적·윤리적인 인간생명의 존엄성을 고취함으로써, 대한민국 국민에 대한 윤리강령(code of ethics)을 준수시킬 수 있다.

다섯째, 사건별 맞춤형 가상현실환경(VRE)에서의 훈련과 시연을 통해 경찰관의 과잉진압 및 대응을 사전 예방 교육으로 활용하고, 사건위기상황별 물리력 행사 몰입형 가상현실(VR) 교육훈련 시뮬레이션 시스템을 통해 경찰관이 다양한 사건위기상황별에 관련한 이미지 트레이닝(image training)과 의도적 연습(deliberate practice)(Rousmaniere, 2016)을 적극적으로 활용함으로써 향후 실제 사건현장에서도 잠재의식적인 재현과 함께 적응력을 강화할 수 있다.

여섯째, 중고위험 사건상황별 물리력 행사 몰입형 가상현실(VR) 교육훈련 시뮬레이션 시스템개발 목적은 경찰관이 충분한 교육과 훈련을 경험해서 실제 위기사건현장에서 경찰관과 대상자 간의 최소한의 물리력 사용과 더불어 최소한의 위해가능성을 도출하는 데 있다.

마지막으로, 모든 가상현실환경(VRE) 교육훈련 시나리오 유형을 3가지 심층적인 단계별로 설계하여 구현해야 한다. 즉, 1. 저위험 상황시나리오(Low Risk-Taking Situation Scenario): 물리적 행사수준별, 2. 중위험 상황시나리오(Middle Risk-Taking Situation Scenario): 물리적 행사수준별. 3. 고위험 상황시나리오(High Risk-Takins

Situation Scenario): 물리적 행사수준별 등을 중점으로 몰입형 가상현실(VR) 교육 훈련 프로그램을 구성 및 개발하여 양적·질적으로 정교화하고 심층화해야 한다.

본 연구개발설계를 통해 경찰청의 가상현실(VR) 교육훈련 시뮬레이션 시스템의 백년대계[百年大計] 꿈, 즉 장자(莊子)의 호접지몽(胡蝶之夢)이 경찰관 교육훈련 현장에도 실현되길 희망한다. 독일 경제학자 Klaus Schwab의 말을 인용하여 현시대 가상현실(VR), 증강현실(AR), 혼합현실(MR) 활용한 교육과 치료개입의 중요성을 시사하고 맺고자 한다. "신세계에서는 작은 물고기를 먹는 것이 큰 물고기가 아니라, 느린 물고기를 먹는 빠른 물고기이다."

9장.

범죄소년의
분노조절 VR-CBT

범죄소년의 분노조절
VR-CBT

▼
01 분노조절 가상현실 인지행동치료(VR-CBT)란?

아동·청소년 인구의 감소에도 불구하고 소년범죄는 꾸준히 증가하고 있으며 범죄 양상은 계속해서 저연령화, 흉포화, 집단화, 전문화되는 경향을 나타낸다. 청소년기의 지속적인 부적응으로 인한 스트레스요인, 자기애성, 비정서, 냉담 등 (이경숙, 이수정, 홍영근, 2013)의 성격특성들은 부정적 자아정체감을 형성하고 적대감, 분노, 공격성을 유발하며 재범에 영향을 미치고 있다. 또한, 높은 재범률은 소년범죄의 특징으로서 기존의 소년원, 교도소, 보호관찰소 내에서는 다양한 치우 집단프로그램을 진행하고 있지만, 비행청소년의 재범률은 40%에 미치고 있으며(이수정, 2007), 단기간에 재범하여 소년원에 재수용 되는 비율 또한 52.9% (이경숙 등, 2013)라는 보고도 있다.

아동·청소년의 범죄가 성장하고 있는 아동·청소년의 발달적 측면에서 그리고 사회질서와 안전을 고려하는 사회적 측면에서 모두 중요한 이슈이기에 임상심리, 상담심리, 발달심리, 범죄심리, 아동복지, 사회복지 및 중독심리치료의 다수 연구자는 아동·청소년의 범죄를 예측, 예방하고 재범을 억제하기 위한 다각적인 연구들을 진행하고 있다. 이러한 연구는 크게 소년범죄자의 성격 및 특성을 분석하고 평가하기 위한 평가 도구 개발과 비행청소년의 교화 및 성격적 교정을 위한 심리치료 프로그램개발 및 효과분석의 둘로 나뉠 수 있다. 하지만 국내에서 소년범죄자에게 가장 많이 사용되었던 몇 개의 평가 도구들은 주로 소년범죄자의 증상으로 나타난 행동적 특성 또는 여기에 정서적 특성을 더하여 측정 (예: 반사회적 성격평가척도(Antisocial Process Screening Device: APSD), 정신병질척도

(Psychopathy Checklist－Revised: PCL－R) 등)하고 있을 뿐이어서 소년범죄자가 되기까지의 원인적, 과정적 요인들을 구분하지 못함으로써 소년범죄의 초범과 재범의 예방적 기능을 다 하지 못한다. 아울러 치료 차원에서도 분노를 공격행동과 비행행동의 주요 유발요인으로 보는 견해에서는 연구자들의 일치가 나타나고 (Lazarus, 1991; Feindler, 1989, Novaco, 1975) 있으나 분노를 다루기 위해서 가장 효과적인 것으로 보이는 기존의 인지행동치료, 이완훈련, 마음·챙김·명상(MBSR), 사회기술훈련, 의사소통기술, 용서치료,(Moon & Eisler, 1983; Hazaleus & Deffenbacher, 1986; 류창현, 2009; 2014; 2015) 등은 비행청소년 및 소년범죄자들의 상담자와의 치료적 관계 형성이 힘든 성격적 특성과 현실검증에 필요한 인지능력의 저하를 충분히 고려하지 못하고 있어서 괄목할 만한 치료 효과는 나타내지 못했다고 볼 수 있다.

비행청소년이 비행에 취약한 심리적 요인들과 환경적 요인들의 변화가 없는 상태로 석방되어 비행을 반복하는 악순환을 차단하기 위해서는 수감기관에서 이들의 심리적 역량을 강화하는 프로그램이 필요하다. 특히 사회적 적대감과 내면에 팽배하게 자리 잡은 분노감에 대한 적절한 통제력을 학습하지 못할 경우, 자기분노조절의 실패로 인한 우발범죄와 재범은 지속된다(김효정, 2012; 이백철, 2015; 류창현, 2009). 수감기관 내에서 청소년의 재범예방을 위한 분노조절 프로그램으로서, 통제된 수감생활이 아닌 일반 현실 세계를 가상적으로 제공하고 그 안에서의 분노조절과 사회기술능력을 키우는 것은 21세기 변화에 맞는 혁신적·창의적·효율적 치료프로그램이라 할 수 있다. 기존의 비행청소년 분노조절 집단프로그램은 이에 대한 저항, 집단원들 간의 폭력 및 재비행결성 위험성, 집단상담자에 대한 공격성, 전이 및 역 전이로 인한 피곤과 소진, 주의 및 집중력 곤란, 낮은 자기노출, 치료적 동맹결여, 낮은 인지지능 등이 야기된다는 문제가 있다. 이를 보완하기 위해, 분노조절 가상현실 인지행동치료(Anger Management Virtual Reality Cognitive Behavior Therapy: AM－VR－CBT) 프로그램(Ryu et al., 2016; Ryu, 2020; 2022)은 가상현실(VR) 특수 영상촬영기술(3D stereoscopic videos, 데스크탑 VR(Desk－Top VR), 몰입형 헤드마운티드디스프레이(VR－HMD), 렌티큘러(lenticular)기술)과 육감(시각, 청각, 후각, 미각, 촉각, 즐각)을 활용한 현실감, 몰입감(주의 및 집중력), 자기노출, 자기객관화, 유연한 상호작용(심리적 정화, 공감적 이해, 사회적 조망, 사회기술훈련), 협동심, 잠재력 부각을 극대화함과 더불어 분노조절장애나 충동조절장애 청소년들의 증상에 따른 맞춤형 치료가 가능하고 치료 단계별로 차별화시켜 적용할 수 있다. 우리나라에서는 수형시설 내의 수형자들뿐만 아니라 출소 이후의 자유인이 된 상태에서의 사회적응력 및 분노조절의 수준을 평가 진단할 수 있는 분노조절 가상현실 인지행동치료(AM-VR-CBT) 프로그램을 개발하려는 시도조차 이뤄지지 못하고 있는 상황에서 본 연구가 갖는 의미는 매우 크다. 그러나 이러한 연구들은 개인의 연구로 이뤄지기에는 연구비의 측면이나 법무부 등 국가기관 간의 긴밀한 협조 등 여러 가지 어려움이 있기에, 국가의 지원을 받는 연구프로젝트를 통해 분노조절장애나 충동조절장애가 있는 비행청소년들을 위한 실제적·효과적·효율적 처우개입과 더불어 재범예방과 억제에 기여할 수 있도록 하는 것이 중요할 것이다.

▼
02 가상현실치료(VRT)의 소개

가상현실치료(Virtual Reality Therapy, VRT)라는 용어는 1992년 미국 클라크 애틀랜타 교수인 Max North가 자신의 박사학위논문에서 처음으로 사용하였다. 가상현실치료(VRT)는 또한 가상현실몰입치료(Virtual Reality Immersion Therapy, VRIT), 가상현실 노출치료(Virtual Reality Exposure Therapy, VRET), 컴퓨터인지행동치료(Computerized Cognitive Behavior Therapy, CCBT) 등으로도 알려졌으며(Wikipedia, 2015), 초기에는 가상현실치료(VRT)는 고소공포증, 비행공포증, 거미공포증(arachnophobia), 사회공포증(social phobia), 외상 후 스트레스 장애(PTSD) 등과 같은 공포증, 불안장애, 스트레스에 초점을 두고 치료하는 검증된 효과적인 심리치료의 한 방법으로 사용되었으며(Bohil et al., 2011), 최근에는 코카인, 알코올, 흡연, 도박, 비만, 주의력결핍과잉행동장애(ADHD), 자폐증(Autism), 화상드레싱(burn dressing), 분노조절, 사회기술훈련 등과 같이 중독치료 및 예방과 더불어 다양한 정신장애들에 개입하여 사용되고 있다(Brinkman, 2011; Rizzoet al., Bohil et al, 2011; Jansariet al., 2013; Lee et al, 2009; Son et al, 2015; Gorrindo & Groves, 2009).

가상현실치료(VRT)는 환자에게 어려움을 주는 심리적 상태를 진단하거나 치료하는 데 사용될 수 있는 하나의 시뮬레이션경험(simulated experience)을 제공하기 위해 특별히 프로그램된 컴퓨터(programmed computers), 시각몰입장치(visual immersion devices), 인위적으로 조성한 환경을 사용한다. 가상현실치료(VRT)는 고안된 가상환경(Virtual Environment, VE)에 집중하고 전념할 수 있는 몰입(Immersion), 대인관계의 갈등과 문제를 보다 객관적·중립적 관점에서 조명하고, 이해하고, 해결하고, 대처할 수 있는 인간컴퓨터인터페이스(human-computer interface)로써의 상호작용(Interaction), 직면하기 어려운 외상, 상처, 상실, 좌절, 스트레스, 우울, 불안, 분노, 갈등 등을 긍정적 심상화(imagery)와 마음챙김명상(mindfulness based stress reduction)을 통해 점진적으로 심리적 적응훈련 할 수 있도록 조력하는 상상(Imagination) 등과 같이 '3가지 I 이론(3 I theory)'으로 정의되고 있으며(Burdea & Coiffet, 1994), 시각, 청각, 후각, 미각, 촉각 자극들과 같은 다중모형자극(multimodal stimulation)을 사용한다(North et al., 1996; Son et al, 2015). 다양한 환경공포증으로 고도, 대중 연설, 비행, 밀착공간 등과 같은 지각된 위험에 대한 반응과 흔히 시각과 청각자극에 의해 유발하는 자극을 다룬다. 최근 3D 애니메이션 기술과 홀로그래픽기술(holographic techniques)은 가상환경에서의 몰입기능을 더 강화시키고 있다(Lee et al., 2005: 2009: 2014).

가상현실치료(VRT)는 전통적인 인지행동치료(CBT)와는 달리 가상환경을 조정할 수 있다. 예를 들면, 통제된 강렬한 냄새나 진동을 추가할 수 있고, 각 환자의 반응을 위한 자극과 자극수준을 결정할 수 있다. 가상현실치료체계는 환경을 수정하거나 없이도 가상장면을 재생할 수 있으며, 이러한 환경에 환자를 익숙게 할 수 있다. 가상현실 노출치료(VRET)를 적용하는 가상현실치료자(VR Therapist)는 실제노출치료(in-vivo exposure therapy: IVET)를 적용하는 치료자처럼 노출 강도를 고려한 두 가지 방법들 중 하나를 취할 수 있다. 첫 번째 방법은 홍수기법이다. 홍수기법은 고도의 불안을 일으키는 자극을 제공하는 가장 강렬한 방법이다. 전투에서 외상 후 스트레스장애(PTSD)를 앓게 된 군인들을 단지 전쟁의 소리로만 덜 스트레스자극을 받도록 조성된 가상환경으로 자신들의 동료부대가 총을 맞고 부상을 당하는 가상현실장면에 처음부터 노출시키는 방법이다. 반면에, 더욱 이완된 방법을 취하는 점진적 노출기법은 가장 낮은 디스트레스자극이 처음에 소개된다. 가상현실 노출치료(VRET)의 장점은 실제노출치료(IVET)와 비교하여 자주 논의되며, 몇 가지 명백한 장점들이 있다(Rothbaum 등, 2010). 첫째, 가상현실 노출치료(VRET)는 다른 곳에서는 불가능한 치료자와 참여자 간의 공유적인 경험을 제공한다. 실제노출치료(IVET)에서 치료자는 전투 외상 후 스트레스장애(PTSD)환자와 함께 전쟁터에 갈 수는 없고 모든 외상 후 스트레스장애환자의 상상장면들을 공유하기란 불가능하지만, 가상현실 노출치료(VRET)에서 청각(총소리, 폭발 음, 탱크와 자동차 지나가는 소리, 바람소리, 사람의 음성, 헬리콥터 날아가는 소리), 정적시각(static visual, 난파차량), 동적시각(dynamic visual, 원경에서의 차량이동) 등으로 고안된 가상전쟁환경은 참여자에게 몰입감과 현실감을 더 높여줄 수 있다. 둘째, 가상현실은 실생활에서 어렵거나 비용이 많이 들거나 시간이 오래 걸리는 상황들에 노출할 기회를 제공함으로써 가능한 다양한 선택들을 할 수 있다. 예를 들면, 치료자는 환자에게 가상비행기(virtual airplane)를 사용함으로써 상담실을 떠나지 않고 일반적인 치료시간 내에 공항, 이륙, 잔잔하거나 사나운 날씨에 비행, 착륙 등 반복적으로 노출시킬 수 있다. 가상현실 노출치료(VRET)는 구조화된 가상환경에 의해서 장소와 거리에 대한 이동문제가 해결되어 각각의 환자에 적합한 가상현실치료 프로그램을 어디에서도 진행할 수 있다(Wikipedia, 2015). 셋째, 치료자는 가상현실(VR)에서 환자를 위한 완벽한 노출을 창출할 수 있는 상황을 조성할 수 있다. 예를 들면, 치료자는 환자가 치료목적으로 난류비행에 직면할 준비가 되지 않았다고 판단될 때 난류를 개입시키지 않을 수 있다. 넷째, 가상현실노출치료(VRET)는 시각, 청각, 후각, 미각, 촉각(햅틱스[1] 컴퓨터생성경험(haptic computer generated experiences)), 즐각 등을 사용함으로써 환자의 상상력을 증가시킨다. 즉, 가상현실(VR)은 두려운 기억을 회상하는 데 꺼리거나 정서적으로 접근하기 어려운 외상기억(traumatic memory)이나 상황을 상상하기 힘들어 하는 환자들을 특히 조력할 수 있는 다감각과 환기치료환경(evocative therapeutic environment)을 제공한다. 다섯째, 가상현실 노출치료(VRET)는 치료에 참여하기 싫어하는 디지털 세대에 특별한 매력을 줄 수 있다. Wilson 등 외(2008)에 따르면, 다섯 명의 군인들 중 한 명은 치료에 관심이 없고 가상현실 노출치료(VRET)을 고려하는 경향이 있다고 보고했다. 여섯째, 가상현실 노출치료(VRET)는 실제노출치료보다 윤리적 문제들

---

[1] "가상공간에서 촉각을 느낄 수 있게 하는 장치."(네이버지식백과)

이 적다는 점이다. 이는 부적절한 내담자와 치료자간의 관계를 개선시킬 수 있다.

반면에 가상현실 노출치료(VRET)는 프로그램을 진행하는 데 있어 몇 가지 제한점들이 제시된다(Rothbaumet al., 2010). 첫째, 초기 가상환경을 개발하는 데 큰 비용이 든다는 점이다. 필요한 기계설비는 가상현실장비가 없는 상담실에서 치료비보다 더 큰 비용이 든다. 둘째, 어떤 장비도 기계인지라 상담회기의 흐름을 방해할 수 있는 소프트웨어나 하드웨어 상에 고장이 발생할 수 있다. 치료자는 환자와 완전하게 가상현실장비와 프로그램을 사용하기 위해 추가교육이 요구된다. 셋째, 가상현실(VR)에 사용되는 감각자극들은 기존 소프트웨어로 사용하기에는 제한적이며 특정 개인을 위한 현저한 시각, 청각, 후각, 촉각처리를 생략할 수도 있다. 넷째, 비록 가상현실 노출치료(VRET)는 유망해 보이지만 외상 후 스트레스장애(PTSD) 환자들을 조력하기 위해 사용되는 가상현실시뮬레이션의 사용과 개발에 관련한 몇 가지 윤리적 문제들이 부각된다. 윤리적 문제들 중 하나는 가상현실 노출치료(VRET) 진행 후 뒤따를 수 있는 잠재적인 부작용과 후유증이다. 가상현실경험에 의한 부작용으로는 사이버병(cyber sickness),[2] 멀미, 지각운동장애, 플래시백(flashback), 낮은 각성상태(lowered arousal), 편두통, 전정기관이상(vestibular abnormality),[3] 발작장애 등이 나타난다(Rizzo, Schultheis, & Rothbaum, 2003; Wiederhold & Wiederhold, 2005). 다섯째, 고정된 가상현실 인지행동치료(VR–CBT) 프로그램 세트 구성으로 인해 다양한 분노유발상황의 교육 프로그램에 요구되는 유연한 통제력을 제한할 수 있다. 예를 들면, 만일 12회기 분노조절 가상현실 인지행동치료(AM–VR–CBT) 프로그램이 개발되면, 치료자는 이미 제작된 가상현실 프로그램에 자신이 원하는 또 다른 부가적인 내용과 심리기제를 개입하여 사용할 수 없다.

---

2 "컴퓨터를 장시간 사용함으로 인해 생기는 메스꺼움"(네이버지식백과)
3 "평형감각을 담당하는 전정계"(네이버지식백과)

03 가상현실치료(VRT)와 인터넷(Internet)의 연계성

　최근 컴퓨터과학기술의 발전과 원격의료에 있어서 가상현실(VR)은 인터넷과 결합하여 기존의 치료들을 증가시키고 임상에서 사용가능한 치료선택들을 확장할 수 있다(Rothbaum et al., 2010). 첫째, 가상현실(VR)을 사용하는 환자들은 치료자의 방문시간에 두려움이나 회피자극(비행기 이륙과 착륙, 외상기억 등)에 더 신속히 습관화되도록 노출과제를 실행할 수 있다. 둘째, 가상현실(VR)은 원격치료로 적용시킬 수 있다. 치료자들이 가상환경(VE)에 참여하지 않기 때문에 그들은 같은 공간이나 지리적 장소에 함께 있을 필요가 없다. 원격의료와 가상현실(VR)의 결합은 치료자가 지역 인지행동치료자에게 접근할 수 없는 환자들이나 비행일정이 잡혀 있지만, 비행공포증을 개선하고 있는 해군조종사를 치료할 수 있다. 셋째, 기술혁신과 더불어 가상현실(VR)은 사이버치료(cybertherapy)의 발전을 위한 새로운 기회들을 제공한다. 사이버치료의 기존형태는 아바타(avatar), 집단치료, 인터넷을 통한 상호작용을 포함한다. 실제 상황에서 일어나는 자극들을 직면할 준비가 되지 않은 사람들에게 가상노출치료(VRET)를 소개하는 "제2의 인생(Second Life)" 사이트4에서는 가상현실(VR)에 대한 다양한 정보를 전세계적으로 공유할 수 있다. 가상세계에서 내담자는 자신이 현실에서 회피하는 역할들과 행동 들에 참여하는 아바타를 조작할 수 있다. 따라서 외상 후 스트레스장애(PTSD)의 치료를 위한 가상세계의 잠재적인 사용은 내담자로 하여금 점진적·단계적으로 외상유발자(reminders of the trauma)5에게 자신의 아바타를 노출하도록 하는 것이다. 이는 내담자가 마음의 준비가 되고 의지력이 있을 때 실제 상황에서의 우발적인 직면을 촉진할 수 있을 정도의 수준에 이르기까지 공포자극을 점진적으로 조성할 수 있다. 아울러 이는 실제 상황에서의 노출을 위한 준비과정으로 불안조절기술을 시연하는 기회를 내담자에게 제공한다. 마지막으로, 가상현실(VR)의 치료보급을 표준화하는 데 있어 가능성이 매우 크다. 가상현실(VR)을 자동화와 맞춤

---

4 www.secondlife.com200
5 외상유발자들(reminders of the trauma): 외상을 생각나게 하는 사람들

형방식으로 건강관리 및 훈련비용을 줄여 공급할 수 있는 스마트시스템을 고안할 수 있다. 스마트시스템은 또한 표준화와 증거기반치료의 전달과 보급을 조력할 수 있다(Cosic, Popovicet al., 2009).

인터넷을 통해 가상현실노출(VRE)을 진행하는 데에 있어 잠재적인 단점들이 존재한다. 어떤 환자들은 원격진료를 받는 것보다 치료자와 같은 상담실에서 라이브접촉(live contact)을 더 선호한다. 아울러 인터넷상에 가상현실노출(VRE)을 보급하는 데 기술적 과제들도 있다(Rothbaumet al., 2010). 첫째, 치료자와 환자는 치료를 촉진하는 데 필요한 장비를 갖고 있어야만 한다. 치료자와 환자는 실시간 웹 카메라(web camera)와 T1라인을 통해 의사소통(서로 보고 듣고)할 수 있는 인터넷 연결이 필요하다. 둘째, 가상기술에 훈련된 누군가가 치료회기 동안 함께 참여하여 장비사용을 감독하고 발생할 수 있는 기술적 결함을 해결할 수 있어야 한다. 훈련된 치료자는 헤드 마운티드 디스플레이(Head Mounted Display, HMD)가 정확하게 장착되었는지, 향기장치(scent machine)가 켜졌는지, 향기용기(scent canister)가 채워졌는지, 소프트웨어장치에서 일어날 수 있는 문제들을 확인해야 한다. 이러한 이유로 인터넷을 통한 가상현실노출(VRE)의 성공적 수행을 위해 치료자는 적절한 교육과 훈련이 요구된다.

미국 남부 캘리포니아대학교 노인학과 교수인 Albert Skip Rizzo(2015)는 "창조기술연구소(Institute for Creative Technologies: ICT)"[6]에서 의료가상현실(Medical Virtual Reality: MedVR)을 임상목적으로 구성하여 가상현실 시뮬레이션기술의 사용증진과 개발연구에 헌신하고 있다. 심리학, 의학, 신경과학, 물리 치료, 작업치료, 컴퓨터와 사회과학, 영화와 게임산업예술 등과 같이 다양한 분야들을 포함하고 있는 정보통신기술 의료가상현실(ICT[7] MedVR)그룹은 가상현실(VR)이 기존의 평가와 개입방법에 가치를 추가할 수 있는 교육(teach), 훈련(train), 치유(heal), 도움(help) 등의 영역들을 탐색하고 평가한다. 가상현실(VR)을 사용하여 정신건강 치료, 운동과 인지기술재활(motor & cognitive skills rehabilitation), 평가(assessment), 임상기술훈련(clinical skills training), 군사훈련(military training), 과학교육(science education) 등

---

6 University of Southern California Institute for Creative Technologies

7 Information & Communication Technology

의 전문적 분야들을 연구한다. 의료가상현실(Medical Virtual Reality, MedVR)그룹이 현재 진행 중인 10가지 연구프로젝트들, 즉 브레이브마인(bravemind), 심리신호의 탐지와 컴퓨터분석(Detection & Computational Analysis of Psychological Signals), 엠퓨티8를 위한 새로운 상호 작용(Novel Interactions for Amputees), 전문적인 삶의 질(Professional Quality of Life), 재활공학연구센터(Rehabilitation Engineering Research Center), 심코치(SimCoach), 텔레프레전스재활(Telepresence Rehabilitation), 가상환자(Virtual Patient), 가상환경에서의 스트레스 탄력성(Stress Resilience in Virtual Environments), 가상현실인지수행평가검사(Virtual Reality Cognitive Performance Assessment Test) 등을 중심으로 연구 및 개발하고 있다.

(1) 브레이브마인드(bravemind)

브레이브마인드(bravemind)는 외상 후 스트레스장애(PTSD)를 평가하고 치료하기 위한 노출치료도구(exposure therapy tool)에 기반을 둔 임상적인 상호작용 가상현실치료(VRT)이다.

(2) 심리신호의 탐지와 컴퓨터분석(Detection & Computational Analysis of Psychological Signals, DCAPS)

심리신호의 탐지와 컴퓨터분석(DCAPS) 프로젝트는 얼굴표정(facial expression), 몸짓(body gestures), 언어표현력(speech)을 분석하여 우울증을 감지할 수 있는 혁신적인 도구를 개발하는 데 목표를 둔다. 아울러 이는 전투원(warfighters)의 심리상태를 평가하여 심리건강자각(psychological health awareness)을 향상시키고 적시에 도움을 받을 수 있도록 조력한다.

(3) 엠퓨티를 위한 새로운 상호작용(Novel Interactions for Amputees)

엠퓨티(Amputees)를 위한 새로운 상호작용 연구는 교통사고, 폭발장치사고, 지

---

8 신체 일부를 잃은 사람

뢰 사고, 수류탄사고, 총기사고, 화재사고, 건설사고 등으로 신체가 절단되어 가지게 되는 오명(stigmas)을 줄이도록 교육하는 새로운 상호작용 도구를 만들기 위한 ICT 가상인간기술(virtual human technologies)을 통합한다.

(4) 전문적인 삶의 질(Professional Quality of Life, ProQoL)

전문적인 삶의 질(ProQoL) 프로젝트는 심코치(SimCoach)라는 가상인간에이전트(virtual human agent)를 사용하여 심리의료정보(psychological healthcare information)의 사용을 촉진하고 군인, 퇴역군인, 가족구성원들의 건강지원을 위해 온라인가이드를 제공한다. 심코치 전문적인 삶의 질(SimCoach ProQoL) 프로젝트의 목표는 심리건강(pschological heath), 외상성뇌손상(traumatic brain injury), 중독(addiction), 스트레스요인(stressors), 소진(burnout), 연민피로(compassion fatigue) 등과 관련한 자신의 건강관리방법에 대한 구체적인 정보와 조언을 통해 새로운 출발을 하도록 동기를 부여한다.

(5) 재활공학연구센터(Rehabilitation Engineering Research Center, RERC)

재활공학연구센터(RERC) 프로젝트는 운동과 재활을 위해 특별히 설계된 마이크로 소프트 키넥트(Microsoft Kinect), 닌텐도 위 핏트(Nintendo Wii Fit), 웹카메라(Web Cameras), 쥬얼마인(Jewel Mine)을 사용하여 프로토타입 애플리케이션(prototype application)을 개발하는 데 초점을 두고 있다. 또한, 이 프로젝트는 진료소와 집에서 낙상위험이 있는 노인, 척수손상환자, 뇌졸중환자를 대상으로 다양한 장애들을 평가하기 위해 포커스집단(focus groups)이나 사용자검사(user-testing)를 사용한다.

(6) 심코치(SimCoaches)

심코치(SimCoaches) 프로젝트는 군인, 재향군인, 가족구성원들이 정신건강지원(mental health support)을 받는 데 장애가 되는 요소들을 사전에 제거하고 그들이 이용할 수 있는 다양한 의료서비스들을 보다 효율적으로 제공받을 수 있도록 관련 정보를 전달하는 웹 기반 가상인간(web-based virtual humans)을 제작한다.

(7) 가상환경에서의 스트레스 탄력성(Stress Resilience in Virtual Environments, STRIVE)

가상환경(VE)에서의 스트레스 탄력성(STRIVE) 프로젝트는 가상현실환경에서 표현되는 현실적인 전투/전쟁에 대한 극장 경험으로 구성된다. 가상환경에서의 스트레스 탄력성(STRIVE) 삽화는 신체적·사회적·정서적인 스트레스를 유발하도록 고안되었으며, 외상 후 스트레스장애(PTSD)가 있는 재향군인들에 의해 흔히 보고되는 자신들의 외상 후 스트레스장애(PTSD) 중심 사건들로 상황들이 구현된다. 가상멘토(virtual mentor)는 높은 해상도 애니메이션의 도움을 받아 어떻게 뇌와 신체가 스트레스에 반응하는지 설명한다. 가상멘토(virtual mentor)는 스트레스의 생리에 관련한 설명과 더불어 인지행동치료(CBT)를 활용함으로써 신체적·사회적·정서적인 연습들을 제시한다. 이를 통해 스트레스로 인한 지속적인 신체적·정신적 기능의 악화를 방지하게 된다.

(8) 텔레프레전스재활(Telepresence Rehabilitation)

텔레프레전스재활 프로젝트는 다발성손상(polytrauma)과 외상성뇌손상(TBI, 경도, 중등도, 고도 및 관통(penetrating))의 서비스회원들, 재향군인들, 가족들의 재활을 위한 구체적 맞춤형 소프트웨어 개발과 마이크로소프트 키넥트(Microsoft Kinect9)를 위한 사전작업이다.

(9) 가상환자(Virtual Patient)

가상환자(Virtual Patient) 프로젝트는 라포(rapport), 면담(interviewing), 진단(diagnosis) 등과 같은 대인관계 영역에서 임상가들(clinicians)을 훈련하기 위해 실재감 있는 생생한 캐릭터 아바타를 만들 수 있는 가상인간기술(virtual human technology)을 사용한다. 즉, 치료면담기술(therapeutic interview skills), 진단평가(diagnostic assessment), 치료교육(therapy training)을 하는 임상심리사회애플리케이션에 대한 가능성을 열어주는 현실적이고 일관성 있는 상호작용과 의사소통기술을 갖춘 지능형가상환

---

9 Kinect works as a motion sensor

자(intellectual virtual patients)를 설계한다.

(10) 가상현실 인지수행평가검사(Virtual Reality Cognitive Performance Assessment Test, VRCPAT)

정보통신기술(ICT)은 신경인지(neurocognitive) 및 정서기능(affective functioning)의 재활과 평가를 위한 적응형가상환경(adaptive virtual environment)을 개발했다. 가상 현실 인지수행평가검사(VRCPAT) 프로젝트는 예술행위적인 상호적·적응적 가상 시나리오 안에서 최첨단 신경심리 및 생리평가를 통합하는 데 초점을 둔다.

▼
04 긍정변화(Positive Change)를 위한 가상(Virtual)과 실제(Real)의 연결

우리의 삶을 개선하기 위해 어떻게 지속해서 변화할 수 있을까? 이 질문에 대한 쉬운 해답은 없다. 하지만 심리학과 신경과학의 진보로 개인변화(personal change) 에 대한 더 나은 견해를 가지게 되었다. 개인변화는 인생 전환기에 외상사건으로 인한 불연속적이고 비선형적 방식으로 일어나는 하나의 과정이다. 이 변화과 정에서의 주요 역할은 "긍정기술(Positive Technology)"에 의해서 수행될 수 있다 는 것이다. 긍정기술(Positive Technology)은 개인, 조직, 사회의 강점(strengths), 회 복력(resilience), 건강(wellness)을 향상할 목적으로 경험의 질을 조절할 수 있는 기술(technology)이다(Wiederhold et al., 2014). 최근 Riva(2014)는 개인변화에 대한 중요한 특성들을 다음과 같이 제시하고 있다.

- 개인변화의 핵심은 목표와 현실 간의 거리를 줄이는 데 있다.
- 이는 갈등을 유발하는 특정한 경험에 대한 강렬한 초점(focus)과 갈 등경험의 재구성(reorganization)을 통해서 이루어진다.
- 경험의 초점과 재구성은 직관적이고 합리적인 수준에서 모두 발생할 수 있다.
- 이는 다른 여러 단계들에 근거한 복합적인 과정이 요구된다.

특히, Wiederhold와 Riva(2014)는 변화의 두 가지 영향력 있는 초진단이론들(transdiagnostic models)인 지각통제이론(perceptual control theory)(Higginson et al., 2011; Vancouver & Putka, 2000)과 행동변화의 초이론모델(transtheoretical model of behavior change)(Prochaska et al., 1982: 1983: 1992)을 통합시켜 5가지 개인변화단계들(personal change levels)을 제기하고 있다(Kottler, 2014; Delle Fave et al., 2011; Riva et al., 2006).

- 위기(crisis), 외상(trauma), 발달과도기(development transition) 등에 의해 야기되는 변화에 대한 표현욕구의 단계
- 더 이상 무시하거나 부인할 수 없는 고통과 불안의 단계
- 무언가 다른 의미 있는 일을 해야 한다는 자각(awareness)이나 통찰(insight)의 단계
- 건설적 행동(constructive action)에서 깨닫거나 배운 것을 적용하는 점진적 과정의 단계
- 필연적인 재발에서의 회복단계

Riva(2014)에 따르면, 인간의 인지시스템(cognitive system)은 위 항목 1과 2에서 기술되고 있는 경험적인 갈등을 식별하고 맞서도록 자연스럽게 형성된다고 제언한다. 이는 개인활동의 통제에 목표를 두고 있는 실재감(presence)이라는 구체적인 인지과정을 통해서 달성된다. 즉, "만일 내가 행동 안에서 나의 의도를 가지고 조절할 수 있다면, 나는 실제나 가상공간에서 현존하는 것이다"(Riva & Mantovani, 2012: 2012; Riva et al., 2011). 실재감(presence)과 행동의 효과 간에는 관련성이 있다. 피험자가 한 활동에서 실재감을 더 경험할수록, 그 활동에서 개인의 참여도는 더 많아질 것이고, 그 활동을 잘 끝마칠 가능성은 더 커질 것이다. 이는 결국 행동 내에서 의도의 변화를 가져온다(Riva et al., 2011). 아울러 실재감(presence)은 자신(self)에게 활동상태의 피드백을 제공한다. 특히, 자신은 실재감(실패(breakdown)와 최적경험(optimal experience)) 안에서의 변화를 인식하고 이에 따라서 활동을 조절한다. 개인변화에서 실패의 역할은 확연히도 개인을 실패로 밀어 넣는 일이다. 개인은 다른 목표 간에 하나의 갈등을 인지(자각)함으로써 그 갈등을 해결할 수

있도록 한다(Riva et al., 2004).

최적경험(optimal experiences)은 "몰입경험(flow experiences)"으로도 정의된다(Villani et al., 2012; Csikszentmihalyi, 1990: 1997). 최적경험은 개인이 장기적인 목적들을 다르게 고려하도록 하고 그것들을 바꾸기 위해 실험을 시도한다. 달리 말하면, 최적경험이 개인에게 의미가 있을 때, 사고와 행동의 폭을 넓혀주며, 생산성과 행동의 융통성을 촉진시켜준다. 하지만 최적경험의 결과가 자동적으로 긍정적인 것은 아니다. 최적경험은 오직 개인이 높은 실재감수준을 경험하는 것과 관련된 의미가 있을 때만이 개인변화를 향상시키고 유지할 수 있다(Delle Fave et al., 2011). 이러한 맥락에서, 몰입변화는 의미 있는 최적경험을 이용하고 뜻밖에 나타나는 새로운 심리자원과 참여를 이끌어낼 수 있는 개인능력으로 정의될 수 있다(Riva et al., 2006; Gaggioli et al., 2009). 최적경험을 반복하기 위해서, 개인은 관련된 활동에서 더 어려운 도전들을 추구하며 이에 따른 새로운 해결책(solutions)과 기술(skills)을 향상시킨다(Massimini & Delle Fave, 2000).

Wiederhold와 Riva(2014)는 "긍정기술(Positive Technology)"을 개인변화의 분야에서 적절한 연구목적을 구조화하는 한 방법으로 구조화(structuring), 증강(aug-mentation), 대체(replacement)를 통해 개인경험의 질을 향상시키는 기술의 사용에 대한 과학적·적용적인 접근으로 정의한다. "긍정기술(Positive Technology)"의 핵심적인 심리적 배경은 "긍정심리학(Positive Psychology)"이며, 인간의 강점(strengths)과 미덕(virtues)을 이해하고 향상시켜 개인, 조직, 사회를 번영시키는 데 있다(Seligman & Csikszentmihalyi, 2000).

특히, 긍정심리학은 정서웰빙(emotional wellbeing), 사회웰빙(social wellbeing), 심리웰빙(psychological wellbeing)의 결합을 최적기능으로 간주한다. "긍정기술(Positive Technology)"은 긍정적이고 즐거움을 유발하는 쾌락수준(hedonic level), 성취적·직면적·자기실현적인 경험들을 지지하는 행복수준(eudaimonic level), 사회통합과 유대감을 향상시키고 지지하는 사회대인관계수준(social & interpersonal level) 등의 3가지로 분류된다. 쾌락수준에서는 정동10조절(affect regulation), 행복수준에서는 몰입(flow)과 실재감(presence),11 사회대인관계수준에서는 사회존재(social presence),

---

10 "주관적 경험, 인지적·생리적 요소를 포함하는 복합적인 심리생리상태"(정신분석용어사전, 2002)

집단의도(collective intentions), 네트워크몰입(networked flow) 등 각각의 수준을 식별하는 데 있어 중요한 요인들로 간주된다.

개인경험의 특징들을 조절하는 데 필요한 3가지 기술들로 구조화(structuring), 증강(augmenting), 대체(replacing) 등을 사용한다. 다음 〈그림 9.1〉은 긍정심리도구(Positive Psychology Tools)를 도식화한 것이다.

그림 9.1 〉 긍정심리도구(Positive Psychology Tools)

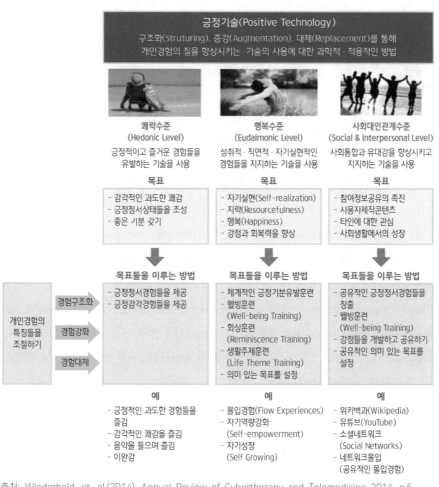

출처: Wiederhold, et. al.(2014). Annual Review of Cybertherapy and Telemedicine 2014, p.6.

---

11 존재감 또는 현실감 등으로 해석 가능함.

첫째, 개인경험의 특징들을 구조화함으로써 목표(goal), 규칙(rules), 피드백시스템(feedback system)을 사용할 수 있다. 목표(goal)는 개인이 경험 안에서 참여를 지향하고 주의집중을 할 수 있도록 목적의식을 제공한다. 규칙(rules)은 목표를 달성하는 데 너무 뻔한 방법들을 제거하거나 제한함으로써 개인이 경험을 다른 방식으로 볼 수 있도록 제시한다. 피드백시스템(feedback system)은 개인이 얼마나 목표에 가까이 도달했는지를 알려주고 지속해서 시도할 수 있도록 동기를 부여한다(McGonigal, 2011). 둘째, 개인경험의 특징들을 강화함으로써 다중과 혼합경험을 할 수 있다. 기술(technology)은 콘텐츠와 상호작용에서는 하나 이상의 감각들을 통해서 제공되므로 다감각경험들을 허용한다. 아울러 실제 장면에 가상대상들을 덮어씌울 수 있는 기술도 가능하다(Rosenblum, 2000). 셋째, 개인 경험의 특징들을 하나의 합성(synthetic)으로 교체할 수 있다. 가상현실(VR)을 사용함으로써 마치 참여자가 그 장소에 있는 것처럼 자신의 행동에 반응하는 하나의 합성세계에서의 물리적 존재(physical presence)를 시뮬레이션할 수 있다. 아울러 기술(technology)에 의해 제공되는 대체 가능성은 가상팔(virtual arm)이나 가상몸(virtual body)에 대한 소유환상을 유도하는 것까지도 확장할 수 있다(Slater et al., 2000).

긍정심리도구(Positive Psychology Tools)를 기반하여 Graffigna 등(2013)은 긍정순환(positive cycle)을 제안했다. 이는 개인건강참여(개인건강조절을 위한 공동행동, 인지, 정서규정)를 향상하기 위해 긍정기술들(positive technologies)에 의해 고안된 기술참여(technology engagement, 기술에 의해서 제공되는 현실감, 실재감, 생동감과 몰입감의 상호작용에서의 충분한 몰입을 위한 주관적인 감각)를 사용한다. 즉, 기술참여(technology engagement)를 사용함으로써 환자참여(patient engagement)를 높이는 3가지 방법들을 제시하고 있다(Graffigna et al., 2013).

- 정확하고 매력적인 실시간 활동과 피드백을 통한 예방과 치료의 향상
- 질병예방과 치료과정에서 더욱 적극적인 참여를 위한 동기부여와 확신의 증가
- 환자의 필요와 조건에 따른 역동성을 조성하고 참여과정을 통해 발판을 만들어줌으로써 환자의 자율성을 육성

다음 〈그림 9.2〉는 긍정순환(Positive Cycle)을 도식화한 것이다.

그림 9.2 〉 긍정순환(Positive Cycle)

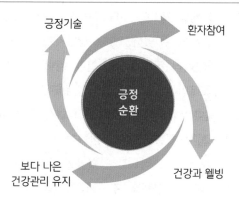

출처: Graffigna et al.(2013). Annual Review of Cybertherapy and Telemedicine 2013, p.16.

▼
05 국내 가상현실치료(VRT)의 연구현황

현재 소년원, 보호관찰소, 학교 등에서 실시되고 있는 분노조절 인지행동치료(CBT) 프로그램은 그 효과 측면에서 어느 정도의 신뢰도는 인정할 수 있지만, 모든 비행 및 위기 청소년에게 접목시킬 수는 없다. 특히 중등도 이상의 분노조절장애나 충동조절장애를 가진 대상자는 자신의 분노인식결여, 공감적 이해결여, 사회적 조망결여, 동기부여결여, 의사소통결여, 자기통제결여 등으로 인한 치료적 동맹을 맺기가 힘들어서 실제 치료 효과를 기대하기란 현실적으로 매우 어렵다. 이를 보완하기 위한 한 방법으로 청소년 분노조절 가상현실 인지행동치료(AM-VR-CBT) 프로그램 개발 및 개입이 절실히 요망된다.

VR 활용한 프로그램의 몇 가지 장점들을 요약하면 다음과 같다. 첫째, 몰입형 VR-HMD, 데스크탑 VR(Desk-Top VR), 홀로그래픽 VR(Holographic VR) 등을 활용한 가상환경에서 가상현실치료 프로그램을 진행하기 때문에 치료자와 내담자 간의 공감적 이해나 치료적 동맹 관계를 위해 쏟는 에너지 소모량이 적다. 즉, 주어진 가상현실(VR)이나 가상환경(VE) 외에는 주변을 의식할 필요가 없기에, 즉 자신만의 독립적인 가상공간이 제공되기에 내담자는 더 높은 몰입과 자기노출(self-disclosure)과 뇌가소성(neural plasticity)의 효과를 초래함으로써 효과적·효율적인 분노조절 가상현실-인지행동치료(AM-VR-CBT) 프로그램에 참여할 수 있다. 둘째, 분노조절 가상현실 인지행동치료(AM-VR-CBT) 프로그램은 개인별 또는 집단별로 구성하여 진행할 수 있다. 셋째, 상담자가 분노내담자의 저항, 전이, 갈등, 격분, 언어적-비언어적 공격성으로 인한 에너지 소진을 적게 경험한다. 넷째, 분노내담자는 자율적인 자기가이드독립검사(self-guided independent testing)와 훈련을 진행할 수 있다. 다섯째, 향후 다양한 가상현실치료 프로그램을 개발하여 소년원, 소년교도소, 보호관찰소뿐만 아니라 가정, 학교, 군까지도 확대하여 폭력, 범죄예방 및 치료프로그램으로도 활용할 수 있다.

가상현실치료(VRT)는 다양한 신체적·정서적·정신적 질환에 적용해 개입할 수 있는 혁신 기술이다. 현재 국내에서 알코올 및 도박 치료를 위한 가상현실치료(VRT) 프로그램들은 강남을지대학병원, 은혜병원, 중앙대병원, 세브란스정신건강병원, 인제 대학교 서울백병원, 용산병원, 보라매병원, 공주치료감호소, 한림대학교 등에서 가상 현실치료센터를 개소하여 임상연구와 더불어 내담자들의 처우에 개입하고 있다. 국내의 가상현실치료(VRT)의 임상연구들을 살펴보면, 알코올중독환자, 도박중독환자, 인터넷게임중독환자를 대상으로 가상현실치료 프로그램(VRTP)의 개발 연구는 다소 진행되고 있지만(Lee, 2009: 2014; 이은정, 한덕현, 2014; 한덕현, 2013; Son et al., 2015), 청소년과 성인을 위한 분노조절 가상현실 인지행동치료(AM-VR-CBT) 관련 문헌들은 매우 부족한 실태이다. 국내에 다양한 가상현실치료(VRT) 프로그램들의 개발 및 적용에 관한 연구들로서 알코올중독, 인터넷게임중독, 파탄적 문제행동 등을 소개하고자 한다.

먼저, 다감각자극을 활용한 혐오자극 가상현실치료(VRT) 프로그램을 알코올중독환자에게 개입하여 적용하였다(Lee, 2009). Lee(2009)의 연구에 따르면, 알코올중독환자를 위한 가상현실치료(VRT)가 음주충동을 줄이고 전두엽의 알파파를 증가시킬 것으로 보고, 알코올중독환자 20명을 대상으로 가상현실치료(VRT) 집단 프로그램 10회를 진행하였으며, 또 다른 알코올중독환자 18명을 대상으로 인지행동치료(CBT) 집단 프로그램 10회를 진행하였다. 건강대조군 15명을 통제집단으로 구조화하여 음주충동 및 뇌파의 변화를 비교하기 위해 가상현실치료(VRT)

그림 9.3) 알코올중독환자의 가상현실치료 프로그램(VRTP)의 사전-사후 음주충동의 변화

출처: Lee et al.(2009). Pharmacology, Biochemistry and Behavior 92, p.396.

에 노출했다. 그 결과, 가상현실치료(VRT)를 받은 알코올중독환자의 경우 받지 않은 환자군에 비해 음주충동이 유의하게 감소하였다. 아울러 건강대조군과 비교했을 때 알코올중독환자는 가상현실치료(VRT)를 통한 음주충동의 변화폭이 크게 나타났다. 이러한 결과는 가상현실치료(VRT)가 알코올중독을 치료하는 보조도구로 유용할 뿐만 아니라 고위험 환자를 분별하는 데도 유용한 도구가 될 수 있음을 시사한다. 〈그림 9.3〉은 가상현실 치료(VRT) 프로그램을 받지 않은 알코올중독환자들보다 받은 환자들의 경우 치료 후 음주충동이 유의하게 감소함을 보여주고 있다.

알코올중독환자들은 가상현실치료(VRT) 프로그램을 진행한 후 전두엽(frontal lobe)에서 알파파(α)의 절대값(absolute power)이 사전보다 더 유의하게 증가했는데, 이는 충동조절과 관련 있는 전두엽에서의 음주충동의 감소로 인한 것으로 시사된다. 〈그림 9.4〉는 알코올중독환자들 대상 가상현실치료 프로그램(VRTP)의 사전-사후 알파파의 변화를 보여주고 있다.

한덕현 등(2013)은 "인터넷 게임중독자들의 치료를 위한 가상현실치료 프로그램"을 통해 뇌의 피질-선조체-변연계회로(cortico-striatal-limbic circuit)를 자극하여 뇌의 균형을 활성화시켰다. 기능적 자기공명영상장치(fMRI)를 활용한 선행연구에서 온라인게임은 정상인의 뇌에서 피질-선조체-변연계회로를 자극한다는 사실이 보고되고 있으며, 이러한 자극은 과도한 몰입게임이나 병적 충동게임

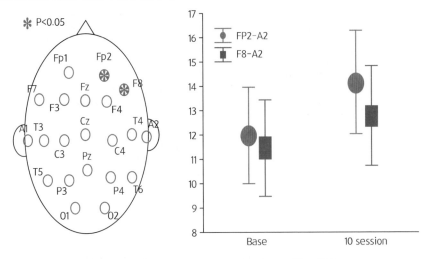

그림 9.4 》 알코올중독환자들의 가상현실치료 프로그램(VRTP)의 사전-사후 알파파의 변화

출처: Lee et al.(2009). Pharmacology, Biochemistry and Behavior 92, p.396.

환자에게도 유한하게 나타난다. 정상인의 뇌에서는 자극을 받은 피질 – 선조체 – 변연계회로가 균형 있게 발전하지만, 인터넷 게임중독자에게는 선조체 영역을 제외한 피질과 변연계 영역들에서 부피가 감소하는 것으로 나타난다. 인터넷 게임중독자에게 특정 가상현실환경(VRE)과 음성과 영상이 기록된 멀티미디어파일을 사용하여 왜곡의 수정을 통해서 과몰입 충동을 극복하도록 조력하는 프로그램 과정과 콘텐츠를 개발하여 그 효과성을 검증하였다. 가상현실치료 프로그램(VRTP)은 환자가 선호하는 특정 게임에 대한 동영상을 제시하여 게임충동을 극대화한 후 혐오음향(aversive sound)을 제시했다. 아울러 환자 자신의 음성을 직접 음성파일로 녹음을 한 후 가상환경(VE)에서 듣도록 함으로써 자기 생각을 객관적으로 평가 및 수정할 기회를 주었다. 가상현실치료 프로그램(VRTP)의 효과를 검증하기 위해 게임 과몰입 환자 24명과 정상인 12명의 기능적 자기공명영상장치(fMRI)를 사용하여 뇌 활성화를 비교하였고, 24명의 환자를 가상현실치료(VRT)를 받은 12명의 처치집단과 오프라인 인지행동치료(CBT)를 받은 대조집단으로 분류하여 치료 후 게임 중독증상 및 뇌의 활성화를 비교했다. 그 결과, 가상현실치료집단(VRTG)과 인지행동치료집단(CBTG) 모두 처치 후 게임 중독증상은 유의미하게 감소했지만, 두 집단 간의 유의미한 차이는 보이지 않았다. 기능적 자기 공명영상장치(fMRI)의 활성화 연결 분석 결과, 정상인에게서는 배측전두엽－선조체－섬엽－후두엽을 거치는 회로가 더욱 연결성이 좋은 결과를 보였으며, 가상현실치료집단(VRTG)에서는 좌측시상－전두엽－소뇌의 연결성이 증가했고, 인지행동치료집단(CBTG)에서는 양측 렌즈핵－소뇌의 연결성이 증가로 나타났다. 즉, 가상현실치료(VRT) 프로그램을 사용한 게임중독치료는 어느 정도 게임중독을 회복시키고, 오프라인에서 진행하는 인지행동치료(CBT)와 유사한 효과를 보이고, 게임중독환자들의 피질－선조체－변연계회로의 균형을 유지하도록 활성화시킨다(한덕현 등, 2013).

청소년의 파탄행동이 18세 이하 남성의 9%, 여성이 2%로 나타난다. 뇌영상 연구결과 파탄행동은 안와전두엽피질(orbitofrontal cortex: OFC), 대뇌전측대상회(anterior cingulate cortex: ACC), 편도체(amygdala) 등과 관련이 있으며, 특히 전두엽 내측을 구성하는 대뇌전측대상회(ACC)는 공격성을 보이는 군에서 활성도가 저하로 나타난다. 파탄적 문제행동과 관련된 뇌기전을 관찰하기 위해 이은정 등(2014)은 "청소년의 파탄적 문제행동에 대한 객관적 진단평가와 인지행동치료를 위한 가상현실치료(VRT) 기반의 시스템개발 및 적용에 관한 연구"에서 우울증을 동반한 청소년 파탄행동조절을 위해 기존의 인지행동치료(CBT)와 뇌－컴퓨터 상호작용 프로그램(Brain Computer Interaction Program: BCIP)에 기반을 둔 가상현실치료(VRT)를 구조화하여, 서울시 내 2개 중고등학교와 중앙대학교병원 정신건강의학과 외래를 방문한 파탄행동문제를 보이는 청소년 22명과 정상 대조군 20명을 대상으로 진행하였다. 다양한 스트레스 이미지를 제시한 후 측정되는 뇌파조합을 실시간 분석, 이를 스트레스 위계 순서설정에 활용하였고, 이후 스트레스 장면과 이완반응의 결합(coupling)을 통한 상호억제(reciprocal inhibition) 및 음향(sound)을 탑재한 뉴로피드백(neurofeedback)을 통해 분노 및 스트레스를 조절할 수 있도록 프로그램을 구조화하였다. 평가도구들로는 기능적 자기공명영상장치(fMRI), 파탄행동평가척도(Disruptive Behavioral Disorder Scale: DBDS), 청소년 우울증 척도(Children's Depression Inventory: CDI), 불안척도(Beck's Anxiety Inventory: BAI), 아동－청소년 행동평가척도(Children Behavior Checklist－K) 등을 사용하여 검증하였다. 연구결과 환자군의 좌측 전두엽(BA9), 우측 두정엽(BA7), 우측후방대상회로(BA31) 영역들에서 활성화가 감소하였고, 측두엽은 증가하였다. 좌측편도를 기준으로 한 연결성(functional connectivity)을 보았을 때, 파탄행동을 환자군과 대조군 모두 편도-전두엽-측두엽-두정엽으로의 연결성을 보였으며, 파탄행동을 보이는 환자군에서 전두엽으로의 연결성이 감소하였다. 뇌-컴퓨터 상호작용 프로그램(BCIP)을 토대로 한 가상현실 인지행동치료(CBT) 프로그램 처치 후, 파탄행동평가척도(DBDS) 점수는 통계적으로 유의하게 증가하였으며, 기능적 자기공명영상장치료(fMRI)를 통한 ALFF 분석에서도 전두엽과 두정엽에서 활성화가 증가하였고, 좌측편도를 기분으로 한 연결성 분석에서는 편도-전두엽-두정엽의 연결성이 증가하였다.

청소년의 파탄행동장애는 뇌 구조적·기능적인 원인에 의해 영향을 받으며 특히 대상회로(cingulate gyrus)를 중심으로 한 뇌 각 부위의 연결성이 중요한 역할을 한다. 뇌-컴퓨터 상호작용(BCI)에 기반한 가상현실 인지행동치료(CBT)는 임상적 효과를 보였고, 특히 동반된 우울증상의 호전에 기여하였다. 파탄행동과 우울증상의 호전은 뇌의 변화에서 대상회로와 측두엽의 연결성을 증가시키고 아울러 대상회로의 활성화를 증가시킴으로써 통제와 충동조절의 기능을 증가시킨다. 뇌-컴퓨터 상호작용(BCI)에 기반 청소년의 가상현실치료(VRT)의 확대와 보급은 내담자들이 자발적으로 치료 회기에 참여하도록 동기강화, 심리적 안정, 자기노출, 주의, 실재감, 현실감 및 몰입감을 향상하는 데 조력할 것이고, 사회적으로 정신질환 진단 및 처우에 대한 비용을 절감시키며, 파탄행동장애나 분노조절장애로 인한 범죄 및 재범의 억제 및 예방에 기여할 것이다(이은정 등, 2014).

▼
06 국외 가상현실치료(VRT)의 연구현황

분노는 적절히 조절되지 않을 때 사회적·심리적 영향을 미치는 강한 인간의 정서이다. 인간의 정서는 흔히 감정적 내용과 인지적 내용을 포함한다. 연구문헌에서 분노는 심혈관질환(cardiovascular disease), 가정폭력(do-mestic violence), 외상후 스트레스장애(PTSD) 등과 같은 악영향을 미치며(Chang et al., 2002; Maiuro et al., 1988; Jakupcak, 2007), 메타분석결과 이에 대한 인지행동치료(CBT)는 분노를 조절하고 치료하는 데 가장 효과적인 핵심 기제로 검증되고 있다(Becker & Fernandez, 1998). 인지행동치료(CBT)는 분노유발상황에서 심상이나 역할극에 노출하는 동안 이완훈련, 분노유발자극에 노출, 인지재구조화, 적응적 사고와 행동의 시연, 마음·챙김·명상(MBSR), 복식호흡 웃음치료 등을 포함한다(Miyahira, 2010; 류창현, 2009). 노출 시 분노자극들(anger stimuli)에 대한 반응은 성공적인 치료결과에 매우 중요한 역할을 하며 실제 상황에 적용할 수 있다. 또한 가상현실환경(VRE)은 경험되는 자극들에 대한 강한 반응들을 끌어낼 수 있다(Hoffiman et al., 2000; Lee et al., 2003; Lee et al., 2009). 이는 실재감 충동분노유발 가상상황(VE)에 참여자를 노출하여 분노를 치료하는 데 매우 유용한 역할을 한다. 가상현실기술은 참여자에게 가상환경(VE) 안에 몰입할 수 있도록 하며, 자신의 반응들을 구조적·체계적 방법으로 평가하며, 실재감 가상현실(VR) 단서들을 사용함으로써 자기조절기술을 향상시킬 수 있다. 최근 가상현실기술의 혁신은 360° 파노라마 비디오환경(panoramic video environment)을 생산하였는데, 이는 컴퓨터생성 이미지(computer-generated images)보다 실재감과 몰입감을 더 제공하고, 통제되지 않는 분노의 표출을 조절하기 위해 노출치료개입을 개선할 수 있을 것이다(Miyahira et al., 2010).

Miyahira 등(2010)의 "분노치료를 위한 몰입형 가상현실의 사용(Use of Immersive Virtual Reality for Treating Anger)" 연구에 따르면, 건강한 군인과 군전역자 중 피험자 60명(남성 33명, 여성 27명)에 대해, 가상현실(VR)의 분노반응의 가능성을 검증하기 위해 6가지 분노유발비디오삽화(anger provoking video vignettes)를 토대로 VR 360° 파노라마 비디오환경을 조성하여 몰입형 헤드마운트디스플레이(immersive HMD)와 평면 스크린모니터(flat-screen monitor, FSM)를 사용하여 피험자들의 분노반응의 유도 효과를 비교하였다. 이를 평가하기 위해 상태특성분노표현척도 2 (State-Trait Anger Expression Inventory 2, STAXI-2, 57-item inventory, Spielberger, 1999), 정서평가척도(Emotional Assessment Scale, EAS, 24-item scale, Carlson et al., 1990), 실재감시각아날로그척도(Presence Visual Analog Scale, P-VAS) 등을 검사 도구로 사용하였다. 연구결과, 몰입형 가상현실환경(VRE)(몰입형 HMD)에서 본 파노라마 분노유발 비디오삽화가 평면 스크린모니터(flat-screen monitor, FSM)상에서 본 것보다 실재감과 몰입감이 더 유의미하게 나타났다. 즉, 몰입형 헤드 마운트 디스플레이(HMD)를 통한 분노자극경험은 평면 스크린모니터(FSM)보다 분노자극에 대한 분노반응들을 더 이끌어낸다. 하지만 분노반응들을 유발하는 몰입형 가상환경(VR)의 효과는 가상환경(VR)에 있는 동안 피험자가 높은 실재감을 경험하든 그렇지 않든 간에 다양하게 나타난다. 높은 실재감을 경험하는 피험자는 낮은 실재감을 경험하는 피험자보다 분노유발자극에 대한 정서반응을 더 경험하는 경향이 있다. 다음 〈표 9.1〉은 디스플레이 유형별에 따른 사건 사후 t-test 분노점수 결과를 보여주고 있다.

표 9.1 〉 디스플레이 유형별에 따른 사건 사후 분노점수

Anger Reactivity Measure	Flat-Screen Monitor (N=30)	Head-Mounted Display (N=30)
STAXI-2: State Anger Subscale	-1.94	-2.89**
EAS: Anger Subscale	-1.90	-2.52*

* P<.05   ** p<.01
출처: Miyahira et al.(2010). Annual Review of Cybertherapy and Telemedicine 2010, p.67.

실재감수준(높고/낮은)에 의한 몰입형 헤드마운디스플레이(HMD)집단과 평면 스크린모니터(FSM)집단에 대한 평균 정서평가척도(EAS)의 비교는 분노 하위척도상 몰입형 헤드마운트디스플레이(HMD)(높은 실재감집단)와 평면 스크린모니터(FSM)(낮은 실재감집단) 간에 유의미한 차이를 보였다(p <.04). 다음 〈그림 9.5〉는 디스플레이 유형별 실재감수준에 대한 정서평가척도(EAS) 사전-사후 평균점수 결과를 제시하고 있다.

몰입형 헤드마운트디스플레이(HMD)(높은 실재감집단)와 평면 스크린모니터(FSM)(낮은 실재감집단) 간에 상태특성분노표현척도 2(STAXI-2) 사전-사후 분노언어 하위척도 평균점수 상에서 유의미한 차이가 나타났다(p <.03). 다음 〈그림 9.6〉은 디스플레이 유형별 실재감수준에 대한 상태특성분노표현척도 2(STAXI-2) 상 사전-사후 분노언어 평균점수를 제시하고 있다.

Miyahira 등(2010)의 연구결과를 토대로 현실감은 정서반응에 관련한 가상현실(VR)의 효과를 조절하는 것으로 나타났다. 이는 분노 조절개입에서 몰입형 가상환경(VE)의 사용과 정서단서반응을 초래하는 가상현실(VR)의 효과를 평가할 수 있음을 시사한다. 몰입형 가상 현실환경(VRE)은 분노유발자극에 대한 반응들

그림 9.5 ⟩ 디스플레이 유형별 실재감수준에 대한 정서평가척도(EAS) 사전-사후 평균점수 결과

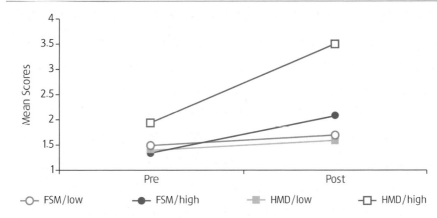

출처: Miyahira et al.(2010). Annual Review of Cybertherapy and Telemedicine 2010, p.67.

그림 9.6 ⟩ 디스플레이 유형별 실재감수준에 대한 상태특성분노표현척도 2(STAXI-2) 상 사전-사후
분노언어 평균점수

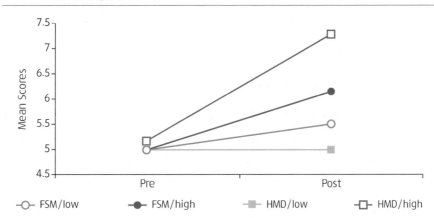

출처: Miyahira et al.(2010). Annual Review of Cybertherapy and Telemedicine 2010, p.67.

을 더욱 잘 조절할 수 있도록 학습하기 위해 실제생활경험을 시뮬레이션으로 진
행할 수 있는 유용한 도구이다. 또한, 몰입형 가상현실환경(VRE)은 새로 습득한
행동을 실제생활상황에 적용시킬 수 있다.

인지행동치료(CBT)는 분노치료에 자주 사용되고 있다. 이 치료의 가장 중요한
요소는 분노유발자극에 대한 노출이다. 가상현실(VR)은 가상인물들과의 공격적

인 대화, 큰 음악소리나 섬광으로 인한 분노스트레스요인들(anger stressors)을 포함한 사회현장에서 환자들을 노출함으로써 이러한 자극들을 가장 효과적으로 창출할 수 있는 기술이다. 프로토타입 시스템에 상황적 인지공학방법을 적용함으로써 치료자가 이러한 스트레스요인들을 통제할 수 있도록 개발되었다(Brinkman et al., 2011). Brinkman 등(2011)은 "분노치료에 대한 가상환경의 디자인과 평가"에 대한 연구에서 피험자들을 2명의 환자와 18명의 비환자로 대상을 구성하여 3가지 유형의 가상현실 사회장면, 즉 (1) 수동적 대화(passive dialogue), (2) 공격적 대화(aggressive passive dialogue), (3) 자극적 환경에서의 공격적 대화(aggressive dialogue with arousing, 예: 큰 음악소리, 섬광조성)에서의 공격적 대화 등을 구조화하여 진행하였다. 평가는 피험자의 피층전기반응(galvanic skin response)[12]과 아바타에 대한 언어응답유형으로 검증했다. 연구결과 2명의 환자가 18명의 비환자들보다 더 유의한 효과를 나타냈다. 사용자 인터페이스(user interface)[13]에 대한 치료자의 평가를 보면 대부분의 상호작용요소들이 비교적 사용하는 데 쉬웠다고 보고했다.

뉴저지(New Jersey)에 있는 가족안내센터(Center for Family Guidance, CFG)와 인월드치료(InWorld Therapy)의 가상현실 사회 기술집단(Virtual Reality Social Skills Group)은 아동과 청소년을 위한 종합적인 심리교육집단이다. 아동, 청소년, 성인, 가족, 지역사회에 질적인 행동건강서비스를 제공하기 위한 가족안내센터(CFG)의 집단프로그램은 가상현실 사회기술집단 프로그램으로서, 매회 1시간 15분씩, 8회기 과정으로 대화시작기술, 집단활동참여방법, 분노조절, 좋은 친구 되는 방법, 이기고 지는 기술(winning and losing) 등과 같은 내용으로 구조화하여 진행하고 있다(CFG, 2015).

Gaggioli 등(2014)은 심리적인 스트레스의 자기조절을 위한 무료 모바일플랫폼(mobile platform)을 토대로 긍정기술(positive technology)의 주요 기능과 예비평가에 관한 연구를 수행했다. 모바일 플랫폼은 스트레스를 줄이기 위해 이완음악

---

12 피부를 통해 측정되는 전기적 활동(반응)을 말하며, 정서적 각성상태를 나 타내는 지표로 활용된다. (실험심리학용어사전, 2008, 시그마프레스㈜)
13 "사용자가 컴퓨터와 대화하기 위한 기호나 명령 체계"(네이버 용어사전)

(relaxation music)과 비디오이야기자료(video-narrative resources)를 볼 기회를 사용자에게 제공하는 안내이완(guided relaxation), 3D 환경을 사용할 때 심박수의 변화를 시각화함으로써 사용자가 자신의 반응들을 조절할 수 있도록 조력하는 3D 바이오피드백(biofeedback), 심장박동과 스트레스자기보고(stress self-reports)를 기록함으로써 스트레스추적(stress-tracking)을 하는 3가지 주요 구성요소들로 기능한다. 긍정기술앱(positive technology app)은 적어도 이완훈련을 2분 이상 온라인 시험에 참여한 32명의 피험자들과 손목센서(wrist censor)에 어플리케이션을 연결하여 심박수를 모니터한 7명의 피험자를 대상으로 진행하였다. 총 182 이완회기들을 분석한 결과, 애플리케이션을 통한 이완훈련은 사용자들의 스트레스를 감소시키는 데 효과적이었으며, 이완회기 후 불안/각성(anxiety/arousal)의 자기보고에서도 유의미한 감소와 쾌락유의성(hedonic valence)의 증가를 보였다. 아울러 평균 심박수는 감소를 보였지만, 통계적인 유의미한 차이는 없었다.

07 분노조절 가상현실 인지행동치료(AM-VR-CBT)의 지향점

현재 소년교도소, 소년원, 보호관찰소, 아동보호시설, 학교 등에서 분노조절 인지행동치료 프로그램은 그 효과 측면에서 어느 정도의 신뢰도는 인정할 수 있지만, 모든 폭력성 비행 및 위기 청소년에게 접목할 수는 없다. 특히 중등도 이상의 분노조절장애나 충동조절장애를 가진 대상자는 자신의 분노인정결여, 공감적 이해결여, 사회적 조망결여, 동기부여결여, 의사소통결여, 자기통제결여 등으로 인한 치료적 동맹을 맺기가 힘들기 때문에 실제 치료 효과를 기대하기란 현실적으로 매우 제한적일 수밖에 없다. 이를 보완하기 위한 한 방법으로 청소년 분노조절 가상현실 인지행동치료(AM-VR-CBT) 프로그램 개발, 개입 및 검증이 절실히 요망된다. 이런 맥락에서, 본 연구 프로그램의 개발과 그 함의에 관해 다음과 같이 몇 가지 제언을 하고자 한다. 첫째, 몰입형 VR-HMD, 데스크탑VR (Desk-Top VR), 홀로그래픽 VR(Holographic VR) 등을 활용한 가상환경에서 가상현실치료 프로그램을 진행하기 때문에 치료자와 내담자 간의 공감적 이해나 치료적 동맹 관계를 위해 쏟는 에너지 소모량이 적다. 주어진 가상현실(VR)이나 가상환경(VE) 외에는 주변을 의식할 필요가 없기에, 즉 자신만의 독립적인 가상 공간이 제공되기에 내담자는 더 높은 주의력, 몰입과 더불어 자기노출(self-disclosure)과 뇌가소성(neural plasticity)의 효과를 초래함으로써 효과적·효율적인 분노조절 가상현실 인지행동치료(AM-VR-CBT) 프로그램에 참여할 수 있다. 둘째, 분노조절 가상현실 인지행동치료(AM-VR-CBT) 프로그램은 개인별 또는 집단별로 구성하여 진행할 수 있다. 셋째, 상담자가 분노내담자 간의 저항, 전이, 갈등, 격분, 언어적·비언어적 공격성으로 인한 에너지 소진을 적게 경험한다. 넷째, 분노내담자는 자율적인 자기가이드독립검사(self-guided independent testing)와 훈련을 진행할 수 있다. 다섯째, 향후 다양한 맞춤형 가상현실치료 프로그램을 개발하여 소년원, 소년교도소, 보호관찰소뿐만 아니라 가정, 학교, 군대까지도 확대하여 폭력 및 범죄예방 및 치료프로그램으로 활용할 수 있다. 여섯째, 뇌-컴퓨터 상호작용(BCI)에 기반한 청소년의 가상현실치료(VRT) 프로그램의 확대와 보급은 내담자들이 자발적으로 치료회 기에 참여하도록 동기강화, 심리적 안정, 자기노출, 주의, 현실감 및 몰입감을 향상시키는 데 조력할 것이고, 사회적으로 정신질환 진단 및 처우에 대한 비용을 절감시키며, 파탄행동장애나 분노조절장애로 인한 범죄와 재범의 억제 및 예방에 기여할 것이다(이은정 등, 2014).

범죄소년을 위한 분노조절 가상현실 인지행동치료(AM-VR-CBT) 3회기를 먼저 제작하고, 치료개입 및 연구검증을 마친 후에는 총 12회기 분노조절 가상현실 인지행동치료(AM-VR-CBT) 프로그램 시나리오 콘텐츠를 확대 제작하여 그 효과성을 검증할 필요가 있다. 이는 융합적·창의적인 디지털 치료제(digital therapeutics)의 임상연구로서 국내외적으로 그 의미가 크며, 향후 실제적인 아동·청소년을 위한 맞춤형 가상현실 인지행동치료(VR-CBT) 프로그램과 더불어 중독치료 및 재활프로그램 제작에도 상당히 긍정적인 영향을 미치리라 기대한다.

10장.

코로나-19와
가상현실치료(VRT)

코로나-19와
가상현실치료(VRT)

▼
01 코로나-19에 따른 심리적 부적응

행복(happiness)과 심리적 안녕(psychological well-being) 증진에 결정적인 역할을 할 수 있는 다양한 디지털기술(digital technologies)은 지난 10년간 끊임없이 발전하고 성장해왔다. 특히 "긍정변화(Positive Change)를 위한 구조화, 증강, 대체기술을 통해 개인을 재경험시킴으로써 삶의 질을 향상시키는 과학적·적용적인 방법"으로 정의할 수 있는 새로운 패러다임인 "긍정기술(Positive Technology)"이 출현했다. 긍정기술(Positive Technology)의 비전 토대는 인간의 강점(strengths)과 미덕(virtues)을 이해하고 향상해 개인, 집단, 사회가 번창하는 데 주된 목적으로 성장한 학문인 "긍정심리학(Positive Psychology)"에 두고 있다(Riva et al., 2014; Riva et al., 2016; Gaggioli et al., 2016; Ryu et al., 2016; Ryu, 2020; 류창현, 2017, 2018, 2020).

2021년 2월 11일 현재까지도 전 세계는 신종 코로나바이러스 감염으로 인한 호흡기질환의 발생으로 복잡한 위기에 직면했다. 현재까지의 코로나-19 세계현황을 살펴보면, 확진환자 **106,903,399명**, 사망자 **2,341,012명**, 발생국가영토 218국으로, 이는 점진적으로 증가할 추세로 예상되며, 제2차 세계 대전 이후 최악의 경제위기를 초래하고 있다(Nicola et al., 2020). 이러한 극적인 상황은 개인과 사회의 안녕에 중대한 영향을 미치고 있다. 코로나-19의 초기 발생 시 심리적 영향평가연구에 따르면, 표본의 54%가 유행병의 심리적 영향을 중등도나 중증도라고 평가했고, 17%는 중등도에서 중증도의 우울증상, 29%는 중등도에서 중증도의 불안증상, 8%는 중등도에서 중증도의 스트레스증상을 보고했다(Wang et al., 2020). 다음 〈표 10.1〉은 2019년 코로나-19의 초기 발생에 따른 심리적 영

표 10.1 〉 코로나-19의 초기 발생에 따른 심리적 영향평가
(A study of evaluating the psychological impact of the initial outbreak of COVID-19)

54%	심리적 영향(중등도나 중증도)
17%	우울증사(중등도에서 중증도)
29%	불안증상(중등도에서 중증도)
8%	스트레스수준(중등도에서 중증도)

출처: Adapted from Riva et al. (2020). Positive Technology and COVID-19, p. 1.

향평가를 제시하고 있다.

이러한 부정적인 심리적 영향은 이제 이동과 사회적인 상호작용을 제한하는 격리된 생활, 기본적 공급물자(예: 식품) 획득의 어려움 등에 따른 재정적 손실과 더불어 직업활동(professional activities)이 중단됨으로써 더욱 악화하고 있다(Brooks et al., 2020).

02 코로나-19의 새로운 대안 긍정기술

어떻게 코로나-19의 문제들을 해결할 수 있을까? 나라마다 전화상담실과 온라인 플랫폼을 개설해 환자, 그 가족 구성원들, 그리고 신종 코로나바이러스 감염병으로 영향을 받은 사람들을 위한 심리상담 서비스를 제공하고 있다(Duan et al., 2020; Liu et al., 2020; Imperatori et al., 2020). 그러나 이러한 심리적 개입의 조직과 관리에는 효과를 제한하는 몇 가지 문제가 존재한다(Duan et al., 2020). 첫째, 환자는 상황의 심각성에 따라 차별화되지 않으며 시기적절하고 합리적인 진단 및 치료를 위해 적절한 부서나 전문의를 찾지 못하는 경우가 많다. 더욱이 이러한 개입의 초점은 단기적이며, 치료 및 평가에 대한 추적조사 결과는 미흡하다. 마지막으로, 코로나-19라는 전 세계적인 유행병의 심리적 부담이 인구 대다수에 도달했음에도 불구하고, 중증/급성 사례만 심리적 개입을 받는다는 한계점이 제기된다(Riva et al., 2020).

코로나-19에 대한 새로운 대처방안으로 긍정기술(Positive Technology)을 사용

할 수 있을까? 긍정심리학(Positive Psychology)은 우리 개인 경험을 정서의 질 (affective quality), 참여(engagement)/실현(actualization), 소속감(connectedness) 등과 같이 3가지 특성으로 구분한다. 이는 개인의 안녕(personal well-being)을 향상하기 위해 조작되고 강화될 수 있다(Villani et al., 2016; Botella et al., 2012). 이 목적에 도달하기 위해 긍정기술의 3가지 유형들이 사용된다(Riva et al., 2020).

- 쾌락(Hedonic): 긍정적이고 즐거운 경험을 유도하는 데 사용하는 기술
- 행복(Eudaimonic): 개인의 참여와 자기실현경험에 도달하도록 지원하는 데 사용하는 기술
- 사회/대인관계(Social/Interpersonal): 개인, 집단, 사회조직 간 사회통합과 소속감을 향상하고 지원하는 데 사용하는 기술

다음 〈표 10.2〉는 긍정기술의 3가지 유형을 제시하고 있다.

표 10.2 〉 긍정기술의 3가지 유형(3 different types of positive technologies)

쾌락 (Hedonic)	긍정적이고 즐거운 경험을 유도하는 데 사용하는 기술
행복 (Eudaimonic)	개인의 참여와 자기실현경험에 도달하도록 지원하는 데 사용하는 기술
사회/대인관계 (Social/Interpersonal)	개인, 집단, 사회조직 간의 사회통합과 소속감을 향상하고 지원하는 데 사용하는 기술

출처: Adapted from Riva et al. (2020). Positive Technology and COVID-19, p. 2.

다음은 코로나-19 유행병의 심리적 결과를 해결하는 데 긍정기술의 잠재적인 적용을 살펴보고자 한다. 개인 경험의 결정요인들로 정서의 질(쾌락수준), 참여와 자기실현(행복수준), 소속감(사회/대인관계수준) 등을 포함한다(Villani et al., 2016; Rvia et al., 2020). 정서의 질(쾌락수준)의 주요인으로 긍정정서(positive emotions), 마음챙김(mindfulness), 회복탄력성(resilience) 등을 구성한다. 이에 따른 각각의 구체적인 전략으로 긍정정서(positive emotions)를 증진하기 위해 글쓰기치료(writing therapy), 노출치료과 이완(exposure therapy & relaxation), 긍정적 반추사고(positive ruminating),

동정명상재구성(reframing compassion meditation) 등, 마음챙김(mindfulness)을 향상하기 위해 마음챙김명상(mindfulness meditation), 마음챙김 기반 스트레스 감소(MBSR, mindfulness-based stress reduction), 마음챙김 기반 인지치료(MBCT, mindfulness-based cognitive therapy) 등, 회복탄력성(resilience)을 강화하기 위해 긍정심리개입(positive psychology interventions)과 최상의 좋음(super better) 등으로 개입한다.

참여와 자기실현(행복수준)의 주요인으로 참여(engagement)와 실재감(presence), 자기효능감(self-efficacy)과 동기부여(motivation) 등을 구성한다. 이에 따른 각각의 구체적인 전략으로 참여(engagement)와 실재감(presence)을 증진하기 위해 도전(challenge)과 기술(skills), 내외적 보상(intrinsic & extrinsic rewards) 등, 자기효능감(self-efficacy)과 동기부여(motivation)를 향상하기 위해 인생 요약(life summary), 온라인 인지행동치료연구(online CBT study), 기술 매개반영(technology-mediated reflection) 등으로 개입한다.

소속감(사회/대인관계수준)의 주요인으로 네트워크 몰입(networked flow), 감사(gratitude), 공감(empathy), 이타주의(altruism) 등을 구성한다. 이에 따른 각각의 구체적인 전략으로 네트워크 몰입(networked flow)을 높이기 위해 실재감(presence)과 사회적 실재감(social presence), 몰입의 변형(transformation of flow) 등, 감사(gratitude)를 증진하기 위해 감사방문(gratitude visit)과 감사수기(gratitude journal), 공감(empathy)을 향상하기 위해 역할극(role playing), 조망 수용(perspective taking), 정서 인식훈련(emotion recognition training) 등, 이타주의(altruism)를 강화하기 위해 친사회적 게임(prosocial games)과 역할극(role playing) 등으로 개입한다.

다음 〈표 10.3〉은 긍정기술의 개인 경험요인들(Personal Experience Factors for Positive Technology)을 제시하고 있다.

표 10.3 〉 긍정기술의 개인 경험요인들(Personal Experience Factors for Positive Technology)

개인경험의 결정요인	주요인	문헌 및 이론	전략
정서의 질 (쾌락수준)	긍정정서	• 구축과 확장효과(Building and Broadening Effect (Fredrickson)) • 글쓰기치료(Writing Therapy (Pennebaker)) • 쾌락심리학(Hedonic Psychology (Kahneman))	• 글쓰기치료 • 노출치료와 이완 • 긍정적 반추사고 • 동정명상재구성
	마음챙김	• 마음챙김영상(Mindfulness-Based Stress Reduction (Kabat Zinn))	• 마음챙김영상 • MBSR 전략 • MBCT 전략
	회복탄력성	• 회복탄력성의 심리학(Psychology of Resilience (Seligman, Keyes)) • 구축과 확장효과(Building and Broadening Effect (Fredrickson))	• 긍정심리개입 • 최상의 좋음 (super better)
참여와 실현 (행복수준)	참여와 실재감	• 몰입이론(Flow Theory (Csikszentmihalyi)) • 실재감(Presence (Riva and Waterworth)) • 환자참여(Patient Engagement (Graffigna, Barello, and Riva))	• 도전과 기술 • 내외적 보상
	자기효능감과 동기부여	• 자기효능감(Self-Efficacy (Bandura)) • 변화의 초이론적 모델(Transtheoretical Model of Change (Prochaska and DiClemente)) • 자기결정이론(Self-Determination Theory (Ryan and Deci))	• 인생요약 • 온라인 인지행동치료 연구 • 기술매개반영
소속감 (사회/대인관계 수준)	네트워크 몰입	• 네트워크 몰입(Networked Flow (Gaggioli and Riva)) • 심리선택(Psychological Selection (Delle Fave, Inghilleri, Massimini))	• 실재감과 사회적 실재감 • 몰입의 변형
	감사	• 감사심리학(Psychology of Gratitude (Emmons and McCullough))	• 감사방문 • 감사수기
	공감	• 정서지능(Emotional Intelligence (Salovey and Mayer, Goleman)) • 정서적·인지적 공감(Affective and Cognitive empathy (Gerdes et al.; Singer)) • 동정중심치료(Compassion Focused Therapy (Paul Gilbert))	• 역할극 • 조망수용 • 정서인식훈련
	이타주의	• 공감 이타주의(Empathy Altruism (Bateson))	• 친사회적 게임 • 역할극

출처: Adapted from Villani, D., Cipresso, P., Gaggioli, A. et al. (2016) and from Riva et al. (2020). Positive Technology and COVID-19, p. 2.

03 긍정기술로서의 가상현실치료(VRT)

(1) 쾌락기술(Hedonic Technologies): 긍정정서상태(positive emotion states)를 향상하는 기술

긍정기술(positive technology)의 첫 번째 차원은 긍정정서상태(positive emotion states)를 함양하기 위해 어떻게 기술(technology)을 사용하는지가 관건이다. Russel (2003)이 개발한 정서모델은 이 목표에 도달할 수 있는 가능한 경로를 제공한다. 피험자에게 자신의 경험의 정서 특징에 관한 "핵심지식(core knowledge)"을 부여하는 유인가(valence)와 각성 수준(arousal level)의 결합에 따른 신경생리학적 범주(neurophysiological category)인 "핵심정동(core affect)"의 조작이다. 즉, 긍정정서(positive emotion)는 핵심정동(정동조절(affect regulation))의 유인가(valence)와 각성(높음)을 증가시키고, 이러한 변화를 제안된 경험(대상(object))의 내용에 귀속시킴으로써 형성된다.

웰빙(well-being) 향상을 위한 긍정정서(positive emotions)의 유용성에 대한 핵심논쟁은 Fredrickson이 제시한 긍정정서(positive emotions)의 "확장과 구축모델(broaden & build model)"이다(Fredrickson, 2001; 2004). Fredrickson에 따르면, 긍정정서(positive emotions)는 적응행동(adaptive behavior)을 유발할 수 있는 비특이성 행동 경향(nonspecific action tendencies)을 지닌 유기체에 제공한다(Fredrickson, 2001). 예를 들면, 성인의 경우 긍정정서(positive emotions)는 다른 사람과의 상호작용을 유도하고 도움이 필요한 타인에게 도움을 제공하며 창의적인 도전에 참여할 가능성을 높이는 경향이 있다. 또한, 개인의 자각과 사고와 행동 레퍼토리를 확장함으로써 미래의 신체적·심리적·사회적 자원을 창출할 수 있는 결과적 학습(resultant learning)을 구축한다(Fredrickson, 2004).

여러 연구를 통해 가상현실(VR)이 임상군(Carl et al., 2019) 및 비임상군(Hadley et al., 2018)의 정서 유도와 조절에 있어 고도로 전문화되고 효과적인 도구임이 검증되었다(Riva et al., 2020; Ryu, 2020). 사실 가상현실(VR)은 진보한 상상시스템(advanced imaginal system)으로도 설명할 수 있으며, 이는 정서반응(emotional responses)

을 유도하는 데 현실만큼이나 효과적인 경험적 이미지 형태를 보인다(North, 1997; Vincelli, 1999; Vincelli et al., 2001). 이러한 가상현실(VR)의 특징은 코로나－19 유행병에 의해 발생하는 외상 후 스트레스장애(PTSD)와 일반 스트레스(generalized stress) 모두를 목표로 하여, 스트레스 관리 애플리케이션(stress management applications)을 위한 완벽한 도구를 창안한다(Riva et al., 2020).

다음 〈그림 10.1〉은 코로나－19 유행병 기간의 긍정기술의 가능성을 제시하고 있다.

그림 10.1 〉 코로나－19 유행병 기간의 긍정기술의 가능성(The potential of positive technologies during the COVID-19 pandemic)

출처: Adapted from Riva et al. (2020). Positive Technology and COVID-19, p. 3.

이러한 가상현실(VR) 사용의 예로는 "코로나-19 위기 마인드-VR(MIND-VR) 프로젝트"로 의료전문가에 대한 심리지원(psychological support)을 위한 이탈리아의 가상현실(VR)이 사용되고 있다. 이는 코로나-19 응급상황에 종사하는 병원 의료진에게 나타나는 스트레스 관련 정신병리학적 증상(psychopathological symptoms)과 외상 후 스트레스장애(PTSD)의 예방 및 치료를 위한 가상현실(VR) 사용에 기초한 진보된 해결책을 설계, 개발 및 검증하는 데 목표를 둔다(Imperatori et al., 2020). 특히 마인드-VR(MIND-VR)의 주요 목표는 다양한 가상환경(VE)을 개발하여 스트레스와 불안에 대한 기초 교육을 제공하고 이완을 촉진하는 데 있다(Riva et al., 2020).

또 다른 가능한 접근법은 모바일 장치로 지원되는 의료와 공중보건의 실천을 위해 "mHealth"를 사용하는 것이다. 비록 mHealth 개입의 효과를 검증할만한 결정적인 임상적 결과는 없지만, 최근 무작위로 통제된 66개의 실험을 대상으로 한 메타분석 연구(meta-analysis study)에서는 스트레스, 불안, 우울증, 인식된 행복(perceived well-being)에 관련한 앱 지원 스마트폰개입(app-supported smartphone interventions)의 효과를 검증했다(Linardon et al., 2019). 환자가 코로나-19 발병과 관련된 불안과 스트레스를 관리하는 데 있어 신뢰할 수 있는 다양한 애플리케이션 프로그램들(Virtual Hope Box, Breath-to-Relax, Calm, Headspace)이 미국국방부와 대학 연구진 등에 의해서 개발되었다. 예를 들어, 미국국방부가 개발한 앱인 가상희망상자(Virtual Hope Box)는 호흡운동(breathing exercises), 깊은 근육이완(deep muscle relaxation), 가이드명상(guided meditation) 등을 포함하여 일반인에게 대유행으로 유발한 일반화된 스트레스(generalized stress)를 해결하는 데 조력한다(Riva et al., 2020).

(2) 행복기술(Eudaimonic Technologies): 참여와 자기역량(self-empowerment)을 향상하는 기술

긍정기술(Positive Technology)의 두 번째 단계는 웰빙(well-being)의 행복개념(eudaimonic concept)과 엄밀한 관련이 있으며, 사람들을 지지하여 참여와 자기실현 경험에 도달하는 데 기술들이 어떠한 방식으로 사용될 수 있는지를 연구하는 것으로 구성된다(Riva et al., 2020).

긍정심리학(Positive Psychology)의 선구자인 Csikszentmihalyi가 개발한 몰입이론 (Flow theory)은 이러한 문제를 해결하는 데 유용한 틀을 제공한다(Csikszentmihalyi, 1990). 몰입(Flow)이나 최적 경험(Optimal Experience)은 개인이 온전히 참여하여 행동할 때 나타나는 의식의 긍정적이고 복잡한 상태를 의미한다. 이 경험의 기본 특징은 행동(도전(challenges))을 위한 높은 환경기회(environmental opportunities)와 이를 직면하는 적절한 개인자원(기술(skills)) 간의 인식된 균형(perceived balance)이 다(Riva et al., 2020).

긍정심리학(Positive Psychology)에서 강조한 바와 같이(Delle Fave et al., 2011), 일 상생활의 극적인 변화에 대처·행동하기 위한 새로운 환경기회에 접근하기 위해, 개인은 "몰입의 변형(transformation of flow)"으로 정의된 전략을 개발할 수 있다 (Riva et al., 2006). 이는 새롭고 예상치 못한 자원과 참여의 원천을 식별하고 활용 하기 위해 몰입(flow)을 사용할 수 있는 개인의 능력을 뜻한다(Riva et al., 2020). 몰 입의 변형(transformation of flow)과 관계가 있는 특정 최적 경험(Optimal Experience) 은 경외(Awe)의 정서반응이다. 사실 경외(Awe)는 다음의 두 가지 핵심 특징들로 구성된다(Guan et al., 2018; Bai et al., 2017). (1) 뇌의 예측/시뮬레이션 메커니즘의 중요한 재구성을 유도할 수 있다는 광대함의 지각(perception of vastness) (2) 광대 함의 지각에 따른 조절의 필요성(a need for accommodation):

- 광대함의 지각(perception of vastness): 사회질서유지(social order main - tenance)의 기반에서 타인, 세계, 우리 자신의 현재 표상(current re - presentations)과 불일치를 고려한 예측부호화(predictive coding)의 업데 이트(Guan et al., 2018; Bai et al., 2017; Newen, 2018).
- 조절의 필요성(need for accommodation): 불일치로 인한 긴장감은 예 상치 못한 경험들을 조절하기 위해 예측부호화(predictive coding)의 급격한 업데이트로 변환(Guan et al., 2018; Bai et al., 2017).

최근 복셀(voxel)[1] 기반 형태측정연구로 경외(awe)와 뇌 활동 간의 복잡한 관 계에 대한 보다 명확한 청사진이 제공되었다. Guan 등(2018)에 의해 증명되었듯이 경외(awe)는 인지갈등조절(cognitive conflict control), 주의(attention), 의식적 자기조절(conscious self-regulation), 사회정서조절(socioemotional regulation) 등과 연계된 여러 뇌 영역들을 포함하며, 뇌 기능을 조절(adjusting) 및 향상(improving)하는 데 잠재적인 역할을 한다.

이러한 관점에서, 경외유도기술 경험(awe-inducing technological experiences)은 몰입의 변형(transformation of flow)을 유도하는 데 사용될 수 있다. 지금까지 조사된 다양한 유형의 상호작용(대화형)기술들(interactive technologies) 중 가상현실(VR)은 몰입(flow)과 경외(awe)경험의 출현을 모두 지원할 수 있는 가장 강력한 기술로 고려된다(Riva et al., 2006; Riva et al., 2010; Gaggioli et al., 2003; Chirico et al., 2017).

제안된 접근방법은 다음과 같다(Chirico et al., 2017). 첫째, 기능적 실제 요구들(functional real-world demands)을 포함하는 가능한 경험(a possible experience)을 식별하는 것이다. 둘째, 가상현실(VR)을 사용하여 경험을 생성하고 경외(awe)를 유도하는 것이다. 셋째, 경외(awe)경험을 대상의 실제 경험(actual experience)과 연결함으로써 구축을 허용하는 것이다. 기대되는 효과는 개선된 자존감(self-esteem)과 자기효능감(self-efficacy)과 관련된 사고·행동목록(thought-behavior repertoire)의 확장으로 생성된 뇌의 기능적 재구성이다.

이러한 접근법의 실제 예는 무료 "COVID Feel Good(https://www.covidfeelgood.com/)" 프로그램으로 자조 가상현실 프로토콜(self-help virtual reality protocol)이 소개되고 있다(Riva et al., 2020; Riva et al., 2020). 코로나 대상자를 위한 "COVID Feel Good-The Secret Garden" 마음챙김 가상현실치료 프로그램은 참여자의 불안에 따라 달라질 수도 있지만 1주일 동안 하루에 매회 10분씩, 2~3회(아침에 기상 후 1회, 잠들기 전 1회, 불안한 순간 1회)로 진행한다. 일상생활에서 유발하는 정서적으로 불안, 우울, 긴장, 분노의 힘든 시간이 있다면 "Secret Garden"은 코로나-19 유행병이나 질환, 사회적 거리 두기(물리적 장소에 대한 접근 불가), 공동체 위기감 등으로 인한 일상생활에서 유발하는 정서적 스트레스를 경감시키고 다시 정서적으로 회복시켜주는 치료적 도구가 될 것이다(Riva et al., 2020).

---

1 복셀(Voxel): 3D 공간의 한 점을 정의한 일단의 그래픽 정보(네이버 지식백과)

대상자들은 가상현실 안경을 사용하여 비디오를 본 후 이 프로젝트의 웹사이트에 주간계획의 매 요일에 대한 구체적인 목표가 제공되는 일련의 사회연습(social exercises)을 따라 시연해야 한다(Riva et al., 2020).

- 1일: 코로나바이러스에 대한 반추적 사고 수정하기: 반추적 사고와 싸워라!(Fight rumination!). 코로나바이러스와 그 결과에 대해 생각하고 걱정하는 것은 자연스러운 현상이다. 그러나 그것에 집착하고 고착하는 것, 즉 반추적 사고를 조절하는 방법을 배워야 한다. 이를 위해서 먼저 자신의 관점을 바꿔야 한다. 예를 들어, 당신이 환자를 치료해야 하는 의사, 무엇을 해야 할지 결정해야 하는 정치인, 인생의 마지막 순간에 환자를 부양해야 하는 간호사 등과 같이 다른 사람이라고 상상하고, 일어나는 정서와 당신이 해야 할 일을 글로 기술하는 것이다. 그런 후, 이러한 상황들이 초래하는 분노, 무력감, 다른 어려운 정서들을 어떻게 발산할 수 있는지를 글로 기술하는 것이다. 원한다면, 당신과 파트너의 감정들을 비교해보고 유사점과 차이점을 이해할 수 있다.

- 2일: 자존감 향상하기: 자존감을 깨워라!(Awaken your self-esteem!). 격리는 우리가 같은 물리적 공간에서 같은 사람들과 항상 같은 일을 반복하도록 강요함으로써 우리 자신을 무감각(apathetic)하게 만들고 자존감(self-esteem)을 감소시킬 수 있다. 이를 일깨우기 위해, 당신의 성격과 당신이 소유하고 감사하는 성격의 다섯 가지 측면을 글로 기술하고, 그것들을 중요도 순으로 나열하고, 각각 다음 두 가지 사항을 주제로 토론하라. 왜 그것이 중요한가?, 그것이 당신의 삶과 관계에 어떤 영향을 미치는가? 원한다면, 파트너와 논의하고 같은 비전을 공유하는지 아니면 왜 그런지 그 이유를 확인할 수 있다.

- 3일: 자전적 기억 일깨우기(우리는 누구이며, 무엇을 원하는가?): 자전적 기억을 일깨워라!(Awaken your autobiographical memory!). 장소의 부족은 우리의 자전적 기억(autobiographical memory)을 약화시켜 항상 같은 날들을 기억하게 하고 우리가 누구이고 무엇을 원하는지에 대한

기억을 잃게 만든다. 이를 일깨우기 위해, 현재 당신 자신이 되도록 도와준 네 가지 순간들이나 사건들과 당신이 특별히 기억하는 코로나바이러스 위기의 순간을 글로 기술하라. 각각에 대해, 다음 사항에 따라 토의하라. 왜 그것들이 중요한가?, 그것들이 나에게서 어떤 정서들을 이끌어냈는가?, 내가 언제 유사한 정서들을 경험했는가? 원한다면, 당신과 파트너의 감정들을 비교해보고 유사점과 차이점을 이해할 수 있다.

- 4일: 공동체 의식을 일깨우기: 공동체 의식을 일깨워라!(Awaken your sense of community!). 공동체 의식(sense of community)이 약해지는 것은 우리의 외로움(loneliness)을 증가시킬 수 있다. 공동체 의식(sense of community)을 일깨우기 위해, 당신의 관계에서 가장 중요한 다섯 사람을 나열하고 기술하라. 각자에 대해, 다음 사항에 따라 토의하라. 왜 그들이 중요한가?, 당신도 그들에게 중요한가?, 왜 중요한가? 원한다면, 당신과 파트너의 선택들을 비교해보고 유사점과 차이점을 이해할 수 있다.

- 5일: 꿈과 목표를 설정하기: 목표와 꿈을 일깨워라!(Awaken your goals and dreams!). 코로나바이러스 비상사태로 인해 발생하는 지속적인 불안감은 일상활동을 중단시켜 우리의 목표와 열망의 시각을 잃게 만들 수 있다. 목표와 열망의 시각을 일깨우기 위해, 격리 후 달성하고 싶은 세 가지 구체적인 목표와 두 가지 꿈/열망을 기술하라. 각각에 대해, 다음 사항에 따라 토의하라. 왜 해당 항목이 중요한가?, 도달하기 위해 놓친 것이 무엇이며 지금 무엇을 할 수 있는가? 원한다면, 당신과 파트너의 목표, 꿈, 열망을 비교해보고 유사점과 차이점을 이해할 수 있다.

- 6일: 공감 향상하기: 공감능력을 높여라!(Boost your empathy!). 모든 관계는 항상 주고받는 것을 포함한다. 그러나 효과적으로 "주기(give)"를 하려면 상대방의 관점을 "받아들이기(receive)"를 할 수 있어야 한다. 이를 이행하기 위해, 당신은 4일째에 언급한 각각의 다섯 명의 사람들과 마지막으로 의미 있는 대화를 생각하고, 그들이 그

당시에 느꼈다고 생각하는 정서들을 글로 기술하라. 다시 말하지만, 당신과 파트너의 감정들을 비교해보고 유사점과 차이점을 이해할 수 있다.

- 7일: 장기적인 변화를 계획하기: 변화를 계획하라!(Plan your change!). 이 시점에서 당신은 자신의 삶을 향상하기 위해 이 기간을 사용할 수 있다. 당신이 불만족스러워하는 삶의 세 가지 측면을 글로 기술하라. 그런 다음 첫 번째 종이에 성공확률과 비용/기회 순으로 배치하여 가능한 해결안을 기술하라. 두 번째 종이에 잠재적인 문제와 그 영향을 식별하여 기술하라. 세 번째 종이에 당신이 부족하지만 가능한 해결안에 도달하는 데 도움이 될 수 있는 수단과 정보를 식별하여 기술하라. 마지막으로, 문제지를 떼어내고 나머지 두 장을 사용하여 파트너의 지원을 받아 문제들을 해결하는 데 더 가까이 다가갈 수 있는 전략을 계획하라.

모든 연습은 개인의 정체성(identity), 관계(relationship), 목표(goals)와 관련된 핵심 가정과 믿음의 중요한 검증과 최종 수정의 과정을 수월하게 하려고 다른 사람과 함께(반드시 신체적으로 함께할 필요는 없음) 경험하도록 설계된다. 특히, 자기반성(self-reflectiveness)과 관련된 타인과의 건설적인 교류(constructive exchange)를 촉진함으로써, 프로토콜은 유행병이 제공하는 도전들에 적응하는 능력을 향상하도록 한다(Riva et al., 2020).

▼
04 사회기술(Social Technologies)

(1) 사회통합(Social Integration)과 소속감(Connectedness)을 향상하는 기술

긍정기술(Positive Technology)의 마지막 단계인 사회·대인관계 수준은 개인, 집단, 조직 간의 소속감을 지원하고 개선하기 위한 기술의 사용과 관련이 있다. 그러나 열린 과제는 다른 참여자들이 그곳에 있다는 느낌에 대한 필연적인 상호인식을 만드는 기술을 사용하는 방법을 이해하는 것이고, 좀 떨어져 있다 하더라도 강한 공동체 의식을 조성할 수 있도록 하는 것이다(Riva et al., 2020).

Wiederhold(2020, 2020)가 제기한 바와 같이 코로나바이러스 질병은 많은 사람이 업무와 사회생활을 온라인으로 전환하도록 강요했다. 이에 Zoom, Meet, Teams, WebEx 등과 같은 화상회의기술은 격리 중에 일부 사회적 상호작용을 계속할 수 있게 하여 사람들이 바이러스의 확산을 막기 위해 물리적 거리를 유지하면서 온라인으로 생활할 수 있도록 한다. 한편, 소셜 미디어는 현재 코로나-19 전염병과 같은 재난에서 가장 많이 사용되는 정보 도구가 되고 있다.

그러나 이 과정은 간단하지 않았으며, 해결보다 더 많은 문제를 발생시킬 수 있다. 첫째, 불안의 중요 원인은 소셜 미디어가 제공하는 풍부한 정보이다. 세계보건기구(WHO)에 따르면, 소셜 미디어는 인포데믹(infodemic)[2]을 생성하고 있다. 즉, 정보의 과잉으로 인해가 일부는 정확하고 일부는 그렇지 않아 사람들이 필요할 때 신뢰할 수 있는 출처와 믿을 만한 지침을 찾기가 어려워지고 있다(Wiederhold, 2020). 게다가, 화상통화와 회의 사용이 증가함에 따라 가상화상회의 플랫폼(virtual videoconferencing platforms)을 과도하게 사용하여 피곤함, 불안, 걱정과 같은 새로운 현상이 발생하고 있다(Wiederhold, 2020). 이러한 기술적 고갈(technological exhaustion)은 화상 통화의 기술적 단점(지연, 시선접촉 부족, 제한된 비언어적 신호)에 의해 발생하며, 이는 대면하는 것보다 훨씬 더 많은 것을 사람에게서 빼앗는다(Riva et al., 2020).

긍정기술(Positive Technology)이 이러한 문제들을 해결하는 데 조력할 수 있다(Riva et al., 2020). 기술적 고갈(technological exhaustion)을 극복하는 한 가지 방법은 실제로 다른 기술을 사용하는 것이다. 페이스북 IQ는 뉴런 주식회사에 연구를 의뢰해 미국에 사는 60명의 참가자가 인지적으로 그리고 정서적으로 어떻게 반응하는지를 비교했다. 모든 참가자는 뇌파 신호를 분석하고 가상현실(VR)에서 대화하는 것과 대면하여 대화를 나누는 것에 대한 편안함과 참여도를 측정하기 위해 EEG 헤드셋을 착용했다(Facebook IQ, 2017). 경험하는 동안 사람들은 전신

---

2 인포데믹(infodemic): "잘못된 정보나 악성루머 등이 미디어, 인터넷 등을 통해 매우 빠르게 확산하는 현상"
   (네이버 지식백과)

아바타로 보이는 캐릭터들을 가상회의실에서 만난다. 그들은 주먹 인사를 나누거나 악수하는 등 대면 회의와 유사한 경험을 만드는 방식으로 상호작용을 했다. 연구결과는 특히 내성적인 참가자들이 가상현실(VR)에서의 만남에 긍정적인 반응을 보였으며, 이는 가상환경(VE) 내에서 진정한 관계(authentic relationships)를 구축할 수 있었다는 것을 시사한다(Facebook IQ, 2017).

여러 연구자는 코로나-19 유행병 위기를 해결하기 위해 인간 가치(human values)의 중요성과 동료 시민들이 공유하는 정도를 강조하고 있다(Wolf et al., 2020). 특히 동료 시민들이 자신의 가치를 공유한다는 인식은 소속감(a sense of connectedness)을 이끌어내는 것으로 나타났다. 이는 전염병을 억제하기 위한 공동노력(collective efforts)을 촉진하는 데 중요하다. 이러한 관점에서, 사회 전반에 걸쳐 개인 간의 온라인 교류(online exchanges)를 촉진하는 기술들은 이러한 소속감을 이끌어내는 데에도 도움이 될 수 있다. 예를 들어, "My Country Talks"와 같은 국제사회공유플랫폼(international social sharing platform)은 비슷하거나 다른 관점을 가진 사람들 간의 일대일 토론(one-on-one discussion)을 설정할 수 있는 디지털 공간을 제공한다(Riva et al., 2020).

더욱이 M-health는 사회적 소속감을 향상시키기 위해 다양한 도구를 제공한다. Banskota 등(2020)은 노인의 고립을 줄이는 데 사용할 수 있는 15개의 스마트폰 앱을 식별했다. "Facetime", "Skype" 등과 같은 고전적인 소셜네트워킹앱(social networking apps)에서 "Be My Eyes"와 같은 시각·청각장애를 위한 앱에 이르기까지, 이러한 앱은 신체적·인지적 한계를 해결하고, 특히 사회적 거리 두기(social distancing)나 자가격리(self-quarantine) 동안 노인들의 삶의 질을 개선할 수 있다.

비디오게임(video games) 역시 사회통합(social integration)과 소속감(connectedness)을 향상시키는 데 사용될 수 있다. 최근 연구에서 제기하듯이(Marston & Howert, 2020), 비디오게임(video games)은 사람들이 놀이(play)를 통해 서로 연결하도록 허용하며, 이는 평생 심리적인 웰빙(psychological well-being)의 중요한 원천이 된다. 이러한 기능은 게임 내 사회화(in-game socialization)(즉, 스트레스, 우울증, 외로움 감소)의 다양한 측면과 결합하여 비디오게임(video games)을 성인과 아동을 대상으로 하여 코로나-19의 부정적인 영향을 완화하기 위한 중요한 도구로 만든다. 그러나 비디오게임(video games)의 긍정적인 잠재력은 이보다 더 넓다(Marston & Howert, 2020).

첫째, 신체 운동(physical exercise)과 춤(dance)을 허용하는 운동게임(exergames)은 신체적성(physical fitness)을 유지하고 격리 기간 동안 운동에 대한 장기적인 고수를 하도록 한다(Viana & de Lira, 2020). 또한, 운동게임(exergames)은 사회적 고립 상황에서 동료와 가족과 쉽게 공유할 수 있어 사회적 유대와 집단적인 의도를 구축하는 도구가 될 수 있다. 둘째, 비디오게임(video games)은 코로나-19 유행병 자체 또는 이와 관련된 가짜 뉴스와 같은 복잡한 상황을 이해할 수 있는 강력한 매체(strong medium)를 제공한다(Kriz, 2020). 예를 들면, "Factitious"(http://factitious.augamestudio. com/)는 플레이어들에게 작은 기사를 읽고 그것이 진짜 뉴스인지 가짜 뉴스인지 결정하도록 요청하는 간단한 게임이다(Grace & Hone, 2019). "Factitious"는 사용자가 콘텐츠와 출처에 대해 비판적으로 생각하게 만드는 콘텐츠들을 제공함으로써 플레이어가 가짜 뉴스에 대해 더 비판적으로 생각할 수 있도록 조력한다. 이 게임은 의도적으로 가짜 뉴스와 실제 뉴스 간의 회색지대(gray area)를 목적으로 플레이어가 비판적으로 생각할 뿐만 아니라 콘텐츠의 두 가지 유형을 구분하는 작업을 연습하도록 장려한다.

▼
05 가상현실치료(VRT)의 지향점

정부의 관심은 여전히 코로나-19 전염병에 의해 발생한 글로벌 보건 비상사태에 집중되어 있지만, 개인들은 정체성과 관계에 상당한 부담을 초래하는 극심한 심리적 불안, 우울, 스트레스, 긴장, 분노 등을 경험하고 있다. 이 논문에서는 긍정기술로서의 가상현실치료(VRT)의 잠재성과 가용성, 즉 개인 경험의 질(정서의 질(쾌락수준), 참여와 자기실현(행복수준), 소속감(사회/대인관계수준))을 향상시키기 위한 기술의 사용에 대한 과학적·적용적인 접근법, 심리적인 웰빙을 창출하기 위한 기존 전략을 증강하고 강화하는 것에 대해 논의하였다.

코로나바이러스의 시대에 산다는 것은 세계보건비상사태(global health emergency)뿐 아니라 우리의 정체성과 관계에 중압감을 더해 극심한 심리적 불안, 우울, 긴장, 스트레스, 적대감, 분노, 공격성을 경험하는 것을 의미한다. 코로나바이러스는 우리에게 질병의 스트레스, 장소의 소멸, 공동체 의식의 위기 등 세 가지 심리적 딜레마를 동시에 관리하도록 강요한다. 격리는 우리의 장소 의식을 파괴하고 있으며, 우리의 일상생활을 특징짓고 정체성을 이해했던 곳으로 갈 수 없게되었다. 즉, 집조차도 그곳에 사는 사람들에 대한 경계선을 갖는 것을 멈추었기 때문에 더 이상 안전한 장소가 아니다. 공간이 없어지거나 제한된다면, 우리는 정체성(sense of identity)과 자전적 기억(autobiographical memory) 두 개의 감각을 모두 잃게 된다. 모든 날이 똑같아 보이고 결국 우리는 공허감과 암흑을 느낀다.

이 세 가지 딜레마를 동시에 취급한다는 것은 쉽지 않다. 그러나 긍정기술 (positive technology)은 혁신기술(innovative technology)인 가상현실치료(VRT)의 사용을 통해 조력할 수 있다.

가상현실(VR)은 뇌의 기능과 많은 유사점을 지니고 있는 고급 형태의 현실시뮬레이션(reality simulation)이다. "예측코딩(predictive coding)" 패러다임이 시사하는 바와 같이, 뇌는 신체와 그 주변 공간의 내부모델(시뮬레이션)을 적극적으로 만들어 내는데, 예상감각입력(expected sensory input)에 대해 예측하고 예측오류 (prediction error)(또는 "놀라움")의 수를 최소화하기 위해 사용한다. 이러한 관점에서, 가상현실(VR) 경험은 뇌 모델(brain model)을 최대한 모방하려고 노력한다. 즉, 더 가상현실(VR) 모델이 뇌 모델(brain model)과 유사할수록, 개인이 가상현실 (VR) 세계에 더 많은 현실감을 느끼기 때문에 경험학습(experiential learning)을 위한 완벽한 도구가 된다(Riva et al., 2019).

최근 임상적 연구결과에 따르면, 다양한 치료프로그램 중 가상현실(VR)은 스트레스, 불안장애, 충동분노의 정신병리학 증상의 예방 및 치료를 위한 고도로 전문적이고 효과적인 도구로 보고되고 있다. 편안한 맞춤형 가상환경(VE)에 몰입 및 노출되어 불안, 우울, 분노, 긴장, 스트레스의 수준을 줄이는 가상현실치료(VRT)의 기능 외에도, 심리교육 프로그램 내에서 기술의 유용성이 검증되고 있다. 즉, 개인의 정신건강에 대한 이해력(인식, 관리, 예방)을 강화하기 위한 정신건강 및 교육시스템으로도 활용되고 있다(Wiederhold & Riva, 2012; Ryu et al., 2016; Ryu, 2020; Imperatori et al., 2020). 아울러 몰입형 가상현실노출환경(Virtual Reality Exposure Environment: VREE)에서는 학습자가 전통적인 교실이나 교재 기반 학습에서 벗어나 다중감각자극(multimodal sensory stimuli)을 활용한 다양한 학습 경험을 제공할 수 있다. 가상현실환경(VRE)에서 학습자는 인공지능(AI) 세계에서의 사물과 이벤트와의 상호작용을 통해 새로운 지식/기술, 교육/훈련, 치료/재활, 행복(well-being) 등도 구현된다(Riva et al., 2020; Ryu et al., 2016; Ryu, 2020; North et al., 1997; Vincelli et al., 2001).

결론적으로, 코로나-19 전염병으로 인해 전 세계는 대유행병과의 혹독한 전쟁을 치르고 있다. 이는 곧 위기이자 기회이기도 하다. 코로나-19 전염병은 긍정기술(Positive Technology)로서의 가상현실치료(VRT)를 촉진하고 전파하는 좋은 기회를 제공할 것이다. 주요 글로벌 사회과제를 해결하기 위한 긍정기술의 즉각적인 가용성과 성공적인 사용은 보건의료와 웰빙의 다양한 영역들에 대해 대중과 정부의 긍정기술(Positive Technology) 수용을 증가시키는 역할을 할 수 있을 것이다.

시대정신에 부합하는 긍정기술(Positive Technology) 기반 다양한 가상현실치료 (VRT) 프로그램이 이른 시일 내에 국내에서도 연구·개발되어 학교, 의료보건, 교정보호시설, 경찰청, 청소년상담센터, 노인복지재활센터, 장애인복지센터 등에 적극적으로 소개되고 활용되어야 한다. 이를 통해 개개인이 풍성하고 행복한 삶의 질과 사회적 웰빙, 즉 즐기는 자기, 성장하는 자기, 공유의 자기 등의 개인 경험을 실현하고 누리는 모습을 기대한다.

11장.

뇌파와 정량뇌파 기반 ADHD 진단

뇌파와 정량뇌파 기반
ADHD 진단

▼

01 ADHD 진단기준을 위한 뇌파(EEG)와 정량뇌파(QEEG)

주의력결핍 및 과잉행동장애(Attention Deficit/Hyperactivity Disorder, ADHD)는 신경발달장애이다. ADHD는 아동 및 청소년기에 흔히 발생하는 장애로 증상 원인과 지속적인 치료개입으로 성인이 되면 사라지지만 일부는 성인이 될 때까지 계속해서 증상을 유지한다. 또한, ADHD는 뇌 신경질환과 관련되기 때문에 사회부적응, 반사회성격장애, 조현병, 과잉행동 및 공격성 등을 보여 사회적 이슈와 범죄행위로도 이어질 수 있다(류창현, 2018). DSM—5에 따르면, 12세 이전에 적어도 두 가지 상황에서 정상적인 발달수준의 주의력과 과잉행동/충동성이 부적절한 수준으로 나타난다. ADHD 증상들에 관한 네트워크 분석방법(network analysis approach)에 따르면(Silk et al., 2019), 아동 ADHD집단(n=146)과 건강한 아동 통제집단(n=209)에 대한 표본특성들은 복합형(ADHD—Combined: 70(47.9%)), 부주의(ADHD—Inattentive: 61(41.8%)), 과잉행동/충동성(ADHD—Hyper active/Impulsive: 15(10.3%)) 등의 순으로 나타났다(Silk et al., 2019)(참조 〈표 11.1〉).

ADHD의 임상적 진단특징들은 부주의(inattention), 과잉행동(hyperactivity), 충동성(impulsivity)으로 분류된다. 와해(disorganization), 집중력부족(lack of focus), 세부사항에 대한 주의 어려움, 대화 중 주제에 대한 집중 어려움 등은 부주의에, 앉으면 꼼지락거림(fidget, 안절부절못함), 자주 일어나 주위를 걸어 다니거나 뜀, 조용히 놀거나 조용한 취미 생활을 하는 데 어려움 등은 과잉행동에 속하며, 조급함(impatience), 말하거나 반응하는 것을 기다리는 데 어려움, 누군가가 질문을 끝내기 전에 불쑥 대답함 등은 충동성으로 분류된다. 이러한 ADHD 임상적 특징

표 11.1 〉 아동 ADHD와 비 ADHD 통제집단 간 표본특징
(Sample characteristics for children with ADHD and non-ADHD controls)

	ADHD n=146*	Control n=209*	T/x^2	p value
Child characteristics				
Child age in years, mean (SD)	7.3(0.4)	7.3(0.4)	1.405	0.161
Male, n (%)	100(68.5)	132(63.2)	1.081	0.299
ADHD subtype n (%)				
ADHD-Combined	70(47.9)			
ADHD-Inattentive	61(41.8)			
ADHD-Hyperactive/Impulsive	15(10.3)			
Internalizing disorder,[a] n (%)	37(25.3)	10(4.8)	31.625	<0.001
Externalizing disorder,[a] n (%)	75(51.4)	16(7.7)	86.165	<0.001
Estimated full scale IQ standard score,[b] mean (SD)[#]	92.5(12.1)	101.4(13.5)	6.329	<0.001
SEIFA,[c] mean (SD)[#]	1014.9(41.1)	1015.6(45.6)	0.160	0.873

[a] DISC-IV
[b] Wechsler Abbreviated Scales of Intelligence
[c] Socio Economic Indexes for Areas Disadvantage
[d] DISC-IV
[#] n for SEIFA, ADHD=143, Controls-207; n for IQ, ADHD=144.

출처: Adapted from Silk et al. (2019). A network analysis approach to ADHD symptoms: More than the sum of its parts. PLOS | ONE p. 4.

들은 아동과 청소년에게 가장 흔한 정신질환으로 전 세계적으로 5.9~7.1%의 유병률을 보인다(Willcutt, 2012). ADHD는 아동의 학교적응, 학업성적, 사회역량, 직업선택, 성격형성 등에 지대한 영향을 미치며, 아동 ADHD의 이러한 증상 60~70%는 부정적인 영향으로 성인기까지 지속된다(Faraone et al., 2000; Polanczyk et al., 2007; Feldman, 2014; Wender, 1995).

다음 〈그림 11.1〉은 ADHD 집단과 건강한 통제집단 간의 과잉행동/충동성(Hyperactive/Impulsive)과 부주의(Inattentive)의 차이를 제시하고 있다. 각 진단기준(diagnostic criterion)은 ADHD 집단과 건강한 아동집단에 대한 증상들을 백분율로 나열했다. 부주의(Inattentive)한 증상 중 '쉽게 산만함(easily distracted)'과 '듣지 않음(does not listen)'은 전체 ADHD 집단과 각 하위 유형 범주에서 가장 흔히 확인

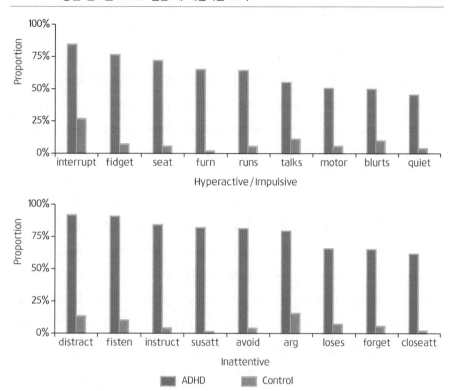

출처: Adapted from Silk et al. (2019). A network analysis approach to ADHD symptoms: More
than the sum of its parts. PLOS | ONE p. 7.

되는 증상이다. 과잉행동/충동성 아형(hyperactive/impulsive subtype)의 경우 '주의
를 유지하기 어려움'이 두 번째 '앉으면 꼼지락거림(fidget, 안절부절못함) 아형'과
같이 나타났다. 심지어 건강한 아동집단에서도 훨씬 덜 빈번하게 나타나지만,
이 두 가지 증상들은 '조직화 어려움(difficultly organizing)'에 이어 두세 번째로 가
장 흔히 확인됐다. 과잉행동/충동성 증상들 중 '방해(interrupt)'행동은 ADHD 집
단과 건강한 아동집단 모두에서 가장 흔히 확인되는 증상으로 나타났다(Silk et
al., 2019).

정량적 유전학(예, 쌍둥이 연구)에 관한 연구는 ADHD에 대해 최대 76%의 유전
가능성을 평가하고 있으며, 현재는 작은 효과의 여러 유전자(multiple genes)가 관

련될 가능성이 있다고 시사하고 있다(Faraone, et al., 2005). 비판적으로, 유전자 (genes)와 ADHD의 행동징후(behavioural manifestations)를 연결하는 생물학적인 기전(biological mechanism)은 신경인지시스템(neurocognitive systems)을 통한 잠재적 경로를 포함하여 아직도 명확하게 완전히 밝혀지지 않고 있다. ADHD의 진단은 현재 인구에 정상적으로 분포하는 연속적인 증상들의 극단적인 한계로 개념화되어 있기에(del Campo et al., 2012; Rommelse et al., 2008; Rommelse et al., 2011; Lau–Zhu et al, 2019; Coghill et al., 2012) 정량뇌파(Quantitative Electroencephalography; QEEG)를 활용해 ADHD 차원 특성(dimensional traits)을 깊게 연구하는 것은 ADHD 장애에 대한 이해를 높이기 위한 보완적인 유용한 진단도구가 될 것이다(류창현, 2018; 2020; 2021; Ryu et al., 2016; Ryu, 2020; 류창현, 장석헌, 2019; 2020).

ADHD 증상은 다양하고 발달단계마다 다르다. ADHD 장애와 관련해서 학령기 아동들은 학업적 어려움이 자존감(self–esteem) 저하와 우울증(depression)으로 발전할 수 있다(Barkley et al., 1990). 청소년기에는 행동 문제가 어느 정도 개선되지만, 주의력 문제가 학업부진, 자존감 감소, 우울증, 또는 반사회적 성격장애로 전환될 수 있다. 게다가 청소년 ADHD의 15~20%는 성인이 될 때까지 계속해서 증상을 경험한다. 어느 정도 과잉행동(hyperactivity)이 개선되기는 하지만, 이러한 개인들이 충동적인 행동으로 사회적응장애나 약물문제(알코올과 약물남용)를 초래하는 것은 흔한 일이다(Barkley et al., 1990; Barkley, 1997). 유아에서는 자주적인 운동기술(independent motor skills)이 발달함에 따라 처음으로 과도한 운동활동이 관찰된다. 다만 이러한 아동들 모두가 ADHD로 발전되는 것은 아니므로, 이 기간 진단에 유의할 필요가 있다. 따라서 ADHD의 과도한 진단(Bruchmüler et al., 2012)을 방지하기 위한 객관적인 진단도구의 필요성이 증가하고 있다(Kim et al., 2015).

ADHD는 정확한 원인은 아직 밝혀지지 않았지만, 단일한 원인보다는 신경 해부학적 시스템과 신경생화학 간의 복잡한 상호작용이 원인이라 시사한다. 아울러 유전적 요인(genetic factors), 신경발달요인(neurodevelopmental factors), 심리사회요인(psychosocial factors), 신경생리요인(neurophysiolo gical factors) 등도 영향을 지닌다. 전반적으로 급증하고 있는 수많은 연구결과는 ADHD가 뇌의 질환임을 제기한다(Swanson & Castellanos, 2002). 먼저 주의를 유지하고 행동을 조절하는 역할을 담당하는 전두엽(frontal lobe)과 피질하장(subcortical fields)에서 이상(abnormalities)이 나타난다는 연구들이 보고되고 있다. 이러한 이상(abnormalities)을 식별하고 진단을 쉽게 접근할 수 있는 뇌파(EEG)와 정량뇌파(QEEG) 검사 도구에 관한 연구가 활발히 진행되고 있다(Swanson & Castellanos, 2002).

현재 ADHD 진단방법은 환자의 병력(medical history)과 조기발달(early development)에 보고된 증상을 기반으로 진단시스템(diagnostic system)을 사용하고 있다. 결과적으로, 신뢰성과 타당성은 다른 평가자에 따라 다르게 진단할 수 있기에 의문이 제기될 수 있다(Grove et al., 1981). 이러한 한계를 극복하기 위해 뇌파(EEG)와 같은 검사도구를 사용하는 연구들이 증가하고 있다(González-Castroet al., 2013). 따라서 과도한 ADHD 진단방지를 위해 객관적인 진단도구가 절실하다. 이를 해결할 방안으로, 기존 ADHD에 대한 뇌파(EEG) 측정과 더불어 정량뇌파(QEEG)를 활용한 진단적 보완도구(diagnostic adjunct tool)로 인정되기까지 타당성과 신뢰성 기반의 생체지표 검증 연구가 더욱 활성화되고 지속화되어야만 할 것이다.

▼ 02 뇌파(EEG)와 정량뇌파(QEEG)의 임상적 해석

인간의 뇌는 신경가소성(neuroplasticity)과 적응력이 뛰어나며, 인간의 인지, 정서, 행동, 지각 등의 근원이다. 인간의 뇌는 뉴런이라고 불리는 수많은 신경세포로 구성되어있는데, 이 뉴런은 뇌에서 일어나는 전기적인 활동을 통제하고 화학적인 메시지를 전달하는 역할을 한다. 이러한 전기적 활동의 통제와 신경전달물질을 통한 화학적 메시지의 소통은 뇌에서 뇌파라고 하는 전기의 흐름을 측정할 수 있게 한다. 뇌의 비정상적인 상태는 정상적인 뇌파가 비정상적인 뇌파의 형태로 변형시킨다(Stam, 2005).

뇌파(EEG)는 뇌 피질에서의 전기활동을 측정하여 뇌 손상이나 기능결함을 식별하는 평가도구로서 1875년에 Richard Caton이 발견하여 1929년에 Hans Berger가 처음으로 사람을 대상으로 뇌파(EEG)를 기록하여 현재까지 임상에서 사용되고 있다(Sin, 2008). 뇌 손상이나 기능결함을 평가하기 위해 뇌파(EEG)는 비침습적이고 경제적이며 짧은 시간에 풍부한 정보를 제공할 수 있다. 이러한 장점에도 불구하고, 뇌파(EEG)의 낮은 신뢰성은 단점으로 지적된다. 반면에 뇌파(EEG)

의 신뢰성과 타당성은 정량뇌파(QEEG)의 발전과 더불어 향상되고 있다(Prichep & John, 1992). 뇌파(EEG)의 특징을 단순히 신호의 파형을 보고서 판단하는 것은 매우 어려운 일이다. 따라서 신호처리 기술의 진보적인 기술을 이용하여 다채널을 통하여 측정된 뇌파(EEG)가 보이는 특성들을 정량화된 값으로 나타내어 정리하고, 이를 다양한 방법으로 활용할 수 있는 정량뇌파(QEEG)라고 하는 뇌과학 기술을 사용한다(Stam, 2005; Nuwer, 1997; Shenal et al., 2001).

뇌파(EEG)를 정량화하는 방법은 다양하고 가장 널리 알려져 있으며, 검증되어 사용되는 방법은 주파수 분석을 통한 정량화 방법이다. 일반적으로 정량뇌파(QEEG)는 주파수 분석을 통한 정량뇌파(QEEG) 분석으로 델타파, 세타파, 알파파, 베타파, 감마파 등으로 뇌파의 특징들을 구분할 수 있다. 다음 〈그림 11.2〉는 뇌파(EEG)의 종류를 보여주고 있다.

그림 11.2 〉 뇌파(EEG)의 종류(Types of EEG)

Type	Frequency (Hz)	Normally
Delta	0.5-4Hz	Primarily associated with deep sleep
Theta	4-8Hz	Consciousness slips towards drowsiness
Alpha	8-12Hz	Relaxed state, closing the eyes
Beta	12-30Hz	Waking rhythms, alert and working states
Gamma	30-100+ (mainly up to 45Hz)	These rhythms are very low and their occurrence is rare. Short-term memory process.

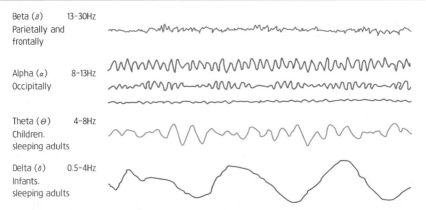

Beta (β)   13-30Hz
Parietally and frontally

Alpha (α)   8-13Hz
Occipitally

Theta (Θ)   4-8Hz
Children. sleeping adults

Delta (δ)   0.5-4Hz
Infants. sleeping adults

출처: Adapted from Sin, K. S. (2008). Neurofeedback treatment for improvement of attention, alter native medicine [dissertation]. Pocheon: CHA University.

주파수 분석이란 각각의 주파수별로 파형이 가진 특징을 푸리에변환(Fourier Transform, FT)[1]을 통해 뇌의 활동을 정량화하는 방법으로 이를 표현하는 브레인 매핑(brain mapping)기술과 함께 사용된다. 푸리에변환(FT)이란 "시간이나 공간에 대한 함수를 시간 또는 공간주파수 성분으로 분해하는 변환"[2]을 말한다. 따라서 뇌파를 측정하고, 측정한 뇌파(EEG)를 정량화하기 위한 분석기술이 사용되며, 이를 직관적으로 인식할 수 있는 매핑(mapping) 기술이 활용되는 종합적인 기술로서 기존의 수면파나 간질환자의 뇌파를 관찰하는 방법과는 크게 진보한 정량뇌파(QEEG)를 사용한다. "정량뇌파(QEEG)는 다양한 스펙트라의 정상군 평균과 표준표차가 포함된 소프트웨어 패키지로 정상과 비정상의 구분이 필요한 뇌파(EEG)를 사용한 검사이다"(김도원 등, 2017). 다음 〈그림 11.3〉은 브레인매핑기술을 통한 정량뇌파(QEEG) 과정을 보여주고 있다.

그림 11.3) 브레인매핑기술을 통한 정량뇌파(QEEG) 과정

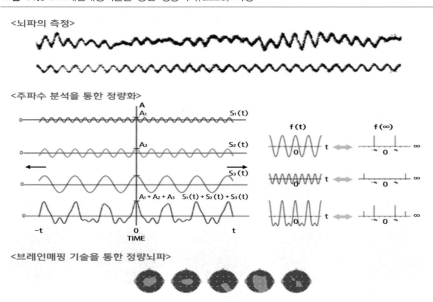

출처: Adapted from Department of Psychiatry, Easybrain Center, Seoul, Republic of Korea.

---

1 "푸리에(Fourier, J.; 1768~1830)가 처음 제안한 것으로 신호(signal)를 진동수(frequency)의 성분으로 분해(decomposition)하는 수학적 기법이다." (네이버 지식백과)
2 위키백과

특히 정량뇌파(QEEG)검사는 ADHD 진단에 매우 도움이 되는 질환 중의 하나로, 1990년대부터 Clarke에 의하여 ADHD의 정량뇌파(QEEG) 아형(Subtype)을 뇌 피질의 각성저하형(cortical hypoarousal pattern), 발달지연형(maturational lag pattern), 뇌 피질의 각성고조형(cortical hyperarousal pattern) 등으로 분류하는 ADHD의 뇌파패턴은 오랜 기간 연구를 통해 알려졌다(Stam, 2005; Nuwer, 1997; Shenal et al., 2001; Clarke et al., 1998; Clarke et al., 2001; Clarke et al., 2002). ADHD의 정량뇌파(QEEG) 세 가지 아형(Subtype)을 더 자세히 살펴보면, 첫째, 각성저하형(hypoarousal pattern)은 상대적인 세타파(theta wave)와 세타/베타비(theta/beta ratio; TBR)가 증가하며, 전 영역에서 베타파(beta wave)와 델타파(delta wave)는 감소로 나타난다. 각성저하형(hypoarousal pattern)은 전두엽 대뇌피질기능의 약화를 의미하며, 수행기능(executive function), 의사결정(decision making), 문제해결(problem solving), 억제조절(inhibitory control) 등의 능력이 낮아져 충동적인 행동을 유발하게 된다. 각성저하형(hypoarousal pattern)의 주원인으로는 분만 시 뇌손상, 뇌염, 유전적 요인, 외상, 교통사고, 신생물(neoplasm) 등이며, ADHD 약물치료제에 좋은 효과를 보인다(이재원, 2016; 2019; 김정인 등, 2015; 오수환 등, 2018; Byeon et al., 2020). 다음 〈그림 11.4〉는 정량뇌파(QEEG) 상의 각성저하형(hyperoarousal pattern)을 보여주고 있다.

둘째, 발달지연형(maturational lag pattern)은 또래들보다 성숙 지연을 보이며, 델

그림 11.4) 정량뇌파(QEEG) 상의 각성저하형(hyperoarousal pattern)

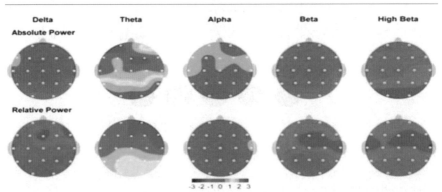

출처: Adapted from Department of Psychiatry, Easybrain Center, Seoul, Republic of Korea.

타파와 세타파의 증가와 알파파와 베타파의 감소 경향을 보인다. King's College London 연구에 따르면, 발달지연형(maturational lag pattern)의 아동 ADHD는 건강한 아동보다 3년의 성숙지연(maturational lag)을 보이고,3 일반적인 약물치료 효과는 높게 나타난다(이재원, 2016; 2019; 김정인 등, 2015; 오수환 등, 2018; Byeon et al., 2020). 다음 〈그림 11.5〉는 정량뇌파(QEEG) 상의 발달지연형(maturational lag pattern)을 보여주고 있다.

그림 11.5 〉 정량뇌파(QEEG) 상의 발달지연형(maturational lag pattern)

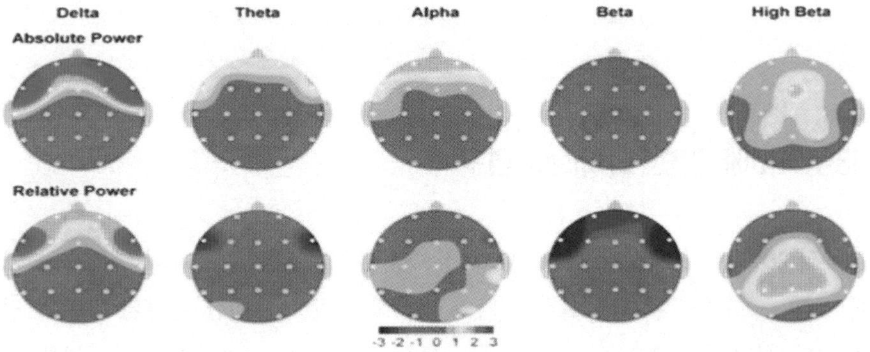

출처: Adapted from Department of Psychiatry, Easybrain Center, Seoul, Republic of Korea.

마지막으로, 각성고조형(cortical hyperarousal pattern)은 전두엽과 후두엽 두 영역 모두에서 과다 베타파가 보이는 과다한 베타 성마름 아형(excessive beta short−fuse subtype)이다. 각성고조형(hyperarousal pattern)은 대뇌피질이 필요 이상으로 과도한 활동화를 보인다. 임상적으로 ADHD 약물치료 효과가 떨어지며, 항경련제와 같은 과도한 뇌활동성을 낮추는 약물이 효과를 보인다(이재원, 2016; 2019; 김정인 등, 2015; 오수환 등, 2018; 류창현, 2018; Byeon et al., 2020). 다음 〈그림 11.6〉은 정량뇌파(QEEG) 상의 각성고조형(hyperarousal pattern)을 보여주고 있다.

3 https://www.youtube.com/watch?v=-VRFZpJuWF4

그림 11.6 〉 정량뇌파(QEEG) 상의 각성고조형(hyperarousal pattern)

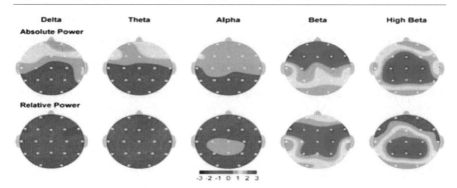

출처: Adapted from Department of Psychiatry, Easybrain Center, Seoul, Republic of Korea.

03 ADHD에 관한 뇌파(EEG) 연구

뇌파(EEG)는 뇌의 전기활동에 대한 정보를 제공하지만, 매개체의 개입으로 인해 두피(scalp)에서 기록된 신호는 뇌의 기본적인 활동에 대한 확산된 그림을 제공한다. 이러한 기록은 높은 시간적(일시적)(그러나 낮은 공간적) 해상도로 뇌에 관한 가치 있는 정보를 제공한다. 뇌파(EEG)는 인지와 행동의 기질을 지수화하는 뇌의 배경상태를 식별하는 데 있어 유용한 정보 원천이다. 기초 연구는 뇌파(EEG)의 파라미터(parameter)로 표시되는 순간적인 뇌 상태와 자극 처리의 사건관련전위(event-related potential) 특징 간의 명백한 관계를 검증했다(Basar et al., 1985; Barry et al., 2003).

이론적·실용적 관점에서 뇌파(EEG)는 신경발달장애(neurodevelopmental disorders)를 특징화하는 이상적인 생체지표(biomarker) 역할을 한다. 뇌파(EEG)는 시냅스후 뇌 활동성(postsynaptic brain activity)을 직접 측정하고 기능적 자기공명영상(MRI)보다 높은 시간적(일시적) 해상도(temporal resolution)를 가지며, 신경생리학적 진동과 역동을 밀리초(1,000분의 1초) 단위로 해결할 수 있다. 일반적으로 유발전위(evoked potentials)는 얼굴정보처리(face information processing)와 같은 사건이나 자극에 대한 신경반응(neural response)을 정량화하기 위해 많은 실험에서 소음을 평균화함으로써 연구되는 반면, 신경진동(neural oscilaions)은 신호를 사인곡선

(sinusoids)의 선형 중첩으로 처리하는 방법인 푸리에분석(Fourier analysis)을 통해 연구된다(Buzsaki, 2006).

뇌파(EEG)는 자기공명영상(MRI)과 비교해 움직임잡파(motion artifacts)에 대한 내성이 훨씬 뛰어나며, 자연적인 환경에서 녹화할 수 있어 유아와 소아를 대상으로 쉽게 연구할 수 있다(Jeste & Nelson, 2009). 이러한 가능성은 뇌 발달의 뇌파(EEG) 패턴에 대한 풍부한 이해로 이어졌고, 이에 따라 비정형발달(atypical development) 연구의 토대가 되었다. 또한, EEG는 비정상적인 신경연결, 피질자극과 억제균형(Excitation/Inhibition balance)의 파괴와 같이 두 가지 모두 피질내신경(cortical interneurons)과 가바(GABA) 수용체의 이상에 뿌리를 두고 있는 신경발달장애의 기저로 추정되는 기전을 측정하는 방법을 제공한다(Gogolla et al., 2009; Yizhar et al., 2011; Kang et al., 2013). 아울러 휴식상태진동(resting–state oscillations)은 느린 진동(세타와 델타밴드)의 감소, 더 높은 주파수 활동(베타와 감마밴드)의 증가, 반구간 일관성(interhemispheric coherence)의 증가와 더불어 초기 아동기 성숙기에 나타난다(Clarke et al., 2001; Marshall et al., 2002; Saby et al., 2012).

임상연구결과 ADHD 장애는 비정상적인 뇌파(EEG) 패턴과 불규칙한 파형들과 관련이 있다. 아동 ADHD는 전두엽영역에서 속파보다 서파에서의 높은 활동성이 나타나며, 후두엽영역에서도 속파의 낮은 활동성이 측정됐다(Mann et al., 1992). 또 다른 연구결과에서는 델타의 증가와 베타의 감소로 나타나며(Kim et al., 2000), 아동 ADHD는 전두엽영역에서 델타의 유의한 증가와 베타의 감소로 각성이 낮게 나타났다(Luba, 1991). 정상적인 아동은 책을 읽거나, 숫자를 계산하거나, 주의 집중할 때, 우측 전두엽영역에 베타가 증가하는 반면에, 아동 ADHD는 전두엽영역에서 세타와 서파의 증가를 보인다(Mann et al., 1992).

아동 ADHD는 C3, Fz, Cz, C4 등의 영역에서 세타가 높게 나타나며, 특히 아동 ADHD는 Cz 영역에서 세타가 정상 아동보다 더 증가를 보였다(Lubar et al., 1995). 이러한 뇌파패턴은 아동 ADHD에서 성인 ADHD까지 유사한 증상으로 나타난다(Loo & Makeig, 2012).

아동 ADHD 경우 Cz, C3, C4, Fz 등의 영역에서 세타/베타비(theta/beta ratio: TBR)가 3 : 1을 초과하여 나타나는 것으로 알려져 있다(Demos, 2005). 세타/베타비(TBR)는 아동 ADHD를 식별할 수 있는 유용한 진단의 보조적 도구로 제기되지만 이에 대한 반론이 제시되고 있다(Arns et al, 2013). 즉, ADHD 집단 내 이질성(heterogeneity)으로 인해 여러 아형(subtype)으로 뇌파가 분류될 수 있으며(Clarke et al., 2001), 이는 기존 세타/베타비(TBR) 연구의 반하는 결과를 도출한다는 것이다(Lenartowicz & Loo, 2014; Loo & Makeig, 2012).

베타나 알파 활성이 증가하는 아형은 세타/베타비(TBR)의 진단지표(diagnostic marker)로서의 가치가 낮으며(Clarke et al., 2001; Robbie et al., 2016), 세타 활성이 증가하는 아형은 정신자극제(psychostimulant)나 뉴로피드백치료(neurofeedback, 뇌파 조절 및 훈련치료) 반응에 부합한다. 그러므로 세타/베타비(TBR)가 예후지표(prognostic marker)로 사용돼야 한다고 제안한다(Clarke et al., 2002; Arns et al., 2008; Monastra, 2002; Arns et al., 2012).

느린 진동과 빠른 진동 사이의 세타상 감마진폭 커플링(theta-phase gamma-amplitude coupling, TGC)은 피질-피질하 상호작용(cortico-subcortical interactions)을 나타낸다(Kim et al., 2015). Kim 등(2015)은 뇌파(EEG)를 활용해 아동 ADHD 53명과 대조군 44명 간의 파워 스펙트럼과 휴식 시 세타상 감마진폭 커플링(TGC)을 비교하여 세타상 감마진폭 커플링(TGC)의 진단 유용성을 평가했다. 연구결과 전체 분류정확도(accuracy)는 71.7%로 나타났다. 세타상 감마진폭 커플링(TGC)은 뇌파(EEG) 기록에서 신경의 상호작용(neuronal interactions)에 대한 정보단계가 포함되어 있기에 세타상 감마진폭 커플링(TGC)은 아동 ADHD의 주의통제력 결핍에 대한 메커니즘을 이해하는 데 유용할 것이다. 휴식상태 세타상 감마진폭 커플링(TGC)은 ADHD를 진단분류하는 데 잠재적인 새로운 신경생리적 마커(neurophysiological marker)로 사용될 수 있을 것이다.

ADHD 이질성(heterogeneity)에 관련해서 개인의 하위집단이 있을 가능성이 있으며, 이는 초기 연구에서 표본절차(sampling procedures)로 인해 과다하게 표현되었을 수 있는 세타/베타비(TBR)를 가진 ADHD를 포함한다. ADHD의 세타/베타비(TBR)에 대한 지지 논문이 최근 현저히 감소했는데, 이는 무엇보다, 이러한 뇌파(EEG) 측정에 대한 진단적 사용(diagnostic utility)이 최근 연구들에 의한 경험적인 지지를 받지 못하고 있기 때문이다. ADHD에서 분명한 이질성을 고려할 때, 다변량 생체지표(multivariate biomarker)가 단일 측정보다 더 큰 차이를 포착할 가능성이 더 크다(Lenartowicz & Loo, 2014).

04 ADHD에 관한 정량뇌파(QEEG) 연구

ADHD 증상에 관한 정량뇌파(QEEG)의 패턴이나 아형에 따라 생리적·인지적·정서적·행동적 특징에 대한 다양한 지표들이 제기되고 있으며(Hermens et al., 2005; Loo et al., 2018; McGough et al., 2013), 정량뇌파(QEEG)의 브레인맵핑(braing mapping)에 나타나는 다양한 신경생리학적 상태에 대한 기능적인 해석이 가능해지고 있다(오수환 등, 2018; 이재원, 2019; 류창현 2018). 임상현장에서 정량뇌파(QEEG)상의 소견을 가지고 아동 ADHD 증상의 정도와 생리적·인지적·정서적·행동적 문제 및 패턴을 판독하는 것은 어려운 실태이며, 이를 극복하기 위한 지속적인 ADHD 정량뇌파(QEEG)의 특성과 분석에 관한 연구가 필요한 실태이다.

세타/베타비(TBR)는 아동 ADHD를 평가할 수 있는 유용한 기준으로 사용되고 있지만, 정상인의 경우 세타/베타비(TBR)가 연령에 따라 감소를 보이며, 정상인을 ADHD로 오진하는 비율이 18%(Loo & Makeig, 2012), ADHD를 정상인으로 오진하는 비율이 16%로 나타난다(Monastra et al, 2001). 아동 ADHD 뉴로피드백 훈련은 전두엽과 두정엽 영역들에 세타를 감소시키고, 베타를 증가시키는 치료기법으로 사용되며, 그 효과 검증을 분석하는 데 세타/베타비(TBR)가 활용되고 있다(Steiner et al., 2011; Amold et al., 2013; 김정인 등, 2015). 즉, 세타/베타비(TBR)는 정상군과 ADHD 군을 자기보고식설문지나 행동평가척도를 통한 평가진단보다 더 정확하게 선별할 수 있는 신경적·생리적 지표로 활용된다(Quintana et al., 2007; Abibullaev, et al., 2012).

세타/베타비(TBR)는 눈 뜬 상태(eyes-open)의 좌우반구를 비교할 때 베타는 좌반구, 알파는 우반구가 높게 나타나며, 세타는 상호 구간이 유사하게 나타난다. 또한, 눈 감은 상태(eyes-closed)의 전두엽과 후두엽 간의 베타, 알파, 세타 등을 비교할 때 비대칭이 나타나며, 베타와 세타는 전두엽에서, 알파는 후두엽에서 높게 나타난다. 따라서 이를 기반으로 뇌의 좌우반구와 전두엽과 후두엽 간의 비대칭을 활용하여 ADHD를 진단할 수 있다고 제기한다(Demos, 2005).

뉴로피드백 훈련은 SMR(Sensory Motor Rhythm)에 기반한 세타/베타비(TBR) 훈련이며, 이른 장기적으로 20회기 이상 훈련을 받은 ADHD는 약물치료 받는 ADHD

보다 집중력이 향상되고 충동성이 낮아지는 결과가 보고되고 있다(Monastra et al., 2002; Rossiter & La Vaque, 1995). 즉, 이 훈련은 전두엽과 두정엽의 세타를 비활성화하고 베타를 활성화시키는 치료개입이라고 할 수 있다. 또한, 뉴로피드백 훈련은 사건관련전위(event-related potential)의 하나로 대뇌피질에서 파생하여 수초 잠복기(500ms) 이후에 관찰되는 전위인 느린 피질전위(Slow Cortical Potential, SCP) 훈련이다(Kim et al., 2012). 느린 피질전위(SCP)는 신체 운동성을 준비하는 상태에서 관찰되며, 느린 피질전위(SCP)의 양은 운동성을 억제하는 동안 관찰된다(Heinrich et al., 2004). 느린 피질전위(SCP)를 통제함으로써 주의력과 충동조절의 능력을 증가시킬 수 있다고 시사한다(Kotchoubey et al., 2001; Rockstroh et al., 1990).

뉴로피드백 훈련은 ADHD(부주의, 과잉행동/충동성, 복합형) 분류 증상의 특징에 따라 진행한다. 즉, 부주의 유형의 경우 C3에서 베타 훈련, 과잉행동/충동성 유형의 경우 C4에서 SMR 훈련, 복합형 유형의 경우 C3와 C4에서 베타와 SMR 훈련을 같이한다(Fuchs et al., 2003).

ADHD에서 나타나는 다양한 정량뇌파(QEEG)를 분석 및 해석하는 데에는 많은 어려움이 따른다. 정량뇌파(QEEG)는 ADHD의 임상 및 행동특성과 관련이 있고, ADHD의 일반적인 뇌파 소견이 나타나지 않아도 장애를 식별하는 데 조력한다(오수환 등, 2018). 작업기억, 수행, 억제기능은 전두엽의 알파 증가, 과잉행동, 충동성은 세타/베타비(TBR) 증가, 사회성 결여는 델타, 세타 증가, 알파의 감소를 나타낸다(오수환 등, 2018).

최근 연구에서 ADHD에서 흔히 보고된 것 이외에 알파 파워가 증가한 새로운 아형(new subtype)이 제시됐다. 알파 파워가 증가된 정량뇌파(QEEG) 특징들을 고려할 때, 이 아형은 아동기 우울증(childhood depression)에 의해 유발될 가능성이 고려된다. 이러한 ADHD의 정량뇌파(QEEG) 아형은 ADHD를 정확하게 진단하는데 있어 가치 있는 정보를 제공할 것이다(Byeon et al., 2020).

임상실무(clinical practice)에서 ADHD를 진단할 때, 정량뇌파(QEEG) 아형에 대한 추가 정보를 제공하는 보조도구로써 정량뇌파(QEEG)를 유용하게 사용할 수 있다. 증가된 델타 파워와 감소된 세타 파워, 또는 높은 세타 파워와 감소된 고속파는 ADHD 진단 가능성이 크다. 반면에 알파파가 높으면 주의력결핍증상(attention-deficit symptoms)이 아동기 우울증(childhood depression)에 의해 유발되었거나 단지 ADHD만이 아닌 아동기 우울증(childhood depression)과 같은 동반질환 (comorbidity)이 나타날 가능성도 크다. 아울러 절대 파워(absolute power)가 전반적으로 높은 것으로 나타난다면, 상대 파워(relative power)를 사용하여 정량뇌파 (QEEG)를 평가할 필요가 있다(Byeon et al., 2020).

05 뇌파(EEG)와 정량뇌파(QEEG)의 지향점

지속적인 뇌파(EEG)와 정량뇌파(QEEG) 연구에서 얻은 새로운 통찰들은 ADHD 증상과 장애에 관한 기계 학습적인 이해, 진단, 예후, 개입을 지지할 수 있는 생체지표(biomarker)의 개발에 한 걸음 더 가까이 접근하도록 지원할 것이다. ADHD 는 일반적으로 다양한 병리학적 변수(etiologic variables)에 대한 최종 공통 경로로 언급되며, 기본 유전적, 환경적(상호작용) 기전, 표현형 발현, 증상학(symptomatology) 영역에서도 이질성을 반영한다. 더욱이, ADHD는 흔히 다른 발달단계에 걸쳐 초기 아동기에 진단되기 때문에, 개입이 있든 없든 시간의 경과에 따른 변화의 정도에 상당한 변동이 존재한다. 특히 뇌파(EEG)와 정량뇌파(QEEG)의 이질성 (heterogeneity)을 배경으로 견고성(robustness), 해석가능성(interpretability), 실행가능성(feasibility), 신뢰성(reliability), 타당성(validity) 등의 균형을 맞추는 것은 쉬운 연구목표가 아니다. 뇌파(EEG) 생체표지의 어떤 조합이 궁극적으로 식별될지는 아직 불확실하지만, 적어도 이질성(heterogeneity)을 허용하는 것이 목표가 되어야 한다(Lenartowicz & Loo, 2014). 따라서 진단적 이질성(diagnostic heterogeneity)과 개인차(individual differences)를 무시하기보다는 수용하는 연구접근방식을 활용할 필요가 있다(Jeste et al., 2015).

아동 ADHD 집단이 건강한 아동집단보다 세타/베타비(TBR)가 높게 나타나는 것을 진단적 표지(diagnostic marker)로 사용해오고 있다(Clarke et al., 1998; Clarke et al., 2001; Clarke et al., 2002; Pop-Jordanova, 2005). 청소년 ADHD 집단에 관한 연구에서도 비슷한 결과를 도출했다. 남성 청소년 ADHD를 대상으로 눈 감은 휴식상태(eyes-closed resting condition)에서의 뇌파(EEG) 이상(abnormalities)을 조사한 결과, 델타와 세타 활성의 절대 우위와 대조군 피험자 대비 높은 세타/베타비

(TBR)를 보였다(Hobbs et al., 2007). 유사한 결과(베타 파워 감소에 따른 세타 활동 증가)로는 청소년 ADHD 대상으로 눈 뜬 휴식상태(eyes-open resting condition)에서 나타났다(Lazzaro et al., 1999).

성인 ADHD 장애 진단은 의사의 기술과 지식에 의존하고 있다. 현재 성인 ADHD에 대한 신뢰할 수 있는 객관적 측정도구는 존재하지 않는다. 지난 10년 간 많은 연구가 ADHD의 신경 상관관계, 특히 정량뇌파(QEEG)의 변화를 정의하려고 노력하고 있다. 대부분의 연구는 아동 ADHD를 대상으로 건강한 대조군에 비해 알파와 베타대역에서 감소된 파워와 델타와 세타대역에서 증가된 파워를 보인다고 제기한다(Markovska-Simoska et al., 2010; Clarke et al., 1998; Clarke et al., 2001; Clarke et al., 2001; Barry et al., 2003).

성인 ADHD에 관한 뇌파(EEG)와 정량뇌파(QEEG) 활동의 불일치(discrepancy)에 대한 잠재적인 중요한 설명은 성숙(maturation)에 따른 신경활동(neurological activity)의 차이에서 기인한다(Adamou et al., 2020). ADHD 환자는 나이가 들수록 세타/베타비(TBR) 감소와 더불어 신경전형인구(neurotypical populations)의 연령 증가에 따른 세타/베타비(TBR) 증가를 나타낸다(Lubar, 1991). 이는 성인기 ADHD의 과잉행동(hyperactivity) 감소와 관련한 베타 활동의 전두중앙정상화(frontocentral nor-malization)와 충동(impulsivity)과 관련된 세타 활동 증가를 유지하는 것과 관련이 있다(Bresnahan et al., 1999). 성인 ADHD는 대조군과 비교해 알파와 세타대역(후두엽 영역만)의 절대 파워 밀도는 눈 감은 상태에서의 휴식상태(resting state in an eyes closed position)를 측정할 때 유의하게 증가하는 것으로 나타났다(Koehler et al., 2009).

성인 ADHD의 증가된 알파 활동은 뇌의 전두엽, 중엽, 후두엽 영역에서 발견된다. 게다가 세타 파워와 연령은 부적 상관관계를 공유하며, 연령이 성인 ADHD의 뇌파(EEG) 이상(abnormality)에서 유의미한 교란요인(confounding factor)이라는 것을 시사한다(Adamou et al., 2020). ADHD 피질 활동이 성인기 ADHD는 아동기 ADHD와 비교해 이례적(atypical)으로 나타나며, 뇌파(EEG) 이상(abnormality)은 성숙(maturation)/발달변화(developmental changes)에 따라 변한다. 따라서 왜 이러한 결과가 초래하는지를 관찰하고 결정하기 위한 종단 연구가 뒷받침돼야 한다(Adamou et al., 2020).

진단적 생체표지(diagnostic biomarkers)에 대한 현재와 향후 미래 연구는 집단 간 비교 차원의 한계를 뛰어넘어 언어(language), 사회적 의사소통기술(social communi-cation skills), 수행기능(executive function), 전반적인 지적기능(overall intellectual function) 등과 같은 핵심 행동들(core behaviors)과 뇌파(EEG) 특징들을 연계한 개인별 계층화(stratification of individuals)에 초점을 맞춰야 한다. 스펙트럼 파워 (spectral power), 일관성(coherence), 복잡성(complexity) 등과 같은 뇌파(EEG) 측정은 지속적이고 전형적인 발달(typical development)과 관련이 있기에 신경발달장애 (neurodevelopmental disorders)의 스펙트럼 내에서 임상적으로 의미 있는 하위집단을 생성할 수 있는 잠재력을 가지고 있다(Jeste et al., 2015).

전형적·비정형적 발달의 궤도 스펙트럼과 신경발달장애의 진단을 둘러싸고 있는 불확실성을 고려할 때, 장애들에 관한 변인(variance)을 식별하기 위해 진단적 범주(diagnostic categories)보다는 기능 영역들을 나타내는 다변량 지표(multivariate markers)와 더 복합적 측정(complex measures) 개발이 필요하다. 뇌파(EEG)는 이러한 충족되지 않은 요구를 해결하고 신경발달장애(neurodevelopmental disorders)에 대한 보다 기계적인 이해(mechanistic understanding)에 크게 조력할 수 있다. 비록 이러한 연구영역 분야가 여전히 빠르게 진화하고 성장하고 있지만, 임상적 측정 (clinical measures)과 전기생리학적 생체지표(electrophysiological biomarkers)의 통합은 이러한 장애를 진단하고, 결과를 예측하고, 치료 진행 상황을 모니터하는 방식을 알려줄 뿐만 아니라 개선할 수 있다(Jeste et al., 2015; Ryu et al., 2016; Ryu, 2020; 류창현, 2017; 2018; 2020; 2021; 류창현 등, 2015; 류창현 등, 2016).

향후 아동과 성인 ADHD 진단을 위한 뇌파(EEG)와 정량뇌파(QEEG)가 유용한 임상검사로 활용되기 위해서는 먼저 타당도와 신뢰도를 높이기 위해 다양한 전기생리학적 생체지표들이 지속해서 연구되어 제공돼야 하며, 세타/베타비(TBR), 세타상 감마진폭 커플링(TGC), 진단적 이질성(diagnostic heterogeneity)과 개인차 (individual differences)를 적극적으로 수용하는 연구접근방법과 더불어 기존에 제기된 아형들인 각성저하형(cortical hypoarousal pattern), 발달지연형(maturational lag pattern), 각성고조형(cortical hyperarousal pattern) 등도 ADHD 진단의 전기생리학적 생체지표로 재검증되고 사용되길 기대한다(류창현, 2020; 2012; 류창현, 장석헌, 2020; 이재원, 2019; Ryu et al., 2016; Ryu, 2020).

12장.

청소년과 성인 ADHD
분노조절 VRT

청소년과 성인 ADHD
분노조절 VRT

▼
01 청소년과 성인 ADHD 분노조절 VRT의 함의

복잡하고 급격한 사회변화와 성장이 초래될수록 아동에서 성인이 되어가는 청소년기가 길어지고, 학업 투자 기간이 증가하고, 직업과 결혼을 늦추고, 부모의 돌봄이 장기화하는 등의 사회적 성숙이 지연된다(Kim, 1983). 특히 한국 사회는 가부장적 가족사회와 문화, 당위와 강요적인 교육체계 바탕으로 아동과 청소년이 정신적·정서적 억압과 고통을 순화시킬 수 있는 건강한 출구가 제한적이기에 복잡하고 다양한 사회적인 스트레스, 긴장, 갈등, 좌절, 분노, 적대감, 공격성 등에 장기간 노출됨으로 인해 유발되는 긴장성 피질각성(tonic cortical arousal)과 만성적 과다각성상태(chronic hypervigilant state)로서의 뇌의 충동조절 기능이 취약하다(Ryu et al. 2016; Jaworska et al., 2012; Min, 2006).

사소한 작은 일이나 스트레스에도 과도한 분노폭발, 과민반응, 공격적 행동으로까지 돌변하는 ADHD(Attention Deficit/Hyperactivity Disorder, 주의력결핍 및 과잉행동장애)는 가장 일반적인 신경행동장애들(neurobehavioral disorders) 중 하나로 대략 5% 정도의 유병률로 나타난다(Yeh et al. 2012). ADHD는 아동기에 처음으로 8~10% 정도 진단되고(Baren, 2002), 대략 80% 정도는 성인기까지 흔히 유지된다(Schubiner et al., 1996). 아동기에는 단지 부주의 및 과잉행동·충동성 등의 주요 정도에 그치지만 적절한 개입 및 치료를 받지 못한 채 방치된 청소년과 성인의 경우 묻지마폭력, 도로보복폭력, 상습폭행, 가정폭력, 주취폭력, 학교폭력, 군폭력, 성폭력, 데이트폭력, 방화, 열등의식, 성격장애, 대인관계장애(interpersonal impedi-ment), 반사회적 행동 등과 관련한 파괴적인 충동조절장애(Destructive Impulse-

Control Disorder, DICD)를 초래하며. 이는 향후 치명적인 반사회적 성격장애나 반사회적 범죄유형들까지도 확대된다(Yeh et al. 2012; DSM-V, 2013).

ADHD와 공존질환으로 불안장애(범불안장애, 불리불안장애, 공포증, 47.1%), 기분장애(주요우울장애, 기분부전장애, 양극성정동장애, 파괴적 기분조절부전장애, 38.3%), 충동조절장애(적대적 반항장애, 간헐적 폭발장애, 품행장애, 19.6%), 물질사용장애(15.2%), 반사회적 성격장애 등이 동반되며, 아동기 ADHD는 성인이 되어서도 2/3이상이 공존질환을 보이며, 성인 ADHD 경우 87%가 한 가지 이상 공존질환을 가지고 있다(DSM-IV, 2006; DSM-V, 2015). 즉, 성인 ADHD(18세에서 65세까지)는 흔히 우울장애, 불안장애, 양극성장애, 물질관련장애, 적대적 반항장애, 품행장애, 경계성 성격장애, 반사회성 성격장애, 간헐적 폭발장애, 파괴적 충동조절장애 등의 공존질환을 보이며(노동현 등, 2014; DSM-5, 2015; 이문인 등, 2011; 강태웅 등, 2015), 순간적인 충동과 분노조절이 안 돼 가정폭력, 주취폭력, 학교폭력, 군폭력, 도로폭력, 알코올중독, 인터넷게임중독, 강박적 성행동, 병적방화, 병적도벽, 살인범죄에까지 이르는 등 막대한 사회경제적 손실을 초래한다. 또한, 대부분 성인 ADHD 진단이 주관적 보고식에 의해 평가되기 때문에 어려움이 존재한다(노동현 등, 2014; Klein et al., 2012).

현재 국내 청소년과 성인 ADHD 평가, 치료, 재활을 위한 생체신호분석 기반 분노조절 가상현실치료(VRT) 프로그램 기술개발 연구는 전무한 실태이다. 가상현실(VR)을 활용한 긍정기술(Positive Technology)에 기반 청소년과 성인 ADHD 분노조절 가상현실치료 기술 및 콘텐츠는 맞춤형 가상현실(VR)과 가상환경(VE)의 구성설계로 다양한 파괴적인 충동조절장애증상들에 따른 맞춤형 치료가 가능하며, 치료개입을 단계별로 차별화시켜 적용할 수 있는 이점들이 있다. 따라서 이러한 시대적 이슈인 묻지마범죄, 충동분노조절장애, 성폭력, 자살충동 등 문제들을 해결하기 위한 새로운 대안으로 보다 효과적·실용적으로 청소년과 성인 ADHD 진단, 치료, 재활 프로그램으로 개입할 수 있는 생체신호패턴분석에 기반한 분노조절 가상현실치료(VRT) 기술 개발연구가 절실히 요망된다.

02 국내 청소년과 성인 ADHD 관련 범죄현황

청소년과 성인 ADHD는 내외적으로 야기되는 스트레스, 분노, 우울, 불안, 긴장, 두려움, 좌절, 상실 등의 감정들을 적절히 조절할 수 있는 기능의 결여를 보인다. ADHD는 흔히 충동조절 어려움(과도한 분노와 과민성), 경직성, 책임감 결여, 대인관계 어려움, 기분변화, 낮은 좌절감내력, 낮은 자존감, 좌불안석 등의 부수적인 특징들을 포함한다(DSM-5, 2015; Young, 1999). 한국형 성인 ADHD 평가척도는 부주의, 과잉행동, 충동성, 반사회적 성격장애, 품행장애(CD), 적대적 반항장애(ODD), 정서조절곤란(emotional dysregulation), 비조직화(disorganization), 기능장애, 운전 등 총 8개의 하위척도요인과 총 73개 문항으로 구성하여 개발됐다(강태웅 등, 2015).

대한소아청소년정신의학회 정유숙 이사장에 따르면, 국내의 성인 ADHD 유병률은 대략 4.4%로, 치료율은 0.5%에 불과하며, 아동청소년기에 질환을 초기에 인지하지 못하거나 진단 시기를 놓친 ADHD 환자를 85% 이상으로 추정한다. 연구결과, 성인 ADHD 환자의 85%가 우울증, 조울증 등의 기분장애, 공황장애 등의 불안장애, 알코올남용 등을 경험한다. 전문의 설문조사 결과 진료실을 찾는 성인 ADHD 중 1개 이상의 공존질환을 경험하는 비율이 95%로 나타난다(메디트리트저널, 2017). 따라서 국민사회안전망과 삶의 질 구축을 위해서라도 생체신호분석에 기반한 분노조절 가상현실치료(VRT) 프로그램 기술개발 연구가 요망된다. 다음 〈표 12.1〉은 연도별 국민안전 범죄분석표이다.

표 12.1 〉 연도별 국민안전 범죄분석

순 번	연도별 대검찰청 국민안전 범죄분석	범죄유형
1	2014년 방화범죄자 중 50.7%	충동적 우발범죄
2	2014년 살인범죄자 중 41.9%	충동적 우발범죄
3	2013년 살인범죄자 중 45.9%	충동적 우발범죄

출처: 대검찰청 국민안전 범죄분석, 2015

03 청소년과 성인 ADHD 증상 기반 묻지마범죄사례와 유형 분석

청소년과 성인 ADHD에 나타나는 진단적 특징들은 묻지마범죄행위에서도 흔히 볼 수 있다. 묻지마범죄를 "가해자와 아무런 관계가 없는 불특정 피해자에 대해서 가해자의 일방적 의사로 흉기 등 위험한 물건을 사용하여 폭행, 손괴 등 유형을 행사하는 방법으로 피해자의 생명, 신체, 재산을 침해하는 범죄, 즉 살인, 상해, 폭행, 협박, 방화, 방화치사, 손괴 등"(p.8)으로 규정하고 있다(대검찰청, 2013). 즉, 명확하거나 특별한 동기 없이 때와 장소나 상대를 가리지 않고 폭력과 살인을 하는 범죄행위이며, 일반범죄와 구별되는 것은 가해자와 피해자 간의 상호관계성이 없거나 적으며, 알코올, 약물, 게임중독 등의 정신적 문제와 더불어 폭력성향이 높은 상태에서 주로 일어나는 범죄를 의미한다. 묻지마범죄와 청소년과 성인 ADHD에서 보이는 부가적 공통특징들로 적대감, 분노, 공격성, 과민성, 좌절에 대한 낮은 감내, 낮은 자존감, 충동성, 집중저하, 인지협착, 우울, 불안, 기분변화 등을 동반한다(이문인 등, 2011; 노동현 등, 2014; DSM-5, 2015; Biederman et al., 1996). 특히 초기 성인 ADHD는 기분장애, 품행장애, 물질사용장애 등이 동반할 때에 높은 위험성의 자살시도를 보인다(노동현 등, 2014; DSM-5, 2013; 이문인 등, 2011).

2012년 전국 지방검찰청과 지청에 소재한 묻지마범죄 56건의 사건들 기록조사 분석에 따르면, 전체의 75%가 전과력이 있는 범죄자였으며, 그 중 92%는 폭력범죄, 73%는 대인범죄 전력 등으로 나타났다(김민정, 윤정숙, 2014). 상당수는 과거에도 묻지마범죄경력이 있으며 법적처벌을 받았으나 충동성과 폭력행위가 개선되지 않은 채 재범률을 높이는 경향이 있으며, 이 중 망상이나 환각 등의 뚜렷한 정신증적 증상이 묻지마범죄의 원인으로 발현될 확률이 높다고 나타난 사례는 전체의 27%로 보고되었다(김민정, 윤정숙, 2014).

묻지마 범죄유형들은 관계망상, 환각, 우울증 등의 정신증 특징들을 보이는 정신장애형과 더불어 성인 ADHD 주요 증상들 중 충동성과 폭력행위를 수반한 파괴적 충동분노조절장애가 지속적으로 잔존하게 되며, 이는 현실불만형, 만성분노형, 분노보복형 등으로 분류된다. 다음 〈표 12.2〉는 ADHD 증상들 기반 묻지마범죄유형별 분석표이다.

표 12.2 〉 ADHD 증상들 기반 묻지마범죄유형별 분석표

순 번	ADHD 증상들 관련 묻지마범죄사례	묻지마범죄유형
1	• 강남역 살인사건	정신장애형(망상, 우울증)
2	• 큰딸(7살) 살해·암매장사건	현실불만, 만성분노형
3	• 10대 소녀살인사건(8살 초등여아 유괴)	정신장애형(망상, 우울증)
4	• 망우동 길거리 살인미수 사건	정신장애형(환각, 망상)
5	• 영등포 골목길 살인미수 사건	현실불만, 만성분노형
6	• 여의도 칼부림 사건	현실불만, 분노보복형
7	• 반포 초등학교 흉기난동 사건	현실불만, 만성분노형
8	• 종로2가 여성 상습 폭행 사건	현실불만, 만성분노형
9	• 도로운전폭행사건 (왜 느리게 운전해?, 왜 끼어들어?)	현실불만, 만성분노형, 분노보복형
10	• 분당 고교생 존속폭행치사사건	현실불만, 만성분노형, 분노보복형
11	• 양산아파트 밧줄살인사건	현실불만, 만성분노형, 분노보복형
12	• 종로여관방화사건	현실불만, 만성분노형, 분노보복형

대검찰청(2014)의 최근 3년(2012~2014) 간 묻지마폭력범죄발생 실태현황을 분석해보면, 폭행(9%), 협박(6%), 손괴(2%) 등의 순으로 증가를 보이고 있으며, 이에 대한 범죄예방과 억제 기능을 할 수 있는 새로운 대안전략(alternative strategies)으로써 생체신호분석 기반 분노조절 가상현실치료(VRT) 기술개발을 통해 시대적 요망을 충족시키고자 한다.

표 12.3 〉 최근 3년(2012~2014)간 묻지마폭력범죄증감율 (단위: 건, %)

구분	2012년	2013년	증감율	2014년	증감율	3년간
살인	17.0	14.0	-17.6	10.0	-28.6	41.0
상해	30.0	30.0	0.0	27.0	-10.0	87.0
폭행	2.0	5.0	150.0	9.0	80.0	16.0
협박	5.0	1.0	-80.0	6.0	500.0	12.0
방화	1.0	3.0	200.0	0.0	-100.0	4.0
손괴	1.0	1.0	0.0	2.0	-100.0	4.0
총 건수	56.0	54.0	-3.6	54.0	0.0	164.0

출처: 대검찰청, 『묻지마폭력범죄분석 및 대책 III』, 2014

그림 12.1 ⟩ 최근 3년(2012~2014)간 묻지마폭력 범죄발생 실태현황

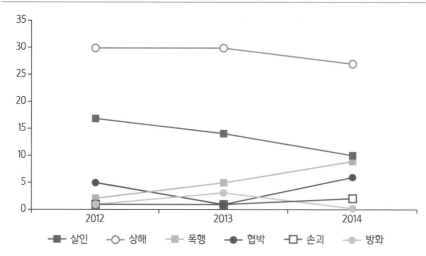

출처: 대검찰청, 『묻지마폭력 범죄분석 및 대책 Ⅲ』, 2014

▼
04 ADHD 치료를 위한 VR과 CBT의 국내외 임상연구현황

최근 몰입형 VR-HMD(Head Mounted Display), 데스크탑 VR(Desk-Top VR), 홀로그래픽 VR(Holographic VR) 등을 활용한 가상현실환경(VRE)에서 다양한 맞춤형 가상현실치료(VRT) 프로그램을 진행하기 때문에 심리치료와 재활상황에서의 사용이 증가하고 있으며, 증강된 가상현실환경(VRE) 외에는 주변의 외부환경이 차단되어 ADHD 사용자를 위한 독립적인 가상공간(virtual space)이 제공되어 더 높은 주의, 집중, 몰입, 현실감(realism), 실재감(presence), 동기강화, 공감적 이해, 정서적 안정, 긍정적 자기대화, 자기노출, 자기돌봄, 자존감과 더불어 뇌손상의 감소와 뇌가소성의 효과를 초래한다(Rose et al., 2005; Adamovish et al., 2009; Bohil et al., 2011; Ryu et al., 2016).

최근 국내외에서 ADHD 치료를 위한 가상현실(VR)과 인지행동치료(CBT)를 결합하여 다양한 통합적 치료기술들 및 프로그램들이 개발되고 있다(Anton et al., 2009; Ryu et al., 2016). 가상현실 인지행동치료(VR-CBT) 프로그램은 청소년과 성인의 자기분노조절과 사회적응기능, 자기통찰, 자기동정(self-compassion), 자기

객관화, 높은 좌절감내력, 동기의 기능적 자율성 및 사회적 조망기술, 상호작용을 통한 공감능력, 치료프로그램에 대한 몰입 및 주의집중력을 향상시키며, 아울러 상담자나 감정노동자의 에너지 소진을 위한 대처방안으로도 활용될 수 있는 새로운 대안적 프로그램으로 제시되고 있다(Ryu et al., 2016; 류창현 등, 2015; 류창현, 2017).

특히 국내 최초로 류창현 등(2015)의 "범죄소년을 위한 분노조절 가상현실 인지행동치료(AM-VR-CBT) 프로그램 개발의 함의" 논문에서는 청소년과 성인을 위한 분노조절 가상현실 인지행동치료(AM-VR-CBT) 프로그램: 매회 1시간 10분씩, 총 3회기 과정을 제작 및 개발하였다. 즉, 파괴적인 충동조절장애와 충동분노조절장애 치료개입을 위한 분노조절 가상현실 인지행동치료(AM-VR-CBT) 프로그램으로, 1. 부모와 청소년 자녀들 간, 친구와 동료 간의 3회 분노유발상황 비디오 시나리오, 2. 합리정서행동치료(REBT)와 인지행동치료(CBT)에 기초한 합리적·경험적·기능적·대안적·실용적·철학적·건설적·창의적·중립적 사고(인지재구조화), 문제해결, 대처능력, 사회대인관계기술, 합리대처진술문 비디오 시나리오, 3. 분노조절을 위한 근육이완, 복식호흡 웃음치료, 마음챙김명상(MBSR), 자연치유영상, 향기치료(유자향, 라벤더), 마테차 등과 같은 내용들을 구조화하여 개발하였다.

Ryu 등(2016)의 "충동조절장애의 환자들에 대한 뇌파(EEG) 맵핑(mapping) 분석을 통한 분노조절 가상현실 인지행동치료 프로그램(AM-VR-CBTP)의 효과 검증" 임상연구에서는 파괴적인 충동조절장애(DICD)와 분노조절장애 대상자를 위한 자기분노조절, 사회적응기능, 자기통찰, 자기객관화, 높은 좌절감내력, 동기의 기능적 자율성, 공감적 이해능력, 사회적 조망기술, 마음챙김명상(MBSR) 등과 같은 통합적 인지행동치료(CBT)를 토대로 가상현실치료(VRT) 프로그램을 구성하여 개발하였다. 분노조절 가상현실 인지행동치료 프로그램(AM-VR-CBTP)은 몰입 및 주의 집중력을 증가시켜 치료효과와 삶의 질을 높이고, 개인과 집단상담자의 에너지 소진 감소, 내담자의 뇌가소성(neuroplasticity) 향상에 대한 대처방안으로 활용하기 위한 목적으로 개발하여 파괴적 충동조절장애자를 대상으로 효과 검증하였다. 실험군 충동조절장애환자 7명(청소년 5명, 성인 2명; 연령 13~45)을 대상으로, 매회 1시간 30분씩, 총 6회 분노조절 가상현실 인지행동치료(AM-VR-CBT)를 진행하여 상태특성분노표현척도-2(STAXI-2), 뇌파(EEG) 등을 사전-사후 두 차례 사용하여 평가했다(Ryu et al., 2016). 다음 〈그림 12.2〉는 남성분노참여자(male anger participant)가 3D 구글 안경을 착용하고 분노조절 가상현실 인지행동치료 프로그램(AM-VR-CBTP)에 참여하고 있다(Ryu et al., 2016).

다음 〈표 12.4〉는 파괴적 충동조절장애(DICD) 참가자의 인구통계학적 및 임상적 특성을 제시하고 있다.

그림 12.2 〉 분노내담자(Male Anger Participant)

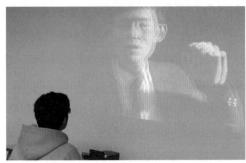

출처: Ryu et al. (2016). Effects of an Anger Management Virtual Reality Cognitive Behavioral Therapy Program on EEG Patterns among Destructive and Impulse-Control Disorder Patients. Journal of Medical Imaging and Health Informatics, 6, p.1320.

표 12.4 〉 파괴적 충동조절장애(DICD) 참가자의 인구통계학적 및 임상적 특성

Type / No.	Age (yrs)	Gender	Handedness	Anger Expression Index (AX Index in the STAXI-2		
				Pretest	Posttest	Difference (%)
Participant 1	21	Male	Right	68	40	41.17
Participant 2	44	Female	Right	74	42	43.24
Participant 3	39	Female	Right	61	76	-24.59
Participant 4	19	Male	Right	65	55	15.38
Participant 5	17	Male	Right	76	51	32.89
Participant 6	16	Male	Right	72	81	-12.50
Participant 7	13	Male	Right	80	61	23.75
Median	19			72	55	
P-Value	P=0.056(2-tailed)					

* Wilcoxon signed rank test was conducted to determine any significant differences in Anger Expression Index at $P < 0.05$.

출처: Ryu et al. (2016). Journal of Medical Imaging and Health Informatics, 6, p.1321.

본 연구결과를 살펴보면, 파괴적 충동조절장애(DICD) 참여자 7명을 대상으로 분노조절 가상현실 인지행동치료 프로그램(AM‒VR‒CBTP) 효과 검증을 위해 상태특성분노표현척도 2(STAXI‒2) 사전‒사후 검사를 진행한 결과, 분노표현지수(anger expression index)가 유의미하게 감소했다(P=0.056). 결과적으로, 분노조절 가상현실치료(AM‒VRT) 개입 후 파괴적 충동조절장애나 분노조절장애 참여자들은 흔히 자신의 분노를 타인이나 물건에 직접적으로 공격행동을 표출하려는 충동적 공격성분노가 감소했다. 즉, 타인폭행, 문을 쾅 닫는 물리적 행동, 칼을 들고 위협, 불을 지르려는 행동, 야구방망이나 다른 도구를 사용하여 사람과 물건을 강타하려는 행동들과 더불어 비난, 비판, 빈정댐, 모욕, 위협, 극단적인 신성모독(부모모욕) 등과 같은 공격행동과 언어분노표현표출 등의 감소를 반영한다. 즉, 참가자들은 급격한 스트레스나 긴장상황에서 쉽게 충동적으로 심각한 분노감정(intense angry feelings)을 억압하거나 공격행동으로 표출하거나, 아니면 둘 다를 취하거나 등을 평가하는 분노표현지수(anger expression index)가 감소로 나타났다. 이러한 분노표현지수(AX‒Index)의 감소는 사회적 조망수용과 공감적 이해능력에 기초한 사회심리대인관계능력의 향상을 의미한다(Spielberger, 1999).

분노조절 가상현실 인지행동치료 프로그램(AM‒VR‒CBTP) 효과 검증을 위한 사전‒사후 정량뇌파(QEEG) 맵핑 분석결과, 남성분노내담자(21)의 경우 사전‒사후 QEEG 맵의 주요 차이점은 느린 세타 및 델타 밴드 등에서 현저한 감소를 보였다는 점이다. 사전 QEEG 맵과 비교하여 사후 QEEG 맵은 절대적 파워에서 표준화된 델타 영역을 나타냈고, 절대적 및 상대적 파워에서 세타 영역은 현저하게 감소했다. 그러나 절대적 파워 분석에서 상승된 알파 밴드는 사전‒사후 QEEG 매핑 간에 변화는 없었다. 다음 〈그림 12.3〉은 눈을 뜬 상태(EO)의 EEG 검사 동안 남성분노내담자(21세)의 분노조절 가상현실 인지행동치료 프로그램(AM‒VR‒CBP) 개입 전‒후 QEEG 매핑의 변화를 보였다(Ryu et al. 2016).

여성분노내담자(44)의 경우, QEEG 사전‒사후 맵의 차이는 확산되어 증가된 절대적 파워에서, 특히 델타, 세타 및 알파 파워에서 나타났다. 사전 QEEG 맵에서 현저하게 감소된(z‒score<‒2.5) 델타 밴드는 사후 QEEG 맵에서 대부분 사라졌다. 세타 및 알파 밴드에서도 비슷한 효과가 나타났다. 더욱이 전두엽 영역(Fp1과 Fp2)의 델타 및 세타 밴드에서의 상대적 파워의 현저한 감소(z‒score

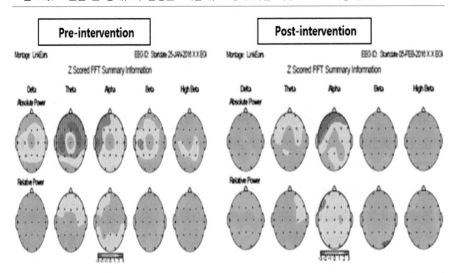

출처: Ryu et al. (2016). Effects of an Anger Management Virtual Reality Cognitive Behavioral Therapy Program on EEG Patterns among Destructive and Impulse-Control Disorder Patients. Journal of Medical Imaging and Health Informatics, 6, p.1321.

< −2.5)는 사후 QEEG 맵에서 사라졌다. 또한, 사전 QEEG 맵에서의 전두전극 (frontal electrodes)의 상승(z−score>1.5) 베타 및 높은 베타 상대적 파워는 사후 QEEG 맵의 상대적 파워에서 약간 감소(z−score 및 영역 감소)를 보였다. 다음 〈그림 12.4〉는 눈을 뜬 상태(EO)의 EEG 검사 동안 여성분노내담자(44세)의 분노 조절 가상현실 인지행동치료 프로그램(AM−VR−CBP) 개입 전−후 QEEG 매핑의 변화를 보여주고 있다(Ryu et al. 2016).

　역기능적 분노(dysfunctional anger)와 뇌파검사결과의 임상연구로, Jaworska 등 (2012)은 분노집단(anger group)을 역기능적 분노(dysfunctional anger)를 지닌 성인 15명과 건강성인 14명 통제집단(control group)을 대상으로 뇌파(EEG)를 측정한 결과, 전반적인 상대적 베타1 파워(relative beta 1 power)가 눈뜬(EO)/눈감(EC)은 안정상태에서 증가했다. 전반적인 상대적 베타1 파워(relative beta 1 power)의 증 가는 보다 높은 불안각성(anxious arousal)과 위협처리(threat processing)의 경향을 반영한다. 즉, 이는 역기능적 분노내담자들이 더 높은 긴장성 피질각성(tonic cortical arousal)과 경계심을 강화하는 만성적 과다각성상태(chronic hypervigilant

그림 12.4 ⟩ 눈을 뜬 상태 여성참가자(44세)의 사전–사후 QEEG 매핑 변화

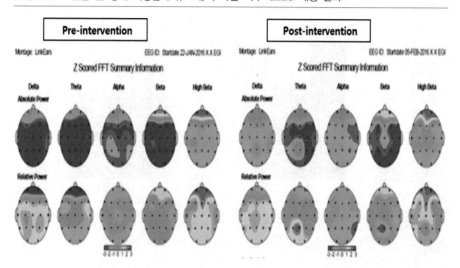

출처: Ryu et al. (2016). Effects of an Anger Management Virtual Reality Cognitive Behavioral Therapy Program on EEG Patterns among Destructive and Impulse-Control Disorder Patients. Journal of Medical Imaging and Health Informatics, 6, p.1322.

state)로 인해 비교적 악의가 없는 자극(innocuous stimuli)이나 상황에서도 과민반 응을 보인다는 것을 의미한다. 다음 〈그림 12.5〉는 전반적인 상대적 베타1 파워 증가를 제시하고 있다(류창현 등, 2016).

　　마지막 임상연구사례로, Cho 등(2002)은 학습장애, 부주의, 충동성, 임상적으 로 ADHD로 의심되는 26명 청소년 대상들 중 8명은 인지훈련(cognitive training) 과 가상현실(VR–HMD) 도구를 활용한 가상현실집단(VRG), 9명은 가상현실(VR) 사용 없이 인지훈련(cognitive training)만 진행한 비가상현실집단(Non–VRG), 9명은 처지를 전혀 주지 않은 통제집단(CG) 등으로 구성하여 2주 동안 20분씩, 총 8회 기를 진행하였다. 가상현실집단(VRG)과 비가상현실집단(Non–VRG)은 효과 검증 을 위해 사전–사후 두 번 '주의력지속수행검사(Continuous Performance Test: CPT)' 를 진행했으며, 통제집단(CG)은 단 한번만 평가했다. 그 결과 인지훈련(cognitive training)과 가상현실(VR–HMD)을 결합한 가상현실집단(VRG)이 다른 두 집단들에 비해서 가상 주의력(attentional ability) 향상을 보였으며, 몰입형 가상현실(VR)은 치료에 대한 동기부여를 증가시켰다.

그림 12.5 〉 전반적인 상대적 베타 1 파워 증가

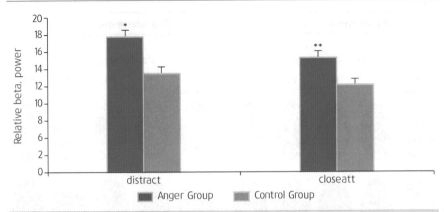

(Overall relative beta1 power (means±SEMs presented) collapsed across all regions and hemispheres during the eyes-open condition in individuals with dysfunctional anger (Anger) and Control participants (*p<0.05, **p<0.001)).

출처: Jaworska et al.(2012). Resting electrocortical activity in adults with dysfunctional anger: a pilot study. Psychiatry Research: Neuroimaging, 203, p.233.

05 ADHD 분노조절 가상현실치료(VRT) 개발 내용

미국 캘리포니아 샌디에고(San Diago)에 위치한 가상현실의료센터(Virtual Reality Medical Center)에서는 다양한 치료(multimodal treatment) 개입을 아동, 청소년, 성인 ADHD에게 가장 효과적인 방법으로 소개한다. 이러한 치료접근은 함께 협력하거나 서로 지지하는 등 다양한 구성요소들을 포함한다. 따라서 다양한 가상현실치료(VRT) 개입과 방법은 청소년과 성인 ADHD가 맞춤형 가상노출환경(VEE)에서 상호작용기술훈련을 통한 공감능력, 협동심, 사회기술 등을 강화시켜 최상의 결과를 초래한다. 다양한 치료의 구성요소들은 다음과 같다.

- 진단과 치료에 관한 부모와 자녀교육
- 구체적인 행동조절기술(분노조절, 사회기술)
- 자극제약물(stimulant medication)
- 적절한 맞춤형 교육 프로그램과 지지

청소년과 성인 ADHD를 치료하기 위해 한 가지 개입만으로 충분하다고 생각하는 것은 잘못된 생각이다. 개별적으로 다른 개입보다 한 가지 개입에 충분히 반응할 수도 있지만, 이를 둘 중 하나의 선택(either/or)으로 이해해서는 안 된다.

가상현실치료(VRT)는 청소년과 성인 ADHD 치료에 매우 유용하다. 가상현실기술은 내담자를 가상환경(VE), 즉 가상교실, 가상가정집, 가상사무실 등에서 역할극(role play)을 통해 다양한 상황을 연습하고 토론하게 할 수 있다. 치료사는 내담자의 집중력기술(concentration skills)을 향상하는 데 조력할 수 있으며, ADHD 내담자는 다양한 주의 산만한 상황들에 노출되는 동안 특정 과제들을 집중하는 시연을 할 수 있다. 또한, ADHD 내담자는 교사와 급우들과 상호작용을 통한 공감능력과 사회기술(social skills)을 발전시키고 과제를 지속할 수 있는 다양한 기술들을 배울 수 있다.

ADHD는 흔히 다양한 치료프로그램이 필요하며, 가상현실치료(VRT)는 다른 치료들과 쉽게 통합되어 가장 포괄적이고 효과적인 개입계획을 제공한다. 가상현실(VR) 세계에 내장된 주의력검사(attentional tests)는 치료개입을 시작하기 전에 아동과 청소년에게 제공되며, 이 동일한 평가는 반복하여 치료경과를 정확히 측정할 수 있다.

ADHD 치료 및 개입을 위한 분노조절 가상현실 인지행동치료(AM-VR-CBT) 프로그램은 통합적·절충적 치료전략과 접근을 추구한다. 즉, 통합적 분노조절 가상현실 인지행동치료(IAM-VR-CBT) 프로그램을 구성하여 개발하는 것이 ADHD 치료 및 개입에 더 효과적이고 다양한 맞춤형 프로그램을 제공할 수 있는 이점이 있다. 다음은 1. 역기능적 행동 소거기술(Techniques for eliminating maladaptive behavior), 2. 인지재구조화기술(Cognitive restructuring techniques), 3. 자기분노조절과 자기분노치료기술(self-anger management & self-anger therapy Technique), 4. 스트레스면역훈련(Stress Inoculation Training: SIT), 5. 고통/좌절감내기술(Pain & Frustration Tolerance Technique), 6. 우울/불안의 자기동정훈련(self-compassion training, 자살사고와 자살시도 예방 및 치료), 7. 마음챙김명상(Mindfulness-Based Stress Reduction, MBSR) 등에 기반한 통합적 분노조절 가상현실 인지행동치료(IAM-VR-CBT) 프로그램 구성 내용을 소개하고자 한다.

(1) 역기능적 행동 제거기술(Techniques for eliminating maladaptive behavior) (David, 2006).

소거(extinction)란 한 가지 반응과 그 강화자극 간의 관계를 중단하거나 이전의 확립된 반응비율을 감소시키는 것을 의미한다. 연구에 따르면 이전의 소거경험이 중요하다는 것을 보여주고 있다. 즉, 강화에서 소거에 이르는 일련의 전환들은 소거를 위한 각각의 연속적인 노출이 될 때마다 그 반응이 더 빨리 감소하게 만든다(David, 2006). 따라서 맞춤형 충동분노조절 가상현실환경(VRE)에서 점진적인 노출을 시도하는 훈련인 가상현실 노출치료(VRET)를 통해 ADHD의 역기능적 행동을 제거할 수 있는 소거기술들이 분노조절 가상현실 인지행동치료(VR-CBT)에서 구현되고 있다(Anton et al., 2009; Ryu et al., 2016).

(2) 인지재구조화기술(Cognitive restructuring techniques)(David, 2006; Ellis & Bernard, 2007; Ryu et al., 2016).

인지재구조화기술이란 비합리적·비논리적·비현실적·부정적·파괴적·극단적·충동적 사고들을 경험적 논박(empirical disputing), 논리적 논박(logical disputing), 의미적 논박(sematic disputing), 기능적 논박(functional disputing) 등을 사용하여 보다 합리적·논리적·현실적·긍정적·건설적·중립적·대안적 사고들로 과감히 전환하는 인지기술이다.

- 경험적 논박(empirical disputing) – 내담자의 추론들과 평가들을 지지할 수 있는 증거(evidence)를 탐색하는 과정.
- 논리적 논박(logical disputing) – 내담자의 결과들과 기대들이 합리적이고 논리적으로 현실(reality)에서 유래된 증거(evidence)를 탐색하는 과정
- 의미적 논박(sematic disputing) – 내담자가 자신, 타인/세상, 미래에 대해 묘사하거나 평가할 때 사용하는 단어와 구문의 객관적인 정의들을 제공하는 과정
- 기능적 논박(functional disputing) – 비합리적인 사고들에 관한 내담자 자신의 유용성을 강조하는 과정.

(3) 자기분노조절과 자기분노치료기술(self-anger management & self-anger therapy Technique)(Ryu et al., 2016; 류창현, 2017; 류창현 등, 2016).

분노를 폭발시킬 것인가는 온전히 개인 자신의 의사결정이며 선택에 달려있다. 즉, 이는 개인의 자유의지(free will)와 자유선택(free choice)에 더 의미를 강조한다. 개인의 자유의지와 자유선택은 혼신을 다한 배움과 훈련을 통한 통찰, 예지, 체득, 수용의 지혜 등에 의해 변화하고 진화한다. 따라서 당신은 주취 시 또는 음주 후에도 다른 많은 상황들에서처럼 적절한 행동들을 선택할 수 있듯이, 분노, 격분과 더불어 음주 관련 범죄행동들(성폭력, 병적도박, 병적도벽, 병적방화)도 선택할 수 있다. 알코올이 직접적으로 당신을 분노하게 강요하지는 않지만, 분노 이면에 숨겨진 부정적인 정서들과 불충족된 원함들과 욕구들(예: 1. 인정욕구, 2. 존중욕구, 3. 지배욕구(통제/조종욕구), 4. 우월욕구, 5. 충동욕구, 6. 회피욕구, 7. 의존욕구)을 유발시켜 스스로를 더 집착하게 하거나 고통스럽게 하며, 또다시 당신의 무분별한 충동분노조절장애, 성충동조절장애, 묻지마폭력장애 등으로 파생되는 공격성으로 인해 주위 사람들까지도 고통스럽게 만들고 스스로를 소원시킨다(Petracek, 2004; Ryu et al., 2016).

만일 당신이 자신의 분노를 자각하고 인정하고 그 이면에 또 다른 감정, 불충족된 원함과 욕구, 의미를 이해했다면, 이제부터 당신은 자기분노조절(SAM)을 하는 데 있어 좋고 나쁜 방법을 구별하는 것을 배울 수 있다. 당신은 항상 자신의 분노표출을 좋아할 수는 없듯이, 어떻게 분노를 다룰 것인지에 대한 선택들(choices)을 할 수 있다. 사람들은 흔히 정서문제, 갈등, 분노가 유발할 때 자신이 내린 선택들에 대해 생각하지 않는 경향이 있다. 분노유발상황에 대한 보다 나은 선택을 했을 때 분노는 곧 사라진다. 자신의 선택들을 인정한다는 것은 자신의 정서들에 대한 책임을 자신의 어깨에 올려놓고 직면한다는 의미이다. 이는 자신이 원하지도 않는 사건들로 인해 피의자가 될 필요는 없다는 것을 의미한다. 자기분노조절(SAM)과 자기분노치료(SAT)는 자신의 선택에 있다. 비록 세상은 불안정하여도, 나는 스스로의 선택으로 안정될 수 있다(Carter & Minirth, 2012; 류창현, 2017).

비생산적인 분노순환(Nonproductive Anger Cycle)에서의 고통스러운 상황(painful

circumstances)은 (1) 평가절하의 메시지(message of devaluation), (2) 불충족된 욕구나 원함(unmet need or want), (3) 신념에 반한 사건(event counter to convictions) 등의 형태를 보이며, 이는 분노정서를 유발시킨다. 이 시점에서 대부분의 사람은 환경을 바꾸려고 시도함으로써 자신의 분노에 반응한다. 예를 들면, 자신의 잘못을 타인들에게 설득하거나, 다른 방으로 회피하거나, 울분을 발산하기 위해 한 가지 프로젝트에 빠져들거나, 게임, 분노섹스, 약물사용의 행동들이 이에 속한다. 이러한 방법은 항상 나쁜 것은 아니지만, 분노경감을 보장할 수 없는 방법이기에 위험할 수 있으며 행위중독이나 약물중독을 야기한다. 이는 또한 대인관계에 높은 갈등과 마찰과 더불어 충동분노조절장애나 ADHD의 정서혼란을 증가시킨다. 최초의 분노정서는 적절하게 해결되지 않는 채로 상처받기 쉬운 분노 내담자나 ADHD에게 해가 되는 긴장과 과도한 각성상태로 전환시킨다(Carter & Minirth, 2012).

파괴적인 충동분노조절장애자나 ADHD는 과도한 스트레스, 긴장, 갈등의 가상현실상황(VRE)에서 자기분노조절(SAM)과 자기분노치료(SAT)를 과감히 선택함으로써 이러한 비생산적인 분노주기(Nonproductive Anger Cycle)를 끊을 수 있는 다양하고 적절한 대안적 방법들을 가상현실 노출치료(VRET)를 통해 체계적으로 시연할 수 있다. 때론 자신의 환경을 바꾸는 것(time-out)이 도움이 될 수도 있을 것이다. 하지만 또 다른 때에는 정서안정(emotional stability)이 자신의 정서선택(emotional options)을 통한 내적인 변화로부터 초래된다(Carter & Minirth, 2012). 즉, 분노유발상황에서 일단 '멈추고 다시 한번 생각하고 행동하기'(Stop!-Think Again!-Act! Technique)를 맞춤형 가상현실환경(VRE)에서 충분한 연습을 통해 인지재구조화 및 대처기술을 반복적으로 학습함으로써 새로운 인지행동기술과 경험을 갖게 된다. 이는 실제 일상에 되돌아가도 실행가능성(feasibility)과 융통성(flexibility)을 유지시킨다(Ryu et al., 2016; 류창현, 2017).

(4) 스트레스면역훈련(Stress Inoculation Training: SIT)

스트레스면역훈련(SIT)은 충동분노조절장애자나 ADHD가 고도의 스트레스 가상현실환경(VRE)에서 자신의 생리적·심리적·정서적·행동적 반응들을 조절하면서 최적의 수행(optimum performance)을 하도록 미래의 잠재적·외상적인 스트레스요인들에 대한 면역을 강화한다. 예방적인 스트레스면역훈련(SIT)은 내담자가 사전에 자극에 대한 체계적인 둔감화기술들을 가르치고, 점진적으로 고도의 교감신경계(sympathetic nervous system) 각성과 기능저하(impaired performance) 상태를 초래하는 맞춤형 스트레스유발 가상환경(VE)에서 노출을 경험하도록 한다. 스트레스면역훈련(SIT)과정을 진행하는 동안 심박변이도(HRV), 피부전도(skin conductance), 뇌파(EEG), 심전도(electrocardiogram) 등의 장비들로 내담자의 실시간 각성상태변화를 모니터할 수 있다. 아울러 급성스트레스장애(acute stress disorder)나 급성과 만성적 외상 후 스트레스장애(PTSD) 치료를 위한 스트레스유발 가상환경(VE)을 구현하여 충동분노조절장애자나 ADHD의 인지적·정서적·행동적 상호작용훈련, 사회기술훈련과 더불어 피드백시스템을 적용시킬 수 있다.

(5) 고통/좌절감내기술(Pain & Frustration Tolerance Technique)

가상현실분산(virtual reality distraction)은 휠체어나 호흡곤란장애 등의 환자들을 위한 다양한 여가활동(leisure activities) 프로그램들을 가상현실환경(VRE)에서 구현하도록 제공함으로써 불안(anxiety)을 경감시키며 고통(pain)과 좌절(frustration)에 대처할 수 있도록 조력한다. 마법의 숲(enchanted forest)은 초기에 만성통증(chronic pain)을 대처하기 위한 고통분산(pain distraction)기술로 창안되었지만, 다른 정신적·정서적 고통과 좌절을 감내하는 방법으로도 쉽게 적용된다. 맞춤형 가상환경(VE)은 이완감(relaxation)과 즐거움(enjoyment)을 이끌어내도록 구현된다. 폭포, 개울, 열대우림, 다리, 배, 오두막 등의 마법의 숲(,enchanted forest)을 구성하고 있는 다채로운 판타지세계(fantastic world)가 새로운 자극들로 가상현실세계(VR-World)를 제공한다.

(6) 우울/불안의 자기동정훈련(self-compassion training)

성인 ADHD는 대략 16~37% 우울증(주요우울증(MDD), 기분부전장애(dysthymia))과 불안 등의 공존질환을 보인다(Barkley et al., 1996; Biederman, 1993; Murphy, 2002). 또한 청소년기의 주요우울증(MDD)과 기분부전장애(dysthymia)는 실질적인 장애와 관련이 있으며, 정신건강서비스가 필요하며, 재발의 위험이 있다(Chronis-Tuscano et al., 2010).

ADHD 기간에서 청소년기의 우울증과 자살사고와 자살시도(suicidal attempt)을 치료하고 예방할 수 있는 생체신호검사(정량뇌파(EEG), 심박변이도(HRV), 시선-뇌파 순방향 신호처리(SCK Interface))에 기반한 다양한 우울/불안유발(우울 및 불안삽화) 가상현실노출환경(VREE) 콘텐츠, 우울/불안 치료를 위한 자기동정훈련(self-compassion training) VR-HMD 콘텐츠(과거, 현재, 미래 시나리오), 우울/불안유발 가상환경(VE) 내에서의 인지적·정서적·행동적 상호작용훈련 및 피드백시스템 등을 중점으로 개발해야 한다.

청소년의 자기비난과 비판은 정신장애의 하나로 편재하며, 우울증의 회복과 유지에 영향을 미치고 취약성을 유발하는 심리적 주요인들 중 하나이다(Kannan & Levitt, 2013; Blatt & Zuroff, 1992). 가상현실(VR)과 가상환경(VE)의 몰입감, 현실감, 실재감, 상상력, 인간과 컴퓨터의 상호작용, 다중감각 등을 적극 활용하는 긍정적 기술로써, 구조화된 가상현실노출환경(VREE)에서 우울증환자나 ADHD는 어린 시절 외상으로 울고 있는 실물크기아바타나 가상아동아바타(life size avatar or virtual child body)를 만나 위로와 지지하는 자기동정훈련(self-compassion training)을 통해 고도 우울, 불안, 자살충동사고, 분노 등을 효과적으로 대처하고 감소시키게 된다. 물론 가상현실환경(VRE) 내에서 자기동정훈련(self-compassion training)에 저항하는 내담자들도 존재하지만, Caroline 등(2016)은 "가상현실(VR)에서 자기동정(self-compassion) 구현이 우울증환자들에게 미치는 효과 검증" 연구에서 몰입형 가상현실 자기동정훈련 프로그램을 짧은 8분 시나리오로 제작하여, 주 3번씩 반복하여, 총 4주간 개입 진행하였다. 고도 우울증환자 15명(평균나이 32세(23~61세), 남성 5명, 여성 10)은 항우울제(antidepressant medication)를 복용하고 있었으며, ADHD(1명), 강박증(1명), 강박증과 섭식장애(1명) 등의 공존질환을 보였다. 연구결과, 가상현실 자기동정치료개입 후, 우울증환자 15명 중 11명(75%)의 고도 우울증(severe depression)과 자기비판(self-criticism)이 유의미하게 감소했으며, 자기동정(self-compassion)은 유의한 증가로 나타났다(Caroline et al., 2016). 이를 토대로 청소년과 성인의 우울증과 더불어 자살충동, 자살사고, 자살시도, 충동분노 등을 치료 및 예방할 수 있는 몰입형 가상현실(VR) 자기동정치료

프로그램을 개발해야 한다. 다음 〈그림 12.9〉는 우울증 치료 실험에 사용된 가
상환경(VE)을 보여주고 있다.

그림 12.9 〉 우울증 치료 실험에 사용된 가상환경(VE)

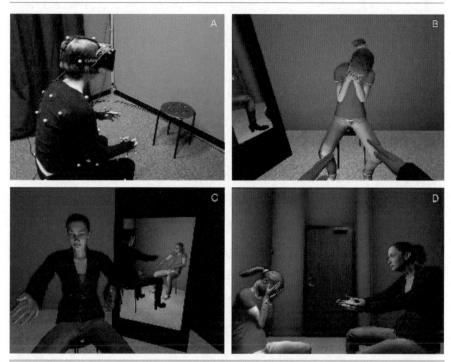

(A) 슈트 및 HMD; (B) 성인아바타에서 구현될 때 아동아바타의 모습(view of child avatar when embodied
in adult avatar); (C) 아동아바타에서 구현될 때 성인아바타의 모습(view of adult avatar when embodied
in the child avatar, 1 인칭 관점); (D) 아동 및 성인아바타의 외부모습(external view)[1] (external view
of child and adult avatars, 3 인칭 관점).

출처: Virtual reality therapy could help people with depression. British Journal of Psychiatry
    Open founded by the Medical Research Council, 2016.

---

1 각 사용자가 전체 데이터베이스를 보는 관점을 ANSI/SPRAC 용어로 "외부모습(external view)"이라 함 (Daum
  백과사전)

(7) 마음챙김명상(Mindfulness-Based Stress Reduction, MBSR)

최근 마음챙김명상(MBSR) 프로그램은 가상현실(VR)을 이용한 청소년과 성인 ADHD 치료에 적용되고 있다. ADHD는 매우 널리 퍼져있는 신경발달장애로 흔히 우울, 불안, 긴장, 스트레스 등의 동반질환을 나타낸다(Barkley et al., 1996; Biederman et al, 1993; Murphy et al., 2002). 이는 과도한 걱정, 불안, 스트레스, 분노, 갈등, 좌절, 고통 등을 받는 사람들의 정상적인 기능에 영향을 미치며, 또한 낮은 치료 순응도를 보이며 개인과 사회 모두에서 상당한 경제적 손실비용을 초래한다. 마음챙김명상(MBSR)은 ADHD에 효과적인 것으로 검증된 심리치료기제이며, 최근 가상현실(VR)과 마음챙김명상(MBSR)에 기반한 성인 ADHD 심리치료기술로 다양한 명상(정좌명상, 부동명상, 걷기명상, 학춤명상), 근육이완, 자연치유영상, 차치료, 향기치료, 음악치료 등을 절충해 진행한 결과, 치료회기 참여도(순응도), 동기부여, 주의력 등 증가, 치료비용 절감 등과 같은 긍정적인 효과가 보고되고 있다(Serra‒Pla et al., 2017; Ryu et al., 2016; 류창현, 2017).

최근 심상훈련영상에 전신치유음악을 연동시켜 그 효과를 극대화하고 있다. 전반적인 신체 에너지의 재생성과 회복을 위한 1) 바이노럴비트(Binaural Beats 3.5 Hz~7.83 Hz) 입체음향제작, 2) 세라토닌, 도파민, 엔돌핀 생성 및 강화를 위한 바이노럴비트(Binaural Beats) 입체음향과 아이소트론음향(Isochronic Tones) 합성제작, 3) 두려움, 집착, 걱정 등 내려놓기: 파괴적인 에너지정화와 자각의 직관(awakening intuition) 강화를 위한 바이노럴비트(Binaural Beats 852 Hz) 입체음향 제작하여, 가상현실 마음챙김명상(VR‒MBSR)에 연동하여 가상현실환경(VRE)에서의 자연영상치유 효과를 더 높이고자 한다.

따라서 향후 연구에서는 청소년과 성인의 ADHD 치료를 위한 통합적 분노조절 가상현실치료(IAM‒VRT)를 1. 역기능적 행동 소거기술(Techniques for eliminating maladaptive behavior), 2. 인지재구조화기술(Cognitive restructuring techniques), 3. 자기분노조절과 자기분노치료기술(self‒anger management & self‒anger therapy Technique), 4. 스트레스면역훈련(Stress Inoculation Training: SIT), 5. 고통/좌절감내기술(Pain & Frustration Tolerance Technique), 6. 우울/불안의 자기동정훈련(self‒compassion training, 자살사고와 자살시도 예방 및 치료), 7. 마음챙김명상(Mindfulness‒Based Stress Reduction,

MBSR) 등에 기반한 유형별 맞춤형으로 구성하여 다양한 분노조절 가상현실 인지행동치료 프로그램(AM-VR-CBTP)을 개발할 필요가 있으며, 아울러 각각의 가상현실(VR)과 가상환경(VR) 프로그램에 따른 사용자의 인지와 감정의 반응상태를 시시각각 검증하고자 시선-뇌파 정보 신호처리 VR Headset과 SCK 인터페이스를 사용하여 사용자의 시선에 따른 캐릭터(character)와의 눈맞춤(eye-contact) 반응, 감정에 기반 캐릭터의 반응, 사용자 캐릭터의 감정상태반응, 사용자의 인지와 감정상태에 따른 가상현실(VR) 콘텐츠 흐름 변화반응을 측정하여 그 효과를 검증할 필요가 있다.

▼
06 통합적인 가상현실치료(VRT)의 지향점

다양한 통합적인 가상현실치료 프로그램(VRTP)은 21세기 변화에 적합한 혁신적·창의적·융합적·효과적인 치료프로그램이라 할 수 있다. 기존의 분노조절 인지행동치료 프로그램(CBTP)은 집단프로그램에 대한 저항, 집단원들 간의 폭력 및 재범결성위험, 집단상담자에 대한 공격, 전이 및 역전이로 인한 정서적·공감적인 피곤과 소진, 주의 및 집중력 곤란, 낮은 자기노출, 치료적 동맹결여, 낮은 인지지능으로 인한 이해력부족, 낮은 공감능력, 높은 치료비용 등이 야기된다. 이를 보완 개선하기 위해 통합적 분노조절 가상현실 인지행동치료 프로그램(ICBTP)은 가상현실 특수 영상촬영기술(3D stereoscopic videos, Desktop VR, 몰입형 헤드 마운티드 디스프레이(HMD)과 육감(시각, 청각, 후각, 미각, 촉각, 즐각)을 활용한 현실감, 실재감, 몰입감(주의 및 집중력), 생동감, 자기노출, 긍정적 자기대화, 자기돌봄, 자존감형성, 자기객관화, 유연한 상호작용(심리적 정화, 공감적 이해능력, 사회적 조망, 사회기술훈련), 협동심, 잠재력 발현을 극대화하고, 분노조절장애나 충동조절장애 증상들에 따른 맞춤형 가상현실노출환경(VREE)을 개입하여 치료적 효과를 극대화할 수 있다.

통합적 분노조절 가상현실 인지행동치료 프로그램(IVR-CBTP) 개발 연구의 또 다른 주요 목적은 자살사고와 충동성을 감소시켜 청소년 및 성인 ADHD와 가족의 자살률을 낮추는 데 있다. 특히 기분장애, 품행장애, 물질사용장애 등의 공존질환을 보이는 청소년과 성인 ADHD에서는 자살사고와 자살시도의 위험성이 높게 보고된다(노동현 등, 2014; DSM-5, 2015; 이문인 등, 2011). ADHD는 환자 자신뿐만 아니라 부모와 형제자매에게도 자살위험성이 높게 나타난다(헬스조선, 2014). 특히 우리나라는 저출산 고자살률로 인한 2016년 사회·경제적 손실비용이 6조 5천억 원으로 14조 원의 암 다음으로 손실이 크며, 이 중 20대에서 40대까지 손실비용은 5조 2천억 원으로 전체의 80%를 차지한다. 40분마다 1명씩, 하루 평균 36명이 자살하며, 자살률은 인구 10만 명당 25.6명으로 OECD 국가의 평균 자살률과 비교하면 2.4배 높고, 특히 노인 자살률은 53.3명으로 전체 자살률의 2배 이상이고, OECD 국가 노인의 자살률의 3배 높게 나타났다. 자살 동기는 정신적 문제가 36.2%, 경제·생활 문제 23.4%, 신체질병 21.3%, 가정문제 8.9% 순으로 나타났다. 즉, 30대 이하는 정신적 문제로, 40~50대는 경제적 문제, 60대 이상은 신체질병 문제로 자살을 하며, 남성자살률은 36.2명으로 여성자살률 15명에 비해 2.4배 높게 나타났다(YTN 뉴스, 2018).

　이러한 시대적 이슈인 자살문제를 해결하고 예방하기 위한 최상의 대안은 바로 통합적 충동분노조절 가상현실치료 프로그램 개발 연구를 통해 실용화하는 데 있다. 청소년·성인·노인의 자살예방과 치료개입에 가장 우선적으로 고려돼야 할 주요인은 자살에 대한 '충동성(impulsiveness)'이다. 충동성은 복합적인 개념을 가지고 있는 무의식적·의식적 행동으로서 충동적 반응을 억제하지 못하고 생각 없이 또는 생각 전에 이행하는 행동, 그리고 자신이나 타인에게 해가 될 수 있는 일들에 대한 유혹을 쉽게 실행하는 행동으로 정의할 수 있다. 이러한 충동성의 모든 특징을 표현하는 종합적인 모델은 아직까지 명확히 알려진바 없다. 흔히 충동적인 행동의 억제력, 기다림의 수용력, 행동수정 및 전환, 자기만족지연, 고통/좌절감내력 등이 결여되어 있을 때 충동적 행동이라고 표현한다. 행위 및 약물중독장애(예: 자살, 자해, 약물남용, 경음마식, 게임, 도박, 성 등)와 충동적 특징들의 연관성을 밝혀내는 임상연구들이 현재 많이 진행되고 있다. 따라서 충동분노조절 가상현실치료 프로그램 기반 맞춤형 가상현실노출환경치료를 통해 자신의 자살충동성과 관련한 인지기술, 정서기술, 행동기술을 충분히 훈련하여 충동적 행동의 억제력, 기다림의 수용력, 행동수정 및 전환, 자기만족지연, 고통/좌절감내력 등을 향상시켜나간다면, 대한민국은 자살공화국이라는 오명에서 곧 벗어날 수 있다.

가상현실치료(VRT)의 윤리적 한계로 가상현실환경(VRE)에서 VR-HMD 장시간 착용(15분 이상)에 따른 부작용효과로 사이버병(cyber sickness) 즉, 멀미(motion sickness), 지각운동장애(perceptual-motor disturbances), 플래시백(flashback), 낮은 각성상태(lowered arousal), 편두통(migraine headache), 전정기관이상(vestibular abnormality), 발작장애(seizure disorder) 등 증상들이 나타날 수 있지만(Rizzo, Schultheis, & Rothbaum, 2003; Wiederhold & Wiederhold, 2005), 현재 지속적인 보완 연구로 VR-HMD 착용에 따른 부작용효과들이 점진적으로 개선되고 있다.

향후 청소년과 성인 ADHD 생체신호분석 기반 통합적 분노조절 가상현실치료(VRT) 프로그램 플랫폼 개발 연구를 통해 묻지마범죄 예방 및 억제뿐만 아니라 학교폭력, 가정폭력, 주취폭력, 데이트폭력, 성폭력, 자살예방 프로그램으로도 개입 적용시켜 범죄/재범률과 자살률 감소와 더불어 대한민국 국민의 공유적인 관계의 질과 삶의 질을 향상시키고자 한다. 고전 치료기제들보다 더 효과적인 치료기술, 비용절감 및 치료순응도(참여도)를 높일 수 있는 통합적 분노조절 가상현실치료(VRT)를 충동분노조절장애나 ADHD 등에 더 짧고 매력적이고 긍정적인 처우 대안 프로그램으로 개발 연구하여 소개하고자 한다.

본 연구는 통합적·절충적인 청소년과 성인 ADHD 치료를 위한 생체신호분석 기반 분노조절 가상현실치료(VRT) 기술 상용화의 첫 사례가 될 것이며, 활용성과 관련하여 본 기술은 때와 장소와 관계없이 청소년과 성인 ADHD 환자들을 위한 다양한 실용적인 적용 및 치료접근을 높이는 것이 가능하며, 파괴적인 충동분노조절 유형별, 상황별 맞춤형 ADHD 가상현실치료 수준단계별 개발도 가능한 강점들이 있다. 또한, 보호관찰소, 소년원, 교도소, 청소년꿈키움센터, 학교폭력상담센터, 가족폭력상담소, 군상담센터(비전캠프), 경찰청 여성계(표준선도프로그램), 전국중독관리통합지원센터, 청소년쉼터 등의 현장에서 개인 및 집단프로그램을 진행하는 분노조절상담사, 사회복지사, 임상심리사, 청소년상담사, 인지행동치료사, 교도관, 경찰관, 정신과의사의 지속적인 감정노동서비스로 인한 탈진, 저항, 적대감, 분노, 공격성, 역전이, 스트레스, 긴장을 감소시킴으로써 효과적·효율적인 업무능력 향상에 기여할 것이다.

이는 또한 약물중독과 행위중독 관련 맞춤형 개인 및 집단 가상현실치료 프로그램(VRTP) 개입 활용이 가능하며, 학교, 군, 경찰청, 교정(소년원, 소년교도소, 교도소, 보호관찰소), 청소년센터, 쉼터, 정신건강센터, 통합중독관리센터, 한국분노조절협회, 대한신경정신의학회, 한국중독정신의학회, 한국임상심리학회, 한국인지행동치료학회, 한국범죄심리학회, 한국법심리학회, 한국중독범죄학회, 한국학교심리학회, 한국중독심리학회, 한국보호관찰학회 등을 대상으로 저비용 고효과의 통합적 맞춤형 청소년과 성인 ADHD 치료를 위한 생체신호분석 기반 통합적 분노조절 가상현실 인지행동치료 프로그램(IAM－VR－CBTP)을 확산 및 상용화하고자 한다.

향후 지속적인 가상현실치료(VRT)의 연구, 개발 및 소개를 통해 진료실이나 상담실을 꺼리는 내담자들도 쉽고 편하게 다양한 유형별 맞춤형 가상현실치료프로그램(VRTP)에 접하고 자율적인 동기로 참여하게 되어 신체적·생리적·심리적·사회적 안정과 더불어 삶의 질이 향상될 것이며, 심리상담 및 치료 회기 중 내담자의 강한 저항과 전이로 인한 상담자의 공감적 피곤과 신체적·정신적 소진 등을 감소시키는 데 조력할 것이다. 따라서 이로 인해 사용자는 자신의 음주와 충동분노범죄에 관한 이해, 통찰 및 자기감정조절기술 등을 향상시키게 되어 음주(주취폭력, 성폭력 등)와 충동분노 관련 범죄율과 재범률의 감소로 사회적 안전망 기반구축과 범죄 관련 국가예산절감 및 국가경쟁력강화를 야기할 것이다.

ADHD와 CD
자동식별을 위한 AI 분석

ADHD와 CD 자동식별을 위한 AI 분석

▼
01 ADHD와 CD 이해

ADHD(Attention Deficit Hyperactivity Disorder, 주의력결핍 및 과잉행동장애)는 정신건강과 진료소에 의뢰된 아동에게서 가장 흔히 진단되는 신경발달장애(neuro-developmental disorder)이다. 아동 ADHD는 흔히 주변 환경을 인식하지 못하고 한 곳에 가만히 앉아있지 못하는 경향이 있다. 이 장애는 자기통제력(self-control)과 집중력(focuses)과 같은 기본기술학습을 억제하여 아동의 전반적인 발달을 방해한다. 임상 증상으로는 인지적 주의력 손상, 높은 충동성/과잉행동 등 행동적 이상 등이 있다. 전 세계적으로 ADHD의 유행률은 아동기에 5%에 가까운 것으로 추정되며(Polanczyk et al., 2007) 성인기에 약 2.5%로 알려졌다(Simon et al., 2009).

ADHD는 아동의 삶의 모든 측면에 부정적인 영향을 미친다. 아동 ADHD는 본래 많은 것을 요구하는 과제(executing demanding)나 반복적인 작업(repetitive tasks)을 저해하는 부주의(inattention)와 행동적 자발성(behavioral spontaneity)으로 인한 학업손실을 감수해야 한다. 아동 ADHD의 양육은 충동적인 행동(impulsive behavior)으로 인해 아동에 대한 지속적인 모니터링이 요구되기에 어려운 경우가 많다. ADHD가 유년기에서 성인기로 확대되면서 상황은 더욱 암울해지고, 이는 개인의 직업과 삶을 더욱 악화시킨다(Parashare et al., 2021).

현재 ADHD에 대한 명확한 진단 바이오마커는 없다. 일반적으로 ADHD는 널리 채택된 진단 매뉴얼 ICD-11 및 DSM-5, 자기보고식척도(self-reported scales), 지능검사(intelligence tests), 연속수행력검사(continuous performance tests, CPT) 등의 표준화된 심리검사를 통해 진단한다(Lee et al., 2017). 아울러 부모/보호자로부터

수집된 정보와 더불어 ADHD에 대해 정의된 여러 임상평가척도의 신경심리학적 평가는 진단의 기초를 형성한다(Thapar & Cooper, 2016). ADHD를 진단하는 현재의 방법들은 과다 진단 가능성의 우려로 비판을 받고 있다. 게다가 ADHD의 진단 정확성은 동반질환 환자들에게서 논란이 되고 있다. 결과적으로, ADHD를 정확하게 진단하는 데 사용될 수 있는 다양한 영상과 신경생리학적 검증을 연구하기 위해 최근에 많은 노력이 이루어지고 있다(Bong & Kim, 2021).

뇌파(EEG)는 환자를 방사선에 노출하지 않는 비침습적이고 안전한 방법이다. 또한, 상대적으로 저렴하고 높은 시간적 해상도(high temporal resolution)를 지닌다. 뇌파(EEG)는 아동과 청소년에게 임상 및 연구 목적으로 사용된다. 특히, 정량뇌파(QEEG)는 뇌전증(epilepsy) 진단과 마취(anesthesia)와 수면다원검사(polysomnography) 중 의식의 모니터링에 사용되는 다른 임상 뇌파(EEG)와 달리 푸리에변환(Fourier transformation)을 통해 뇌 활동의 정량적 측정을 제공(quantitative measures)한다(Bong & Kim, 2021). 현재 정량뇌파(QEEG)는 우울증(depression)(Hunter et al., 2010), 불안장애(anxiety disorder)(Jokić-Begić et al., 2003), 조현병(schizophrenia)(Kim et al., 2015), 물질중독(substance addiction)(Alper et al., 1998), 강박장애(obsessive-compulsive disorder)(Tot et al., 2002), ADHD(Monastra et al., 1999) 등 다양한 정신장애의 진단, 평가 및 치료에 적극적으로 활용되고 있다.

ADHD는 자폐스펙트럼장애(autism spectrum disorders: ASD), 지적장애(intellectual disorders: ID), 운동장애(motor disorders: MD), 정서장애(emotional disorder: ED), 품행장애(conduct disorder: CD; "사람과 동물에 대한 공격성, 재산파괴, 사기나 절도, 심각한 규칙 위반"(DSM-5 진단)), 틱장애(tic disorders: TD) 등과 같은 다른 많은 정신장애들과 높은 공존율을 보인다(Thapar & Cooper, 2016; APA, 2013). ADHD는 CD와 적대적 반항장애(Oppositional Defiant Disorder: ODD)와 같은 다른 신경발달장애들과도 동반이환을 보인다(Biederman et al., 1991). Biederman 등(1991)의 한 연구에서는 ADHD 사례에서 최소 CD 30%의 공존율을 보고했다. CD는 연령에 적합한 사회적 규범이 개인의 폭력적이고 반사회적인 행동으로 인해 중단되고, 규칙을 반복적이고 지속해서 무시하는 경향이 있다(APA, 2013). 생물학적으로 뇌의 혈장 도파민 베타-하이드록실화효소(plasma dopamine beta-hydroxylase)의 낮은 수치는 아동에게서 노르아드레날린 시스템(noradrenergic system)의 활성을 감소시켜 CD

를 유발하는 것으로 여겨진다(Mohan & Ray, 2019). 심리사회적으로 언어적, 신체적 공격에 따른 양육은 CD를 가진 아동에게 부정적인 영향을 미치고, 따라서 다양한 발달단계에서 아동 CD의 삶에 부정적인 영향을 준다. 조기 진단과 시기적절한 개입은 아동 ADHD와 아동 CD를 돕는 데 중요하다(Faraone et al., 1997). 그러나 ADHD와 CD는 복잡한 뇌 장애이며 CD와 동반되는 ADHD 진단을 위한 구체적인 표준은 없다. ADHD와 CD는 유사한 위험요인(similar risk factors)을 공유하고 행동탈억제(behavioural disinhibition)와 같은 중복증상을 가지고 있기에 ADHD와 CD를 구별하는 것이 어려운 일이다(Kuhen et al., 1997). 따라서 일생 기능상의 문제에 개입하기 위해 임상의는 ADHD, ADHD＋CD, CD 등을 정확하게 구별하고 추적할 수 있는 자원이나 도구를 갖추는 것이 필요하다(Tor et al., 2021; 류창현, 2018; 류창현, 2021).

ADHD와 CD에 대한 정확한 진단을 위해서는 임상의 개인의 경험, 판단, 해석이 무엇보다 중요하게 고려된다. 수행되는 평가도구검사 대부분은 매우 주관적이어서 임상의마다 다르게 평가하고 해석될 수 있다. 뇌에서 방출되는 신호를 기록하는 뇌파(EEG)와 같은 신경생리학적 기법은 임상의들이 수행하는 주관적 진단의 보조도구(adjunct tool)로 임상 실무에 활용될 수 있는 진단모델(diagnostic models)을 개발하는 데 도움이 될 수 있다(Parashare et al., 2021).

▼
02 ADHD와 CD의 뇌파(EEG)와 정량뇌파(QEEG) 진단 이해

모든 뇌 영역은 서로 다른 전기활동수준(different electrical activity level)을 나타내는데, 이것은 뇌파(EEG) 획득이 이루어지는 조건과 다른 영역이 연결되는 방법에 따라 다르게 나타난다. 전기활동에서의 영역 차이는 영역혈류량의 변화로 인해 발생하며, 이는 서로 다른 영역 간의 불균일한 연결성과 유입되는 자극 처리에 대한 뇌 영역의 기여로 인해 나타난다(Parashar et al., 2021). 진두엽(frontal region)은 주의력(attention), 집중력(concentration), 추론(reasoning), 판단(judgment), 의사결정(decision making), 통제력(self−control) 등에 중요한 역할을 한다. 두정엽(parietal region)은 중앙부로 감각(senses), 운동이나 신체 움직임을 처리하는 역할을 한다. 측두엽(temporal region)은 기억(memory), 학습(learning), 언어이해(understanding language)를 맡는다. 후두엽(occipital lobe)은 시각(vision)과 사물식별(object recognition)을 관장한다. 또한, 뇌는 좌반구와 우반구로 두 부분으로 나뉘는데, 각각은 다른 기능들을 통제한다. 좌반구는 분석적 사고(analytical thinking)에 더 많이 관여하는 반면, 우반구는 상상력(imagination)과 전체적 사고(holistic thinking)와 관련이 있다 (Parashar et al., 2021). 대체로 ADHD 뇌는 정상 뇌보다 전두엽피질과 두정엽피질에 손상을 보인다(Tor et al., 2021). 다음 〈그림 13.1〉은 정상 뇌와 ADHD 뇌를 비교 제시하고 있다.

그림 13.1) (a) 정상 뇌와 (b) ADHD 뇌

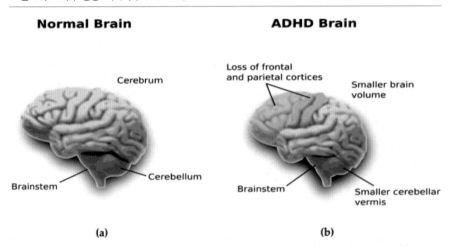

출처: Adapted from Tor et al. (2021). Automated Detection of Conduct Disorder and Attention Deficit Hyperactivity Disorder using Decomposition and Nonlinear Techniques with EEG Signals. Computer Methods and Programs in Biomedicine. p. 3

ADHD 환자의 뇌 기능은 각성저하형(hypoarousal pattern)과 현저한 피질저하 (prominent cortical slowing)를 보이는 경향이 있다. 이러한 특징은 정량뇌파(QEEG) 상에 서파(slow waves) 증가와 속파(fast waves) 감소로 나타난다(Barry & Clarke, 2009; Mann et al., 1992). Lubar(1991)는 TBR(Theta/Beta Ratio)을 아동 ADHD 진단에 도움이 될 수 있는 진단마커(diagnostic marker)로 제안했다. 정량뇌파(QEEG)에서 뇌파 (brain waves)를 주파수에 따라 푸리에변환(Fourier transformation) 후 델타(1−3Hz),

세타(4-8Hz), 알파(9-12Hz), 베타(13-25Hz) 등과 같이 4종류로 구분한다. 차례로 이것들은 파워(전력)를 측정하는 데 사용된다.

TBR은 베타파에 대한 세타파의 비율이다. TBR은 각각 세타파와 베타파의 독립적인 증가와 감소를 측정 후 비교하여 민감도(sensitivity) 증가에 따른 뇌 기능 저하를 평가하는 방법이다. TBR은 대부분 휴식상태에서 뇌 두정(vertex)에 위치한 Cz 전극에서 평가된다(Bong & Kim, 2021). Monastra 등(1999) ADHD 482명의 환자를 대상으로 한 대규모 연구에서 뇌 두정(vertex) TBR을 이용한 ADHD 진단에 민감도(sensitivity) 86%, 특이도(specificity) 98%를 보고했다. Snyder와 Hall(2006)은 TBR에 관한 메타분석연구를 시행하여 TBR의 높은 효과크기(high effect size)(ADHD 진단의 경우 약 3.08)를 제기했다. 이는 자기보고식검사보다 더 유용하다는 것을 제시한다(Snyder et al., 2008). 다음은 〈그림 13.2〉는 10/20 System Positions 에서는 Cz 전극 위치를 보여주고 있다.

미국 식품의약처(FDA)는 2013년 ADHD 진단을 보조하는 도구로 NEBA(Neu-ropsychiatric Electroencephalograph-Based ADHD Assessment Aid) 시스템을 승인했다.

그림 13.2 〉 10/20 System Positions

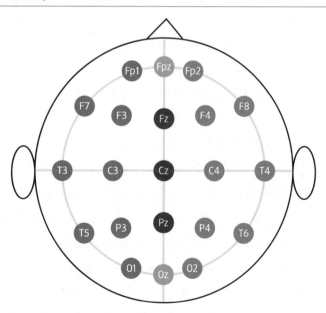

출처: Adapted from 10/20 System Positioning Manual (2021). Trans Cranial Technologies ltd, p.14.

NEBA 시스템은 6세에서 17세 사이의 아동과 청소년 ADHD 진단을 위해 승인되었다. NEBA 시스템은 TBR을 측정한다. 그러나 식품의약처(FDA)는 ADHD는 NEBA 시스템만으로 진단할 수 없으며 임상평가와 진단을 돕기 위해 NEBA 시스템을 사용할 것을 권고하고 있다(FAD, 2013; 2013). 따라서 본 연구는 ADHD와 CD를 진단받은 청소년과 성인의 생체신호 수집정보를 기계학습으로 분석하는 다양한 접근방법론을 중심으로 소개하고자 한다.

▼
03 ADHD와 CD 자동식별을 위한 기계학습기법 개입

Magee 등(2005)은 눈을 감고 휴식을 취한 상태에서 획득한 뇌파(EEG) 신호를 조사하여 아동 ADHD 253명을 연령이 일치하는 대조군 67명과 구별했다. 논리적 회귀분석을 사용한 분류결과는 정확도(accuracy) 87%, 민감도(sensitivity) 89%, 특이도(specificity) 79.6%로 나타났다. 중요한 관찰로 Poil 등(2014)은 뇌파(EEG)에 대한 ADHD 결과는 연령(age)과 뇌파주파수(EEG frequencies)에 크게 의존한다고 보고했다. 성인 ADHD를 서포트벡터머신(support vector machine, SVM)분류기를 사용하여 알파와 베타파워의 주파수 파워로 민감도(sensitivity) 67%, 특이도(specificity) 83%로 분류했다. 그러나 아동 ADHD는 민감도(sensitivity) 56%, 특이도(specificity) 70%로 만족스러운 분류율에 도달하지 못했다. 저자는 서포트벡터머신(SVM)을 아동 ADHD가 아닌 성인 ADHD를 분류하는 유용한 도구로 언급했다.

Mohammadi 등(2016)은 분류정확도를 위해 인지주의과제(cognitive attention task)에서 뇌파(EEG)에서 얻은 비선형의 특징(nonlinear features)을 검증했다. 유사한 연령 대조군 30명과 아동 ADHD 30명을 분류하는 데 사용된 5개의 뉴런을 포함한 1개의 은닉층을 지닌 다층퍼셉트론(Multi-Layer Perceptron, MLP)으로 최소 중복(Minimum Redundancy) 최대 관련성(Maximum Relevance) 특징선택방법을 활용한 후 정확도(accuracy) 92.28%에 도달했다. Pereda 등(2018)은 뇌파(EEG) 신호에서 얻은 기능연결기반특징(functional connectivity-based features)을 분석하여 총 33명의 어린이를 ADHD군과 건강한 통제군으로 분류했다. 베이지안 네트워크분류기(Bayesian Network Classifier) 기계학습알고리즘이 적용되어 고차원 특징집합(feature set)에 대해 95%의 분류율을 보였다. 특징선택(feature selection)을 고려한 기능연결 기반 알고리즘(functional connectivity-based algorithms)은 80%로 감소했다. 높은 차원성은 모델을 복잡하게 만들고 실시간 시나리오를 구현하기도 어렵다. Khoshnoud 등(2018)은 진단의 정확도를 위해 아동 ADHD 대상으로 뇌파(EEG) 휴식상태를 조사했다. 이 데이터세트는 아동 ADHD 12명과 동배의 정상 아동 12명을 구성하여 진행했다. 뇌파(EEG) 신호의 비선형특징과 정확도는 서포트벡터머신(SVM)과 방사형 구조신경망(Radial Basis Function (RBF) neural network)을 통해 얻었다. 분류정확도 83.33%는 4중 교차검증(cross-validation)으로 시험한 후 획득했다.

최근 연구에서 Altynkaynak 등(2020)은 약물이 투여되지 않은 아동 ADHD 23명과 건강한 대조군 23명을 대상으로 사건관련전위(event-related potentials, ERP) 신호에서 비선형특징을 분석했다. 이들 모두는 아드볼 청각과제(oddball auditory task)를 수행했다. 서포트벡터머신(SVM), 나이브 베이즈(Naive Bayes), 랜덤포리스트(Random forest), 다층퍼셉트론(Multilayer perceptron), K-최근접 이웃 알고리즘(k-nearest neighbors (KNN) algorithm), 에이다부스트(AdaBoost), 로지스틱회귀(Logistic Regression) 등과 같은 기계학습기법(machine learning techniques)을 사용하여 많은 분류모델을 얻고 있다. 이들 중, 다층퍼셉트론(Multilayer Perceptron)은 아동 ADHD 와 대조군을 구별하는 데 91.3%의 높은 분류결과를 보여 다른 분류기들보다 성능이 뛰어났다. Einizade 등(2020)은 아동 ADHD를 위한 뇌파(EEG) 기반 진단모델을 개발하기 위해 그래프 기반 신호처리(graph-based signal processing)를 적용했다. 뇌파(EEG) 신호는 오픈액세스데이터세트(open-access dataset)에서 얻었다. 뇌파(EEG) 신호에서 얻은 구조적·기능적 특징들은 각각 79.03%와 82.36%의 탐지정확도(detection accuracy)로 이어졌다. 융합기능세트(fused features set)는 93.47% 보다 더 높은 분류정확도를 보였다. Khaleghi 등(2020)은 아동 ADHD 30명의 휴식상태 뇌파(EEG) 신호를 건강한 대조군 30명의 뇌파(EEG) 신호로 구분했다. 분류모델을 통한 진단정확도는 K-최근접 이웃(KNN) 분류기를 통해 평가된다. 선형과 형태적 특징에 비교해 비선형특징이 사용될 때, 86.40%의 가장 높은 정확도로 보고되고 있다.

ADHD의 인공지능 치료프로그램은 언론에 소개될 정도로 연구가 진행되어 있지만, ADHD에 대한 인공지능 자동진단(artificial intelligence automated diagnosis) 프로그램은 국내에 전무한 실태이다. ADHD의 자동진단 프로그램은 높은 가치가 있지만, 불행히도 다른 많은 응용 프로그램과 달리 ADHD 자동식별(automated detection)을 위한 딥러닝 알고리즘(deep learning algorithms)은 거의 연구되어 있지 못하다. 이에 본 연구에서는 ADHD의 뇌파(EEG) 생리학적 근거에 따른 생체정보를 측정하여 ADHD의 자동식별 딥러닝 알고리즘을 토대로 자동진단시스템(automated diagnosis system: ADS)을 만들 수 있는 가정과 방법론을 제시하고자 한다. 구체적으로, 본 연구에는 ADHD의 뇌파(EEG) 생체신호를 사용해 알고리즘을 산출한 방법들을 중점으로 제기하고자 한다. 관련 연구로, Ahmadi 등(2021)은 혼합형 ADHD(ADHD-C)집단과 부주의 우세형 ADHD(ADHD-I)집단을 건강한 아동 통제집단과의 뇌파(EEG) 신호를 분류하기 위해 딥러닝 접근법을 기반으로 한 새로운 컴퓨터 보조 진단시스템을 제시했다. 고전적인 접근방법에 영감을 받은 그들은 원시 뇌파(EEG) 신호에서 공간 및 주파수 대역 특징을 모두 추출한 다음 분류를 수행할 수 있는 심층 합성곱신경망(convolutional neural network: CNN)을 만들었다. 연구결과, β_1, β_2, γ 밴드의 조합은 최고의 분류정확도를 보였으며, 기계학습분류모델의 성능평가지표인 정확도(Accuracy), 재활률(Recall), 정밀도(Precision), Kappa 값은 각각 99.46%, 99.45%, 99.48%, 0.99로 높게 나타났다. 뇌파(EEG) 공간 채널을 조사한 결과, 후두엽측면(Posterior side)의 전극들이 가장 큰 기여도(contribution)를 나타냈다. 다음 〈그림 13.3〉은 합성곱신경망구조(Structure of the Convolutional Neural Network)를 보여준다(Ahmadi et al., 2021).

다음 〈그림 13.4〉는 3등급 분류에 대한 혼동행렬(confusion matrix)을 제시한다(Ahmadi et al., 2021).

그림 13.3 〉 합성곱신경망구조(Structure of the Convolutional Neural Network)

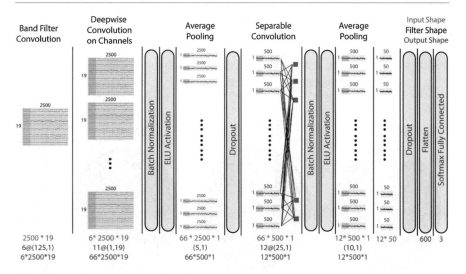

출처: Adapted from Ahmadi et al. (2021). Computer aided diagnosis system using deep convolutional neural networks for ADHD subtypes. *Biomedical Signal Processing and Control, 63*, p. 3.

그림 13.4 〉 3등급 분류에 대한 혼동행렬(The confusion matrix for 3-class classification)

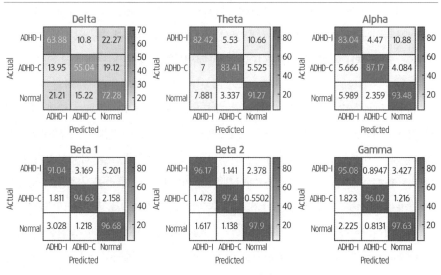

출처: Adapted from Ahmadi et al. (2021). Computer aided diagnosis system suing deep convolutional neural networks for ADHD subtypes. *Biomedical Signal Processing and Control, 63*, p. 6.

다음 〈그림 13.5〉는 $\beta1$, $\beta2$, γ 밴드에 대한 건강 및 ADHD 아동 분류에 따른 EEG 채널의 기여도를 나타낸다(Ahmadi et al., 2021).

그림 13.5 〉 $\beta1$, $\beta2$, γ 밴드에 대한 건강 및 ADHD 아동 분류에 따른 EEG 채널의 기여도를 나타내는 지형도(Topographical map for the contribution of EEG channels in classifying healthy and ADHD children for β I, β 2, and γ bands)

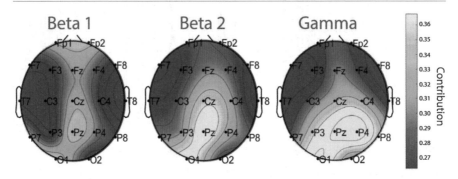

출처: Adapted from Ahmadi et al. (2021). Computer aided diagnosis system suing deep convolutional neural networks for ADHD subtypes. Biomedical Signal Processing and Control, 63, p. 6.

인간의 뇌 신경망 원리를 적용하여 학습과 추론 등의 정보를 처리하는 과정인 뉴로컴퓨팅(neurocomputing)으로서의 합성곱신경망(CNN)은 딥러닝(DL) 알고리즘의 주류인 상태이다. 다음 〈그림 13.6〉은 전체적인 작업 흐름을 보여주고 있다(Chen et al, 2019).

Chen 등(2019)은 뇌파(EEG) 기반 뇌 네트워크를 합성곱신경망(CNN)과 결합하여 ADHD 식별문제를 위한 딥러닝(DL) 프레임워크를 제시했다. 이 연구에서는 채널들의 순서를 재구성하여 합성곱신경망(CNN)의 연산개념을 적용시키기 위한 새로운 형태의 연결 매트릭스를 제안했을 뿐만 아니라, 합성곱신경망(CNN)모델에서 파생된 심층 특징들과 13가지 뇌 네트워크의 수작업 측정치 간의 상관관계도 분석했다. 아동 ADHD 50명(평균연령: 10.44 ± 0.75)과 51명의 동일한 손잡이(handedness)를 가진 연령 대조군으로부터 뇌파(EEG) 자료를 수집했으며, 채널 간 동기화(synchronization)를 정량화하기 위해 상호정보(Mutual Information; MI)를 사용했다. 연구결과, 제안된 프레임워크는 검증자료에서 94.67%의 정확도로 높은 성능을 보였으며, 모델들이 더 나은 성능을 달성할 수 있도록 하는 연결 매트릭스

그림 13.6 〉 전체적인 작업흐름(The workflow of the framework)

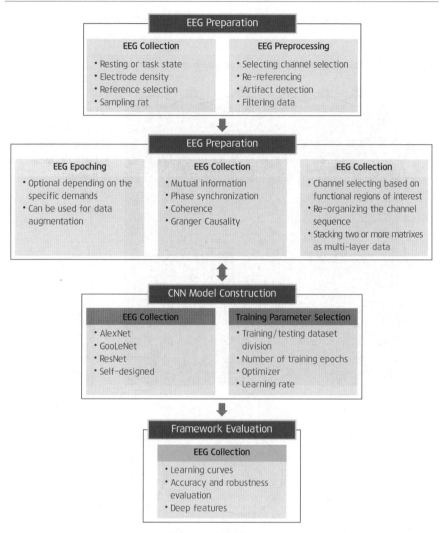

출처: Adapted from Chen et al. (2019). A deep learning framework for identifying children with ADHD using an EEG-based brain network. *Neurocomputing, 356,* p. 88.

형식의 타당성을 검증했다. 이 결과는 딥러닝(DL) 프레임워크의 데이터 표현기능 (data representation)이 중요하다는 것을 시사한다. 17개의 심층 특징은 집단 간 유의한 차이를 보였고, 수작업측정과 유의한 상관관계를 가짐으로써 아동 ADHD 의 뇌 네트워크 편차를 찾는 방법의 놀라운 학습능력을 보여주므로 ADHD 식별

문제에 넓게 적용될 수 있다(Chen et al, 2019). 다음 〈그림 13.7〉은 피험자의 연결 매트릭스(The connectivity matrix of one subject)를 제시하고 있다.

그림 13.7 〉 피험자의 연결 매트릭스(The connectivity matrix of one subject)

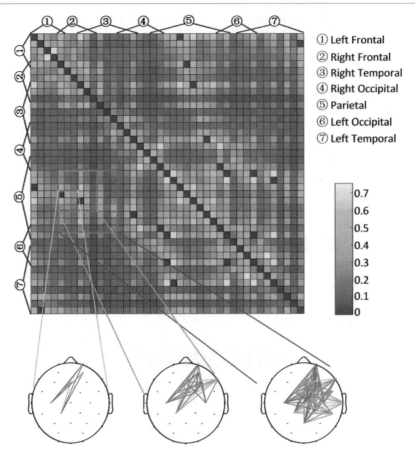

① Left Frontal
② Right Frontal
③ Right Temporal
④ Right Occipital
⑤ Parietal
⑥ Left Occipital
⑦ Left Temporal

출처: Adapted from Chen et al. (2019). A deep learning framework for identifying children with ADHD using an EEG-based brain network. *Neurocomputing, 356*, p. 88.

ADHD는 흔히 CD와 함께 공존한다. ADHD와 CD는 특히 충동적 행동장애를 보이며, 동료를 괴롭히며, 이는 성인이 될 때까지 동반하는 복합적이고 다면적인 뇌장애(brain disorders)이다. 현재 ADHD와 CD를 구별하기 위한 객관적인 실험검증이나 진단방법은 없으며, ADHD는 흔히 다른 동반질환과 함께 나타나는 일반적인 신경발달장애이기에 진단에 어려움이 있다. 특히 CD와 관련된 높은 수준의 행동장애에 있어서 진단이 더욱 어렵다(Tor et al., 2021). Tor 등(2021)은 임상의사의 진단 결정을 지원하기 위한 편리한 보조도구(supplementary tool)로 새로운 자동화시스템(Automated System, AS)을 개발했다. 뇌파(EEG) 신호에서 비선형 매개변수를 추출하고 ADASYN(Adaptive Synthetic Sampling)기술을 사용하여 데이터 세트의 균형을 조정했고, 그런 다음 순차 순방향 선택 알고리즘을 사용하여 중요한 기능을 선택했다. 판별 기능은 다수의 분류기에 제공되었으며, KNN 분류기는 97.88%의 최고 정확도를 보였다. 제안된 방법은 10중 교차검증(10-fold validation technique)으로 평가되었다. 또한, 세 가지 부류(ADHD, ADHD+CD, CD)를 질적으로 구별하기 위해 고유 반복과 바이스펙트럼 진폭플롯(bispectrum magnitude plots)을 사용했다. 향후 개발된 기계학습모델은 ADHD, ADHD+CD, CD 및 다른 신경학적 이상(neurological abnormalities)의 초기 단계를 식별하도록 확장될 수 있을 것이다(Tor et al., 2021).

선행연구는 뇌파(EEG) 기반 뇌 네트워크를 합성곱신경망(CNN)과 결합하여 ADHD 식별문제를 위한 딥러닝(DL) 프레임워크 제시와 딥러닝 알고리즘(deep learning algorithms) 분석을 활용한 아동 ADHD의 부주의를 자동식별(automated detection) 및 자동진단(automated diagnosis)에 국한되지만(Ahmadi et al., 2021; Chen et al., 2019; 류창현, 2017; 2018; 2021), 본 연구는 교정보호대상 청소년(13~24세) ADHD, ADHD+CD, CD 생체신호 수집정보의 기계학습분석을 통해 자동식별 및 진단분류하고자 하는 데 있어 선행연구와의 차이점이 존재하고, 더욱 심층적인 연구라는 데 의미가 크다. 또한, 다학제간의 융합연구를 통해 선행연구와 프로그램(류창현, 연성진, 2015; 류창현 등, 2016; Ryu et al., 2016; Ryu, 2020; Byeon et al., 2020; Vapnik, 2000; Amit & Geman, 1997; Stone, 1977; Vaswani et al., 2017; Goodfellow et al., 2016)에서 노출된 한계를 극복하고 보다 효율적인 교정보호 치료프로그램에 기여할 수 있을 것이다.

04 ADHD와 CD 생체신호 정보수집과 인공지능분석방법

ADHD와 CD에 대한 정확한 진단을 위해서는 임상의 개인의 경험, 판단, 해석이 무엇보다 중요하게 고려된다. 수행되는 평가도구검사 대부분은 매우 주관적이어서 임상의마다 다르게 평가하고 해석될 수 있다. 뇌에서 방출되는 신호를 기록하는 뇌파(EEG)와 같은 신경생리학적 기법은 정신과의사들이 수행하는 주관적 진단의 보조도구(adjunct)로 임상 실무에 활용될 수 있는 진단모델을 개발하는 데 도움이 될 수 있다(Parashare et al., 2021). 본 연구에서는 ADHD, ADHD+CD, CD, CG(Control Group) 등과 관련한 뇌파(EEG) 생체신호 정보를 수집하고, 이를 수집된 데이터로 기계학습을 진행한 후, 그 결과를 이용하여 새로운 환자에게서 수집한 뇌파 생체신호를 분석하여 1. ADHD, 2. ADHD+CD, 3. CD, 4. CG 등으로 자동식별하여 진단분류한다.

기계학습에 의한 ADHD, ADHD+CD, CD, CG 등의 자동식별과 자동진단은 흔히 일상에서 얻는 전문의료진의 신체적 한계(스트레스, 소진, 긴장, 분노)로 인한 인지적·정서적·행동적 판단오류, 즉 인간오류를 사전에 차단할 수 있을 것이다 (Parashare et al., 2021). 또한, 자동식별 및 진단된 세 집단(ADHD, ADHD+CD, CD)을 기반으로 새롭게 개발할 통합적 분노조절 가상현실 인지행동치료(Integrative Anger Management Virtual Reality Cognitive Behavior Therapy, IAM-VR-CBT): 1. 분노조절 VR-HMD 인지행동치료(CBT)기술, 2. 우울불안 VR-HMD 자기공감훈련 (SET)기술, 3. 충동성 VR-HMD 마음챙김인지치료(MBCT)기술 등을 차례대로 개발한 후 세 집단에 개입하여 효과를 검증한 후 세 집단 간의 효과 차이를 기반으로 범주화하고자 한다(류창현, 연성진, 2015; 류창현, 2017; 류창현, 장석헌, 2019; 류창현, 장석헌, 2020; Ryu, 2020; 류창현, 2021).

(1) 생체신호 정보수집방법

법무부 산하 대전의료소년원의 조력 하에 소아청소년정신의학과 의사와 임상심리전문가가 ADHD 및 공존장애를 가진 청소년(13세~24세) 200명(ADHD 50명,

ADHD+CD(50명), CD 50명, CG 50)으로부터 정량뇌파(QEEG)를 포함한 다양한 ADHD 와 CD 진단검사, 정신정서상태 심리검사, 행동상태 심리검사 데이터를 수집한 다. 수집한 데이터는 인공지능의 기계학습을 통해 ADHD, ADHD+CD, CD 등과 같이 공존장애군을 자동식별 및 진단분류하기 위한 기계학습에 사용된다.

1) 정량뇌파(QEEG)
2) ADHD, ADHD+CD, CD, CG 진단검사-CPT(ATA: 15세 미만용), TMT(CCTT: 15세 미만용), Stroop Test, MMPI-2/A, PAI, PAI-A, BDI-2, BAI, STAI-KYZ
3) 정신정서상태 심리검사-표현된 ADHD, ADHD+CD, CD, CG 정 신정서증상(DSM-5 진단기준 및 MMPI-2/A, PAI, PAI-A, BDI-2, BAI, STAI-KYZ, TMT(CCTT: 15세 미만용), Stroop Test)
4) 행동상태 심리검사-표현된 ADHD, ADHD+CD, CD, CG 행동증상 (DSM-5 진단기준 및 CPT(ATA: 15세 미만용))

(2) ADHD, ADHD+CD, CD, CG 등 인공지능분석방법

ADHD, ADHD+CD, CD, CG 등 수집된 데이터로 기계학습 모델을 훈련시키 고, 훈련된 모델은 3가지 공존장애군(ADHD, ADHD+ CD, CD)과 정상인(CG)을 구 별한다. 다음 〈그림 13.8〉은 ADHD, ADHD+CD, CD, CG 등 자동식별 및 분류 구조이다.

ADHD, ADHD+CD, CD 등의 생체신호에 기반한 자동식별 및 진단분류를 위 한 인공지능 학습과정은 다음과 같다. ① 학습 데이터의 수집: ADHD와 CD 진 단검사인 EEG, CPT(ATA: 15세 미만용), TMT(CCTT: 15세 미만용), STROOP TEST, ADHD와 CD 행동증상(DSM-5 진단기준)을 활용하여 ADHD, ADHD+CD, CD, CG 로 진단빝은 청소년 대상으로 ADHD(50명), ADHD+CD(50명), CD(50명), CG(50명) 등의 데이터 총 200명을 1차로 수집한다. ② 기계학습 모델의 선정: 다부류분류 에 성능이 뛰어난 심층 신경회로망(deep learning neural network)을 우선 적용한다. 심층 신경회로망의 구조는 실험을 통하여 고도화한다. 기본적으로 ReLU 활성화

그림 13.8 〉 ADHD, ADHD+CD, CD, CG 등 자동식별 및 분류구조

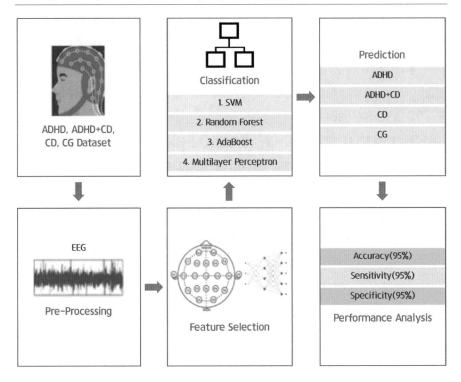

함수를 가지는 합성곱신경망(CNN)모델을 기초로 하며, 최근 좋은 평가를 받는 트랜스포머(Transformer)모델(Vaswani et al., 2017) 적용도 고려한다. ③ 다음 〈그림 13.9〉는 심층 신경회로망의 구조를 보여주며, 그림에서 출력은 1. ADHD, 2.

그림 13.9 〉 심층 신경회로망의 구조

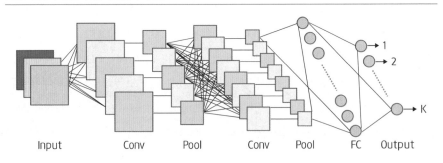

ADHD+CD, 3. CD, 4. CG 등 자동식별 및 진단분류에 대한 확률이다.

n차원의 벡터에서 i번째 원소를 z_i, i번째 클래스가 정답일 확률을 p_i로 나타내면, 소프트맥스(Goodfellow et al., 2016) 함수는 p_i를 다음과 같이 정의한다.

$$p_i = \frac{e^{z_i}}{\sum_{j=1}^{k} e^{z_j}} \quad \text{for } i = 1, 2, ..., k$$

각 4가지 자동식별 및 진단분류 확률은 다음과 같다.

$$softmax(z) = \left[\frac{e^{z_1}}{\sum_{j=1}^{4} e^{z_j}}, \frac{e^{z_2}}{\sum_{j=1}^{4} e^{z_j}}, \frac{e^{z_3}}{\sum_{j=1}^{4} e^{z_j}}, \frac{e^{z_4}}{\sum_{j=1}^{4} e^{z_j}} \right] = [p_{ADHD}, p_{ADHD+CD}, p_{CD}, p_{CG}]$$

한편, 적은 데이터로도 우수한 성능을 보이는 서포트벡터머신(SVM)(Vapnik, 2000) 및 기존의 우수한 기계학습모델인 랜덤포레스트(random forest)(Amit & Geman, 1997)와도 실험하여 비교 평가한다. ④ 기계학습 모델의 평가: 충분한 테스트 데이터를 확보하기 어려운 상황이므로 5중 교차검증(5-fold cross validation)(Stone, 1977)으로 학습 결과를 평가한다.

향후 본 연구설계대로 ADHD, ADHD+CD, CD 생체신호에 기반한 자동식별과 진단분류를 위한 인공지능 자동진단시스템(ADS)이 개발된다면, 청소년 범죄 및 재범예측, 예방, 억제에 대한 지침을 제공할 것이다.

▼
05 자동식별시스템 지향

본 연구에서 새로운 ADHD, ADHD+CD, CD의 진단이 필요한 실험대상자에 대한 전문의료진의 뇌파(EEG) 진단결과와 기계학습에 의한 자동식별 및 자동진단분류 결과 간의 상호 일치도 비교를 제안한다. 이를 토대로 정신의학적 진단의 혼선과 불확실성을 보완하여 진단의 착오나 오진을 줄이고 진단의 시공간적인 효율성, 경제성, 정확성을 획기적으로 향상하고자 한다. 아울러 데이터 증거에 기반한 진단으로 인간의 직관, 편향, 인상 등에 의한 무의식적·잠재적 의존에 진단이 도출될 가능성을 낮추어, 전문의료진의 정확한 진단명 결정에 크게 조력할 수 있을 것이다.

게다가 본 연구는 인공지능 전문가와 협업하고, 진단과 심리치료프로그램 개발은 정신의학자, 임상심리학자, 범죄학자, 심리학자와 협업에 기반한다. 이러한 의미에서 본 연구는 다학제간의 융복합연구이다. 본 연구에서 개발할 청소년과 성인 ADHD, ADHD+CD, CD 등 관련 공동장애증상에 대한 가상현실치료(VRT)는 기존의 심리치료 프로그램들보다 더 몰입적(주의력 향상)이고, 상호작용적(공감력 향상)이며 효율적일 수 있다. 가상세계(Virtual World)를 이용함으로써 더 안전하고 경제적인 면에서 효율적이며 환자의 치료 참여도 및 순응도를 높일 것으로 판단된다. 특히 연구 마지막에 개발될 통합적 분노조절 가상현실 인지행동치료(IAM-VR-CBT)는 충동성, 분노, ADHD와 CD 증상, 자살시도(우울·불안)를 감소시킬 것이고, 이는 기존 교정보호기관, 경찰청(학교폭력 가해학생과 소년범 표준선도 프로그램), 청소년상담센터, Wee센터, 군상담센터 등에서 혁신적 치료로 자리매김할 것이다. 아울러 검증된 청소년과 성인 ADHD, ADHD+CD, CD 자동식별 시스템과 통합적 분노조절 가상현실 인지행동치료(IAM-VR-CBT)기술이 비행청소년과 범죄소년에게 적극적으로 개입되어 재비행과 재범을 사전에 예측하고, 예방하고, 억제할 수 있는 초석이 될 것이다.

TBR은 ADHD에 대해 가장 많이 연구된 정량뇌파(QEEG) 진단지수이다. 최근 연구에서 대조군이 증가한 TBR과 이질성(heterogeneity)을 보였기에 TBR이 유효한 생물학적 지표가 아니라는 논쟁이 있다. 또한, 새롭게 소개된 진단지수 TGC (Theta phase-gamma amplitude coupling)는 ADHD 진단에 유용할 수도 있지만(Bong & Kim, 2021), 이러한 새로운 지표에 관한 추가 타당성 연구가 지속해서 필요한 실태이다. 아울러 ADHD에 관한 뇌파(EEG) 진단 연구는 활발히 진행되고 있는 반면에, CD에 관한 뇌파(EEG) 진단 연구 및 인공지능 자동식별 연구는 매우 부족하다.

따라서 본 연구는 ADHD, ADHD+CD, CD 자동식별시스템에 기반한 자동식별과 진단분류를 위한 인공지능 자동시스템(AS)이 개발된다면, 청소년 재범예측 및 억제에 대한 가이드라인을 제공할 것이다. 현재 딥러닝방법(deep learning method)

은 싹트고 있으며 많은 영역에서 분류과제에 고려되거나 사용되고 있다(Ozturk, et al., 2020; Shu Lih Oh, 2020; Lih, 2020; Acharya, 2018; Cheong, 2019). 딥러닝방법 (deep learning method)은 모델을 훈련하는 데 매우 큰 데이터를 사용한다. 데이터가 많을수록 모델은 더 잘 학습하기 때문에 더 정확하게 분류한다. 또한, 기존의 기계학습기술과 달리 특징추출(feature extraction)과 순위처리(ranking processes)는 모델 자체에서 자동으로 수행된다(Tor et al, 2021). 향후 연구에서는 클라우드 시스템을 활용한 웹 기반 응용 프로그램 개발이 필요하다. 즉, 임상현장에서 환자의 뇌 신호를 획득하면 기술자나 간호사와 같은 비임상의가 컴퓨터에 설치된 애플리케이션을 통해 기록된 신호를 진료실에 있는 클라우드 서버에 올린다. 올린 EEG 신호를 기반으로, 제안된 시스템은 진단을 결정하고 진단 결정을 조력하기 위해 결과를 임상팀 구성원에게 보낸다(Tor et al, 2021).

향후 위 클라우드시스템과 더불어 웹 기반 응용 프로그램을 실용화하기 위해서는 먼저 청소년과 성인 ADHD와 CD 자동진단시스템(ADS)을 위한 생체신호의 인공지능분석에서 뇌파(EEG)와 정량뇌파(QEEG) 사용에 대한 높은 수준의 타당도와 신뢰도를 검증하기 위해 계속적이고 체계적인 대규모의 연구와 다학제간 교정인문학 기반 메타분석이 선행되어야만 할 것이다.

14장.

알코올의존환자를 위한
VR-CBT

알코올의존환자를 위한 VR-CBT

▼

01 알코올 관련 범죄

알코올의존 보호관찰 대상자들은 취중 시 또는 음주 후 파괴적인 충동과 분노조절장애로 인해 가정폭력(아동학대, 배우자폭력, 노부모폭력), 학교폭력, 군폭력, 성폭력, 데이트강간 및 폭력, 도로분노(보복운전), 음주교통사고, 주취폭력, 혐오범죄, 묻지마폭력 등과 같은 우발적 범죄와 재범으로 막대한 사회적·국가적 손실을 초래하고 있다.

2016년 8월 28일자 MBN, SBS 뉴스 보도 자료에 따르면, 최근 경기 침체와 불황기로 인한 술 소비가 지속적으로 급증하고 있으며, 특히 술독에 빠진 대한민국 20대 청소년들을 우려하는 목소리가 높아지고 있다. 이는 대학생활이나 청소년시기에 술을 많이 마시는 게 마치 사회생활의 필수조건으로 그릇된 추정을 하는 자기파괴적인 인지왜곡(self-destructive cognitive distortions)에서 시작된 것이다(O'Connor, 2015). 기획재정부와 국세청 등에 따르면, 2015년 주세가 역대 최대 규모로 걷힌 것으로 나타났다. 세수 가운데 주세가 총 3조 2천 275억 원을 차지했으며, 2014년보다 13.2% 증가를 보였다. 우리는 술을 단지 취하기 위해서 마시는 문화습관과 인지오류에서 벗어나 만남의 즐거움과 분위기를 편안하게 만들어주는 보조음식이라는 인식의 전환이 필요하다.

최근 강남살인사건, 수락산살인사건, 의정부 사패산살인사건, 안산대부도 토막살인사건, 섬마을 여교사 성폭행사건, 춘천 3살 아이 살해사건(아동폭력 및 살인) 등과 같은 사례들은 음주 관련 범죄라는 점에서 공통점을 시사하며, 이는 급증하고 있는 실태이다. 특히, 음주운전, 주취폭력, 주취가정폭력, 주취성폭력 및 주취살인 등에 이르기까지 다양한 사회적 음주범죄의 흉폭성도 진화하고 있다. 따라서 음주 관련 범죄에 대한 예방과 억제를 통해 사회적·국가적 손실비용을 줄이고 더 나아가 국민 개개인의 삶의 안정과 질 향상을 위한 새로운 대안적인 개입 및 처우 프로그램이 절실히 요구된다.

2008년~2014년의 대검찰청 범죄백서의 통계자료에서의 범죄유형별 범죄자 중 주취자의 비율을 살펴보면(참조 〈표 14.1〉), 2008년 주취자 210.679명(17.8%)으로 정점에까지 증가세를 보였다가 2010년 주취자 57,218명(4.8%)으로 급격한 감소세로 돌변했다. 반면에 2011년 주취자 58,051명(4.8%), 2012년 주취자 60,719명(4.3%), 2013년 주취자 63,810명(4.5%)등과 같이 점진적인 증가세를 보였다가 다시 2014년 주취자 148,683명(9.8%)으로 급상승하는 실태로 나타났다. 특히, 2014년 주취자의 강력범죄현황을 살펴보면, 방화(13.5%), 가타범죄(10.33%) 및 강도(4.2%) 등의 순으로 증가세를 보였다(범죄백서, 2014). 다음 〈표 14.1〉은 범죄유형별 범죄자 중 주취자의 범죄현황을 제시하고 있으며, 이를 도식화하면 〈그림 14.1〉과 〈그림 14.2〉와 같다.

표 14.1 〉 범죄유형별 범죄자 중 주취자의 범죄현황

연도	구분	전체	강력범죄(흉악)					강력범죄(폭력)	기타범죄
			전체	살인	강도	방화	강간		
2008	전체	1,179,445	18,961	989	3,737	1,413	12,902	401,691	758,793
	주취자	210,679	5,655	333	559	687	4,076	136,003	69,021
	비율	17.86	29.82	33.67	14.96	48.62	31.59	33.86	9.1
2009	전체	1,278,802	21,365	1,075	5,030	1,407	13,853	400,136	857,301
	주취자	210,536	5,948	405	762	633	4,148	132,853	71,735
	비율	16.46	27.84	37.67	15.15	44.99	29.94	33.2	8.37
2010	전체	1,178,854	23,332	1,073	3,611	1,321	17,327	352,565	802,957
	주취자	57,218	1,896	133	185	203	1,375	33,154	22,168
	비율	4.85	8.13	12.4	5.12	15.37	7.94	9.4	2.76
2011	전체	1,203,867	26,195	1,236	4,667	1,412	18,880	348,256	829,416
	주취자	58,051	2,090	151	193	175	1,571	31,515	24,446
	비율	4.82	7.98	12.22	4.14	12.39	8.32	9.05	2.95

연도	구분	전체	강력범죄(흉악)					강력범죄 (폭력)	기타범죄
			전체	살인	강도	방화	강간		
2012	전체	1,391,281	25,485	1,116	3,635	1,413	19,321	379,635	986,161
	주취자	60,719	1,987	123	151	190	1,523	32,614	26,118
	비율	4.36	7.8	11.02	4.15	13.45	7.88	8.59	2.65
2013	전체	1,398,815	28,180	1,047	2,872	1,397	22,864	349,305	1,021,330
	주취자	63,810	2,229	113	113	173	1,830	29,676	31,905
	비율	4.56	7.91	10.79	3.93	12.38	8	8.5	3.12
2014	전체	1,510,763	29,861	1,063	2,124	1,451	25,223	331,937	1,148,965
	주취자	148,683	2,386	102	90	196	1,998	27,618	118,679
	비율	9.84	7.99	9.6	4.24	13.51	7.92	8.32	10.33

출처: 대검찰청 범죄백서, 2014[1]

그림 14.1 〉 범죄유형별 범죄자 중 주취자의 수

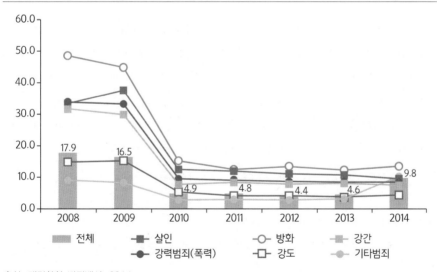

출처: 대검찰청 범죄백서, 2014

---

1 비율 = 주취자 범죄 / 전체범죄 * 100
   - 흉악범죄: 살인, 강도, 방화, 강간
   - 폭력범죄: 폭행, 상해, 협박, 공갈, 약취와 유인, 체포와 감금, 폭력행위(단체 등의 구성, 활동) 등 처벌에 관한 법률
   - 기타범죄: 재산범죄, 위조범죄, 공무원범죄, 풍속범죄, 과실범죄, 기타형법범죄, 특별범법

그림 14.2 〉 범죄유형별 범죄자 중 주취자의 비율

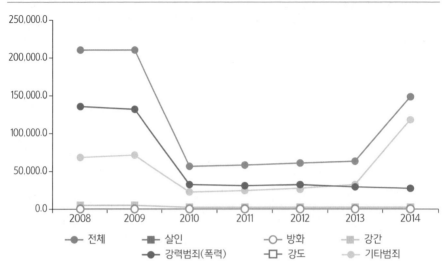

출처: 대검찰청 범죄백서, 2014

경찰청 2016년 국정감사 보도자료에 따르면, 최근 5년(2011~2015년) 동안 가정
폭력으로 검거된 인원은 모두 10만 명에 이르고, 특히 2015년 가정폭력으로 검거
된 사람이 47,549명으로 하루 평균 130명으로 5년 만에 6.5배 이상 증가했다. 가
정폭력은 대부분 아내에 대한 폭력인 것으로 드러났다. 2014년에 가정폭력으로
검거된 17,557명을 조사한 결과, 아내학대 70%(12,307명), 남편학대6.7%(1,182명),
아동학대 4.4%(778명), 노인학대는 5.2%(916명), 기타 13%(2,374) 등의 순으로 나
타났다(경찰청, 2016). 다음 〈표 14.2〉는 가정폭력 검거현황을 제시하고 있다.

표 14.2 〉 가정폭력 검거현황(2011~2015년)   (단위: 건)

구분	2011년	2012년	2013년	2014년	2015년
검거인원	7,272	9,345	18,000	18,666	47,549

출처: 경찰청(2016)

가족폭력은 살인으로 이어질 수 있어 그 피해가 심각하다. 최근 5년간 패륜범
죄(존속살해)로 검거된 사람은 모두 282명이다(경찰청, 2016). 다음 〈표 14.3〉은 가
정폭력 검거현황을 제시하고 있다.

표 14.3 〉 존속살인 범죄현황(2011~2015년)   (단위: 건)

구 분	2011년	2012년	2013년	2014년	2015년	합계
건수	68	50	49	60	55	282

출처: 경찰청(2016)

　　박남춘 의원은 "가정이라는 친밀한 공간이 오히려 범죄로부터 안전하지 않다는 사실이 확인되고 있다. 가정폭력이 가족 간의 문제가 아닌 심각한 범죄라는 인식으로 가정폭력에 대한 좀 더 적극적인 대처와 예방책이 필요하다"고 주취가정폭력에 관한 예방, 억제 및 보호를 제언했다.

　　음주관련 범죄 증가 비율을 단지 최근 경기 침체, 불황기, 실업문제로만 치부해서는 안 되며, 전반적 사회종교 및 교육문화의 도덕성결여와 감정통제기술결여를 포함해야 한다. 특히 자기감정통제기술결여는 자기분노조절기술결여와 자기통제력결여를 시사하며, 이는 온전한 자기돌봄(self-care)과 자존감(self-esteem) 형성의 실패에서 비롯된다.

　　충동분노조절장애와 알코올의존을 처우할 수 있는 최선의 방법은 자기돌봄과 자존감을 높일 수 있는 다양한 긍정기술들을 배우고 체득하는 것이다. 자기돌봄과 자존감은 함께 연결되어 있다. 만일 자신을 스스로 돌보지 않는다면, 당신은 자신의 자존감이 낮아지기 시작한다는 것을 알게 될 것이다(Petracek, 2004). 일상에서 적절하게 자기돌봄을 실천하는 사람은 자존감이 높고, 자존감이 높은 사람은 자신의 강점과 약점을 정확하게 판단할 수 있는 사람이다. 자신의 삶에서 강점과 약점을 이해하고 스스로 조절할 수 있는 기능을 갖춘 인격을 의미한다. 이는 또한 책임감과도 부합된다. 자존감이 높은 사람은 자신의 관계(relationships)에 책임을 다하기 위해 최선의 노력을 다하며 자신의 부정적 감정들에 온전히 책임을 지기에 자존감도 향상된다(Petracek, 2004).

　　자존감이 높은 사람은 불쾌한 사건으로 유발되는 우울, 불안, 긴장, 분노, 스트레스, 좌절에 대한 감내, 해결 및 대처능력이 높다. 따라서 자신의 미해결된 갈등과 격분상황으로부터 엄습하는 부정적·역기능적 감정들을 대체하기 위해 충동분노, 충동구매, 약물과 알코올남용, 도박, 성도착, 게임중독 등에 쉽게 빠지지 않는다.

그림 14.3 〉 자존감의 기초(The foundations of self-esteem)

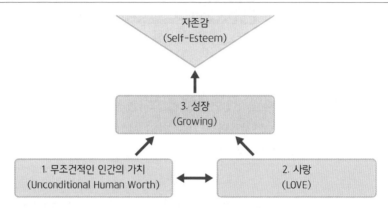

출처: Schiraldi, 2001, The self-esteem workbook, 2001, p. 25

현시대는 알코올의존자, 충동분노조절장애자, 범죄자의 파괴적인 충동행동과 갈망을 대처하고 실연할 수 있는 가상현실(Virtual Reality)과 가상공간(Virtual Environment)이라는 긍정기술들을 통해 자기노출, 긍정적 자기대화, 자기돌봄, 자존감을 높여 줄 수 있는 다양한 프로그램 개발 및 효과 검증이 절실히 요망된다. 본 연구는 이러한 시대적 염원에 부합하기 위한 첫걸음으로서, 취중 시 또는 음주 후 파괴적인 충동과 분노조절장애로 인해 주취가정폭력(아동학대, 배우자폭력, 노부모폭력), 도로폭력(보복운전), 성폭력, 음주교통사고, 혐오범죄, 묻지마폭력 등의 음주범죄와 관련한 알코올의존 보호관찰 대상자들을 위한 충동분노조절 가상현실 인지행동치료(VR-CBT) 프로그램의 효과 검증을 하고자 한다. 아울러 연구결과를 통해 알코올의존자의 범죄예방과 억제에 관련한 새로운 대안과 관리 방안을 제시하고자 한다.

▼ 02 가상현실치료[VRT]의 국내외 연구현황

1990년 후반부터 가상현실(VR)은 의료교육응용 프로그램과 심리장애치료에 활용되고 있다. 가상현실방법들은 임상적용과 더불어 최근 인간과 컴퓨터의 상호작용으로 고안된 융합산물로서 다중감각의 현실감(realism)과 실재감(presence)을 증강시켜 몰입(immersion)을 높여 주는 구체적인 가상환경(VE)으로 구현하여 다양한 가상현실치료(VRT) 프로그램들과 내담자 맞춤형 가상현실 노출치료(Virtual Reality Exposure Therapy: VRET) 프로그램들을 개발하여 그 효과를 검증하고 있다(Slater, 2004; Oliveira et al., 2014; Ryu et al., 2016; 류창현, 연성 진, 2015).

디지털 미디어의 힘과 편익의 증가와 비용의 절감은 건강관리와 새로운 기술 영역에 혁명을 만들고 있다. 가상현실(VR)은 생태학적으로 유효한 환경 내에서 개인의 인지, 정서, 행동을 이해하고 평가하는 데 사용되는 다양한 흥미로운 도구들과 접근방법들을 제시한다. 가상현실(VR)의 생태학적 타당성은 정밀한 실재감(presence)과 활발한 지각자극들의 통제로부터 파생한다(Valmaggia et al., 2016).

가상현실(VR)은 가상환경(VE)에서 미리 설정된 세트의 자극이나 과제가 상담실기반심리치료(office-based psychotherapy)의 표준모델과 이론적으로 일치할 수 있다는 것을 소개하고 인공적인 환경(artificial environment)을 통제할 수 있는 기술을 제시한다(Wiederhold et al, 1998). 가상현실(VR)은 몰입(immersion), 상호작용(interaction), 상상(imagination)(Burdea & Coiffet, 1994) 등과 같은 3가지 원칙에 따라 시각, 청각, 미각, 후각, 촉각, 체성감각2 등의 다중감각체계(Burdea, 1996)를 적극 활용한 다양한 의학 및 심리정신장애들에 관련한 치료 보조도구로써 구체적인 가상현실환경(VRE)을 계획하고 구현한다. 즉, 현실(reality)의 인공적인 또는 컴퓨터생성3D(computer-generated 3D) 표현으로, 사전에 계획되고 결정된 가상환경(VE) 속에서 다양한 감각들을 경험하며, 인간과 컴퓨터 간의 상호작용을 가능케 하며, 사용자의 행동들은 상호작용의 과정을 결정하게 한다(Rizzo et al., 2013).

몰입형 가상현실(VR)(Immersive VR)은 헤드 마운티드 디스플레이(Head Mounted Display: HMD)를 활용한 색깔(colour)과 3D 안에서 전시되는 하나의 가상현실환경(VRE)을 의미한다. 몰입형 가상현실(VR)은 컴퓨터생성이미지들과 사용자의 동작들(movements)이 동시에 구현되며, 사용자가 실생활에서와 같이 몰입을 느낄 수 있는 가상세계(virtual world)를 생성하는 단계를 포함한다(Rizzo et al., 2013).

최근 가상현실치료(VRT)의 국내외 연구실태를 살펴보면, 헤드 마운티드 디스플레이(HMD), 데스크탑 VR(Desk-Top VR), 홀로그래픽 VR(Holographic VR) 등을 활용한 코카인(cocaine), 알코올남용 및 의존(alcohol abuse & dependence), 흡연

---

2 피부감각, 운동감각, 평형감각을 통틀어 이르는 말.

(smoking), 도박(gambling), 주의력결핍 및 과잉행동장애(ADHD), 자폐증(autism), 공포증(대인, 고소, 특정, 비행), 편집증(paranoid), 우울증(depression), 강박증(obsessive compulsive disorder, OCD), 화상소독(burn dressing), 비만(obesity), 외상 후 스트레스 장애(PTSD), 고소공포증(acrophobia), 비행공포증(flight phobia), 거미공포증(ara-chnophobia), 사회공포증(social phobia), 분노조절(anger management), 사회기술훈련 (social skills training), 스트레스 대처기술 및 자기조절, 정서조절, 고통조절, 치과 수술(dental surgery), 종양입원환자(oncology impatient), 군사훈련, 항공기조종훈련, 자동차운전훈련, 우주조종훈련, 사이버불링(cyberbullying)의 피해자 지지치료 (supporting therapy) 등에 관련한 가상현실 인지행동치료(VR-CBT) 프로그램과 더 불어 강박증환자의 신경가상현실검사, 뇌졸중환자의 인지평가 등이 활발히 연구 되고 있다(Ryu et al., 2016; 연성 진, 류창현, 2015에서 재인용).

▼
03 알코올 가상현실치료(VRT)의 국내외 연구현황

알코올남용과 의존환자는 흔히 대인관계로 인한 분노와 스트레스를 풀기 위 해 술을 마신다는 왜곡된 신념과 손상신화(damaging myth)를 가지고 있다.

즉, 자신의 부정적 감정들을 알코올로 숨기고 회피하기 위해 오늘도 취할 때 까지 마신다. 알코올은 결코 분노와 스트레스를 해결해줄 수가 없으며, 오히려 자신의 분노를 증폭시킨다. 알코올은 중추신경계(Central Nervous System)를 저하 해 의사결정능력에 영향을 미치고 억제력을 낮추어, 성마름과 분노폭발을 증가 시킨다. 알코올은 충동행동과 부적절한 판단을 통제하는 뇌의 중심영역들을 단 락시킴으로써 분노를 자극한다(Hamberger, 1991).

분노를 격분시킬 것인가는 온전히 당신 자신의 의사결정이며 선택에 달려있다. 이는 개인의 자유의지와 자유선택에 더 의미를 강조한다. 개인의 자유의지와 자유 선택은 배움과 훈련을 통한 통찰과 체득에 의해 변화하고 진화한다. 따라서 당신 은 주취 시 또는 음주 후에도 다른 많은 적절한 행동들을 선택할 수 있듯이, 분 노, 격분과 더불어 음주 관련 범죄행동들도 선택할 수 있다. 알코올이 직접적으로 당신을 분노하게 강요하지는 않지만, 분노 이면에 숨겨진 부정적인 정서들, 불충족된 원함들과 욕구들(예: 인정욕구, 존중욕구, 통제욕구, 우월욕구, 충동욕구, 의존욕구, 회피욕구)을 유발시켜 당신을 고통스럽게 하며, 또다시 당신의 무분별한 분노폭발로 인해 주위 사람들까지도 고통스럽게 만든다(Petracek, 2004; Ryu et al., 2016).

행동과학연구에서의 다양한 가상현실치료(VRT) 프로그램들에 관한 개발 및 소개는 지난 몇 년 동안 현저한 발전을 거듭해오고 있다. 특히, 알코올남용, 온라인게임 중독, 파괴적 충동 분노조절장애 영역들은 또한 니코틴과 코카인의존 표본들처럼 가상현실치료(VRT)의 효과 검증이 성공적으로 이루어지고 있다(Lee et al., 2009; 이상훈, 2014; Park et al., 2016; 류창 현, 연성진, 2015; Ryu et al., 2016; Bordnick et al., 2008).

Lee 등(2005)은 기능성자기공명영상(fMRI) 연구를 통해 가상현실치료(VRT)가 갈망단서(craving cues)를 통해 전전두엽영역을 자극한다는 것을 검증하였다. 후속 연구로 Lee 등(2009)은 가상현실치료(VRT)를 받은 20명의 알코올의존환자와 알코올의 인지치료 프로그램을 받은 18명의 알코올의존환자를 비교한 결과, 10회기 처치 개입 후 가상현실치료(VRT)가 단순 알코올 인지치료 프로그램보다 알코올 갈망을 줄이는 데 더욱 효과적이며, 전두엽영역에 알파파의 증가를 나타냈다. 이 연구들에 따라서, 알코올 자극이나 금주가 전두엽영역의 변화와 관련이 있음을 시사한다.

한덕현 등(2009)은 "알코올가상현실: 다감각자극에 대한 알코올의존환자의 갈망 및 뇌파 반응" 연구에서 알코올의존환자집단 37명과 건강통제집단 25명을 대상으로 알코올에 관한 갈망을 가상현실 프로그램(VRP)을 3단계로 근육이완(muscle relaxation: MR), 음주 노출 위험상황(high-risk situation, HRS), 혐오자극(aversive stimulation: AV) 등과 같이 구성하여 진행하였다. 알코올의존대상자 37명은 알코올 가상현실치료 프로그램(VRTP) 진행 전 7일 동안 제독화 기간을 가졌고, 총 30분 정도의 가상현실치료(VRT) 시간 중 각 단계마다 약 10분의 치료시간으로 구성하였다. 첫 5분 동안 눈을 뜨고 각 단계마다 제시되는 가상현실상황에 충분히 몰입한 후, 약 5분간 편안히 눈을 감은 상태에서 뇌파를 측정하였고 눈을 감고 있는 동안 바로 직전 몰입했던 장면을 지속해서 떠올리도록 교육하였다. 근육이완(MR) 시 환자는 5개의 서로 다른 풍경 중 하나를 자신의 선호에 따라 선택하고, 조용한 음악과 함께 5분간 자신의 기분을 가장 이완시킨다. 음주노출위험상황에서는 여러 감각의 자극(시각, 청각, 후각)을 사용하기 위해 다양한 술 종류(맥주, 소주, 위스키, 막걸리)와 안주(육류, 해물, 간단 한 과자)를 여러 가지 상황들(한식 및 양식 음식점, 호프집, 선술집)에서 자신이 평소 술을 마시던 성향에 따라 선택한 후, 술집에서 일어나는 소음, 술 마시는 소리, 술 따르는 소리, 안주를 굽는 소리 등의 음향 효과를 통해 술 마시는 상황을 즐기도록 구현하였다. 혐오자극에서 알코올의존환자는 시각, 청각, 후각 자극에 노출되면서, 가상환경 속의 알코올의존환자가 구역질하는 장면을 담은 3D Stereoscopic Video를 시청하면서, 소량의 케피어 요구르트(건강발효식품으로 냄새와 맛은 토사물과 비슷함)를 마시게 했다. 동시에 구역질하는 소리를 반복해서 듣게 하였다.

그 결과, 알코올 가상현실치료프로그램(VRTP) 시 갈망변화는 각각의 가상현실치료 3단계 동안, 알코올의존환자집단과 건강통제집단 간은 서로 다른 갈망변화 유형을 보였다. 즉, 건강 통제집단에 비해, 알코올의존환자집단은 근육이완상황에서 음주노출위험상황으로 전환될 때 더 급격한 갈망변화를 나타냈다. 위험상황에서 혐오상황으로 전환할 때도 더욱 급격한 갈망의 감소를 보였다(한덕현 등, 2009). 다시 말하면, 알코올의존환자는 건강인보다 근육이완(MR)과 음주노출위험상황(HRS)에서 음주에 대한 더 강한 갈망욕구가 나타나며, 가상현실혐오노출상황에서는 더 낮게 나타났다. 따라서 본 연구결과는 가상현실혐오노출치료가 알코올 의존환자들에게 더 효과적인 처치개입의 가능성을 시사한다. 다음 〈그림 14.4〉는 각 3단계별 알코올갈망변화를 제시하고 있다.

그림 14.4 〉 알코올갈망변화(근육이완(muscle relaxation: MR), 음주노출위험상황(high-risk situation: HRS), 혐오자극(aversive stimulation: AV)

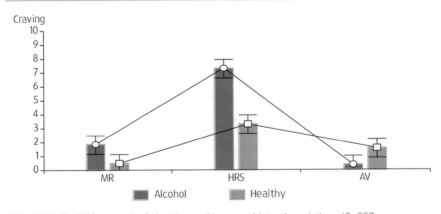

출처: 한덕현 등, 2009, Journal of the Korean Neuropsychiatry Association, 48, 257.

알코올의존환자집단은 근육이완(MR)에서 음주노출위험상황(HRS)으로 전환할 때, Fp1－A1(r＝－0.48, p＝0.04), F7－A1(r＝－0.49, p＝0.03), Fp2－A2(r＝－0.46, p<0.05), F8－A2(r＝－0.54, p＝0.02) 등의 알파파 감소는 갈망의 증가와 상관관계를 보였지만 건강통제집단에서는 갈망과 뇌파의 변화 간의 상관관계는 유의한 효과는 나타나지 않았다(한덕현 등, 2009). 다시 말하면, 인간의 전두엽은 인간이 가장 인간답게 살 수 있도록 조력한다. 즉, 어떤 주어진 상황에 관한 선택, 결정, 통제, 억제의 핵심 기능들을 담당한다. 전두엽의 알파파는 인지조절네트워크(Cognitive Control Network) 역할로서 증가는 강한 억제조절(inhibitory control) 기능을 수행하지만, 감소는 낮은 억제력, 즉 알코올에 대한 강박적 사고(obsessive thinking) 및 강박 적 사용(compulsive use), 충동성(impulsivity; 인지, 운동, 무계획), 위험성행동(risk－taking behavior) 등이 강해지며, 기본 욕구분출과 갈망이 증가함을 반영한다. 따라서 알코올의존환자의 근육이완(MR)에서 음주노출위험상황(HRS)으로 전환할 때의 전두엽의 알파파 감소는 억제조절력 감소를 의미하며, 이는 알코올의존환자가 정상인보다 가상현실 음주노출위험상황(HRS)에서 더 쉽게 몰입되어 갈망과 기본 욕구분출의 증가를 시사한다. 다음 〈그림 14.5〉는 가상 현실치료 프로그램(VRTP)

그림 14.5 〉 가상현실치료프로그램(VRTP) 개입 시 알코올의존환자집단과 건강통제집단 간의 뇌파의 알파파 절대값

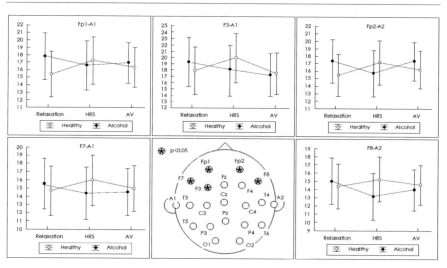

출처: 한덕현 등, 2009, Journal of the Korean Neuropsychiatry Association, 48, 258.

시 알코올의존환자집단과 건강통제집단 간의 뇌파의 알파파 절대값을 제시하고 있다.

　Myrick 등(2004)은 기능성자기공명영상(fMRI) 연구를 통해 알코올 노출자극에 따른 뇌의 반응이 다르게 나타남을 검증하였다. 건강집단에서는 알코올 노출자극 시 대상회(cingulate gyrus)가 활성화되는 반면, 알코올환자집단에서는 측좌핵(nucleus accumbens), 안와전두엽(orbitofrontal cortex), 복측피개부(ventral tegmental area), 전측대상회(anterior cingulate gyrus) 등이 활성화되었다. 이와 유사하게, 뇌파의 변화반응에서도 Liu 등(1998)은 코카인 노출단서를 제공했을 때, 코카인중독환자에서 알파파의 감소가 나타났고, Kim 등(2003)과 한덕현 등(2009)의 연구 결과에서도 역시 알코올 노출단서를 제공하였을 때, 알코올의존환자에서 알파파의 감소가 나타났다.

▼
04 범죄예방정책의 가상현실치료(VRT) 적용

(1) 형사사법연구(Criminal Justice Research)의 가상현실(VR)

　Ticknor와 Tillinghast(2011)는 범죄학적 연구에 대한 가상현실(VR)의 활용을 연구(research), 교육(training), 재활(rehabilitation) 등과 같이 3가지 분야들로 제시하고 있다. 가상현실시스템(Virtual Reality System)은 다양한 연구영역들의 목적을 성취하고 있다. 형사사법제도(Criminal Justice System)는 이러한 급진적으로 발전하는 기술로부터 3가지 구체적인 방법들에서 이득을 얻을 수 있다. 첫째, 가상현실환경(VRE)에서 실험통제(experimental control)와 문제연구방법론(problematic research methodologies)의 이슈들이 해결될 수 있다. 둘째, 실무자(practitioner)와 범죄자 모두가 맞춤형 가상환경(VR)에서의 교육을 통해 혜택을 누릴 수 있다. 셋째, 재활효과는 안전하고 통제된 가상환경에서 처우됨으로써 더욱 향상될 수 있다. 가상현실(VR)은 자원들은 줄어들고 교정인구는 증가하는 현시점에서 형사사법제도(CJS)의 다양한 요구들을 해결할 수 있는 비용효율·효과적인 방법을 제공한다(Ticknor & Tillinghast, 2011).

가상세계(virtual world)의 주요 목적은 개인이 가상세계에서의 실재감(presence)을 더 높은 수준에서 경험하게 되고 자신의 목적들과 관련한 시나리오들에 더 참여하게 하는 데 있다(Riva, 2005). 아울러 몰입(immersion)과 실재감(presence)은 사용자가 가상세계를 경험하는 방법을 결정한다. 이는 가상현실(VR)이 기술들을 구축하고, 피험자의 심리적·생리적 특성들을 이용하고, 인지기능을 변화시키는 데 사용되기 때문에 가상기술을 형사사법제도(CJS)에 구체화하는 데 있어 가장 중요하다(Ticknor & Tillinghast, 2011).

가상현실(VR)과 가상환경(VE)은 사회과학자들에게 환경통제(environment control), 자료 수집(data collection), 측정문제(measurement issues) 등과 같은 연구의 공통장애물들을 극복할 수 있는 능력을 제공했다. 한 가상환경(VE)에서 피험자들을 연구함으로써, 연구진은 환경에 대해 보다 유의하게 통제할 수 있고 연구조건(study conditions)을 더욱 쉽게 반복실험을 할 수 있다. 연구진은 실생활에서 달성하기 어렵거나 너무 큰 비용이 드는 실험상황(experimental situations)을 가상세계에서 창출할 수 있다. 자료수집 또한 자동화로 처리할 수 있어 인적오류(human error)를 줄일 수 있다. 아울러 연구진은 객관적인 측정도구들을 만들고 평가할 수 있다. 표본크기(sample size), 타당도(validity), 인과관계추론(causal inference) 등의 연구방법론 문제는 가상현실(VR)을 사용함으로써 해결될 수 있다(Ticknor & Tillinghast, 2011).

1) 환경통제(Environmental Control)

인간을 대상으로 연구하는 동안, 연구진은 흔히 환경통제가 부족하다. 형사사법의 연구에 대한 주요 비판은 연구진이 변수들(variables)을 조작할 수 없는 데 있다(Eck & Liu, 2008a). 연구진은 가상현실(VR)을 활용함으로써 통제된 환경에서 다양한 상황들을 구현할 수 있으며, 몇 번의 마우스 클릭을 통해 가상세계의 모든 것을 조종할 수 있다(Fox et al., 2009; Riva, 2005).

가상현실(VR)은 실험통제뿐만 아니라 연구진과 피험자에게 안전하고 비용효과적인 환경에서 연구를 진행할 수 있는 이점을 제공한다. 피험자는 실제세계의 위험의 피해를 직면하지 않고서도 가상세계의 위협에 노출될 수 있다(Schultheis & Rizzo, 2001; Wiederhold & Wiederhold, 2004; Ryu et al., 2016) 게다가, 시나리오는 현실적으로 재경험할 수 없고 많은 비용문제로 재생할 수 없는 것을 가상현실

(VR)을 통해 구현할 수 있다(Fox et al., 2009; Gregg & Tarrier, 2007; Riva, 2009). 연구진은 또한 인간연구대상가이드라인(human subject guidelines)의 위반이나 전통적 연구에서 비윤리적이라 고려되는 고위험상황들(high risk situations)을 생생한 가상 요소들로 통합시킬 수 있는 능력을 갖춘다(Renaud et al., 2009; Thorton & Laws, 2009). 요약하면, 가상환경(VE)은 연구진에게 현실감(realism)을 희생하지 않고도 크나큰 통제를 제공한다(Anton et al., 2009; Blascovich & Bailenson, 2005).

가상현실(VR)을 사용하여 이러한 높은 수준의 실험통제를 유지함으로써, 특정 환경의 반복실험이나 시나리오의 설정은 쉽게 이루어질 수 있다(Blascovich & Bailenson, 2005; Fox et al., 2009). 여러 피험자들은 한 시나리오에서 다음 시나리오로 진행되는 동일한 가상환경(VE)에 배치될 수 있다. 이는 물리환경(physical environment)과 예상치 못한 방해들로 연구 결과에 영향을 줄 수 있는 전통적 연구에서는 매우 어려운 것이다. 가상현실(VR)은 모든 참여자들이 똑같은 교육(instruction), 상호작용(interaction), 치료(treatment)를 받을 수 있다는 것을 보증한다. 정확한 반복실험을 가짐으로써, 연구진은 각 참여자에게 같은 환경을 제공할 수 있다. 반복실험은 인과관계추론(causal inference)을 결정하고 일반화할 수 있는 결과들(generalizable findings)을 줄 수 있는 핵심 요인이다(Townsley & Johnson, 2007). 환경을 통제하고 연구를 반복할 수 있는 능력은 연구진이 자료수집(data collection)을 용이하게 하고 현재 사회과학연구(social science research)에서 일반적으로 점유되지 않은 다양한 유형의 객관적인 측정도구들을 평가할 기회를 제공한다(Ticknor & Tillinghast, 2011).

2) 자료수집(Data Collection)

형사사법연구(CJR)는 흔히 누락이나 결점 있는 자료가 도출된다는 것이 또 하나의 이슈이다(Eck & Liu, 2008a). 이러한 문제들은 오류와 편향된 결과들을 초래한다. 가상세계에 있는 동안, 사용자의 입력과 행동은 자동적으로 캡처되며 관리인터페이스(administrative interface)를 통해 출력될 수 있다. 트래킹(tracking)은 연구진이 참여자가 어느 곳에 있는지, 누가 그와 함께 대화하는지, 가상세계에서 발생하는 다른 사건들을 캡처하도록 하는 가상환경(VE)의 필수 구성요소이다(Jarrett, 2009). 이러한 자동트래킹(automatic tracking)은 정확한 자료를 수집하는 데 보장할 수 있는 한 방법이다(Ticknor & Tillinghast, 2011).

HMD는 시선과 지속시간(gaze & dwell time)의 측정도구로 사용될 수 있는 안구운동을 추적할 수 있도록 구성되었다(Renaud et al., 2009; Thorton & Laws, 2009). 추가 장치들로는 가상환경(VE)에서 사용자의 다양한 상호작용(interaction), 심리적·생리적 각성반응(psychological & physiological arousal responses), 뇌활동(brain activity), 심박수(heart rate), 발한(perspiration), 근육긴장(muscular tension), 혈압(blood pressure), 갈망(craving), 충동성(impulsiveness) 등을 측정하는 데 뇌파(EEG), 양전자방출단층촬영(PET), 기능성자기공명영상(fMRI)이 사용되고 있다(Lee et al., 2005; Lee et al., 2007; Lee et al., 2009; Mraz et al., 2003; Ryu et al, 2016). 아울러 연구진은 PPG(penis plethsymotgraphy) 측정을 가상현실(VR)에 연결시켜 성범죄자의 생리적 각성반응을 평가하고 있다(Renaud et al., 2009; Thorton & Laws, 2009).

요약하면, 가상현실(VR)은 가상세계에서 사용자의 상호작용에 대한 정확한 묘사를 제공하고 생리적 반응들을 추적하고 기록할 수 있는 추가 혜택을 준다. 가상환경(VE)에서의 자극이나 노출 중 일어나는 어떤 언어적이나 생리적 반응은 자동적으로 캡처된다. 결과적으로, 자료수집은 더 신뢰할 수 있고 철저하게 이루어진다. 자료수집의 자동화는 형사사법의 범죄예방정책국에서 이미 가치 있는 도구로 검증되고 있다(Eck & Liu, 2008b). CCTV 영상처럼 가상현실환경(VRE)에서 한번 캡처된 자료들은 구체적인 이론적 구조들을 검증하는 데 사용될 수 있다(Ticknor & Tillinghast, 2011).

3) 객관적 측정(objective measures)

객관적 측정(objective measures)은 무편향결과(unbiased conclusions)를 도출할 수 있어 흔히 더 선호된다. 가상현실(VR)은 연구진인 참여자를 안전하고 통제된 환경에서 연구할 수 있도록 조력한다. 환경통제와 자동화정보수집으로 인해 객관적 측정이 이루어진다. 이는 가상환경(VE)에서 구체적인 과제를 하는 동안 사용자의 반응과 생리적 측정을 포함한다. 또한, 연구진은 가상환경(VE)의 자극이나 노출 시에 사용자의 상호작용에 기반한 객관적 결과측정 도구를 개발할 수 있다(Schultheis & Rizzo, 2001). 객관적 측정은 가상환경(VE)에서 시스템과 관련한 참여자의 어떤 주요한 부분을 평가하고 모니터할 수 있다(Ticknor & Tillinghast, 2011).

4) 가상교육환경(Virtual Training Environments)

경찰관과 교정관은 흔히 어려운 상황에 직면하게 되며 그 상황을 통제하기 위해 신속히 반응해야 한다. 가상교육환경(VTE)은 현실감과 실재감 있는 생생한 사건상황을 가상환경으로 옮겨 훈련생을 시나리오에 노출시켜 경험하게 한다. 즉, 가상교육환경(VTE)의 목적은 훈련생에게 어떤 단서들에 대한 구체적인 반응들을 이끌어낼 수 있도록 이를 실제상황에 전한시켜 대처할 수 있는 사건에 관련한 하나의 자극이나 노출을 제공하는 데 있다(Tichon, 2007). 실무자는 희생이 큰 과실과 인명손실의 위험 없이 스트레스나 위험한 상황에 대한 경험과 반응을 하기 위해 가상현실 시뮬레이션(VR simulation)을 사용할 수 있다. 현재 반몰입형 시뮬레이션(semi-immersive simulation)은 경찰관이 무기처리(weapons handling)에 대한 훈련을 하는 데 있어 성공적으로 활용되고 있다. 가상현실(VR)은 안전한 시행착오(safe trial and error)가 허용되는 다양한 가상환경상황들에서 범죄자들을 관리하는 데 필요한 감수성훈련(sensitivity training), 문제해결(problem solving) 등의 기술들을 강화하는 데 사용될 수 있다(Tichon, 2007).

범죄자들은 또한 사회재교육(social retraining)의 한 방법으로 모델링(modeling: 적응행동에 대한 교육하기(teaching), 격려하기(prompting), 동기부여(motivation), 불안 경감하기(reducing anxiety), 문제행동에 대한 낙담시키기(discouraging)), 역할극(role playing), 즉각적인 피드백(instant feedback) 등을 가상현실(VR)에서 교육을 받게 되는 이점이 있다. 이는 범죄자들에게 적합한 사회규범들과 역할들을 가르치는 데 조력할 뿐만 아니라 기존의 사회환경으로 재통합하는 데 대한 두려움과 불안을 경감시켜준다(Schultheis & Rizzo, 2001). 가상 교육환경(VTE)은 범죄자들에게 직업교육을 통해 가치 있는 기술들을 배우게 하여 출감 후 유리한 직장을 얻는 데 돕는다. 특히 교육이나 치료에 대한 의지나 동기가 없는 저항적인 범죄자들의 재사회화 교육에 조력할 수 있다(Ticknor & Tillinghast, 2011). 이는 구체적인 교육목적 하에 설정된 가상현실(VR)과 가상환경(VE)이라는 처우 및 개입의 보조도구를 사용하여 내성적이고 저항적·충동적·폭력적인 범죄자에게 자유로이 자신만의 가상공간(virtual space), 가상상황실(virtual situation room), 시나리오(scenarios)를 통해 자기노출, 긍정적 자기대화, 자기돌봄, 자존감을 형성할 기회를 제공하기 때문이다.

5) 재활을 위한 가상현실치료(Virtual Reality Therapy for Rehabilitation)

대략 20년 동안 가상현실치료(VRT)는 많은 불안과 행동장애들을 위한 하나의 치료선택(treatment option)으로 심리학에서 사용돼오고 있다. 최근 가상환경치료(virtual environmental treatment)의 사용은 일반적으로 범죄자와 관련된 정신장애들을 치료하는 데 효과가 검증된 심리치료방법들을 연결하여 진행한다. 게다가, 특별한 도움이 필요한 범죄자들을 가상현실(VR)을 통해 평가하고 치료할 수 있는 장점이 있다(Ticknor & Tillinghast, 2011).

범죄행동의 개별수준예측(individual-level predictors)과 관련한 정보수집은 교정평가(correctional assessments)를 통해서 얻는다. 범죄자들은 위험성에 따른 범죄자들을 분류하고 변화를 목표로 하는 행동들을 식별하는 LSI-R(Level of Service Inventory-Revised)과 같은 다양한 평가도구들로 평가된다. 효과적인 개입의 원칙들을 준수하는 치료방법들은 재범률을 줄이는 데 가장 효과적이다(Andrew et al., 1990). 이러한 원칙들을 요약하면 4가지 주요 단계들로 분류된다. 첫째, 치료개입은 범죄의 알려진 예측요인들(known predictors)을 목표로 한다. 둘째, 치료개입은 행동지향 프로그램(behavior-oriented programs)의 형태를 띤다. 셋째, 치료는 주로 고위험 범죄자들에 따라 결정되어야 한다. 마지막으로, 치료개입은 치료효과에 영향을 줄 수 있는 다양한 고려사항들을 수반한다(Ticknor & Tillinghast, 2011).

교정처우 프로그램으로 가장 많이 선호되고 재범률 감소 효과를 보이는 것이 바로 인지행동치료(Cognitive Behavior Therapy)이다. 인지행동치료 프로그램(CBTP)은 반사회적 태도와 신념에 대한 변화를 치료목표로 하여 일반적인 범죄자의 근본적인 위험과 요구를 해결할 수 있다(Andrews & Bonta, 2010; Van Voorhis, 2006; Van Voorhis et al., 2007; Ryu et al., 2016).

최근 통합적인 가상현실치료(Integrative VRT)를 활용한 무의식(unconscious mind), 인지장애(cognitive barriers), 뇌 가소성(neuroplasticity), 재활(rehabilitation)에 관한 임상연구들이 시작되고 있다(Optale et al., 2004; Raskin, 2011). Raskin(2011)과 Ryu 등(2016)은 가상현실 인지행동치료 프로그램(VR-CBTP)은 인간의 뇌에 어떤 구체적인 영향을 미치는가? 라는 주제로 뇌 가소성과 재활에 관련한 행동(behavioral), 회복(restorative), 메타인지(metacognitive) 등의 3가지 접근방법들을 통해 다양한

뇌 변화들(brain changes)을 제시하고 있다. 즉, 보상행동(compensation behavior)은 뇌 정상영역이 뇌 손상영역의 기능을 이어받을 때 일어난다. 진정한 회복(true recovery)은 뇌 손상영역의 기능이 개선됨을 의미한다. 메타인지방법은 과제완료를 하는 동안 자기모니터(self-monitoring)를 촉진할 수 있는 전략들과 시스템을 사용하여 사람들을 교육한다.

가상환경기술(virtual environment technology)은 인지기능과정의 평가와 재활에 관한 구체적인 이점들을 제공한다. 이론적 수준을 지지하기 위해, 이러한 기술의 사용은 여전히 건강집단과 임상집단 간의 체계적인 경험적 연구를 통해 구체화할 필요가 있다. 아울러 이러한 이점들이 목적에 맞추어 기존기술에 가치를 더할 수 있는지를 결정해야 한다(Rizzo et al., 2000). 다음 〈표 14.4〉는 신경심리평가와 인지재활적용에 대한 가상환경 이점들을 제시하고 있다.

표 14.4 〉 신경심리평가와 인지재활적용에 관한 가상환경 이점들

1. 다른 방법을 사용하여 제시하기 어려운 것들을 역동적·상호작용적 3D 자극들을 활용한 생태학적 타당도실험, 교육시나리오, 인지과제 등 제공.
2. 자극전달의 총괄적인 통제와 일관성 등 제공.
3. 성공여부에 따라 단순과제단계에서 복잡단계에 이르기까지 계층적·반복적인 자극 과제를 제공.
4. 동적실험(dynamic testing)이나 실수 없는 학습패러다임 내에서 성공적 수행을 이끌어 내기 위해 고안된 단서자극이나 시각화전술(선택강조) 등 제공.
5. 다양한 형태의 즉각적인 성과피드백 전달.
6. 토론이나 다른 설명방법에 관한 평가와 교육을 위해 잠시 멈출 수 있는 기능.
7. 적절하다고 사료될 때 자기주도탐색(self-guided exploration), 독자적 실험과 교육에 관한 선택가능.
8. 사용자의 손상들(예, 운동, 청각 및 시각장애)에 따른 감각표현과 반응 요구 수정.
9. 완전한 성과기록을 위한 기능.
10. 사용자의 평가와 분석을 위한 보다 자연적이거나 직관적인 성과기록의 유용성.
11. 실수로 인한 위험을 최소화할 수 있는 안전학습환경(safe learning environments) 설계.
12. 동기강화를 위한 학습상황에 게임요인 도입.
13. 저비용 역량교육환경을 창출할 수 있는 기능.
14. 몰입감, 실재감, 생동감의 증강과 상호작용의 함양을 위한 가상인간(아바타/에이전트)의 창조와 통합.

출처: Browse Conference Publications, Proceedings IEEE Virtual Reality 2000

05 충동분노조절 가상현실 인지행동치료 프로그램 지향

다양한 통합적인 가상현실치료 프로그램(VRTP)은 21세기 변화에 맞는 혁신적·창의적·융합적·효과적인 치료프로그램이라 할 수 있다. 기존의 분노조절 프로그램은 집단프로그램에 대한 저항, 집단원들 간의 폭력 및 재범결성위험, 집단상담자에 대한 공격, 전이 및 역전이로 인한 공감적인 피곤과 소진, 주의 및 집중력 곤란, 낮은 자기노출, 치료적 동맹결여, 낮은 인지지능 등이 야기된다. 이를 보완하기 위해 분노조절 가상현실 인지행동치료 프로그램(AM－VR－CBTP)은 가상현실 특수 영상촬영기술(3D stereoscopic videos, Desktop VR, 몰입형 헤드 마운티드 디스프레이(HMD)과 오감(시각, 청각, 후각, 미각, 촉각)을 활용한 현실감, 실재감, 몰입감(주의 및 집중력), 생동감, 자기노출, 긍정적 자기대화, 자기돌봄, 자존감형성, 자기객관화, 유연한 상호작용(심리적 정화, 공감적 이해, 사회적 조망, 사회기술훈련), 협동심, 잠재력 부각을 극대화하고, 분노조절장에나 충동조절장애 증상들에 따른 맞춤형 치료가 가능하며 치료 단계별로 차별화시켜 적용할 수 있는 이점들이 있다(연성진, 류창현, 2015).

기존의 충동조절장애와 관련한 분노조절 가상현실 인지행동치료 프로그램(AM－VR－CBTP)은 총 3회기로 개발되었다(류창현, 연성진, 2015; Ryu et al., 2016). 향후 보다 효과적·효율적인 가상현실치료 프로그램(VRTP) 검증을 충족시키기 위해 총 10회기 충동분노조절 가상현실 인지행동치료 프로그램(IAM－VR－CBTP)을 구성하여 개발하고 그 효과성을 검증해야 한다. 한 예로, Gould(1990)는 컴퓨터를 활용한 10회기 치료학습 프로그램(Therapeutic Learning Program, TLP)을 개발하여 지난 30년 동안 25,000명을 치료했다. 치료학습 프로그램(TLP)의 주요 내용은 행동변화의 4가지 단계들로, 즉 1단계: 동기부여하기, 2단계: 해결방안을 탐색하기, 3단계: 비합리적인 두려움을 감소시키기, 4단계: 자기이미지(self－image)를 관리하기 등으로 구성된다. 더 구체적인 10회기 치료학습 프로그램(TLP)의 내용을 살펴보면, 1회기 스트레스 관련 문제, 갈등 및 증상을 식별하기, 2회기 목적을 명료화하고 행동에 초점을 맞추기, 3회기 행동의 결과에 대해 숙고하기, 4회기 숨겨진 동기(실패와 성공에 대한 두려움)를 찾아내기, 5회기 행동에 대한 장애들로 분노와 죄책감을 탐색하기, 6회기 자존감의 문제를 직면하기, 7회기 오래된 해로운 행동패턴들을 평가하기, 8회기 자기의심(self-doubts)의 발달사를 이해하기, 9회기 자기의심과 관련한 현재 사건을 분석하기, 10회기 본 과정에서 경험한 변화들을 평가하기 등과 같이 구성하여 진행한다.

국내에서도 치료학습프로그램(TLP)의 내용을 기반으로 총체적인 10회기 충동분노조절 가상현실 인지행동치료 프로그램(IAM-VR-CBTP)을 분노조절 인지행동치료(CBT), 합리정서행동치료(REBT), 우울증의 인지치료(CT), 긍정심리치료(PPT), 마음챙김명상(MBSR), 안구운동 민감소실 및 재처리요법(EMDR), 변증법적 행동치료(DBT), 의사소통기술, 치료학습 프로그램(TLP) 등의 다양한 통합적인 심리치료 기법들과 더불어 긍정기술(positive technology)인 가상현실환경(VRE)을 융합하여 개발한다면 더 효과적·효율적인 가상현실치료 프로그램(VRTP)이 소개될 것이다. 이는 또한 알코올의존 수강 및 보호관찰 대상자들의 처우와 더불어 재범의 예방, 억제, 예측까지도 충분히 기능할 것이다.

향후 지속적인 가상현실치료(VRT)의 연구, 개발 및 소개를 통해 진료실이나 상담실을 꺼리는 내담자들도 쉽고 편하게 다양한 가상현실프로그램(VRP)들에 접하고 참여하게 되어 정서적·정신적·신체적·생리적 안정과 더불어 삶의 질이 향상될 것이며, 심리치료 회기 중 내담자의 강한 저항과 전이로 인한 상담자의 공감적 피곤과 신체적·정신적 소진 등도 감소할 것이다. 이로 인해 참여자는 자신의 음주와 충동분노범죄에 관한 이해, 통찰 및 자기감정조절기술을 향상하게 되며, 음주와 충동분노 관련 범죄율과 재범률의 감소로 사회적 안녕과 범죄 관련 국가예산절감 및 국가경쟁력은 강화될 것이다.

앞으로 발전해 나아가야 할 임상적 연구영역들은 가상현실(VR)과 가상환경(VE)을 활용한 생체신호기반 다양한 통합적·융합적인 중독예방, 진단 및 치료프로그램 개발이 병행돼야 한다. 즉, 가상환경기반 중독예방, 진단 및 치료를 위한 프로토콜 개발, 실시간 생체신호기반 객관적 갈망, 충동 및 분노유발상황 식별 및 바이오피드백과 알고리듬에 따른 진단기법개발, 모바일 및 ICT(Information & Communications Technologies)에 기반을 둔 평가기술개발, 외상 후 스트레스 장애(PTSD), 수면장애, 우울증충동자살, 인성교육, 게임중독, 스마트폰중독 등을 위한 프로그램 개발 및 효과 검증이 절실히 요망된다.

특히 다양한 통합적·융합적인 가상현실치료프로그램(VRTP)들의 개발, 검증 및 소개를 통해 알코올의존환자가 자신의 생리적 욕구와 심리적 욕구를 시각, 청각, 미각, 후각, 촉각, 체성감각 등을 활용한 구체적인 맞춤형 가상현실환경(VRE)에서 충족시켜 충분히 통합적으로 기능할 수 있는 신경재활(neurorehabilitation)과 뇌가소성(brain plasticity)을 회복시켜 줄 수 있다. 가상현실 노출치료(VR exposure therapy)에서 구현되는 이미지들(images)은 인간의 뇌에 큰 영향을 줄 뿐만 아니라 정서와 사고패턴에도 강한 영향을 미친다.

가상현실치료(VRT)는 정신건강치료, 운동기술재활, 인지평가, 임상기술훈련 등과 같은 기존의 평가와 방법에 가치를 더할 수 있다. Albert Skip Rizzo에 따르면, "가상현실(VR)을 사용한 임상연구들은 입원환자, 외래환자, 가정기반의료재활(home based medical rehabilitation)의 미래를 바꿀 수 있는 결과들을 산출할 것이다"라고 제언했다. 향후 충동분노조절 가상현실 인지행동치료(IAM–VR–CBT)는 효과적이고, 편리하고, 저렴한 가격으로 가정, 학교, 군대, 경찰서, 보호관찰소, 교도소에 기초한 임상적 충동분노치료와 중독재활의 미래를 안내하고 지원할 것이다. 아울러 가까운 미래에 가상현실치료실(VRT Room)이 노래방처럼 내담자들에게 쉽고, 유용하게 적용되어 심리치료의 효과를 향상하고 비용도 저렴하게 제공되는 길이 열리길 간절히 희망한다.

특히 본 연구결과에 따라 향후 보호관찰기관의 수강명령과 보호관찰 프로그램에 접목할 수 있는 효과적이고 효율적인 총 10회기 충동분노조절 가상현실치료 프로그램(IAM–VR–CBTP) 개발을 하여 알코올의존자, 가정폭력대상자, 주취폭력대상자, 성폭력가해자, 비행청소년을 위해 실제적인 범죄예방과 감소를 초래할 것이며, 본 프로그램을 기반으로 각 참여자의 정신적·정서적·행동적·생리적·생태학적인 반응변화에 관한 정보수집과 더불어 치료 효과 및 개입 여부를 판단할 수 있다. 또한, 알코올의존 보호관찰 대상자의 동기부여와 강렬한 분노감, 분노공격, 충동·공격행동, 우울증을 통제하고 감소시키는 건강관리지원을 위해 시각, 청각, 후각, 미각, 촉각, 햅틱자극(haptic stimuli) 등의 역동적·상호작용적인 3D 몰입기술, 실재감, 현실감, 생동감을 적용하는 가상환경노출치료(Virtual Environment Exposure Therapy)를 통해 빅데이터(big data)와 딥러닝시스템(deep learning system)을 구출하여 범죄정보지식 기반한 충동분노 범죄자(형)의 징후 예측, 평가, 진단 및 예방할 수 있는 플랫폼을 구축할 수 있다. 아울러 가까운 미래에 가상현실치료실(VR Room)이 노래방이나 PC 게임방처럼 내담자들에게 쉽고, 유용하게 적용되어 심리치료의 효과를 향상하고 비용도 저렴하게 제공되는 길이 열리길 희망한다.

피의자의
5가지 스트레스
반응상태들에 따른
키니식 행동분석

피의자의 5가지 스트레스 반응상태들에 따른 키니식 행동분석

01 5가지 스트레스 반응상태

우리는 일상을 살아가면서, 흔히 다양한 스트레스 유발 사건들을 직면하게 된다. 이 유형들은 교통체증, 자동차 문제로 직장에 지각할 때, 실직(失職)에 대한 사실을 알게 되었을 때, 배우자 또는 친구와 언쟁할 때, 그리고 심각한 병에 걸린 것을 알게 되었을 때 등을 포함한다. 우리는 이러한 각각의 불안한 상황에 대한 다섯 가지의 스트레스 반응 행동들 중 한 가지로 반응한다. 조사실에 있는 피의자는 상황에 대한 사건사실들(case facts)이 제시될 때 또는 각 사건사실에 대한 개인적인 책임이 추궁될 때, 이 다섯 가지 스트레스 반응들과 같은 체제에서 반응한다. 이 스트레스 반응들 중 4가지는 부적반응들로서 상황이나 사건에 대한 일반적인 거부(general rejection)를 나타낸다. 다섯 번째 반응은 어떤 상황이든 간에 피의자가 자신의 딜레마 상황, 역할, 책임에 대한 인정을 시사한다.

4가지의 부정적 반응들은 분노(anger), 우울(depression), 부인(denial), 협상 (bargaining) 등인 반면에, 다섯 번째 반응인 수용(acceptance)은 시인(admission)과 자백(confession)이 일어날 때 나타나는 상태를 의미한다. 다음 〈그림 15.1〉은 5가지 스트레스 반응상태들을 제시하고 있다.

그림 15.1 〉 5가지 스트레스 반응상태들

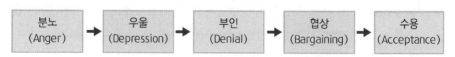

모든 특정한 언어단서(verbal cues)와 비언어증상(nonverbal symptoms)은 이 스트레스 반응상태들 중 적어도 한 가지 존재에 대한 증상들을 제기한다. 이러한 스트레스 반응상태들의 인지와 이 기능들의 이해는 수사면담관(investigative interviewer)[1]이 피의자의 스트레스 자극에 관련한 현재의 심리반응(psychological response)을 결정할 수 있도록 조력한다. 각 반응상태를 인지할 수 있고 그 목적을 이해할 수 있으므로 수사면담관은 피의자의 노력에 반하여 무력화시키거나 그의 인정반응(acknowledgment response)을 이용할 수 있으며, 이로써 시인과 자백을 얻어낼 수 있다. 수사면담관에게 있어 이 다섯 가지 반응상태들은 도로표지들(road signs)과 같다. 마치 도로표지(road sign)와 도로지표(route marker)가 여행자에게 자신의 최종 목적지에 도착하기 위한 방향을 제시해 주듯이 수사면담에서의 각 스트레스 반응상태는 그다음의 방향전환(next turn)을 식별한다(Walters, 2003).

▼ 02 피의자의 5가지 스트레스 반응상태들에 대한 이해

먼저 피의자의 5가지 스트레스 반응상태들(분노(anger), 우울(depression), 부인(denial), 협상(bargaining), 수용(acceptance))을 진단하는 데 사용할 수 있는 외견상으로 읽기 쉬운 언어적 그리고 비언어증상들과 각 상태의 일반적인 정의를 함께 살펴보고자 한다(Walters, 2003).

첫 번째 부적반응상태인 분노(anger)는 한 개인이 어떤 형태의 공격성을 통해 통제력을 얻거나 유지하려고 시도할 때 사용하는 하나의 지배의 상태로 가장 잘 설명된다. 분노반응(anger response)은 모든 반응상태들 중 가장 파괴적인 반응으로 간주된다. 이 분노유발상황에서는 피의자가 정신적으로 폐쇄되어 있으므로 수사면담관의 신문의 적지 않은 대부분을 이해하지 못할 것이고 훨씬 덜 경청하려고 할 것이다. 이는 마치 친밀한 부부나 좋은 친구들 사이에서 논쟁이 벌어졌을 때 서로의 말은 실제로 귀 기울이려 하지 않는 것 같은 경우이다. 각자가 자신의 의제(agenda)를 가지고 있기에 상대방의 필요나 관심에는 전혀 배려하지 않

---

1 신문관(interrogator) 또는 수사관(investigator) 등으로도 사용됨.

는다. 그러므로 이 시점에서 수사면담관이 피의자가 분노유발상태로 남아 있도록 허용해서는 안 된다는 것은 명백한 사실이다. 아울러 지속적인 분노유발상태는 어떤 형태의 시인 또는 자백의 낮은 가능성과 훨씬 더 낮은 협조를 의미하기 때문이다.

두 번째 부적반응상태인 우울(depression)은 공격성의 공통적 특징을 지니고 있다는 점에서 첫 번째 분노반응상태와 매우 유사하다. 이 두 반응상태들의 차이점은 우울은 내현적 공격성(implicit aggression)[2]을 띤다는 것이다. 달리 말하면, 외현적 공격성(explicit aggression)[3]보다는 우울을 경험하는 피의자들은 사실상 자기 자신들을 공격하고 있는 것이며, 자신들의 공격성으로 인해 심적인 소진을 초래한다. 만일 분노(忿怒)가 모든 반응들 중에서 가장 파괴적인 것이라면, 우울은 정서적 소진을 의미한다. 피의자는 수사면담관보다 자신 스스로 더 많은 에너지를 소비한다. 비록 많은 수사면담관들이 달리 이해하고 있지만, 최대한의 시인과 자백은 우울을 경험하는 피의자에게서 나오지 않는다. 피의자가 범죄와 연루된 말을 흘릴 수도 있지만, 이러한 행동은 의도적인 것은 아니다. 사실상 많은 수사면담관들은 이 2가지 반응들이 공통으로 가지고 있는 외면상의 신체적인 행동들 때문에 우울을 수용으로 잘못 식별하는 경향이 있다. 모든 부적반응상태들 중에서 가장 만연하고 일반적인 것은 부인(denial)이다.

세 번째 부적반응상태인 부인(否認)으로 반응하는 피의자는 현실을 거부함으로써 타인들뿐만 아니라 자신 스스로에게 거짓말을 한다. 피의자는 조사실에서 행하는 기만의 가장 좋은 몫을 바로 부인상태(denial state)에 의해서 얻는다. 실제 피의자의 기만행동들 중 적어도 90% 정도는 부인일 것이다. 피의자들에 의한 지속적인 부인은 한 피의자의 자백을 받아내려고 방법을 고심하고 있는 수사면담관에게 가장 큰 장벽이며 아울러 수사면담관의 입장에서는 가장 많은 시간과 노력을 소비하게 된다.

네 번째의 부적반응상태는 협상(bargaining)으로서 기분변화를 의미한다. 이는 모든 부적반응들 중에서 가장 약한 것이다. 이 상태에서 피의자는 현실을 위장

---

2 내현적 공격성(implicit aggression): 공격성이 자기 자신에게 향하는 것.

3 외현적 공격성(explicit aggression): 공격성이 자신이 아닌 타인과 세상에 향하는 것.

한다. 피의자는 자신에 대한 경청자(listener)[4]의 의견, 사건상황, 피해자, 또는 범죄의 실체까지도 바꾸려고 시도한다. 달리 말하면, 피의자는 자신에게 가장 유리한 입지 조건을 얻기 위한 지속적인 책략으로 협상노력을 선택한다. 수사면담관에게 있어 협상의 궁극적인 위험성은 만일 수사면담관이 속아서 피의자와 범죄에 대한 결함이 있는 견해의 어느 일정한 부분을 수용하는 불운한 결정을 내릴 수 있으며, 이로써 피의자의 입지를 정당화시키게 된다는 것이다.

마지막 다섯 번째 반응상태는 수용(acceptance)이다. 사건상황에 수용적(受容的)으로 반응하는 피의자는 자신의 행동들에 대한 책임을 지기 위한 준비를 이미 끝낸 것이다. 수사면담관은 피의자가 자신의 신문과 요청에 매우 순종적이라는 점을 느낄 것이다. 이러한 반응상태에서는 시인과 자백을 얻어낼 수 있다. 수사면담관이 진술들의 반응상태를 수용으로 정확히 진단한 후 지속해서 말을 하거나 그릇된 질문을 함으로써 피의자를 방해하지 않는다면, 자백을 얻어 낼 기회를 잡을 수 있고 아울러 진술서(陳述書)까지 받아낼 수 있을 것이다.

▼
03 피의자의 5가지 스트레스 반응상태들에 따른 실용적 키니식 신문기법

분석단계에서 수사관의 목적은 어떤 피의자들이 기만행동을 하고 있는지 아울러 어떤 특정영역에서 나타나는지 결정하는 데 있다. 기만요소들의 식별은 기만한 피의자가 스트레스 반응상태들을 보이는 사건의 이슈에 대해 직접적인 질문이나 대화에 어떻게 반응하느냐에 있다. 이 반응들의 존재 자체로는 기만신호가 아니지만, 기만한 피의자들은 진실한 피의자들보다 더 다르게 이것들을 사용한다. 이 반응들은 기만한 피의자의 현재 정신정서반응의 즉각적인 표시이다. 기만한 피의자가 기만의 특정 부분으로 인해 고립되었다면, 수사관은 기만의 순환을 깨뜨리는 데 노력해야 한다. 각 스트레스 반응상태들의 검증은 신문관의 공격계획에 매우 중요하다. 각 상태의 인지는 신문관이 분노(anger), 우울(depression),

---

4 여기서는 수사면담관 또는 신문관을 의미함.

부인(denial), 협상(bargaining)의 4가지 부적반응들을 감소시키는 데 필요한 행동을 취하도록 한다(Walters, 2003).

이러한 4가지 부적반응들은 자기영속성과 자기지속성을 지닌다. 이는 외부 자극에 대한 피의자의 내부 인지·정서반응들로 인해 유발한다. 만일 신문관이 모든 부적과정을 지속적으로 심각한 상태로 허용한다면, 피의자의 시인과 자백을 지향한 신문관의 목적은 이탈되거나 비생산적일 수 있다. 신문관은 빠르고 정확하게 각 면담의 요지에 대한 피의자의 특정한 반응을 식별하고 다음 신문공격(interrogation attack)을 계획해야 한다. 신문관은 각 스트레스 반응상태의 깊은 이해가 요구된다. 즉, 각 반응의 특징들, 정의된 방법, 목적들, 피의자가 그 반응을 사용함으로써 얻고자 바라는 결과들, 신문관은 각 반응을 통제하기 위해서 그리고 피의자의 시인과 자백을 촉진시키기 위해서 반응해야 하는 방법을 포함한다(Walters, 2003).

(1) 분노(Anger)

분노반응은 모든 부적반응상태들 중 가장 파괴적이고, 충동적이고, 공격적이다. 피의자가 용의자, 목격자, 피해자, 또는 정보제공자이든 아니든, 분노는 흔히 수용반응상태나 생산적인 의사소통형태와는 가장 거리가 멀다. 분노가 통제되지 않은 채 있다면, 수사면담관과 피의자 간의 거리는 더 증가한다. 거리가 더 멀어질수록, 수사면담관은 피의자를 통제하기가 더 어렵게 된다. 단순한 분노표출이 피의자가 기만한 의미는 아니라는 것을 기억하는 것이 중요하다. 피의자는 다양한 이유들로 인해 분노를 유발한다.

1) 특징

피의자는 두려움으로 인해 분노를 유발할 수 있다. 두려움은 정서원인들이나 가능한 신체적 손상의 인식으로 초래한다. 피의자는 수사면담관의 지시나 신체적 가해로 고통받을 것을 두려워하기 때문에 전문적인 수사면담관은 피의자의 공격성을 촉발시키지 말아야 한다. 이러한 조건으로 피의자로부터 얻어진 정보는 법정에서 확실히 제외될 것이다. 즉, 피의자에게서 얻어진 중요한 정보일지라도 부정확하거나 신뢰할 수 없는 것이다. 이와 같은 반응의 정서수준은 피의자가 수사면담관에 의해 인신공격을 받을 때 느끼는 두려움과 동일하다. 피의자는 수사면담관이 개인문제나 관계문제를 드러내면 심각한 고통의 위험에 처한다고 느낀다. 어느 경우에나 수사면담관은 자신의 행동들이 공격적인 반응을 초래하는지 관찰하고 아울러 어떻게 자신의 행동들이나 조사실의 상황을 수정할 수 있는지 고려해야 한다.

피의자가 주요한 개인적인 상실을 경험할 때 이를 대처하는 방법으로 분노를 표출하는 것은 흔한 일이다. 이러한 개인적인 상실들은 이혼, 실업, 별거, 죽음 등을 포함한다. 사랑하는 대상이 죽거나 불치병으로 인해 애도과정(grieving process)을 겪고 있는 피의자의 분노유발은 특이한 경우가 아니다. 이 반응은 피해자들과 폭력범죄의 가족구성원들을 다루는 경찰관, 변호사, 수사관, 수사면담관이 볼수 있는 일반적인 모습이다.

조사실에서 피의자는 수사면담관이 자신의 자아상과 자존감을 공격하는 것을 느낄 때가 있다. 이는 어느 정도의 불안을 겪고 있는 피의자에게서 가장 쉽게 유발된다. 피의자는 모든 질문, 제안, 신문을 마치 유일한 목적이 자신에게 굴욕감을 주기 위한 것으로 여긴다. 이러한 피의자를 성공적으로 다루기 위해서, 수사면담관은 피의자의 불안을 해결해야 하며 아울러 화제를 효과적으로 진행하기 전에어느 정도의 라포(rapport)와 신뢰(trust)를 발전시키는 데 시간을 보내야 한다.

이전의 대인관계에 대한 정서민감성은 또한 분노를 유발한다. 이러한 공격성반응유형은 수사면담관의 수사과정을 흐리게 할 수 있다. 만일 수사의 초점이되는 원칙들 사이에 민감성이 존재한다면, 수사면담관은 무엇이 진실이고 무엇이 다른 피의자에게 복수하기 위한 시도인지 추려내야 한다. 피해자가 다른 피의자에게 정확한 복수를 위한 한 방법으로 자신의 피해상황을 부풀리거나 심지어 왜곡하고 있지 않은가? 이 같은 사례는 사건의 정보를 고의로 과장하려는 피해자들의 친구들에게도 일어날 수 있다. 성실한 추적조사는 무엇이 사실이고 무엇이 허구인지 결국 밝히게 된다. 변함없이 이러한 공격성반응의 원인은 다소 "그릇된(wrong)" 것으로서, 실제 또는 상상 속에서 한 사람이 다른 사람을 방문했다고 진술할 수 있다. 주요한 목표가 거짓말이 아닐지라도, 거짓말은 "보복(settle the score)"의 목적을 달성하는 데 조력한다.

우리 모두 좌절문제나 좌절상황에 의해 분노를 경험한다. 즉, 출발하지 않는 차, 교통체증, 우리를 짜증나게 하거나 혼란스럽게 하는 사람들의 몸짓이나 행동으로 인해 분노유발이 된다. 유사상황은 누구도 자신의 호소를 경청하지 않고 있다고 느끼는 좌절한 피해자나 자신의 중요한 정보가 주의를 받지 못하고 있다고 생각하는 목격자에게 나타난다. 청소년보호관찰관이나 가정폭력수사관은 사건현장인 가정에서 이러한 긴장유형을 자주 본다. 불행하게도 사람들이 느끼는 공격성은 자신들 주변의 무고한 사람들에게 처벌을 가하게 된다. 물건들(inanimate objects)[5]과 동물들(animals)이 분노의 표적이 되는 경우들도 있다. 이 모든 상황에서 피의자는 자신의 주위에 사건의 흐름을 통제하지 못하고 있다는 생각에 분노를 유발하며 스스로를 사건의 피해자로 여긴다.

또 다른 정서적 분노는 피의자가 실패감을 경험할 때 유발한다. 다시 말하면, 피의자에게 "완벽한 계획(foolproof plan)"이 완전히 실패했을 때이다. 피의자는 서투른 결정을 내렸고 지금 자신의 행동결과를 직면해야 한다는 것을 깨달을 수 있다. 두 사람 또는 그 이상의 사람들이 연루된 사건들일 경우에, 분노는 피의자가 자신의 동료들 기대를 저버리고 그들에게 약속을 지키지 못했다는 생각으로 인해 초래될 수 있다. 이러한 분노유형은 만일 피의자가 스스로 매우 높고 거의 불가능한 기준을 세웠거나 자신의 계획들이 개인적인 결점이나 실수로 인한 실패로 자각할 때 매우 강렬할 수 있다. 이 분노유형은 지능적인 피의자들, 자아강도가 높은 피의자들, 유명인이나 공인들, 복잡한 화이트칼라사건의 피의자들에게 흔히 나타난다.

피의자는 수사면담관, 신문상황, 이슈 그 자체를 통제하려 할 때 분노를 사용한다. 통제력(control)을 얻음으로써 피의자는 신문의 흐름과 주요 이슈들에 초점을 맞추는 신문관의 능력을 지배할 수 있다. 피의자가 이 통제력(control)을 유지하는 동안, 그는 지속적으로 신문관에게 방어태세를 취하게 할 수 있다.

분노는 싸움 또는 도주 생존반응에서 확인된 싸움의 동물기제와 가장 유사한 행동이다. 싸움반응은 정서수준(emotional level)에서 처음 유발되고 피의자의 지능과정(intellectual processes)에 의해서 지지된다. 지능적으로 피의자는 신문과정이

---

5 또는 무생물대상들로도 해석

자신의 행복뿐만 아니라 정서적·정신적 안정에 심각한 위협이 된다는 것을 인지하고 있기에 생존을 위한 싸움이 필요하다. 결과적으로 피의자는 그 위협을 공격한다. 하지만 분노에 관해서 기억해야 할 가장 중요한 것은 분노 그 자체만으로 피의자의 기만을 진단하는 데 신뢰할 수 있는 도구는 아니라는 것이다. 분노표출이 기만과 전혀 관계없는 수많은 상황들이 존재한다. 만일 피의자가 분노를 회피의 주요 방법으로 사용한다면, 수사면담관은 이러한 분노를 범죄와 관련한 가치 기준으로 진단할 수 있다. 범죄와 관련한 단서들은 진실한 피의자들과 기만한 피의자들 모두가 초래하는 단서들이지만, 기만한 피의자들은 이 증상들을 더 많이 초래한다. 이러한 경우 수사면담관은 피의자에 의해 어떤 정보가 숨겨졌거나 바뀌었는지 탐색할 만한 가치가 있다. 분노는 신문관에 의해 표출된 위협을 피하려는 피의자의 능력을 촉진하며, 피의자에 의한 직면행동(confrontation behaviors)의 표출로 인식된다. 피의자는 특정 순간에 가장 큰 위협의 자료를 찾고 이슈를 압도할 목적으로 자신의 공격자료를 사용한다. 공격은 2가지 유형들 중 하나로 나타난다. 공격이 내현적(covert)으로 나타날 경우, "공격(assault)"은 은밀하고 은근히 간접적으로 드러난다. 두 번째 유형은 더 개인적이고 외현적 성향(overt nature)을 지닌 집중공격(focused attack)이다. 내현적 분노(covert anger)는 사소한 세부사항, 하찮은 정보, 사건사실을 공격하는 언어증상들을 포함한다. 아울러 내현적 분노사건들(covert anger incidents)은 피의자의 일반적인 불평, 피의자가 수사면담관에게 진술하는 형식과 방법의 변화, 심지어 신문관의 기술부족이나 사업과 전문직업의 특정 영역에서의 이해결여에 관련한 발언들을 포함한다.

피의자에게 있어 집중분노(focused anger)의 언어단서들은 인신공격(人身攻擊)의 형태로 표출된다. 집중공격(focused attack)은 분노언어단서들 중 가장 쉽게 식별될 수 있다. 예를 들면, 피의자는 피해자가 범죄의 발생에 대한 책임이 있다고 제안하면서 비난할 수 있다. 피의자는 신문관, 경찰서, 심지어 몇몇 목격자들에게도 언어공격을 할 수 있다.

피의자의 분노언어단서들은 언어내용에 의해 나타나는 동시에 분노반응의 강도는 피의자의 음질(quality of speech)의 변화들로 측정된다. 분노를 경험하는 동안, 피의자는 높은 음량, 빠른 음속, 높은 음조를 구사하거나 정반대로 투덜거리는 소리(growl)와 같이 더 낮은 음조로 부드럽게 이야기를 시작할 수도 있다. 요지는 정상음성특성(normal voice characteristics)의 변화가 수반되고 음질은 피의자가 경험하고 있는 반응의 강도를 나타낸다는 것이다.

신체언어분석단계는 신문관이 피의자가 분노를 통해 신문을 조종하고 있다는 것을 결정하는 데 조력한다. 신문관은 피의자의 양눈썹이 미간 사이에 V형태를 취하거나 얼굴과 목이 붉어지는 것을 인지할 수 있다. 피의자는 자신의 입지를 피력하기 위해 주먹을 쾅쾅 치거나, 신문관에게 손가락질을 하거나, 자신의 다리를 철썩 때릴 수 있다. 양다리를 꼬고 골키퍼처럼 공중에서 매달리거나 자신의 양발로 톡톡 두드리거나 굴러 쿵쿵 소리를 낼 수 있다. 이 모든 언어·비언어행동들은 피의자가 수사질문(investigative inquiry)에 분노로 반응하고 있다는 것을 신문관이 정확히 진단할 수 있도록 조력한다. 분노가 정확히 진단되면, 신문관은 분노를 통제하고 더 생산적인 반응으로 전환하는 다음 단계를 선택할 수 있다.

2) 목적

피의자의 분노를 사용하는 주요 목적은 신문관과 신문을 지배하기 위해서이다. 지배(dominance)와 통제(control)를 개발하고 유지함으로써 피의자는 신문관이 방어적인 태도를 지속시킬 수 있다. 피의자는 신문관의 질문들로부터 인지된 "공격(attack)"의 계기를 깨뜨리기 위해 통제를 유지할 필요가 있다. 신문관의 계기를 깨는 것은 수사면담관이 피의자의 취약점을 식별하고 탐지하는 것을 막고 아울러 피의자의 방어에 대한 공격을 차단한다.

피의자가 신문을 통제할 때, 사건사실들에 대한 신문관의 주장이나 설명에 대한 거절을 유지할 수 있다. 동시에, 피의자가 신문을 통제한다면, 그가 계획했던 것보다 더 빨리 신문관의 정보를 뒤엎고 부적정보를 흘릴 수 있다. 신문관의 "전략(game plan)"에 대한 선제경고를 함으로써, 피의자는 신문관의 직접적인 공격을 예측하고 방어형태(防禦形態)를 준비할 수 있다. 이러한 방식으로 피의자는 신문관의 시인이나 자백제안에 동의하는 것으로부터 스스로를 방어할 수 있다.

3) 분노한 피의자에 대한 실용적 키니식 신문기법

신문관이 피의자가 분노로 반응하고 있고 아울러 그가 분노의 효용과 목적을 이해하고 있다는 것을 인지한다면, 신문관은 공격을 대처할 수 있는 보다 나은 준비를 할 수 있다. 피의자를 어떤 부적반응상태로 남아 있도록 허용하는 것은 부적행동이 어떤 형태로든 지속해서 유지된다는 것을 의미한다. 그러므로 신문관의 목적은 분노를 완화하고 피의자를 또 다른 반응형태로 이끄는 방법6을 찾는 것이다.

분노를 완화하는 첫 번째 단계는 신문관이 피의자의 분노가 좌절의 신호라는 것을 인식하는 것이다. 상대팀에게 철저히 패배하고 마지막 쿼터에서 단 몇 분 남은 것을 깨달은 한 미식축구팀은 그들 스스로 좌절에 빠진 상태를 발견한다. 팀원들은 자신들의 실책들이 부분적으로 스스로를 패배시켰기 때문에 현재 딜레마에 대한 책임이 일부분 있다고 인식한다. 이 좌절의 결과는 흔히 선수들 간에 몸싸움을 유발하며, 특히 치열한 게임에서 그러하다. 기만한 피의자는 자신의 노력에 대해 이와 동일한 유형의 좌절을 느낀다.

피의자의 분노를 다루는 신문관의 주요 목표들 중 하나는 분노가 초래하는 소용돌이효과(whirlpool effect)에 끌려들어가는 것을 피하는 데 있다. 분노한 피의자는 타인들을 분노 속으로 끌어당기는 경향이 있다. 피의자와 신문관이 상호 간에 분노로 반응할 때, 그들 모두는 자신들의 입장들이 가로막히게 되고 아울러 자신들과 의사소통을 하려는 타인들에 대한 반응은 경직된다.

운동선수가 경기하는 동안, 코치는 그에게 분노상태에서 경기하는 것은 실수들을 더 쉽게 할 수 있기에 피하라고 권한다. 분노한 피의자의 곤경은 자주 실수를 범하는 것이며, 이는 신문관에게 좋은 기회를 제공한다. 원리는 양쪽 모두에게 작용한다. 분노한 신문관은 피의자에게 스스로 취약하게 만듦으로써 기회를 주게 된다. 코치들은 또한 자신들의 운동선수들에게 상대 운동선수들로부터 공격의 표적이 된다는 것을 경고한다. 운동선수들이 동일하게 대응하는 경향이 있지만, 이러한 반응은 실수이다. 이는 신문관에게도 똑같이 작용한다. 비록 신문관이 피의자의 공격성언어행동에 똑같이 대응할 수 있지만, 이러한 반응은 전문적인 신문관에게 큰 대가와 더불어 회복할 수 없는 손상을 초래한다.

수사면담관이 이점으로 활용할 수 있는 분노의 흥미로운 특징은 분노의 평균수명(normal life span)이다. 분노를 유지하는 데 많은 에너지가 필요하다. 만일 분

---

6 분노조절기술이 필요함

노를 홀로 남겨두고 어떤 외부원인들(상황적 변인들)에 의해 자극을 받지 않는다면, 분노는 스스로 소진한다. 피의자의 총 자원은 분노를 평균 2분보다 더 긴 시간으로 지속하는 데 충분치 않다. 분노는 피의자에게 매우 심각한 혈관정서긴장(vascular-emotional strain)을 일으키어 인간시스템(human system)은 그 요구를 통제할 수 없다. 수사면담관의 분노에 대한 유순한 인내와 회피는 분노 그 자체를 소진할 기회를 제공한다.

사람들이 서로 적대적일 때, 그들은 사실상 하나 또는 더 많은 이슈들에 대한 반대의 견해들을 가지고 있다. 분노를 완화하는 시도로 수사관은 분노를 촉발시킬 수 있는 피의자의 반대의견을 다루는 것을 피해야 한다. 하지만 해답은 피의자의 관점을 받아들이지 말아야 한다. 왜냐하면, 첫째, 이는 잘못된 관점일 수도 있고, 둘째, 신문관이 피의자를 보호하거나 달래는 것처럼 보일 수 있기에 피의자의 분노를 또한 유발시킬 수 있기 때문이다. 이로써 신문관은 반드시 분노(anger)와 직면하는 데 있어 중립(neutral)을 유지해야 한다.

서로 간의 논쟁을 피하는 한 예로는 경찰관들이 어떻게 가정폭력(domestic disturbances)에 반응하도록 훈련되었는지에 있다. 이러한 상황은 매우 정서적이고 격분된 상태를 반영한다. 경찰관의 우선 과제는 싸우는 당사자들을 분리시켜 분노를 완화하고 신체손상을 예방하는 것이다. 분쟁(紛爭)을 해결하기 위한 노력으로 경찰관은 둘 중에 어느 편에도 치우치지 않는 것이다. 한쪽이 옳든 틀리든 간에 경찰관이 한쪽 편을 든다면 자동적으로 다른 한쪽의 표적이 된다. 자주 경찰관은 쓸데없이 간섭한 대가로 양쪽 모두의 표적이 될 수 있다. 신문관과 경찰관은 어떤 갈등상황에도 가능한 중립(neutral)을 유지해야 한다.

분노한 피의자를 진정시키는 또 다른 전략은 피의자가 통제되었던 수사면담관의 대화로 그를 되돌리는 것이다. 그 시점을 찾기 위해서 수사면담관은 대화의 시작부분으로 다시 되돌아갈 수 있다. 피의자가 이미 동의한 부분에서 분노를 발전시키는 것은 터무니없는 일이다. 하지만 통제의 가장 좋은 점은 신문관이 피의자가 우울을 경험한 영역을 식별할 수 있다는 점이다. 피의자는 우울의 한 반응으로 스스로 공격할 수 있다. 또한, 수사면담관은 피의자의 이슈들이 너무 광범위한 범위에 초점을 맞추고 있는지 고려해야 한다. 피의자는 한 번에 너무 많은 정보와 이슈들에 의해 압도될 수 있다. 수사면담관은 피의자로부터 원하는 정보를 더 작고 더 다룰 수 있는 부분들로 나눠야 한다. 한 번에 사건의 더 작은 요소들이나 한 요소를 다룸으로써 수사면담관은 피의자에게 어느 정도의 통제력을 허용하게 되며 아울러 상황을 통제할 수 있게 된다. 이는 수사면담관에 의해 이슈들이 무시되거나 축소되는 것을 의미하지는 않는다. 우리는 단지 피의자의 주의를 더 작은 이슈들의 해결로 돌리는 데 있지만, 더 생산적인 단계들을 지향한다.

분노에 관련한 마지막 언급은 신문관에 대한 훈계이다. 어느 누구도 공격당하는 것을 좋아하지 않는다. 어느 누구도 적대적인 상황을 다루는 것을 좋아하지 않는다. 어느 신문관도 죄를 지은 피의자에 의해 공격의 초점이 되는 것을 좋아하지 않는다. 이러한 유형의 상황들에서 수사면담관은 자신의 정서들을 통제하고 유지하기 위해서 많은 개인적인 자제력과 자기훈련을 갖추어야 한다. 하지만 피의자는 자신의 행동과 소송의 현실을 다루는 데 어려움을 가지고 있으므로 많은 스트레스와 좌절에 놓여 있음을 기억해야 한다. 신문이 완전히 끝났어도 피의자는 유죄이다. 신문관의 목표는 신문 후에 집에 귀가하는 것이고 피의자는 교도소에 가는 것이다. 따라서 신문관은 공격에 대처할 수 있다.

(2) 우울(Depression)

우울은 분노와 더불어 공격성의 특징을 가지고 있다. 분노유발상황에서 피의자는 자신의 주위에 있는 사람들을 향해 외적으로 공격성을 표출한다. 반면에, 우울은 내적으로 공격성을 표출한다. 달리 말하면, 피의자는 자신 스스로를 공격한다.

분노와 마찬가지로 단순한 우울표출이 많은 정보를 얻는 데 도움이 되지 않는 상황들을 창출한다고 해서 피의가가 기만적이라는 의미는 아니다. 신문관은 피의자들뿐만 아니라 피해자들, 가족구성원들, 목격자들을 다룰 수 있다는 것을 기억해야 한다.

1) 특징

만일 분노가 싸움 또는 도주 생존반응에서의 싸움의 표현이라면, 우울은 도주의 표현이다. 스트레스 반응상태와 마찬가지로 피의자는 상황(사건)의 현실을 다루는 데 어려움을 겪지만, 이 경우 정신적·정서적으로 자신을 철회시킴으로써 현실로부터 회피를 선택한다.

우울반응상태는 피의자 자신에게 분노를 표출하는 것보다 외부 활동을 덜 초래한다. 우울의 전체 과정은 분노의 반대이다. 공격행동의 내면화와 더불어 분노의 파괴적인 에너지의 힘은 피의자를 소진시킨다. 분노가 피의자를 심히 쇠약하게 한다면, 우울은 그 두 배로 파괴적이다. 분노를 경험할 때, 피의자는 정상적으로 야기되는 인지적·정서적 에너지를 소비하지만, 자신의 내부공격으로부터 스스로를 방어하기 위해 동일한 에너지량이 필요하다. 이러한 현상의 결과로서, 우울반응은 피의자가 직면하고 있는 현실의 위협에 반응하는 피의자의 능력을 극도로 소진시킨다.

우울언어증상들은 사건과 수사로 인해 느끼는 피의자의 우울과 무력감의 발언들을 포함한다. 피의자는 또한 수사로 인해 잘 먹지도 잘 자지도 못하고 있다거나, 다른 신체문제들을 호소하거나, 자신의 건강이 얼마나 고통받고 있는지에 대해 토로할 수 있다. 수사에 우울로 반응하고 있는 피의자는 사건을 둘러싼 모든 주의로 인해 자신의 인생이 얼마나 황폐하게 바뀌었는지에 대해 언급할 수 있다. 피의자는 자신의 경력에 미치는 부정적인 영향과 더불어 가정생활, 친구관계, 이웃, 직장동료에 미칠 심각한 긴장감에 대해 언급할 수 있다.

신문관은 피의자가 현재 겪고 있는 딜레마에 대한 책임을 여러 가지 원인들 탓으로 비난하는 것을 듣게 될 수 있다. 모든 사람이 어떻게 피의자에게 반감을 품게 되었고 등을 돌리게 되었는지에 대해 진술할 수 있다. 다른 사람들이 피의자를 얼마나 싫어했는지에 대해, 아울러 그들이 자신에게 무엇인가 필요하거나 원할 때만 자신을 이용했던 것에 대해 언급할 수 있다. 지금은 피의자에게 지원이 필요하지만, 사람들은 자신을 외면했다.

우울발언들은 피의자가 자신의 목숨을 끊는다거나 신체손상을 가하겠다는 위협일 수 있다. 이러한 발언들은 피의자가 자신의 삶을 어떻게 정리할지에 대한 생각들로 도시를 떠난다거나, 직장을 그만둔다거나, 가족을 떠난다는 노골적인 토로와 같은 숨겨진 위협들을 포함한다. 이러한 유형의 발언들을 결코 잡담(idle talk)으로 간과하거나 가볍게 생각해서는 안 된다. 만일 피의자가 이와 관련해서 말하고 있다면, 그는 이에 대해 생각하고 있다는 것이다. 만일 피의자가 조금이라도 자해할 뜻을 내비치는 발언들을 한다면, 신문관은 피의자를 보호하는 데 필요한 모든 방법을 동원해야 한다. 이는 피의자를 바로 바닥에 눕히고 응급치료를 요청하거나 구속복(straitjacket)[7]을 입히라는 의미는 아니다. 이는 피의자를 위한 몇 가지 형태의 전문적인 분석과 개입을 할 수 있어야 한다는 의미이다. 피의자가 어떤 형태의 정기적인 감독과 돌봄 없이 혼자 남겨져서는 안 된다.

신문관이 우울비언어증상들을 식별하기는 쉽다. 비록 울음은 다른 반응상태들 중 하나로 나타날 수 있지만, 피의자는 울기 시작할 수 있다. 다른 비언어단서들은 고개를 숙이고, 눈을 내리뜨고, 구부러진 양어깨와 더불어 피의자의 몸을 감싸는 몸짓을 보인다. 주의 깊은 수사면담관은 피의자가 손을 비틀고, 자세를 굽히고, 시선접촉이 현저히 감소한 것을 인지할 수 있다. 신문관은 피의자가 나타내는 신체증상들뿐만 아니라 언어단서들을 토대로 판단해야 한다는 것을 기억해야 한다.

2) 목적

피의자가 신문관에게 우울로 반응할 때, 그/그녀는 몇 가지 목적들을 성취하고자 시도한다. 주요 목적은 현실을 회피하는 것이다. 피의자는 불쾌한 진실로부터 철회하고 자신의 자존감에 손상을 줄 기회들을 한정하기 위한 몇 가지 방법들을 찾고자 한다. 이러한 회피행동은 피의자가 자신에게 안전한 피난처를 찾을 수 있는 시간을 제공한다. 안전한 피난처에서 피의자는 공격으로부터 생존할 수 있고 그것이 지난 후에 나갈 수 있다는 희망을 품고 폭풍을 뚫고 나가려고 노력할 것이다. 회피목적은 위협과 맞서 싸우려는 것이 아니라 그 위협으로부터 철수하여 숨는 데 있다. 우울로 철회하는 것은 피의자가 다른 목적을 이루도록 허용한다. 만일 피의자가 신문관에게 마음을 열지 않고 협조하지 않았다면, 그는 신문관과 어떤 정서접촉(emotional contact)을 형성하도록 강요받지 않게 된다. 이러한 방어적인 반응은 피의자를 현재 신문과정으로부터 더 멀리 분리시킨다.

우울한 피의자에 대한 실용적 키니식 신문기법피의자가 신문과정에서 우울을 보일 때, 신문관은 피의자가 어떤 우울행동유형을 경험하고 있는지 확실히 알아

---

7 "정신이상자와 같이 폭력적인 사람의 행동을 제압하기 위해 입히는 옷" (네이버 지식백과).

야 한다. 각 유형은 신문관으로부터 한 특정한 반응을 요구한다. 만일 피의자가 우울을 가장하고 있다면, 실제 반응은 협상을 나타내고 있는 것이며 아울러 신문관은 피의자를 그에 맞춰 다루어야 한다. 피의자가 실제로 우울을 경험하고 있을 때, 수사면담관은 피의자의 신체언어행동들을 관찰할 수 있다. 수사면담관은 피의자의 음질과 언어내용에서 식별할 수 있다. 더욱이 수사면담관은 공감적 수준에서 우울을 느낄 수 있다. 본능적 수준에서 인간은 타인이 겪고 있는 진짜 고통(genuine pain)을 감지하는 능력을 갖추고 있다. 만일 이 3가지 요인들이 피의자의 우울증상에서 나타나지 않는다면, 신문관은 협상반응으로 다루어 진행해야 한다. 우리는 본 장 후반부에서 협상에 대해 더 언급할 것이다.

만일 우울이 임상우울증(clinical depression)으로 보인다면, 신문관은 이를 역점에 두고 다루지 않는 것이 좋다. 실제로 임상우울증을 겪고 있는 피의자로부터 자백을 얻을 기회는 급격히 감소한다. 임상우울증은 신문관이 신문의 제한된 시간과 상황에서 대처하는 데 보다 복잡한 문제이기에 자백을 얻을 수 있는 성공률은 높지 않다.

만일 피의자의 우울이 스트레스 반응형태로 나타난다면, 신문관은 우울한 피의자를 달래 주거나 지지해주어야 한다. 이 시점에서 피의자에게 가장 중요한 이슈는 그가 겪고 있는 고통이다. 만일 신문관이 이 고통을 무시한다면, 피의자는 더욱 자신의 내면으로 회피할 것이다. 피의자의 우울을 무시하는 것은 피의자가 겪고 있는 고통의 중요성을 축소하는 것이다. 이렇게 수사면담관이 피의자의 우울을 외면하는 것은 피의자를 보다 확고한 폭발행동유형인 편집성우울증(paranoid depression)으로 내몰 수 있다. 이는 피의자뿐만 아니라 그가 파멸시키고자 하는 주위의 사람들(특히 자신의 정서적 고통을 무시했던 사람들)에게 가장 파괴적인 인간행동들 중 하나이다. 우울증은 피의자를 쇠약하게 하기 때문에 이를 유발시키는 것은 피의자가 스스로를 공격하도록 만드는 것이다. 그 결과, 피의자의 방어적인 기제는 매우 줄어들고 신문관과 자신의 사건을 공격할 에너지도 거의 남아 있지 않게 된다.

피의자의 우울을 다루기 위해 신문관은 피의자의 느린 진행과정을 인내하는 법을 배워야 한다. 우울을 경험하는 피의자는 반응이 느리고 생각하는 것도 더디다. 우울한 피의자의 언어적·비언어적·정서적·정신적 진행과정은 우울하지 않은 피의자보다 더 느려서 신문관은 반응을 얻기 위해 그에게 활기를 북돋아 주려고 노력해야 한다.

피의자는 신문관을 의심하고 자신이 주도적으로 대인관계를 발전시키는 데에 신중할 것이다. 따라서 신문관이 먼저 다가가 관계형성을 제안하는 쪽이 되어야 한다. 신문관은 피의자의 고통에 대해 진솔하게 논의할 모든 가능한 기회들을 제공함으로써 관계를 형성할 수 있다. 피의자는 모든 자신의 개인적인 고뇌를 발산한 후 비로소 자신의 범행에 관련된 진짜 이슈를 토로할 것이다.

표면적으로 이러한 제안은 마치 신문관이 피의자에게 자비를 베풀어 주는 것처럼 들린다. 하지만 좀 더 세밀히 보면, 이러한 반응은 신문관이 피의자를 좌우할 수 있도록 해준다는 것을 알 수 있다. 일단 피의자가 고통을 드러낸 후 신문관을 공격할 에너지가 거의 남아 있지 않게 됨으로써 이는 신문관에게 확실한 이점이 된다.

만일 피의자가 유죄라면 우울은 수사면담관에게 또 다른 이점을 준다. 우울한 피의자는 자신의 고통에 대해 가장 걱정하고 아울러 모든 자신의 과실, 실패, 결점에 대한 내부진단에 완전히 몰입하게 된다. 하지만 집착은 피의자의 정상적인 언어편집과 감각시스템을 마비시킨다. 이러한 비판적인 자기분석의 산물은 기만한 피의자들이 수사에 의미 있는 정보를 종종 드러낸다. 예를 들면, "나는 결국 그들이 이것을 밝혀내리라는 걸 알고 있었다.", "나는 그들이 나의 여행일정을 살펴보고 있다고 들었을 때, 그들이 곧 진실을 찾아내리라는 것을 알았다.", "아 내가 당신이 집에 전화했다고 말했을 때, 나는 모든 것이 탄로가 날까 봐 두려웠다." 등과 같은 진술들을 듣게 된다. 이 진술들은 흔히 수사에 중요한 요소들로서 수사면담관이 더 깊이 있게 이러한 진술들과 화제들을 탐색하도록 신문을 진행하는 데 조력하는 단서들이다.

만일 피의자가 자신의 가족에게 미치게 될 수사의 부정적인 영향에 대해 걱정한다면, 수사면담관은 그 문제에 대해 상세히 논의해야 한다. 만일 피의자가 우울하거나, 자해나, 자살을 염두에 두고 있다는 징후가 보인다면, 그 이슈에 대해 또한 다룰 필요가 있다.

분노를 다룰 때 권고사항들 중 하나는 피의자가 우울을 경험했거나 경험할 수도 있는 시점으로 다시 되돌리는 것이다. 신문관은 피의자가 우울에 취약한 영역들을 임의로 추정해서는 안 된다. 이러한 사항은 피의자의 성격과 약점을 암시하는 이전의 숨겨진 진술들에 바탕을 두고 주의 깊게 주시되어야 한다.

(3) 부인(Denial)

피의자는 부인(denial)을 자신의 반응으로 사용하여 현실을 거부한다. 다른 모든 부적반응상태들은 부인의 부적반응상태로부터 유래한다. 어느 정도의 부인이 존재하지 않으면, 다른 3가지 부적반응상태들은 결국 실패한다. 부인은 피의자에게 모든 부적반응상태들 중 가장 중요한데, 이는 자신의 기만의 요새를 만들고 유지할 수 있도록 허용하기 때문이다. 본질적으로 부인은 대부분 기만이 나타나는 곳에 존재한다. 이는 기만의 핵심이다(Davis, Connors, et al., 1999; Davis, Walters, et al., 2000; Davis, et al., 2000; Walters, 2000).

기만의 요새를 만드는 데 필요한 사실부정을 창안하기 위해서 피의자는 자신과 자신의 거짓말을 듣는 청자를 반드시 이해시켜야 한다. 피의자가 관련되어 있거나 자신을 이 위기상황으로 몰고 온 사건이나 행위를 수용하지 못하며, 아울러 신문관이나 타인이 그 사건이나 행위의 존재를 인정하는 것 역시 참을 수 없다. 이러한 이중기만(double deception)은 피의자의 범죄행동의 현실로 인한 불안으로부터 스스로를 보호하기 위해 반드시 유지되어야 한다. 하지만 부인을 사용하는 피의자의 계획에는 주요 결점이 있다. 첫째, 기능적인 기만을 고안하기 위해서, 피의자는 무엇이 진실인지를 알아야 한다. 기만은 피의자가 부인하고자 원하는 사실증거의 강도를 무력화시킨다. 이는 주요한 지적역설(intellectual paradox)을 초래한다. 사기꾼은 신뢰할 수 없는 사실증거에 주의를 환기시켜야 하며, 이와 같은 행동을 통해 자신의 논쟁을 비난할 수 있는 증거의 존재에 주의를 환기할 수 있다.

피의자는 거짓말을 하고 있다는 것을 자각하고 있어서 결코 자신의 부인을 성공시키지 못한다. 피의자들은 거짓말이나 기만을 하도록 강요받지 않는다. 이는 전적으로 피의자가 결정한 의식적인 선택이다. 수사면담관이 항상 기억해야 할 질문은 피의자가 거짓말을 함으로써 얻게 되는 것이 무엇인가? 아울러 만일 그가 진실을 말하길 선택하는 데 어떤 것이 문제인가? 등이다.

1) 특징

비록 부인이 다른 3가지 부적반응상태들의 기원이라 할지라도 분노와 우울의 반응들과는 다르다. 분노와 우울은 싸움 또는 도주의 동물적 생존본능으로부터 직접적으로 유래되었다. 분노와 우울은 또한 진실한 피의자나 기만한 피의자 양쪽 모두의 행동들에서 발견될 수 있기 때문에 기만의 표시로 신뢰할 수 없다. 부인반응상태는 더 고차원적이고 더 지능적인 수준에서 작용한다. 네 번째 부적반응상태인 협상은 또한 이러한 지능보호체계(intellectual protection system)의 방어 형태이다.

부인은 피의자가 거짓말을 만들어 내기 위해 사용하는 기제이며, 아울러 이는 2가지 주요 이유들을 수반한다. 첫째, 피의자가 범죄사실에 직면하도록 강요받았을 때 야기되는 불안과 스트레스에 대해 스스로를 방어하도록 돕는다. 둘째, 피의자의 자아를 보호하는 데 사용된다. 이러한 이중보호체계(double protection system)는 피의자와 사실 간에 장벽을 만들지만, 현실은 항상 피의자의 자각을 일깨워주는 방법으로 사용된다. 이를 방어하기 위해 피의자는 어느 때고 엄습할 진실을 막기 위해 기만의 요새를 만든다. 거짓말의 90% 또는 그 이상이 바로 부인반응상태로부터 유래한다(Davis, Connors, et al., 1999; Davis, Walters, et al., 2000; Davis, et al., 2000; Walters, 2000).

수사면담관은 3가지 주요 특징들 중 하나 또는 그 이상의 존재에 의해 피의자의 언어부인 행동(verbal denial behavior)을 인지할 수 있다. 첫째, 피의자는 질문과 관련된 직접적이거나 함축된 의미를 인식하는 것을 거부할 수 있다. 둘째, 피의자는 질문에 대답을 직접적·간접적으로 거부할 수 있다. 마지막으로, 피의자는 질문에 대답하기 전에 이를 피할 어떤 방법을 찾을 수 있다.

피의자가 앞서 "특정한 부인들(specific denials)"로 설명된 행동과 더불어 질문에 반응할 때, 그는 질문을 제대로 인식하지 못한다. 피의자는 질문에 오류가 있다고 인식하고 신문관에 의해 만들어진 실제 질문에 대답을 회피하기 위해 오직 그 오류질문에만 반응한다. 이러한 인지의 실패는 피의자가 "그들(they)", "그들을(them)", "그 사람들(those people)" 등과 같은 말로 대치하여 사용할 때 작용한다. 피의자가 자신의 대답에서 대명사나 동사를 바꾸거나 수식어를 사용할 때 이 같은 현상이 일어난다. 이는 신문관의 질문에 직접적인 반응 없이 대답을 하는 것처럼 보일 수 있도록 피의자에게 기회를 허용한다.

신문관의 질문에 대답하기를 거부하는 것은 피의자가 사용할 수 있는 가장 확실한 회피의 방법이다. 이는 당면한 이슈에 대한 직접적인 거부표현이다. 언어행동(verbal behavior)에서 언급했듯이, 회피를 지속할 수 있는 가장 쉽고도 좋은 방법은 기억상실(memory lapse)이라고 주장하는 것이다. 기억상실은 그것이 어떤 유형이든 간에 피의자가 혐의로부터 피할 수 있는 가장 안전한 피난처를 제공한다.

다른 회피방법은 저지진술(blocking statements)의 사용을 포함하는데 피의자는 신문관에게 "왜(why?)"라는 질문으로 반문함으로써 대답을 피하고, 도리어 신문관에게 유죄증거를 보이라고 요구한다. 피의자는 "정말로(honestly)", "나를 믿어주세요(believe me)", "진실로(truthfully)" 등과 같은 부인표현(denial−flag)을 사용함으로써 같은 방법이지만 다른 영향을 미친다.

"가교어구(bridging phrases)"를 포함하는 진술들은 피의자가 자신의 발언에서 결정적으로 중요한 부분을 넘어가도록 도와줌으로써 회피태도를 유지할 수 있도록 허용한다. 유죄어구(guilt phrases)와 사족표현(weighted expressions)들 또한 회피의 한 형태이다. 회피의 가장 단순한 형태는 기만적인 "아니요"이다. 그러나 피의자의 "아니요"라는 대답은 진실로 "아니요"라고 결심했을 때 사용되는 대답과는 전혀 다른 "아니요"의 형태이다.

세 번째 언어특징반응은 지연(delaying)이다. 지연전략(stalling tactics)은 부인반응의 핵심이다. 피의자는 거짓말을 할지 또는 사실을 말할지, 만일 거짓말을 하기로 한다면 얼마나 큰 거짓말을 해야 할지 결정하는 데 기회를 스스로에게 주기 위해 대답하기 전에 시간을 지연시킨다.

지연기제(stalling mechanism)로 피의자는 언어장애(speech dysfunction)의 형태를 사용한다. 불안한 웃음, 중얼거림, 신음, 투덜거림, 휘파람뿐만 아니라 흔히 "아(ah)", "에(err)", "음(um)", "어(uh)" 등과 같은 소리사용은 피의자에게 명확한 사고선(clear thought line)을 준비할 기회를 조력한다.

피의자의 부인반응을 지지하는 행동군들에서 다수의 신체언어증상들이 존재한다. 이러한 행동들은 "중요한 이슈(hot issue)"에 반응할 때 눈을 가리거나, 눈을 감거나, 시선접촉을 피하는 것을 포함한다. 예를 들어, 양다리를 꼬거나, 팔짱을 끼거나, 거리, 사물, 양어깨를 사용한 신체장벽(physical barrier)을 만드는 교차행동들(crossing behaviors)은 부인을 의미한다. 이러한 비언어행동들은 사실을 거부하려는 피의자의 의도를 더 잘 나타낸다.

2) 목적

부인의 사용을 통해 피의자가 성취하고자 하는 몇 가지 목적들이 있다. 첫 번째 목적은 피의자가 유죄가 아니라는 자신의 주장을 지속하기 위해서 사건사실들의 현실을 완전히 부인하는 것이다. 피의자의 두 번째 목적은 사건사실들이 잘못되었기 때문에 자신은 유죄가 아니라는 것을 스스로를 설득하는 것처럼 신문관을 설득하려는 데 있다.

피의자는 자신에게 제시된 증거에 대한 어떤 가능성 있는 결점들을 지능적으로 식별함으로써 자신의 첫 번째 목적을 이룬다. 만일 신문관이 자신의 발언에 확신이 없거나 증거의 사실판단에 전적으로 정확하지 않다는 것처럼 행동한다면, 기만한 피의자는 자신과 유죄(guilt) 간의 격차를 더 넓히기 바라면서 결점을 공격하는 데에 활용한다.

두 번째 목적은 피의자 자신과 신문관에게 거짓말을 함으로써 완성된다. 이렇게 하기 위해서는 모든 정보가 잘못된 개념을 지지하는 추론선(line of reasoning)을 강화해야만 한다. 하지만 누군가로 하여금 실제로 존재하는 것을 존재하지 않는다고 믿게 만들기는 그리 쉽지 않다. 전체 진행과정은 역설이다. 이러한 정신상태(mental state)를 창안하기 위해, 피의자는 존재하지 않는 것을 주장하기 위해 실제의 위협을 인지해야만 한다. 만일 신문관이 피의자의 증거부인을 계속해서 공격한다면, 지적부조화(intellectual disharmony)가 지속된다. 이러한 교착상태를 피하려고 피의자는 또한 증거에 근거가 없다고 신문관을 설득해야만 한다.

3) 부인하는 피의자에 대한 실용적 키니식 신문기법

부인하는 피의자를 신문관이 다룰 수 있는 유일한 방법은 공격이다. 신문관은 피의자가 거부하려는 현실을 직면하도록 강요해야 한다. 이는 신문관이 먼저 피의자가 무엇을 부인하고자 시도하는지 알아차려야 한다는 것을 의미한다. 둘째, 수사면담관은 현실을 지각하고 처리하는 과정에서 피의자의 성격의 정신기제(mental mechanism)가 어떻게 작용하는지 알아야 한다.

부인은 종합적으로 각기 작은 부인행위들로서 모두 한 번에 나타난다. 이를 인지함으로써 신문관은 피의자가 제시한 기만의 개인적인 시점을 분리할 수 있다. 그다음에 신문관은 진실과 그 진실증거로 각 시점을 공격한다. 이는 신문관에 의해 대략 3~5분 내에서 끝나야 한다.

부인이 자기지지(self-sustaining)라는 점에서 신문관은 피의자가 자신과 신문관을 지속해서 기만하려는 부인과정의 생명선(lifeblood)을 잘라내야만 한다. 신문관은 피의자의 주장이 정당하다고 설득당하도록 허용함으로써 자신의 사건을 지연시키거나 우회시키지 않도록 해야 한다. 그 대신에 신문관은 3~5분 내로 피의자의 부인을 반박할 수 있는 구체적인 증거를 가지고 직접 공격해야 한다.

부인과정은 정신진행이며 독특한 각기 2가지 주요 성격유형들을 포함한다. 각기 2가지 유형들은 마치 다른 유형의 컴퓨터들이 다른 프로그램들을 사용하여 정보를 처리하는 것처럼 각기 다른 여과장치를 통해 현실을 지각한 다음 그 정보를 다른 형태로 처리한다. 신문관은 피의자가 정보를 어떻게 구성하고 처리하는지 알아야 한다. 신문관은 자신이 어떤 성격유형을 다루고 있는지 식별할 수 있어야 하며, 피의자의 성격이 자신의 부인기제를 조직화하는 똑같은 방법으로 피의자의 부인을 공격해야 한다.

(4) 협상(Bargaining)

협상(bargaining)은 모든 스트레스 반응상태들 중 가장 약한 것이다. 이러한 반응체계에서 피의자는 현실과 자신의 연루(連累)를 수용하지만, 오직 자신의 책임범위를 제한한 변경된 상태에서만 그러하다. 이 시점부터 신문은 완전한 수용단계로 들어가거나 부적반응상태들 중 하나로 되돌아갈 수 있다. 피의자는 신문관의 지시에 취약하지만, 피의자가 수용에 반응할 때에는 사뭇 다르다.

1) 특징

협상은 스트레스에 대한 정신반응의 두 번째 형태이다. 다른 정신반응체계는 부인이다. 만일 거짓말의 90% 이상이 부인반응상태에서 나타난다면, 나머지 10%는 협상상태에서 나타난다. 하지만 이 상태에 있는 동안, 피의자는 현실을 철저하게 거부하지 않는다. 피의자는 포기하거나 완전히 수용하지 않은 채 그저 쉽게 대처하려는 방법으로 현실을 위장한다. 피의자는 또한 자신을 범죄자로 간주하고 있는 신문관의 인식을 바꾸려고 시도한다. 이는 가능한 연기자로서 자신의 관여와 의도를 누그러뜨리게 한다. 두 경우 모두 바뀐 이미지들은 진술한 사실의 현실을 보여주는 것보다 손상을 덜 준다.

협상은 진실한 피의자와 기만한 피의자 모두에게서 볼 수 있다. 피해자들은 난처한 상황에서의 두려움이나 누구도 사건의 진실을 믿지 않을 것이라는 두려움으로 인해 범죄에서의 자신들의 배역을 바꾸려고 시도할 수 있다. 목격자들도 자신들이 가지 말았어야 했던 어떤 장소나 보지 말았어야 했던 어떤 현장을 목격했기 때문에 똑같은 행동들을 보인다고 알려졌다. 목격자들은 또한 실수로 사람을 피의자로 잘못 식별할 수 있다는 두려움으로 인해서 자신들이 알고 있는 것을 소극적으로 다룰 수 있다. 이 경우, 목격자들은 수사면담관이 조사할 필요가 있는 유죄정보(guilty knowledge)를 가지고 있을 수 있다.

협상상태에서도 피의자는 자신과 수사면담관에게 여전히 거짓말을 하는 과정에 있다. 하지만 피의자는 적어도 자신의 행위사실을 부분적으로 수용한다. 일부 현실을 수용하기 위해 피의자는 이를 더 선호형태로 바꿔야 한다. 이 현실을 더 적합한 이미지로 전환하기 위해 피의자는 자신을 통제하는 데 실패하고 범행을 저지른 것과 더불어 심각성을 은폐하려고 시도해야 한다. 피의자는 또한 자신을 피의자가 아닌 피해자로 보일 방법이나 적어도 좋은 의도를 가진 사람이 실수를 범했다는 인상을 심어주는 방법을 창안하려 한다. 동시에, 피의자는 이렇게 재구성된 상황과 행동에 대해 자신을 설득할 수 있어야 하고, 아울러 그는 계속되는 위장을 신문관이 동의할 수 있도록 설득하려 한다. 협상의 주요 특징은 위장의 창출이다. 피의자는 자신의 대체인물(substitute characterization)과 범죄를 창안하거나 적어도 제시를 하려고 할 것이다.

협상의 언어단서들은 피의자와 범죄의 재구성을 이룬다. 예를 들어, 피의자는 범죄를 "부드러운(soft)" 또는 대체용어(substitute words)를 사용하여 묘사한다. 이는 가혹한 현실을 회피하려는 심리적 욕구이다. 피의자는 훔친 것을 "빌린 것(borrowing)", 속도위반은 "교통의 흐름을 따른 것(keeping up with the flow of traffic)", 강간을 실제로 "단지 거친 섹스(just rough sex)"로 말한다. 신문관은 피의자의 대화를 통해 유사한 재구성을 이해할 수 있다.

협상반응을 보일 때, 피의자는 신문관과의 어떤 형태의 정서유대(emotional bond)를 형성함으로써 자신과의 관계를 개선하려고 시도할 수 있다. 이는 신문관에게 몹시 친절하게 보임으로써 성취된다. 신문관이 피의자의 표면상 비위협적인 행동에 감명을 받아 관대함을 보여주길 희망한다. 피의자는 개인문제들을 논의함으로써 신문관으로부터 동정을 얻으려고 노력할 수 있다. 피의자는 자신의 건강문제, 재정문제, 가족문제와 더불어 다른 개인적 딜레마와 비극을 꺼낼 수 있다. 기만한 피의자는 신문관이 자신의 고난을 인정하고 연민을 보여주길 바라면서 다른 불평행동들(complaining behaviors)을 토로한다.

다른 협상증상들은 유명인사의 이름을 잘 아는 사람인처럼 들먹이거나, 피의자의 엄격한 도덕성에 대해 진술하거나, 종교적 맹세나 다른 대상들에 대해 맹세를 하거나, 일탈행동을 저항할 수 있는 개인능력의 확신이나, "회색진술(gray statement)"의 사용을 포함한다. 이러한 진술들은 함박웃음, 수동적 시선접촉, 다른 비위협적인 신체단서들을 수반한 신체언어증상들과 더불어 피의자와 사건을 가능한 가볍게 포장하기 위해 계획된 것이다.

2) 목적

협상의 궁극적인 목적은 신문관과 어떤 형태의 유대관계를 형성하는 데 있다. 신문관과의 유대관계를 맺는 것은 피의자에게 있어서 사실위장을 유지하는 데 필요조건이다. 부인과 같이 위장은 피의자 자신뿐만 아니라 신문관에 대한 기만이다.

피의자는 협상을 신문관이 제기할 수 있는 어떤 가능한 위험을 은밀히 평가하는 방법으로 사용한다. 피의자는 자신의 일탈행동이나 부적행동의 최종노출(eventual exposure)에서 생존하는 데 필요한 어떤 방법을 찾기 위해 이 위험을 식별하려 한다. 일단 위험이 식별되면, 기만한 피의자는 신문관과의 정서적·지적인 공통점을 찾음으로써 위험을 극복하려고 시도한다.

공통점을 찾는 것은 피의자가 카멜레온이 되어 수사면담관의 눈에 띄지 않도록 완벽하게 위장할 수 있기를 바라며 색을 바꾸도록 허용한다. 피의자가 스스로 위장을 선택한 "색깔(colors)"은 신문관의 지적·정서적·정신적 특징들을 고려한 것이다. 일단 피의자가 완벽하거나 거의 완벽에 가까운 신문관의 반영을 수립하면, 피의자는 자신에 대한 신문관의 의견과 심안(心眼)을 바꾸는 데 있어 더 큰 성공의 기회를 얻는다.

3) 협상하는 피의자에 대한 실용적 키니식 신문기법

신문관이 피의자가 협상반응상태에 있다는 것을 인지할 때, 그는 피의자가 이미 현실을 어느 정도 수용하고 있다는 것을 이해할 필요가 있다. 게다가 신문관은 피의자가 적어도 몇 가지 이슈들을 타협할 준비가 되었다는 것을 깨달을 필요가 있다. 더욱이 피의자는 수사면담관의 제안에 열려있는 상태이다.

신문관이 협상반응을 보이는 피의자를 통제하기 위해서는 먼저 피의자의 협상진술들을 끝까지 경청해야만 한다. 이러한 진술들의 내용은 피의자가 신문관에게 사건이나 범죄의 어느 부분을 수용하고 있는지 신문관에게 말함으로써 (비록 그것이 피의자에 의해 어느 정도 변경된 상태일지라도) 피의자의 부적반응을 공격할 수 있는 비결을 제공한다. 변경된 정보는 범죄 자체이거나 피의자의 이미지 둘 중 하나이다.

만일 피의자가 자신과 관련된 정보를 위장한다면, 그는 범죄현실을 다룰 수 있는 여지를 남기게 된다. 신문관은 피의자가 전적으로 위태롭지 않을 사건의 사실들에 동의하도록 노력해야 한다. 이 시점에서 너무 많은 공격은 피의자를 더 강한 부적반응으로 이끌 수 있다. 만일 피의자가 범죄를 위장하고 있다면, 그는 신문관에게 자신의 개인이미지(personal image)에 대한 공격할 기회를 주게 된다. 신문관은 이제 피의자의 사생활과 행위의 사실에 접근해야만 한다. 전처럼 너무 강한 공격은 피의자를 몰아낼 수 있지만, 공격의 기회가 무시되어서는 안된다. 이 경우의 주요 목적은 신문관이 피의자의 진술을 받아들일 여지가 있다는 것을 확실히 인식시키는 데 있다.

신문관이 협상반응을 식별했고, 피의자의 진술을 듣고 이해했고, 어느 영역에 초점을 두어야 할지 인지했다면, 피의자의 설득에 희생되지 않도록 주의해야 한다. 신문관은 자신에게 적대시하려는 피의자의 발언들을 전환해야 한다. 이는 피의자의 협상제안을 우선 수용함으로써 그리고 피의자의 용어, 정의, 성격을 활용한 각 요소에 대해 그를 강압함으로써 이루어진다. 이제부터 피의자나 범죄의 재분류는 신문관이 피의자를 수용으로 이끄는 도구가 된다. 최종결과로 신문관은 피의자와의 정서적·지적인 유대관계의 형태를 형성한다. 이러한 유대관계는 신문관이 피의자의 협상진술들을 사용함으로써 그/그녀와 그/그녀의 자존감을 파괴하지 않을 것을 확신시킨다.

(5) 수용(Acceptance)

수용은 자백이 이루어지는 정적반응상태(positive reaction state)이다. 피의자가 범죄사실을 거부할 수 있는 기제를 더 이상 작동시키지 않는다. 비록 항상 약간의 자아방어기제들이 있을지라도, 피의자는 신문관이 제시한 사건사실들에 굴복할 준비가 되어 있다.

1) 특징

피의자가 수용반응상태를 사용하고 있을 때, 현실 직면에 대한 저항은 대폭 감소한다. 피의자는 부인하려던 노력을 포기하고 자신을 향해 겨냥된 사실들에 굴복할 준비가 되어 있다. 피의자는 수용을 자신이 바라는 대로 신문관에게 승리를 제공하지 않은 채 부인의 지속적·소모적인 과정으로부터의 유일한 안도로 본다.

정신적으로 수용반응은 범죄에 대한 피의자의 항복이다. 전반적인 부인을 유지하는 과정은 기만한 피의자에게 상당한 정신에너지(mental energy)가 요구된다. 피의자는 결국 이 과정이 너무 불가항력(不可抗力)이라 결론짓고 노력을 포기한다.

이러한 항복상태는 신문관에게 전달하는 피의자의 진술들에서 나타난다. 이 진술들은 3가지 형태들 중 하나로 나타난다. 첫 번째 형태는 "바이아웃(buy-out)[8]" 제안이다. 두 번째 형태는 범죄의 환상－현실과 피의자의 행위를 다룬다. 세 번째 형태는 피의자의 행동과 관련한 처벌에 대해 묻는 진술이다. 각 형태는 다소 다른 특징들을 가졌지만 모두 수용신호로 역할을 한다.

일단 피의자가 수용정신상태에 도달하면, 추가확인(additional conformation)은

---

8 바이아웃(buy-out): 채무상환(매수 또는 매입)으로 해석됨.

신체언어수용신호의 존재에 의해 제공된다.

2) 목적

수용의 목적은 간단하다. 현실에 항복하는 것이다. 현실에 항복하는 동안에도 피의자는 어느 정도의 자존감을 지키기를 바란다. 피의자가 만일 모든 것이 순조롭게 진행된다고 생각한다면, 그는 진실에 의도적으로 그리고 자발적으로 항복함으로써 결과에 대해 최소한의 통제를 되찾을 수 있다. 회복의 빛(light of recovery)은 관대한 처벌을 받고 다시 시작할 기회가 주어질 것이라는 피의자의 희망 가운데에 존재한다. 자백이나 시인은 피의자에게 이러한 기회를 제공한다.

3) 수용하는 피의자에 대한 실용적 키니식 신문기법

수용에 있는 피의자를 다루는 것은 신문관에게 가장 중요한 순간이다. 신문관이 지나치게 열성적으로 반응하면 지금까지 이루어 놓은 모든 것을 쓸모없게 만들 수 있다. 많은 신문관들이 흔히 범하는 실수는 연속적인 잡담의 흐름으로 대화를 시작한다는 데 있다. 성공적인 신문관은 언제 말을 멈추고 경청을 시작해야 하는지를 알고 있는 사람이다. 이 시점에서 피의자는 95%로 말을 하고 신문관은 95%로 경청을 해야 한다.

신문관은 피의자가 수용상태에 있는 것을 인식하자마자 자신의 음조와 음량을 더 낮추고 주의 깊게 경청해야 한다. 아울러 신문관은 피의자의 자존감을 지켜주면서 시인이나 자백할 방법을 제공해야 한다.

자백신호(Confession Signals)와 관련한 진술들로는 채무상환진술들, 환상/사실진술들, 처벌진술들 등으로 분류한다.

- **채무상환진술들:**
  - 나는 그것을 하지 않았지만, 기꺼이 지불하겠습니다.
  - 나는 그를 다치게 하지 않았지만, 의료비를 지불하겠습니다.
  - 나는 내 아이가 그런 일을 하지 않았다는 것을 알지만, 손해 일부를 지불하겠습니다.
  - 나는 그것들을 가져가지 않았지만, 이 지긋한 상황을 끝내기 위

해서 사라진 장비를 새 것으로 대체해 놓겠습니다.
- 만일 재산이 복구된다면, 저의 혐의가 줄어드나요?

- 환상/사실진술들:
  - 나는 그것을 하지 않았지만, 당신이 그것을 한 사람을 찾을 때까지 책임을 감수하겠습니다.
  - 당신은 내가 그것을 하지 않았음에도 불구하고 자백하기를 원하십니까?
  - 내가 당신에게 그것을 했다고 말한다면, 나는 스스로 거짓말을 하는 것이 됩니다.
  - 내가 무슨 말을 하길 원하십니까?
  - 당신은 내가 당신에게 거짓말을 하고 내가 하지도 않은 일을 자백하길 원하십니까?

- 처벌진술들:
  - 나는 어떤 처벌을 받게 됩니까?
  - 나는 학교에서 정학처리를 받게 됩니까?
  - 이런 일로 직장에서 해고당할 수도 있습니까?
  - 나의 어머니, 아버지, 아내가 이 사실을 알게 됩니까?
  - 이와 같은 사건에 대해 보통 판사는 얼마나 많은 시간을 줍니까?

- 신체언어자백신호(Body Language Confession Signals):
  - 양팔과 양다리를 풀면서 신체를 드러낸다.
  - 양손바닥은 피의자의 무릎 위에 올려놓는다.
  - 양어깨는 쳐지고 앞으로 굽는다.
  - 피의자는 웃는 동안 턱 끝을 문지른다.
  - 턱은 가슴이니 목 쪽으로 떨어진다.
  - 피의자는 신체접촉 없이 신문관의 신체공간(body space) 안으로 기울인다.

- 피의자는 긴장을 이완시키는 깊은 한숨을 처음으로 내쉰다.
- 피의자의 눈은 천장을 향하고 천천히 눈을 깜박이기 시작한다.
- 눈이 흰자를 드러내며 위를 향하다가 눈을 감는다.
- 피의자는 신문관의 말이 멈추는 것에 맞추어 눈을 깜박이거나 멍하니 응시한다.
- 피의자는 마치 자백하려고 노력하는 것처럼 30초 동안 자신의 양 입술을 문지른다.
- 피의자의 턱이 떨린다.
- 항복을 수반한 참회의 눈물을 흘린다.
- 피의자가 마치 정신적·정서적으로 포기하는 것처럼 전반적인 항복의 모습을 보인다.

기만한 피의자는 자신에게 유리한 결과를 이끌려고 하지만 손실도 초래한다. 분노를 사용하는 데 약점들 중 하나는 피의자가 공격하는 동안 신문관은 이를 이용할 기회를 얻게 된다는 것이다. 신문관은 뒤이은 신문에서 피의자가 무심코 제공하는 추가 정보를 경계해야 한다. 분노는 순간적인 정신붕괴(mental lapse)를 막고 억제할 수 있는 피의자의 능력에 과부하를 초래한다. 신문관은 공격적인 피의자로부터 자백을 얻을 수 있는 성공의 기회가 적다는 것을 깨닫게 된다. 적대적이고 분노한 피의자는 자신에게 지시된 발언의 중요성을 흔히 의식하지 못한다. 분노는 피의자에게 강한 집중을 초래하여 모든 정신적·신체적·정서적 역량을 오로지 자신의 생존과 자신 앞에 놓인 위협을 파괴하는 데에만 초점을 둔다. 분노상태를 유지함으로써 피의자는 적으로 인식한 신문관과의 유대관계를 형성하는 것을 회피하길 바란다. 유대관계의 실재와 진전의 허용은 피의자를 큰 위험에 처하게 한다. 그 위험은 신문관이 통제를 얻게 되고 피의자는 자신의 활동과 기만행동의 진실에 직면하도록 강요된다. 신문관은 피의자가 지속해서 분노반응을 하도록 허용할 수 없다. 분노유발을 지속시킨다면, 신문관과 피의자 간의 의사소통시도를 무산시키는 피의자의 능력을 강화한다(Walters, 2003). 우울은 피의자가 신문의 스트레스에 직면했을 때 이용할 수 있는 4가지 부적반응행동들 중 하나이기 때문에 이에 따른 최종 산물은 시인이나 자백을 이끌어내는 데에 도움이 되지 않는다. 우울로 반응하는 피의자는 정신적·정서적으로 경직되고 내성적이다. 그는 신문관이나 다른 관찰자들의 시야에서 벗어나 홀로 고통을 겪는 것을 선호하기 때문에 충돌로부터 회피하거나 고립을 선택한다. 신문관은 피의자의 궁극적인 목적이 가능한 손상을 최소화하여 공격에서 생존하는 것임을 기억해야 한다. 따라서 피의자는 신문 자체에 좀처럼 협조하지 않는다. 신문관은 피의자의 반응에 대해 이렇다 할 정보가 없을 수 없다. 피의자는 이러한 방법을 사용하여 자신의 노출과 위험을 감소시키고 아울러 혐의입증을 회피하고자 한다. 피의자는 자신이 신문관에 의해 불안정한 상태에 처해 있다고 본다. 따라서 피의자는 돕고자 하는 신문관의 모든 노력을 극심한 편집증으로 대처하고 신문관의 설명, 행동, 동기를 의심의 눈으로 바라본다. 피의자의 우울은 마음의 조절과 사고과정을 장악한다. 이로써 피의자는 한 번에 단 한 이슈만을 집중할 수 있으며, 그 이슈는 피의자가 자존감의 손상으로 인해 겪고 있는 고통과 관련한다. 고통의 이슈는 거의 또는 전혀 다른 정보로 간주할 수 없는 절실한 이슈이다. 피의자가 자신의 고통에 정신적으로 집착하는 동안, 그는 다른 이슈들에 정신적·정서적 에너지를 쏟을 수 없다. 이 때문에 피의자는 한 가지에만 전념하게 되고, 그 밖의 자극에 대해서는 느리게 반응한다. 피의자는 신문관이 제시한 증거, 경고, 훈계에 거의 주의를 기울이지 않는다. 신문관이 제기한 각 이슈는 피의자가 겪고 있는 고통의 정도에 따라 중요성이 고려된다. 불가피하게도 피의자가 경험하고 있는 고통은 항상 신문관이 언급한 것보다 더 중요한 이슈이다. 신문관과 피의자 모두에게 있어 다루지 못한 채 남겨진 우울의 부정적인 결과들은 매우 다양하다. 우울을 경험하고 있는 피의자는 자신의 약점을 신문관에게 드러내거나 스스로를 공격받기 쉬운 존재로 만듦으로써 신문관이 어떻게 그를 다루어야 하는지를 제공한다. 이는 피의자가 어떤 생존형태를 얻고자 하는 희망에서 기대되는 개인안정(personal security)을 희생하는 것을 의미한다. 이렇게 방치될 경우, 피의자는 우울로부터 회복할 기회들이 점차 줄어든다(Walters, 2003).

부인은 자기지지과정(self-sustaining process)이다. 기만한 피의자가 부인을 더 지능적으로 주장할수록, 더 낳은 부인이 과정을 지속시키는 데 필요하다. 더 많은 부인이 나타날수록, 시인이나 자백에 대한 피의자의 저항은 더 커진다. 부인은 피의자가 자신 기만의 요새를 짓는 데 사용하는 벽돌과 회반죽을 제공한다.

부인이 없으면 기만도 없다. 피의자의 부인(denial) 존재는 신문을 지연시킨다. 피의자가 부정을 나타낼 때마다 신문관은 이를 인식하고 언급해야 하며, 아울러 다음 이슈를 다루기 전에 이 순간을 적절하게 극복해야 한다. 피의자가 더 많은 부인을 창안하여 주장할수록, 신문관은 이를 대처하기 위해 더 많은 노력이 요구된다(Walters, 2003).

협상의 최종결과는 전반적으로 축소된 책임이다. 신문관을 대체이미지, 변경된 인식, 사실 위장에 동의하게 함으로써 피의자의 취약한 자존감은 지켜진다. 이러한 사실위장의 이미지 들은 마침내 자리를 잡고 신문관에 의해 수용된 것처럼 보인다면, 피의자는 정서적 상처의 축소된 위험과 더불어 신문에서 생존할 수 있는 더 큰 기회를 얻는다. 동시에, 피의자는 또한 적어도 준피해자(quasi-victim)라는 일부 인식을 창안한다. 하지만 이러한 입장은 피의자에 대한 다양한 취약성을 야기한다. 현실을 위장하는 것은 피의자가 적어도 현실의 몇 가지 측면들을 부분적으로 수용하게 만든다. 이러한 부분적인 수용만으로도 피의자를 범죄행동의 전적인 수용에 인접하게 한다. 결과적으로 부분적인 수용입장은 신문관에 의한 조작에 피의자의 마음을 열게 만들어 불안정하게 한다. 협상방법으로 반응하는 것은 또한 피의자에게 수사에 활용될 수 있는 모든 가능한 약점들을 제시할 것을 요구한다. 피의자가 자신의 "손(hand)"을 내밀어 신문관에게 협상을 제안할 때, 신문관이 그 제안을 거절할 경우 피의자는 자신의 기만입장에 대한 통제력을 상실하게 된다(Walters, 2003).

피의자의 수용(acceptance) 결과는 기만을 이야기하는 부적반응의 포기이다. 기만과정은 더 이상 피의자를 스트레스로부터 적절히 보호하지 못한다. 각각의 피의자의 부적반응들은 신문관에 의해 해체되고 무효화된다. 범죄를 다루는 데 유일하게 남아있는 선택은 범죄사실을 인정하는 것뿐이다. 일단 피의자가 수용반응을 보인다면, 그는 스스로 신문관의 의견이나 요구에 마음을 연다. 피의자는 신문관의 지시에 순응하고 거절이나 지연 없이 문제를 대할 준비가 되어 있다. 이제부터 신문관은 사건의 흐름을 통제할 수 있다(Walters, 2003).

국내에서도 피의자, 용의자, 목격자, 피해자(아동·청소년성폭력, 장애자) 등을 대상으로 수사면담 및 조사시에 Walters의 실용적 키니식 수사면담(Practical Kinesic Interview)을 도입하여 활용할 필요성이 절실히 요망된다. 특히, 인간의 5가지 스트레스 상태들(분노, 우울, 부인, 협상, 수용)에 따른 키니식 신문기법들은 현재 검찰청과 경찰청에서는 사용되고 있는 인지면담기법과는 매우 다르다. 실용적 키니식 수사면담기법은 행동분석, 성격, 정서 상태들을 분석하고 반영하여 면담을 진행하지만, 인지면담기법은 사고와 기억재생을 향상하기 위해 인지이론을 사용하고 비교적 중립적 접근을 취한다. 인지면담은 정서적 맥락회복, 모든 것 보고하기, 순서 바꾸기, 관점 바꾸기 등과 같이 4가지 기법들로 구성하여 수사면담에 사용되고 있다.

만일 수사면담관이 인지면담 매뉴얼에만 초점을 두고 수사면담을 진행한다면, 피의자, 용의자, 목격자, 피해자의 언어·비언어행동, 성격, 정서상태들을 쉽게 간과할 수도 있으며, 양적·질적 정보를 얻어내는 데에도 한계에 부딪히게 된다. 가장 주요 이유들 중 하나는, 신문관이 인지면담 매뉴얼에 너무 많은 집중을 한 나머지 면담자(피의자, 용의자, 목격자, 피해자)에 대한 주의, 관심, 공감, 수용, 지지 등을 놓칠 수 있기 때문이다. 이러한 면에서, 실용적 키니식 수사면담은 면담자의 언어·비언어행동, 성격, 정서상태들에 바탕을 둔 모듈화(moduling)된 기법들이 보다 유연하고 탄력 있게 면담을 진행할 수 있는 장점들이 있다. 그러나 아직 Walters의 기본 키니식 원칙들과 지침들은 적절한 적용을 위해 확증되어야만 하고, 수사면담에 대한 피의자의 반응들을 예측할 수 있는 데에 기초한 일반적 구조의 윤곽을 그려낼 수 있어야만 한다. 국내에서도 효과적·효율적 신문과정진행을 위해서 인지면담기법뿐만 아니라 행동분석, 행동, 정서 등에 초점을 둔 키니식 신문기법을 도입하여 함께 실용될 필요가 있다. 아울러 차후 국내 피의자, 용의자, 목격자, 피해자 등을 대상으로 한 인지면담과 키니식 신문기법에 따른 효과 검증연구도 요망된다.

만일 수사면담관이 주요 실용적 키니식 수사면담 원칙들과 지침들을 충분한 시간을 갖고 시연하고 적용하지 못한 채 수사면담 시 지침들에 대한 신문기법을 잊는다면, 그/그녀는 피의자에 대한 잘못된 진단을 내릴 수 있는 높은 위험성을 갖게 된다. 만일이 개념들이 신문 과정 동안에 무시된다면, 수사면담관은 지속적인 오류(誤謬), 오판(誤判), 복잡하고 파괴적인 신문방법에 종속될 것이다. 그런데도, 피의자의 5가지 스트레스 반응상태들에 따른 Walters의 실용적 키니식 수사면담(Practical Kinesic Interviews)을 도입하여 국내 수사기관에서도 향후 확립할 다양한 키니식 수사신문의 개념과 규칙들을 시종일관 훈련하고 고수한다면, 수사면담관의 성공적인 면담과 신문의 전망을 높여줄 것뿐만 아니라 피의자로부터 시인과 자백을 전문적·윤리적·합법적으로 받아낼 수 있을 것이다.

현대 사회범죄의 특징인 지능화·전문화·조직화에 대한 수사면담과 신문기법에서는 피의자로부터 전문적·윤리적·합법적으로 받아낸 시인과 자백의 의미와 중요성이 강조되고 있다. 수사단계에서 자백의 활용은 수사의 효율화를 가져오고, 범죄자를 처벌하기 위한 수사 기관의 공격적인 지위를 선점하는 데 유리한 도구이기도 하지만 피의자가 수사기관에서 행한 자백의 활용에서는 그만큼 부작용도 적지가 않다. 우리나라의 수사기관은 그 수사절차의 불합리성으로 인하여 범죄로부터의 안전이라는 목적을 위하여 권한 위임자인 국민들로부터 외면을 받아온 것이 사실이다. 오히려 위법하고 불공정한 신문방법을 계속 고집해 온 데는 국민적 분노를 불러일으키는 지경에 이르렀다. 이처럼 국민들의 신체와 재산을 침해하는 범죄자들의 처벌을 위해서라도 합리적이고 과학적인 경찰수사를 운영해 나가고, 수사과정에서도 피의자가 직접 시인한 범죄의 자백을 적극 활용하는 것은 피고인의 인권침해적인 요인을 제거하는 데 기인할 수 있다(박경민, 임유석, 김도우, 2009).

피해자의 인권을 보호하고 존중하기 위해서 아울러 최소한의 피의자의 자존심을 손상하지 않는 범위에서 최적의 수사면담들과 신문기법들이 활용되어야 한다. 피의자로부터 시인과 자백을 전문적·윤리적·합법적으로 받아낼 수 있는 국내외에 몇몇 선행연구들을 살펴보면, "명백한 사실만큼 사람을 속이는 것은 없다.", "수사관은 자신이 세운 가정과 사실에 맞추기 위해 사실들을 왜곡하는 실수를 범하게 된다."라고 가정하는 셜록 홈스의 추리수사기법(노호래, 2007), 사건 후 충격과 외상으로 잃어버린 잔여 기억들을 소생(재인, 회상)시키기 위한 최면수사기법(오규철, 2007), 피의자의 다양한 성격유형별로 수사면담을 진행하는 키니식 수사신문기법(Walter, 2003) 등이 소개되고 있으며, 향후 다양하고 활발한 연구들을 토대로 한국적인 수사면담과 신문기법이 제시되길 소망한다.

16장.

VR을 활용한 피면담자의 행동진술분석

VR을 활용한 피면담자의 행동진술분석

▼
01 피면담자의 행동진술분석 기반 가상훈련시스템

경찰과 검찰의 조사실이나 취조실 현장에서 모든 키니식(행동)진술분석(Kinesic Statement Analysis)이 수사면담과 신문자료로써 활용될 수 있는 주요 자료이지만, 현재 국내에서는 성폭력 피해아동에 관한 면담진술내용의 진위여부를 평가하기 위해 CBCA분석(Criteria-Based Content Analysis: CBCA)과 학대가 의심되는 피해아동의 경험한 피해사실에 관한 양적·질적인 풍부한 정보를 얻기 위해 구조화된 아동조사면담 매뉴얼 NICHD(the National Institute for Child Health and Development in the USA)를 사용하고 있으며, 성인이면 피면담자(용의자, 피의자, 피해자, 참고인)에 관한 진술내용의 신빙성을 검증하는 방법으로 거짓말탐지기에만 의존하는 데 한 계점을 시사하고 있다.

현재 수사면담과 신문과정에서 흔히 부정적이고 저항적인 피의자, 쉽게 회피와 부인하는 학대 및 성폭력 피해자(아동·청소년·성인), 정신장애자, 지적장애자, 참고인 등의 인지와 감정상태들을 시시각각 평가할 수 있는 시선-뇌파 정보신호처리 VR-HMD 생체신호분석 및 키니식(행동)진술분석을 사용한 자동 생성 수사신문 플랫폼 개발을 통해 피면담자의 자기노출, 객관화, 몰입감, 현실감, 기억력, 주의력 향상함으로써 진술내용 및 증거분석의 신빙성과 타당성을 높일 수 있는 연구가 요망된다.

업무상 과도한 사건진술분석의 감정노동서비스로 인한 담당경찰 수사관의 강압적·편향적 수사면담, 유도신문, 피암시성, 소진 등의 예방과 억제를 통해 오심과 오판으로 야기되는 이차적인 경제적 손실과 피해를 해결해야 할 필요가 있다. 따라서 기존 수사면담과 신문과정에서 사용되고 있는 인지면담(Cognitive Interview), 9단계 REID 신문기법, CBCA, NICHD 프로토콜 등의 결점들을 보완하여 허위자백에 취약한 집단들, 즉 아동 청소년, 정신장애자, 지적장애자 등에 대한 오심, 유죄오판, 부당판결의 요소들을 사전에 탐색하고 차단해야 한다. 즉, 경찰오류(police error), 기소오류(prosecution error), 검찰증인오류(error by prosecution witness), 다양한 오류원인(miscellaneous sources of error)(허영록, 류창현, 김효정, 2015) 등을 식별하고 최소화할 수 있는 기반 연구로 "피면담자의 VR-HMD 생체신호와 키니식(행동)진술분석 기반 자동수사면담 및 신문시스템 플랫폼 개발"이 절실하다.

21세기 4차/5차 산업혁명시대적인 부흥에 발맞추어 보다 과학적·전문적·윤리적·합법적인 키니식 수사면담과 신문기법으로써 피면담자(용의자, 피의자, 피해자, 참고인) 진술의 정확성, 신빙성, 일관성 판단기준의 자동생성프로토콜개발이 전제되어야 한다. 피면담자의 기만탐지를 위한 자동수사면담시스템(automated interview system for deception detection) 구현을 위해 성폭력 피해아동, 청소년과 정신장애 대상자의 진술분석의 활용을 위한 진술분석의 객관적인 신뢰도 및 타당도 분석정보시스템과 피면담자(용의자, 피의자, 피해자, 참고인) 맞춤형 수사면담 및 신문질의문 자동생성시스템개발, 즉 VR-HMD 생체신호와 키니식(행동)진술분석 기반 수사면담관의 자체 생성 수사면담과 신문질의문 보조시스템개발의 가치가 중시되고 있다.

현재 미국 경찰과 검사의 수사면담과 신문으로 9단계 REID 기술은 유도신문, 강압적 수사, 인권유린 등의 사회적·윤리적 문제 야기로 인해 조사와 수사 현장에서 전면적으로 금지하고 있는 실태이다. 피의자의 진술은 자발적이어야 한다. 피의자는 수사면담과 신문과정에서 어떤 식으로든 위협을 받거나 말하는 대가로 호의를 약속받아서도 안 된다. 피의자는 법적 권리들을 알고 있어야 하고 이를 악용해서도 안 된다. 피의자는 필요시 불편한 진실에 침묵할 수 있고, 변호사에게 조언을 받을 권리를 가지고 있다.

효과적인 경찰 수사면담과 신문기술은 복잡하고 다양하다. 오늘날의 수사면담관은 수사면담과 신문과정에 필요한 의사소통기술, 자기통제기술, 대처기술, 인간의 키니식(행동)진술분석, 법적 절차 및 윤리적 절차에 따른 이해와 교육이 선행되어야 한다. 이는 수년간의 수사면담과 신문이론과 실습을 가상훈련시스템 (Virtual Training System) 활용한 수사면담교육시스템(investigative interview training system)과 신문교육시스템(interrogation training system)을 통해 필요한 다양한 전문 기술을 연마하여 현장에서 적재적소(適材適所)로 투입할 수 있는 경찰 수사 교육 시스템 구축이 요망된다는 것을 시사한다.

02 키니식(행동)수사면담과 신문기술

"키니식(Kinesic)"이라는 용어는 University of Louisville의 Prof. Ray L. Birdwhitsell에 의해 생성되었으며, Birdwhitsell은 피험자들 간 의사소통의 흐름에 있어 신체언어(body language)와 언어행동(verbal behavior)의 상호작용의 효과를 검증했으며, 이는 인간행동(human behavior)과 의사소통(communication)의 매개들(mediums)이 상관관계를 보이기 때문이라고 제기했다(Birdwhitsell, 1970). 키니식(Kinesic)은 하나의 체계적인 의사소통방식으로 다양한 몸짓(gestures)과 얼굴 표정(facial expressions) 등과 같은 비언어신체행동을 연구하는 학문이다(American Heritage® Dictionary, 2011).

Waters(2003)는 진실을 모른 대가는 우리에게 큰 손실을 가져오기에 키니식 수사면담과 신문기술을 손실 방지(loss prevention), 위기관리(risk management), 사기수사(fraud investigation) 등의 3가지 핵심 측면에서 적극 활용하고 있다. 또한, 그는 오심, 유죄오판, 부당판결 등에 대한 방지와 피해자의 권리에 대한 보호는 수사면담관의 손에 달려있으며, 완전하고 신뢰할 수 있는 정보는 피해자와 증인으로부터 얻어지며, 결국 피의자로부터 시인과 자백을 과학적·전문적·윤리적·합법적(scientifically, professionally, ethically & legally)으로 받아내야 한다고 제언한다(Walters, 2003).

(1) 진실 찾기: 수사면담관 가상훈련시스템

(Finding the Truth: Investigator Virtual Training System)

최근 수사면담관의 가상훈련시스템(Virtual Training System)으로 수사면담과 신문 몰입형 학습시뮬레이션(Interview & Interrogation Immersive Learning Simulations; ILS) 연구가 소개된 바 있다. 즉, ILS는 수사관에게 보다 효과적인 수사면담과 신문을 훈련시키기 위해 몰입적인 가상학습환경에서 아바타가 보여주는 키니식(행동)의 묘사(depiction)와 탐지(detection)를 제공하여 교육한다(Luciew et al., 2011). 미국 육군기동지원센터(Army Mane uver Support Center)에서는 1. 국방부 내 아동의 신체 및 성적학대를 다루는 것을 돕기 위한 기능으로 아동학대 조사를 위한 몰입형 범죄수사관 트레이너 개발, 2. 수사관 가상현실시스템을 사용한 신문기술교육 (interrogation techniques)을 지원하기 위한 프로토타입 몰입형 시스템개발 등의 목적으로 연구를 진행했다(Luciew et al., 2011). 첫째, 면담교육시스템(interview training system)은 수사면담관이 아동학대피해자와 함께 가상면담(virtual interview)을 경험할 수 있도록 구현하였다. 둘째, 신문교육 시스템(interrogation training system)은 수사면담관이 성폭행피의자를 가상신문(virtual interrogation)할 수 있도록 설계되었다(Luciew et al., 2011).

면담교육시스템(interview training system)은 1. 수사면담관이 아동학대피해자의 면담을 수행하도록 교육하기 위한 개념증명 시뮬레이션(proof of concept simulation) 개발, 2. 군·민간의 응용 프로그램을 위한 관계 부처 간에 유익이 되는 교육시나리오개발, 3. 학대행동지표(behavioral indicators)를 식별하는 데 필요한 모든 동작과 모습을 갖춘 가상 대화 교육 모듈 아바타 시스템 제공, 4. 수사면담관이 아동학대피해자들과의 면담을 연습하고 교육이 끝나면 피드백을 제공하는 것 등에 목적을 두고 있다(Luciew et al., 2011).

반면에 신문교육시스템(interrogation training system)은 1. 수사면담관이 성폭행범죄자의 신문을 수행하도록 교육하기 위한 개념증명 시뮬레이션(proof of concept simulation) 개발, 2. 사람에 대한 중범죄를 저지른 가해자의 현재 위협과 관련 있고 실제의 도전적 신문연습(challenging interrogation exercises)을 제공하기 위해 조작할 수 있는 시나리오 개발 등에 목적을 두고 있다(Luciew et al., 2011).

(2) 키니식(행동)진술분석

John Borg(2009)의 최근 연구에 따르면, 의사소통은 93%의 신체언어(body language)와 준언어단서(paralinguistic cue, 음조, 음량, 음속, 음색 등 포함)로 구성되고, 말(words)은 단지 의사소통의 7%만을 제공한다(Ekman, 2001). Ekman(2001)과 Walters(2003)는 특히 키니식(행동)진술분석에서는 미세표현(micro expression)나 미세변화(micro changes)의 일관성(constant) 있는 행동군(cluster)을 주목한다. 이는 정서의 경험에 따른 인간의 얼굴에 0.04~0.06초로 매우 짧고 불수의적으로 나타난다(Ekman, 2001; Walters, 2003).

그림 16.1 〉 미세행동변화의 예

출처: Walters, S. B. Principles of Kinesic Interview and Interrogation. Second Ed. CRC Press, 2003, p. 14.

위 〈그림 16.1〉은 피의자가 수사면담 동안 피해자의 머리에 총격을 가한 사실을 충분히 의식하고 있는지 없는지를 진술할 때 피의자의 행동에서 나타나는 일관성(constant)과 미세변화(micro changes)의 예를 보여주고 있다(Walters, 2003).

다음 〈그림 16.2〉는 피의자에게서 흔히 나타나는 기만행동들 중 경멸(contempt)의 예를 보여주고 있다. 경멸(contempt)은 불수의적으로 나타나는 생리적인 스트레스반응상태로서 한쪽 입꼬리가 위로 올라가는 경향이 있다(one lip corner up).

그림 16.2 〉 경멸의 예

[Analysis Lance Armstrong]

[Analysis Lance Armstrong]

 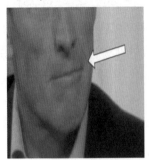

출처: Https://www.youtube.com/watch?v=TYqe7FIWKjo

(3) 몸짓언어 시뮬레이션

면담과 신문교육시스템에서 묘사되는 가상대상(virtual subject)은 실제 수사면담과 신문과정에서 일반적으로 관찰되는 다양한 심리행동지표들로 구성하여 사용하고 있다. Luciew 등(2011)은 면담교육시스템(interview training system)에서 사용되는 가상면담아동(virtu al interview child)을 아동의 신체·행동특성들과 28가지 독특한 행동유형들로 구성하여 기술하고 있다.

1. 미소/행복/흥분/열정(Smile/happy/excited/ enthusiasm)

2. 찡그린/슬픈(Frown/sad)

3. 고개를 숙이고/머리를 숙임(Head look down/ ha ngs head)

4. 제이미로부터 고개를 돌림(Turn head away from Jamie)

5. 팔짱낌(Cross arms)

6. 회피/뒤로 기댐(Shirk/lean back)

7. 앞뒤로 흔듦/얼굴에 양손을 댐(Rocking back-an d-forth/hands on face)

8. 울음(Crying)

9. 눈을 왼쪽으로 봄(Eyes look left)

10. 화난/미친/방어적인/이를 악문/주먹을 쥔(Angry/mad/defensive/clench teeth/makes fist)

11. 양어깨를 으쓱함(Shrug shoulders)

12. 테이블 밑에 앉음(Sitting under table)

13. 깜짝 놀람(Sits up startled)

14. 고함지르기/비명 지르기/울부짖기(Yelling/screa ming/cries out)

15. 한숨/하품/지루함(Sigh/yawn/bored)

16. 귀걸이를 보여주기 위해 머리를 뒤로 젖힘(Tilts head to show earrings)

17. 의자를 좌우로 흔듦(Rocks side-to-side in chair)

18. 분개(Indignant)

19. 흥분/좌절/불편하게 자세를 바꿈(Agitated/frustrated/shifts uncomfortably)

20. 아니오(No)라고 머리를 흔듦(Shakes head no)

21. 예(Yes)라고 머리를 흔듦(Shakes head yes)

22. 크레용으로 색을 칠함(Colors with crayons)

23. 혼란스러움(Confused)

24. 사진을 가리킴/인형을 가리킴(Points to picture/Points to doll)

25. 코를 찡그림(Wrinkles nose)

26. 양쪽 귀를 막음(Covers ears)

27. 떨고/두려워함(Shaking/afraid)

28. 부끄러워함(Ashamed)

다음 〈그림 16.3〉은 가상 면담아동(virtual interview child)을 묘사하고 있다.

신문교육시스템(interrogation training system)에서 사용되는 가상신문피의자(virtual interro-gation subject)는 기만(deception)의 묘사와 더불어 44가지 독특한 행동유형들로 구성하여 구현되었다(Luciew et al., 2011).

그림 16.3 〉 가상면담아동(Depiction of a virtual interview child)

출처: Interservice/Industry Training, Simulation, and Education Conference (I/ITSEC) 2011, p. 7.

1. 양어깨를 으쓱함 (Shrugs shoulders)

2. 한쪽 어깨를 으쓱함(Shrugs one shoulder)

3. 손으로 머리를 빗음/양손으로 무릎을 문지름(Runs hand through hair/ hands rub on lap)

4. 목 뒤를 잡음/귀 뒤를 긁음(Runs hand behind neck/Scratches behind ear)

5. 주먹으로 테이블을 침/주먹으로 다리를 침(Pounds fist on table/pounds fist on leg)

6. 양주먹을 불끈 쥠(Clenches fists)

7. 이를 악묾(Clenches jaw)

8. 손짓중지(Stop hand gesture)

9. 미소/행복/흥분/열정(Smile/happy/excited/enthusiasm)

10. 고함지르기/비명 지르기/울부짖기(Yelling/screaming/cries out)

11. 불안한/신경질적인(Anxious/nervous)

12. 당혹스러운/혼란스러운(puzzled/confused)

13. 단지 입만 움직이면서 앞을 응시함(Stares ahead only moving mouth)

14. 양눈이 우상으로 움직임(Eyes move upper right)

15. 양눈이 좌하로 움직임(Eyes move down left)

16. 양눈이 빠르게 좌상으로 움직임(Eyes move quickly up left)

17. 양눈을 찡그림(가늘게 뜸)(Eyes squinting)

18. 양눈을 좌우로/양눈을 위아래로(Eyes side to side/Eyes up and down)

19. 양눈을 과도하게 깜박임(Eyes blink excessively)

20. 수사관으로부터 눈길을 돌림(Looks away from investigator)

21. 좌하를 봄(Looks down and left)

22. 우하를 봄(Looks down and right)

23. 좌상을 봄(Looks up and left)

24. 수사관을 곁눈질(Looks at investigator sideway s)

25. 예(Yes)라고 머리를 흔듦(Shakes head yes)

26. 아니오(No)라고 머리를 흔듦(Shakes head no)

27. 팔짱낌(Cross arms)

28. 팔짱끼고 다리를 꼼(Crosses arms and legs)

29. 혐오스러워 보임(Looks disgusted)

30. 팔짱을 낌, 다리를 꼼, 양손 위에 앉음(보호자세)/양손을 허벅지 밑으로(Crosses arms, legs and sits on hands(protective stance)/hands under thighs)

31. 얼굴을 가리면서 상체를 구부림(단거리선수 자세)(Leans over covering face(sprinter's stance))

32. 양주먹을 꽉 쥔 채 단거리선수 자세로 일어섬(Stands up in sprinters stance with fists clenched)

33. 머리를 아래로 양어깨를 위로 당겨 숨김(Pulls head down and shoulders up to hide)

34. 입을 가림(Covers mouth)

35. 고개를 아래로 숙임/머리를 아래로 숙이면서 곁눈질함(Dips head down/dips head down and looks sideways)

36. 초조하게 발을 톡톡 침(Taps foot impatiently)

37. 처진 양어깨(Drooping shoulders)

38. 미세표현: 슬픔(Micro expression: sadness)

39. 미세표현: 공포/두려움(Micro expression: fea r/afraid)

40. 미세표현: 분노/화난(Micro expression: ange r/angry)

41. 미세표현: 경멸/냉소적인 미소(Micro express ion: contempt/sarcastic grin)

42. 미세표현: 혐오감/혐오스러운(Micro expressi on: disgust/disgusted)

43. 미세표현: 행복(Micro expression: happiness)

44. 미세표현: 놀람(Micro expression: surprise)

경멸과 분노는 흔히 안륜근(orbicularis oculi), 소관골근(광대근, zygomaticus minor), 대관골근(zygomatic us major), 턱끝근(이근, mentalis) 등의 안면근육들을 사용하여 표출한다(Luciew et al., 2011). 다음 〈그림 16.4〉는 가상신문피의자(virtual interrogation subject)의 경멸과 분노표현을 묘사하고 있다.

그림 16.4 〉 가상신문피의자의 경멸과 분노표현(Virtual interrogation subject's contempt and anger expression)

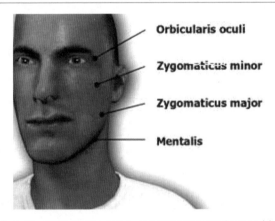

출처: Interservice/Industry Training, Simulation, and Education Conference (I/ITSEC) 2011, p. 8.

특히 분노표현과 관련한 핵심 얼굴근육들로 추미근(눈썹주름근, corrugator supercilii), 눈썹내림근(depressor supercilli), 안륜근(눈둘레근, orbicularis oculi), 안검부(pars palpebralis), 상순거근(위입술올림 근, levator labii superioris), 하순하제근(아랫입술내림 근, depressor labii inferioris) 등을 주로 사용한다(Luciew et al., 2011). 다음 〈그림 16.5〉는 가상면담아동(virtual interview child)의 분노를 묘사하고 있다.

그림 16.5 〉 가상면담아동의 분노표현(Virtual interview child's anger expression)

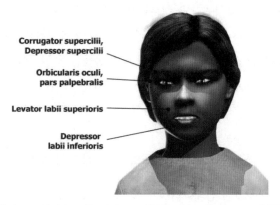

출처: Interservice/Industry Training, Simulation, and Education Conference (I/ITSEC) 2011, p. 9.

03 키니식(행동)진술분석 기반 자동 수사면담 및 신문시스템

(1) 키니식(행동)진술분석 기반 인공지능(AI)분석 플랫폼

첫 번째, 수사면담과 신문과정의 사건진술에서 흔히 보이는 피면담자의 5가지 스트레스반응상태들(분노, 우울, 부인, 협상, 수용)의 생리적·인지적·정서적·행동적 반응 데이터를 초기면담과정에서 수집하고, 이 정보를 토대로 인공지능(AI) 분석 플랫폼을 사용하여 처리하는 각각의 스트레스반응상태들(분노, 우울, 부인, 협상, 수용)에 관한 가상현실(VR-HMD) 행동진술분석 기술 기반 자동 수사면담과 신문 질의문 보조시스템 플랫폼 개발이 필요하다.

두 번째, 수사면담과 신문과정의 사건진술에서 나타나는 피면담자의 주요 지배성격유형들, 즉 내향성성격(정서지배성격)과 외향성성격(감각지배활동외향성, 논리지배비활동외향성, 자아지배활동외향성)의 생리적·인지적·정서적·행동적 반응 데이터를 초기면담과정에서 수집하고, 이 정보를 토대로 인공지능(AI) 분석 플랫폼을 사용하여 처리하는 각각의 지배성격유형에 관한 자동화된 가상현실(VR-HMD) 행동진술분석기술과 수사면담 및 신문 프로토콜 개발이 필요하다.

세 번째, 범죄 또는 사건현장의 실사를 1인칭과 3인칭 시점에서 동일공간, 동일시간, 동일피사체, 동일환경으로 구현하는 몰입형 가상현실(VR-HMD) 4D 스캔 시각화 기술을 기반으로 수사면담과 신문과정에서 나타나는 피면담자의 5가지 스트레스 반응상태들(분노, 우울, 부인, 협상, 수용)과 주요 지배성격유형(내향성성격과 외향성성격) 등의 생리적·인지적·정서적·행동적 반응들을 얼굴인식(facial expressions), 모션인식(HEAL Tracking: Head, Eye, Arm, Leg-Tracking) 데이터 처리를 통해 더욱 정확히 파악할 수 있는 키니식(행동)진술분석기술과 프로토콜 개발이 필요하다.

(2) 키니식(행동)진술분석기술과 프로토콜 개발이 필요한 기술들

생체신호 VR-HMD 수집데이터설계 및 분석모델개발기술: 생체신호정보(정량 뇌파(EEG), 피부전도반응(SCR, Skin Conductance Response))의 종류, 수집방법 개발, 정보의 특성 및 태깅방법개발, 데이터의 딥러닝 기반 인지, 정서, 성격분류기술 / 키니식(행동)패턴 데이터 설계 및 분석모델개발기술: 모션인식, 이미지 및 동영상 정보의 정의, 수집시나 리오개발, 키니식(행동)모델개발, 딥러닝이미지처리기술 / 음성패턴 데이터 설계 및 분석모델 개발기술: 피면담자의 감성과 감정상태파악 을 위한 음성모델개발기술 / 분석결과에 따른 피면담자의 성격유형 및 특성별 수사면담 및 신문질의문 시나리오 모델개발기술: 피면담자 성격유형 및 특성을 식별하기 위한 시나리오개발기술, 피면담자 성격유형 및 특성에 기반한 수사면담 및 신문질의문을 위한 시나리오개발기술 / 행동진술분석 기반 수사면담 및 신문질의문 시나리오 생성모델개발기술: 피면담자의 5가지 스트레스반응상태들 (분노, 우울, 부인, 협상, 수용), 음성, 키니식(행동)정보 등에 기반한 대답에 대한 수사면접관의 피드백 정보를 기반으로 그다음 질의문 후보들을 자동 생성 수사면담 및 신문질의문 평가 및 피드백 모델 개발기술, 시스템이 생성한 수사면담 및 신문질의문에 대해서 수사면담관이 평가하는 모델개발기술.

위의 모든 과정은 바이오정보와 인성 간의 과학적 인과관계에 대한 것과 키니식(행동)패턴과 피면담자의 진실성과 감정 상태에 대한 심리학적 모델을 기반으로 하며, 자동화 부분은 기계학습 및 딥러닝 인공지능기술(TensorFlow)이 활용되며, 경우에 따라 계층적 베이지언모델(Bayesian nonparametruc model) 기술을 사용하고자 한다. 다음 〈그림 16.6〉은 연구과제의 시스템 구성요소를 보여주고 있다.

그림 16.6 〉 연구과제의 시스템 구성요소(System Components of a Research Project)

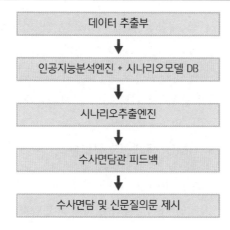

04 행동진술분석방법

(1) 키니식(행동)진술분석정보를 이용한 피면담자에 대한 분석

키니식(행동)진술분석정보를 이용한 피면담자에 대한 분석방법으로 피면담자의 5가지 스트레스반응상태들 분석, 피면담자의 성격유형별 분석, 피면담자의 VR-HMD 생체신호정보분석, 피면담자의 VR-HMD 키니식(행동)진술정보 분석, 시선-뇌파 정보 신호처리 VR Headset와 SCK 인터페이스를 사용한 피면담자의 인지와 감정상태분석 등으로 구성하여 측정하고자 한다.

(2) 피면담자의 5가지 스트레스반응상태들 분석

피면담자의 감정상태(스트레스반응상태), 즉 수사면담과 신문과정의 사건진술에서 나타나는 5가지 스트레스 반응상태들(분노, 우울, 부인, 협상, 수용)의 생리적·인지적·정서적·행동적 반응 데이터를 과정에서 수집하고, 이 정보를 토대로 인공지능(AI) 대화 플랫폼과 인공지능(AI) 분석 플랫폼을 사용하여 분석하고자 한다.

(3) 피면담자의 성격유형별분석

피면담자의 성격범주, 즉 내향성성격(정서지배성격)과 외향성성격(감각지배활동외향성, 논리지배비활동외향성, 자아지배활동외향성)의 생리적·인지적·정서적·행동적 반응데이터를 초기면담과정에서 수집하고, 이 정보를 토대로 인공지능(AI) 대화 플랫폼과 인공지능(AI) 분석 플랫폼을 사용하여 분석하고자 한다.

(4) 피면담자의 VR-HMD 생체신호정보분석

VR−HMD 생체신호정보는 Python 기반 자체 신호처리 및 통계분석을 통해 시선, 정량뇌파(QEEG), 움직임 데이터를 종합하여 피면담자의 주의, 집중력, 안정도, 좌뇌/우뇌 활성도, 좌뇌/우뇌 동기화, 시선 떨림 정도, 눈 깜박임 정도, 피부전도반응(SCR), 뇌의 다각성상태(hyperarousal state)와 저각성상태(hypoarousal state) 등에 기반한 데이터수집 및 분석을 하고자 한다.

(5) 피면담자의 VR-HMD 키니식(행동)진술정보분석

키니식(행동)진술분석정보는 피면담자의 미세얼굴인식(micro facial recognition), 모션인식(HEAL Tracking: Head, Eye, Arm, Leg−Tracking), 앉은 자세(태도), 세력권행동, 신체언어행동군(부적행동군, 수용 행동군, 사전 자백신체언어증상), 음성인식(음조, 음량, 음색, 음속) 등에 기반한 데이터수집 및 분석하고자 한다. 정보추출을 위한 시스템은 VR−HMD와 모니터영상 및 면담질문 등을 활용하며, 탐색질문을 통한 피면담자의 키니식(행동)진술분석정보를 수집한다. 또한, 정보는 생리적·인지적·정서적·행동적 자동화된 면담과정에서도 실시간으로 수집하고 분석한다.

(6) 시선-뇌파 정보 신호처리 VR Headset와 SCK 인터페이스를 사용한 피면담자의 인지와 감정상태분석

사용자의 인지와 감정의 반응상태를 시시각각 검증하고자 시선−뇌파 정보 신호처리 VR Headset과 SCK 인터페이스를 사용하여 사용자의 시선에 따른 캐릭터와의 눈맞춤(eye−contact)반응, 감정에 기반한 캐릭터의 반응, 사용자 캐릭터의 감정상태반응, 사용자의 인지와 감정상태에 따른 콘텐츠 흐름 변화반응을 측정하고자 한다.

피면담자의 키니식(행동)진술분석의 신빙성과 타당성 향상을 위한 시스템은 분석의 결과값에 따라 맞춤형 수사면담과 신문질의문을 자체 생성하고, 이때 완전 자율화된 수사면담과 신문이나 반자동 수사면담과 신문보조시스템으로서 기능한다.

피면담자의 VR-HMD 생체신호 및 키니식(행동)진술분석 기반 자동 생성 수사면담과 신문 시스템 플랫폼 개발에 관한 연구과제의 전체 개요도는 다음 〈그림 16.7〉과 같다.

그림 16.7 〉 연구 전체 개요도(The Whole Overview of This Study)

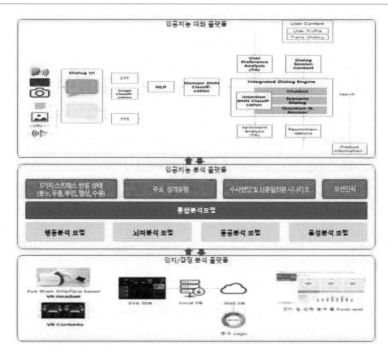

현재 조사실이나 취조실에 설취된 카메라영상녹화를 토대로 키니식(행동진술)분석기술 기반 진술내용의 진위가 의심되는 부분들에 대한 미세한 행동군의 변화를 탐색, 분석 및 정보제공을 통한 수사면담관의 수사면담 및 신문오류의 최

소화가 요구된다.

본 연구과제는 피면담자(용의자, 피의자, 피해자, 참고인)에 대한 VR−HMD 생체 신호 및 키니식(행동)진술 분석데이터를 기반으로 자동화된 수사면담 및 신문을 수행할 수 있는 기술적 플랫폼(platform)과 프로토타입(prototype)의 개발 및 상용화에 중점을 두고 있다. 즉, 현재 현장에서 사용되는 유도적, 피암시적, 강압적, 비구조적 수사면담 및 진술분석기술에서 VR−HMD 생체 신호 및 키니식(행동)진술분석 기반 인공지능(AI) 분석 플랫폼: 맞춤형 수사면담 및 신문질의응답 자체 생성 시스템 기반 구조적 키니식(행동)진술분석기술과 기만 탐지를 위한 자동화된 수사면담 시스템(Automated Interview System: AIS) 구현으로 탈각(脫殼)하고자 한다.

향후 가상현실(VR−HMD) 키니식(행동)진술분석기술은 피면담자(용의자, 피의자, 피해자, 참고인)의 사건 진술 관련 신빙성 정보 확보를 위한 수사면담과 신문서비스에 개입 활용의 다양한 기대효과가 높을 것이다.

첫째, 피면담자(용의자, 피의자, 피해자, 참고인) 행동진술의 습득 및 분석의 정확성과 신빙성을 높이고, 자동화로 발전하는 기반기술과 플랫폼을 통해 미래인공지능형(AI) 과학수사로 도약할 수 있다.

둘째, 피면담자 수사면담과 신문과정에서 흔히 보이는 5가지 스트레스 반응상태들(분노, 우울, 부인, 협상, 수용)을 초기면담과정에서 식별하고, 이에 따른 각각의 스트레스반응상태들에 관한 자동화된 가상현실(VR−HMD) 키니식(행동)진술분석기술과 수사면담 및 신문 프로토콜 개발을 통해 수사면담의 객관화와 표준화에 기여함으로써, 수사면담관의 수사면담결과 및 키니식(행동)진술분석결과의 신빙성과 타당성을 향상하는 데 기여할 수 있다.

셋째, 피면담자 수사면담과 신문과정에서 흔히 나타나는 주요 지배성격유형들, 즉 내향성성격(정서지배성격)과 외향성성격(감각지배활동외향성, 논리지배비활동외향성, 자아지배활동외향성)을 초기면담과정에서 식별하고, 이에 따른 각각의 주요 지배성격유형별에 관한 자동화된 가상현실(VR−HMD) 키니식(행동)진술분석 기술과 수사면담 및 신문 프로토콜 개발을 통해 수사면담의 객관화와 표준화에 기여함으로써, 수사면담관의 수사면담결과 및 키니식(행동)진술분석결과의 신빙성과 타당성을 향상하는 데 기여할 수 있다.

넷째, 보다 과학적인 수사신문기술의 전문성, 합리성, 정확성, 신뢰성, 윤리성을 확보하고, 표준화된 과학적·전문적·윤리적·합법적 키니식(행동)진술분석 프로토콜을 제공할 수 있다.

다섯째, 다양한 사건진술분석 및 감정노동서비스 현장(사건유형: 성폭력, 살인, 상해, 폭행치사, 사기, 절도, 교특법, 사문서위조, 뇌물수수 등; 분석대상자: 피해자, 피의자, 참고인(아동, 청소년, 지적장애인, 일반 성인 등)에 사건분석결과에 대한 법정증언서비스 및 컨설팅, 범죄 또는 사건현장 실사 몰입형 가상현실 4D 스캔 시각화 도구 등을 제공할 수 있다.

여섯째, 수사면담관의 개인적·내외적 간섭 영향을 억제 및 최소화할 수 있다. 즉, 수사면담과 신문의 모든 과정의 세부절차들을 표준화시키고, 수사면담관의 개인적·내외적 간섭 경험과 역량에 따른 주관적 해석, 편향, 왜곡, 부정, 의식, 선호, 투사, 전이, 역전이, 종교관, 윤리관 등이 미치는 부적 영향을 탐색하고 줄일 수 있다. 특히 수사면담관에 의한 강압적 유도신문과 피암시성의 가능성을 감소시킴으로써 중립적 관점을 유지할 수 있다.

일곱째, 구조화된 가상범죄현장에서의 아바타(가해자와 피해자)와 다중감각자극 반응들을 활용한 피해자와 피의자의 자유회상과 재인기억 강화, 즉 사건기억의 정확성을 증가시킬 수 있다.

여덟째, 범인인식절차에서 실행되는 용의자의 라인업(line-up)을 용의자 아바타를 활용한 가상현실(VR)과 가상환경(VE)에서도 구현하여 목격자의 진술에 관한 생리적·인지적·정서적·행동적 반응데이터 분석이 가능해짐으로써 목격자의 진술에 대한 신빙성 분석이 가능하게 된다.

아홉째, 시선-뇌 가상현실(VR-HMD) 생체신호분석은 성폭력피해 아동청소년과 장애인의 진술에 대한 저항, 회피, 부인을 낮춰주고, 기억진술 관련 정확성과 신빙성을 매순간 분석할 수 있어 기존 인지면담, 9단계 REID 신문기법, NICHD 프로토콜의 한계를 보완해줄 수 있다.

열째, 수사면담관, 진술분석전문가, 범죄심리전문가, 임상심리전문가, 상담심리전문가, 정신보건사회복지사 등은 설정된 가상범죄현장에서의 성폭력 피해아동청소년 아바타와 성폭력 가해자/피의자 아바타를 대상으로 다양한 맞춤형 수사면담 및 신문기술 등을 체계적으로 훈련할 수 있다.

위와 같은 많은 장점에도 불구하고, 본 연구는 충분한 연구비, 장기간, 고가장비, 공동연구자 등이 요구된다. 아울러 연구 설계, 개발, 평가 등의 시행착오를 통해 단계별로 완성해가야 한다.

본 연구를 통해 기존의 인지면담, 9단계 REID 신문기법, NICHD 면담조사 프로토콜의 한계점들을 해결하여 오심, 유죄오판, 부당판결의 요소 등을 최소화할 수 있을 것이다. 경찰오류(police error), 기소오류(prose cution error), 검찰증인오류(error by prosecution witn ess), 오류의 다양한 원인들(miscellaneous sources of e rror) 등의 오류군을 낮추어, 보다 과학적·전문적·윤리적·합법적인 수사면담과 신문기법으로써 피의자뿐만 아니라 성폭력 피해아동, 청소년 및 정신장애인 진술의 신빙성과 일관성 판단기준으로 활용되기를 기대한다.

향후 피면담자의 VR-HMD 생체신호와 키니식(행동)진술분석기술은 면담 및 신문교육 시뮬레이션을 사용함으로써 수사면담관이 손실방지, 위험관리, 사기수사 등에 대처할 수 있도록 조력할 것이다. 최근 국외에서 몰입형과 상호작용형 가상현실(VR) 면담과 신문 프로그램은 구체적인 맞춤형 가상면담과 신문 대상자들을 활용하여 수사면담관의 자기통제, 대처기술, 피면담자의 키니식(행동)진술 분석 등을 효과적으로 강화하도록 개발되고 있다. 가상현실(VR)의 가장 큰 이점은 참여자와 가상현실세계/환경 간에 몰입(주의, 집중)과 대화 관계를 형성함으로써 잠재의식기억을 의식인식(각성)상태로 끌어올릴 수 있는 것이다. 따라서 피면담자의 기만탐지를 위한 자동 수사면담과 신문시스템의 구현은 아동, 청소년, 성폭행피해자, 정신장애자 등에게 매우 효과적·효율적이고 유용한 도구가 될 것이다.

수사면담과 신문과정에서 수사면담관은 화려한 미사여구(美辭麗句)와 감언이설(甘言利說) 등과 같은 언변력(言辯力)이 필요치 않다. 피의자의 시인과 자백을 확보하는 데 있어 성공의 핵심비결은 항상 상대방을 공감적으로 이해(1. 인지적 공감, 2. 정서적 공감, 3. 행동적 공감)하려는 좋은 경청자이며, 피의자의 최소한의 인격과 자존심을 존중하려는 박애주의자이며, 피의자로부터 시인과 자백을 과학적·전문적·윤리적·합법적(scientific ally, professionally, ethically & legally)으로 받아내야 한다는 일반 상식(common sense)을 준수하는 정신심리조종사(mental & psychological pilot)이다.

열정적인 도전자만이 새로운 미래를 창조하고 리드할 수 있다. 우리는 새로운 긍정적 기술(positive techno logy)과 트렌드(trend)에 맞춰 진화해야 한다. 이것이 바로 4차/5차 산업혁명시대가 요구하는 가상현실(VR) 혁신이다! 따라서 시대적 부흥에 발맞추어 효과적인 경찰 수사면담과 신문기술 교육시스템 도입을 위해 경찰청 산하 폴리스 랩(Police Lab)에서 본 연구 "피면담자의 VR−HMD 생체신호와 키니식(행동)진술분석 기반 자동 수사면담 및 신문 시스템 플랫폼 개발"을 주관하여 경찰관의 수사면담 및 신문 교육시스템에 정책적으로 반영한다면, 대한민국 경찰의 명운(命運)을 지키고 신뢰를 회복하여 시민에게 한 발짝 더 다가갈 수 있을 것이다.

17장.

청소년의 폭력적인
VR 게임의 부정적 영향

청소년의 폭력적인
VR 게임의 부정적 영향

▼
01 청소년의 폭력적인 VR 비디오 게임 현황

현대인의 외로움 문제를 탐색하기 위해 TV조선과 성신여대 연구진이 다양한 연령대 217명을 상대로 미국 UCLA 대학이 만든 '외로움지수' 설문을 조사한 결과, 응답자 84명, 즉 10명 중 4명은 '외롭다'고 답했고, 10명에 1명은 '항상 혼자'라고 느끼면서 살고 있다. 외롭다고 느낀 사람들은 SNS에 등록된 친구가 평균 370명에 달했고, 이들 약 40%는 하루 5시간 이상 스마트폰을 하며, 여성이 남성보다 더 외롭고, 연령별로는 20대와 60대가 가장 외로움을 느끼는 것으로 나타났다(TV조선, 2019).

특히 청소년들도 10명 중 4명은 외로움을 느끼며 꽉 짜인 일상을 살아가고 있으며, 이러한 외로움에 대처하기 위해 흔히 스마트폰 게임, 인터넷 게임, 비디오 게임, 가상현실 게임 등에 노출되어 불안정한 회피애착(Insecure avoidant Attachment), 사회적 고립, 단절을 경험함으로써 좌절감, 분노, 적대감, 공격성, 무력감, 무감동, 불쾌감, 무망감, 우울증, 사회적 불안장애, 자살사고, 만성적인 외로움 등 정신적·정서적 장애 증상들을 증가시키며, 이는 막대한 사회적·경제적 손실비용을 초래한다.

최근 폭력적인 가상현실(VR) 비디오 게임은 어린이와 청소년에게 가장 인기 있는 오락 활동 중 하나이다. 폭력적인 비디오 게임은 비도덕적 행동(immoral behavior)을 보상해주기 때문에(예, 차를 훔치거나 캐릭터를 죽이기) 플레이어(player)이나 게이머(gamer)가 부도덕한 행동이 "별일 아니다(no big deal)"라고 믿게 만들 수도 있다. 이러한 도덕적 이탈신념(moral disengagement beliefs)은 게임 종료 후에도 지속적인 공격성을 증가시키므로 가상세계(virtual world)에서 현실세계(real world)로 "피를 흘리게(bleed over)"할 수도 있다. 아울러 폭력적인 비디오 게임 사용의 부정적 영향은 후기 청소년들(late adolescents)보다 초기 청소년들(early adolescents)에게 더 크게 나타난다(Teng et al, 2019).

게임이 처음 등장할 때부터 경제적 측면과 함께 언급되었던 것이 과도한 게임 이용에 따른 청소년의 사회적 문제의 발생 가능성에 대한 것이며, 이와 함께 거론되는 것이 현실세계(real world)에서의 청소년들의 폭력성문제이다. 학자들 간의 인과적 요인에 관한 찬반논리가 존재하고 있어, 향후 청소년들을 정신적·정서적 건강과 행복을 위한 검증된 순기능적인 가상현실 게임콘텐츠모델의 연구개발 및 소개가 요망된다.

▼
02 가상현실(Virtual Reality)의 이해

가상현실(Virtual Reality: VR)이라는 용어의 탄생은 1989년 Jaron Lanier에 의해 처음 고안됐으며, 과학수사(forensics), 의료, 물리치료, 외상 후 스트레스(PTSD) 치료, 쇼핑, 교육, 조종훈련, 오락, 게임, 영화, 건축, 관광, 역사, 문화, 미술, 음악 등(Blascovish & Bailenson, 2012)에 포괄적으로 활용되고 있으며, 최근 증강현실(Augmented Reality: AR)과 혼합현실(Mixed Reality: MR)로 진화하고 있다. 가상현실(VR)은 "세상을 바꾸고" "우리가 살고, 놀고, 배우는 방식에 혁신"을 일으킬 것이다(Stein, 2015).

아리스토텔레스와 플라톤은 모두 어떻게 인류가 가상공간(virtual space)을 활용하고 우리의 현실(reality)의 복제를 할 수 있는지를 고심했다.[1] 가상(virtual)은 레크리에이션(recreation)이 아닌 창작행위이다(Langer, 1950). 가상현실(VR)은 경험 자체를 관찰하는 기술이며, 자신의 의식을 순수한 형태로 느낄 수 있다. 반면에, 혼합현실(MR)은 현실세계(real world)를 보고 듣고 느끼는 동시에 구현된 가상인물이나 사물을 보고 듣고 느낄 수 있도록 설계된다(Lanier, 2017; 노승영, 2018).

---

1 출처: An analysis of both their views see de Souzae Silva & Sutko, 02/2011.

Milgram 등(1995)에 따르면, 혼합현실(MR)은 헤드 마운트디스플레이(Head Mounted Display: HMD)에 나타나는 다양한 유형의 디지털표현들(Digital Representations)로 설명하는 개념으로 "현실세계(Real World)와 가상세계사물(Virtual World Objects)이 하나의 환경으로 단일 디스플레이에서 함께 제시되는 것"으로 정의한다. 즉, 현실환경(Real Environment: RE)으로부터의 증강현실(AR)과 가상환경(Virtual Environment, VE)으로부터의 증강가상(Augmented Virtuality, AV)이 융합하여 구현되는 것이 혼합현실(MR)이다. 다음 〈표 17.1〉은 현실과 가상 연속체(The Reality—Virtuality Continuum)를 제시하고 있다.

표 17.1 〉 현실과 가상 연속체(The Reality—Virtuality Continuum)

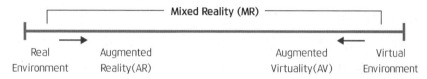

출처: Milgram et al., 1995, p. 283.

▼ 03 가상현실(VR) 미디어 생태계

가상현실(VR)에 관한 미디어 생태계는 일부 과학기술(technology)을 사용하는 다양한 산업들로 인해서 복잡한 양상을 띤다. 5가지 방식으로 가상현실(VR) 사용자의 커뮤니티에 제공하기 위해 상호 연결된 구체적인 미디어 세트가 등장했다(Foxman, 2018).

첫째, 가상현실(VR)의 개념은 더욱 폭넓게 고안하는 국내외보급의 네트워크로 기능한다. 미디어는 가상현실(VR)을 단지 하나 또는 여러 산업의 일부분이 아닌 전체론적 개념으로 구체화한다.

둘째, 미디어 실체(media entities)는 가상현실(VR)의 미래를 추측한다. 미디어 실체(media entities)는 현재 가상현실(VR)이 무엇인지를 비판적으로 평가하는 것이 아니라 무엇이 될 것인지를 평가한다. 이는 가상현실(VR)을 미래지향적인 기술뿐만 아니라 디지털 문화(digital culture)와 혁신(innovation)과 관련된 어느 정도의 테크노낙천론(techno-optimism)으로 간주한다. Rushkoff(2002)는 이 문화의 신자유주의 인공두뇌학의 기원(neoliberal cybernetic origins)을 7가지 관점으로 정의한다. 기술(technology)은 인간 본성의 가장 좋은 면을 반영하고, 의사소통을 개선하고, 사회를 민주화하고, 진보적이며, 의외의 긍정적인 영향을 미치고, 효율성과 소비자 선택을 향상하고, 오래된 기술로 인한 문제를 해결한다.

셋째, 시스템(system)은 가상현실(VR) 콘텐츠를 만들기 위해 구체적인 명령 방식을 지시한다. 다양한 자원을 전문가, 예술가, 초보자 모두에게 콘텐츠 제작에 입문할 수 있도록 비교적 낮은 장벽으로 허용하고 높은 장비 비용을 경감시키는 실제 교육을 제공한다.

넷째, 미디어콘텐츠(media outlets)는 기술에 관련한 대화를 위해 공개적·반공개적인 포럼을 제공한다. 지식(knowledge)은 직접적인 교환(in-person exchanges)을 통하는 만큼 정보공유(information sharing)를 통해 전달된다. 결과적으로 많은 초보 개발자들(novice developers)은 교육자료, 기술에 관한 논문, 그리고 그것의 한계에 대한 질문에 답하는 온라인 그룹을 통해 기술을 배운다.

마지막으로, 지역 사회와 하드웨어 제조사 내 사용자의 작업과 관점을 통합하는 범위는 대부분 더 넓은 "기술(Tech)"과 게임산업들의 일원들을 포함한다. 이러한 산업들은 블로그 게시물(blog posts)과 사용 지침 프로그램(tutorials)의 형태로 중요한 정보를 전송한다. 대중이 혁신의 대부분 처음 노출되는 것은 미디어보도(media release)를 통해 이루어진다. 이는 배고픈 공동체를 지속해서 충족시켜주며 만남(meetups)과 온라인(online)에서 이루어지는 주간 토론의 핵심 내용이다.

▼ 04 가상현실(VR) 게임문화

게임문화의 소비는 창조적·향유적 문화콘텐츠산업에 있어서 매우 긍정적 문화산업발전에 이바지한다. 문화콘텐츠에서 콘텐츠란 "말이나 문장 또는 여러 종류의 예술 작품과 같이 어떤 매체를 통해서 표현되는 내용"이며, "문자, 영상,

소리 등의 정보를 제작하고 가공해서 소비자에게 전달하는 정보상품"을 의미한다(김기덕, 신광철, 2013).

이러한 문화콘텐츠산업은 고부가가치산업으로 드러나고 있으며, 특히 비디오 게임(Video Game)과 가상현실(VR) 게임산업이 5차 산업혁명 융합기술에 발맞추어 발전하고 있다. 현재 비디오(Video) 게임은 우리의 문화콘텐츠산업에서 새로운 게임 영역으로 자리를 잡고 있으며, 더욱 발전하고 진화하고 있는 게임모델인 가상현실(VR) 게임이 새로운 게임문화로서 청소년의 일상생활과 게임문화콘텐츠산업에 지대한 영향을 주고 있다. 현재 이러한 시대적 부흥에 따라, 우리나라를 비롯한 선진국들은 세계시장의 비디오(Video)와 가상현실(VR) 게임문화콘텐츠산업에 많은 투자와 노력을 기울이고 있다.

▼
05 청소년의 폭력적인 VR 비디오 게임 사용의 부정적 영향

1999년 콜로라도주 리틀턴의 컬럼바인 고등학교에서 총격을 가한 후에야 그들의 부정적 영향에 대한 우려가 매우 강하게 제기되었다(Garbarino & Bedard, 2001). 이 사건은 총잡이인 Dylan Klebold(17세)와 Eric Harris(18세)가 폭력적이고 공격적인 게임인 Doom™의 열렬한 플레이어였기 때문에 더 많은 논쟁을 불러일으켰다. 그들은 심지어 이 특정 게임을 그들 자신의 수정판(modified version)으로 만들기까지 했다고 보도되었다. 그들은 나중에 그들의 학교에서 대량학살을 하는 동안 다시 재연했다. Dylan Klebold(17세)와 Eric Harris(18세) 두 학생이 학교에 총을 들고 와 900여 발의 실탄을 난사하면서 13명을 살해하고 21명은 상처를 입혔다. 살해 당한 13명 중 12명은 학생, 1명은 교사였다. 사건을 일으킨 후 Dylan Klebold(17세)와 Eric Harris(18세)는 출동한 경찰들과 총격전을 벌이다가 도서관에서 끝내 비극적인 자살을 선택하였다(Hubbard, 1999).

폭력적인 VR 비디오 게임 내용은 흔히 폭력적이고, 플레이어가 게임을 진행하기 위해 "적(enemies)"에게 상처를 입히거나 죽이는 행동을 반복적으로 요구한다. 이러한 내용은 종종 콘솔(console)과 개인용컴퓨터(personal computer)의 신속하고 지속적인 기술 진화로 인해 매우 사실적으로 표현된다(Milani et al., 2015).

폭력적인 VR 비디오 게임의 습관적인 사용은 어린이와 청소년들의 공격적인 사고와 행동과 인과관계를 보인다. 폭력적인 가상현실(VR) 비디오 게임은 실험연구에서 일반적으로 진행되는 공격성의 측정(예: 다른 참가자에게 시끄러운 소리를 내는 것)뿐만 아니라 반사회적·비행적 행동과 같은 보다 심각한 공격성의 형태와도 상관관계를 보인다(DeLisi, Vaughn, Gentile, Anderson, & Shook, 2013). 또한, 최근의 연구는 폭력적인 비디오 게임에 대한 선호도가 일상생활에서 가학성(sadism)의 측정과 관련이 있다는 것을 보여준다(Greitemeyer, 2015).

Anderson 등(2010)은 다양한 136개 연구들(총 N=130,534)의 메타분석결과, VR 비디오 게임에서의 폭력에 대한 노출은 전반적으로 공격적 행동(aggressive behavior), 공격적 인지(aggressive cognition), 생리적 각성(physiological arousal) 등과 긍정적인 관련이 있으며, 공감(empathy)과 친사회적인 행동(prosocial behavior) 등과는 부정적인 관련이 있음을 검증했다. Greitemeyer와 Mügge(2014)의 최근 메타분석결과를 토대로 이러한 결과를 재확인하였으며, 폭력적인 VR 비디오 게임은 공격성(aggression)을 높이고 친사회적인 행동(prosocial behavior)을 감소시키는 반면, 친사회적 가상현실(VR) 비디오 게임은 친사회적인 결과(prosocial outcomes)를 촉진한다는 것을 제기했다.

연구문헌에 따르면, 폭력적인 가상현실(VR) 비디오 게임을 사용하는 것이 청소년들에게 공격적 인지(aggressive cognition)와 공격적 행동(aggressive behaviors)을 발전시킬 위험을 증가시킨다(Milani et al., 2015). Milani 등(2015)은 폭력적인 가상현실(VR) 비디오 게임에 노출되는 것이 이탈리아 어린이들의 표본에서 공격성의 문제와 관련이 있는지를 검증하기 위해, 북이탈리아의 초등학교와 중등학교에 다니는 7세에서 14세 사이의 346명의 어린이에게 4개의 설문지를 실시했다. 즉, 측정된 변수는 외적 표출화(externalization), 대인관계의 질(quality of interpersonal relationships), 공격성(aggression), 대처전략의 질(quality of coping strategies), 부모의 스트레스(parental stress) 등이었다. 폭력게임을 선호하는 참가자들은 외적 표출화(externalization)와 공격성(aggression)에서 더 높은 점수를 보여주었다. 폭력적인 VR 비디오 게임 사용과 연령은 더 높은 수준의 공격성(aggression), 대처전략(coping strategies), 그리고 참가자들의 습관적인 비디오 게임 주간 소비시간과 연관되었다. 연구결과 폭력적인 가상현실(VR) 비디오 게임의 역할이 어린 시절과 초기 청소년기의 공격적 행동과 외적 표출화(externalization)문제의 위험 요인들임을 확인했다(Milani et al., 2015).

06 국내외 청소년의 VR 게임 소개

최근 국내외에서 주목받고 활발히 사용되고 있는 다양한 청소년의 VR 게임들에 관해 소개하고자 한다. VR 플랫폼 대표주자 스팀이 2018년 탑셀러 타이틀 100개를 공개했다. 플레티넘과 골드타이틀이 12종, 실버 16종, 브론즈 60종 등으로 분류하여 소개했다(안일 범, 2018). 플래티넘타이틀로 "비트세이버", "VR 카노조", "스카이 림 VR", "폴아웃 VR", "파블로프" 등 새로운 VR 게임들이 선보였다. 다음 〈그림 17.1〉은 최신 플레티넘 VR 게임 유형들을 보여주고 있다.

그림 17.1 〉 최신 플레티넘 VR 게임 유형들

출처: 경향게임스(http://www.khgames.co.kr), 2018.12.18.

골드타이틀로는 "둠 VFR", "틸트 브러쉬", "아이 익스펙트 유 다 이", "스플린트 백터", "릭앤 모티 VR" 등 최신 VR 게임들을 선보였다. 다음 〈그림 17.2〉는 최신 골드 VR 게임 유형들을 보여주고 있다.

그림 17.2 〉 최신 골드 VR 게임 유형들

출처: 경향게임스(http://www.khgames.co.kr), 2018.12.18.

　실버타이틀로는 "리치즈 플랭크 익스피리언스", "시리어스 샘", '"프루츠 닌자", "크리드", "블레이드 앤 소서리" 등을 선보였다. 다음 〈그림 17.3〉은 최신 실버 VR 게임 유형들을 보여주고 있다.

그림 17.3 〉 최신 실버 VR 게임 유형들

출처: 경향게임스(http://www.khgames.co.kr), 2018.12.18.

브론즈타이틀로는 "어카운팅＋", "투게더 VR", "퀴버", "쓰릴 오브 더 파이터" 등이 주목받고 있는 최신 출시된 게임들이다. 특히 "어카운팅＋"는 무료로 출시됐으며, 유로 업데이트를 제공하는 방식으로 출시됐다. '투게더 VR'은 콘텐츠 분량이 많지 않으나 캐릭터 모델링 하나로 매출을 끌어 올린 점이 장기적 생존력의 핵심요소이다.

가상현실(VR) 선도기업 모션테크놀로지(Motion technologies) 부산 벡스코에서 열리는 국내 최대 게임쇼 '지스타 2018(G-Star 2018)'에 참가해 신작 VR 슈팅 "블랙배지제로"를 출품했다(정재훈, 2018). 다음 〈그림 17.4〉는 VR 슈팅 블랙배지제로 게임을 보여주고 있다.

그림 17.4 〉 VR 슈팅 블랙배지제로 게임

출처: 모션테크놀로지, 2018

드래곤플라이는 프랑스 깐느에서 열리는 'MIPTV 2018' 행사에 참여해 "스페셜포스 VR" 신작을 선보였다(윤홍만, 2018). 다음 〈그림 17.5〉는 스페셜포스 VR 게임을 소개하고 있다.

그림 17.5) 스페셜포스 VR 게임

출처: 드래곤플라이, 20

07 폭력적인 VR 비디오 게임 사용에 따른 청소년의 공격성 영향

비록 많은 폭력적인 게임들의 영향이 폭력적인 텔레비전의 영향을 반영한다고 할지라도(Anderson et al., 2003), 폭력적인 비디오 게임들이 폭력적인 텔레비전 프로그램보다 공격성에 더 강한 영향을 미친다는 의견에는 적어도 세 가지 이유가 존재한다(Whitaker & Bushman, 2009).

첫째, 비디오 게임 플레이는 능동적인 과정이지만, TV 시청은 수동적이다. 사람들은 흔히 적극적으로 참여했을 때 더 잘 배운다(Gerald, 1999). 예를 들어, 어떤 사람이 비행기를 조종하는 기술을 배우고 싶어 한다고 가정해보자. 책을 읽는 것, 텔레비전 프로그램을 보는 것, 또는 비디오 게임 비행 시뮬레이터(video game flight simulator)를 사용하는 것 중 어느 것을 더 선호할까?

둘째, 폭력적인 비디오 게임을 하는 사람들은 폭력적인 캐릭터와 동일시할 가능성이 더 크게 나타난다(Anderson & Dill, 2000). 만약 게임이 1인칭 슈터라면, 플레이어는 킬러와 같은 시각적 관점(same visual perspective)을 가지고 있다. 만약 게임이 3인칭 슈터라면, 플레이어는 좀 더 먼 시각적 관점에서 폭력적인 캐릭터의 행동을 통제한다. 어느 경우든 플레이어는 폭력적인 캐릭터와 직접적으로 연결되지만, 폭력적인 텔레비전 프로그램 시청자들은 폭력적인 캐릭터와 동일시할 수도 있고 하지 않을 수도 있다(Whitaker & Bushman, 2009).

셋째, 폭력게임은 점수를 매기거나 플레이어가 다음 게임 레벨로 진출할 수 있도록 하는 등 폭력적인 행동을 보상한다. 일부 게임에서는 플레이어들이 총으로 적을 죽인 후 "나이스 샷!(nice shot!)"이라는 말을 듣는 등 언어적인 칭찬(verbal praise)을 통해 보상을 받는다. 보상행동이 그 빈도를 증가시킨다는 것은 잘 알려져 있다(Bozza, 2007). (고용주가 돈을 지급하여 보상하지 않으면 사람들은 직장에 갈 것인가?) 텔레비전 프로그램에서는 보상이 시청자의 행동과 직접적인 관련이 없다. 경험하는 모든 보상은 "착한 남자(good guys)"가 이기는 것을 보는 것과 같은 간접적으로 반영된다. 한 임상연구에서 폭력적인 게임을 하는 것이 수동적으로 게임을 하는 것을 보는 것보다 더 강한 영향을 미친다는 첫 번째 증거를 제시했다(Polman et al. 2008). 이 연구에서 어떤 참가자들은 폭력적인 게임을 하지만, 다른 참가자들은 게임을 하는 것을 지켜보았다. 공격성에 대한 영향은 다른 사람들이 게임을 하는 것을 보는 소년들보다 비디오 게임을 하는 소년들에게 더 높게 나타났다(Polman et al. 2008).

(1) 공격적인 행동, 사고 그리고 정서

폭력적인 VR 비디오 게임에 대한 대중의 주된 걱정 중 하나는 플레이어들이 VR 비디오 게임(Virtual Video Games)에 노출되면 어떤 행동유형을 보일지에 대한 두려움이다(Vessey & Lee, 2000). 연구검증은 단기적·장기적인 노출 모두 공격적인 행동의 증가를 제기하고 있다(Anderson & Dill, 2000). 실험연구들은 폭력게임을 하는 것이 플레이어들에게 더 공격적인 행동을 유발한다는 것을 보여주고 있다(Anderson & Bushman, 2002). 이러한 실험연구는 전형적으로 공격성을 측정하기 전에 비교적 짧은 시간(보통 약 15~30분) 동안 참가자들을 폭력게임에 노출시킨다(Anderson et al., 2004). 일반적으로 공격성은 참가자들이 헤드폰을 통해 큰 소음을 들으면서 한 배우에게 폭언할 수 있게 함으로써 측정된다(Anderson & Dill,

2000). 폭력적인 비디오 게임을 하는 사람들은 비폭력적인 비디오 게임을 하는 사람들보다 상대에게 더 장시간 더 큰 소리로 공격한다(Bartholow & Anderson, 2001). 종적 연구들은 교사들과의 논쟁의 수가 더 증가하고 더 빈번한 몸싸움을 한다는 높은 공격성의 실제 사례들을 보여준다(Gentile et al., 2004).

폭력적인 비디오 게임을 하는 것은 공격적 행동을 증가시키는 것뿐만 아니라 공격적 사고(aggressive thoughts)를 증가시킬 수 있다(Calvert & Tan, 1994). 폭력적인 비디오 게임을 한 후에 사람들은 더 공격적인 생각을 나열하고 모호한 이야기들을 더 적대적 방법으로 해석하는 경향이 있다(Calvert & Tan, 1994). 사실상 플레이어가 가상현실(VR) 비디오 게임에 노출되면 더 공격적 방식으로 많은 다른 상황들을 해석할 수 있다. 이러한 효과를 적대적 귀인편향(hostile attribution bias)이라 한다(Krahé & Möller, 2004).

아울러 폭력적인 비디오 게임을 하는 것은 플레이어들에게 공격적 감정(aggressive feelings)을 증가시킬 수 있다(Anderson & Ford, 1986). 폭력적인 게임을 한 후에 사람들은 더 불안하고 적대감을 느낀다고 보고한다(Ballard & Wiest, 1996). 폭력적인 비디오 게임을 하는 것은 더 적대적·공격적 성격의 발달로 이어질 수 있다는 것을 시사하는 경험적 연구도 있다(Anderson et al., 2003).

(2) 생리적인 각성(Physiological Arousal)

폭력적인 비디오 게임의 영향은 공격적인 생각, 감정, 행동 등에서 분명하게 나타날 뿐만 아니라, 게임을 하는 동안 생리적인 변화도 일어날 수 있다(Anderson & Bushman, 2001). 폭력적인 비디오 게임에 노출되면 심박수 증가(Barlett et al., 2008), 피부전도율 증가 등 수많은 신체 변화가 발생한다(Arriaga et al., 2006).

이러한 생리적 각성은 차후 플레이어가 관련 없는 사건(예: 동료로부터 놀리는 발언을 견디는 것)에 대한 가벼운 특정 정서(예: 분노)를 해석하는 방법에 영향을 줄 수 있다(Zillman et al., 1981). 이 해석은 폭력게임에 의해 자극된 정서반응(emotional response)의 일부가 분노유발상황에 대해 오귀인(misattributed)[2]되어 있기에 플레

---

2 관찰된 행동의 결과에 대한 원인을 잘못 판단하는 것.

이어가 그 정서를 다른 것보다 더 심각하게 느끼게 할 수 있는데, 이러한 과정을 흥분전이(excitation transfer)라고 일컫는다(Bryant & Zillmann, 1979). 이 흥분전이(excitation transfer)는 플레이어가 평소에는 행동을 취하지 않을 수 있는 상황에서도 높은 각성상태로 인해보다 더 공격적으로 행동하게 할 수 있다(Zillman et al., 1981).

폭력적인 VR 비디오 게임은 흔히 심장수와 혈압을 상승시키는 것과 같이 플레이어의 생리적 각성(physiological arousal)을 증가시키는 액션이 많은 연속물(action packed sequences)을 포함한다(Arriaga et al., 2006). 폭력적인 내용에 노출됨으로써 야기되는 높은 각성은 한 개인의 지배적인 반응경향(dominant response tendency), 즉 그/그녀가 가장 행동하고 싶어 하는 것을 단기적으로 실행할 가능성을 증가시킨다(Geen & O'Neal, 1969). 이런 방식으로 선천적으로 공격적 성향(aggressive tendencies)을 지닌 플레이어는 폭력적인 내용을 관찰하는 것만으로도 흥분하며 훨씬 더 공격적으로 행동할 것이다(Geen & O'Neal, 1969).

플레이어는 공격적인 행동에 영향을 미치는 데 필요한 생리적 각성(physiological arousal)의 자극을 위해 공격적인 경향(aggressive tendencies)을 가질 필요는 없다(Zillman et al., 1981). 위에서 언급한 바와 같이, 사람은 흥분전이(excitation transfer) 과정을 통해 무관한 분노유발상황에 대해 높은 각성을 오귀인할 수 있다(Arriaga et al., 2006). 이러한 잘못된 결론 때문에, 플레이어는 더욱 공격적 행동을 할 수 있다(Whitaker & Bushman, 2009).

(3) 친사회적인 행동(Prosocial Behavior)

"친사회적인 행동(Prosocial Behavior)"은 다른 개인이나 사람들의 집단을 돕거나 이익을 주기 위한 자발적인 행동을 말한다(Eisenberg & Mussen, 1989). 이는 다른 사람에게 신체적인 조력(physical aid)을 주는 것, 자선단체에 돈을 기부하는 것, 장난감들을 나눠주는 것, 그리고 다른 비슷한 활동들을 포함한다. 폭력적인 비디오 게임을 하는 것과 친사회적인 행동(Prosocial Behavior)을 보여주는 것 간에 부정적인 관계가 존재한다. 즉, 플레이어들이 폭력적인 비디오 게임에 노출되면 다른 사람을 돕는 활동 가능성이 줄어든다(Sheese & Graziano, 2005).

예를 들어, 한 연구에서 폭력적인 게임 플레이어는 비폭력적인 게임 플레이어보다 폭력피해자(violent victim)를 돕는 데 있어 더 느리게 반응하였다(Bushman & Anderson, 2009). 따라서 폭력적인 비디오 게임은 공격적인 사고, 공격적인 감정, 공격적인 행동, 생리적인 각성을 증가시키고 친사회적인 행동을 감소시키는 것으로 나타났다.[3]

(4) 점화(Priming)

신경과학자들과 인지심리학자들 등에 의해 실시된 연구에 따르면, 인간의 기억은 수많은 행동 각본(behavioral scripts)을 보유하는 것 외에도 많은 신경 "노드(nodes)"와 "링크(links)" 등 같은 하나의 거대한 연관 네트워크(associative network)로 구성되어 있음을 시사한다(Moskowitz, 2004). 각 노드는 빨간색은 어떤 것인지, 분노는 어떤 느낌인지 등과 같은 개념을 나타낸다. 개념 간의 연관성은 링크로 표시된다. 예를 들어, 빨간색과 분노의 개념 간의 연관성은 빨간색을 화난 느낌과 관련시킬 수 있다. 이런 방식으로 사고, 감정, 행동 경향과 각본(script)은 모두 기억에서 서로 연결된다(Moskowitz, 2004).

한 자극에 대한 노출은 기억에서 "개념(concepts)"이나 "노드(nodes)"를 활성화할 수 있다. 이러한 활성화는 연결된 노드에 링크를 따라 촉진하며 관련 개념을 활성화한다(Moskowitz, 2004). 이 과정을 점화(priming)라고 한다(Fiske & Taylor, 1984). 점화(priming)는 미묘하게도 사람이 흔히 알지 못하는 사이에 발생한다(Bargh & Pietromonaco, 1982). 이러한 특정 노드가 활성화되기 때문에 사람은 그러한 노드와 관련된 특정한 사고, 정서, 행동 등을 좀 더 경험할 가능성이 크다(Moskowitz, 2004). 가상현실(VR) 비디오 게임을 하는 동안 플레이어는 무기와 폭력행위(violent acts)를 포함한 여러 가지 다른 자극에 노출된다. 이러한 노출은 결국 다른 공격적인 각본(scripts)과 개념(concepts)의 활성화로 이어질 수 있으며, 그 후에 플레이어를 더 공격적으로 생각하고, 느끼고, 행동하도록 촉진한다(Moskowitz, 2004).

연극이나 영화에서, 각본(Scripts)은 배우나 여배우에게 무엇을 말하고 행동해

---

3 참조: Anderson & Bushman, supra note 34, at 353–59 (providing a comprehensive review of the various negative effects that violent video games produce for those who play them).

야 하는지를 제공한다. 유사하게, 심리학에서는 각본(Scripts)은 상황을 정의하고 행동을 안내한다. 즉, 사람은 상황에 해당하는 각본(Scripts)을 먼저 선택한 다음 각본(Scripts)에서 역할을 가정한다. 한 예로 레스토랑 각본(Scripts)(즉, 레스토랑에 들어가기, 테이블로 가기, 메뉴를 보기, 음식을 주문하기, 음식 먹기, 음식값 내기, 팁 남기기, 레스토랑 나가기 등)이다. 사람은 각기 다른 상황에서 어떻게 행동을 해야 할지를 결정하는 많은 각본(Scripts)을 가지고 있다. 각각의 상황에서, 사람은 먼저 그 상황에 해당하는 각본(Scripts)을 기억에서 선택하고 그 각본(Script)을 행동의 지침으로 받아들이거나 거부한다. 각본(Scripts)은 비디오 게임에서의 각본(시나리오)과 같은 미디어 인물을 포함하며, 다른 사람들을 관찰함으로써 직접적인 경험이나 보다 간접적인 방법을 통해 학습될 수 있다(Abelson, 1981).

점화(priming)의 한 유명한 예를 무기효과(weapons effect)라고 일컫는데, 여기서 무기를 보는 것만으로도 공격적인 사고와 행동을 증가시킬 수 있다(Berkowitz & Lepage, 1967)는 것이다. 확실히 이 과정은 많은 무기를 사용하고 있는 가상현실 폭력적인 비디오 게임들을 할 때 유효하게 나타난다(Whitaker & Bushman, 2009).

(5) 둔감화(Desensitization)

폭력적인 VR 비디오 게임에 반복적으로 노출되면 플레이어는 묘사된 폭력적 행동에 덜 영향을 받게 될 수 있다. 이러한 특정한 자연적인 정서적·생리적 반응의 습관화를 둔감화(desensitization)라고 한다(Funk, 2005). 플레이어가 자신 스스로 보이고 행동하는 모습이 처음에는 당황스러울 수도 있지만(다른 인물을 죽이는 것 등), 반복적인 관찰과 경험 후에 점진적으로 더 정상적인 것처럼 보이기 시작한다. 부정적인 인지적·정서적 반응은 플레이어가 처음에 습관화되었다고 느낄 수도 있지만, 그/그녀는 이제는 더 이상 그러한 행동으로 인해 방해를 받지 않는다. 이러한 정서적 습관화(emotional habituation)는 결국 플레이어가 다른 폭력적 행동을 목격하고, 계획하고, 수행할 때 그 어떤 부정적인 영향을 더 이상 느끼지 못하도록 중단한다(Funk, 2005).

이러한 둔감화(desensitization)는 폭력적인 내용에 대한 생리적 반응으로도 나타난다(Funk, 2005). 위에서 언급했듯이, 폭력적인 가상현실(VR) 비디오 게임을 하는 것은 심박수, 피부전도율, 혈압 등을 높여 생리적 각성을 증가시킨다(Funk, 2005). 그러나 폭력적인 VR 비디오 게임에 반복적으로 노출되면 이러한 생리적 변화 (physiological changes)가 둔감화될 수 있으며 더 이상 일어나지 않을 수도 있다 (Carnagey et al., 2007).

한 신경학적 연구는 폭력적인 게임 플레이어가 자극으로 부정적인 영향을 받는 것과 관련해 특정 뇌파가 감소를 한다는 것을 검증했다(Bartholow et al., 2006). 이 감소된 뇌 반응은 이후 공격적 행동과 연관되며, 가상현실 폭력적인 비디오 게임을 하는 것과 관련된 생리적·정서적 둔감화의 신경학적 기초(neurological basis)를 제시하였다(Bartholow et al., 2006).

▼
08 VR 활용한 새로운 범죄예방과 치료 방안

스페인 바르셀로나대에서 Seinfeld 등(2018)에 의해 진행한 최근 연구 "Offenders become the victim in virtual reality: impact of changing perspective in domestic violence"에서는 공격적 행동을 예방하는 데 공감(empathy)과 조망수용 (perspective‑taking)4 향상에 중점을 두고, 몰입형 가상현실(VR)을 활용해 가정폭력 가해자가 가정폭력피해자의 몸 안에 들어가 더욱 주의와 몰입할 수 있도록 구현하기 위해 전신소유환상(full body ownership illusion)을 유도했다.

남성 가정폭력가해자(male domestic violence offender)를 실험 집단으로, 폭력 전과가 없는 남성 참가자를 통제집단으로 구성하여 1인칭 관점에서 가상학대장면을 경험하게 했다. 가상현실만남을 하는 동안 참가자의 실제 몸은 자신의 실제 움직임과 동시에 움직이는 실물 크기의 가상의 여성 몸으로 대체된다. 가상현실 경험 전후로 참가자의 정서인식기술(emotion recognition skills)을 평가했다.

연구결과 가정폭력가해자집단은 통제집단보다 여성의 두려운 얼굴을 행복한 얼굴로 분류하는 편향을 보임으로써, 여성의 두려운 얼굴표정에 관한 인식능력

---

4 조망수용(perspective‑taking)이란 자신이 보고, 듣고, 생각하고, 느낀 바가 타인과 다를 수 있음을 인식하고 수용하여 타인의 상태와 입장에서 이해할 수 있 는 능력(피아제, 1973).

이 현저히 낮게 나타났다. 가상의 여성피해자로 구현된 후, 가해자들은 두려워하는 여성의 얼굴표정을 인식하는 능력이 향상되었고, 두려운 얼굴을 행복한 얼굴로 인식하던 편향도 감소했다. 따라서 본 검증연구는 몰입형 VR을 통한 공격적 사람의 관점 변화에 있어 정서인식(emotion recognition)과 특정한 형태의 공격적 행동의 근원이 되는 사고 등과 같은 사회지각과정(socioperceptual processes)을 수정할 수 있다는 데 의미가 있다.

구체적으로 구현된 가정폭력 가상현실환경(VRE)에서 참가자는 가정폭력피해자의 입장에서 가해자의 폭언과 폭행을 가상환경(VE)에서 경험함으로써 피해자에 대한 공감능력(인지적 공감, 정서적 공감)을 높일 수 있다. 즉, 가정폭력가해자가 가상현실(VR)에서 피해자가 된 경우, 가정폭력에 대한 관점 변화에 영향을 미친다. 다음 〈그림 17.6〉은 가정폭력가해자가 피해자에 대한 공감능력 향상을 위한 몰입형 가상현실(VR) 시나리오 구성 내용을 소개하고 있다. (a) 참가자는 거울 속의 자신의 여성가상 몸(female virtual body)을 본다. (b) 참가자는 1인칭 관점에

그림 17.6 〉 가정폭력가해자가 피해자에 대한 공감능력 향상을 위한 몰입형 가상현실(VR) 시나리오 내용 구성

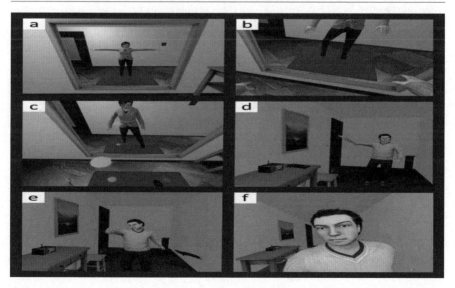

출처: Seinfeld, S. et al. Offenders become the victim in virtual reality: impact of changing perspective in domestic violence. Scientific Reports Volume 8, Article number: 2692, 2018.

서 자신의 몸 아래쪽을 내려다본다. (c) 참가자는 가상 공들(virtual balls)을 만진다. (d) 남성가상인물(male virtual character)이 방에 들어가 여성가상인물(female virtual character)에게 언어폭력을 가한다. (e) 남성가상인물(male virtual character)이 전화기를 바닥에 던진다. (f) 남성가상인물(male virtual character)이 참가자의 개인 공간을 침범한다.

VR 사용은 편집증(Paranoid)의 증상요인들을 이해하고 진단하는 도구로 급속한 진전을 보인다. 우리가 다른 사람들을 믿을 수 있는지 아닌지를 판단하는 것은 오류 발생 가능성이 큼에도 불구하고 사회적 상호작용(social interaction)의 핵심이다. 타인5에 대한 공포는 현대 정치적·사회적 풍토에 의해 스며들 수 있다. 근거 없는 불신(unfounded mistrust), 의심, 집착, 질투, 열등감의 덫을 편집증(Paranoid)이라고 하며, 심각한 형태로는 조현병의 주요 증상이다(Freeman et al, 2007).

편집증(Paranoid)은 다른 사람들이 자신에게 해를 입히려고 하는 근거 없는 두려움(unfounded fear)을 나타낸다(예: "사람들이 나를 잡으러 나왔다", "누군가가 일부러 나를 자극하려고 한다", "나에게 반하는 음모가 있다")(Freeman, 2007). 면담과 설문조사에 따르면, 편집증적 사고(paranoid thinking)는 일반 인구의 15－20%에서 정기적으로 발생한다(Freeman et al., 2005, Eaton et al., 1991, Olfson et al., 2002). 사회에서 신뢰의 수준은 사회적 응집(social cohesion), 이혼율(divorce rates), 사망률(mortality rates) 등과 관련이 있다(Kawachi et al., 1997).

일반 인구의 편집증(Paranoid)의 심각성이 지속되고 있다(van Os & Verdoux, 2003). 최극단에는 조현병과 같은 정신장애에서 볼 수 있는 피해망상(persecutory delusions)이 나타난다. 이러한 연속적 관점과 일관되게 비임상적·임상적 편집증적 경험이 같은 위험요인들과 연관되어 있다(Freeman et al, 2007, Myin－Germeys et al., 2003). 아울러 비임상적 증상의 제공은 정신장애의 후속 진단 가능성을 증가시킨다(Poulton et al., 2000).

편집증(Paranoid)에 대한 설문조사는 현실에 기반한 편집증적 사고(paranoid thoughts)를 배제할 수 없다(Freeman et al., 2009). 면담방법조차도 흔히 의심스러운 사고(suspicious thought)의 기저에 있는 주장들의 진실을 규명할 수 없다. 사실상 편집증적 사고(paranoid thoughts)를 이끌어내는 실험방법(laboratory method)이 이 문제를 극복할 수 있다(Freeman et al., 2008).

임상관찰결과 편집증적 사고(paranoid thoughts)의 가장 즉각적인 촉발요인은 얼굴표정(facial expression)과 같은 일상적인 경험의 오해석(misinterpretation)에서 비롯된다. 그러나 이것은 편집증적 사고(paranoid thoughts)의 연구에 문제점을 제기한다. 모든 사람에게 똑같은 일상의 경험을 주는 것은 불가능하기 때문이다. 편집증적 사고(paranoid thoughts)를 하는 사람들은 흔히 타인들과는 다르게 행동하기 때문에(예: 소심하게), 즉 다른 반응을 이끌어내기 때문에 이것은 특히 중요하다(Freeman et al., 2008). 해결책은 컴퓨터생성 인터렉티브환경의 실재감유도력(presence-inducing power)을 사용하는 것이다(이는 가상상황(virtual situations)과 사건(events)에 실제처럼 반응하는 경향이다)(Sanchez-Vives & Slater, 2005).

이 방법의 주요 장점은 컴퓨터 인물들이 합의된 내용에 의해 중립적이라고 간주되는 방식으로 행동하도록 프로그램화되어 있기에 편집증적 반응(paranoid responses)은 근거 없는 것이어야 한다는 것이다. 어떤 사람이 무엇을 하든, 등장인물들은 그들의 명백한 반응들에 중립을 유지할 것이다. Freeman 등(2003, 2005)은 실험연구에서 가상현실인물(VR characters)에 대한 편집증적 사고(paranoid thoughts)가 학생들과 정신질환(psychosis)으로 발달하는 위험성이 있는 사람들에게도 일어날 수 있다는 것을 제시했다 .

VR은 편집증적 사고(paranoid thoughts)의 원인을 규명하는 데 사용될 수 있다. Freeman 등(2008)의 연구에서는 다음 〈그림 17.7〉과 같이 위협-예측모델(Threat-Anticipation Model)에서 편집증의 발생을 예측할 수 있는 요인들에 대한 가설을 제시했다. 이는 편집증적 사고(paranoid thoughts)의 여러 가지 원인들이 있다는 것을 분명히 인정하지만, 다음과 같이 특히 중요한 것으로 식별한다. 정동과정(affective processes)으로 특히 불안, 걱정, 대인관계의 민감성, 환각과 지각이상(perceptual anomalies) 등과 같은 이례적인 경험(anomalous experiences), 추론편향(reasoning biases)으로 특히 미리 결정 내리기(jumping into conclusions)와 신념경직성(belief inflexibility), 그리고 불쾌한 사건과 환경과 같은 사회적 요인들(social factors) 등을 포함한다. 본질적으로 스트레스 시기에 개인은 불안한 기분상태

그림 17.7 〉 피해망상 발달에 관련한 요인들의 개요(Outline of factors involved in the development of persecutory delusions)

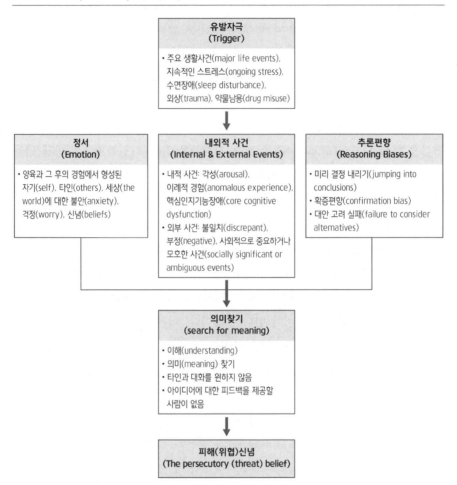

출처: Freeman et al. (2008). Virtual reality study of paranoid thinking in the general population. The British Journal of Psychiatry, 192, p.259.

(anxious mood state)와 이전의 불쾌한 경험들 때문에 다르게 느끼고 위협적인 방법으로 이러한 요인들을 해석한다는 가설이다. 추론편향(reasoning biases)은 이러한 두려움들을 망상적인 확신 수준에 도달하게 한다. 이러한 추론편향(reasoning biases)은 1. 미리 결정 내리기(jumping into conclusions), 2. 확증편향(confirmation bias)(개인의 신념에 부합되는 정보, 도식, 의미, 의견, 해석 등에 근거만을 찾으려고 하거나,

이와 상반되는 정보를 직면하지 못하고 무시하는 인지적 편향이다. 즉, 자신의 신념과 의견과 일치하는 정보는 받아들이고, 일치하지 않는 정보는 무시한다(never learn!)), 3. 대안 고려 실패(failure to consider alternatives) 등을 구성하고 있다.

Freeman 등(2008)은 일반 대중에서 사람들은 근거 없는 편집증적 사고(unfounded paranoid thoughts)를 경험한다는 것을 증명하고 편집증 예측요인들을 결정했다. 일반 대중들 소수가 아바타에 대해 편집증적인 사고(paranoid thoughts)를 가지고 있을 것이고, 이들은 일상생활에서 편집증적인 사고(paranoid thoughts)를 하기 쉬우며, 인지모델요인들은 가상현실(VR)에서 편집증적인 사고(paranoid thoughts)를 예측할 수 있다고 가정했다(Freeman et al., 2008).

결론적으로, 본 편집증(Paranoid) 연구에 있어서 가상현실(VR)의 활용에 대한 큰 가능성을 보여 주었다. 심리과정의 원인역할(causal roles)은 개인이 가상현실(VR)에 들어가기 전에 조작함으로써 확립될 수 있다. 비임상집단과 피해망상(persecutory delusions)의 환자와의 가상현실(VR)에서의 반응들을 비교하는 것이 중요할 것이다. 또 다른 가치 있는 연구 경로는 편집증적 사고(paranoid thinking)를 유발하는 환경요소(environmental components)를 결정하는 것이다. 아울러 가상현실환경(VRE)에 노출이 편집증(Paranoid)에 대한 새로운 인지행동치료(Cognitive Behavior Therapy) 개입에 통합될 가능성이 있다(Freemn et al., 2006).

편집성성격장애환자(Paranoid Personality Disorder Patients)는 흔히 의심, 불신, 집착, 질투, 열등감의 덫에 빠져 산다. 모든 상황을 경계하고, 타인의 숨겨진 동기를 찾아 악의적으로 해석하고, 공격하고, 상호의 협상과 타협을 강하게 저항하여 거부하는 경향이 있다. 수치심과 굴욕감보다는 덜 불편한 분노와 불안을 선택하여 자기방어를 한다. 주요 핵심원인으로는 낮은 자존감, 부정적인 자기개념, 열등감, 유년기 학대와 공격적인 부모하의 성장과 더불어 높은 외현적 자부심은 자기방어기제의 결과로 나타난다.

Beck 등(2001)은 편집성성격장애(Paranoid Personality Disorder)의 임상적 특징들을 다음과 같이 기술하고 있다.

1. 다른 사람에 대한 의심, 핍박, 학대 등에 대한 반추 그 자체가 편집증성격장애(Paranoid Personality Disorder)의 핵심이 아니라, 자신의 수

치심, 굴욕감, 문제를 인정하는 것에 따른 고통을 줄이는 데 합리화 사용

2. 유머 감각 없고, 자부심과 독립성에 과도한 집착, 병약함, 약함, 결함 등 경멸

3. 온정과 부드러운 감정, 의심과 불안감을 표현 못함

4. 병적 질투심

5. 자기영속성(self-perpetuation)을 통한 편집 성향은 악순환

5. 정서적 개입과 개방이 상처만 가져다줄 것이라는 두려움으로 인한 친밀감 형성을 회피

6. 부정적 기대로 인한 과잉반응과 반격은 사람들이 자신을 친절하게 대하지 못하도록 만들고 불신과 적대감을 유발

7. 타인의 행동에 대한 명백한 해석을 거부하고, 진짜 숨은 의도(hidden agenda)를 찾으려 탐색하고, 이는 자신의 선입견에 부합되는 해석이 발견될 때까지 계속 진행

8. 동시에 자신은 속임수, 부인, 변명, 남 탓하기 등을 통해 자신의 불안정함과 문제를 숨김.

편집성성격장애(Paranoid Personality Disorder)의 치료개입으로 자기효능감(self-efficacy)("어떤 문제나 상황에 효과적으로 대처할 수 있는 개인의 대처능력(coping ability)에 대한 주관적 추정치")(높은 자신감과 자존감), 긍정적 자기개념, 회복적 탄력성, 현실검증기법 강화 등을 통해 자신을 있는 그대로(as is) 사랑하고, 존중하고, 인정하는 사회기술들이 필요하다. 즉, 1. 자기효능감(self-efficacy), 2. 현실검증하기(흑백논리), 3. 작은 것도 칭찬하기(가족내), 4. 먼저 믿고 자신을 성찰하기, 5. 공감과 진솔한 대화하기(가족내): 믿음으로 소통하라!, 6. 자신을 사랑하고 존중하기(낮은 자존감과 열등감 회복), 7. 작은 신뢰 쌓기 및 조용하고 정중하고 솔직한 존중 관계 유지, 8. 믿고 사는 믿을 수 있는 사회문화 형성 등을 포함한다.

타인에 대한 공포는 현대 정치적·사회문화적 요인에 의해 스며들 수 있다. 편집성성격장애(Paranoid Personality Disorder)는 타인의 태도와 행동에 대한 과민성(편집성과민성), 자신의 태도와 행동에 대한 둔감성(편집성둔감성)으로 특징짓는다.

즉, 내로남불의 특징을 보인다.

비디오 게임이 점점 현실적이고 공격적으로 되면서 학습된 공격적 행동(learned aggressive behavior)의 실제 현실 상황에 대한 일반화 가능성에 대한 걱정이 커지고 있다. 이러한 걱정을 추가해, 오늘날의 비디오 게임기술은 임상환경(clinical settings)에서 효과적으로 행동을 변화시키는 것으로 밝혀졌으며, VR과 매우 유사하다. 비디오 게임과 VR 간에 많은 유사점이 존재하기 때문에, 비디오 게임이 유사한 행동 변화를 이끌어 낼 수도 있다(Vail−Gandolfo, 2005). 효과적인 가상현실 노출치료(Virtual Reality Exposure Therapy: VRET)에 필요한 세 가지 원칙들은 가상환경(VE)에 대한 완전한 몰입(immersion), 정서각성(emotional arousal), 실제 상황에 대한 학습된 행동의 일반화(generalization) 등이며, 이는 가상현실(VR) 비디오 게임에 적용되어야 할 것이다(Krijn, Emmelkamp, Olafsson, & Biemond, 2004).

임상적 관점(clinical perspective)에서 가상현실(VR) 비디오 게임을 하는 것이 개인에게 끼칠 수 있는 행동의 변화 메커니즘을 더 잘 이해하는 것은 중요하다. 가상현실 노출치료(VRET)와 폭력적인 비디오 게임의 특성을 고려할 때, 고안된 환경의 유사성과 참가자에 대한 자극이 미치는 영향에 주목하는 것은 흥미롭다. 가상현실(VR)이나 폭력적인 비디오 게임에 관한 연구문헌들은 비교적 적지만, 가상현실 노출치료(VRET)는 사람들의 행동 변화를 이끌어낼 수 있고 비디오 게임과 가상현실(VR) 간에 강한 유사성이 있기에 폭력적인 비디오 게임도 같은 유형을 이끌어낼 수 있다는 이론적 가설을 세울 수 있다(Vail−Gandolfo, 2005).

가상현실(VR) 비디오 게임과 함께 제공되는 다양한 온라인 콘텐츠는 아동과 청소년들에게 흥미와 오락의 측면에서 많은 유용한 것을 제공하며, 실제로 많은 긍정적인 경험들은 비디오 게임을 하면서 얻을 수 있다. 그러나 부모들과 청소년들은 모두가 폭력적인 VR 비디오 게임을 하는 데 내재한 위험을 인지하고 있어야 하며, 따라서 부모들은 아동과 청소년들의 폭력적인 가상현실(VR) 비디오 게임을 감시하고 적절하게 지도해야 한다.

아울러 VR은 더 이상 환상적이거나 순수한 오락을 위해 사용되는 참신함이 아니다. 지난 30년 동안 과학의 여러 분야, 특히 의료분야(healthcare)를 장악하고 풍요롭게 해온 긍정기술(positive technology)이다. 특히 가상현실(VR)을 활용한 정신건강장애(mental health disorders)의 진단과 치료에 초점을 맞추어 적응되고 진화하고 있다(Wiederhold et al., 2019).

현재 직면한 가장 중요한 도전은 바로 가상현실치료(VRT)의 보급과 관련이 있다. 비록 다양한 긍정적인 임상실험결과와 리뷰가 불안장애(anxiety disoders), 섭식과 체중장애(eating & weight dis-orders), 통증관리(pain management) 등의 치료에 있어 가상현실(VR)의 효과를 시사했지만, 연구환경(research setting)을 뛰어넘어 아직 널리 보급되지 않고 있으며, 일반적인 임상환경(clinical set-ting)으로의 전환은 상대적으로 매우 적다. 맞춤형 VR 해결책의 폭넓은 유용성에 의해 많은 기술적 장벽(technological barriers)이 극복되었지만(Mishkind et al., 2017), 많은 인간의 장벽(human barriers)이 아직도 남아있다(Wiederhold et al., 2019). 임상의사가 전반적으로 가상현실치료(VRT)에 대해 긍정적인 태도를 보일지라도 임상진료에서 가장 큰 장애물은 치료개선이 현실 세계의 개선으로 이어지지 않고 가상환경(VE)을 충분히 경험하지 못하는 환자들과 같은 장벽들이 존재한다는 것이다. 많은 무작위 임상실험들이 VR의 효용성과 장기간의 치료 효과까지도 검증했지만 많은 임상의사들은 여전히 꺼리고 있는 실태이다(Wiederhold & Wiederhold, 2003, 2005, Wiederhold & Bouchard, 2014).

18장.
분노조절 사이코드라마

▼
분노조절 상담 시나리오 주제 1:
비교당하는 둘째 딸과 엄마와의 갈등

역할구성원: 상담자, 내담자 1: 내담자 2: 딸, 엄마

(1) 주요호소

가족관계로는 엄마, 첫째 딸, 둘째 딸, 막내아들로 구성되어 있으며 둘째 딸과 엄마와의 갈등으로 인해 본 기관에 내원하였다고 한다. 첫째 딸은 공부를 매우 잘하여 최상위권을 유지하며 몸이 약해 자주 아파 엄마의 관심을 독차지하고 있다. 둘째 딸은 성적이 하위권이며 딱히 말썽을 부리지는 않지만, 집에서는 가족들과 불화로 인해 방안에서 은둔생활을 한다고 한다. 막내아들은 누나들과 나이 차이가 크게 나며 남아선호사상으로 인해 엄마와 첫째 누나의 사랑을 받는다. 둘째 딸이 점점 말을 하지 않고 방 안에서 나오지 않아 이를 문제로 여긴 엄마가 상담 신청을 하였다.

(2) 인물의 특징

1) 엄마(45세)
현재 초등학교 교사로 일하고 있으며 남편이 죽고 나서 첫째 딸에게 많이 의지하게 됨.

2) 내담자(15세)

현재 중학교에 재학 중이며 한창 사춘기를 겪고 있음. 평소 조용하고 낯가림도 심한 편이라 남들과 잘 어울리지 못하며 엄마와 언니와 마주치기 싫어 방 안에서만 생활함. 과거에 내담자의 어머니보다 아버지와 친밀한 관계를 맺고 있었으나 내담자가 14세 경에 아버지가 병으로 돌아가신 뒤 의지하던 사람이 없어지자 더욱더 가족들과의 사이가 멀어졌음.

(3) 역할시연

1) 제1회기

상담자: 안녕하세요, 한슬이 어머님, 한슬이도 안녕?

(의자를 가리키며) 자, 여기 편히 앉으세요.

엄 마: 감사합니다.

한 슬: (고개만 꾸벅한다)….

상담자: 안녕하세요? 전 상담자 ○○○입니다.

밖에 눈이 많이 왔던데 오시는데 힘들지 않으셨어요?

엄 마: 그러게요. 오는데 고생 좀 했어요. 그래도 우리 가족들을 위한 일인데 이 정도쯤은 아무것도 아니죠.

한 슬: 체, 잘난 척은!

엄 마: (한슬을 차가운 눈빛으로 쳐다보며) 넌 또 그러니? 보셨죠? 얘가 항상 이런 식이라니까요? 제가 하는 일에 항상 사사건건 시비를 건다니까요!

한 슬: 내가 뭘!

상담자: 자~! 진정들 하시고요, 서로의 이야기를 한 번 들어보도록 하겠습니다. 한슬이는 어머니가 왜 잘난 척한다고 생각하는지 이야기 좀 해 줄래요?

한 슬: 다 가식이니까요.

상담자: 가식이라고요?

한 슬: 네! 진짜 가식 덩어리에요. 가족들을 위해서라고? 언니를 위해서겠지.

엄 마: (깊은 한숨을 내쉬며) 널 정말 어쩌면 좋니...

상담자: 음…. 한슬아 선생님은 네가 그런 행동을 하는 게 그럴만한 이유가 있다고 생각하는데, 왜 엄마가 언니를 위한다고 느끼는지 말해줄 수 있어요?

한 슬: 엄마는 매일 언니만 생각해요. 제가 뭘 하든 상관도 안 해요.

엄 마: 어이구! 오죽하면 내가 그러겠니. 네가 평상시에 잘 해봐!

한 슬: 이것 봐요! 우린 말이 안 통해요.

상담자: 그럼 이제 종이를 드릴게요. 두 분이 서로에게 불만이나 고쳐야 한다고 생각하는 것을 적어주시겠어요?

상담자: 자 그럼 이제 서로 바꿔 읽어보도록 하겠습니다. 어머님 먼저 읽어주세요.

엄 마: 첫 번째, 나한테만 심부름시키는 것. 두 번째, 싸울 때 매일 나만 혼내는 거. 세 번째, 내 말을 진심으로 안 듣는 것.

엄 마: 이게 무슨 소리야. 엄마는 항상 너한테 진심이라고.

상담자: 진정하시고요. 한슬아 선생님은 한슬이가 참 많이 힘들고 외로웠을 거라는 생각이 들어요. 엄마가 한슬이의 상황을 잘 느끼고 이해할 수 있도록 설명해 줄 수 있을까요? 어렵게 생각하지 말고 그 기분을 느꼈던 상황을 이야기해주어도 돼요.

한 슬: 그냥 정말 제 일상은 끔찍해요. 모든 게 다 언니 위주로 돌아가고 집 안에서 저는 없는 사람이에요. 엄마는 매일 언니랑 동생은 안 부르고 저한테만 심부름시켜요. 또 항상 싸워도 언니한테 대들지 말라고 하고 동생한테는 양보하라고 하면서 둘 사이에서 치이기만 해요. 그리고 저번에 엄마한테 제가 진짜 아파서 아프다고 그랬는데 엄마는 꾀병이라고 하면서 학원이나 가라고 했어요. 그때 제 기분이 어땠었겠어요?

엄 마: (말없이 고개를 숙이고 묵묵히 듣고 있다)

상담자: 그래요. 한슬이의 기분이 매우 좋지 않았을 것 같아요. 선생님은 다 이해해요. 우리 차근차근 풀어 나가보도록 해요. 그렇다면 이제 한슬이가 엄마의 생각을 읽어봐요.

한 슬: 첫째, 엄마에게 살갑게 말하지 않는 것. 둘째, 엄마의 입장을 이해하지 않는 것. 셋째, 엄마의 말을 진심으로 받아들이지 않는 것.

상담자: 어머님은 한슬이에게 이런 생각을 하신 이유를 풀어서 말씀해주시겠어요?

엄 마: 음, 나는 한슬이가 매사에 늘 부정적인 생각만 하는 것 같아요. 근래에 "좋아."라는 긍정적인 말을 한 번도 듣지 못한 것 같아요. 그리고 제가 직장에 갔다가 집에 오면 너무 힘든데 이런 저의 입장을 이해하지 못 하는 것 같아요. "엄마 수고했어."라는 말 한마디만 해 준다면 힘이 날 것 같은데 그런

게 전혀 없어요. 제가 무슨 말 만하면 가식적이라고 치부해버리고 진지한
대화를 한 적이 없네요.

상담자: 제가 한슬이와 어머님의 생각을 듣고 느낀 것은 두 분 모두 같은 방향을 바
라보고 있다는 것입니다. 서로의 존재는 매일 함께하고 같이 살며 영향을
줄 수 있는 매우 중요한 존재이지 않습니까? 갈등상황이 일어났을 때 서로
의 입장을 바꾸어 생각하면 관계개선에 도움이 될 것 같습니다. 제가
"I-Message"라는 것을 가르쳐 드리겠습니다. 이것은 "나-전달법"입니다.
이 기법을 사용하시면 훨씬 더 효율적으로 대화를 이끌어나갈 수 있습니다.
"나는 네가 ~해서, 내 마음이 ~하다."라고 감정을 실어 표현하면 됩니다.
한번 연습해 볼까요?

엄 마: 나는 네가 엄마를 미워하는 것 같아서 내 마음이 슬퍼.

한 슬: 나는 엄마가 나를 차별하는 것 같아서 내 마음이 우울해.

상담자: 네 좋습니다. 다음에 오실 때까지 "I-Massage"를 일상에서 사용해 주세요.
다음엔 서로 느낀 점을 공유하는 시간을 갖도록 하겠습니다.

2) 제2회기

상담자: 안녕하세요. 잘 지내셨어요? 한슬이도 잘 지냈어요?

엄 마: 네 선생님.

한 슬: (조금 밝아진 얼굴로) 네.

상담자: 어떻게 "I-Massage"는 잘 활용해보셨나요?

엄 마: 해보긴 했는데 화가 날 땐 조절이 안 되더라고요.

상담자: 음, 그렇다면 "I-Massage"를 사용하지 않을 때와 사용할 때 자기분노지수
(자기불안지수, 자기우울지수)는 1점~10점 중 몇 점을 줄 수 있을까요?

엄 마: 음, "I-Massage" 사용하기 전 자기분노지수는 10점이고 사용했을 때는 자기
분노지수는 6점 입니다.

상담자: 와! 점수가 내려갔네요. 한슬이는 어때요?

한 슬: 저는 똑같이 10점이에요. 화나는 건 똑같은 거 같아요.

상담자: 그래요. 화는 똑같이 나지만 너의 말을 듣는 어머니의 표정은 어땠어요?

한 슬: 음, 그냥 평소랑 똑같았던 거 같아요.

상담자: 그래요? 어머니는 어땠는지 물어볼까요? 어머님 한슬이의 "I-Massage" 사

용 전후 무엇이 다르게 느껴지셨나요?

엄 마: 음, 한슬이의 기분이 저에게 좀 더 와 닿았던 것 같아요.

상담자: 맞아요. "I-Massage"로 대화를 하게 되면 더욱더 깊이 있게 이해하고 용서할 수 있습니다. 그럼 앞으로도 대화하실 때 "I-Massage"를 적극적으로 사용해 주세요. 오늘은 재미있게 역할극을 해볼게요.

한 슬: 역할극이라구요? 그런 거 안 하면 안 돼요?

상담자: 아까 한슬이가 화나는 것이 똑같이 10점이라고 했었잖아요. 한슬이가 한번 엄마가 되어봐요. 재미있을 거예요.

한 슬: 음, 엄마요? 그래요. 저 엄마랑 똑같이 말할 수 있어요.

상담자: 한슬이는 어떤 상황에서 엄마가 되고 싶어요?

한 슬: 저번에 제가 아팠을 때요!

상담자: 그 상황에서 어머님은 한슬이 역할을 해 주시고 한슬이는 엄마가 돼서 역할극을 해보겠습니다. 자! 시작하겠습니다. Action!

한 슬: 한슬아! 너 지금 뭐 해? 시간이 몇 시야!

엄 마: 으응…. 엄마 나 아파.

한 슬: 무슨 소리야. 아까까지 멀쩡했으면서. 학원 가야지. 오늘 중간평가 있다고 그러지 않았니?

엄 마: 아…. 나 아프다고!

한 슬: 또 시작이네. 너 시험 보기 싫어서 그러는 건 아니고? 이번에도 저번처럼 그런 점수를 받아와 봐! 정말 가만있지 않을 거야!

엄 마: 나가! 내 방에서 나가라고!

한 슬: 좋은 말로 할 때 학원 갔다 와라! 시험지 들고 오고!!

엄 마: 그래! 간다. 가!! 내가 죽어도 엄마는 눈도 끔쩍 안 할 거야!

한 슬: 아니 저 계집애가 못하는 소리가 없어!

엄 마: 비켜! 엄마가 원하는 학원 가서 죽을 테니까!

상담자: 자! 여기까지 할게요. 두 분 다 열심히 잘 해 주셨습니다. 역할전환을 하면서 느낀 점에 대해서 말해볼까요? 먼저 한슬아?

한 슬: 음, 제가 엄마에게 했던 말이 너무 후회돼요. 말이 삐죽삐죽해서 아파요.

상담자: 그랬구나. 한슬이는 엄마가 조금 이해가 돼요?

한 슬: 네. 제가 말을 좀 더 예쁘게 했으면 엄마가 저렇게까지 화를 안 내셨을 거

같아요.

상담자: 한슬이가 이렇게 깨달은 게 너무 대견해요. 어머님은 어떠셨어요?

엄 마: 제가 한슬이 보기가 부끄럽네요. 아무리 말을 해도 안 믿어주는데 말을 하기가 싫어졌어요. 정말 답답하고 화가 많이 났어요.

상담자: 네. 화가 났을 때 잠시 멈추어서 생각을 전환할 방법을 제가 가르쳐 드리겠습니다.

상담자: 자! 먼저 자신의 분노가 서서히 치밀어 올라오는 순간 자신의 신체분노증상을 알아차리고, 이를 기꺼이 인정하면서 자기분노조절 STA기법을 실행해 보세요.

(검지를 세워서) 앗! 분노다! 분노다! 분노다!

(검지로 STA를 쓰면서) STA, STA, STA.

(온몸을 S자처럼 뒤틀면서) S, STOP!

(검지로 머리를 가리키며) 분노하려는 생각을, 격분하려는 생각을, 이기려는 생각을, 자살하려는 생각을, 죽이려는 생각을, 우울한 생각을, 불안한 생각을, 혼자라는 생각을, 안 된다는 생각을

(양손 검지로 X자를 표시하며) STOP! STOP! STOP!

(검지로 입을 가리키며) 분노의 말을, 부정적인 말을, 비난의 말을, 비판의 말을, 저주의 말을, 공격적인 말을

(양손 검지로 X자를 표시하며) STOP! STOP! STOP!

(주먹을 불끈 쥐고) 폭력적인 행동을, 조롱하는 행동을, 비난의 행동을, 우울한 행동을, 불안한 행동을, 두려운 행동을, 자살하려는 행동을

(양손 검지로 X자를 표시하며) STOP! STOP! STOP!

(검지로 T를 쓰면서) T, Think Again!

다시 한번, 합리적·긍정적·창의적·생산적·철학적·적응적·대안적·중립적·손익적 사고[1]를 하라!

(검지로 A를 쓰면서) A, Act!

미소와 복식호흡을 하며 양손에 긴장을 주었다 풀어준다(3번 반복하기). 지금 여기서 최선의 대처방안과 해결책을 실행한다.

---

1 손익적인 사고: 손실과 이득을 따져보는 사고.

엄마와 한슬: (웃으면서 따라 한다.)

(검지를 세워서) 앗! 분노다! 분노다! 분노다!

(검지로 STA를 쓰면서) STA, STA, STA

(온몸을 S자처럼 뒤틀면서) S, STOP!

(검지로 머리를 가리키며) 분노하려는 생각을, 격분하려는 생각을, 이기려는 생각을, 자살하려는 생각을, 죽이려는 생각을, 우울한 생각을, 불안한 생각을, 혼자라는 생각을, 안 된다는 생각을

(양손 검지로 X자를 표시하며) STOP! STOP! STOP!

(검지로 입을 가리키며) 분노의 말을, 부정적인 말을, 비난의 말을, 비판의 말을, 저주의 말을, 공격적인 말을

(양손 검지로 X자를 표시하며) STOP! STOP! STOP!

(주먹을 불끈 쥐고) 폭력적인 행동을, 조롱하는 행동을, 비난의 행동을, 우울한 행동을, 불안한 행동을, 두려운 행동을, 자살하려는 행동을

(양손 검지로 X자를 표시하며) STOP! STOP! STOP!

(검지로 T를 쓰면서) T, Think Again!

다시 한번, 합리적·긍정적·창의적·생산적·철학적·적응적·대안적·중립적·손익적 사고를 하라!

(검지로 A를 쓰면서) A, Act!

미소와 복식호흡을 하며 양손에 긴장을 주었다 풀어준다(3번 반복하기). 지금 여기서 최선의 대처방안과 해결책을 실행한다.

상담자: 네, 아주 잘 따라 하셨어요. 앞으로 화가 났을 때 방금 따라 한 것을 한번 해보세요. 많은 도움이 될 거예요.

한 슬: 하려고 노력은 해볼게요.

상담자: 그럼 다음 상담 때에는 좀 더 나아진 사이를 기대하며 오늘은 여기서 마치도록 하겠습니다. 다음 상담 때 뵙겠습니다.

3) 제3회기

상담자: 안녕하세요. 일주일 동안 잘 지내셨어요?

엄 마: (한층 밝아진 모습으로) 네, 덕분에 잘 지냈습니다.

상담자: 한슬이는 지난 일주일 동안 어떻게 지냈어요? 선생님이 가르쳐 준 자기분노

조절 STA기법을 사용했어요?

한 슬: (매우 밝아진 모습으로) 화가 날 때 선생님께서 가르쳐주신 STA기법을 해보았는데 처음에는 약간 어색했지만 몇 번 해보니까 기분이 좀 괜찮아지고 스트레스도 풀리는 것 같았어요.

상담자: 그래 처음 해보는 거라 쉽지 않았을 텐데 한슬이가 노력하는 모습이 보여 선생님 마음이 참 흐뭇하군요. 어머니께서는 이번 상담을 통해 어떤 점이 달라졌다고 생각하시나요?

엄 마: 난 세 아이를 똑같이 사랑하는데 한슬이는 왜 자신을 편애한다고 생각하는지 도저히 이해가 되지 않았었는데 이번 계기를 통해 한슬이의 마음을 알게 되었어요. 앞으로는 한슬의 말을 진심으로 믿고 들어주도록 해야겠다는 생각이 들었어요.

상담자: 네. 한슬이의 말에 대해 경청해 주고 공감해 주시면 좋을 것 같습니다. 한슬이는 지난번 분노 정도 표현 점수를 1점에서 10점으로 할 때 10점이라고 말했었는데 지금은 몇 점으로 생각되나요?

한 슬: 음, 6점이요.

상담자: 다행이다. 어떤 점이 한슬이의 분노 점수를 내려가게 했는지 말해줄래요?

한 슬: 그동안은 무조건 차별하는 엄마로만 생각했었는데 역할극을 할 때 엄마의 관점에서 한번 생각해보게 되었어요.

상담자: 음, 그랬군요. 앞으로 엄마도 한슬이의 말을 진심으로 믿고 들어 주시기로 하셨으니까 한슬이도 마음 문을 열고 엄마를 대한다면 한슬이를 향한 엄마의 큰 사랑이 보일 거예요.

한 슬: 네.

상담자: 그동안 어머니도 수고 많으셨고, 한슬이도 정말 최선을 다해줘서 정말 고마워요.

분노조절 상담 시나리오 주제 2:
우울증으로 인한 자살사고와 게임중독을 겪는 중2 학생

역할구성원: 상담자, 내담자 1: 엄마, 내담자 2: 아빠, 내담자 3: 딸

(1) 주요호소

가족관계로는 엄마, 아빠, 딸로 구성되어 있으며 딸과 부모와의 갈등으로 인해 본 기관에 내원하였다고 한다. 딸은 1학년 때까지 공부를 잘하는 모범생이었다. 하지만 2학년이 되고 친구들과 게임을 시작하면서 중독이 되었고 성적도 지속해서 떨어지고 있다. 또한, 게임 속 사람들과 소통하고 현실 친구들과는 잘 만나지 않는다. 이를 문제로 여긴 엄마가 상담신청을 하였다.

(2) 인물의 특징

1) 엄마(45세)
가정주부며 딸의 성적에 많은 관심이 있음.

2) 아빠(47세)
현재 직장을 다니고 있으며 일로 인해 딸과 가정에 많은 신경을 쓰지 못함.

3) 내담자(15세)
현재 중학교에 재학 중이며 한창 사춘기를 겪고 있음. 공부만 하다 친구들에게 소외된 경험이 있음. 그 이후 친구들과 어울리기 위해 게임을 시작하게 되었고 현재는 많은 시간을 게임을 하며 보내고 있음.

(3) 역할시연

상담사: 아, 들어오세요. 어서 오세요.

어머니: 안녕하세요.

상담사: 잘 찾아오셨습니까? 힘드시진 않으셨습니까?

어머니: 네, 잘 찾아왔습니다.

상담사: 네가 인옥이구나. 자, 앉으세요. 인옥이는 이쪽으로 앉아요.

(어머니, 인옥이, 아버지 순으로 앉는다.)

상담사: 아, 어떻게, 뭐 얘기는 다 들으셨죠? 상담실을 찾게 된 이유는 아시나요?

연출자: 이렇게 한번 해보세요. "날씨가 추운데(또는 더운데), 오시는 데 불편함이 없으셨나요?" "특히, 아버님은 바쁘셔서 오시고자 결단하기가 매우 힘드셨을 텐데 이렇게 와주셔서 감사합니다." "자녀(인옥)에 대한 사랑과 관심을 느끼게 돼서 참 마음이 흐뭇합니다." Action!

상담사: 이 상담실에 찾아오기가 힘드셨을 텐데, 이렇게 어려운 시간을 내서 찾아와 주셔서 감사합니다. 아버님은 시간 내시기 힘드시지 않으셨어요?

아버지: 바쁘지만 하나밖에 없는 딸을 위해서 당연히 와야죠.

상담사: 아, 그러셨군요. 감사합니다, 시간 내주셔서. 어머님은 괜찮으세요?

어머니: 네. 저는 처음이긴 하지만…. 네...

상담사: 네, 인옥이 때문에 걱정이 많으시겠어요.

어머니: 네.

상담사: 인옥이는 어때요?

인옥이: (어머니를 흘긋 쳐다보며 낮은 목소리로) 힘들었어요.

상담사: 아, 힘들었어요.

연출자: (인옥이를 쳐다보며) 여기 왜 왔는지 모르겠다고 해주세요.

인옥이: 여기 왜 왔는지 모르겠어요. 짜증 나요.

연출자: 짜증 나! 해주세요.

인옥이: 짜증 나요.

상담사: 짜증이 많이 나는군요. 그래요. 자, 여기 상담실에 왔는데 오늘 상담실에 나갔을 때는 어떤 마음이 들어서 나갔으면 좋을까요?

연출자: 그렇게 하지 말고, 어머니한테 물어보세요. 어머니, 아버지, 인옥이까지. 오

늘 이 상담실에 와서 어떤 구체적인 문제가 해결되면 끝나고 나가실 때 웃으면서 손을 잡고 나가실 수 있을까요, 집에 들어갈 수 있을까요? 이렇게요. Action!

상담사: 아버님은 오늘 상담이 끝나고 여기를 나갈 때 어떤 것을 얻고 나갈까요?

연출자: 어떤 구체적인 문제가 해결되면

상담사: 어떤 구체적인 문제가 해결되면

연출자: 어떤 도움을 받으시면, 어떤 구체적인 도움을 받으시면

상담사: 어떤 구체적인 도움을 받아서 문제가 해결되길 바라시나요?

어머니: 인옥이가 지금보다 컴퓨터 게임을 좀 덜하고 학교 성적이 올랐으면 좋겠습니다.

상담사: 아, 네. 구체적으로 학교 성적이 가장 큰 문제인 거죠?

어머니: 네.

연출자: 아버지도요.

상담사: 아버님께서는 구체적으로 어떤 것을, 어떤 효과를, 어떤 식으로, 어떤 도움을 받으시길 원하시나요?

아버지: 게임을 하다가 지치면 알아서 공부할 텐데, 꼭 같이 와야 한대서 왔어요.

상담사: 아, 그러셨어요. 그럼 인옥이가 어떻게 바뀌기를 원하세요?

아버지: 저하는 대로 하면은, 나중에 지치면 혼자 공부할 거로 생각해요.

상담사: 아, 그러시군요. 인옥이는 어떻게 생각해요?

인옥이: 전 짜증 나요. 좀 하면 어떻다고, 여기까지 오는지 모르겠어요.

연출자: 남들도 다 게임을 하는데 왜 나만 갖고 그러는지 모르겠다고 하세요.

인옥이: 남들 다 하는 게임을 왜 저만 하면 안 되는 줄 모르겠어요. 왜 이렇게 난리인지.

연출자: 그러지 마시고, 좀 크게 해주세요. 난 정말 짜증 나. 엄마가 날 왜 여길 끌고 왔는지. 엄마 아빠가 달라지면 내가 좀 좋아질 텐데, 날 왜 힘들게 하는지 모르겠어. 여기까지, Action!

인옥이: 짜증 나, 정말.

연출자: (상담사의 시나리오 뺏으면서) 이거 보시면 안 돼요. 그리고 제 말을 잘 들으시고 여기다 적으면서. 어떤 구체적인 도움을, 이것을 잘 살려주셔야 해요. Action!

인옥이: 짜증 나, 나는 정말.

연출자: 엄마, 아빠가 언제 날 신경 썼어? 이렇게 해주세요.

인옥이: 엄마, 아빠가 언제 날 신경 썼어? 왜 갑자기 이러는지 모르겠어. 성적 때문이지?

어머니: 그래도 학생이 공부를 좀 해야지, 너처럼 그렇게 바닥을 기면 앞으로 대학교도 가야 하는데, 엄마는 걱정이 되지 않겠니?

연출자: 난 대학교 필요 없다고 하세요.

인옥이: 난 대학교 필요 없어. 공부가 인생의 전부야?

연출자: 난 필요 없어, 라고 해주세요.

인옥이: 난 필요 없어!

연출자: 다 필요 없어.

인옥이: 다 필요 없어.

연출자: 엄마, 아빠도 필요 없고.

인옥이: 엄마, 아빠도 필요 없고.

연출자: 웃지 말고 진지하게 해. 난 엄마, 아빠 필요 없고, 대학도 필요 없고, 응?

인옥이: 나 엄마, 아빠도 필요 없고, 대학도 필요 없고.

연출자: 나 이렇게 살다 죽게 내버려 두세요, 소리 한번.

인옥이: 나 이렇게 살다 죽게 내버려 두세요!

어머니: 보셨죠. 제가 이래서 여기에 방문하게 됐습니다.

상담사: 네, 어머니 마음이 몹시 아프시겠어요. 그럼 인옥이는 어떻게 했으면 좋겠어요? 엄마, 아빠가 어떻게 해줬으면 좋겠어요?

인옥이: 그냥 내버려 뒀으면 좋겠어요.

상담사: 어, 그냥. 그거 말고 바라는 게 있을 거 아니에요.

연출자: 일단 칭찬을 해주세요, 칭찬을. 그럼에도 불구하고 네가 여기에 엄마, 아빠와 함께 와줘서 고맙다. Action!

상담사: 그렇게 짜증 나고 힘들고 그러는데 엄마, 아빠와 같이 여기에 방문해줘서 진짜 고마워요.

연출자: 박수 한 번 쳐주세요.

(박수)

연출자: 고마워요.

상담사: 고마워요.

연출자: 엄마도 박수 한 번. 치세요! (상담사를 보며) 엄마 안 치면 치게 해주세요. 다시 한번. 다시 그걸 재연해주세요. Action!

상담사: 인옥이가 그렇게 힘들고 짜증 나고 화도 나고 그러는데 엄마, 아빠 따라서 여기까지 방문해줘서 고마워요. 엄마, 아빠는 박수를 좀 쳐주세요. 격려 좀 해주세요. 엄마도 박수를 좀 쳐주세요.

어머니: 쟤가 하도 속을 끓여서요.

상담사: 인옥이가 여기까지 따라와 주었잖아요. 얼마나 착해요.

어머니: 네. 맞아요. (박수를 치면서) 인옥아, 고마워.

상담사: 아니, 그래도. 인옥이가 기분이 많이 풀어졌나 본데. 어때요, 지금?

인옥이: 뭐가 어때요.

상담사: 아직, 지금도 기분이 안 좋아요?

연출자: 자, 그럼. 인옥이가 게임을 얼마나 하는지 대충 아실 거 아니에요. 몇 시간을 하는지. 그리고 게임을 하는 데는 그만한 이유가 있다고 생각한다. 그 이유에 대해서 말해줄 수 있겠니? 자, Action!

상담사: 인옥이가 1학년 때는 공부도 잘했다고 그러는데 갑자기 게임을 많이 하게 됐잖아. 그런데 그렇게 게임을 많이 하게 된 이유가 있었을 텐데, 그 이유 좀 말해 줄 수 있겠어요?

인옥이: 아, 몰라요! 그냥 게임이 좋아요.

연출자: 아빠하고 엄마한테도 물어봐 주세요, 똑같이.

상담사: 아, 어머니는 어떻게 인옥이가 갑자기 게임을 많이 하게 된 어떤 이유가 있었나요?

어머니: 글쎄, 특별한 이유는 저는 잘 모르겠는데, 어느 날 그렇게 게임에 몰두하더라고요. 학교에서 오자마자 컴퓨터 먼저 켜고 게임을 해서 처음에는 그냥 다른 아이들도 하니깐 하나보다 했는데, 이젠 점점 시간이 길어져서 지금은 아예 컴퓨터 게임에 빠져있습니다.

상담사: 음... 아버님은 어떻게 생각하세요?

아버님: 아, 요즘 애들은 다 게임을 하더라고요.

상담사: 인옥이 친구들은 게임 많이 해요?

인옥이: 조금요. 저만 하는 거 아니라고요.

연출자: 지금 대한민국이 다 한다고 말해주세요.

인옥이: 온 대한민국이 다 하고 있어요.

상담사: 안 하면 어떻게 돼요?

인옥이: 안 하면 애들이랑 놀 수 없죠.

상담사: 아, 그래요. 애들이랑 어울리지 못하는 것 때문에 게임을 더 잘하려고 하는군요, 그렇죠?

인옥이: 그럼요. 저희는 게임 잘하면 짱이에요.

상담사: 어, 그렇구나. 그럼 1학년 때는 게임 못해서 많이 따돌림 당했었겠군요?

인옥이: 그때는 뭐, 제가 철이 없어서 공부가 제일인 줄 알고 공부 좀 했는데 그게 아니더라고요.

상담사: 어, 그렇군요.

연출자: 이제는 문제 담화를 하지 말고, 자, 여기서 게임이 어떤 의미인지 아이한테 무슨 도움이 되는지, 그리고 또 엄마 아빠가, 만약에 아이가 게임을 어느 정도 자제하면서, 통제하면서 자기 공부도 하고 그렇게.
어쨌거나 그렇게 기적적으로 아이가 자기 생활을 통제하면서 게임도 어느 정도 하면서 공부도 하고 자기 생활을 한다면 뭐가 달라지는지. 그걸 한번 기적질문을 통해서 한 번 물어보시죠. Action!

상담사: 어, 인옥이가 1학년 때는 공부도 잘했었잖아요, 게임도 안 했었잖아요. 그때는 친구들하고 어땠어요?

인옥이: 그때는 친구가 중요하다고 생각하지 않았어요. 그래서 책이 친구였죠, 그때는.

상담사: 책이 친구였어요?

인옥이: 그때는 철이 없었어요.

상담사: 철이 없었다고 생각했군요. 그때는 친구들이 인옥이를 어떻게 대했어요?

인옥이: 그냥 재는 뭐, 공붓벌레. 쳐다보지도 않았어요, 걔네들이.

상담사: 그때는 친구들이 없었어요?

인옥이: 네. 없었어요.

상담사: 그럼 지금은 어때요?

인옥이: 지금은 많죠.

상담사: 어, 친구들이 그렇게 공부를 잘하는 애들이 게임도 잘해요?

인옥이: 근데 선생님은 왜 공부, 공부하세요? 공부 잘하는 게 뭐가 그렇게 중요하다고.

상담사: 그렇지, 공부가 중요한 건 아니죠.

연출자: 자, 좋아요. 공부, 공부, 공부, 공부. 그 의미를 우리가 한번 경험해 봅시다. 어떤 의미가 있는지, 그 이면에. 선생님은 왜 나한테 공부만 얘기하세요, 자, 그걸 한번 선생님에게 직접 크게 한 번만 표현해주세요. Action!

인옥이: 선생님은 왜 제게 공부 얘기만 하세요?

연출자: 크게!

인옥이: 공부, 공부, 듣기 싫어 죽겠어요!

연출자: 선생님은 왜 제게 공부만 강요하세요! 크게!

인옥이: 선생님은 왜 제게 공부만 강요하세요!

연출자: 온몸으로. 시작! 선생님은 왜 제가 엄마, 아빠처럼 공부만 강요하세요! 이렇게.

인옥이: 선생님은 왜 저에게 우리 엄마, 아빠처럼 공부, 공부, 공부만 강요하세요!

연출자: 다시 한 번. 온몸으로 신체적으로 표현해주세요. 다 같이 일어나서. 상담사는 앉아있고. 신체로 표현해주세요. 시작!

인옥이: (일어나서 온몸으로) 선생님은 왜 저에게 공부, 공부, 공부만 강요하시는 거예요?

연출자: 공부, 공부, 공부만 강요하시는 거예요, 왜! 제가 안 보이시는 거예요? 이렇게 표현을 해주세요.

인옥이: 왜 제가 안 보이세요?

연출자: 제 재능이 안 보이세요?

인옥이: 저는 저라고요!

연출자: 다시 한 번. 집중해주세요. 저하고 같이 가주세요. 다시 한 번 집중해서 Action! 선생님은 왜 저한테 공부, 공부, 공부만 강요하세요! 이렇게 표현해주세요.

인옥이: 선생님은 왜 저에게 공부, 공부, 공부만 강요하세요?

연출자: 한 번 더. Action!

인옥이: 선생님은 왜 저에게 공부, 공부, 공부만 강요하시는 거예요! 공부, 공부, 공부만 강요하세요!

연출자: 자, 엄마, 아빠. 아빠는 공부하라고 안 했어요?

아버지: 저는 전혀 안 했어요.

연출자: 그럼 엄마. 엄마, 좋아. 돌아서 주세요(어머니와 인옥이가 마주 본다.). Action!

인옥이: 엄마가 공부 잘하면 되지, 왜 내가 잘해야 하는 거야! 공부하라고 좀 하지 마!

연출자: 잠깐만요. 왜 엄마는 왜 나한테 공부, 공부, 공부만 강요하세요? 엄마 보고

다시 해주세요.

인옥이: 왜 엄마는 저에게 공부, 공부, 공부만 강요하시는 거예요!

연출자: 그렇게 좋은 공부, 공부, 공부를 엄마가 하시면 안 되겠어요! 이렇게 표현해 주세요.

인옥이: 그렇게 공부가 좋으시면 엄마가 하시라고요!

연출자: 다시, 다시 한번.

인옥이: 공부가 좋으면 엄마가 하시라고요!

연출자: 나는 공부가 싫어!

인옥이: 나는 공부가 싫어!

연출자: 정말 싫어!

인옥이: 정말 싫어!

연출자: 자, 여러분한테. Action.

인옥이: 왜 여러분은 저에게 공부, 공부, 공부가 중요하다고 하시는 거예요!

(여러분: 하지 마.)

연출자: 공부하셔서 박사 되셨잖아요. 왜 자기는 힘든 박사까지 해놓고...

인옥이: 왜 가기 힘든 박사까지 따놓고 나한테는 하지 말라고 하는 거예요!

연출자: 잘하셨어요. 박수.

(박수)

연출자: (상담사를 보면서) 물어보세요. 공부, 공부, 공부만 하는 거에 직면했는데 어떤 경험이, 어떤 감정이 들어오는지. 어떤 생각이 들어오는지 어떤 경험을 하셨는지 다시 한번. Action!

상담사: 공부라는 걸 말하면서 그렇게 행동을 하니깐 기분이 어땠어요?

연출자: 어떤 기분이 드셨어요, 그렇게.

상담사: 어떤 기분이 드셨어요?

인옥이: 좀 시원해요.

상담사: 아, 시원했구나. 앞으로 화가 나면 그렇게 표현할 수 있겠어요?

인옥이: 해야겠어요.

상담사: 아, 잘했어요. 앞으로 그렇게 하는 거예요. 그런데 이제, 지금 가장 하고 싶은 게 게임이라고 그랬잖아요?

인옥이: 네.

상담사: 게임을 잘하면 뭐가 될까요? 앞으로 커서.

인옥이: 세계적인 게이머가 될 거예요.

상담사: 어. 게이머. 게이머가 되고 싶어요?

인옥이: 네.

연출자: 여기서 게임 들어가기 전에 엄마도 들어봐야 해요. 엄마가 어땠는지. 응? 아빠도 어땠는지 한번 소감을 들어보고 나서 게임을 합시다. 자, 가시죠.

상담사: 어머님은 인옥이가 이렇게 공부하란 소리만 들으면 화를 내고 이렇게 행동을 하는데, 감정을 느끼는데 이걸 보시니깐 어떠셨어요? 어떤 마음이 드세요?

어머니: 얘가 이렇게 폭발할 줄은 몰랐어요. 그동안 쌓인 게 많았나 봐요. 하지만 요즘엔 현실이 다 대학을 나와야 하고, 또 자기가 공부를 못하면 사회생활을 못 하기 때문에 제가 너무 강요한 것 같은데. 폭발한 걸 보니깐 마음이 착잡하네요.

상담사: 아, 예. 그렇게 느끼는 걸 말씀해주시니까 감사합니다. 인옥이 어때요, 엄마 말을 들으니까?

연출자: 폭발한 게 아니라고 하세요.

인옥이: 저는 이 정도는 폭발한 게 아니에요.

연출자: 통제가 된 거라고.

인옥이: 통제가 된 거예요. 저 많이 참은 거예요.

연출자: 엄마한테 욕 안 하고.

인옥이: 엄마한테 욕도 안 하고.

연출자: 침도 안 뱉고.

인옥이: 침도 안 뱉고, 안 던지고.

연출자: 폭발, 신체 폭발도 안 했다고.

인옥이: 신체 폭발은 안 해서.

연출자: 언어, 언어 공격도 안 하고.

인옥이: 언어 공격도 안 하고. 진짜 전 많이 참은 거예요.

상담사: 네, 그래요. 그렇게 말해줘서 고마워요.

연출자: 아빠.

상담사: 아버님은 어떻게 느끼셨어요? 이렇게까지 인옥이가 말하는 거 보시고.

아버지: 공부가 하기 싫은가 보죠. 요즘 애들이 뭐, 부모가 하라고 한다고 듣나요.

상담사: 아버님은 어떻게 인옥이가 성장하면 좋으시겠어요?

아버지: 나야 잘되면 좋죠. 그런데 내가 한다고 되는 애가 아니니깐, 자기가 하고 싶은 거 하고 살아야죠.

연출자: 자, 그럼 하고 싶은 게 뭘까요.

상담사: 그럼 인옥이가 하고 싶은 게 뭘까요? 혹시 인옥이가 뭘 하고 싶고, 앞으로 어떤 사람이 되고 싶은지.

연출자: 어떤 재능이 있는지.

상담사: 인옥이가 또 어떤 재능이 있는지.

연출자: 물어보세요, 인옥이가 가장 중요시하는 것이 무엇이고, 가장 즐겁게, 웃으면서 할 수 있는 게 뭘까요, 물어보세요. Action!

상담사: 인옥이가 가장 즐겁게 하고, 또 가장 하고 싶어 하고, 또 가장 중요시 생각하는 게 뭘까요?

아버지: 글쎄요. 저는 회사일 다니느라 바쁘다 보니 일단은 뭐, 엄마가 알아서 하겠죠.

상담사: 아, 그러셨군요. 지금 이렇게 인옥이가 행동하는 거 보시면서 혹시 다른 느낌이나 생각이 안 드시나요?

아버지: 좀 더 얘기는 해봐야 하겠죠?

상담사: 그럼 아버지는 좀 더 인옥이에게 관심을 가져주셨으면 좋겠습니다.

연출자: 자, 상담사는 이제 게임에 대해서 장단점을 5가지씩 쓰라고 하세요. 엄마도 쓰고, 아빠도 쓰고, 애도 쓰고. 장단점에 대해서. 종이에다.

상담사: 인옥이는 게임을 좋아하잖아요?! 게임에 대한 장점 있잖아요. 게이머가 된다든가. 기분이 좋아지잖아. 그런데 그렇게 게임을 하다 보면 단점도 있어요. 게임에 대한 단점.

인옥이: 좀 피곤하죠.

연출자: 일단 쓰고 나서. 엄마, 아빠도 같이.

(다들 종이를 받는다.)

상담사: 장점 5가지, 단점 5가지를 써주세요.

연출자: 이렇게 하면 장점도 있겠지만 단점이라는 게 더 많아요. 그럼 그 단점을 강화해서 그것을 해결을, 대처방안을 찾아내야 해요. 팁(tip)을 다 주지 마시고 내담자와 부모님들이 협심해서 단점을 타개할 수 있는 대처할 수 있는 기술을 모색할 수 있도록 옆에서 지지해 주시고, 탐색할 수 있도록 조언해 주시

면 돼요. 그리고 이걸 다 했으면 수고했다고 박수를 좀 쳐주세요.

상담사: 어머니, 아버지의 입장에서 게임에 대한 장, 단점을 5개가 생각 안 나면 3, 4개 써주시면 돼요. 아이고, 인옥이 글씨 잘 쓰는구나. 장점이 너무 많네요. 아버님은 단점만 적으시네요. 장점도 좀 적어주세요.

(적고 있다.)

상담사: 좋습니다, 시간상 지금 적으신 걸 가지고 한번 알아보겠습니다. 아버님께서 생각하시는 게임의 장점이 뭐죠?

아버지: 일단 딸이 좋아하고요. 또 시대적 흐름이라니까. 그리고 안 떠들어서 좋아요. 용돈도 덜 들어가는 것 같고.

(하하하)

상담사: 어머니는 장점이 뭐예요?

어머니: 그냥요, 스트레스 쌓인 것을 게임을 하면서 푸니깐 스트레스가 덜 쌓일 것 같아요. 그리고 또 컴퓨터에서 지금 인옥이가 게임에서 꽤 높은 점수를 받나 봐요. 그러니까 성취감을 게임 속에서 느낄 것 같아요. 그리고 더는 장점이 별로 없는 것 같아요. 단점이 더 눈에 들어오네요.

상담사: 인옥이는 게임의 장점이 뭘까요?

인옥이: 저는 아이들과 친구가 될 수 있고요.

상담사: 아, 그렇군요.

인옥이: 그리고 인터넷상에서는 내 얘기를 잘 들어줘요. 또 머리 회전도 되게 빨라져요. 그다음에 유명한 게이머가 된다면 돈도 많이 벌 수가 있고요. 그리고 인터넷상의 세계에서는 제가 왕이거든요. 단점은 좀 피곤해요. 좀 피곤하고, 성적이 떨어지고, 엄마에게 꾸중을 많이 듣고요. 그리고 가끔 게임이 끝나고 나면 허전하기도 해요.

상담사: 응, 그렇구나. 단점도 있군요. 그렇지?! 그동안 단점은 생각해봤어요?

인옥이: 선생님이 생각해보라니까 곰곰이 생각해 본 거예요.

상담사: 어머님이 생각하는 단점은 뭐예요?

어머니: 저는요, 게임을 오랜 시간 하니깐 공부할 시간이 부족할 거고요. 또 밤새 게임을 하니깐 학교 가면 자지 않겠어요? 그게 너무 속상하고요. 인옥이는 게임 속에서 친구가 많다고 하는데 실제로 얘는 밖에 나가서 친구들을 만나지 않아요. 현실에서의 친구는 없을 것 같아요.

그것도 속상하고요. 또 건강도 나빠지잖아요. 밤새 하니깐. 그래서 전 단점
이 더 눈에 많이 보여요.

상담사: 음, 그렇군요. 아버님은 단점이 뭐라고 생각하세요?

아버지: 옛날에는 아빠가 오면 인사도 잘하고 그러더니 요즘에는 소 닭 보듯이 하네
요. 인사성도 없고 보는 둥 마는 둥 하고. 성격도 아까 보시다시피 이렇게
막 소리 지르고요, 그다음에는 엄마 말 들어보니 막 성적도 떨어지고 그런
다네요.

상담사: 아, 예. 그러시군요. 인옥이는 엄마, 아빠가 게임에 대해서 그렇게 생각한다
고 하니깐 그리고 네가 생각한 단점을 같이 보니깐 어떤 마음이 들어요?

인옥이: 그냥 뭐, 좀 걱정을 하고 계시는구나.

상담사: 그러면은 아무튼 이렇게 단점과 장점을 적어주셔서 고맙습니다.

연출자: 엄마한테 물어보세요. 애가 잘하는 게 뭐냐. 애가 가장 좋아하는 게 뭐고 애가
가장 중요시하는 게 뭐고. 그걸 엄마한테 좀 물어보세요. 아빠는 모르니깐.

상담사: 엄마는 인옥이가 뭘 가장 잘하고, 뭘 살아가면서 가장 중요하게 생각한다고
생각하세요? 어떤 건지 알고 계세요?

어머니: 일단 컴퓨터 게임을 너무 좋아하니깐, 가장 잘하는 건 게임인 것 같고요. 또
인옥이 말대로 게임에서는 머리 회전이 잘 된다고 하니깐 저는 머리가 나쁘
지는 않은 것 같아요. 그러니까 그 머리로 다른 걸 했으면 좋겠는데.

연출자: 다른 게 뭐냐고 물어보세요.

상담사: 구체적으로 어떤 것이요?

어머니: 아무래도 학생이니깐 그 머리로 공부를 잘했으면 좋겠고.

상담사: 아, 그렇구나.

어머니: 네.

연출자: 일단은 인터넷 게임만 하는 애들이 거의 우울증이 있어요. 그리고 공부를 잘
할 수가 없어요. 부주의 때문에. 집중이 안 돼요. 충동성도 있어요. 엄마는
아직 이런 정보가 없죠. 자, 그러면 만약에 기적적으로 이러한 문제들이 다
해결됐다면, 인터넷 중독 문제도 해결하고, 공부도 하고, 아이들과 놀기도
하고. 다 해결됐다면 인옥이의 행동이 어떻게 변할까요? 또 엄마는, 아빠는
어떻게 변할까요? 기적질문. 정리를 해서. 기적이 일어났어요. 이 기적이 일
어나서 인옥이가 게임을 통제하고, 엄마 아빠가 원하는 대로 공부를 열심히

한다면 어떤 행동의 변화가 인옥이에게 있을까요? 또 엄마 아빠는 어떤 모습으로 인옥이를 대할까요? Action!

상담사: 어머니, 아버님은 인옥이의 행동에 변화가 생겨서 이제 공부도 잘하고, 게임도 스스로 통제하고, 게임의 장점만 살려서 행동하게 되었을 때 가장 먼저 어떤 변화가 일어날까요?

어머니: 일단 인옥이한테 너무너무 잘해줄 것 같아요. 마음이 저도 좀 편안하고 하니깐 지금처럼 소리 지르지 않고 되게 잘 대해줄 것 같아요.

연출자: 그럼 일어나서, 인옥이도 일어나서 보여 달라고 해주세요. 자, Action.

상담사: 인옥이, 엄마가 하신 말씀 들었죠?

인옥이: 네.

상담사: 그렇게, 이제, 그런 행동이 앞으로 일어났다고 생각을 하고. 이제 앞으로 한번 행동을 보여줄 수 있을까요?

연출자: 아니, 엄마가 보여주세요.

상담사: 엄마가 행동으로 보여주신다고 하는데, 어디 한번 볼까요?

인옥이: 한번 보죠, 뭘.

상담사: 그래. 좋아요.

(인옥이, 어머니 자리에서 일어난다.)

연출자: 인옥이가 게임하고 있어요.

인옥이: (게임 하는 시늉을 한다.)

연출자: 앉아서 해주세요.

어머니: 인옥이 게임 하는구나. 나는 네가 지금... 호호.

연출자: 근데 지금 인옥이, 눈, 시선 처리가 어떻게 되는 거죠? 모니터를 봐야지 위를 보면 안 돼요.

인옥이: 아니, 엄마 얘기는 하나도 귀에 안 들려요.

어머니: 어머, 인옥이 게임하고 있니? 엄마가 간식 차려 놨으니깐 그거 먹으면서...

인옥이: 놔.

어머니: 인옥아, 엄마 말 들어봐. 잠깐만 멈추고. 엄마가 간식 차려 놨으니깐 그거 먹고 이따가 오후에 책을 좀 봤으면 좋겠어. 응?

연출자: 그럼 아빠는 어떤 모습으로 보여주실 건지 물어보세요.

상담사: 아버님은 어떤 모습을 보여주실 수 있으세요? 인옥이가 앞으로

연출자: 게임도 통제하고, 자기가 알아서 공부도 하고.

아버지: 인옥이가 좋아하는 거에 대해서는 이제, 집안에 관심 좀 가지고, 좋아하는 게 뭔지 그것에 관해서 얘기 좀 나눠야겠어요.

연출자: 얘기해 보세요.

상담사: 자, 그럼 직접 행동으로. 인옥이 게임할 때 같이.

연출자: Action.

아버지: 인옥이 게임 좋아한다면서! 아빠도 좀 가르쳐 줄래?

연출자: 아주, 좋아요.

상담사: 잘하셨어요.

연출자: 그리고 또?

아버지: 아빠랑 게임 1시간 동안 하고 갈까? 같이.

연출자: 1시간만 하고 농구 하러 갈까?

아버지: 1시간만 하고 놀러 갈까?

연출자: 농구, 테니스, 아니면 애가 잘하는 거요.

아버지: 게임도 좋아하지만, 뭐 또 좋아하지? 1시간 게임하고 우리 또 뭐할까?

연출자: 쪽팔려서 아빠랑 못 논다고 하세요.

(웃음)

인옥이: 쪽팔려서 아빠랑 못 놀아!

아버지: 쪽팔리는구나, 아빠랑 노는 게. 어떡하지, 아빠랑 안 놀아봐서.

연출자: 아빠가 노력할게.

아버지: 응. 아빠가 앞으로 노력할게.

연출자: 젊어지도록. 술 담배도 끊고.

아버지: 아빠가 인옥이랑 놀기 위해서 젊어지도록 많이 노력할게.

인옥이: 노력을 하든지 말든지.

연출자: 잘하셨어요. 그러면 인옥이는. 자, "만약에 네가 엄마, 아빠 말씀대로 아빠 도움을 얻어서 네가 인터넷 게임도 통제를 하고, 어느 정도 네가 공부도 좀 하고, 이렇게 적절한 행동을 네가 하게 된다면, 너는 가장 먼저 뭐가 변화가 있을까요?"라고 물어보세요.

상담사: 인옥이, 엄마 아빠 말씀 들었죠?! 음… 엄마, 아빠가 기대한 것처럼 네가 게임도 스스로 통제해서 적당한 시간만 하고, 공부도 옛날처럼 열심히 했을

때 어떤 변화가 있을까요?

인옥이: 엄마 아빠가 행복해하시겠죠.

연출자: 어떻게 행복하실까?

상담사: 엄마, 아빠가 어떻게 행복해하실까?

인옥이: 두 분이 좀 덜 싸우시고.

상담사: 음, 엄마 아빠가 많이 싸우시는군요?!

연출자: 그건 문제해결에서 언급을 안 해요.

상담사: 엄마, 아빠 말고 너는 어떻게 변할 것 같아요?

인옥이: 저는 뭐… 책을 좀 보겠죠, 뭐.

상담사: 책을 많이 읽는군요. 책을 많이 읽게 되면, 공부를 하게 되면 어떻게 될 것 같아요?

연출자: "많이"라는 말, "열심히"란 말, 그걸 빼야 해요. 중량감이 와서. 강박적 부담으로 힘들어요. 그런 말보다 편안한 말. 우리가 일상적으로. 왜냐면 얘는 그것에 지쳐서 지금 억제되고, 행동이 억제되고, 분노가 억압되고, 정서가 억압되고, 자기 스스로 억제를 하고 있거든요. 그걸 지금 게임으로 표출하는거든요. 그런데 그런 아이들에게 열심히, 많이, 이렇게 하면 이게 분노가 표출돼요. 그러니까 그렇게, 아이에게 편안하게, 약간 놀라줘야 해요. "오, 스스로 책을 봐?! 와~! (박수) 이야~! 그 모습을 한번 보여줄래?" 여기까지해주세요. "와~ 네가 스스로 책을 볼 생각을 다 했구나!" 작은 변화, 그것을 칭찬해주세요. Action!

상담사: 우와~

연출자: 엄마는 집중해주세요. Action!

상담사: 우와! 책을 보고 싶군요~!

연출자: 스스로 책을 보는군요! 어떤 책을 볼까요?

상담사: 어떤 책을 볼까요?

인옥이: 너무 큰 기대 마세요, 저 만화책 볼 거예요.

연출자: 아~ 그렇군요.

상담사: 아~ 그렇군요.

연출자: 만화에도 관심이 있군요!

상담사: 만화에도 관심이 있군요!

인옥이: 많죠.

연출자: 구체적으로 어떤?

상담사: 구체적으로 어떤 만화를 좋아해요?

인옥이: 순정만화 좋아해요.

상담사: 아~ 그렇군요.

연출자: "만화작가에 관심 있어요?"라고 물어봐요.

상담사: 혹시 만화작가에도 관심 있어요?

인옥이: 좀 관심 있어요.

상담사: 응. 그렇군요. 혹시 그림도 좋아해요?

인옥이: 뭐, 잘 그리지는 못하지만, 게임 다음으로 좋아한다고 할 수 있어요.

상담사: 아~ 그렇구나. 어머님은 혹시 인옥이가 그림을 잘 그리는 걸 알고 계시나요?

어머니: 초등학교 때는 많이 낙서장에다가 그림을 그리고 해서, 조금 소질은 있는 것 같아요.

상담사: 아~ 그렇군요.

연출자: 그러면 물어보세요. 어머니는 만약에 인옥이가 카툰, 만화 학원에 다니길 원한다면 대주실 의향이 있냐고 물어보세요. Action!

상담사: 어머니는 그럼 인옥이가... 아, 전에 인옥이한테 물어봐야겠네요.

연출자: 그렇죠. 물어보세요.

상담사: 인옥이는 그러면 재능이 있었는데 혹시 그림 그리는 만화 그리는 학원 같은 곳에 다니고 싶은 마음 있어요?

인옥이: 있긴 하지만, 뭐, 엄마가 보내주시겠어요?!

상담사: 아, 그래. 혹시 어머님은 인옥이 학원에 보내주실 의향이 있으신가?

어머니: 글쎄, 학원을.... 일단 제가 잘 모르니깐 학원을 가서 조금 더 연습해서, 재능이 있다고 하면 그 길로 가는 것도 나쁘진 않을 것 같아요.

상담사: 아, 예. 그리고 인옥이가 인터넷 하는 것보다는 게임 하는 것보다는 그림 그리는 것을 훨씬 더 좋아한다고 그러면.

어머니: 네.

상담사: 아주 좋은 방법일 것 같은데 다시 한번 생각해보는 것도 좋은 방법일 것 같고요. 아버님은 어떻게 생각하세요?

아버지: 자기가 좋아한다면 해봐야죠, 재능도 있다는데.

상담사: 아버지, 대단하시네요. 이렇게 인옥이가 하고 싶다는 거 다 해주신다고 그러네요. 인옥이는 어떻게 생각해요?

인옥이: 아빠는 원래 그래요. 우리 엄마가 더 문제예요.

(웃음)

연출자: 네, 그러면 애가 지금은 게임을 8시간 하는데 이젠 줄여야 해요. 5시간으로, 5시간에서 3시간, 3시간에서 2시간. 이렇게 줄여야 하거든요. 5시간으로 줄이면 3시간이 남잖아요?! 우리가 그걸 일주일 동안 줄일텐데, 구체적으로 이 3시간을 어떻게 보낼 것인지 정해야 해요. 애가 원하는 공부, 운동한다든가 엄마와 함께 장을 보러 가거나 산책을 한다든가 등 함께 시간을 보낼 수도 있죠. 무슨 학원을 보내고 어떻게 과외 활동을 할 것인지 엄마, 아빠가 어떻게 계획을 참여할 것인지 구체적으로 계획을 짜주세요. Action!

상담사: 지금 저희가 시나리오를 어떻게 짰냐면 1학년 때는 공부를 잘했어요. 모범생이었는데, 갑자기 2학년 와서는 친구들하고 게임 한다고 이렇게 됐거든요. 공부를 잘한 경험이 있어요. 그래서 그거하고 비교해서….

연출자: 만화 하면서 공부로 다시 돌아올 수 있으니까 먼저 만화로 가죠.

상담사: 자, 인옥이가 이제 만화 그리는 것도 좋아한다니깐 이제 만화 그리는 공부도 하면서 게임도 꼭 하고 싶은 건 하고, 하면서 조금씩 조금씩 만화 그리는 것을 조금 더 집중할 수 있는 시간을 가지면 어떨까요? 어떻게 생각해요?

인옥이: 엄마가 공부만 포기하시면 한번 가볼까 해요.

상담사: 어~ 그렇구나. 인옥이가 만화 그리는 것을 좋아하죠~

인옥이: 네.

연출자: 만약에 엄마, 아빠가 널 도와주고 그렇게 네가 취미생활을 하게 해준다면 네가 지금 8시간을 게임을 하는데 그 8시간에서 과연 하루에 몇 시간을 줄일 수 있는지, 네가 얼마나 게임을 덜 할 수 있는지. 거기까지 해주세요. Action!

상담사: 어, 그럼 인옥이는 하루에 보통 게임을 몇 시간이나 해요?

인옥이: 학교에서 돌아오면 5시 되면 뭐 먹고, 2~3시간 할 때도 있고.

연출자: 새벽 2~3시.

인옥이: 새벽 2~3시까지 할 때도 있고. 엄마가 뭐, 야단치시면 좀 자다가 새벽에 다시 일어나서.

상담사: 아, 그렇군요. 그럼 보통 시간으로 보면 몇 시간이나 하니, 한 8시간 정도 하겠네요?

인옥이: 네.

상담사: 아, 그렇군요. 그런데 앞으로 엄마, 아빠가 적극적으로 만화 그리는 걸...

연출자: 엄마, 아빠가 너와 함께 네가 좋아하는 활동을 같이 시간을 내서 해준다면 뭘 해주길 원하는지, 같이 산에 가든지 줄넘기를 한다든지 등 이런 것들을 물어보세요. 만약 그렇게 된다면 시간을 어느 정도 단축할 수 있는지, 게임을 줄일 수 있는지는 아이 스스로 결정해야 해요. 그렇게 한번 물어보세요. Action.

상담사: 엄마, 아빠가 인옥이가 좋아하는 것을 해주고 싶어 하시잖아요. 그러면 그런 것들을 하면서 게임 하는 시간을 줄일 수 있을까요?

연출자: 잘하셨어요.

인옥이: 학원에 가는 시간 정도는 줄일 수 있겠죠.

상담사: 음. 그렇구나. 그리고 학원에 갔다 와서 좋아하는 것을 할 수 있는 게 있을까요?

연출자: 그렇지. 하고 싶은 게 뭐냐고 물어보세요.

상담사: 하고 싶은 게 뭐예요?

인옥이: 만약에 엄마가 만화 그리는 학원에 보내주신다면 뭐, 갔다 와서 좀 더 연습하는 시간을 가질 수 있겠죠.

상담사: 아, 그렇군요. 얘기해줘서 고마워요. 어머니, 아버님은 인옥이하고 혹시 같이 할 수 있는 거라든지 전에 했던 거라든지, 또 전에 인옥이가 좋아하는 거라든지. 혹여 그런 것이 있으셨나요? 아니면 지금이라도 앞으로 같이 인옥이와 하고 싶어 하는 게 있나요?

아버지: 그동안 바빠서 신경을 못 썼는데 애가 만화를 한다면 만화가 왜 즐거운지 같이 읽어보려고요.

상담사: 고맙습니다.

연출자: 또 그 밖에 애하고 낚시나 꽃놀이 같은 게 있을 거예요. 아빠랑 같이 할 수 있는 게 뭐가 있을까요? 3가지 쓰라고 하세요. 애와 같이 할 수 있는 거, 하루에 할 수 있는 거, 일주일에 할 수 있는 거 3가지 써주세요. 애도 엄마, 아빠와 하고 싶은 거 3가지 써주세요.

상담사: 인옥이는 학원에 갔다 와서 할 수 있는 거.

연출자: 일주일 동안 엄마, 아빠랑 하고 싶은 거 3가지만 말해주세요.

상담사: 3가지만.

연출자: 애를 위해서 하고 싶은 거 3가지. 난 네가 이렇게 살아 와줘서 고맙다고 얘기해 주세요. 난 너를 볼 수 있는 게 영광이야, 이렇게 해주세요. 왜? 많이 힘들어요. 애를 웃겨주세요. 너무 이렇게 다운되면 안 돼요. 한번 웃겨주세요. 가족이 너무 침체돼있어요.

상담사: 카메라를 너무 의식해서.

연출자: 의식하지 마세요. 3가지 쓰셨어요? 이제는 역할을 전환해서, 바꿔서 역할행동, 역할시연을 해달라고 요구해 주세요. 아이 목소리로. 아빠 목소리로. 바꿔서, 기술한 종이를 자, 바꾸세요. 엄마는 엄마 목소리로, 아빠는 아빠 목소리로, 아이도 마찬가지예요. 자, Action.

상담사: 어머니부터.

연출자: (어머니를 보며) 누구 건가요, 이거. 인옥이 거예요?

어머니: 인옥이 거 받았거든요.

연출자: 인옥이 목소리로 말해주세요. 다 같이 Action!

상담사: Action!

어머니: (인옥이 목소리로) 마트에 가서 장보고 요리해서 가족이 함께 식사하고 싶어요. 가족이 함께하는 여행을 떠나고 싶어요.

연출자: 와, 어디로 떠나고 싶어요, 물어보세요.

상담사: 어디로 떠나고 싶어요?

어머니: (인옥이 목소리로) 음, 멀리 가는 건 힘들지만 가까운 춘천이나 놀이동산을 갔으면 좋겠어요.

상담사: 아, 감사합니다.

(박수)

상담사: 자, 아버님.

아버지: (어머니 목소리로) 저기, 손잡고 가족들하고 동네 산책하는 운동을 할 거고요, 그다음에 맛있는 요리를 해서 인옥이도 주고 남편도 줄 거예요. 그런 다음에 인옥이 만화 내용을 찾기 위해서 독서를 많이 할 거예요.

상담사: 아유, 고맙습니다.

(박수)

연출자: 블로그에 올려달라고 해주세요.

상담사: 그럼 블로그에 올려주시겠어요?

아버지: 아, 네. 알겠습니다.

연출자: 인옥이 좋겠다! 라고 말해주세요.

상담사: 아유, 인옥이 좋겠네요. 엄마 아빠가 이렇게.

연출자: 블로그에 올려주시고. 짱이다, 얘. 이렇게 말해주세요.

상담사: 짱이다, 얘.

(웃음)

연출자: 아이들 용어로 표현해주세요. 또 엄마는 엄마. 박사님은 박사님. 즉, 대화가 3가지 유형의 목소리와 용어를 사용해서 진해야 합니다. 이해되시나요? Action! (인옥이를 가리키며) 네가 할 수 있냐고 물어보세요. "아빠 목소리로 해줄 수 있겠니" 해주세요.

상담사: (인옥이를 보면서) 아빠 목소리로 한번 흉내 내줄 수 있겠어요?

연출자: 충청도로 구수한 목소리로 해주세요.

상담사: 아빠 목소리로 해봐요. 할 수 있겠어요?

연출자: 응, 응. 잘하신다.

인옥이: (아빠 목소리로) 함께 만화를 본다.

(웃음)

인옥이: 만화에 관해 이야기한다. 만화에서 좋아하는 것을 찾아낸다.

상담사: 아우, 좋겠다.

인옥이: 아빠가 만화를 더 좋아하는 것 같아요.

상담사: 이제 아빠하고 같은 만화 보게 될 것 같은데 기분이 어때요?

인옥이: 글쎄, 아빠는 언제나 저에게 협조적이지 않을까요?

상담사: 그래요? 아~ 잘됐군요. 그런데 왜 그럴까요?

연출자: 엄마하고 네가 적극적으로 이제 쌓아가면 되겠구나, 1%씩.

상담사: 아빠하고는 관계가 좋군요. 엄마하고만 이제 조금씩 조금씩.

연출자: 1%씩.

상담사: 1%씩 관계를 쌓아가면 되겠네요?

연출자: 이 작업을 같이하면, 이 프로젝트를 일주일 동안 같이하면 관계가 어떻게 변

할 건지 한번 물어보세요.

상담사: 지금 엄마 아빠가 적고, 인옥이가 적은 것을 일주일 동안 하면 뭐가 바뀔까요?

인옥이: 제 마음이 좀 바뀌겠죠.

상담사: 오우, 그래.

연출자: 어떤 게 바뀔까요?

상담사: 어떤 게 바뀔까요?

연출자: "네 마음을 신체로 표현해줄 수 있겠어요?" 해주세요.

상담사: 네 마음을, 바뀌는 마음을 몸으로 표현해줄 수 있겠어요?

연출자: 의자에 올라가 주세요.

(웃음)

아버지: 인옥이 잘할 거야!

연출자: 엄마, 아빠도 따라 해주시겠어요? 이렇게.

(웃음)

상담사: 어머니, 아버지도 같이 따라 해주시겠어요? 인옥이 하는 동작을?

어머니: 네.

연출자: 일어나서, 그럼.

상담사: 자.

(모두 자리에서 일어난다.)

연출자: 인옥이의 마음입니다. 자. one, two, three, Action! 일어나서, 여기 올라가서, 의자에. 자, 여러분도 다 같이 올라가 주세요. 자, one, two, three, 인옥이 마음을 보여주세요!

상담사: 인옥이가 마음대로 표현하는 거예요! 자, 준비하세요! one, two, three, Action!

(인옥이, 어머니, 아버지 모두 몸으로 하트를 표현한다.)

(박수)

연출자: 잘하셨어요. 자, 그러면 엄마, 아빠의 마음을 한번 표현해 달라고 하세요. 사랑한다는 메시지를 받았잖아요, 아빠 엄마가 애한테, 그래서 받은 것을 또 표현해주세요.

상담사: 자, 어머니, 아버님이 인옥이 마음을 받으셨죠! 기분이 어떠세요?

어머니, 아버지: 되게 좋아요.

상담사: 그것을 마음으로만 가지고 있으면 안 되겠죠? 몸으로 한번 표현해 보겠습니다.

연출자: 그럼 엄마는 춤으로 한번 해주세요. 엄마는 춤으로!

상담사: 어머니는 춤으로 보여주시죠!

연출자: one, two, three, Action! 애를 보면서 해주세요.

연출자, 상담사: one, two, three, Action!

(어머니, 인옥이를 보면서 하트를 만들어 보인다.)

(박수)

상담사: 고맙습니다. 아버님도.

연출자: 아빠는 노래로 해주세요.

상담사: 아빠는 노래로 한번 표현해주시겠어요?

아버지: 세상에서 제일 좋은 우리 인옥!

(박수)

(자리에 앉는다.)

연출자: 인옥이 좋겠다, 신나겠어요!

상담사: 인옥이 좋겠네요.

연출자: 행복하겠네, 이렇게 해주세요.

인옥이: 엄마가 절 좋아하시는 것 같아요.

(웃음)

연출자: 자, 그럼 물어보세요. 엄마가 여기 상담을 받으러 왔을 때 엄마에 대한 불신감이 몇 점이었고, 지금은 몇 점인지(척도질문사용). Action!

상담사: 아, 엄마가 좋아하시는 것 같아요?

연출자: 상담받기 전에요.

상담사: 아까 상담실에 들어올 때 엄마에 관한 생각이...

연출자: 부정적인 생각이.

상담사: 부정적인 생각이 최대가 100점이었다면 지금은 몇 점일까요?

인옥이: 들어올 때는 정말 바닥이었어요.

상담사: 바닥이었어요?

인옥이: 네. 마이너스였어요.

연출자: 마이너스.

인옥이: 지금은 100점 만점에 85점이요.

(환호, 박수)

연출자: 잘하셨어요. 자, 이것을 하셨잖아요(장단점을 적은 종이). 여기에다 동맹을 맺자고 해주세요.

상담사: 동맹.

연출자: 동맹을 맺자고 하세요. 그래서 이것을 일주일 동안 우리가 실천하자고 해요. 여기 밑에다가 사인 줄을 쳐주세요. 인옥이, 엄마, 아빠, 상담사 사인. 해주세요. 자, 이제 우리가 동맹을 맺을게요. Action! 이 프로젝트를, 가족끼리 함께하기 프로젝트, 시작.

상담사: 자, 이제 우리가 가족끼리 함께하기 동맹을, 프로젝트를.

연출자: 아니요, 프로젝트를. 우리가 이제 동맹을 맺을 거예요.

상담사: 함께하기 프로젝트에 대해서 동맹을 맺고자 합니다.

연출자: 그렇죠. 그래서 사인이 필요하다고 해주세요.

상담사: 그러기 위해서는 이제 여러분들이 약속이 필요한데 좀 전에 여러분들이 적었던 거기다가 서명을 하겠습니다.

연출자: 제일 위에다가 딸, 인옥이.

상담사: 가장 위에 딸, 인옥이.

연출자: 쓰시라고 해주세요.

연출자: 엄마, 아빠, 상담사.

상담사: 엄마, 아빠, 상담사.

연출자: 그렇게 해서 여러분 위에 날짜 쓰시고, 제일 위에 날짜. ○○○○년 ○○월 ○○일. 사인.

상담사: 사인해주세요.

연출자: 자, 그리고 상담사도 바꿔서 사인하고. 돌려가지고.

상담사: 돌리시고.

연출자: 사인해주세요. 잘하셨어요.

상담사: 고맙습니다.

연출자: 그러면서 이걸 돌려 드려요.

상담사: (종이를 정리하며) 아버님이 이걸 가지고 계시다가 다음 주에.

연출자: 다음 주에 오시기 전에 그것을 몇 점, 완성도가 얼마나 되는지 점수를 표시해 주세요. 그래서 엄마, 아빠, 자기 실행한 것을 백 점 만점에서 몇 점을 의미하고 완성을 했는지 그것을 점수로 체크를 해서 가져오시라고 해주세요.

상담사: 네, 이제 동맹을 맺으셨습니다.

상담사: 약속을 하신 거니깐 이거를 일주일 동안 하시면서 얼마나 했는지 또 그 항목 백 점 만점에서 몇 점을 했는지를.

연출자: 완성을 했는지를…….

상담사: 완성을 했는지를 적어서 다음 상담 때 그것을 그대로 가져오시기를 바랍니다.

연출자: 자기점검일지. 자기점검일지를 체크를 해서 오시고 또 아까 몇 과제를 드렸잖아요. 과제뿐만이 아니라 실제적인 과제가 무엇인지, 애의 만화학원가는 거. 그것도 좀 어느 정도 진행이 됐는지에 대해 말씀해주세요.

상담사: 이제 또 인옥이가 만화학원에 가고 싶다고 했으니까 부모님이 학원을 알아봐서 등록하는 것까지 책임을 지시고 다음 주에 오실 때는 결과를 한 번 듣고. 인옥이는 이제 그렇게 되면 게임을 8시간이나 하는데 얼마나 많이 줄었는지, 그걸 좀 알아서 다음 상담회기 때 체크해서 알려주세요.

연출자: 자기점검일지로.

상담사: 알려주세요.

연출자: 잘하셨어요. 그리고 애가 무엇이 변하는지 작은 변화, 또 인옥이는 엄마, 아빠의 무엇이 변하는지. 응? 상담받고 나서 실제 이 과제를 하면서 변화행동을 좀 몇 가지 써 오라 해주세요.

상담사: 아, 그리고 부모님께서는 이제 이 과제를 하면서 인옥이가 무엇이 어떻게 변하는지, 또 얼마나 변하는지.

연출자: 작은 변화. 작은 긍정적 변화. 행동변화. 다시 한번. Action.

상담사: 일주일 동안 지내면서 과제를 하면서 인옥이가 어떤 작은 긍정적인 변화, 행동변화가 있는지.

연출자: 또, 엄마 아빠에게 인옥이는.

상담사: 인옥이는 또 엄마, 아빠에게 어떻게 변하는지, 어떤 작은 긍정적인 행동변화가 있는지 적어서 가지고 왔으면 좋겠어요. 해줄 수 있겠어요?

인옥이: 네.

상담사: 자, 부모님도 해줄 수 있겠어요?

어머니, 아버지: 네.

연출자: 자, 칭찬, 지지, 용기, 감사로 표현해주세요. 특히, 남자들은 상담실에 잘 안 오려고 해요. 특히, 이혼하고 나서. 남자들은 돈 아까워서 안 오고. 아빠가 오셨다는 것은 획기적인 거예요. 아빠에게 감사하다고 표현해주시고, 그리고 인옥이 잘 참아줘서 고맙다고 지지 및 칭찬해주시고. 엄마에게도. 이렇게 해서. 일단 칭찬, 지지, 용기, 감사 표현해주고, 그리고 전체 상담에 대한 피드백을 드립니다. 어떤 실제적인 도움이 되셨는지? 그리고 종결하세요. Action!

상담사: 인옥이 오늘 와줘서 고맙고, 또 잘 따라와 줘서 고마워요. 음, 그리고 아버님은 상담실에 오시는 게 진짜 힘드셨을 텐데도 오셔서 이렇게 적극적으로 말씀해주시고, 인옥이에게 사랑과 관심도 보여주시고, 약속도 해주시고, 앞으로 일주일 동안 하실 일도 직접 적어주셔서 고맙습니다. 어머님께서도 아주 힘드셨겠지만 와주셔서 인옥이에게 사랑을 보여주시고 앞으로 상담이나 학원도 다 인옥이를 위해서 해주신다고 하셨고, 또 이곳에 오셔서 같이 잘 어울려 주시고, 이런 행동을 해주셔서 감사합니다. 어머니, 오늘 상담 결과에 대해서 어떻게 뭘 느끼셨어요, 어떤 부분이 도움이 되셨나요? 무엇이 가장 좋으셨나요?

어머니: 인옥이의 마음도 어느 정도 알게 된 것 같고요, 또 저로 인해서 인옥이가 많이 아팠다고 하니깐 저도 좀 속이 많이 상하는데 앞으로는 이런 일 일어나지 않게 잘 인옥이랑 얘기도 많이 하고 다정한, 그런 모녀지간이 됐으면 좋겠습니다.

상담사: 아이고, 고맙습니다. 벌써 상담이 끝난 것 같습니다.

연출자: 박수.

(박수)

상담사: 아버님께서는 어떤 변화가 있으셨나요?

아버지: 돈만 벌어다 주면 되는 줄 알았더니 아버지 역할이 가정에서도 필요한 것 같네요. 애가 좋아하는 것도 알게 되고, 엄마가 그렇게 속 썩은 것도 알게 되고요. 네, 그렇습니다.

상담사: 고맙습니다.

(박수)

연출자: 많이 힘드셨을 텐데. 인옥이한테.

상담사: 인옥이 오늘 많이 힘들었을 텐데, 올 때도 힘들었고, 여기서 이렇게 해주는 것도 힘들었을 텐데, 고마워요.

연출자: 고마워요~! 이렇게 해주세요.

상담사: 고마워요~!

(웃음)

연출자: 웃는 표정으로, 고마워요~! 이렇게. 얼굴은 참 부드럽게 하시면서, 고마워요~! 애들을 웃겨줘야 해요(유머감사용).

분노조절 상담 시나리오 주제 3:
왕따로 인해 등교 거부를 하는 아들과 부모와의 갈등

역할구성원: 상담자, 내담자 1: 엄마, 내담자 2: 아들

(1) 주요호소(CC)

가족관계로는 엄마, 아빠, 아들로 구성되어 있으며 아들과 부모와의 갈등으로 인해 본 기관에 내원하였다고 한다. 아들이 계속 학교에 가지 않으려고 하자 이를 문제로 여긴 엄마가 상담 신청을 하였다.

(2) 인물의 특징

1) 엄마(45세)
가정주부로 아들과 소통을 하기 원함.

2) 아버지(49세)
직장을 다니고 있으며 일 때문에 바빠서 집안일에 관심을 가지지 못함. 무뚝뚝함.

3) 내담자(15세)
현재 중학교에 재학 중이며 한창 사춘기를 겪고 있음. 평소 조용하고 낯가림도 심한 편이라 남들과 잘 어울리지 못하며 예전에 왕따를 당했던 경험이 있음. 현재는 등교 거부를 하고 있음.

(3) 상담시연

상담자: 아, 예. 들어오십시오. 네, 안녕하세요. 안녕하세요, 어머니. 안녕하세요, 아버님. 먼데 오시느라고 애쓰셨습니다. 민우인가 보네? 민우가 가운데 앉고.

(자리에 앉는다) 오시느라 애쓰셨어요. 날도 추우신데. 아버님, 오늘 직장 어

떻게 하시고 오셨어요?

아버지: 아, 네, 뭐. 중요하다고 생각해서 정리하고 왔습니다.

상담자: 아, 감사합니다. 시작부터 좋은 진도인 것 같아요. 아, 오늘 저하고 상담을

통해서 어떤 것을 해결하고 싶은지 어느 분부터, 아버지부터?

연출자: 더 이렇게, 심상화를 해보세요, 심상화. 그래서 어떤 부분을 해결하시면, 어떤

부분에 구체적으로 도움을 받으시면 기쁘실까요?, 어머니, 아버님, 민우가?

상담자: 민우.

연출자: 민우와 손을 잡고 웃으면서 오늘 상담실을 나갈 수 있을까요. 기적 질문을

통해 문제가 해결될 수 있는 희망을 구체적으로 심상화해 주셔야 합니다.

문제에 집착하지 말고 그렇게 해서 가족들이 문제에 자꾸 그쪽에 초점을 맞

추고 집착하지 않도록 처음부터 기세(氣勢)를 잡아주세요. 오케이? 전환해

주세요. 자, 다시 한번. Action! 아이컨택을 잘해야 해요, 아이컨택을.

상담자: 오늘 힘들게 오셨는데 이렇게 얘기를 통해서 어떤 얘기를 풀어가면 돌아가

실 때 밝고. 민우가 지금은 저랑 눈도 안 마주치고 있는데 나갈 때 서로 눈

도 마주치고 가족끼리 손도 잡고 웃으면서 나갈 수 있는 분위기가 될 수 있

을까요?

어머니: 정말 그랬으면 좋겠어요. 지금 민우 때문에 저희가 너무 속상하고 당황스럽

고 어떻게 해야 할지 모르는 그런 상황이고. 답답하고요. 민우가 또 왜 이러

는지 정말 모르겠어요. 그래서 지금 애가 학교에 안가겠다고 하는데, 애가

저랑 얘기도 안 하려고 해요 요즘. 아빠는 뒤늦게 이 사실을 알고 굉장히 나

무라시고 그래서 지금 제가 너무 곤란하거든요. 어쨌거나 지금 제가 선생님

께 상담을 의뢰 드린 건 민우가 지금 왜 학교에 안 가겠다고 하는지 그걸

좀. 저랑은 얘기를 안 하려고 하거든요. 그래서 일단은 알아야 할 것 같아

요. 해서 그렇게라도 일단은...

연출자: 말이 너무 길어요, 끊어주세요! 끊어주세요! "아, 그렇군요"하고, 왜냐하면

민우가 말을 한 50%를 해야 하고, 나머지 엄마가 30%, 상담자가 20%. 이

렇게 진행해야 합니다. 안 그러면 너무 길어요. 애들이 짜증이 나지요. (민우

를 보며) 아이, 짜증 나, 그래, 옆에서. (어머니를 보며) 계속 얘기하면 짜증

나. 간단한 얘기에요. 원인이 무엇인지 알아 달라는 것이거든요. 그렇게 할

수가 있어요. 강박적인 행동이니깐 그것을 가볍게 또 상처 안 받게 "아, 그러시군요! 응? 우리 민우가 그럴만한 이유가 있겠군요, 우리가 한번 지금, 그런 이유가 무엇인지에 대해서 상담을 통해서 탐색해봐요"하고 Action!

어머니: 그래서 원인을 알았으면 좋겠고요.

상담자: 그렇군요. 아이가….

연출자: 끊으세요! 이렇게 하지 말고! 이렇게 하면 무시하는 거예요! "아, 그러시군요!" 자연스럽고 친절하게 무시하며, 아, 아이가 학교에 안 가는 것에 대한 그만한 이유를 알고 싶으신 거군요, 이렇게! Action!

상담자: 어머니께서는 아이가 왜 학교에 안 가는지 그것도 궁금하시고 또 대화를 나누어야 하는데 그것도 궁금하신 거죠? 그럼 아버님하고는 어떻게, 얘기하는 건가요?

아버지: 아니, 도대체. 글쎄, 저도 잘 모르겠습니다. 왜냐면 전에 들었는데, 집안의 일은 알아서 좀 하고, 애도 키우고 그래야지. 갑자기 애가 그렇다고 해서 오기는 했는데 저도 잘 모르겠습니다.

연출자: 진짜 이런 문제로 스트레스받고, 그래요!

아버지: 스트레스, 집에 들어와도 애 때문에 그러니까 아주 돌겠어요.

상담자: 아버님께서는 자녀의 문제를 어머님의 문제로만 생각하시고 계신 건가요?

아버지: 아니, 저도 그걸 해야겠지만 그래도 제가 너무 바쁘고 그러니까 엄마가 더 챙겼어야 하는 게 당연한 거 아닙니까?

상담자: 예, 아버님이 그렇게 생각하심에도 불구하고 이렇게 와주신거 보면 좀 기대가 되네요.

연출자: 그냥, 기대된다는 표현 말고, 와주신 것에 관한 관심과 열정과 그 헌신에 대해서 깊이 감사드려요(칭찬, 지지, 용기, 감사사용). 이렇게 시작. Action!

상담자: 와주신 거에 대한….

연출자: 그럼에도 불구하고!

상담자: 그럼에도 불구하고 와주신 열정과….

연출자: 아이에 대한 사랑과

상담자: 사랑과

연출자: 헌신에 대해서

상담자: 예, 아이에 대한 사랑에 대해 정말 감사드려요.

연출자: 감동을 하였어요.

상담자: 감탄했어요.

연출자: 진실로, 진정으로 표현해주세요.

상담자: 근데 민우한테 한번 물어보고 싶은데. 민우야! 지금 여기 들어와서 한 번도 눈을 안 마주쳤는데 여기까지 온 거는 민우도 동의를 해서

연출자: 민우가 와준 거에 대한 감사표현을 해주세요. 나는 네가 학교에 안 가는 것에 대한 행동(민우가 지금 다리를 떨고 있음). 민우가 많이 불안해하는구나. 이 환경이, 상황이. 응? 이 상담실이 많이 좀 답답한가 보구나. 이렇게 라포형성을 해주고. 그러면서 지금 민우 너를 가장 불안하게 만드는 것이 뭘까?, 얘기해줄 수 있겠니. 이렇게. 여기까지. Action!

상담자: 네가 지금 선생님이 보기에도 불안해 보이거든요. 혹시 네가 불안해하는 거라든가.

연출자: 그만한 이유가 있을 텐데.

상담자: 그만한 이유가 있을 텐데, 불안하거나….

연출자: 불안한 이유가 있을 텐데 그 이유에 대해서 선생님에게 말해줄 수 있겠니? Action!

상담자: 민우가 불안해하는 데는 이유가 있을 것 같은데 그만한 이유에 관해서 얘기해줄 수 있겠어요?

연출자: 잘 모르겠다고 하세요.

민 우: 잘 몰라요.

연출자: 내가 여기 와 있는 이 자체가 싫다고 하세요.

민 우: 전 여기 있는 것도 짜증 나요, 싫어요.

상담자: 응, 그래요. 그래도 여기까지 왔으니깐 기왕이면 엄마도 아빠도 노력하시는 거니깐 얘기를 나눠보면….

연출자: 아, 그렇구나. 네가 아직 마음이 열리지 않았구나. 그러면 네가 시간을 갖고 마음이 선생님한테 열리고, 마음이 좀 차분해지면, 말하고 싶을 때가 되면 그때 나에게 그 이유에 대해 말해주면 고맙겠구나. 여기까지. 상담은 그냥, 이솝 이야기가 아니에요. 구체적으로 그 항목에 정확하게 들어가요. 필요한 내용을, 정보를 주고, 또 기법을 하나씩 줘요. 이게 step by step으로 들어가야지, 막 이렇게 휘두르는 게 아니에요. 그래서 이게 좁혀 들어가서 하나

를 문제를 딱 해결해야 합니다. 자, 여기까지, Action!

상담자: 민우가 아직 선생님에게 마음이 열리지 않았어요. 정확하게 표현을 할 수 없을 것 같다는 생각이 들어요. (마음이 차분해지고)

연출자: 또 선생님께 마음이 열리면.

상담자: 마음이 열리면 그때 얘기해줘도 좋을 것 같아요. 그렇게 할 수 있겠어요?

연출자: 그렇게 이야기해 주면 고맙겠어요.

상담자: 그렇게 이야기해 주면 고맙겠어요.

연출자: 왜, 고맙다는 표현을 민우에게 할 때, "어, 이렇게 행동하면 내가 존중과 인정을 받네, 나도 하면 할 수 있겠네, 어, 나를 존중해주네. 어, 나를 인정해주네." 이렇게 되는 거죠. 이해되시죠? 자, 그럼 지금부터 자기불안조절기법을 한번 해볼까요? 시작! Action!

상담자: 민우야, 자기불안조절기법을 한번 해볼까요?

민 우: 어떻게요?

연출자: STA 한번 해주세요. 이걸 해서 치료가 많이 됐어요.

상담자: 여기서 애가 닫혀 있잖아요.

연출자: 그걸 상담자가 아이스브레킹으로 뻥 터트려주세요. 상담자가 유머감(sense of humor)을 살려서 뻥 터트려 줘야 해요.

상담자: 혹시 TV에서 그런 거 봤어요? 화가 난다! 이거 개그 프로에서 못 봤어요?

민 우: 앵그리 버드.

상담자: 앵그리 버드! 요즘 그거 좋아하잖아요. 화가 난다. 선생님도 그렇고 부모님도 그렇고 화낼 때가 있거든요. 민우도 그렇게 화가 날 때가 있을 것 같은데요.

연출자: 그때 STA기법. 자기분노조절. 자기불안조절.

상담자: 따라 해볼래요?

상담자: 류창현 박사가 만든 거예요. 이거 한번 따라 해볼래요?

연출자: 이번에 만든 거 사람들 많이 따라 해요. TV 나왔거든요. 이거. 자, 분노를 모아서. 불안을 모아서. 자, 살짝 미소를 띠면서 내쉬면서 분노를... 불안을 내보냅니다. 따라 해보세요.

상담자: 민우야 한번 목소리 내면서 해볼까.

연출자: 엄마랑 아빠랑.

상담자: 어머님, 아버님도 큰 목소리로 하면 민우가 하지 않을까요. 자, 민우, 용기

내서 해보는 거예요. 들이쉬고.

연출자: 분노를….

상담자: 불안을….

연출자: 모아서

상담자: 모아서

연출자: 자, 호흡과 함께

상담자: 호흡과 함께

연출자: 내보내는 거예요.

상담자: 내보내는 거예요.

연출자: 양쪽 손가락을 쫙 피시고

상담자: 양쪽 손가락을 쫙 피시고

연출자: 들이시고 다시 한번

상담자: 들이시고 다시 한번

연출자: 불안과

상담자: 불안과

연출자: 강박을

상담자: 강박을

연출자: 두려움을

상담자: 두려움을

연출자: 모아서

상담자: 모아서

연출자: 자, 호흡과 함께

상담자: 호흡과 함께

연출자: 내보내는 거예요.

상담자: 내보내는 거예요.

연출자: 자, 이번엔 크게 한번 해보자. 시작!

상담자: 자, 이번엔 크게 한번 해보자.

연출자: 하~~!

상담자: 하~~!

연출자: 자, 부정적인 마음을

상담자: 부정적인 마음을

연출자: 모아서

상담자: 모아서

연출자: 자, 긍정적으로

상담자: 긍정적으로

연출자: 바꾸자!

상담자: 바꾸자!

연출자: 자, 들이쉬고 1, 2, 3, 4, 5

상담자: 들이쉬고 1, 2, 3, 4, 5

연출자: 들이쉬고 1, 2, 3, 4, 5

상담자: 들이쉬고 1, 2, 3, 4, 5

연출자: 내쉬고 1, 2, 3, 4, 5

상담자: 내쉬고 1, 2, 3, 4, 5

연출자: 또 만들었어요, 내가. 다시 한번, 들이쉬고 1, 2, 3, 4, 5

상담자: 들이쉬고 1, 2, 3, 4, 5

연출자: 내쉬고 1, 2, 3, 4, 5

상담자: 내쉬고 1, 2, 3, 4, 5

연출자: 입을 안 벌립니다.

상담자: 민우, 한 번만.

연출자: 들이쉬고 1, 2, 3, 4, 5

상담자: 들이쉬고 1, 2, 3, 4, 5

연출자: 내쉬고 1, 2, 3, 4, 5

상담자: 내쉬고 1, 2, 3, 4, 5

연출자: 내쉬면서 불안과 우울과 강박을 분노를 내보내는 것입니다.

상담자: 불안과 우울과 강박을 분노를 내보내는 거예요.

연출자: 다시 한번 들이쉬고 1, 2, 3, 4, 5

상담자: 들이쉬고 1, 2, 3, 4, 5

연출자: 내려놓고

상담자: 내려놓고

연출자: 선생님 잘 봐요, 하면서

상담자: 선생님 잘 봐요.

연출자: 들이쉬고 1, 2, 3, 4, 5

상담자: 들이쉬고 1, 2, 3, 4, 5

연출자: 내쉬면서 1, 2, 3, 4, 5

상담자: 내쉬면서 1, 2, 3, 4, 5

연출자: 내쉬면서 하~아~

상담자: 내쉬면서 하~아~

연출자: 추임새, 내쉬면서 하~아~

상담자: 내쉬면서 하~아~

연출자: 복식호흡을 들이쉬고, 내쉬고를 하면서 자신의 마음을 내려놓습니다. 이때 도리어 세상을 다 얻는 기분이 들기도 합니다.

상담자: 복식호흡을 들이쉬고, 내쉬고를 하면서 세상을 다 얻는 기분으로 해보시면 도움이 될 거예요. 어머니, 해보시니까 어떠세요?

어머니: 좀 너무 시원한 거 같아요.

상담자: 아, 그럼 다행이에요. 아버님께서는 줄곧 잘 따라 해주시던데, 아버님 느낌은 어떠세요?

아버지: 예, 저도 좋아요.

연출자: 자, 민우가 다리를 많이 떨잖아요. 다리를 이렇게 하라고 해요. 따라해봐요. 본인도 하셔야 해요. STA 기법. 아! 불안이다, 불안이다, 불안이다.

상담자: 민우야, 선생님 좀 따라 해봐요. 무릎을 딱 잡고,

연출자: 일단 자기불안 알아차리기(자각하고, 인식하기).

상담자: 자기불안 알아차리기.

연출자: 따라 하세요, 그래야지. 엄마랑 아빠는 왜 안 따라 해요? 안 도와줄 거예요?

상담자: 다 같이 한번, 가족 함께. 아! 불안이다, 불안이다, 불안이다!

가 족: 아! 불안이다, 불안이다, 불안이다!

연출자: 이게 뭐라고요?

상담자: 이게 뭐라고요?

어머니: 자기불안 알아차리기.

(박수)

연출자: 아빠 좀 치라고 해주세요, 왜 아빠는 안 쳐요.

상담자: 아버지 박수 한 번.

(박수)

연출자: 그거를 왜 알아차려야 할까요.

상담자: 이거를 왜 알아차려야 될까요.

연출자: 민우한테 물어봐요.

상담자: 아버님 생각을 먼저 말씀해 보세요. 왜 그걸 알아차려야 될까요?

아버지: 글쎄, 뭐, 뭔지 알아차려야 하니깐.

상담자: 예~ 어머니 생각은요?

어머니: 글쎄요, 불안한 걸 알아야 그걸 진정시키려고 노력하는 것 같아요.

연출자: 민우한테 좀 물어봐요. "무슨 생각을 해요?"

상담자: 민우야, 불안할 때가 있어요? 그걸 알아요?

연출자: 네가 다리 떨 때 불안한 걸 알아요?

상담자: 네가 다리를 떨고 있을 때 "아, 내가 불안하구나."라는 걸 느껴요?

민　우: (고개를 젓는다.)

상담자: 아, 모르는군요. 이때, 이때 쓰는 거예요.

연출자: 응?

상담자: 이때 쓰는 거 아닌가요?

연출자: 이때가 뭐죠?

내담자: 이럴 때 알아차린다고.

연출자: 그게 당연한 거예요. 왜냐면 우울한 사람은, 불안한 사람은 얕은 우울감을 늘 갖고 있어요. 항상 불안해요. 언제가 가장 불안하시냐고 물어보면 항상 불안하대요. 이게 범불안장애예요. 흔히 기분부전장애와도 공존합니다. 그러니까 그게 당연한 거예요. 아, 그러면 이제부터 알아가자! 알아차려 보자! 자각하자! 인식하자!

상담자: 어머님, 아버님. 여기 와서 다리 떠는 것이 불안이란 걸 알아차리는 기술을 배우는 것이 많이 도움이 되실 거예요.

연출자: 자, 다시 해봅시다. 시작.

상담자: 아! 불안이다, 불안이다, 불안이다.

내담자: 아! 불안이다, 불안이다, 불안이다.

연출자: 다리를 잡고!

상담자: 다리를 잡고!

연출자: 다리를 올리고!

상담자: 다리를 올리고!

연출자: 그렇지, 올리시고. 발을 올리시고!

상담자: 발바닥을 올려봐요.

연출자: 그렇게 하는 게 아니고 두 발만 올리고! 이렇게.

상담자: 두 발만 위로 올리고.

연출자: 손은 이렇게 쫙.

상담자: 손은 무릎에 딱.

연출자: 힘을 줘서.

상담자: 힘을 줘서 누르고. 무릎을 누르고.

연출자: 살짝 웃으면서.

상담자: 입꼬리를 살짝 올리면서 웃어보는 거야. 자~

연출자: 아니, 코로 들이쉬고, 살짝 미소만 짓고, 들이쉬고.

상담자: 살짝 미소만 짓고, 내쉬고. 코로 들이마시고.

연출자: 자, 미소로 웃는 거.

상담자: 입꼬리 올리고 미소를 지으면서.

연출자: 최대한. 피셔야 해요. 그렇죠, 이렇게. 더 올리세요, 발. 힘을 줘야 해요. 힘 줬어요. 힘, 더 올리세요. 힘. 그렇죠.

어머니: 어떻게 올려요.

연출자: 아니, 이렇게 해야죠, 손을. 그렇지. 방법이 있어요!

어머니: 길어서 올릴 수 없어요.

연출자: 자, 이렇게. 쫙.

상담자: 입꼬리를 살짝 올리시고.

연출자: 내쉬고.

상담자: 코로 들이마셨다가 내쉬고

연출자: 입을 좀 교정시켜줘요, 입을. 이렇게 아—

상담자: 민우야 마치 연필을 이빨에 문 것처럼, 살짝 무는 것처럼

연출자: 다시 한번 해보라고 하세요.

상담자: 다시 한번 해볼까요.

연출자: 아, 분노가 일어난다 해봐. 아!

상담자: 아! 불안이다…. 다시 한 번 해보자. 자, 손을 무릎에 얹고. 아! 불안이다, 불안이다, 불안이다.

내담자: 아! 불안이다, 불안이다, 불안이다.

연출자: 다리를 떨어? 괜찮아요. 자, 자세를 이렇게 하고, 들이쉬고.

상담자: 발을 땅에서 드시고.

연출자: 내쉬고.

상담자: 코로 숨을 들이셨다가 내쉬고.

연출자: 자, 잘하셨다고 해요.

상담자: 자, 잘하셨어요.

(박수)

연출자: 분노가 일어날 때도 한번 해보라고 해요.

상담자: 분노가 일어날 때도. 류창현 박사님께서 지은 방법입니다.

연출자: 자, 분노. 어떻게 해야 하는지, 이렇게.

상담자: 자, 손을 손끝을 마주 대고

연출자: 분노를 여기 모으라 해요.

상담자: 분노를 여기에다 모아서 손끝에 힘을 줘보는 거예요.

　　　　내 분노를 다 끝에다 모아봐요.

연출자: 내쉬고, 하아―

상담자: 내쉬고.

연출자: 다시 한번. 들이쉬고.

상담자: 들이쉬고.

연출자: 어깨를 들고, 내쉬고. 하아―! 자, 하면서 힘을 주고. 힘, 힘주세요.

상담자: 힘주고.

연출자: 모든 분노를 다 여기 손안에 넣어요.

상담자: 모든 분노를 이 손안에 넣어보세요.

연출자: 불안을 내보내 줘요. 다시 한번. 들이쉬고.

상담자: 들이쉬고

연출자: 어깨를 쫙.

상담자: 어깨를 쫙 펴고

연출자: 내쉬고.

상담자: 내쉬고.

연출자: 힘을 꽉 주세요, 그렇지. 자, 손을. 들이쉬고.

상담자: 손을 모아서 들이쉬고.

연출자: 분노와 불안과 우울을 모아서.

상담자: 분노와 불안과 우울을 모아서.

연출자: 아니요, 이렇게, 이렇게, 이렇게. 힘을. 살짝 미소를. 내쉬고! 하아− 다시 한 번, 들이쉬고!

상담자: 다시 한 번 들이쉬고.

연출자: 내쉬면서

상담자: 내쉬면서

연출자: 하아−

상담자: 하아−

연출자: 다시 한 번, 들이쉬고. 내쉬고.

상담자: 내쉬고.

연출자: 여기까지 와요, 여기까지. 다시 한 번, 들이쉬고.

상담자: 들이쉬고.

연출자: 쫙 피세요, 손을. 내쉬고.

상담자: 내쉬고.

연출자: 다시 한 번, 들이쉬고.

상담자: 들이쉬고.

연출자: 내쉬고.

상담자: 내쉬고.

연출자: 내려놓고, 추임새. 들이쉬고, 하품하지 마요. 미소 짓고 내쉬면서 하아− 잘 하셨어요, 다들.

(박수)

연출자: 분노가 일어났을 때, "아! 분노다, 분노다, 분노다."하면서. 들이쉬고, 내쉬고. 시작. "민우야, 학교 가기 싫은 데는 그만한 이유가 있을 거야. 분노가 일어나고 또 친구들이 널 서운하게 하고, 엄마 아빠가 너의 마음도 몰라줘서 혹 올라올 때, 스스로 이걸. "아! 분노다, 분노다, 분노다."하면서 내쉬고,

하면서 스스로 이완해서 분노를 조절하는 걸 해보자." 자, Action.

상담자: 민우야, 엄마 아빠는 너를 몰라주고, 네가 학교에서 속상한 일이 있거나 화가 난 일이 있었을 때는 말할 만한 친구도 없고 무척 외롭고 답답했을 것 같아요. 이제는 불안하거나 분노가 일어날 때는 이런 방법을 쓰는 게 좋을 것 같아요. 아까 활용했던 방법들처럼 손을 모아서 내 분노를 다 모았다가 풀어내는 방법을 한번 활용해보는 게 좋을 것 같아요. 어때, 민우 할 수 있겠어요?

민 우: 네.

상담자: 응, 작은 목소리여도 응, 해주겠다고 하니 정말 고맙다. 진짜 고마워요. (박수) 어머니, 할 수 있대요. 아버님 할 수 있대요. 박수 한번. (박수)

연출자: 한번 안아(hug)달라 해주세요.

상담자: 너무 기특하잖아요. 한번 안아주세요.

연출자: 잘할 수 있어, 하면서.

상담자: 잘할 수 있을 거예요.

부모님: 잘할 수 있어.

상담자: 분노를 표현하고 불안을 알아차릴 수 있는 것만으로도 대단할 것 같아요.

연출자: 자, 민우한테 물어봐요. 어떤 문제가 그만한 이유가 있을 텐데, 학교 안 나오는데 이유가 뭘까.

상담자: 민우야, 아까 내가 초기에 한 번 물어봤었는데 지금은 대답해 줄 수 있을지 모르겠네요. 학교에 가고 싶지 않은 이유와 어머니께서 걱정하시는데 엄마와 대화를 하지 않는 이유가 관계가 있어요?

연출자: 얘기해주세요. 남들이 날 찐따로 안다고. 찐따.

민 우: 놀려요.

상담자: 어, 누가? 어떻게? 친구들이? 뭐라고 어떻게 놀려요?

민 우: 마마보이라고 놀려요.

상담자: 마마보이라고!

연출자: 찐따.

민 우: 찐따.

상담자: 민우 생각에는 왜 그 친구들이 그렇게 놀린다고 생각해요?

연출자: 그건 중요하지 않아요, 그래.

민　우: 그건 중요하지 않아요.

연출자: 선생님이 경찰이세요, 그래.

민　우: 선생님이 경찰이세요?

연출자: 수사하시는 거예요.

민　우: 수사하시는 거예요?

상담자: 그래, 그렇게 생각할 수 있겠군요. 내가 미처 그 생각을 하지 못했네요. 미안해요. 정말. 그래, 나는 그냥 민우, 네 맘을 공감해보고 싶어서. 왜 그렇게 친구들이 놀리는 건지 궁금했어요. 정말 미안해요.

연출자: 미안하면 됐어요, 그래.

민　우: 미안하면 됐어요.

상담자: 고마워요.

연출자: 자, 그러면 아셨냐고 물어보세요.

상담자: 아버님 혹시 민우가 본인이 놀림을 당하고 그런 것 때문에 화가 나고 불안했다고 하는데 혹시 아버님하고 어머님, 알고 계셨나요? 아버님께서는?

아버지: 애가 학교 가기 싫다고는 했는데 그게 뭐 때문인지는 몰랐죠.

상담자: 오늘 알게 되신 거세요? 지금 민우가 말해서 알게 되신 거죠?

아버지: 아니, 이게 이유가 되나요?

연출자: 그러면 민우한테 과장하기, 게슈탈트의 과장하기 한번 해주세요.

상담자: 민우야, 선생님이 제안이 하나 있는데. 선생님 잠깐 한 번 봐줄 수 있어요? 응, 고마워요. 선생님이 제안을 하나 하려고 하는데, 게슈탈트의 과장하기기법을 한번 써보려고 해요.

연출자: 역설적 의도.

상담자: 역설적 의도라고 해요.

연출자: 한번 해볼래요?

상담자: 한번 해볼까요? 한번 얘기를 해봐요.

연출자: 한번 해보겠다고 해요.

민　우: 네.

연출자: 좋아. 그럼 내가 보여줄게요. 일어나요.

(전원 일어난다.)

연출자: 나는.

전　원: 나는.

연출자: 찐따다.

전　원: 찐따다.

연출자: 나는.

전　원: 나는.

연출자: 왕따다.

전　원: 왕따다.

연출자: 크게 한번 해보라 해요.

상담자: 어머니, 아버님은 그냥 계시고. 민우만 해봐요. 시작.

민　우: 나는 찐따다.

상담자: 어수룩하게.

민　우: 나는 찐따다.

상담자: 나는 왕따다.

민　우: 나는 왕따다.

연출자: 잘하네요, 그래.

상담자: 너무 잘하네요. 한 번만 더. 뒤돌아서서. 나는 찌질이다.

민　우: 나는 찌질이다.

상담자: 온몸을 사용해서.

민　우: 나는 찐따다.

연출자: 나는.

민　우: 나는.

연출자: 왕따다.

민　우: 왕따다.

연출자: 악의적으로, 조롱하듯이.

상담자: 자기 조롱하듯이 한번 해볼까요. Action!

민　우: 나는 왕따다.

상담자: 조롱하듯이.

민　우: 나는 찌질이다.

연출자: 나는 찐따다.

민　우: 나는 찐따다.

연출자: 나는 왕따다.

민 우: 나는 왕따다.

연출자: 자, 뒤를 돌아보세요. 나는 왕따다.

민 우: 나는 왕따다.

연출자: 나는 찐따다.

민 우: 나는 찐따다.

연출자: 잘하셨어요. 앉으세요.

상담자: 너무 잘했어요.

(박수)

연출자: 엄마, 아빠 왕따 춤을 추겠어요.

상담자: 왕따 춤. 류박사가 만드셨어요.

연출자: 나는 왕따다.

전 원: 나는 왕따다.

연출자: 나는 찐따다.

전 원: 나는 찐따다.

연출자: 엄마, 아빠 보면서. 나는 왕따다.

전 원: 나는 왕따다.

연출자: 나는 찐따다.

전 원: 나는 찐따다.

연출자: 나는 왕따다.

전 원: 나는 왕따다.

연출자: 자, 왕따송. 왕따, 왕따.

상담자: 자, 왕따송 가볼게요.

연출자: 자, 왕따송. 시작.

　　　　찐따, 찐따, 찐따. 왕따, 왕따, 왕따.

(박수)

상담자: 애쓰셨어요. 고생하셨어요. 아버님, 기분 좀 어떠세요?

　　　　류창현 박사님의 왕따송 부르시니까 기분이 어떠세요, 아버님.

아버지: 하라니까 하지. 못하죠.

연출자: 아버님 마음이 어떠신지 물어보세요.

상담자: 마음은 어떠세요?

아버지: 부끄러워요, 지금.

상담자: 어머님은 어떠셨어요?

어머니: 저는요, 민우가 왕따란 걸 알게된 게..

연출자: 다시 한번 일어나 주세요. 왕따, 왕따, 왕따. 일어나서. 왕따, 왕따, 왕따. 찐따, 찐따, 찐따. 올라가서, 시작. 왕따, 왕따, 왕따. 찐따, 찐따, 찐따. 잘하셨어요.

(박수)

연출자: 왕따를 보내줘, 일어나서. 왕따를 보내주자~ 시작.

상담자: 민우야, 왕따를 보내줘.

연출자: 자, 왕따 보내기. 버튼 프레스 기법. 자, 눌러봅시다. One, Two, Three, 자, 다시 한번. One, Two, Three, 버튼 프레스. 왕따, 왕따, 왕따. One, Two, Three, 자, 이게 버튼이에요. 누구한테 눌러요? 자기 손에게. 전류가 들어갑니다. 버튼 프레스. 왕따, 왕따, 왕따. 왕따, 왕따, 왕따. 왕따, 왕따, 왕따.

상담자: 다시 한번 가자.

연출자: One, Two, Three, 왕따, 찐따 내보내기. 버튼 프레스 기법. One, Two, Three, 버튼프레스. 왕따, 왕따, 왕따, 왕따, 왕따, 왕따, 왕따, 왕따, 왕따. 하면서 왕따를 보내고, 멀리멀리. 찐따. One, Two, Three, 버튼 프레스. 찐따, 찐따, 찐따, 찐따, 찐따, 찐따. 엄마, 아빠는 온몸으로 표현해주세요.

상담자: 어머니, 아버님. 더 열심히.

어머니, 아버지: 네.

상담자: 찐따, 왕따를 해보는 거예요.

연출자: 자, Action. One, Two, Three, 버튼 프레스. 찐따, 찐따, 찐따, 찐따, 찐따, 찐따. 잘하셨어요.

(박수)

연출자: 자기버튼을 누르는 거예요. 그다음 미소짓기. 웃음을 지어서 나의 분노를, 나의 불안을, 나의 강박을 내보내는 거예요.

전 원: 미소짓기. 웃음을 지어서 나의 분노를, 나의 불안을, 나의 강박을, 내보내는 거야.

연출자: 자, One, Two, Three, 버튼프레스. 다시 한번. 버튼. 아, 우울하다. 우울한

표정. 프레스를 하면서 미소를 짓고, 최대한 웃으면서, 하~하~하~하~! 여기서 추임새, 하~하~! 다시 한번. 자, One, Two, Three, 버튼. 아, 불안하다. 프레스. 들이쉬고, 미소를 짓고, 최대한 웃으면서, 호~호~호~호~! 호~호! (복식호흡사용). 참 잘하셨어요.

(박수)

연출자: 자, 이제는 버튼프레스기법. 자, One, Two, Three, 두 손으로 One, Two, Three 버튼프레스. 크~크~크~크~크~! 크~크~! 분노를 한방에, 온몸에 있는 불안을 한방에. 자, 나의 분노를, 나의 불안을, 나의 우울을, 한방에, 온몸으로, 날려 보내겠습니다. One, Two, Three, 버튼프레스. 크~크~크~크~크~! 크~크~! 다시 한번만요. 잘하셨어요. 박수.

(박수)

연출자: 왕따란 말과 찐따란 말이 아직도 악영향을 미치냐고 물어보세요. 자, Action.

상담자: 어, 민우야. 지금 이걸 해보고 나니깐….

연출자: 몇 점이냐고.

상담자: 이 기법을 하기 전에는 1에서부터 10의 숫자가 있다고 생각하고 그 안의 숫자로 표현한다면 왕따나 찐따라는 말에 대한 너의 느낌이 어느쯤에 해당한다고 생각해요?

연출자: 1은 나하고 아무 상관이 없는 거예요. 10은 나에게 너무나 안 좋은 소리로 들려 너무 강박적으로 나를 힘들게 해요. 자기 분노에 대한 척도는 이것을 하기 전과 후가 어떻게 다르니? 라는 식으로 자신의 말로 만들어서 물어보세요.

상담사: 민우야, 이것을 하기 전하고 하고 난 후의 느낌을 한번 얘기해 보려고 하는데 숫자 1에서부터 10이 있다고 가정을 해봐요. 1은 나하고 별로 관계가 없다고 생각을 하고 10은 너무 강박적이라고 생각을 해봐요.

연출자: 아이들에게 너무 어렵습니다. (무대로 나가서 발걸음을 내디딘다. 한발걸음마다 1씩 올라가게 된다.) 일, 이, 삼… 십이 여기에 있어요. 눈에 보이죠?

민 우: 네.

연출자: 내가 분노가 하나도 없으면 (1자리로 발걸음을 옮기며) 여기야. 하하 웃는 거예요. 농구도 하고. 책도 보고 게임도 하고. (가운데로 옮기며) 5점은 호호 웃다가도 아우 짜증 나. 두 가지의 마음이 다 있는 거예요. 좋았다가 두렵고.

(10의 자리로 옮기며) 여기 10점은 아우 씨~ 하면서 나의 격분의 모습이 있는 거예요. 자, 너의 모습은 몇 점이에요? 너의 분노의 척도는 몇 점인지 네가 알아서 해보렴.

상담사: 자 알아서 해볼래요?

연출자: 네가 여기에 서 볼래요? (민우가 나온다) 자 1, 10. 처음에 왔을 때는 몇 점 이야?

민 우: (말없이 10점에 있다.)

상담사: 오, 처음에는 10점이었어요?

연출자: 왕따송하고 난 뒤에는?

상담사: 우리가 왕따송을 하고 난 뒤의 느낌은 어느 정도에 있어요?

연출자: 내 불안과 분노의 점수는 몇 점?

민 우: (말없이 5점에 있다.)

상담사: 아 5점?

연출자: 그럼 (민우를 5점에서 4점으로 이끌어주며) 5점에서 4점으로 내려오려면 어떤 변화가 필요할까요?

상담사: 5점에서 4점으로 내려오려면 어떤 변화가 필요할까요?

민 우: (말이 없음)

연출자: 왕따춤을 계속 추면 된다고 하세요. 혼자.

민 우: 배운 왕따춤을 하면...

연출자: 그럼 같이해 보자고 하세요.

상담사: 그럼 한번 해볼까요?

연출자: 주변에서는 격려를 위해 박수를 쳐주세요.

(주위 사람들이 박수를 쳐 줌)

어머니: 우리 아들이 원래 잘해요.

민 우: (상담사의 도움으로 왕따춤을 춘다)

연출자: 북을 칠 때 장단을 맞추듯이 박자를 타면서 추세요.

연출자: 우리 민우 잘했어요.

상담사: 우리 민우 정말 잘했어요. 수고했어요.

연출자: 이제는 친구 만들기 프로젝트로 들어갑니다.

상담사: 이제는 친구 만들기 프로젝트를 해보려고 해요.

연출자: 친구를 만들려면 어떤 노력이 필요할까, 어떤 변화가 필요할까요?

상담사: 친구를 만들려면 어떤 노력이 필요할 것 같다고 생각해요, 민우야?

연출자: 각자 세 개씩 쓰라고 하세요.

상담사: 아버님 어머님도 친구를 만들려면 어떤 노력이 필요한지 한 세 가지 정도만 각자 써 볼까요?

(세 사람 모두 무엇인가 적는다)

연출자: 민우의 친구 만들기 프로젝트라고 하세요.

상담사: 제목은 "민우의 친구 만들기 프로젝트".

연출자: 잘하셨어요.

상담사: 세 가지를 나열해 적어나가는 거예요. 와, 민우는 벌써 두 개를 적었어요. 오, 아버님 굉장히 적극적으로 써나가시는데요? 네 어머님 벌써 다 되셨고요.

연출자: 역할전환해서 바꿔서 읽으라고 하세요. 목소리도 바꾸고요.

상담사: (적은 것을 걷은 후에) 이번에는 이 프로젝트를 역할을 한번 바꿔서, 음성도 내가 정말 그렇게 된 것처럼, 아빠가 되었으면 아빠인 것처럼, 엄마가 되었으면 엄마인 것처럼 바꿔서 한번 해보겠어요? 아버지께서는 민우 역할을 해주시고, 민우는 엄마 역할을 하고, 어머니께서는 민우 역할을 하면서 한번 읽어볼까요? 누가 먼저 읽어볼까요?

아버지: 이거 읽으면 되는 건가요?

상담사: 네, 민우 목소리를 내서 읽어주시면 돼요.

연출자: 시작하십시오. Action!

상담사: 자, Action!

아버지: (민우의 목소리로) 먼저 친구에게 말을 걸기.

상담사: 네, 엄청난 용기인데요.

연출자: 한번 시연을 해보라고 하세요. 아빠가.

상담사: 그럼 아버님께서 어머님을 대상으로 한번 시연을 해보실까요?

연출자: 엄마는 공부하고 계세요

상담사: 말을 걸어 보세요.

아버지: 진숙아!

어머니: 네.

연출자: 친구 사이니까 반말을 하셔야지요. Action!

상담사: 다시 한번 Action!

아버지: 진숙아!

어머니: 왜?

아버지: 놀자~

연출자: 나 신경 쓰여. 저리 가.

어머니: 나 신경 쓰여. 저리 가. 나 공부해야 해.

아버지: 내가 맛있는 거 사줄게.

연출자: 너 찐따야. 저리 가.

어머니: 아우 너 찐따야. 찌질이잖아. 나 찌질이 싫어해.

아버지: 내가 뭐 사서 오면 돼?

어머니: 그래, 맛있는 거 많이 사서 와.

아버지: 알았어, 나가서 많이 사서 올게.

상담사: (아버지께) 그때 그렇게 놀렸을 때 기분이 어떠셨어요?

연출자: 자. 사서 왔다고 합시다. Action!

아버지: 진숙아, 나 이렇게 맛있는 거 많이 사 왔는데 저기 나가서 같이 좀 먹자.

연출자: 갖다버려. 다이어트 중이야.

어머니: 갖다 버려. 나 다이어트를 해야 해.

연출자: 그리고 나 찐따하고 안 놀아.

어머니: 아우 나 찐따가 준 거 안 먹어. 저기 딴 애 갖다줘.

아버지: (음식을 다시 가져가려고 한다.)

연출자: 그래서 넌 찐따야. 해결능력이 없어.

어머니: 넌 그래서 찐따야. 그렇게 시시한 거 사 왔니? 유치원에나 갖다줘라.

연출자: 너는 왜 나보고 사오라고 해놓고 안 먹고 버리라고 해?

아버지: 네가 사오라고 해서 사 왔는데 버리라고 하면 어떡해?

연출자: "나 찐따랑 안 놀아."라고 하세요.

어머니: 나 찐따랑 안 놀아.

아버지: 내가 왜 찐따야?

연출자: 나 찐따 아냐 원래부터!

아버지: 나 찐따 아냐! 원래부터 아니야!

연출자: (강조하며)나 찐따 아냐 원래부터!

아버지: 나 찐따 아냐 원래부터! 아니야!!

연출자: 다시 한번 나 찐따 아냐 원래부터!

아버지: 나 찐따 아냐 원래부터!

연출자: 나 찐따 아냐 원래부터!

아버지: 아 찐따 아냐 원래부터 아니야!

어머니: 너 왜 이렇게 세졌니?

아버지: 난 찐따가 아니거든!

상담사: 네, 아버님 앉아주세요.

연출자: 물어보세요

상담사: 네, 아버님 느낌이 어떠셨어요?

연출자: 아니 민우에게.

상담사: 민우야 지금 아빠 엄마가 한 행동시연을 보고 어떤 느낌이 들어요?

민　우: 시원해요.

상담사: 시원해요? 오….

연출자: 그러면 "나 오늘부터 찐따 안 해!"라고 외치게 하세요

상담사: 그러면 아까 아빠가 했던 액션을 같이 한번 해볼까요?

연출자: 일어나서

상담사: 일어나서 "나 찐따 안 해! "

연출자: 나!

전　원: 나!

연출자: 오늘부로!

전　원: 오늘부로!

연출자: 찐따!

전　원: 찐따!

연출자: 안 해!

전　원: 안 해!

연출자: 나!

전　원: 나!

연출자: 오늘부로!

전　원: 오늘부로!

연출자: 찐따!

전　원: 찐따!

연출자: 안 해!

전　원: 안 해!

연출자: 다 같이 하도록 하세요

상담사: 다 같이 다시 한번 해보겠어요?

연출자: 나!

전　원: 나!

연출자: 오늘부로!

전　원: 오늘부로!

연출자: 찐따!

전　원: 찐따!

연출자: 안 해!

전　원: 안 해!

(두 번 더 반복한다. 끝난 뒤 박수치고 자리에 앉음)

연출자: 나는 일상에서 실제로 분노와 스트레스를 이렇게 풉니다. 이것이 해결책입니다. 이렇게 하면 아이들이 좋아합니다. 속이 시원하냐고 물어보세요

상담사: 속이 시원하시죠? 민우야 속이 시원해요?

민　우: 네

상담사: 아버님 잘하셨어요. 정말 감사드리고요. 밑에 또 읽어보실까요?

아버지: 친구랑 좋아하는 축구하기, 놀기.

상담사: 아 정말 좋은 방법이네요. 또 세 번째는? 민우 목소리로!

아버지: (민우 목소리를 내며) 친구랑 떡볶이 먹기!

상담사: 아 민우가 떡볶이랑 축구를 좋아하는군요! 아버지 혹시 아셨어요?

아버지: 축구를 좋아하는 것은 알았는데요….

연출자: 이 세 가지 중에 들어줄 수 있는 것에 동그라미를 치라고 하세요.

상담사: 물론 이런 것들은 친구들하고 하는 거지만 아버지가 친구 역할을 해서 할 수 있다고 생각하시는 거에 동그라미를 해보세요.

연출자: 실행할 수 있는 거에다가 표해주세요.

아버지: 다 할 수 있어요.

연출자: 거기다가 사인을 하라고 하세요.

상담사: 밑에다가 아버님 사인을 해주세요. 민우 봤죠? 아빠 사인하셨어요~ 어머니
는요?

어머니: 엄마는… 이건 아빠가 쓴 거니까 아빠 목소리로 읽어 줄게요. 친구와 축구
를 한다. 친구들의 이야기를 잘 듣는다.

연출자: 굉장히 중요한 겁니다. 박수를 쳐주세요.

상담사: 아 굉장히 중요한 겁니다. 잘하셨어요. (박수 침)

연출자: 여기서 개입이 들어가야 합니다. 잘 들어주는 거에는 어떤 방법이 있을까요?

상담사: 정말 중요한 거였어요. 이렇게 잘 들어주기 위해서는 어떤 방법들이 있을
까요?

어머니: 친구의 입장이 되어보는 게 좋을 것 같아요.

상담사: 입장(견해)을 바꿔보기? 그것도 좋은 방법인 것 같아요.

연출자: 그러기 위해서는 어떻게 해야 할까요?

상담사: 그러기 위해서는 어떻게 해야 할까요? 입장을 바꿔보려면?

어머니: 친구의 눈을 잘 맞추고요.

상담사: 민우하고 한번 해볼까요? 엄마가 아니고 친구라고 생각하고 입장이 바뀐거
예요.

연출자: 긍정적인 미소와 함께.

상담사: 긍정적인 미소를 지으면서. 아 그렇군요.

연출자: 하는 말을 끊지 않고.

상담사: 하는 말을 끊지 않고. 그럴 수도 있군요.

연출자: 그렇게 들어주면 친구가 생기죠.

상담사: 그렇게 들어주면 친구가 생길 수 있겠죠. 또 다른 항목 있으셨죠?

어머니: 재미있게 할 수 있는 관심거리를 찾는다.

상담사: 재미있게 할 수 있는 관심거리를 찾는다.

연출자: 왕따송을 추천해 주세요.

상담사: 오늘 배웠던 왕따송은 어때요?

어머니: 그래서 이제부터 저녁 먹고 꼭 이 노래를 부르려고 해요.

상담사: 류 박사님의 왕따송을 식사 후에 하면 재미도 있고,

어머니: 우리 집에 류 박사님의 사진을 붙여놓고 싶어요.

상담사: 엔돌핀도 팍팍 솟고, 가족이 그냥 화목해지는 거예요. 이런 것을 일거삼득이라고 해요.

연출자: 민우 군 차례입니다.

상담사: 민우 한번 볼까요? 민우는 누구 역할이에요?

민 우: 엄마 역할이요.

상담사: 엄마처럼 변신해봐요. 변신!

민 우: 친구를 초대해 집에서 파티한다. 친구와 함께 운동한다. 친구들과 노는 시간을 준다.

상담사: 가장 맘에 드는 게 뭐야, 민우는?

민 우: 친구들과 노는 시간을 준다.

상담사: 그렇지.

연출자: 몇 시간을 원하는지?

상담사: 어머니는 민우에게 몇 시간을 주실 수 있는지요?

연출자: 아니요. 아이가 먼저 원하는 시간을 물어보세요.

상담사: 민우는 몇 시간 정도면 난 충분히 놀았다고 생각이 들까요?

민 우: 많이요.

상담사: 아, 이건 엄마한테 요구하는 거니까 좀 명확하게 말해볼까요?

연출자: 지금 왕따니까 친구가 없습니다.

민 우: 다. (종일)

연출자: 지금 왕따라서 친구가 없습니다. 친구부터 사귀어야지요.

상담사: 종일 놀고 싶어요? 근데 종일 놀아야 하는데 친구가 없잖아요.

민 우: 그런데 친구가 없어요.

상담사: 그러니까. 친구가 없는데 어떻게 종일 놀아요? 혼자 놀 거예요?

연출자: 우리 집에는 개가 있다고 그래.

민 우: 아, 우리 집에는 애완견 파니가 있어요.

상담사: 파니하고 놀겠다는 거예요?

민 우: 네.

연출자: 친구를 사귀는 데에 시간을 투자하겠다고 하세요

민 우: 그리고 친구를 사귀는 데에 시간을 투자할 거예요.

상담사: 와. 너무 좋은 방법이네요. 그래 원하는 만큼 노력을 해봐요. 일단 친구가

있어야 하니까요.

연출자: 그럼 다시 한 번 잘했다고 칭찬해 주시고요.

상담사: 잘했어요.

연출자: 여기서 중요한 건 엄마 아빠가 서로 할 수 있는 걸 하게 하시고요. 그리고 아까 말씀드렸지만, 친구를 사귀기 위해서는 한 1주 동안 과제를 내세요. 친구 곁에 가서 왕따라서 때리려고 해도 잘 들어주려고 하고 눈을 마주치면서 얼굴에 살짝 미소를 편안하게 지으면서 들어주고 "그렇구나….'라고 하게 하세요. 그리고 그 아이들이 민우를 무시하고 때리려고 해도 계속 들어주고 옆에서 제스처(아하)를 하면 아이들이 너를 친구로 삼을 수 있다는 걸 알려주세요. 자기에게 관심을 많이 가져주는 사람과 친구 하기를 원한다는 것도요.

상담사: 민우 아까 네가 말한 대로 친구를 사귀려면 용기도 필요하고 네가 해야 할 요령이 좀 있어요. 다음번에 나를 만나기 전 일주일 동안 민우가 좀 노력해야 하는 것들이 있거든요? 아까 아빠랑 엄마가 역할극 했을 때 봤죠? 놀고 싶다는 제안을 엄마(친구)가 거절해도 아빠는 계속 물어보고 기다려줬잖아요. 이때 또….

연출자: 경청기술!

상담사: 눈을 마주 보고 얘기하는 걸 경청기술이라고 하거든? 어려운 말로. 그런 노력이 필요해요. 민우가 한번 해볼 수 있겠어요?

연출자: 경청기술 하면서 그 친구가 나에게 원하는 것이 무엇일까? 나는 그 친구에게 원하는 것이 무엇인가? 나는 그 친구의 어떤 행동과 말 때문에 상처를 받았는가? 그 친구는 나의 어떤 말과 행동 때문에 상처를 받았을까? 그것을 한번 생각해보라고 해보세요. 그래서 그 친구가 나에게 원하는 게 무엇이고 나는 그 친구에게 원하는 게 무엇인지를 알아차리는 연습을 할 것을 과제로 내주세요.

상담사: 그렇게 노력도 필요하고 또 생각도 해봐요. 내가 친구에게 원하는 게 무엇인지?, 또 내가 친구에게 원하는 게 무엇인지?

연출자: 또 화가 났을 때,

상담사: 화가 났을 때,

연출자: 내가 그 친구의 어떤 말과 행동으로 인해서

상담사: 내가 그 친구의 어떤 말과 행동 때문에 화가 났는지,

연출자: 또 상대방은 나에게

상담사: 또 친구는, 나의 어떤 행동과 말 때문에 화가 났는지, 그것을 한번 알아보면 어떨까요? 일주일 동안에.

연출자: 한번 탐색해 보자고 하세요.

상담사: 네가 자기 행동이나 마음을 관찰하는 시간을 가져보도록 해요.

연출자: 그게 과제입니다. 할 수 있겠니? 자 이것도 일주일 동안 해 갖고 오라고 하시고 사인하게 하세요.

상담사: 엄마 아버님도 아까 했던 거 사인해 주시고, 이게 가족 프로젝트예요. 내가 할 수 있는 것에 동그라미 하시고 사인해 주세요.

연출자: 상담사께서도 사인해 주세요.

(부모님, 민우가 사인하고 상담사도 확인차 사인을 한다.)

상담사: 다 되셨나요? 네 사람 사인이 다 들어 있어요.

연출자: 자기점검일지를 쓰게 해서 얼마나 이루어졌는지 확인하게 하세요.

상담사: 자기점검일지를 써서...

연출자: 밑에다가 몇 프로나 완성되었는지 엄마는 80점 주고 아빠는 90점 주고 민우 군은 100% 주고 몇 프로 만족했는지 기록하기.

상담사: 각자 아빠 엄마 나 해서 과연 그날그날 내가 어느 정도 만족했는지 체크해 보기로 해요. 어때요? 아버님 어머님도 해주실 수 있겠죠? 크게 문제가 없는 것 같죠?

연출자: 칭찬, 지지, 용기, 감사 등을 표현해주세요.

상담사: 오늘 처음에 들어오셨을 때보다도 굉장히 혈기 왕성하고 표정이 좋으신데 애쓰셨어요. 특히, 아버지 따라 주시기 어려운데 적극적으로 참여해 주셔서 감사해요. 우리 아빠한테 민우가 크게 박수 한번 해드릴까? 감사합니다. 아버님~

연출자: 어머님께도 한 말씀 드리세요.

상담사: 자 어머님도 맨 처음에 가져오셨던 답답한 마음이 좀 어떻게 해결이 되셨어요? 지금 마음은 어떠세요?

어머니: 이제 민우의 마음을 좀 알 것 같아요.

상담사: 다행이네요. 아까 여기서 했던 여러 기법을 집에서 해보신다고 하셨으니까 저녁 식사 후 꼭 류 박사님의 자기분노조절기법을 꼭 활용하시길 바랍니다.

어머니: 여보 꼭 할거지?

아버지: (손을 잡으며) 해봅시다.

상담사: 감사합니다. 가족을 위해서 박수 한번 칠까요? 민우네 가족 파이팅입니다!

연출자: 민우에게도 물어보셔야죠.

상담사: 민우야! 지금 민우 기분은 어때요?

연출자: 잘했다고 칭찬, 지지, 용기, 감사 등을 표현해주세요.

상담사: 오늘 민우야 정말 애썼어요. 엄청나게 마음을 끌어내 놓기는 쉽지 않았을 텐데 스스로 여러 가지 찾아낸 것 같아서 고마워요. 굉장히 대견하네요. 어머님 아버님 민우에게 손뼉 한번 쳐 주세요. (아버지 어머님 손뼉 침) 민우는 기분이 좀 어때요?

민 우: 좋아졌어요.

상담사: 좋아졌어요? 응 다행이네요. 이 가족이 굉장히 희망이 있다고 생각해요. 우리 아까 약속했던 프로젝트를 과제를 잘해서 다음 주에 만나 뵙기로 하겠습니다. 애쓰셨습니다.

연출자: 가족구호 외치세요.

상담사: 마지막으로 가족 구호 외쳐보겠습니다. 앞으로 나와주세요.

(가족, 상담사 모두 앞으로 나온다)

상담사: 이렇게 손을 모으시고….

연출자: 우리는! 가족이다! 우리는! 할 수 있다! 우리는! 하나다! 하나다!

전 원: 우리는! 가족이다! 우리는! 할 수 있다! 우리는! 하나다! 하나다!

연출자: 나는! 더 이상! 왕따로! 살지 않겠다!

전 원: 나는! 더 이상! 왕따로! 살지 않겠다!

연출자: 아자, 아자, 아자! 파이팅!

전 원: 아자, 아자, 아자! 파이팅!

분노조절 상담 시나리오 주제 4:
비교당하는 둘째 딸과 엄마와의 갈등

역할구성원: 상담자, 내담자 1: 엄마, 내담자 2: 첫째 딸, 내담자 3: 둘째 딸

(1) 주요호소(CC)

가족관계로는 엄마, 아빠, 첫째 딸, 둘째 딸로 구성되어 있으며 둘째 딸과 엄마와의 갈등으로 인해 본 기관에 내원하였다고 한다. 첫째 딸은 공부를 매우 잘하여 외고에서도 최상위권을 유지해 엄마의 관심을 독차지하고 있다. 둘째 딸은 성적이 하위권이며 딱히 말썽을 부리지는 않지만, 집에서는 가족들과 불화로 인해 방안에서 은둔생활을 한다고 한다. 둘째 딸이 방 안에서 나오지 않고 화를 내고 소리 지르는 것을 문제로 여긴 엄마가 상담신청을 하였다.

(2) 인물의 특징

1) 엄마(45세)
공부를 잘하는 첫째 딸에게 더 관심을 줌.

2) 첫째 딸(18세)
공부를 잘해서 현재 외고에 재학 중이며 동생이 자신에게 자살을 하고 싶다는 말을 해서 불안함을 느낌.

3) 둘째 딸(17세)
현재 고등학교에 재학 중이며 한창 사춘기를 겪고 있음. 자신보다 공부를 잘하는 언니를 부러워하며 사랑받지 못한다고 느낌.

(3) 상담시연

상담사: 네. 어서 오세요. 날씨가 추운데 오시느라 고생 많이 하셨습니다. 아,네가 진
　　　　경이구나! 참 예쁘게 생겼다. 가수 수지랑 닮았는데요? 엄마랑 언니도 오셨
　　　　네요. 자 이리로 앉으세요.

(상담사와 진경 어머니, 진경이 언니, 그리고 진경이가 마주 앉는다.)

상담사: 여기까지 오시기도 힘드셨을 텐데 이왕 여기에 오셨으니까 저와 어떤 이야
　　　　기를 해서 구체적인 도움을 얻고 나가실 때는 지금 들어오실 때 보다 훨씬
　　　　밝고 가벼운 마음으로 행복하게 사셔야 하잖아요? 그러니까 구체적으로 제
　　　　가 어떤 부분을 도와드렸으면 좋겠는지 엄마랑 언니랑 진경이도 말을 해봤
　　　　으면 좋겠습니다.

연출자: 어머님께 먼저 질문드리세요.

상담사: 어머님 먼저, 어떤 부분을 도와드릴까요?

어머니: 항상 (진경이가) 방에만 있어서 잘 지내는 줄 알았는데 내가 막 없어졌으면
　　　　좋겠냐고 그리고 어느 날은 갑자기 막 화를 내고 소리 지르고 막 그래요. 그
　　　　래서 그 원인을 좀 알고 싶고. 그리고 요새 자살이 정말 많잖아요. 또 실제
　　　　로 그럴까 봐 걱정도 되고요.

상담사: 어머니께서 정말로 많이 놀라셨겠네요. 그러면 어머니는 이제 진경이가 왜
　　　　화를 내는지, 왜 죽고 싶은 마음을 갖게 되었는지 그 마음을 알고 싶으신 거
　　　　군요?

연출자: (상담사에게) 아주 잘하셨어요.

상담사: 진경이는 지금 엄마 말을 들었죠?

연출자: 진경이에게 자살하고 싶었던 이유를 물어보세요.

상담사: 정말로 자살하고 싶은 이유가 있었을 것 같은데 혹시 그 이유가 무엇이었는
　　　　지 선생님에게 이야기해 줄 수 있을까요?

(진경이가 거부의 표시로 고개를 젓는다.)

상담사: 아 말하기 싫군요?

연출자: 아무도 나한테 관심이 없어요! 라고 하세요.

진　경: 아무도 나한테 관심이 없어요…. 언니가 최고지.

상담사: 진경이 생각에는 엄마 아빠에게는 언니만 최고라고 생각하는군요... 정말 속

상했겠어요. (언니에게 질문을 돌리며) 그럼 언니는 어떻게 생각해요? 정말 엄마 아빠가 언니만 좋아한다고 생각해요?

언　니: 학교 다니느라고 진경이하고 얘기할 시간이 없었는데요, 엄마 얘기를 들어보니까 진경이가 그렇게 생각하더라고요. 그런데 엄마 아빠하고 얘기해 보면 저만 칭찬하는 게 아니라 진경이도 칭찬을 해주셔요.

진　경: (갑자기 대화에 끼어들며 화난 목소리로) 언제!

언　니: 이따금 진경이 칭찬도 해 주셨던 것 같아요.

상담사: (진경이에게 질문) 언니 말에는 진경이도 칭찬을 받았다고 하는데 진경이는 이게 사실 같지 않아요?

진　경: 모두 나를 싫어해요….

연출자: (상담사에게) 자, 그러면 진경이에게 일어나서 게임을 하자고 말씀하세요.

상담사: 자 이제 게임을 해보려고 하는데 진경아 잠시 일어나 주겠어요?

연출자: "진경아 일어나볼래요?"라고 다시 한번 권유하세요.

상담사: 자, 진경아 한번 일어나볼래요?

진　경: 아 왜 이런데 오자 해가지고. 이런 거 시키고 그래….

상담사: 진경아 하기 싫어요?

연출자: (진경이에게) "진짜 하기 싫다. 왜 이런 걸 시키고 그래!"라고 크게 외쳐보세요.

진　경: 아 진짜 왜 이런 거 시키고 그래!!

연출자: 그러면 언니에게 한번 게임을 대신해 보라고 권유하세요.

상담사: 그러면 진경이 언니가 진경이 대신에 해볼까요? 진경이가 하기 싫다니까 언니가 진경이 입장이 되어서 어떻게 하는지 보고 진경이한테 가서 알려주면 좋겠어요.

연출자: 자 그러면 이제 언니가 진경이가 되어보는 겁니다. Action!

상담사: 자 이제부터 언니는 진경이에요!

연출자: (언니에게) 아까 진경이가 뭐라고 말했죠?

언　니: (진경이 입장이 되어서) 언제부터 나한테 관심을 가졌다구….

연출자: 상담사는 그렇게 크게 외쳐보라고 지시하십시오.

상담사: 이제 언니가 진경이가 되어서 진경이처럼 크게 외쳐보는 거예요!

연출자: "언제부터 나한테 관심 가졌다고 그래?"

언　니: 언제부터 나한테 관심 가졌다고 그래?

연출자: 상담사께서 "언제부터 나한테 관심 가졌다고 그래?"라고 외쳐보라고 이끌어 주셔야 합니다.

상담사: 자, 진경이가 "언제부터 나한테 관심을 가졌다고 그래?"라고 했던 것처럼 언니가 한번 해보세요.

연출자: 시간이 많이 지나가기 때문에 그렇게 상황설명을 하지 마시고 간단하게 해주세요. "지금 언니는 진경이가 된 겁니다. 진경이가 지금 뭐라고 그랬죠?"

상담사: 자 진경이 입장이 되어서, 진경이가 지금 뭐라고 그랬죠?

언 니: 언제부터 나한테 관심 가졌다고 그래!!

상담사: 자 진경아, 엄마랑 언니는….

연출자: 아닙니다. 진경이 언니 계속하세요. 이면의 감정을 깊게 들어가야 합니다. 힘드시면 서지 말고 앉아서 하십시오. 상담사께서는 "진경아, 지금부터 언니가 역할전환을 해서 보여줄 거야."라고 말씀하시고 계속 진행하세요.

상담사: 진경아, 이제부터 언니가 역할전환을 해서 보여줄 거예요. 진경이 어머님도 함께 봐주세요.

연출자: 어떤 경험을, 어떤 감정을 느끼는지 보여주십시오.

언 니: (고개를 푹 떨구고) 언제부터 나한테 관심을 가졌다고 그래….

연출자: 목소리를 더 낮추고, 우울하게, 속삭이듯이 하세요.

언 니: (한층 더 낮고 우울한 목소리로) 언제부터 나한테 그랬다고 그래….

연출자: 상담사는 연출자처럼 계속 잘 연기해 낼 수 있도록 표현해줘야 합니다. 그다음에는 이제 그 감정을 터뜨려보자, 표출해보자고 하십시오.

상담사: 이제는 일어나서 그 감정을 터뜨려보자. 그 우울을 터뜨려보세요.

연출자: 상담사께서는 저를 잘 보시고 이끌어주셔야 합니다. 큰 소리로 "언제부터 나한테 관심을 가졌다고 그래!"

상담사: (큰 몸짓과 함께 소리치며) "언제부터 나한테 관심을 가졌다고 그래!!"라고 소리쳐 보세요.

연출자: 손짓도 크게 하라고 하십시오.

상담사: 손을 작게 하지 말고 온몸을 사용해서, 힘껏 소리 지르면서 하세요. 진경이와 어머니는 언니가 어떻게 하는지 한번 보세요.

연출자: 진경이를 보면서 하라고 하세요.

상담사: 자 진경이를 보면서 소리쳐 보세요.

언 니: 언제부터 나한테 관심을 가졌다고 그래?

상담사: 좀 더 크게! 정말 화나 있고, 분노하듯이!!

언 니: 언제부터 나한테 관심을 가졌다고 그래!!

상담사: 그렇게 작게 해서는 나한테 관심이 오지 않아요. 관심을 받게 하려면 온몸을 다해서 "언제부터 나한테 그렇게 관심을 가졌다고 그래!!!!"라고 하셔야 해요

언 니: 언제부터 그렇게 나한테 관심을 가졌다고 그래!!!

연출자: 어머니를 향하면서 외치세요! "엄마는 언제부터 나한테 관심을 가졌다고 그래!!"

상담사: 그럼 이번엔 엄마한테 한번 해보세요. "엄마! 언제부터 나한테 그렇게 관심을 가졌다고 그래!!"

연출자: 이번엔 언니를 향해서 해보세요.

상담사: 이번에는 진경이가 나, 즉 진경이의 언니라고 생각하고 "언니, 언니가 언제부터 나한테 관심을 가졌다고 그래!"라고 해보세요. Action!

언 니: 언니! 언제부터 나한테 그렇게 관심을 가졌다고 그래!!

상담사: 언니가 나를 무시했잖아!!

언 니: 언니가 나를 무시했잖아!!

연출자: 자, 관객들에게 해보세요. 야! 너희들이 언제부터 나한테 관심을 가졌다고 그래!!

상담사: 세상을 향해서 한번 해보자! 야! 너희들이 언제부터 나한테 관심을 가졌다고 그래!! 관심 없었잖아!! 나 무시하지 마!!

언 니: 너희들이 언제부터 나한테 관심을 가졌다고 그래! 원래 안 그랬잖아!! 나 무시하지 마!! 나도 사람이야!!

연출자: 나 무시하지 마. 나도 사람이야, 나도 살고 싶어! 라고 하세요.

언 니: 나 무시하지 마! 나도 살고 싶어!!

연출자: 나도 살게 놔둬. 좀!

언 니: 나도 살게 놔둬. 좀!!

연출자: 네, 잘하셨습니다. 다음 진경이 차례.

상담사: 진경아, 지금 언니 하는 거 봤죠? 한번 해볼래요?

연출자: 진경이는 한번 해보고 싶다고 하세요.

진 경: 한번 해보고 싶어요.

상담사: 해봐 한번 그렇게 해 볼까? 진경이 앞으로 나오렴.

연출자: 진경이도 언니처럼 하시면 됩니다. "엄마는 언니만 사랑하고 언제부터 나한테 관심을 가졌다고 그래!!"

상담사: (연출자가 한 대사) 자 이렇게 한번 해보세요.

진 경: 엄마! 나 누구야! 내 이름 뭐야!

연출자: 아닙니다. 그렇게 하지 마시고 가르쳐 드린 대로 하세요.

상담사: 진경아, 그렇게 하면 안 돼요. 선생님이 하는 대로 해주세요. "엄마! 엄마가 언제부터 나를 사랑했다고 그래!! 언니한테만 신경 썼잖아!!" 이렇게, 해봐요.

진 경: 엄마! 엄마가 언제부터 나를 사랑했다고 그래!! 언니한테만 신경 썼잖아!!

연출자: 나는 유령이야!

진 경: 나는 유령이야!

연출자: "나는 집에서 유령이야!" 세 번 연속으로 하세요!

진 경: 나는 유령이야! 집에서 유령이란 말이야! 집에서 누구도 내 목소리를 못 들어!

연출자: 누구도 내 손을 잡아주는 사람이 없어!

진 경: 누구도 내 손을 잡아주는 사람이 없단 말이야!

연출자: 이제 진경이는 유령이 됩니다. 엄마와 언니는 의자 위로 올라가세요. 엄마와 언니는 서로 포옹하면서 친근한 모습을 보여주세요. 그리고 유령이 된 진경이는 바닥에 앉아 엄마와 언니를 올려다보며 그들의 다정한 모습을 부러워합니다. 이렇게 진경이의 마음을 느껴 보세요. (몇 초 후) 상담사는 그런 진경이의 모습을 바라봅니다.

자, 이제는 역할을 바꿔 봅니다. 진경이는 의자 위로 올라가고 엄마와 언니는 바닥에 쭈그려 앉습니다. 진경이는 팔짱을 끼고 의기양양하게 서 있으면서 "나도 할 수 있어."라는 표정을 짓습니다. 두 분은 손을 들고 환호하는 모습을 보여줍니다. (몇 초 후) 자 이제 됐습니다. 앉으세요. 상담사는 내담자분들을 자리에 앉게 하시고 진경이가 위축되어있을 때와 진경이가 자존감이 상승하였을 때의 상황과 느낌이 어떻게 다른지 토론하게 하세요.

상담사: 자, 진경이가 유령이어서 눈에 보이지 않았을 때 그 모습하고 반대로 진경이가 의자 위에 올라가서 내려다보고 엄마와 언니가 진경이를 올려다보는 모습을 시연해 봤잖아요? 그러면 진경이가 유령처럼 존재감이 없었을 때의 느낌과 그 후에 진경이가 우러러보는 모습으로 있을 때의 그 감정을 한번 애

기해 보세요. 우선 진경이가 한번 얘기해 볼까요?

진 경: (대답이 없음)

상담사: 진경이는 좀 전에 네 모습처럼 엄마와 언니는 아주 다정하게 친한 모습으로 있고 나는 존재감도 없이 있었을 때의 감정을 얘기해줄래요?

연출자: 진경이는 아마도 상담사의 질문을 다 이해했을 겁니다. 똑같은 질문을 계속 하시지 마시고 기다려 주세요.

진 경: 유령이었을 때는 존재감이 없다고 느껴졌어요. 그런데 내가 의자 위에 올라 갔을 때는 되게 좋았어요!

상담사: 아~ 그랬군요~! 좋았었군요. 그럼 어머니는 어떠셨나요?

어머니: 그동안 우리가 진경이의 감정을 잘 몰랐구나. 조용해서 그저 잘지내는 줄로 만 알았고 바쁘다 보니까 그랬는데 이렇게 보니 진경이에게 잘해야 하겠구 나 하는 생각이 들었어요.

상담사: 그런 생각을 하셨군요. 좋습니다. 언니는 어땠나요?

언 니: 바꿔서 진경이 역할을 해 보니까 진경이가 애처롭고 불쌍하다고 생각했어 요. 그리고 진경이가 잘 되었을 때의 모습을 보니까 뭔가 내가 잘된 것처럼 기분이 정말 좋았어요.

상담사: 그랬군요. 자 지금 엄마랑 언니가 그동안 진경이가 표현을 안 해서 몰랐었다 고 하니까 사과하고 미안해하는 마음을 얘기했는데 자, 이제 진경이가 바라 는 엄마와 언니의 변화된 모습을 한번 얘기해 볼래요?

진 경: 내 얘기 잘 들어주고, 나도 언니처럼 사랑해주고

연출자: 소외시키지 않고

진 경: 소외감 주지 말고 언니 좋은 옷 사주는 것처럼 나도 좋은 옷 사줘

상담사: 그러면 지금 진경이가 바라는 대로 기적 같은 일이 일어난다면 진경이는 어 떻게 변화될 것 같아요?

연출자: 그리고 그것을 누가 제일 잘 알아볼까요?

상담사: 그리고 그런 모습을 누가 제일 먼저 알아볼 것 같아요?

진 경: 엄마요.

상담사: 엄마가?

연출자: 그러면 엄마 표정은 어땠을지, 그리고 어떻게 알아볼지 물어보세요.

상담사: 그러면 엄마는 진경이의 변화된 모습을

연출자: (상담사에게) 아닙니다. 엄마의 변화된 모습을 진경이가 확인하는 겁니다.

상담사: 그러면 진경이는 엄마의 변화된 모습을, 그 표정을 어떻게 알아볼까요?

진 경: (대답하기 힘들어함)

연출자: 그러면 진경이가 어머니가 변화되었을 때의 표정을 만들어 보라고 하세요. 일어서서 서로 마주 보게 하시고요.

상담사: 그러면 진경이가 엄마의 변화된 모습을 먼저 만들어볼까요?

연출자: 어머니의 표정을 손으로 만들어 보십시오. 환하게 웃게 만드셔도 좋습니다.

(진경이와 어머니는 일어서 있고 진경이가 손으로 진경이가 생각하는 어머니의 변화된 표정을 만든다. 그리고 손은 진경이 자신을 포옹하게 만든다.)

상담사: 엄마가 진경이를 그렇게 안아주었으면 좋겠군요. 아주 잘했어요. 이번엔 언니는 어떻게 변해야 할까요?

(진경이가 엄마에게 했듯이 언니의 표정과 손짓을 바꾼다.)

상담사: 아 언니가 활짝 웃고 엄마처럼 포옹해주었으면 하는군요! 잘했어요, 이제 자리에 앉으세요. 자, 이렇게 기적이 일어난 상황을 연출해 봤는데 이렇게 하고 나니까 기분이 어떠신가요?

어머니: 기분이 아주 좋아요.

상담사: 기분이 아주 좋으셨군요! 진경이는 어땠어? 엄마와 언니의 표정과 행동이 이렇게 변하니까요?

진 경: 좀 더 편해졌어요.

상담사: 아, 편해졌군요! 자, 언니도, 진경이가 원하는 언니의 모습을 만들어서 해봤잖아요? 그때 언니의 마음은 어떠했고 진경이는 그런 기적상황에서 어떻게 변했을 것 같아요?

언 니: 진경이가 너무 좋아할 것 같고요. 저도 정말 좋아할 것 같아요.

연출자: 여기서 이제 어떤 주제를 다뤄야 할까요? 자살이죠? 이제 언니한테 물어보세요.

상담사: 그동안 진경이가 화를 내고 자살하고 싶다는 말을

연출자: 상담사가 직접 언급하지 마시고 내담자가 말을 할 수 있도록 유도하셔야 합니다. 진경이가 어떤 점이 달라졌으면 좋겠는지 물어보세요.

상담사: 언니는 진경이가 앞으로 무엇이 달라졌으면 좋겠다고 생각해요?

연출자: (언니를 향해) 진경이가 죽는다는 소리를 안 했으면 좋겠다고 말하세요.

언 니: (진경이가) 죽는다는 소리를 안 했으면 좋겠어요. 툭 하면 죽는다는 소리를 해서 저한테 열등의식이 있는 것 같아서 툭하면 죽는다는 소리를 해서 정말 불안해요.

연출자: (진경이에게) "언니가 나에게 잘 해봐."라고 하세요.

진 경: 언니가 그동안 나에게 잘했어 봐. 잘 못 했으니까 그렇지. 나는 언니가 죽으면 내가 엄마 아빠 사랑을 독차지할 거야!

연출자: 상황이 이렇게 된다면 자살이었던 주제가 타살로 가는 겁니다. 그러면 주제를 좀 더 심각하게 만들어서 진경이가 언니를 진짜로 죽이는 상황을 만들어 봅시다.

(언니는 의자에 앉아있고 분노에 차 있는 진경이가 언니를 밧줄로 교살하려고 한다.)

연출자: "언니는 죽어야 해! 내 사랑을 다 차지했어!"라고 하세요.

진 경: "언니는 죽어야 해! 내 사랑을 다 차지했어!" (절규한다.)

언 니: 윽, 이러지 마. 제발 이러지 마 (언니가 숨을 거둔다.)

(분위기가 진지하지 않게 흘러감)

연출자: 실제 상황이라 생각하시고 몰입하셔야 합니다. 다시 한번 해보겠습니다.

진 경: (언니 목을 조르며) 언니는 죽어야 해! 언니가 엄마 아빠 사랑 다 뺏어갔잖아!

연출자: 나는 유령이야!

상담사: 나는 유령이야! 라고 하세요.

진 경: 나는 유령이야!!

연출자: 나는 고등학교도 이상한 데 가고!! 언니는 외고 가고!!

진 경: 나는 고등학교도 찌질한 데 가고!! 언니는 외고 다니고! 나는 중학교에서 꼴찌했잖아!!

연출자: 난 뺏기기 싫어!

진 경: 난 뺏기기 싫단 말이야!! 넌 죽어야 해!!

연출자: 이제 어머님이 등장하고 진경이는 놀래야 합니다

(어머니가 등장한다.)

진 경: 언니, 언니! 정신 차려, 언니!

어머니: 진숙아! 왜 이러니 진숙아!!

진 경: (울면서) 언니... 내가 잘못했어. 언니...

연출자: 자, 이제 경찰이 등장합니다.

(경찰1, 2 등장. 현장 검증 들어간다. 진경이의 양손에 수갑을 채운다.)

경찰 1: 김진경씨 당신을 살인죄로 현장에서 체포합니다. 묵비권을 행사할 수 있고
　　　　변호사를 선임할 수 있는 권리가 있습니다.

진　경: 엄마! 엄마! 나 안 그랬어!!

(진경은 경찰 1, 2에 의해 체포되고 경찰서로 끌려가서 심문을 받는다.)

연출자: 이름, 나이를 물으십시오.

경찰 2: 이름, 김진경. 나이 15살 맞습니까?

경찰 1: 언니를 왜 죽였지? 언니를 죽인 거 맞아?

연출자: 우발적으로 저질렀다고 하세요.

진　경: 나는 언니를 죽일 생각이 없었어요.

연출자: "왜 언니를 죽여야만 했지?" 하고 물어보세요.

경찰 2: 그런데 왜 언니가 죽어야만 했지?

진　경: 엄마 아빠 사랑을 다 가져갔으니까.

경찰 2: 네가 너무 속상했구나.

연출자: 죽여보니까 속이 시원하냐고 물으세요.

경찰 2: 이제 속이 시원하니? 괜히 죽였다고 생각하지?

진　경: (고개를 끄덕이며) 우리 언니 안 죽었어요.

경찰 1: 벌써 죽었잖아!

진　경: 우리 언니 안 죽었어요…. 살려주세요.

연출자: "네가 우발적으로 한 행동에 대해서는 책임을 져야 해"라고 하세요.

경찰 2: 네가 우발적으로 한 행동에 대해서는 책임을 져야 해.

연출자: 우발적이었든지, 계획적이었든지,

경찰 2: 그것이 우발적이었든 계획적이었든 너는 책임을 져야 해, 진경아.

연출자: 내가 어떻게 져야 하는데요?

진　경: 내가 어떻게 져야 하는데요?

경찰 2: 일단 재판을 받아야 해.

(교도소 안. 진경이가 교도소 안에 있고 어머니가 면회를 온 상태. 경찰 2가 다가와서 진경이
의 상태를 어머니에게 설명해준다.)

경찰 2: 어머니, 진경이가 밥도 먹지 않고 사흘째 움직이지도 않고 저렇게 있습니다.

어머니: 진경아, 그러지 말고 좀 먹어봐.

연출자: 그러지 마시고 진경이의 그런 모습을 보고 흐느껴 주세요. "어떻게 하다가 언니를 죽여가지고…."라는 말씀과 함께, 진경이의 손을 잡고 말씀하세요. "그래, 미안하다…. 내 잘못이다."

어머니: 진경아... 으흐흑

연출자: 그렇게 소극적으로 하지 마시고 울부짖으면서 크게 하세요. "진경아! 내가 너를 얼마나 사랑했는데!"

어머니: 진경아 왜 그랬어! 내가 너를 얼마나 사랑했는데! 으흐흑

연출자: 왜 언니를 죽여야만 했어!

어머니: (울부짖으며) 왜 언니를 죽여야만 했어! 진경아! 왜 그랬어..!

경찰 2: 어머니 진정하시고요.

연출자: 진경이는 실어증에 걸린 상태입니다. 정신이 혼미한 상태입니다.

(병원으로 배경이 옮겨짐. 진경이의 정신치료를 위해 신경과에 입원함.)

연출자: 진경이는 이제 꿈속에서 언니를 만나게 됩니다.

(꿈속에서 진경이의 언니가 진경이에게 다가온다.)

언　니: 진경아…. 왜 그랬어….

진　경: 언니, 내가 잘못했어! 언니!

연출자: 내가 그렇게 미웠어?

언　니: 내가 그렇게 미웠어?

연출자: 그래. 미웠다!

진　경: 그래. 미웠다! 너 혼자 다 차지했잖아! 엄마 아빠 사랑을! 공부도 나보다 잘하고!

언　니: 그게 그렇게 힘들었니?

연출자: 그래서 나를 죽인 거야?

언　니: 그래서 나를 죽인 거야?

연출자: 그래도 네가 언니를 죽인 거에 대해서 마음이 아주 아프구나!

언　니: 그래도 네가 나를 죽인 거에 대해서 마음이 아주 아프구나!

진　경: (울며) 언니 미안해 다시 돌아와…. 살아 돌아와!

언　니: 난 이제 돌아갈 수가 없어.

진　경: 언니, 내가 잘못했어. 진짜 돌아와 줘….

연출자: "난 이제 네가 언니를 용서해 주길 바란다."라고 하세요.

언 니: 난 다시 돌아갈 수 없어…. 그러니까 네가 언니를 용서해 주길 바라….

진 경: 언니, 나도 용서해줘! 나도 잘못했어.

연출자: 난 이제 네가 아프지 않고 현실을 직면하고 살아갔으면 좋겠어.

언 니: 난 이제 네가 아프지 않고 현실을 직면하고 살아갔으면 좋겠어.

연출자: 더이상 언니에 대한 죄책감을 갖지 말고…. 내가 너를 용서하니까

언 니: 네가 나에 대한 죄책감을 갖지 말고, 내가 너를 용서하니까 넌 언니에 대한 마음을 모두 내려놓고

연출자: "네가 남은 삶을 잘살아갔으면 좋겠어, 건강하게."라고 하세요.

언 니: "네가 남은 삶을 잘살아갔으면 좋겠어, 건강하게."

연출자: 그게 언니의 진심이야? 라고 하세요

진 경: 그게 언니의 진심이야?!

언 니: 그래, 그게 언니의 진심이야.

연출자: 본인이 언니에게 잘못했다고 하세요.

진 경: 언니 미안해…. 내가 잘못했어! 미안해….

연출자: 언니를 안아주세요.

(진경이와 언니가 포옹하면서 마무리된다. 이 모든 것은 진경이의 꿈이었으며 다시 맨 처음의 상담실로 돌아온다.)

연출자: 상담사께서는 진경이와 가족들에게 어떠했는지 이 모든 것을 물어보세요.

상담사: 자, 지금, 마치 꿈같은 경험을 하셨죠?

연출자: 이런 상황이 일어날 수도 있습니다.

상담사: 어쩌면 이 상황이 실제로 일어날 수 있었던 것을 우리가 다행히 꿈으로 행동시연을 했기 때문에 우리의 마음이 그 이후에 달라졌을 거예요. 그럼 그게 어떻게 달라졌는지 언니부터 말해보세요.

언 니: 좀 더 진경이에게 가까이 다가가서 진경이의 마음을 헤아려서 진경이랑 얘기도 많이 하고 무시하지 않고 진경이의 마음을 알아차려서 같이 놀러 다니고 맛있는 것도 먹으러 다니고 그렇게 살면 될 것 같다는 생각이 들었어요.

상담사: 그런 생각을 하셨군요. 엄마는 어떤 생각이 들었나요?

어머니: 저도 제가 바쁘다는 핑계로 진경이가 그렇게 힘든 줄을 모르고 있어서 정말 미안하다는 생각을 했어요.

연출자: 언니가 죽었을 때 어떤 느낌이 들었는지 물어보세요.

상담사: 큰딸이 죽었을 때 엄마는 어떤 느낌이 드셨는지 한번 말씀해 주시겠어요?

어머니: 하늘이 무너지는 것 같았죠

상담사: 그러셨군요. 진경이가 구치소에 있을 때는 또 어떤 생각을 하셨는지요?

어머니: 그때도 마찬가지죠. "집안이 이렇게 끝이 나는구나!" 이런 생각을 했어요.

상담사: 정말 힘드셨겠어요. 진경이는 어머니와 언니의 변화된 모습과 말을 들었는데 그러면 진경이는 이제 어떻게 달라져야 하는지 한번 이야기를 해볼 수 있을까요?

진 경: 언니랑 엄마를 미워했는데 사실 제 가슴속에서는 엄마랑 언니를 사랑했다는 사실을 알았어요.

상담사: 그랬군요. 가족은 서로 사랑하는 존재인데 그 마음속을 못 읽었을 뿐이에요. 그렇죠? 자, 그러면 앞으로는 우리 가족이 어떻게 해야 하는지 가족 프로젝트를 같이 한번 써 보고 그것을 실천하고 자기평가를 한 뒤에 우리가 다음 상담에 와서 그것을 상의하면 어떨까 해요.

연출자: 진경이와 함께할 수 있는 그런 프로젝트를 내주세요.

상담사: 우리가 앞으로 엄마와 언니와 진경이가 3주 동안 함께 할 수 있는 것이 무엇인지 상의해서 세 가지씩 써 보도록 하세요. 진경이를 위해서 어떤 것을 하는 게 좋을지, 또 진경이는 엄마와 언니가 나를 위해서 어떤 것을 해주면 좋을지를 상의해서 세 가지씩 써 보세요.

진 경: 저는 엄마랑 같이 백화점에 옷 사러 가고 싶어요. 그리고 영화를 보고 싶어요.

연출자: 아주 좋습니다. 영화 보기나 장애인 센터에 가서 봉사하기도 추천해주세요.

상담사: 자, 세 번째에는 혹시 남을 위해서 다 같이 할 수 있는 일도 있을까?

연출자: 아버님이 목사님이신데 장애인 센터를 운영하신다고 하십시오.

어머니: 애 아버지가 장애인 센터를 운영하셔서 그곳에서 봉사활동을 할 수 있을 것 같아요.

진 경: 장애인분들 목욕시켜 드리기로 할래요.

상담사: 그럼 세 분이 정한 세 가지 일을 일주일 동안 잘 실천해서 그동안 자신의 마음이 어떻게 변했는지 자기평가를 해서 자기 점검일지를 써 보세요. 그래서 다음 회기에 발표해보세요.

연출자: 어머니는 진경이에게 어떤 작은 긍정적 변화가 있는지, 또 엄마가 큰딸에게는 무슨 변화가 있었는지, 서로 찾아보게 하세요.

상담사: 앞으로 우리가 서로 엄마는 진경이와 진숙이의 작은 긍정적 변화는 무엇이 었는지, 또 엄마는 진경이의 작은 긍정적 변화는 무엇이었는지, 진경이도 잘 보고 평가해서 적어보도록 하세요. 여기에다가 세 사람이 동맹 서명을 해서 완성하세요.

연출자: 기대치를 물어보세요. 우리가 이것을 완성할 수 있는 기대치가 무엇인지 물 어보세요. 1은 작은 점수고 10점이 최대 점수입니다.

상담사: 우리가 이 자기점검일지를 계획했는데 이것에 대한 기대효과가 있을 거예 요. 기대효과의 점수는 1부터 10까지가 있는데 1은 전혀 이루어지지 않은 상황, 10은 정말 우리의 기대치가 거의 다 이루어진 상황이라고 생각했을 때, 지금 기대치는 몇 점 정도인지 진경이부터 얘기해 보도록 해요.

진 경: 8점이요.

상담사: 와! 잘했어요. 언니는 어떤가요?

연출자: 진경이가 바라는 점수가 8점인데 진경이가 그 점수를 이루었을 때 어떤 점 이 가장 먼저 변했을지 물어보세요.

상담사: 진경의 기대치가 8점이라고 했는데 그 점수에 도달하면 제일 먼저 무엇이 변했을까요? 그리고 어떻게 변한 모습을 알 수 있을까요?

진 경: 내 가슴이 환해지고 언니 엄마 사랑하는 마음이 이만큼 커지고 공부잘할 것 같아요.

상담사: 참 잘했어요. 진경이 참 멋지군요! 이번에는 어머니께서 기대치에 대한 점수 는 몇 점이고 그 점수가 이루어졌을 때 어떤 변화가 일어날 것 같은지 말해 주세요.

어머니: 저의 기대치는 9점까지 갔습니다. 진경이가 아주 사랑스러운 성격을 가지게 되고 진경이를 쳐다만 봐도 좋을 것 같아요.

상담사: 아주 좋습니다. 그럼 언니는 어떻게 어떻게 생각하나요?

언 니: 그 진경이가 8점이라고 하니까 저도 엄마처럼 9점 정도 바라고...

상담사: 기대치가 9점이나 되는군요! 언니는 변화상이 어떨까요?

언 니: 진경이가 방에만 있지 않고 항상 밝은 모습 웃는 모습으로 있을 것 같고 굉 장히 활발할 것 같아요. 그리고 말도 잘할 것 같아요.

상담사: 자, 그럼 우리 가족의 프로젝트를 위해서 가족구호를...

연출자: 가족 구호는 잠시 뒤에 하시고 칭찬 먼저 해주세요.

상담사: 지금 가족들이 기대치를 예견하고 기대치에 따라서 변화를 말해주셨는데요. 기대치가 정말 높고 변화된 모습도 정말 밝고 행복한 모습으로 얘기해 주셨어요.

연출자: 그것에게 감사하다고 하시고 수고했다고 격려해 주세요.

상담사: 그것에 대해 정말 감사드리고 오늘 정말 애쓰셨습니다. 힘든 시간이었는데 진경이도 고맙고 엄마께도 언니께도 감사드려요.

연출자: 마지막으로 무엇이 달라졌냐고, 어떤 도움이 되었냐고 물어보세요.

상담사: 이제 상담을 하고 나서 아까 이 상담실 문을 열고 들어오셨을 때의 그 기분과 느낌하고 지금 상담을 하고 났을 때의 기분과 느낌이 어떻게, 무엇이 달라졌는지 말씀해주세요. 진경이부터 얘기해 볼까요?

진 경: 아까는 고개를 들지 않고 지금은 고개를 들고 선생님을 볼 수 있어서 정말 좋고요. 언니와 엄마가 좋아진 것 같아요.

상담사: 예쁜 진경이가 선생님과 눈을 마주쳐줘서 얼마나 기쁜지 몰라요. 마치 내가 진짜 수지를 만난 것 같아요. 고마워요. 자 엄마는 어떠세요?

어머니: 여기에 들어올 때는 정말 답답하고 또 속도 상하고 어떻게 할지를 몰랐는데 이제는 진경이 마음도 알고 어떻게 해야 할지 알게 되어서 또 가족의 소중함을 알게 되어서 정말 감사드립니다.

상담사: 엄마 마음이 환해지신 만큼이나 얼굴도 환하고 제가 보기에 5년은 젊어지신 것 같아요. 언니의 기분은 어떤지 한번 말해보세요.

언 니: 아까는 기분이 착잡하고 그랬는데요 이제는 동생이 앞으로 많이 좋아질 거라 기대하고 정말 감사합니다.

상담사: 네, 아주 좋아졌군요. 감사드려요.

연출자: 가족구호를 만들어 외치게 하세요.

상담사: 이제 우리가 다 같이 가족구호를 만들어 외치는 시간을 가질게요. 진경이가 처음에는 고개도 안 들고 말도 안 하고 했었는데 이제 이렇게 말을 하게 되었으니까 진경이가 한번 가족구호를 정해보는 게 어떨까요?

연출자: 우리는 가족이다!

모 두: (다 같이 손을 모으고) 우리는 가족이다!

연출자: 우리는 하나다!

모 두: 우리는 하나다! 하나다!

연출자: 우리는 서로 돕는다!

모 두: 우리는 서로 돕는다!

연출자: 우리는 결코 자살하지 않는다! 우리는 한길을 걷는다!

모 두: 우리는 결코 자살하지 않는다! 우리는 한길을 걷는다!

진 경: 우리는 사랑이다!

연출자: 아자! 아자! 아자! 파이팅!

모 두: 아자! 아자! 아자! 파이팅!

연출자: 이것으로 사이코드라마나 상담시연 종료합니다!. 모두 수고가 많으셨습니다!

19장.

분노조절
인지행동치료(CBT)
상담사례

분노조절 인지행동치료(CBT) 상담사례

19장

▼

분노조절 인지행동치료(CBT) 상담시연:

(1) 주요호소(CC)

내담자: 김 ○ ○ (남·여) 23세

학　력: 전문대 중퇴 / 결혼상태: 미혼

매회기: 60분

어린 시절(11살) 아버지의 죽음으로 인한 상실감, 이별불안 등으로 시작한 우울증으로 인해 학교부적응(학교폭력 및 왕따), 군대관심병사, 가족갈등, 사회부적응, 충동분노조절장애 등 심각한 수위에 도달함. 정신과 약물을 중학교 1학년부터 복용하였으며, CBT 회기 진행하면서 다시 약물을 권장하여 강남 을지대학병원에서 처방받아 먹고 있음.

주요 진단명: 기분부전장애, 사회불안장애, 충동조절장애(간헐적 폭발), 게임중독, 불면증 호소함.

(2) 사례개념화

어머니, 누나, 매형 등의 관계에서 지속적인 억압, 강박적 부담, 충동적 분노, 공격적 행동을 보이며, 이는 내담자의 잦은 우울, 불안, 분노발작 유발의 악순환 고리를 지속화함. 따라서 본 회기에서는 특히 어머니, 누나, 매형 등에 대한 부정적 관점, 인지왜곡, 파괴적 충동분노조절장애로 인한 과도한 확대해석과 간헐적 분노폭발을 이해하고 직면하고자 인지재구조화(현재 가족갈등상황 속에 내포된 긍정적 의미 찾기, 내담자의 성장과 발전 기회로 재해석하기), 소크라테스문답법(경험적·철학적·대안적·현실적·논리적·실용적·중립적·손익적 논박) 등을 핵심 기제들로 사용하여 내담자의 인지오류를 공략하고 직면시키고자 함. 아울러 내담자의 직면으로 인한 저항과 분노표출을 이완시키고자 복식호흡 근육이완(미소짓기)과 유머감(sens of humor)을 적절하게 활용하고자 함.

(3) 치료계획(치료목표 및 전략)

우울, 불안, 분노, 충동성 자기척도, 생각들을 인지삼제모델로 분류하기, 우울증을 지속시키는 사고유형 찾기, 다양한 인지왜곡 이해하기, 인지적 오류를 공략하는 기법들 익히기, Albert Ellis의 현실적 논박, 논리적 논박, 실용적 논박 사용하기, 합리대처진술문 사용하기, 사고기록지를 활용한 인지재구조화 및 감정개선 학습하기, Albert Ellis의 REBT 기반 자기개선 학습하기, STA 기법 시연하기, 복식호흡 근육이완하기, 회기 평가 및 피드백 제공하기, 과제주기(사고기록지 작성하기) 등을 중점으로 진행함.

(4) 치료과정 회기별 요약

우울증의 인지행동치료 프로그램 12회기 요약:

1. 프로그램 소개: 회기 규칙 정하기, 자기소개, 우울증의 인지행동치료 프로그램 작용방식 소개 및 MMPI-2 평가결과 해석하기, 치료자와 내담자 간 치료적 동맹 맺기.
2. 우울증의 개요 이해: 우울증의 진단 및 특징, 다양한 사례들, 종류 및 자살사고 및 행동, 우울증의 초두효과 최신효과 등 다루기.
3. 신체증상 자각, 복식호흡 근육이완훈련하기: 우울, 불안, 분노상황에서의 경험하는 다양한 신체증상 자각하기, 복식호흡 근육이완훈련의 필요성과 이론적 배경 교육하기, 복식호흡 근육이완훈련 시연하기.
4. 인지치료의 이론: 우울증의 요소들, 인지삼제, 인지왜곡, 인지도식, Albert

Ellis의 정서장애유발요인 이해하기.

5. 우울증의 생리적 측면: 기분과 식사, 기분과 수면, 기분과 기력상실, 성욕 감퇴 등 이해하기, 적당한 운동이 우울증에 미치는 긍정적 영향 교육하기.

6. 인지재구조화 Ⅰ: 자동적 사고의 인지오류 수정하기, 비합리적·비현실적· 자기파괴적인 신념들, 소크라테스문답법(실용적/기능적/경험적/논리적/철학적/대 안적 논박) 등 이해하기.

7. 인지재구조화 Ⅱ: 합리적·적응적 대처사고 사용하기, Albert Ellis ABC 모 델과 ABCDEF 모델, Judith S. Beck의 인지개념화도형(우울증의 핵심신념, 중 간신념, 자동적 사고) 이해하기.

8. 운동시간표 작성하고 활용하기: 활동의 성취도와 즐거움 기록하기, 특정 스트레스 요인들 찾아 취약성 평가하기, 사이코드라마(역할전환)를 통한 자 기동정훈련(Self-Compassion Training)과 자기지지훈련하기.

9. 사고와 우울증 Ⅰ: 우울, 불안, 분노, 충동성 자기척도 사용하기, 자신, 세 상/타인, 미래에 관한 부정적 관점 이해하기, 우울증을 지속시키는 사고유 형 찾기, 다양한 인지왜곡 이해하기, 인지적 오류를 공략하는 기법들 익히 기, Albert Ellis의 합리대처진술문 시연하기.

10. 사고와 우울증 Ⅱ: 사고기록지를 활용한 인지재구조 및 감정개선 학습하 기, Albert Ellis의 REBT 기반 자기개선 학습하기, STA 기법 시연하기, 부 동명상, 듣기명상, 보기명상 시연하기.

11. 인지치료기법 복습하기: 진정한 의미 질문하기, 합리대처진술문 사용하 기, 증거 검토를 위한 소크라테스문답법(경험적·철학적·대안적·현실적·논리적· 실용적·중립적·손익적 논박) 사용하기, 탈재앙화, 예상되는 결과 검토하기, 장 점과 단점 나열하기.

12. 마무리: 재발과 추후 회기 설명해주기, 프로그램 참여의 성과 나누기, 프 로그램에 대한 정리 및 평가. 종합적 피드백 및 소감 나누기.

(5) 인지행동치료(CBT) 프로그램 중 한 회기의 축어록

상담사 1: 자, 시작하겠습니다. 길동(가명) 군 오늘 제가 상담을 녹음하는 것을 허락
해줄 수 있나요?

내담자 1: 네

상담사 2: 허락해주셔서 고맙습니다. 자, 오늘 주제는 TEST 기법 중에서 사고의 과
정입니다. 그래서 '사고와 우울증'이라는 주제로 우리가 회기를 진행할 건데
요. 먼저 저번 주에 집에서 생활하시면서 느꼈던 우울척도(지수), 불안척도,
공격성척도를 말씀해주시겠어요? 1~10중에서 골라서 우울부터 말씀해주세
요. 가장 우울했던 적이 좀 많았으면 10점. 가장 높은 점수죠.

내담자 2: 10점요.

상담자 3: 우울이 10점이에요.

내담자 3: 우울이 10요. (약간 톤이 커짐)

상담자 4: 우울 10점 주고 싶어요? 아~ 우울 10점. 또 불안은 어느 정도예요. 1점은
가장 낮은 상태의 불안이고 10점은 가장 높은 상태의 불안이에요.

내담자 4: 100

상담자 5: 아 10점 만점에

내담자 5: 100점요

상담자 6: 아, 그러시군요. 분노는 어떤가요? 100점이나 10점이 같은 거니까 100점
말고 10점을 최대치로 해서 말씀해주세요.

내담자 6: 이게 조울증인 것 같아요! (갑자기 주제를 바꿈)

상담자 7: 조울증요?

내담자 7: 조울증….

상담자 8: 어떤 의미에서 그렇게 느끼셨나요?

내담자 8: 기분이 좋아졌다가 나빠졌다. 좋을 때는 괜찮았다가.

상담자 9: 음~~~!

내담자 9: 어느 사건….

상담자 10: 사건 이후…. (사건에 대해 표현할 수 있도록 조력함)

내담자 10: 어느 사건이 있으면

상담자 11: 예!

내담자 11: 누구랑 다투든지… 하면

상담자 12: 예!

내담자 12: 급속도로 내려가요.

상담자 13: 내려가요. 다운(down)되고

내담자 13: 다운

상담자 14: 불안해지고

내담자 14: 기분이 침체되고

상담자 15: 우울해지고

내담자 15: 침울해지고

상담자 16: 음~~~! 그렇군요! 그래서 저번 주에 우울척도가 10점이고, 불안척도가 10점이고, 그럼 분노는 몇 점일까요? (다시 재진술을 통해 주제로 되돌아감)

내담자 16: 분노는 오락가락해서, 매길 수가 없습니다. (고개를 숙이면서 시선을 회피하며 부인함)

상담자 17: 그럼… 매길 수가 없다는 의미는 무엇인가요? 가끔이라고 하면 몇 번 정도를 의미하나요?

내담자 17: 10에서 1을 막 계속 왔다 갔다 해요. (약간 흥분된 목소리 톤으로)

상담자 18: 왔다 갔다 하군요. 극단적으로.

내담자 18: 예!

상담자 19: 간헐적으로 폭발이 막 일어난다는 말씀이군요!

내담자 19: 예!

상담자 20: 분노발작이 일어나는 거예요? (분노유발상황을 노출시키고 직면시키기 위해 질문을 통해 계속 이끌어감)

내담자 20: 보기 싫은 것을 봤거나

상담자 21: 지금 어머니 이야기하는 거예요? 아니면(분노유발 주요 대상인 어머니를 직면시킴)

내담자 21: 아니, 보기 싫은 것을 보거나

상담자 22: 음~~~!

내담자 22: 듣기 싫은 것을 듣거나

상담자 23: 음~~~!

내담자 23: 누군가에게 싫은 소리를 들으면

상담자 24: 음~~~!

내담자 24: 그게 갑자기 일어나니까. 갑자기.

상담자 25: 갑자기

내담자 25: 그게 한 번에 갑자기 일어나니까!

상담자 26: 아~~~~! (깊이 공감해주면서)

내담자 26: 그 상황이 눈 깜박할 사이에 일어나고(내담자는 자신의 마음을 열고 분노유
발상황을 회상하며 표출하기 시작함)

상담자 27: 음~~~! 최근에 그랬던 적은 언제예요? 그런 정황이 있었던 때가 언제
예요? (적극적 경청과 함께 분노유발사건을 직면시킴)

내담자 27: 엄마하고….

상담자 28: 관계에서

내담자 28: 엄마하고의 관계에서…. (잠시 침묵)

상담자 29: 예!

내담자 29: (침묵) 많이 안 좋아가지고…. (침묵 지속, 얼굴이 우울해 보임)

상담자 30: 음.. 이사 가게 된 거, 그것이 동기가 된 거예요? (내담자의 자기 노출을 위
해 핵심 문제를 제기함)

내담자 30: 컥~~~! (트름소리)

상담자 31: 흐~흐~!

내담자 31: 몸이 많이 안 좋아요! (축 처진 목소리로)

상담자 32: 어머니하고 크게 싸웠어요? (다시 주제에 초점을 맞추기 위해 의도적으로 톤
을 높여 질문함)

내담자 32: 그냥 망치로 죽이려고 했어요. (갑자기 큰 목소리로 집중하며, 얼굴이 붉어짐)

상담자 33: 아~~~~~! 어머니를

내담자 33: (침묵)

상담자 34: 실제로 망치를 들었어요?

내담자 34: 망치를 들고 누구를 죽여버려야겠다. 그런 생각이 나고

상담자 35: 아~~~~! 갑자기?

내담자 35: 갑자기!

상담자 36: 아~~~~! 그때 어떤 생각들이 들었어요? 망치를 들기 전에 그때 어떤
생각들이 스쳤어요?

내담자 36: 생각이 안 나요. 아무 생각이 안 나요.

상담자 37: 그런데 망치를 들게 된 동기가 무엇인가요?

내담자 37: 감정이

상담자 38: 감정이요?

내담자 38: 감정이 격해진 거지

상담자 39: 격해지고 (공감적 이해 및 지지).

내담자 39: 분노가 격해지고

상담자 40: 그러니까. 분노 이면에 어떤 감정이 들었나요?

내담자 40: 내가 지금 인정을 못 받고 있다. 억울하다!

상담자 41: 그렇죠. 억울하다! (상담자는 얼굴에 약간의 미소를 지으며, 공감적 이해 및 지지)

내담자 41: 나는 억울하다!

상담자 42: 나는 억울하다! (내담자의 감정을 다시 재진술을 통해 명료화시킴) 따라 해보
세요! 나는 억울하다! (내담자의 억울한 감정 이면에 숨겨진 의도, 불충족된 원함,
절대적인 요구, 주장, 당위, 강요, 명령 등을 탐색함, 즉 비합리적·비현실적·역기능적·
자기파괴적인 신념들(인지오류)을 탐색하고 소크라테스문답법(실용적·기능적 논박,
경험적 논박, 논리적 논박, 철학적 논박, 대안적 논박)을 활용하여 논박하고자 함(인
지재구조화))

내담자 42: 나는 억울하다!

상담자 43: 크게 한번 나는 억울하다!

내담자 43: 나는 억울하다!

상담자 44: 크게 다시 한번 나는 억울하다!

내담자 44: 나는 억울하다! (큰 음성으로)

상담자 45: 한 번만 더 해보세요. 시작!

내담자 45: 나는 억울하다!

상담자 46: 지금도 억울한 느낌이 드는데? 감정이 올라와요?

내담자 46: 예.

상담자 47: 그렇죠. 저도 느껴져요. 그 억울하다는 감정은 뭐예요? (내담자의 억울한
감정 이면에 숨겨진 의도, 불충족된 원함, 절대적인 요구, 주장, 당위, 강요, 명령 등
을 탐색할 수 있도록 조력함)

내담자 47: 억지다!

상담자 48: 억지다?

내담자 48: 나한테 억지를 부린다. 사람들은

상담사 49: 그러니까 나를 인정해 달라는 건가요? 인정욕구? 아니면 나를 존중해달
라는 존중욕구?

내담자 49: 나에게 정을 줘라!

상담사 50: 정을 달라! 사랑을 달라! 사랑욕구?

내담자 50: 애정결핍?

상담자 51: (웃으며 아~하~하~하~) 애정결핍도 될 수 있죠!

내담자 51: 결핍!

상담자 52: 아~~~ 애정결핍!

내담자 52: 경원시(敬遠視)해요. 경원시하는 거예요. 가족들이

상담자 53: 가족들이, 엄마하고 누나하고

내담자 53: 누나들이…. (억울한 분노가 올라와서 말을 잇지 못함)

상담자 54: 그래 알았어요. 자, 그렇게 하고. 그러면 망치도 들 정도면, 그때는 10점
만점에 10점 되겠네요? 그렇죠? 그 충동성이. 분노자기 척도가?

내담자 54: 그게 한두 번이 아니에요.

상담자 55: 아~~~~~! (공감적 이해 및 지지)

내담자 55: 그게 한두 번이 아니고. 간헐적으로 불쑥불쑥 일어나요.

상담자 56: 그런데 우리가 여기서 그럴 때 어떻게 해야 하죠? 제가 알려준게 뭐죠?
스탑! (Stop!) 따라 해보세요. 스탑! (Stop!) (자기분노조절 STA기법 시연함)

내담자 56: 스탑! (Stop!)

상담자 57: 스탑! (Stop!), 스탑! (Stop!), 스탑! (Stop!)

내담자 57: 아니 이게 스탑! (Stop!)이….

상담자 58: 스탑! (Stop!) 하기가 싫나요?

내담자 58: 스탑! (Stop!), 스탑! (Stop!), 스탑! (Stop!) 하는 게 생각이 안나요.

상담자 59: 스탑! (Stop!) 그래서 충분한 연습이 필요합니다.

내담자 59: 그 생각하기 전에 이미 화가 나 있어요.

상담자 60: 나 있고….

내담자 60: 다 부숴버리고 (책상을 세게 치면서)

상담자 61: (하~하~ 웃으면서) 부숴버려!

내담자 61: 이게 다 부셔놓고 바로 후회하고….

상담자 62: 그런데 작년에 어머니하고 싸우고 실제로 TV를 부쉈잖아요.

내담자 62: 예!

상담자 63: 그런데 우리가 여기서 배우고 정리한 게 있잖아요. "그것을 해결할 방법이 과연 그것밖에 없을까? 대안을 한번 생각해보자!"라고 하면서 많은 대안적 사고와 행동을 같이 생각해봤어요. 그래서 가장 좋은 대안으로 꼽은 게 "스탑! (Stop!), 스탑! (Stop!), 스탑! (Stop!). 잠시 스탑! (Stop!) 하자."이렇게 하시면 돼요. 그리고 생각을 "Think Again!" 다시 한번! 폭발하는 거 말고 다른 행동으로 우리가 생각했던 것이 무엇이죠? 다른 적절한 대처행동? 이거잖아요. 들이시고 내시고(복식호흡과 근육이완을 시연함). 자! 복식호흡 한번 해볼까요? 자! 손을 꽉 쥐고(긴장을 주고) 호흡을 들이쉬고, 유지하고, 내시고. 그렇죠.

내담자 63: 하~~아~~~! (호흡을 내쉬는 소리)

상담자 64: 자! 복식호흡. 최대한 들이쉬고. 손을 꽉 쥐시고 하나, 둘, 셋, 넷, 다섯(살짝 미소 짓고). 내시고 하~~~~~! (날숨소리) 손을 펴주시고. 자! 다시 한번 손을 좀 짝 펴주세요. Okay 잘했어요. 다시 한번 들이쉬고, 내쉬고 하~~~~~! (날숨소리) 호흡 좀 들려주세요. 자! 들이쉬고.

내담자 64: 숨이 안 쉬어져요.

상담자 65: 숨이 안 쉬어져요?

내담자 65: 스트레스. 스트레스성 호흡곤란이라고.

상담자 66: 아~~~!

내담자 66: 호흡이 안 되잖아요. 스트레스를 너무 많이 받으면, 한꺼번에. 숨이 안 내쉬어지고 여기가 뭐가 뭉쳐서(가슴에 손을 대면서)

상담자 67: 예!

내담자 67: 가슴이, 가슴이 굳어버리는 느낌이고

상담자 68: 아~! 꽉 막히는 느낌이요?

내담자 68: 꽉 막히고 고구마를 몇 개 집어먹고

상담자 69: 예!

내담자 69: 물을 안 마시고

상담자 70: 아~~~! (공감적 이해 및 지지)

내담자 70: 감자를 막 집어 먹어요. 찐 감자를. 여기가 막힐 거 아니에요. (가슴을 가리키며) 그런 느낌이 나면서

상담자 71: 예! 분노는 없어요? 화는요?

내담자 71: 화도 같이 나와요.

상담자 72: 그럴 때는 호흡을 천천히 하면서...

내담자 72: 뒷목도 (뒷목을 잡으면서)

상담자 73: 예!

내담자 73: 혈압이, 혈압이 터질 것 같고. 고혈압으로 쓰러질 것 같은 느낌이 막….

상담자 74: 드세요?

내담자 74: 막 여기(뒷목을 잡으며). 혈압이 올라가는 느낌 뒷목이 막….

상담자 75: Okay 자! 그래서 천천히 호흡하고 내쉬고 3번만 해봅시다. 자! 들이쉬고. 자! 손을 꽉 쥐고. 자! 긴장시키고. 최대한 들이쉬세요. 살짝 미소 지으시고. 네, 그렇죠! 내쉬고 하~~~! (날숨소리). 잘하셨어요. 자! 한 번만 더 합시다. 들이쉬고. 최대한 들이쉬세요. 자! 유지하시고 내쉬고. 넷, 셋, 둘, 하나. 아주 좋습니다. 다시 한번. 들이쉬고. 내쉬고. 하~~~! (날숨소리) 다시 한번 들이쉬고. 한번 들이쉬세요. 자! 더우시면 옷을 벗으셔도 괜찮습니다.

내담자 75: (재킷을 벗음)

상담자 76: 자! 다시 한번 들이쉬고 이완을 해주세요. 자! 최대한 참고(호흡을 유지하고) 내쉬고 하~~~! (날숨소리) 넷, 셋, 둘, 하나. 잘하셨어요. 한 번만 더 마지막으로, 자! 들이쉬고(목에 긴장을 주고) 내쉬고. 하~~~! (날숨소리) 목도 풀어주세요. 이렇게 목을 뒤로 뻗으면서 근육을 이완하겠습니다. 다시 한번 해주세요. 자! 들이쉬고 내쉬고 하~~~! (날숨소리). 잘하셨어요. 짝짝짝~~~! (박수소리) 자! 오늘의 상담목적은 우리가 많은 생각을 하는데, 그 생각들 중에서 인지삼제모델을 탐색하고 분류하기, 그리고 우울증을 지속시키는 사고유형 찾기, 다양한 인지왜곡 이해하기, 인지오류를 공략하는 기법을 익히기.

내담자 76: 과대….

상담자 77: 제가 조금만 읽고요. 그리고 사고기록지를 이용하는 인지재구조화와 감정개선을 학습하기, Albert Ellis의 자기개선 학습하기, 그리고 복식호흡 근육이완 지금도 하고 있지만, STA기법 아까 스탑! (Stop!), 스탑! (Stop!), 스탑!

(Stop!). 마지막으로 이젠 피드백 주고 그다음엔 과제주기 이러한 차례로 진행하겠습니다. 자! 방금 말씀하고 싶었던 것이 뭐예요? 말씀하세요.

내담자 77: 과대망상….

상담자 78: 예!

내담자 78: 제가 과대망상이 좀 많아서….

상담자 79: 아! 그러니까 자기도 모르게 자동적 생각이 불쑥불쑥 튀어나온다는 거죠?

내담자 79: 나도 모르게 과대망상을 해요.

상담자 80: 예!

내담자 80: 이런 과대망상 때문에

상담자 81: 예!

내담자 81: 부정적인 생각이 자꾸 생겨요.

상담자 82: 아~ 사고의 오류가 나타나는 거군요.

내담자 82: 사고의 오류가 뭐예요?

상담자 83: 오늘 그것에 대해서 배울 거예요. 먼저 (우울하게 만드는 부정적 사고의 핵심기제인) 인지삼제에 대해서 한번 공부를 할게요. 한번 읽어주시겠어요. 자! 여기 인지삼제란?

내담자 83: 우울증의 특징적인 세 가지 부정적 신념들을 일컫는다. 이 세 가지 관점은 각각의 관점을 반영하는 특징적인 생각들로 구성된다. (내담자자 소리를 내어 읽음)

상담자 84: 음~음~, 그렇죠!

내담자 84: 첫 번째는 자신에 대한 부정적 관점이다.

상담자 85: 자! 요거 좀 중요하니까 언더라인(underline, 밑줄을 긋다)을 해주세요. 자! 첫 번째 따라 해주세요. 나에 대한 부정적 관점!

내담자 85: 나에 대한 부정적 관점!

상담자 86: 그래서 길동 군이 아까도 그리고 방금도 말했지만 과대망상. 나도 모르게 자꾸 부정적으로 생각나는 것이, 그 이면에는….

내담자 86: 누군가가 나를 막 감시하는 것 같아요!

상담자 87: 누가 지켜보고 있는 것 같아요?

내담자 87: 네. 누가 날 보고 있다는 생각이 들어요.

상담자 88: 어~~~!

내담자 88: 누가 날 감시하고 있다는 생각이요.

상담자 89: 아~하~! 그건 사회불안장애의 특징들 중 하나인데.

내담자 89: 누가 날 훔쳐보고 있다.

상담자 90: 훔쳐보고 있고, 어~~!

내담자 90: 그런 망상이 자꾸 떠오르고, 그러지 않은 것을 알면서,

상담자 91: 예!

내담자 91: 자꾸 믿고

상담자 92: 음~!

내담자 92: 집착하게 되고

상담자 93: 강박적 사고를 계속하게 되고, Okay! 그 이면에는 우리가 인지삼제라는
      이러한 부정적인 관점, 나에 대해서, 또 타인에 대해서, 세상에 대해서, 미
      래에 대해서.

내담자 93: 위축이 되고

상담자 94: 아~~~!

내담자 94: 사회적 위축

상담자 95: 아~~하~~!

내담자 95: 그런 위축감이….

상담자 96: 들어요?

내담자 96: 생각의 위축, 사고의 위축이 되고

상담자 97: 어~~!

내담자 97: 이거 생각을 해내야 하는데, 자꾸 못하게 위축이 되니까! 남들은 다 알아
      서 하는 것을 저는 위축, 인지가 위축돼서 수행을 못 하는 거죠! 일을!

상담자 98: 예~~! 음~음~~!

내담자 98: 이 닦는 거나, 잠에서 깨는 거나, 그런 거를, 그런 생각을 못 하고 계속
      자버리고 (고개를 숙이고, 목소리 톤이 낮아지면서, 위축됨)

상담자 99: 그런 때는 어떻게 대처하세요? 잠만 자세요? (직면시키며)

내담자 99: 계속 잠만 자고

상담자 100: 잠도 안 올 거 아니에요? 밤에는 불면증으로 잠도 못 자나요? 게임 외
      에 또 최근에 자전거 타기를 했잖아요? 자전거도 타시고 그랬잖아요?

내담자 100: 그때뿐이고

상담자 101: 그때뿐이죠!

내담자 101: 그때뿐이고 계속 꾸준히 못 해요. 하루 한 번 했다가, 다음 날 지쳐서 안 하고

상담자 102: 그다음 날 하잖아요?

내담자 102: 그다음 날 안 하고

상담자 103: 그 다 다음 날? 일주일에 두 번 하다가 조금씩 더 하고, 안 할 때도 있지만, 하다가, 하다가, 하다가 보면, 더 잘할 수 있고….

내담자 103: 계속 안 해요….

상담자 104: 예!

내담자 104: 그래서 포기, 포기해버려

상담자 105: 그래서 우리가 이럴 땐 대처진술문을 하기로 했잖아요. 한번 해볼까요? 따라 해볼까요? 어떤~~

내담자 105: 어떤~~

상담자 106: 힘든 상황에도~~

내담자 106: 힘든 상황에도~~

상담자 107: 뭐는 있다? (기억을 상기시킴) 엉! 뭐는 있다?

내담자 107: 희망은 있다!

상담자 108: 그렇죠! 희망은 있다! 다시 한번 시작, 처음부터 시작. 어떤~~

내담자 108: 어떤

상담자 109: 힘든 상황에도

내담자 109: 힘든 상황에도

상담자 110: 희망은 있다!

내담자 110: ~크~으~큭 (기침소리)

상담자 111: 한번 힘차게 해주세요! 시작! 자신 있게, 시작!

내담자 111: 어떤 힘든 상황에서도 희망은 있다! (큰 음성으로)

상담자 112: 어떤 힘든 상황에서도 희망은 있다! 두 번만 시작! 손을 펴고 (양손을 가슴 앞으로 올려 펴고) 어떤~~

내담자 112: 어떤~~ (저음으로, 따라 하기 꺼림)

상담자 113: 크게 힘든~~

내담자 113: 힘든~~

상담자 114: 상황에도~~

내담자 114: 상황에도~~(다시 목소리에 힘을 내면서)

상담자 115: 뭐는 있다?

내담자 115: 희망은 있다! (얼굴이 편안해 보임)

상담자 116: 자! 두 번만 반복해요. 시작!

내담자 116: 그만 해요!

상담자 117: 그만하고 싶어요?

내담자 117: 지금 너무 지쳐서

상담자 118: 아~~~! 지쳤어요?

내담자 118: 엄마 때문에 많이 지쳐서

상담자 119: 그런데 지쳐있어도 잠시 그 생각을 자꾸 부정적으로 강박하거나(강박적 사고로 유지하지) 집착하지 말고, 즉, 반추적 생각을 잠시 내려놓고, 이 희망의 메시지 합리대처진술문을 통해서 자기 자신을 스스로 위로해 주는 거예요. 시작! 한번 따라 해주세요! 어떤~~

내담자 119: 어떤~~(마음을 추스르며)

상담자 120: 힘든~~

내담자 120: 힘든~~

상담자 121: 상황에도~~

내담자 121: 상황에도~~

상담자 122: 희망은 있다!

내담자 122: 희망은 있다!

상담자 123: 그럼 기분이, 마음이 가라앉혀요! 자! 그다음에 두 번째 합리대처진술문. 합리대처진술문이 왜 중요하냐? 자기지지를 해주고, 자기에게 용기를 줘요! 그래서 중요한 거예요! 자! 두 번째 모든 일을~~

내담자 123: 모든 일을~~

상담자 124: 한꺼번에~~

내담자 124: 한꺼번에~~

상담자 125: 해야 한다는~~

내담자 125: 해야 한다는~~

상담자 126: 걱정은~~

내담자 126: 걱정은~~

상담자 127: 할 필요가~~

내담자 127: 할 필요가~~

상담자 128: 없다!

내담자 128: 없다!

상담자 129: Okay?

내담자 129: 저만 안 그래도….

상담자 130: 예~! 말씀하세요.

내담자 130: 엄마는…. (어떤 슬픈 감정에 사로잡힘)

상담자 131: (내담자가 엄마라는 주제로 말을 이어가는 것이 힘들어 보여서, 회피하지 않고 직면시키고자 합리대처진술문으로 지지함) 엄마 이야기 잠깐만요. 이거 합리대처진술문 두 번만 더하고 엄마 이야기합시다. Okay? 어떤 힘든 상황에도 희망은 있다! 한 번만 해주시죠? 같이. 시작!

내담자 131: (용기를 내어) 어떤 힘든 상황에도 희망은 있다!

상담자 132: 이것은 엄마와의 관계에서도 마찬가지예요.

내담자 132: 엄마가 어떤 것을 다 한꺼번에 하려는 생각으로 맨날….

상담자 133: 하~~하~~하~~ 엄마가 그래요?

내담자 133: 엄마가 그러기 때문에, 가족들이 다 그러기 때문에, 저도 자연스럽게 그 생각이 녹아드는 거예요. 저한테! (톤이 높아지면서 얼굴이 붉어짐)

상담자 134: 아~~~~! 그래서 분노가 또 일어나고, 유발하고, 속상하고.

내담자 134: 저는 그렇게 하기 싫은데! (지속해서 톤이 높아지면서 얼굴이 붉어짐)

상담자 135: 강압적으로 푸시하니까요?

내담자 135: 강압적으로 가족들이 시키니까! 거기서 스트레스를 받고, 반항심리가 생기고, 반항하고 싶고, 나는 하기 싫은데 자꾸 시키고, 그렇다고 거절도 못하고, 거절하면 또 뭐 불효자라고 그러니까!

상담자 136: 그럼에도 불구하고 길동 군이….

내담자 136: 그래서 어떻게 해야 할지 혼란스러워요!

상담자 137: 그럼에도 불구하고 길동 군이 이번에도 망치를 들려고 했지만, 실제로 망치를 든 건 아니잖아요? 그렇잖아요?

내담자 137: 망치를 들고 다 부쉈는데!

상담자 138: 이번에도 부쉈어요? 그건 옛날얘기잖아요? 그건. 옛날 1년 전에 TV 부신 것이잖아요.

내담자 138: 아니에요!

상담자 139: 또 그랬어요?

내담자 139: 최근에요.

상담자 140: 아~~~!

내담자 140: 최근에 또 그런 불미스러운 일이 있었어요. 제가…. (목소리가 분노로 떨림)

상담자 141: 아~~~!

내담자 141: 제가 화가 나서 엄청… 엄청난 사고를 쳐서(목소리가 갑자기 기어들어 감, 회피행동을 보임)

상담자 142: 예~~~!

내담자 142: 엄마한테 화내고, 짜증을 내서….

상담자 143: 음~~~!

내담자 143: 가족들이 더 이상 못 보겠다고

상담자 144: 음~~~! 그래서 삼촌네로 지금….

내담자 144: 그런 꼴을 못 보겠다고, 그래서 나가라고,

상담자 145: 그게 두 달 전 얘기예요?

내담자 145: 그게 두 달, 한 달 전에 그렇게 해서 (죄책감에 목소리가 작아짐)

상담자 146: 그때 어떤 사건이 일어난 거예요? 그래서 망치를 들고 어떻게 엄마를 위협하신 거예요? 어떻게 하신 거예요?

내담자 146: 아니 제가 환청이...

상담자 147: 환청이 들려요?

내담자 147: 환청이 들리고

상담자 148: 아~~~!

내담자 148: 정신이 오락가락하니까!

상담자 149: 뭐라고 환청이 들려요? (환청에 대해 직면시키기)

내담자 149: 아니, 말로는 안… 말로 안 들리고요.

상담자 150: 말소리가 아니라 잉잉거려요?

내담자 150: 누가 말하는 게 아니고, 잉잉~~! 막 기계 같은 소리가, 기계음.

상담자 151: 음~~~!

내담자 151: 막 드릴 소리라든지, 드드드드드드륵……!

상담자 152: 드드드륵 거리고

내담자 152: 막 이상한 소리가 들리니까! 그것 때문에 예민해가지고….

상담자 153: 음~~~! (경청하기)

내담자 153: 층간소음도 있고, 층간소음 문제도 너무 심각해서, 마음으로 꾹꾹 참고 있었죠!

상담자 154: 아~~~! 그랬군요. (경청함)

내담자 154: 누르고 있었는데, 어느 순간 이게 폭발해서, 눌렀던 게 폭발해서, 용암이 끓어오르듯이 땅속 안에 잠재되었던 용암이 갑자기 분출되듯이, 분노가 일어나는 것이에요!

상담자 155: 음~~~! 이런 사건이 뭐 일주일에 한 번씩 일어나는 게 아니잖아요?

내담자 155: 일 년에 한 번씩

상담자 156: 일 년에 한 번이잖아요! 작년에 한 번 있었고, 한 달 전에 한 번 하고….

내담자 156: 그런데 그게 그 수준이… 폭발이니까!

상담자 157: 아! 분노폭발! 분노발작이 됐을 때 그때 또 어머니를 폭행하신건가요? 이번에도?

내담자 157: 화가! 엄마만 보면 화가 나고, 엄마만 보면 때려야 되겠다는 생각이…. (목소리가 작아짐(죄책감))

상담자 158: 강박적으로 불쑥불쑥 뛰어나오나요?

내담자 158: 강박적으로 불쑥불쑥, 저 사람은 나랑 안 맞으니까! 그냥 때리고, 아니 그냥 감정적으로 불쑥불쑥, 감정적으로만 나오고(공격성에 대한 자기부인과 회피), 이성적으로 (강한 자기부인과 회피와 함께 높은 분노감(분노지수)을 보임)

상담자 159: 자! 알았어요! 스탑! (Stop)! 이 감정을... 상담을 계속 진행하려면, 이 감정을 약간 좀 이완시킵시다! 내려놓읍시다! (내담자의 높게 치솟는 분노감정을 알아차리고, 내려놓기 위해 잠시 멈춤)

내담자 159: 하~하~하~하~하~! (날숨)

상담자 160: 자! 호흡, 자! 우리 복식호흡을 하면서, 들이쉬고, (들숨) 자! 손을 꽉 긴장을 주시고, 내쉬고, 하~하~하~하~하~! (날숨) 다섯 번만 할 거예요! 따라 해주세요! 지금 분노감정을 좀 진정을 시킵시다! "Calm Down"을 시킵시다! Okay?

내담자 160: 하~하~하~하~하~! (날숨)

상담자 161: 자! 들이쉬고, 내쉬고, 하~하~하~하~하~! (날숨) 목도 뻑적지근하시죠? 지금?

내담자 161: 하~하~하~하~히~! (날숨) 바이오피드백

상담자 162: 아! 바이오피드백? 일단 이거 하면서, 자! 들이쉬고, 목을 (뒤로) 스트레치 해주세요. 1, 2, 3, 4, 5 (둘숨). 자! 내쉬면서, 하~하~하~하~하~! (날숨)

내담자 162: 하~하~하~하~하~! (날숨)

상담자 163: 목을 다시 (가슴 쪽으로) 굽혀주시고, 아래로 굽혀주세요. 들이쉬면서 목을 1, 2, 3, 4, 5 (들숨). 자! 내쉬면서, 하~하~하~하~히~! (날숨)

내담자 163: 하~하~하~하~히~! (날숨)

상담자 164: 자! 왼쪽으로 목을 왼쪽을 기울이고 스트레치 목을 1, 2, 3, 4, 5 자! 잠시 멈추시고, 자! 복식호흡을 하면서, 원위치, 4, 3, 2, 1 다시 오른쪽으로 스트레치 1, 2, 3, 4, 5 자! 유지하시고, 호흡을 내쉬면서, 원위치. 잘하셨어요! 마음이 좀 진정돼요?

내담자 164: 예~~~! (편안한 얼굴로)

상담자 165: 자! 그래서 이젠 오늘 음~~~! 자! 나에 대한 부정적 관점! 이것이 나도 모르게 늘 내 마음 판에 각인이 되어있어요. 그래서 "나는 잘 못 해!", "나는 망했다.", "나는 실패자다.", "나는 무력하다." 이런 생각은 나를 우울하고 자꾸 분노하게 만들어요. 한번, 두 번째 같이 읽어볼까요? "아무도 나를 좋아하지 않아!"

내담자 165: 이런 생각은 안 해요!

상담자 166: 이제는 안 해요?

내담자 166: 이런 생각은 안 하고요. "나는 쓸모없다!"

상담자 167: 예! "나는 쓸모없다!" 그것을 써주세요! "나는 쓸모없다!"

내담자 167: "나는 쓸데없는 인간이다!"

상담자 168: 아~~~! 써주세요! "나는 쓸데없는 인간이다!" 또?

내담자 168: (침묵)…….

상담자 169: 자! 다음. 그래도 자기가 자신에 대한 부정적 관점에 대해서 이해를 했어요! 다음은?

내담자 169: "난 적응을 못 한다!"

상담자 170: "난 적응을 못 한다!", "사회적응을 못 한다!"

내담자 170: "나는 사회부적응자다!"

상담자 171: 써주세요! "나는 사회부적응자다!"

내담자 171: ("나는 사회부적응자다!"라고 쓴다.)

상담자 172: 자! 다음, 세상과 타인에 대한 부정적 관점! 이런 부정적 생각이 있는데, 자! "인생은 불공평하다!", "사람들은 좀 더 친절해야 한다!", "세상은 끔찍한 곳이다!" 등 어떤 생각이 있어요? 세상과 엄마에 대한, 또 누나에 대한, 또 친구에 대한, 이 세상에 대한 부정적 관점을 말해주세요.

내담자 172: "사람들은 날 죽이려 한다!"

상담자 173: "사람들은 날 죽이려 한다!" 내게 강압적이다! (중화시키기) 나를 억제한다! (순화시키기)

내담자 173: "사람들은 내가 없었으면 좋겠다고 생각한다!"

상담자 174: 그건 엄마 누나의….

내담자 174: "가족들은 내가 없었으면 좋겠다고 생각한다!", "가족들은 내가 없어졌으면 좋겠다고 생각한다!"(현재 처한 상황에 대한 내담자의 감정을 표출함)

상담자 175: "가족들은 내가 없어졌으면 좋겠다고 생각한다!"

내담자 175: 없어졌으면. (우울해 보이며)

상담자 176: 아~~~!

내담자 176: "죽었으면 좋겠다!"

상담자 177: 그럼 이것에 대한 근거가 있어요? (소크라테스문답법(실용적·기능적 논박, 경험적 논박, 논리적 논박, 철학적 논박, 대안적 논박)을 활용한 자동적 사고의 인지오류, 즉 비합리적·비현실적·자기파괴적인 신념들을 탐색하고, 논박하여 수정하기(사고재구조화))(내담자의 극단적인 사고, 재앙적인 사고와 확대해석에 대해 직면하기)

내담자 177: 말로 계속 들었어요! 가족한테

상담자 178: 아~~~! 그러나 진짜 없어졌으면…. (좋겠다! 라는)

내담자 178: 넌 나가 죽어!

상담자 179: 아이! "나가 죽어!"라고 하셨지만 나와서 죽는 게 아니라 외삼촌네 가고, 삼촌네 가서 살고 있잖아요. 실질적으로 버린 게 아니잖아요? 그리고 실패자라고 얘기했지만, 지금 몸도 많이 좋아졌고, 살도 빠지고 얼굴도 핸섬(handsome)해졌죠? 옛날엔 말도 많이 부자연스러웠는데 발음도 좋아지고,

지금 많이 좋아졌잖아요(공감적 지지)! 증거를 대야 해요(경험적 논박과 논리적 논박 사용하기)? 객관적이고 현실적이고 실용적인 합리적인 증거? 내 감정에 대한, 분노폭발에 대한, 내 우울에 대한, 내 부정적인 생각, 타인에 대한, 세상에 대한, 미래에 대한 부정적 생각에 대한 합리적이고, 현실적이고, 논리적인 논박! 증거? 객관적이고 과학적인 증거? 제가 방금 얘기했잖아요. 그렇죠? 엄마가 진짜 죽이고 누나가 죽이고자 하면, 나를 버리고자 하면, 고아원에나 갖다 넣지? 아니면 병원에나 입원시켜 놓지(과장하기). 그렇지 않잖아요! 비록 길동 군이 엄마께 위협, 폭력을 해서 어머니 마음이 아프고 찢어지지만, 힘드시지만, 그럼에도 불구하고 치료받을 수 있게 치료비 대주시잖아요. 또 공부하게끔 계속 온라인에서도 공부시켜주시고, 그 돈을 벌기 위해서 애들 보모 일도 하시잖아요! (부정적 신념으로 인한 인지오류에 대한 경험적 논박과 논리적 논박을 통해 직면시키기) 그러니깐 지금 이런 부정적 생각에 대한.

내담자 179: 아니! 잘 모르시고

상담자 180: 제가요? 제가 잘 이해를 못 하고 있어요?

내담자 180: 교수님은 저를 본 지 얼마 안 됐잖아요!

상담자 181: 우리가 만난 지 얼마나 됐죠?

내담자 181: 아니! 전 (고개를 숙이며, 목소리가 작아짐)

상담자 182: 그래도 꽤 많은 시간이 됐지 않아요?

내담자 182: 예!

상담자 183: 예! 말씀하세요! 그래서 내가 지금 부분적으로만 이해하는 것 같다는 말씀인가요? (명료화하기) 길동 군에 대해서 부분만 이해하고 인정해 주는 것 같아요?

내담자 183: 제 속내를 모르시니까! 속마음을 (목소리 톤이 높아지며)

상담자 184: 음~~~!

내담자 184: 가족들하고 그런 상황을 모르시고,

상담자 185: 그럴 수도 있어요. (인정해주기)

내담자 185: 겉으로만 보는 거니까!

상담자 186: 내가 살아본 게 아니니까!

내담자 186: 같이 사는 사람이 아니니까! 그냥 조언만 해주시는 것이니까! 그 차이가 크잖아요!

상담자 187: 갭(gap)이 있을 수가 있죠! 그러나 제가 제시하는 주제는 엄마가, 가족이 나를 버리고 죽이고 싶다는 그 말에 대해 논박을 하고, 그에 대한 실증적인 과학적인 근거를 탐색하는 거예요! 충분히 이해했으리라 봐요! Okay? 자! 세 번째, 마지막으로, 미래에 대한 부정적 관점이 있어요! 한번 같이 읽어볼까요? 시작! "앞으로도 전혀 나아지지 않을 거야!", "나는 늘 외로울 거야!", "아무런 희망이 없어!"

내담자 187: "나는 늘 외로울 거야!"

상담자 188: 미래에 대한 부정적 사고가 뭐예요? 길동 군은. 한번 써주세요!

내담자 188: "나는 얼마 안 돼 죽어버릴 거야!"

상담자 189: 아~~~! 써주세요! "나는 곧 얼마 안 돼 죽어버릴 거야!"

내담자 189: "나는 얼마 안 돼 자살할 거야!"

상담자 190: 또?

내담자 190: "나는 버틸 힘이 없어!" (목소리가 낮아지며(약해지며))

상담자 191: "나는 버틸 힘이 없어!" 음~~~!

내담자 191: "내가 미쳐서 누굴 죽일 거야!"

상담자 192: "내가 미쳐서 누굴 죽일 거야!"

내담자 192: 제가 미칠 것 같고 죽이고 싶다는 마음이 들어요.

상담자 193: 예!

내담자 193: 제가 힘드니까!

상담자 194: 내가 힘들면 남을 죽여야 하는 거예요? (부정적 신념에 대해 논박하기)

내담자 194: 분노를 표출하고 싶으니까요.

상담자 195: 분노, 우울은 선택인데, 불안은 부교감신경에 의해서 기능이 떨어지면, 나도 모르게 내가 불안해지고

내담자 195: 도파민

상담자 196: 도파민?

내담자 196: 과다분비

상담자 197: 과다분비는 조현병을 유발하지만, 물론 또 이 조현증이라는 것이 뭐 분노 공격성도 많죠!

내담자 197: 조현병….

상담자 198: 그런데 중요한 것은 부모, 남이 나를 힘들게 해서 내가 스트레스를 받

고, 또 직장이나 학교의 사람들이 나를 비난하고 무시하는 것 같아서 사람들 만나는 것도 꺼려지는 사회적 불안이 있다고 해서 남을 망치로 때려서 죽여야 한다거나 물건을 부숴야 한다거나 소리를 질러야 한다는 건 아니에요. 이건 본인의 생각, 선택일 뿐이고 그동안 부정적인 분노, 분노상황에 대한 부정적 습관이라는 걸 알아야 해요. 분노폭발이라는 건 어떤 이유에서도 정당화될 수 없다는 거예요! 그러니까 내 해석이 중요해요. 물론 길동 군의 행동에는 '엄마가 몸이 약하고 만만하니까! 엄마가 나를 무시하니까!'라는 요소들도 있지만, 대체로 그 행동의 이면에는 내가 엄마에게 인정을 받고 싶고, 존중을 받고 싶고, 엄마를 통제하고(조종하고) 싶고, 내 뜻대로 주장하고 싶다는 욕구가 있어요. 분노 이면에 또 다른 나의 욕구와 주장, 우월해지고 싶고, 나도 우월하다는 것을 보여주고 싶고, 통제하고 공격함으로써 인정받고 싶고, 존중받고 싶고, 내 뜻대로 하고 싶은 그런 욕구들을 충족해주고 싶은 충동성(impulsiveness)이 있는 거죠. 이것을 만족시키기 위해서, 마치 도파민보상회로처럼 이런 행위에 중독돼요! 이러한 폭력도 중독이에요. 분노도 중독이에요. 그러니까 그것(폭력과 분노)의 자기합리화를 쉽게 하는데, 어머니 또는 타인이 자신의 분노를 유발한다고 해서 그 분노유발자들을 공격하고 죽일 수 있다는 생각은 옳지 않아요. 이러한 생각은 자기합리화라는 것을 이해했으면 좋겠어요! 어떻게 생각하세요? 길동 군 솔직히 한번 말씀 해주세요!

내담자 198: (30초 동안 장시간 침묵)

상담자 199: 분노하더라도 나보다 힘세고 강한 사람에게는 그렇게 못 하잖아요!

내담자 199: 곧 그렇게 할 것 같아요!

상담자 200: 왜요?

내담자 200: 네?

상담자 201: 왜요?

내담자 201: 화나니까!

상담자 202: 화나니까?

내담자 202: 화가 나면

상담자 203: 아무나 그냥 막 때려도, 지나가는 사람도 막 그냥 때려도

내담자 203: 묻지마!

상담자 204: 묻지마폭력, 폭행하고 싶어요?

내담자 204: 묻지마폭행!

상담자 205: 그런 욕구가 자꾸 끓어올라요?

내담자 205: 그런 욕구가 막 생겨요!

상담자 206: 음~~!

내담자 206: 살인, 살인충동이 막 생기고, 막 충동... 자꾸 충동적으로 생각하고, 자살충동! 살인충동!

상담자 207: 막 그게 몰려와요?

내담자 207: 그게 막 몰려와요! 혼자 지내고 있을 때

상담자 208: 혼자 지내고 있을 때

내담자 208: 혼자 외롭게 있을 때

상담자 209: 많이 외로웠네요! 그러면

내담자 209: 많이 외로워서. 대화할 사람도 없고, 이게 고립된 생활을 하다 보니까! 인지기능도 많이 떨어지고, 내가 몇 시에 잤고 몇 시에 깼는지도 기억이 안 나고, 어제도 잠도 못 잤어요! (최장 시간 자기표출, 분노감정의 정화)

상담자 210: 음~~~! 그래도 오늘 와주셔서 고맙고, 지금 잘하고 있어요! 자기감정을 잘 표출해줘서 고마워요(공감적 이해와 지지). 자! 인지왜곡. 인지적 오류에 대해서 한번 생각해볼게요! 자! 여기 한번 봐주세요! 자! 누구에게나 이런 인지오류는 있어요. 전부 아니면 전무사고(흑백논리)! 길동 군은 본인에게 분노를 유발하는 사람을 본인도 모르게 막 적대시하고 그러잖아요?

내담자 210: 적이다! 적대감!

상담자 211: 그게 어떻게 보면 흑백논리예요!

내담자 211: 없애버려!

상담자 212: 극단적 사고예요! 내 편이 아니면 다 죽이고 싶고!

내담자 212: 내 편이 아니면 다 죽어야 해요!

상담자 213: 나를 무시하면 다 처벌받아 마땅하고 이런 생각이 흑백논리예요. 이런 생각 때문에 인지오류가 나타나서 부정적 관점이 계속 증가하게 되고, 이것이 나를 강박적·부정적인 사고로 옭아매고, 그래서 나도 모르게 그런 행동을 또 유발하게 하는 거예요! 자! 그리고 한 예로 "나에게는 성공이 아니면 실패뿐이다." 이런 예가 있어요. 그렇죠? 또. 한번 읽어볼까요? "전적으로

옳지 않다면 완전히 틀린 거야!" 즉, "나는 옳고 넌 틀려!" 나도 옳을 수 있고, 따라 해보세요! "나도 옳을 수 있고"

내담자 213: "나도 옳을 수 있고"

상담자 214: "당신도 어머니도 옳을 수 있습니다!"

내담자 214: "당신도 어머니도 옳을 수 있습니다!"

상담자 215: "나도 틀린 것보다는 많이 더 많이 옳은 행동을 할 수 있고 올바른 행동을 할 수 있고 하고 있고 어머니도 틀린 행동보다는 옳은 행동을 더 많이 하고 계십니다!"(인지재구조화)

내담자 215: "나도 틀린 것보다는 많이 더 많이 옳은 행동을 할 수 있고 올바른 행동을 할 수 있고 하고 있고 어머니도 틀린 행동보다는 옳은 행동을 더 많이 하고 계십니다!"

상담자 216: Okay! 독심술이 있어요! (임의적 추론). "나를 다 무시할 것 같다!", "척 보면 안다!" 한번 예를 읽어볼까요?

내담자 216: 다른 사람들이 무슨 생각을 하는지 안다는 생각!

상담자 217: 으~응~! 예로, "그들은 아마도 내가 능력이 부족한 사람이라고 생각할 거야!"

내담자 217: "그들은 아마도 내가 능력이 부족한 사람이라고 생각할 거야!"

상담자 218: 두 번째, 시작!

내담자 218: "그녀가 찬성하지 않는다는 걸 난 알아!"

상담자 219: 세 번째, 시작!

내담자 219: "사람들이 그렇게 말하지 않더라도 난 그들이 실제로 어떻게 느끼는지 알아!"

상담자 220: 예! 자! 정서적 추론이 있어요. 다른 말로는 강박적 추론이라고도 하는데, 자신의 느낌이 틀림없이 옳고 반드시 그렇게 된다는 믿음!

내담자 220: 자신의 느낌이 틀림없이 옳고 반드시 그렇게 된다는 믿음!

상담자 221: 내가 길동 군한테 그 부정적인 사고에 대해서 남을 죽여야 한다는 거, 엄마가 나한테 한 말인 "죽어라!", "나가라!" 등에 대해 현실적인 사실적인 합리적인 과학적인 증거가 뭐냐? 라고 따져 봤어요. 그렇죠?

내담자 221: 더럽다!

상담자 222: 아~~~! 더럽다!

내담자 222: "넌 더러워!"

상담자 223: 그 이유는 뭐예요?

내담자 223: "너는 더러운 피를 가졌어!"

상담자 224: 아~~~! 그렇게 말씀하셔요?

내담자 224: 누나가!

상담자 225: 예!

내담자 225: 누나가! 너랑 나랑 피가 똑같다는 것이 더러워!

상담자 226: 누나분께서 그렇게 말씀하셨어요?

내담자 226: 같은 피가 흐른다는 게 더러워!

상담자 227: 그 이면에는 어떤 감정이 숨겨져 있을까요? 어떤 인지왜곡이 있을까요?

내담자 227: 너랑 같은 피가 흐른다는 게, 모르겠어요!

상담자 228: 같은 피가 흐르고 있어서 더럽다!

내담자 228: 너랑 같은 피가 흐르고 있다는 게 난 더러워!

상담자 229: 음~~~!

내담자 229: 그런 말을 하면서(목소리가 작아지고, 열등감을 표출) 왕따! 왕따 같은 거. 가족해체!

상담자 230: 한번 이것을 읽어볼까요? (다시 주제에 초점을 맞추며) "넌 무능력해. 틀림없어!", "난 너무 화가 나. 이걸 반드시 표현해야해!" 아까도 마찬가지예요! "분노가 일어나니까 나는 묻지마폭력을 하고 싶다! 또 부시고 소리를 질러야 한다!" 이 선택은 정서적 추론에서 오는 거예요. 즉 나의 이 부정적인 생각이 틀림없이 옳다는 건 정서적 추론이라는 거죠. 누나도 마찬가지예요! 누나가 길동 군에게 "지금 내게 흐르고 있는 이 피는 더럽다! 너랑 같은 피로 태어난 게 너무 끔찍해서 받아들일 수 없다!"라고 했죠? 누나의 입장에서도 자신의 생각이 옳고 반드시 그렇게 된다는 믿음이 있기 때문에 그렇게 말한 거죠. 그러니 그것도 정서적 추론이에요. 그렇지 않아요? (인지재구조화)

내담자 230: 예!

상담자 231: 이러한 인지왜곡 외에도 많은 개인화, 지나친 일반화 등 많이 있는데, 이것은 다음 시간에 우리가 좀 살펴볼 거예요. 계속 진행을 할 거예요. Okay?

내담자 231: 예!

상담자 232: 마지막으로, 하나만 더 집어보고 갈게요. 아까 내 부정적인 신념, 즉 비합리적인 신념에 대한, 인지오류에 대한, 한번 따라 해주세요! 합리적 현실적 논리적 실용적 논박을 사용하자!

내담자 232: 합리적 현실적 논리적 실용적 논박을 사용하자!

상담자 233: 그래서 Albert Ellis가 이러한 논박을 통해서 실질적인 실용적인 과학적인 증거를 토대로 내 생각을 개선해 나가는 거예요! 우리는 이렇게 생각할 수 있어야 해요. 나의 부정적인 생각에 대해 논박할 수 있어야 해요. 현실적 논박, 한번 예를 읽어볼까요? 같이 시작! "왜" 길동 군 시작! "왜 나는 반드시 잘 수행해야만 하는가!"

내담자 233: "왜 나는 반드시 잘 수행해야만 하는가!"

상담자 234: 자! 여기다 누나를 넣어서 시작! "왜 누나는 반드시 내게 잘 해줘야만 하나!"

내담자 234: "왜 누나는 반드시 내게 잘 해줘야만 하나!"

상담자 235: "왜 엄마는 반드시 늘 내게 잘 해줘야만 하나!"

내담자 235: "왜 엄마는 반드시 늘 내게 잘 해줘야만 하나!"

상담자 236: 자! 두 번째, 시작! "내가 중요한 타인들에 의해서 반드시 인정받아야만 한다는 증거는 어디에 있는가?"

내담자 236: "내가 중요한 타인들에 의해서 반드시 인정받아야만 한다는 증거는 어디에 있는가?"

상담자 237: 엄마가 인정을 안 해주니까! 누나가 인정을 안 해주니까! 분노가 일어나는 거예요. 막 우울해지고.

내담자 237: 매형!

상담자 238: 매형도!

내담자 238: 매형도 무시하고, 저를 성인으로서 인정을 안 하고, 애 보듯이 그렇게 하니까!

상담자 239: 예~~~! 어~~~!

내담자 239: 제 자존심이 상하고

상담자 240: 많이 상하셨어요?

내담자 240: 자존심이 많이 상하고

상담자 241: 예~~~!

내담자 241: 자존감이 많이 떨어지고 그러다 보니까 많이 힘들었죠! (슬픔을 느낌)

상담자 242: 음~~~!

내담자 242: 내가 왜 이런 대접을 받아야 하나? 나한테 왜 그러나?

상담자 243: 그런데 그럴 때 본인을, 자기를 사랑해 준 적이 있어요? 상대방을 끝까지 미워하고 회피하는 거 말고, 현실적 논박을 통해서 직면한 다음, 그때 자기동정할 수 있는, 자기를 연민해 줄 수 있는, 자기지지해 줄 수 있는, "괜찮아! 길동아!", "넌 충분해!"

내담자 243: 그게 안 돼요!

상담자 244: 따라 하세요! "괜찮아! 길동아", "매형도 인간이니까 스트레스를 받아서 오늘 나에게 좀 그렇게 하는 거야!"

내담자 244: "괜찮아! 길동아", "매형도 인간이니까 스트레스를 받아서 오늘 나에게 좀 그렇게 하는 거야!"

상담자 245: 매형이 매일 그렇게 닦달하는 건 아니잖아요? 저번에도 매형이 치킨도 사주시고 피자도 사주시고, 또 돈도 주시고 그랬잖아요! 누나도 가방도 사주고 그렇잖아요! 그렇죠?

내담자 245: 예!

상담자 246: 자! "그것이 어디에 쓰여 있는가?", "그것이 끔찍하다고 할 만큼이나 나쁜 일인가?" 자! 한 번만 더 시작! "내가 정말로 그것을 참을 수 없는가?" (합리대처진술문 시연하기) 아무리 누나가 매형이 나를 힘들게 해도 참을 수 있어! 참는 훈련! 수용할 수 있는 그 지혜! 나와 반대자! 내 성격과 안 맞는 사람들을 이해해주려고 하고, 또 나의 연약한 모습을 있는 그대로 인정해주고, 나 자신을 지지해주고, 존중해주고, 용기를 주고, 동정해주고, 사랑해주고, 이런 훈련을 계속하는 거예요. 자! 두 번째, 따라 해주세요! 논리적 논박

내담자 246: 논리적 논박

상담자 247: 내 생각이 논리적인가?

내담자 247: 컬럭컬럭 (기침소리)

상담자 248: "나의 신념이 논리적인가?"

내담자 248: "나의 신념이 논리적인가?"

상담자 249: 다시 한번 해주세요! 시작 "나의 신념이 논리적인가?"

내담자 249: "나의 신념이 논리적인가?"

상담자 250: "나의 신념은 나의 선호에 의한 결과인가?"

내담자 250: "나의 신념은 나의 선호에 의한 결과인가?"

상담자 251: 내가 좋아하는 말만, 좋아하는 생각만 딱딱 듣고 말하겠다는 그런 모습이 아닌가! 내가 듣기 좋은 말만 들으려 하고, 내가 하고 싶은 것만 생각하고, 명령하고, 행동하는. 자!

내담자 251: 아~하~~~! (하품)

상담자 252: 많이 피곤해요? 자! 이것만 하고 정리를 하겠습니다. Okay? 자! 시작! "만일 내가 미숙하게 수행하고 타인의 인정을 잃었다면, 이것이 내가 무능한 사람이란 의미인가?"

내담자 252: "만일 내가 미숙하게 수행하고 타인의 인정을 잃었다면, 이것이 내가 무능한 사람이란 의미인가?"

상담자 253: 내가 실패자다. 아까도 얘기했어요. 누나가 그렇게 했다고 해서, 매형이 그렇게 닦달했다고 해서 내가 실패자냐? 내가 무능한 사람이냐? 아니에요! 길동 군은 나보다 뛰어난 게 있어요. 뭐야? Chef(요리사) 땄잖아요! 요리사 자격증! 그게 얼마나 어려운 거예요! Recipe(조리법) 외워야 하고, 재료도 외워야 하고….

내담자 253: Chef(요리사)요?

상담자 254: 예! Chef(요리사)? 요리사 자격증 따신 거 아니에요?

내담자 254: 안 땄는데

상담자 255: 안 땄어요? 옛날에 자격증 딴 거 하나 말씀한 적이 있는 거 같은데? 아~~~! 그래요!

내담자 255: 못 땄어요!

상담자 256: 아~~~! 필기만 패스했나요?

내담자 256: 예!

상담자 257: 아~~~! 맞아! 필기만 패스했어! 아~~~! 그래도 필기가 어렵다는데! 그것을 패스했잖아요!

내담자 257: 예!

상담자 258: 제가 지금 일 년 전 얘기를 좀 기억하느라고. 재료, Recipe(조리법) 등을 외워서 써야 하고 얼마나 힘든데요! 필기시험 때 그 어려운 것을 다 외워서

패스했잖아요! 이젠 실기만 보면 되는 거 아니에요? 필기 패스하고, 그거 대단한 거예요! (지지치료와 자존감을 높여주기). 자! 마지막으로, 실용적 논박하기 시작!

내담자 258: 실용적 논박하기

상담자 259: 실용적으로 어떻게 할 것이냐? 시작! "이 신념은 이 생각은 나를 조력하는가? 아니면 상하게 하는가?"

내담자 259: "이 생각은 나를 조력하는가? 아니면 상하게 하는가?"

상담자 260: 지금까지 한 것을 복습하는 거예요! 그래서 엄마를 누나를 내가 분노가 유발했을 때 윽박지르고 그런 파괴적인 행동이....

내담자 260: 자꾸 뭘 던지고

상담자 261: 그런 생각이, 그런 생각이 내 인생을 도와줘요? 아니면 파괴하고 상처를 줘요?

내담자 261: 상처를 줘요!

상담자 262: 상처를 주죠!

내담자 262: 상실.

상담자 263: 상실감을 주고

내담자 263: 상실감.

상담자 264: 가족 부모와 관계도 깨지고

내담자 264: 관계도 깨지고

상담자 265: 그러니까 손실이 더 많죠? 이득보다

내담자 265: 네!

상담자 266: 그게 손익적 사고예요! 내가 어떤 부정적인 인지삼제와 관련한 이런 생각을, 즉 인지오류를 가지고 있을 때, 집착했을 때, 손실이 커요?, 이득이 커요?

내담자 266: 손실요.

상담자 267: 손실이 커요! 자! 두 번째, 한번 크게 읽어주세요! 이 두 가지, 시작! "만일 내가 절대적으로 반드시 잘 수행해야만 하고 항상 중요한 타인의 인정을 받아야만 한다고 믿는다면, 어떤 결과들이 초래할까?"

내담자 267: "만일 내가 절대적으로 반드시 잘 수행해야만 하고 항상 중요한 타인의 인정을 받아야만 한다고 믿는다면, 어떤 결과들이 초래할까?"

상담자 268: 항상 잘해야 해! 내가 엄마한테. 엄마도 내게 항상 잘해야 해! 내가 원하는 대로, 내가 요구하는 대로, 내가 시키는 대로 다 잘해야 해! 어떤 결과를 초래할까요? 이런 관계면

내담자 268: 모르겠어요! (자기부인 및 회피)

상담자 269: 아~~~! 모르겠어요! 이 뜻을 모르겠어요? (직면시키기)

내담자 269: 이해가 안 가요!

상담자 270: 이해가 안 가요! 음! 쉽게 얘기해서, 내가 공부를 일등 해야 하고, 직장에서도 내가 우수사원이어야 하고, 다 잘해야 해! 만능엔터테이너(omnientertainer)! 그리고 엄마가 나한테 요구하는거, 내가 다 들어주려 하고, 또 엄마도 마찬가지예요. 엄마는 내가 말하는 거, 엄마는 내가 말하는 대로 피자 사달라면, 피자 사줘야 하고, 내가 오토바이 사달라면, 오토바이 사줘야 하고, 내가 요구하는 것을 엄마가 나한테 다 해줘야 해요! 현실적인 상호인간관계에서. 그런 관계가 실제 존재할까요?

내담자 270: 아뇨!

상담자 271: 존재할 수가 없겠죠!

내담자 271: 예!

상담자 272: 그럼 이런 관계는 엄청 피곤하고, 완벽주의적인 관계를 추구하기 때문에 어떤 실수를 하면, 막 떨고 불안해지고, 미리 가슴이 뛰고, 막 더 그렇지 않을까요?

내담자 272: 예!

상담자 273: 매일 눈치만 봐야 하고, 이게 진정한 행복이 있겠어요?

내담자 273: 불안, 불안해요.

상담자 274: 불안하죠? 이해하셔야 해요!

내담자 274: 관계가 불안해져요!

상담자 275: 그렇죠!

내담자 275: 엄마랑 저랑

상담자 276: 음! 그래서 어떻게 해야 하죠? "나도 실수할 수 있고 엄마도 실수할 수 있다! 누나도, 매형도 실수할 수 있다! 그러나 우리 모두는 괜찮다!", "실수는 잊어버리고 실수를 통해 배운 교훈은 기억하자!"

내담자 276: "나도 실수할 수 있고 엄마도 실수할 수 있다! 누나도, 매형도 실수할

수 있다! 그러나 우리는 모두 괜찮다!", "실수는 잊어버리고 실수를 통해 배운 교훈은 기억하자!" 하~하~하~하~하~! (큰 웃음을 지며)

상담자 277: 하~하~하~하~하~! 왜 웃으세요? 하~하~하~하~하~! 하품하고 힘들어하더니, 왜 갑자기 빵 터졌어요! 하~하~하~하~하~!

내담자 277: 하~하~하~하~하~! 하~하~하~하~하~! 하~하~하~하~하~!

상담자 278: 왜 갑자기 웃으세요? 길동 군!

내담자 278: 하~하~하~하~!

상담자 279: 마지막으로, 자! "나는 이러한 결과들을 원하는가?" 원해요?, 원치 않아요?

내담자 279: 안 원해요!

상담자 280: 아~~~! 저도 원치 않습니다! 참 애쓰셨어요! 자! 어떠셨어요? 많은 생각을 하고, 엄마에 대해서도 생각을 하고, 많이 분노하고, 또 새로운 기법 인지재구조화를 배우고, 또 마지막으로 빵 터지고, 하~하~하~하~하~!

내담자 280: 하~하~하~하~하~!

상담자 281: 오늘 상담 10점 만점에서 몇 점을 줄 수 있어요?

내담자 281: 8점요!

상담자 282: 8점 감사합니다! (박수를 치면서) 자기 자신에게는 몇 점 줄 수 있어요?

내담자 282: 8점요!

상담자 283: 감사합니다! (박수를 치면서) 나도 나 자신은 8점, 길동 군은 오늘 너무 잘했어요! 9점 드릴게요! 박수 Okay?

내담자 283: (미소를 지으며 함께 박수를 침)

상담자 284: 자! 과제가 아까 우리가 하지 못한 거, 이것을 집에서 하도록 과제를 내드릴게요. 인지왜곡에 대한 사고기록지를 적어서 오세요.

내담자 284: 예!

상담자 285: 다음번에 또 이 시간에 뵙겠습니다. 오늘 너무 수고하셨어요! 고맙습니다! Okay?

내담자 285: 네! 감사합니다!

상담자 286: 네! 저도 감사합니다! 자! 수고하셨습니다! (악수를 청함)

내담자 286: (가벼운 마음으로 악수에 응함)

참고문헌

1장. 분노학(Angerology)?

류창현. (2009). 최신 분노치료. 파주: 교육과학사.

류창현 (2018). 청소년 및 성인 ADHD 생체신호분석 기반 분노조절 가상현실치료(VRT) 개발의 함의: 묻지마범죄예방 및 억제기술 중심으로. *한국중독범죄학회보*, *8*(2), 43–47.

류창현 (2020). 교정보호대상 청소년 ADHD 생체신호분석 기반 통합적 분노조절 가상현실치료(IAM–VRT) 개발의 함의. 한국중독범죄학회보, *10*(3), 1–21.

류창현 (2021). 코로나–19 유행병의 새로운 대안: 긍정기술로서의 가상현실치료. *한국중독범죄학회보*, *11*(1), 25–44.

류창현. (2022). 청소년 ADHD와 CD를 위한 가상현실(VR) 활용 심리치료 효과의 함의. *한국중독범죄학회보*, *12*(1), 25–55.

Carter, L, & Minirth, F. (2012). *The anger workbook: An interactive guide to anger management.* Thomas Nelson, Inc, U.S.A.

Hamberger, K. (1991). *Characteristics and context of women arrested for domestic violence: context and implications. Marital Violence: Theoretical and Empirical Perspectives* (May): Paper presented at conference.

Petracek, L. J. (2004). *The anger workbook for women: How to keep your anger from your self–esteem, your emotional balance, and your relationships.* New Harbinger Publications, Inc.

Riva, E., Mantovani, F., & Wiederhold, B. K. (2020). Positive Technology and COVID–19. *Cyberpsychology, Behavior, and Social Networking, 23(9)*, 1–7.

Riva, G., & Wiederhold, B. K. (2020). How cyberpsychology and virtual reality can help us to overcome the psychological burden of coronavirus. *Cyberpsychology, Behavior & Social Networking, 5*:227–229.

Riva, G., Browning, M., Castelnuovo, G, & Cavedoni, S. (2020). COVID feel good—an easy self–help virtual reality protocol to overcome the psychological burden of coronavirus. PsyArXiv. DOI: 10.31234/osf.io/6umvn.

Ryu, C. H, Kim, K. W., Lee, B. C., Yeon, S. J., Lee, J., & You S. H. (2016). Effects of an Anger Management Virtual Reality Cognitive Behavioral Therapy Program on EEG Patterns among Destructive and Impulse–Control Disorder Patients. *Journal of*

Medical Imaging and Health Informatics, 6, 1319−1323.

Ryu, C. H. (2020). Effects of Virtual Reality on Neuro−Cognitive and Behavioral Skills in Alcohol−Dependent Patients: A Quantitative Electroencephalography Imaging Investigation. *Journal of Medical Imaging and Health Informatics, 10*(10), 2279− 2285.

Ryu, C. H. (2022). Using Anger Management Virtual Reality Cognitive Behavior Therapy to Treat Violent Offenders with Alcohol Dependence in South Korea: A Preliminary Investigation *Journal of Medical Imaging and Health Informatics, 10,* 52−61.

Taylor, G., & Wilson, R. (1997). *Helping Angry People: A Short−Term Structured Model for Pastoral Counselors.* Baker Books. Vancouver, Canada.

2장. 분노의 정의(The Definition of Anger)

류창현 (2009). 최신 분노치료. 파주: 교육과학사.

서수균 (2004). 분노와 관련된 인지적 요인과 그 치료적 함의. 서울대학교 박사학위 청구논문.

Averill, J. R. (1983). Studies on Anger and Aggression: Implications for Theories of Emotion. *American Psychologist. 38*(11), 1145−60.

Baron, R. (1977). *Human Aggression.* New York: Plenum Press.

Beck, A. T. (2000). *Prisoner of Hate: The Cognitive Basis of Anger, Hostility, and Violence.* New York: Perennial.

Berkowitz, L. (1993). *Aggression: Its Cause, Consequences, and Control.* New York: McGraw−Hill, Inc.

Bilodequ, L. (1992). *The Anger Workbook.* Hazelden.

Bruno, L. (2003). Stress Reduction. Health A to A(Medical Network, Inc.). Retrieved September 30, 2003. http://www.healthatoz.com.

Buss, A., and Perry, M.(1992). The aggression questionnaire. *Journal of Personality and Social Psychology, 63,* 452−459.

Carlson, Neil R (1986). Physiology of Behavior, 3rd ed. Boston: Allyn and Bacon, Inc. pp. 480−504.

Carter, L, & Minirth, F. (2001). 분노로부터 평안을 얻는 삶. (이승재 역). 서울: 은혜출판사. (원전은 1993년에 출판).

Cosgrove, M. P. (1996). 분노와 적대감. (김만풍 역). 서울: 두란노. (원전은 1988년에 출판).

Crockenberg, S. (1981). Infantile Irritability, Mother Responsiveness, and Social Support Influences on the Security of Infant−Mother Attachment. *Child Development, 52,* 857−865.

Davidson, G. C., Neale, J. M., & Kring, A. M (2007). 이상심리학. (이봉건 역). 서울: 시그마프레스. (원전은 2004년에 출판).

Deffenbacher, J. L., & McKay, M. (2000). Overcoming Situational and General Anger.

Oakland: New Harbinger.

DiGiuseppe, R., Eckhardt, C., Tafrate, R., & Robin, M. (1994). The Diagnosis and Treatment of Anger in a Cross–Cultural Context. *Journal of Social Distress and the Homeless, 3,* 229–261.

Ellis, A. E., & Harper, R. (1975). *A New Guide to Rational Living.* North Hollywood, CA: Wilshire Books.

Ellis, A. E., & Tafrate, R. C. (1997). *How to Control Your Anger Before It Controls You.* New York: Citadel Press.

Fiske, S. T., & Taylor, S. E. (1992). 사회인지론. (박오수 역). 파주: 법문사. (원전은 1984년에 출판).

Gazzaniga, M. S., & Heatherton, T. F. (2006). *Psychological Science* (2nd ed.). W. W. Norton & Company, Inc.

Izard, C. E. (1977). *Human Emotion.* New York: Plenum Press.

Larsen, J. T., McGraw, A. P., & Cacioppo, J. T. (2001). Can people feel happy and sad at the same time? *Journal of Personality and Social Psychology, 81,* 684–695.

Lazarus, R. T. (1991). *Emotion and Adaptation.* Oxford University Press.

Laxarus, R. S., Kranner, A.D., & Folkaman, S. (1980). *An Ethological Assessment of Emotion.* In R. Plutchik, & H. Kellerman(Eds.), Emotion: Theory, Research, and Experience (Vol. 1) (pp.198–201). New York: Academic Press.

Lewis, M., Alessandrinai S. M., & Sullivan, M. W. (1990). Violation of Expectancy, Loss of Control, and anger Expressions in Young Children. *Developmental Psychology, 26,* 745–751.

Mattes, J. A. (1986). Psychopharmacology of Temper Outbursts: A Review, *Journal of Nervous and Mental Disease, 174,* 464–470.

McEwen, Bruce (2000). *The end of stress as we know it.* Washington, D.C.: Joseph.

McEwen, Bruce (2000). The end of stress as we know it. Washington, D.C.: Joseph.

Tracy J. Mayne, T. J., & Ambrose, T. L. (1999). Research review on anger in psychotherapy. *J Clin Psychol., 55,* 353–363.

Novaco, R, W. (1994). *Anger as a Risk Factor for Violence Among the Mentally Disordered.* In J. Monahan & H. J. Steadman (Eds), Violence and mental disorder. Chicago: The University of Chicago Press.

Reber, Arthur S., & Reber Emily (2001). *The penguin dictionary of psychology.* (3rd). London: Penguin Books Ltd.

Ross, R. R., & Fabiano, E. A. (1985). Time to Think: A Cognitive Model of Delinquency Prevention and Offender Rehabilitation. Johnson City, Tenn: Institute of Social Sciences and Arts.

Russel, J. A. (1980). A circumplex model of affect. *Journal of personality and Social*

Psychology, *39*, 1161−1178.

Russel, J. A., & Barret, L. F. (1999). Core affect, prototypical emotional episodes, and other things called emotion: Dissecting the elephant. *Journal of personality and Social Psychology, 76*, 805−819.

Ryu, C. H, Kim, K. W., Lee, B. C., Yeon, S. J., Lee, J., & You S. H. (2016). Effects of an Anger Management Virtual Reality Cognitive Behavioral Therapy Program on EEG Patterns among Destructive and Impulse−Control Disorder Patients. *Journal of Medical Imaging and Health Informatics, 6*, 1319−1323.

Ryu, C. H. (2020). Effects of Virtual Reality on Neuro−Cognitive and Behavioral Skills in Alcohol−Dependent Patients: A Quantitative Electroencephalography Imaging Investigation. *Journal of Medical Imaging and Health Informatics, 10*(10), 2279−2285.

Ryu, C. H. (2022). Using Anger Management Virtual Reality Cognitive Behavior Therapy to Treat Violent Offenders with Alcohol Dependence in South Korea: A Preliminary Investigation *Journal of Medical Imaging and Health Informatics, 10*, 52−61.

Schiraldi, G., & Kerr, M. H. (2002). *The Anger Management Source Book.* New York: McGraw−Hill, Inc.

Semmelroth, Carl & Smith, Donald E.P. (2000). *The anger habit: Proven principles to calm the stormy mind.* New York Lincoln Shanghai: Writer's Showcase, Inc.

Spielberger, C. D., Jacobs, G., Russell, S., & Crane, R. S. (1983). *Assessment of Anger: The State−Trait Anger.* In J.N. Butcher & C.D. Spielberger (Eds), Advances in Personality Assessment (pp.161−190). Hillsdale, NJ: Erlbaum.

Sostek, A., & Wyatt, R., J. (1981). *The Chemistry of Crankiness.* Psychology Today, October 1981, 120

Susman, E. J. Inoff−Germain, G., Nottlemann, E. D., Loiaux, D. L., Culter, G. B., Jr., & Chrousos, G. P. (1987). Hormans, Emotional Dispositions, and Aggressive Attributes in Young Adolescents. *Child Development,58*, 1114−1134

Watoson, D., & Clark, L. A. (1997). *Extraversion and its positive emotional core.* In. R. Hogan, J. Johnson, & S. Briggs (Eds.), Handbook of personality psychology (pp. 681−710). San Dieego, CA: Academic Press.

Watson, D., Wiese, D., Vaidya, J., & Tellegen, A. (1999). The tow general activation systems of affect: Structural findings, evolutionary considerations, and psycho−biological evidence. Journal of *Personality and Social Psychology, 76*, 820−838.

Yerkes, R. M. & Dodson, J.D. (1980). The Relation of Strength of Stimulus to Rapidity of Habit Formation. *Journal of Comparative and Neurological Psychology, 18*, 459−482.

3장. 분노와 성격(Anger & Personality)

Buss, D. M. (1999a). *Human nature and individual difference: The evolution of human personality.* In L. A. Pervin & O. P. John(Eds), Handbook of personality: Theory and research(pp. 31−56). New York: Guilford.

Costa, P. T., & McCrae, R. R. (1992). The five−factor model of personality and its relevance to personality disorders. *Journal of Personality Disorders, 6*(4), 343−359.

Heatherton, T. F., & Weinberger, J. L. (1994). *Can personality change?* Washington, DC: American Psychological Association.

Gazzaniga, M. S., & Heatherton, T. F. (2006). *Psychological Science* (2nd ed.). W. W. Norton & Company, Inc.

McCrae, R. R., & Costa, P. T., Jr. (1990). *Personality in adulthood.* New York: Guilford Press.

McCrae, R. R., & John, O. P. (1992). An introduction to the five−factor model and its applications. *Journal of Personality, 60*(2), 175−215.

Pervin, L. A., Cervone, D. & John, O. R. (2005). *Personality theory and research* (9th ed). John Wiley & Sons, Inc.

Roberts, B. W., & Friend−DelVecchio, W. (2000). The rank−order consistency of personality traits from childhood to old age: A quantitative review of longitudinal studies. *Psychological Bulletin, 126,* 3−25.

Watoson, D., & Clark, L. A. (1997). *Extraversion and its positive emotional core.* In. R. Hogan, J. Johnson, & S. Briggs (Eds.), Handbook of personality psychology (pp. 681−710). San Dieego, CA: Academic Press.

4장. 자기분노인식(Self-Anger Recognition)

국민건강보험공단 (2020). 국민관심질병통계.

권석만 (2013). 현대이상심리학. 서울: 학지사.

김정인, 윤선경, 오현경, 이승환 (2015). 주의력결핍 과잉행동장애 아동의 뉴로피드백 훈련에 대한 임상적 의의. *J Korean Neuropsychiatr. Assoc. 54(1)*:62−68.

대검찰청 (2019). 범죄분석 2009~2019년

류창현, 연성진 (2015). 범죄소년을 위한 분노조절 가상현실 인지행동치료(VR−CBT) 프로그램 개발과 함의. 아시아교정포럼학술지, 9(3), 191−228.

류창현 (2017). 범죄예방정책과 가상현실치료(VRT): 알코올의존 보호관찰대상자의 가상현실 인지행동치료(VR−CBT) 중심으로. 한국중독범죄학회보, 7(1), 65−93.

류창현 (2018). 청소년 및 성인 ADHD 생체신호분석 기반 분노조절 가상현실치료(VRT) 개발 의함의: 묻지마범죄예방 및 억제기술 중심으로. 한국중독범죄학회보, 8(2), 43−47.

류창현, 이재원, 유승현, 유봉기 (2016). 알코올의존 보호관찰대상자의 충동분노조절 가상현실 인지행동치료프로그램(IAM−VR−CBTP)에 관한 효과 검증 연구. 법무부 범죄예방정책국.

류창현, 한우섭 (2019). 청소년의 폭력적인 가상현실 비디오 게임(VR Video Games) 사용의 부정적 영향. *교정담론, 제13권* 1호: 33−71.

류창현, 장석헌 (2019). 피면담자의 VR−HMD 생체신호와 키니식(행동)진술분석 기반 자동 수사면담 및 신문 시스템 플랫폼 개발의 함의. *한국범죄심리연구, 15권* 제1호, 31−44

류창현, 장석헌 (2020). 조현병 대상자에 대한 경찰관의 초기대응 가상현실(VR−HMD) 면담교육 매뉴얼시스템 개발의 함의: 묻지마범죄 예방과 억제 중심으로. *한국경찰학회보, 22권* 1호, 1−38.

민성길 (2010). 최신정신의학. 일조각.

이재원 (2020). 도파민 이야기. EASYBRAIN.

연성진, 류창현 (2015). 분노형범죄에 대한 새로운 정책대안으로서의 가상현실치료(VRT)에 관한 연구. *한국형사정책연구원 연구총서*, 15−AB−04, 1−102.

오수환, 정유숙, 윤희준, 이동익, 김병욱, 박정아, 이서지, 이빛나 (2018). 주의력결핍 과잉행동장애 환아들의 인지 행동적 특성과 정량 뇌파와의 관계: 후향적 단면 연구. *J Korean Neuropsychiatr. Assoc. 57(3)*:266−273.

Abramov, D. M., Cunha, C. Q., Galhanone, P. R., Alvim, R. J., de Oliveira, A. M., & Lazarev, V. V. (2019). Neurophysiological and behavioral correlates of alertness impairment and compensatory processes in ADHD evidenced by the Attention Network Test. PLoS ONE 14(7): e0219472. https://doi.org/10.1371/journal.

Adamovish, S. V., Fluet, G. G., Tunik, E., & Merians, A. S. (2009). Sensorimotor trainnig in virtual reality: A review. *NeuroRehabilitation, 25,* 29−44.

Amer, Y. S., Al−Joudi, H. F., Varnham, J. L., Bashiri, F. A., Hamad, M. H., Al Salehi, S. M., Daghash, H. F., & Albatti, T. H. (2019). Appraisal of clinical practice guidelines for the management of attention deficit hyperactivity disorder (ADHD) using the AGREE II Instrument: A systematic review. PLoSONE 14(7): e0219239. https://doi.org/ 10.1371/ journal.

American Psychiatric Association. (2013). Diagnostic and Statistical Manual of Mental Disorders, 5th ed. Arlington, VA, USA.

Areces, D., Dockrell, J., Garcı´a1, T., Gonza´lez−Castro1, P., & Rodrı´guez, C. (2018). Analysis of cognitive and attentional profiles in children with and without ADHD using an innovative virtual reality tool. PLoSONE 13(8): e0201039. https://doi.org/ 10.1371/journal.

Banos, R. M., Guillen, V., Quero, S. et al. (2011). A virtual reality system for the treatment of stress−related disorders: A preliminary analysis of efficacy compared to a standard cognitive behavioral program. *Int. J. Human−Computer Studies, 69,* 602−613.

Baren, M. (2002). ADHD in adolescents: will you know it when you see it? *Contemporary*

Pediatrics, 19, 124−143.

Barkley, R., Murphy, K., & Kwasnik, D.(1996). Psychological adjustment and adaptive impairments in young adults with ADHD. *J Atten Disord, 1,* 41−54.

Barry et al. (2009). Electroencephalogram θ /β Ratio and Arousal in Attention−Deficit/ Hyperactivity Disorder: Evidence of Independent Processes. *Biological Psychiatry, 66(4),* 398−401.

Barratt, E. S., & Patton, J. H. (1983). Impulsivity: Cognitive, behavioral, and psychophysiological correlates. *Biological bases of sensation seeking, impulsivity, and anxiety, 77,* 116.

Beck, A. T., Steer, R. A., & Brown, G. K. (1996). Manual for the Beck Depression Inventory−II. San Antonio, TX: Psychological Corporation.

Beck, A. T., & Steer, R. (1993). Beck anxiety inventory. The Psychological Corporation.

Bestmann, A., Conzelmann, A., Baving, L., & Kristensen, A. P. (2019). Associations between cognitive performance and sigma power during sleep in children with attention−deficit/hyperactivity disorder, healthy children, and healthy adults. PLoSONE 14(10): e0224166. https://doi.org/10.1371/journal.

Biederman, J., Faraone, S. V., Spencer, T., Wilens. T., Norman, D., Lapey, K. A., Mick, E., Lehman, B. K., & Doyle, A. (1993). Patterns of psychiatric comorbidity, cognition, and psychosocial functioning in adults with attention deficit hyperactivity disorder. *Am J Psychiatry, 150(12),* 1792−1798.

Bioulac, S. Micoulaud−Franchi, J., Maire, J., Bouvard, M. P., Rizzo, A. A., Sagaspe, P., & Philip, P. (2020). Virtual Remediation Versus Methylphenidate to Improve Distractibility in Children With ADHD: A Controlled Randomized Clinical Trial Study. *Journal of Attention Disorders, 24(2):*326−335.

Borger et al. (1999). Heart Rate Variability and Sustained Attention in ADHD Children. *Journal of Abnormal Child Psychology, 27(1),* 25−33.

Bohil, C. J., Alicea, B., & Biocca, F. A. (2002). virtual reality in neuroscience research and therapy. Nature Reviews. Neuroscience, 12, 752−762.

Blair, J., Mitchell, D., & Blair, K. (2005). The psychopath: Emotion and the brain. John Wiley & Sons, Ltd. London.

Catania, A. C., & Brigham, T. A. (1978). Handbook of applied behavior analysis / social and inductional processes. New York: Irvington Publishers.

Cho, B. H., Ku, J., Jang, D. P., Kim, S., Lee, Y. H., Kim, I. Y., et al. (2002). The effect of virtual reality cognitive training for attention enhancement. *Cyberpsychol & Behav, 5,* 129-37.

Calvo, E., Casas, M., & Ramos−Quiroga, J. A.(2017) Treatment of attention deficit hyperactivity disorder in adults using virtual reality through a mindfulness programme. *Rev Neurol., 64(1),* 117−122.

Carter L, & Minirth, F. (2012). The anger workbook: An interactive guide to anger management. Thomas Nelson, Inc, U.S.A.

Chronis−Tuscano, A., Molina, B. S., Pelham, W. E., Applegate, B., Dahlke A., Overmyer, M., & Lahey, B. B. (2010). Very early predictors of adolescent depression and suicide attempts in children with attention−deficit/hyperactivity disorder. Arch Gen Psychiatry. 2010 Oct; 67(10), 1044−51.

Clarke et al. (1998). EEG analysis in Attention−Deficit/Hyperactivity Disorder: a comparative study of two subtypes. *Psychiatry Research, 81(1),* 19−29.

Clarke et al. (2001). EEG−defined subtypes of children with attention−deficit/hyperactivity disorder. *Clinical Neurophysiology, 112(11),* 2098−2105.

Clarke et al. (1997). EEG Analysis of Children with Attention−Deficit/Hyperactivity Disorder and Comorbid Reading Disabilities. *Journal of Learning Disabilities,* 35(3), 276−285.

Cloninger, C. R. (1994). Current Opinion in Neurobiology. *Temperament and personality, 4*(2), 266−273

Cosgrove, M. P. (1996). 분노와 적대감. (김만풍 역). 서울: 두란노. (원전은 1988년에 출판).

David, D. (2006). Tratat de psihoterapii cognitive si comportamentale. Iasi: Ed. Polirom.

Duan, L., & Zhu, G. (2020). Psychological interventions for people affected by the COVID−19 epidemic. *The Lancet Psychiatry 2020; 7.*300−302.

Ellis, A. & Bernard, M. E. (2007). Terapis rational emotiva si comportamentala in tulburarile copilului si adolescentului−teorie, practica si cercetare. Cluj−Napoca: RTS.

Falconer, C. J., Rovira, A., King, J. A., Gilbert, P., Antley, A., Fearon, P., & Ralph, N., Slater, M., & Brewin, C. R. (2016). Embodying self−compassion within virtual reality and its effects on patients with depression. *B. J. Psych. Open. 2,* 74−80.

Fan, Y., Wang, R., Lin, P., & Wu, Y. (2019). Hierarchical integrated and segregated processing in the functional brain default mode network within attention−deficit/ hyperactivity disorder. . PLoS ONE14(9): e0222414. https://doi.org/10.1371/journal.

Flores, P. J. (2015). Group Psychotherapy with Addicted Populations. New York: The Haworth Press. (김갑중, 윤영선, 김교헌, 현명호, 신수경, 신성만, 김용진, 권영실, 박보윤 공역). 서울: 눈. (원전은 2007년에 출판).

Freeman, D., Reeve, S., Robinson, A., Ehlers, A., Clark, D., Spanlang, B., & Slater. M. (2017). Virtual Reality in the Assessment, Understanding, and Treatment of Mental Health Disorders. *Psychological Medicine, 47(14):*2393−2400.

Graffigna, G., Barello, S., Wiederhold, B. K., Bosio, A. C., & Riva, G.(2013). Positive technology as a driver for health engagement. Annual Review of Cybertherapy and Telemedicine 2013, 9−17.

Harbin, J. Thomas (2000). *Beyond Anger a Guide for Men.* New York: Marlowe & Company.

Haynos, A. F., Fruzzetti, A. E., Anderson, C., Briggs, D., & Walenta, J. (2016). Effects of dialectical behavior therapy skills training on outcomes for mental health staff in a child and adolescent. *J. Hosp. Adm., 5*(2): 55−61.

HerreraI, F., Bailenson, J., Weisz, E., Ogle, E., & Zaki, J. (2018). Building long−term empathy: A large−scale comparison of traditional and virtual reality perspective−taking. PLoS ONE 13(10): e0204494.https://doi.org/10.1371/journal.

Hortensiu, R., Neyret, S., Slater, M., & de Gelder, B. (2018). The relation between bystanders' behavioral reactivity to distress and later helping behavior during a violent conflict in virtual reality. PLoS ONE 13(4): e0196074. https://doi.org/10.1371/journal.

Jaworska, N., Berrigan, L., Ahmed, A. G., Gray, J., Bradford, J., Korovessis, A., Fedoroff, P., & Kontt, V. (2012). Resting electrocortical activity in adults with dysfunctional anger: a pilot study. *Psychiatry Research: Neuroimaging, 203,* 229−236.

Jaworska, N., Berrigan, L., Ahmed, A. G., Gray, J., Bradford, J., Korovessis, A., Fisher, D. J., Bradford, J., Federoff, P., & Knott, V. J. (2013). The Resting Electrophysiological Profile in Adults With ADHD and Comorbid Dysfunctional Anger. *Clin. EEG Neurosci. 44(2),* 95−104.

Kim, H. K. (1983). Child psychopathology. Seoul: Hakjisa, 203−126.

Kim, J. W., Lee, J. W. et al. (2015). The utility of quantitative electroence phalography and Integrated Visual and Auditory Continuous Performance Test as auxiliary tools for the Attention Deficit Hyperactivity Disorder diagnosis. *Clinical Neurophysiology, 126,* 532−540.

Kim, J. W., Lee, J. W. et al. (2015). Theta−phase gamma−amplitude coupling as a neurophysiological marker of attention deficit/hyperactivity disorder in children. *Neuroscience Letters, 603,* 25−30.

Kim, J. W.,, Kim, B. N. et al. (2016). Desynchronization of Theta−Phase Gamma−Amplitude Coupling during a Mental Arithmetic Task in Children with Attention Deficit/ Hyperactivity Disorder, *PLOS ONE,* 1−12.

Kutscher, M. L. (2008). *ADHD: Living Without Brakes.* Jessica Kingsley Publishers.

Lau−Zhu, A., Tye, C. Rijsdijk, F., & McLoughlin, G. (2019). No evidence of associations between ADHD and event−related brain potentials from a continuous performance task in a population based sample of adolescent twins. . PLoS ONE14(10): e0223460. https://doi.org/10.1371/journal.

Lim, C. G., Poh, X. W., Fung, S. S., Guan, C., Bautista, D., Cheung, Y. B., Zhang, H.,

Yeo, S. N., Krishnan, R., & Lee, T. S. (2019). A randomized controlled trial of a braincomputer interface based attention training program for ADHD. PLoS ONE 14(5): e0216225. https://doi.org/10.1371/journal.

Lopez–Duran, N. (2010). Childhood bipolar disorder is not bipolar? DSM–V and the new temper dysregulation disorder with dysphoria. *Child Psychology Research Blog*. Retrieved from http://www.child–psych.org.

Migoya–Borja, M., Delgado–Go´mez, D., Carmona–Camacho, R., Porras–Segovia, A., Lo´pez–Morin~igo, J., Sa´nchez–Alonso, M., Garcı´a, L., A., Guerra, N., Barrigo´n, M., L., Alegrı´a, M., & Baca–Garcı´a, E. (2020). Feasibility of a Virtual Reality–Based Psychoeducational Tool (VRight) for Depressive Patients. *CYBERPSYCHOLOGY, BEHAVIOR, AND SOCIAL NETWORKING. 23*, 4, 246–252.

Kutscher, M. L. (2008). ADHD: Living Without Brakes. Jessica Kingsley Publishers.

Murphy, K. R, Barkley, R. A,, & Bush, T (2002). Young adults with attention deficit hyperactivity disorder: subtype differences in comorbidity, educational, and clinical history. *J Nerv Ment Dis. 190(3),* 147–157.

Newen, A. (2018). The embodied self, the pattern theory of self, and the predictive mind. *Frontiers in Psychology, 9.*2270.

North, M. M., North, S. M., & Coble, J. R. (1997). Virtual reality therapy: an effective treatment for psychological disorders. *Studies in Health Technology and Informatics. 44.*59–70.

Nuwer, M. R. (1997). Assessment of digital EEG, quantitative EEG, and EEG brain mapping. *Neurology, 49,* 277–292.

Parashar, A., Kalra, N., Singh, J., & Goyal, M. K. (2021). Machine Learning Based Framework for Classification of Children with ADHD and Healthy Controls. *Intelligent Automation & Soft Computing, 28.*3, 669–682.

Pedro Antônio Schmidt do Prado–Lima (2009). Pharmacological Treatment of Impulsivity and Aggressive Behavior. *Rev Bras Psiquiatr. 31*(Suppl II):S58–65.

Riva, E., Mantovani, F., & Wiederhold, B. K. (2020). Positive Technology and COVID–19. *Cyberpsychology, Behavior, and Social Networking, 23(9),* 1–7.

Riva, G., & Wiederhold, B. K. (2020). How cyberpsychology and virtual reality can help us to overcome the psychological burden of coronavirus. *Cyberpsychology, Behavior & Social Networking, 5.*227–229.

Riva, G., Browning, M., Castelnuovo, G, & Cavedoni, S. (2020). COVID feel good—an easy self–help virtual reality protocol to overcome the psychological burden of coronavirus. PsyArXiv. DOI: 10.31234/osf.io/6umvn.

Rose, F. D., Brooks, B. M., & Rizzo, A. A. (2005). Virtual reality in brain damage rehabilitation: Review. *CyberPsychology and Behaviour, 8,* 241–271.

Russell, J. A. (2003). Core Affect and the psychological construction of Emotion. *Psychological Review, 110.*145−172.

Ryu, C. H, Kim, K. W., Lee, B. C., Yeon, S. J., Lee, J., & You S. H. (2016). Effects of an Anger Management Virtual Reality Cognitive Behavioral Therapy Program on EEG Patterns among Destructive and Impulse−Control Disorder Patients. *Journal of Medical Imaging and Health Informatics, 6,* 1319−1323.

Ryu, C. H (2020). Effects of Virtual Reality Therapy on Neuro−Cognitive and Behavioral Skills in Alcohol−Dependent Patients: A Quantitative Electroencephalography Imaging Investigation. *Journal of Medical Imaging and Health Informatics, 10(10),* 2279−2285.

Ryu, C. H. (2022). Using Anger Management Virtual Reality Cognitive Behavior Therapy to Treat Violent Offenders with Alcohol Dependence in South Korea: A Preliminary Investigation *Journal of Medical Imaging and Health Informatics, 10,* 52−61.

Schubiner, H., Robin, A. L., & Neustern, L. S. (1996). School problems. In L. S. Neinstein (Ed.), Adolescent health care: a practical guide, pp. 1124−1142. Baltimore: Williams and Wiklins.

Scofield, J., E. Johnson, J. D., WoodID, P. K., &. Geary, D. C. (2019). Latent resting−state network dynamics in boys and girls with attention−deficit/hyperactivity disorder. PLoS ONE 14(6): e0218891. https://doi.org/10.1371/journal.

Shenal et al. (2001). Quantitative Electroencephalography (QEEG) and Neuropsychological Syndrome Analysis. *Neuropsychology Review, 11(1),* 31−44.

Slater, M., Rovira, A., Southern, R., Swapp, D., Zhang, J. J. Campbell, C., & Levine, M. (2013). Bystander Responses to a Violent Incident in an Immersive Virtual Environment. PLoSONE 8(1): e52766. doi:10.1371/journal.

Spielberger, C. D. (1999). Manual for the State−Trait Anger Expression Inventory−2. Odessa, FL: Psychological Resources.

van Loon, A., Bailenson, J., Zaki, J., Bostick, J., & Willer, R. (2018) Virtual reality perspective−taking increases cognitive empathy for specific others. PLoS ONE 13(8): e0202442. https://doi.org/10.1371/journal.

Vanzin, L., Colombo, P., Valli, A., Mauri, V., Busti Ceccarelli, Pozzi, M., Molteni, M., & Nobile, M. (2018). The Effectiveness of Coping Power Program for ADHD: An Observational Outcome Study. *Journal of Child and Family Studies. 27.*3554−3563.

Valizadeh, S. (2010). The Effect of Anger Management Skills Training on Reducing of Aggression in Mothers of Children's with Attention Deficit Hyperactive Disorder (ADHD). *Iranian Rehabilitation Journal, 8,* 11, 29−33.

Vijverberg, R., Ferdinand, R., Beekman, A., & van Meijel, B. (2020). Unmet care needs of children with ADHD. PLoS ONE 15(1): e0228049. https://doi.org/10.1371/journal.

White, J. N, Hetchens, T. A. & Lubar, J. F. (2005). Quantitative EEG Assessment During Neuropsychological Task Performance in Adults with Attention Deficit Hyperactivity Disorder. *Journal of Adult Development, (12)*, 113–121.

Wiederhold, B. K., & Riva, G. (2014). Positive Change: Connecting the virtualand the Real. Annual Review of Cybertherapy and Telemedicine. In B. K. Wiederhold and G. Riva (Eds.). 2014 Interactive Media Instituteand IOS Press, 3–9.

Yalom, I. D., & Leszcz, M. (2005). The Theory and Practice of Group Psychotherapy (Fifth Edition). The United States: Basic Books. (최해림, 장성숙 옮김). 서울: 하나 의학사, 2008.

Yeh, S. C., Tsai, C. F., Fan, Y. C., Liu, P. C., & Rizzo, A. (2012). An innovative ADHD assessment system using virtual reality. 2012 IEEE EMBS International Conference on Biomedical Engineering and Sciences, 78–83.

5장. ADHD의 자기분노조절(SAMS)

교정통계연보 (2020). 법무부 교정본부.

류창현, 연성진 (2015). 범죄소년을 위한 분노조절 가상현실 인지행동치료(VR-CBT) 프로그램 개발과 함의. *교정포럼, 9*(3), 191–228.

류창현 (2017). 범죄예방정책과 가상현실치료(VRT): 알코올의존 보호관찰대상자의 가상현실 인지행동치료(VR-CBT) 중심으로. *한국중독범죄학회보, 7*(1), 65–93.

류창현 (2018). 청소년 및 성인 ADHD 생체신호분석 기반 분노조절 가상현실치료(VRT) 개발의 함의: 묻지마범죄예방 및 억제기술 중심으로. *한국중독범죄학회보, 8*(2), 43–47.

류창현, 한우섭 (2019). 청소년의 폭력적인 가상현실 비디오 게임 (VR Video Games) 사용의 부정적 영향. *아시아교정포럼, 13*, 33–71

류창현, 장석헌 (2019). 피면담자의 VR-HMD 생체신호와 키니식(행동)진술분석 기반 자동 수사면담 및 신문 시스템 플랫폼 개발의 함의. *한국범죄심리연구, 15*(1), 31–44.

류창현, 장석헌 (2020). 조현병 대상자에 대한 경찰관의 초기대응 가상현실(VR-HMD) 면담교육 매뉴얼시스템 개발의 함의: 묻지마범죄 예방과 억제 중심으로. *한국경찰학회보, 22*(1), 1–38.

류창현 (2020). 교정보호대상 청소년 ADHD 생체신호분석 기반 통합적 분노조절 가상현실치료(IAM-VRT) 개발의 함의. *한국중독범죄학회보, 10*(3), 1–21.

류창현 (2021). 코로나-19 유행병의 새로운 대안: 긍정기술로서의 가상현실치료. *한국중독범죄학회보, 11*(1), 25–44.

류창현 (2021). ADHD 진단기준을 위한 뇌파(EEG)와 정량뇌파(QEEG) 측정의 임상적 유용성 연구. *한국중독범죄학회보, 11*(3), 43–47.

류창현, 황영섭 (2021). ADHD와 CD 자동식별과 자동진단을 위한 생체신호의 인공지능분석. *아시아교정포럼, 15*(3), 87–118.

American Psychiatric Association (2000). *Diagnostic and statistical manual of mental disorders*. 4th ed. (text rev). Washington (DC): American Psychiatric Press.

Alsem, S, C., van Dijk, A., Verhulp, E. E., & De Castro, B. O. (2021). Using virtual reality to treat aggressive behavior problems in children: A feasibility study. *Clinical Child Psychology and Psychiatry, 0*(0) 1−14.

Antony, M. (1997). Assessment and Treatment of Social Phobia. *Can J Psychiatry, 42*(1), 826−834.

Bloom, R. (1997). Psychiatric Therapeutic Applications of Virtual Reality Technology (VRT): Research Prospectus and Phenomenological Critique, Medicine Meets Virtual Realty IOS Press, 1997

Burkey, M. D., Hosein, M., Morton, I., Purgato, M., Adi, A., Kurzrok, M., Kohrt, B. A., & Tol, W. A. (2018). Psychosocial interventions for disruptive behaviour problems in children in low−and middle−income countries: A systematic review and meta−analysis. *Journal of Child Psychology and Psychiatry, 59*(9), 982−993. doi:10.1111/jcpp.12894

Cho, B. H., Lee, J. M., Janng, D. P., Kim, J. S. et al. (2002). Attention Enhancement System using Virtual Reality and EEG Biofeedback. IEEE Virtual Reality Conference 2002, VR '02, Orlando, Florida, USA, March 24−28, 2002, Proceedings. *IEEE Computer Society* 2002, ISBN 0−7695−1492−8.

Chorpita, B. F. & Daleiden, E. L. (2009). Mapping evidence−based treatments for children and adolescents: Application of the distillation and matching model to 615 treatments from 322 randomized trials. *Journal of Consulting and Clinical Psychology, 77*(3), 566−579.

Conduct Problems Prevention Research Group (2000). *FAST track adolescent implementation manual*. College Park (PA): Penn State University.

Crick, N. R. & Dodge, K. A. (1994). A review and reformulation of social information−processing mechanisms in children's social adjustment. *Psychological Bulletin, 115*(1), 74−101. doi:10.1037/0033−2909.115.1.74

De Mooij, B., Fekkes, M., Scholte, R. H. J., & Overbeek, G. (2020). Effective components of social skills training programs for children and adolescents in nonclinical samples: A multilevel meta−analysis. *Clinical Child and Family Psychology Review, 23*(2), 250−264. DOI:10.1007/s10567−019−00308−x.

Dodge, K. A., Dishion, T. J., & Lansford, J. E. (2006). Deviant peer influences in intervention and public policy for youth. *Social Policy Report, 20*(1), 1−20. doi:10.1002/j.2379−3988. 2006. tb00046.x.

Dodge, K. A., Bierman, L. K, Coie, J. D., Greenberg, M. T., McMahon, R. J., & Pinderhughes, E. E. (2011). The Effects of the Fast Track Preventive Intervention on the Development of Conduct Disorder Across Childhood Published in final edited form as: *Child Dev., 82*(1): 331−345. doi:10.1111/j.1467−8624.2010.01558.x.

Dodge, K. A. (1990). The structure and function of reactive and proactive aggression. In D. Pepler & K. H. Rubin (Eds.), *The development and treatment of childhood aggression* (pp. 201−218). Erlbaum.

Dopp, A. R., Borduin, C. M., White, M. H., Kuppens, S. (2017). Family−based treatments for serious juvenile offenders: A multilevel meta−analysis. *Journal of Consulting and Clinical Psychology. 85*(4): 335−354. doi:10.1037/ccp0000183. hdl:10355/57157. PMID 28333535. S2CID 25982122.

Duncan, M. (2019). *The California evidence−Based Clearinghouse for Children Welfare.* Retrieved 26 March 2019.

Frick, P. J., & Ellis, M. L. (1999). Callous−unemotional traits and subtypes of conduct disorder. *Clinical Child and Family Psychology Review, 2*(1):149−68.

Frick, P. J. (1998). *Conduct disorders and severe antisocial behavior.* New York: Plenum.

Frick, P. J. (2001). Effective Intervention for Children and Adolescents with Conduct Disorder. *Can J Psychiatry, 46*:597−608.

Frick, P. J. (2012). Developmental pathways to conduct disorder: Implications for future directions in research, assessment, and treatment. *Journal of Clinical Child & Adolescent Psychology, 41*(3), 378−389.

Garland, A. F., Hawley, K. M., Brookman−Frazee, L., & Hurlburt, M. S. (2008). Identifying common elements for evidence−based psy−chosocial treatments for children's disruptive behavior problems. *Journal of the American Academy of Child and Adolescent Psychiatry, 46*, 505−514.

Hadley, W., Houck, C., Brown, L. K., Spitalnick, J. S., Ferrer, M., & Barker, D. (2019). Moving beyond role−play: Evaluating the use of virtual reality to teach emotion regulation for the prevention of adolescent risk behavior within a randomized pilot trial. J*ournal of Pediatric Psychology, 44(*4), 425−435.

Jones, D. E., & Foster, E. M. (2009). Service Use Patterns for adolescents with ADHD and Comorbid Conduct Disorder. *Journal of Behavioral Health Services & Research, 36*.4, 436−449.

Kandalaft, M. R., Didehbani, N., Krawczyk, D. C., Allen, T. T., & Chapman, S. B. (2013). Virtual reality social cognition training for young adults with high−functioning autism. *Journal of Autism and Developmental Disorders, 43*(1), 34−44.

Kazdin, A. E., & Weisz, J. R. (2003). *Evidence−Based Psychotherapies for Children and Adolescents.* The Guilford Press, New York, London.

Landenberger, N. A., & Lipsey, M. W. (2005). The positive effects of cognitive−behavioral programs for offenders: A meta−analysis of factors associated with effective treatment. *Journal of Experimental Criminology, 1*(4), 451−476.

Linden, M., Habib, T., & Radojevic, V (1996). A controlled Study of the Effects of EEG Biofeedback on Cognition and Behavior of Children with Attention Deficit Disorder and Learning Disabilities. *Biofeedback and Self−Regulation, 21*(1), 35−49.

Lindner, P., Miloff, A., Zetterlund, E., Reuterskiold, L., Andersson, G., & Carlbring, P. (2019). Attitudes ¨ toward and familiarity with virtual reality therapy among practicing cognitive behavior therapists: A cross−sectional survey study in the era of consumer VR platforms. *Frontiers in Psychology, 10*(1), 1−10.

Loeber, R., & Farrington, D. P. (2000). Young children who commit crime: epidemiology, developmental origins, risk factors, and early interventions, and policy implications. *Dev Psychopathol., 12*(1):737−62.

Lochman, J. E., & Matthys, W. (2017). *The Wiley handbook of disruptive and impulse−control disorders.* John Wiley & Sons, Ltd.

Lochman, J. E., Boxmeyer, C. L., Kassing, F. L., Powell, N. P., & Stromeyer, S. L. (2019). Cognitive behavioral intervention for youth at risk for conduct problems: Future directions. *Journal of Clinical Child & Adolescent Psychology, 48*(5), 799−810.

Lochman, J. E., Dishion, T. J., Powell, N. P., Boxmeyer, C. L., Qu, L., & Sallee, M. (2015). Evidence−based preventive intervention for preadolescent aggressive children: One−year outcomes following randomi−zation to group versus individual delivery. *Journal of Consulting and Clinical Psychology, 83*(4), 728−735.

Lochman, J. E., Boxmeyer, C. L., Jones, S., Qu, L., Ewoldsen, D., & Nelson, W. M. (2017a). Testing the feasibility of a briefer school−based preventive intervention with aggressive children: A hybrid inter−vention with face−to−face and internet components. *Journal of School Psychology, 62*, 33−50.

Lochman, J. E., Kassing, F., Sallee, M., & Stromeyer, S. L. (2017b). *Factors influencing intervention delivery and outcomes.* In The Wiley handbook of disruptive and impulse−control disorders (pp. 485−500). John Wiley & Sons, Ltd.

Loeber, R., & Farrington, D. P. (2000). Young children who commit crime: Epidemiology, developmental origins, risk factors, early interventions, and policy implications. *Development and Psychopathology, 12*(4), 737−762. doi:10.1017/S0954579400004107

Matthys, W., Maassen, G. H., Cuperus, J. M., & Van Engeland, H. (2001). The Assessment of the situational specificity of children's problem behaviour in peer−peer context. *Journal of Child Psychology and Psychiatry, 42*(3), 413−420.

Matthys, W., & Schutter, D. J. L. G. (2021). Increasing Effectiveness of Cognitive Behavioral Therapy for Conduct Problems in Children and Adolescents: What Can We Learn from Neuroimaging Studies? *Clinical Child and Family Psychology Review, 24*:484−499 https://doi.org/10.1007/s10567−021−00346−4

McCart, M. R., Priester, P. E., Davies, W. H., & Azen, R. (2006). Differential effectiveness of behavioral parent—training and cognitive—behavioral therapy for antisocial youth: A meta—analysis. *Journal of Abnormal Child Psychology, 34*(4), 527—543. DOI:10.1007/ s10802—006—9031—1.

Menting, A. T. A., Albrecht, G., & De Castro, B. O. (2015). *Effective elementen van interventies tegen externaliserende gedagsproblemen bijjeugd [Effective elements of interventions for externalizing problem behavior in youth].* Utrecht University.

Monastra, V. et al 91999). Assessing Attention Deficit Heperactivity Disorder via Quantitative Electroencephalography: An Initial Validation Study. *Neuropsychology, 13*(3), 424—433

Newbutt, N., Sung, C., Kuo, H. J., Leahy, M. J., Lin, C. C., & Tong, B. (2016). Brief report: A pilot study of the use of a virtual reality headset in autism populations. *Journal of Autism and Developmental Disorders, 46*(9), 3166—3176.

North, M., North, S., and Coble, J. (1997). Virtual Environments Psychotherapy: A Case Study of Fear of Flying Disorder. *Presence, 6*(1), 127—132

North, M., North, S., and Coble, J. (1996). *Virtual Reality Therapy: An Innovative Paradigm.* IPI Press, Colorado Springs.

North, M., North, S., and Coble, J. (1995). Effectiveness of Virtual Environment Desensitization in The Treatment of Agoraphobia. *The International Journal of Virtual Reality, 1*(2), 25—34.

North, M., & North, S. (1994). Relative Effectiveness of Virtual Environment Desensitization and Imaginal Desensitization in the Treatment of Aerophobia. *The Archnet Electronic Journal on Virtual Culture, 2*(4), 37—42.

Othmer, S., & Kaiser, D.(2000). Implementation of Virtual Reality in EEG Biofeedback. *Cyberpsychology & Behavior, 3*(3), 415—420.

Park, K. M., Ku, J., Choi, S. H., Jang, H. J., Park, J.—Y., Kim, S. I., & Kim, J. J. (2011). A virtual reality application in role—plays of social skills training for schizophrenia: A randomized, controlled trial. *Psychiatry Research, 189*(2), 166—172. doi:10.1016/ j.psy chres.2011.04.003

Rizzo, A. et al. (2000). The Virtual Classroom: A Virtual Reality Environment for the Assessment and Rehabilitation of Attention Deficits. Cyberpsychology & Behavior, 3(3), 483—499.

Romero—Ayuso, D., Toledano—González, A., Rodríguez—Martínez, M. del C., Arroyo—Castillo, P., Triviño—Juárez, J. M., González, P., Ariza—Vega, P., Pino González, A. D., & Segura—Fragoso, A. (2021). Effectiveness of Virtual Reality—Based Interventions for Children and Adolescents with ADHD: A Systematic Review and Meta—Analysis. *Children, 8*(70). 1—19.

Rothbaum, B., Hodges, L., Kooper, R., Opdyke, D., Willford, J., and North, M. (1995).

Effectiveness of Computer−Generated (Virtual Reality) Graded Exposure in the Treatment of Acrophobia. *Am J Psychiatry 154.*(4), 626−628

Ryu, C. H, Kim, K. W., Lee, B. C., Yeon, S. J., Lee, J., & You S. H. (2016). Effects of an Anger Management Virtual Reality Cognitive Behavioral Therapy Program on EEG Patterns among Destructive and Impulse−Control Disorder Patients. Journal of Medical Imaging and Health Informatics, 6, 1319−1323.

Ryu, C. H. (2020). Effects of Virtual Reality on Neuro−Cognitive and Behavioral Skills in Alcohol−Dependent Patients: A Quantitative Electroencephalography Imaging Investigation. *Journal of Medical Imaging and Health Informatics, 10*(10), pp.2279−2285.

Saiano, M., Pellegrino, L., Casadio, M., Summa, S., Garbarino, E., Rossi, V., Dall'Agata, D., & Sanguineti, V.(2015). Natural interfaces and virtual environments for the acquisition of street crossing and path fol−lowing skills in adults with autism spectrum disorders: A feasibility study. *Journal of NeuroEngineering and Rehabilitation, 12*(1), 1−13.

Sohlbert, M. & Mateer, C. (1989). *Introduction to cognitive rehabilitation: Theory and practice.* Guilford, New York.

Slater, M., & Paul, D. (1999). Pertaub and A. Steed, "Public Speaking in Virtual Reality: Facing an Audience of Avatars. *IEEE Computer Graphics & Application, 19*(2), 6−9.

Strickland, D., Hodges, L., North, M., and Weghorst, S. (1997). Overcoming Phobias by Virtual Exposure. *Comm. ACM, 40.*(8), 34−39.

Sukhodolsky, D. G., Smith, S. D., McCauley, S. A., Ibrahim, K., & Piasecka, J. B. (2016). Behavioral in−terventions for anger, irritability, and aggression in children and adolescents. *Journal of Child and Adolescent Psychopharmacology, 26*(1), 58−64. doi:10.1089/cap.2015.0120

Suveg, C., Southam−Gerow, M. A., Goodman, K. L., & Kendall, P. C. (2007). The role of emotion theory and research in child therapy development. *Clinical Psychology: Science and Practice, 14*(4), 358−371. doi:10.1111/j.1468−2850.2007.00096.x

van der Stouwe, T., Asscher, J. J., Stams, G. J., Deković, M., & van der Laan, P. H. (2014). The effectiveness of Multisystemic Therapy (MST): A meta−analysis. *Clinical Psychology Review, 34* (6): 468−81. doi:10.1016/j.cpr.2014.06.006. PMID 25047448.

Verhoef, R. E. J., Van Dijk, A., Verhulp, E. E., & De Castro, B. O. (2021). Interactive virtual reality assessment of aggressive social information processing in boys with behavior problems: A pilot study. *Clinical Psychology & Psychotherapy,* (Advance online publication). DOI:10.1002/cpp.2620.

Vitaro, F., Brendgen, M., & Tremblay, R. E. (2002). Reactively and proactively aggressive children: Antecedent and subsequent characteristics. *Journal of Child Psychology and Psychiatry, 43*(4), 495−505. doi:10.1111/1469−7610.00040

Vitaro, F., Brendgen, M., & Tremblay, R. E. (2002). Reactively and proactively aggressive children: Antecedent and subsequent characteristics. *Journal of Child Psychology and Psychiatry, 43*(4), 495−505. doi:10.1111/1469−7610.00040

Weisz, J. R., & Kazdin, A. E. (2017). *Evidence−based psychotherapies for children and adolescents.* Guilford Publications.

Weisz, J. R., Kuppens, S., Ng, M. Y., Vaughn−Coaxum, R. A., Ugueto, A. M., Eckshtain, D., & Corteselli, K. A. (2019). Are psychotherapies for young people growing stronger? Tracking trends over time for youth anxiety, depression, attention−deficit/hyperactivity disorder, and conduct problems. *Perspectives on Psychological Science, 14*(2), 216−237.

Witmer, B., & Singer, M. (1998). Measuring Presence in Virtual Environments: A Presence Questionnaire. *Presence, 7*(3), 225−240

Wilson, S. J., & Lipsey, M. W. (2007). School−based interventions for aggressive and disruptive behavior: Update of a meta−analysis. *American Journal of Preventive Medicine, 33*(2), S130−S143. DOI:10.1016/j. amepre.2007.04.011.

Won, H., et al. (2000). *Cognitive−Behavioral Approach to mental disorder,* Education & Science Inc., Korea.

Zigkr, L., Taussig, C., & Black, K. (1992). Early childhood intervenlion: a promising preventive or juvenile delinquency. *Am Psychol., 47*(1):997−1006.

6장. 분노와 청소년 범죄

공정식 (2006). 살인범들에 대한 심리학적 프로파일링. 경기대학교 일반대학원 범죄심리학과 박사학위논문.

권석만. (2007). 현대 이상심리학. 서울: 학지사.

류창현. (2021). ADHD 진단기준을 위한 뇌파(EEG)와 정량뇌파(QEEG) 측정의 임상적 유용성 연구. *한국중독범죄학회보, 11*(3), 43−47.

류창현. (2022). 청소년 ADHD와 CD를 위한 가상현실(VR) 활용 심리치료 효과의 함의. *한국중독범죄학회보, 12*(1), 25−55.

민성길. (2010). 최신정신의학. 일조각.

법무부 (2005). 교정수용통계, 법무부 교정국 통계자료.

박광배. (2002). 법심리학. 학지사.

이근영. (2005). 범죄예방의 이론과 실제. 과천: 법무부 범죄예방위원 전국엽 회.

이근후 외. (1995). 정신장애의 진단 및 통계 편람 제4판(DSM−IV). 서울: 하나의학사.

이무석. (2006). 정신분석에로의 초대. 서울: 이유.

이수정. (2006). 최신 범죄심리학. 서울: 북카페.

이웅혁 (2007). 살인의 분류와 심리적 특징: 기초적 요약을 중심으로. 2007년도 한국 범죄 및 수사 심리학회창립 학술발표회. 살인: 범죄 및 수사 심리학. *한국 범죄 및 수사 심리학회*, 27−44.

이재원. (2020). 도파민 이야기. 서울: EASYBRAIN.

홍숙기. (2005). 성격심리(하). 박영사.

Angnew, R. (1992). Foundation for a General Strain Theory of Crime and Delinquency. *Criminology, 30*(1), 47−87.

Bandura, A. (1986). Social Foundations of Thought and Action: A Social Cognitive Theory. Englewood Cliffs, NJ: Prentice−Hall.

Blair, R. J. R., Colledge, E., Murray, L., & Mitchell, D. G. V. (2001). A selective impairment in the processing of sad and fearful expressions in children with psychopathic tendencies. *Journal of Abnormal Child Psychology, 29*(6), 491−498.

Buss, A. H. (1966). *Psychopathology,* New York: John Willey & Sons, Inc.

Canter, D. V., Alison, L. J., Alison, E., & Wentink, N. (2004). The Organized/Disorganized Typology of Serial Murder: Myth or Model? Psychology, *Public Policy, and Law, 10*(3), 293−320.

Caspi, A. (2000). The child is father of the man: Personality continuities from childhood to adulthood. *Journal of Personality and Social Psychology, 78,* 158−172.

Collins, Raymond E. (2004). Onset and Desistance in Criminal Careers: Neurobiology and the Age−Crime Relationship. *Journal of Offender Rehabilitation, 39*(3), 1−19.

Crick N. R., & Dodge, K. A. (1994). A Review and Reformulation of Social Information Processing Mechanism in Children's Social Adjustment. *Psychological bulletin, 115,* 74−101.

Crick N. R., & Dodge, K. A. (1996). Social Information Processing Mechanism in Reactive and Proactive Aggression. *Child Development, 67,* 74−101.

Cleckey, H. (1982). The mask of sanity(rev. ed.). New York: Plume.

Cleckley, H. (1976). The mask of sanity: An attempt to clarify some issues about the so−called psychopathic personality. (5th ed.). St. Louis: Mosby.

Cleckley, H. (1976). The Mask of Sanity, 5th Ed. St. Louis, Mo: Mosby.

Daly, M., & Wilson, M. (1988). *Homicide.* New York: Aldine−de Gruyter.

Duffy. F. H., McAnulty, G. B., & Albert, M. S. (1993). The pattern of age related differences in electrophysiological activity of healthy males and females. *Neurobiology of Aging 14.*73−84.

Eysenck, H. J. (1964). *Crime and Personality.* London: Poutledgeand Kegan Paul.

Eysenck, H. J. (1970). *The structure of personality.* (3rd ed.). London: Methuen.

Eysenck, H. J. (1990). *Biological dimension of personality.* In L. A. Pervin (Ed.),

Handbook of personality: Theory and research (pp. 244−276). New York: Guildford Press.

Fiske, S. T., & Taylor, S. E. (1992). 사회인지론. (박오수 역). 파주: 법문사. (원전은 1984년에 출판).

Gazzaniga, M. S., & Heatherton, T. F. (2006). Psychological Science(2nded.). W. W. Norton & Company, Inc.

Goldman, D. (1987). The bully: New research depicts a paranoid, lifelong loser. New York Times, 19, 23.

Hare, R. D. (1970). Psychopathy. New York: Wiley.

Hare, R. D. (1983). Diagnosis of Antisocial Personality Disorder in Two Prison Populations. *American Journal of Psychiatry, 140,* 887−890.

Hare, R. D., & McPherson, L. M. (1984). Violent and aggressive behavior by criminal psychopaths. *International Journal of Law and Psychiatry, 7,* 35−50.

Hare, R. D. (1996). Psychopathy: A clinical construct whose time has come. *Criminal Justice and Behavior, 23*(1), 25−54.

Hare, R. D. (2005). PSYCHOPATH 진단명: 사이코패스 우리 주변에 숨어 있는 이상인격자. (조은경·황정하 공역). 서울: 바다출판사. (원전은 1993년에 출판).

Hare, R. D. (2008). PCL−R 전문가 지침서. (조은경, 이수정 공역). 서울: 학지사 심리검사연구소. (원전은 2004년에 출판).

Hare, R. D. (2008). PCL−R 전문가 지침서. (조은경, 이수정 공역). 서울: 학지사 심리검사연구소. (원전은 2004년에 출판).

Hare, R. D. (1991). The Hare Psychopathy Checklist−Revised. Toronto, Ontario, Canada: Multi−Health Systems.

Hare, R. D., & McPherson, L. M. (1984). Violent and aggressive behavior by criminal psychopaths. International Journal of Law and Psychiatry, 7, 35−50.

Haan, N., Langer, J., & Kohlberg, L. (1976). Family Patterns of Moral Reasoning. *Child Development 47*(4), 1204−1206.

Holmes R. M, & Holmes S. T. (2006). Profiling Violent Crimes: An Investigative Tool(3rd. cd.). Thousand Oks, CA: Sage, pp.109−171.

Holmes, R. M. & Holmes, S. T. (1996). Profiling violent crimes (3rd ed.). Thousand Oaks, CA: Sage Publications, Inc.

Holmes, R. M. & Holmes, S. T. (2002). Profiling violent crimes: An Investigative tool (3rd ed.). Sage Publications, Inc.

Lee, S. J., Miller, H. A., & Moon, J. (2004). Exploring the Forensic Use of the Emotional Recognition Test (ERT). *Journal of Offender Therapy and Comparative Criminology, 48*(6):664−82

Levenston, G. K., Patrick, C. J., Bradley, M. M., & Lang, P. J. (2000). The psychopath as observer: Emotion and attention in picture processing. *Journal of Abnormal Psychology, 109*(3), 373–385.

McCord, W. (1982). *The Psychopath and Milieu Therapy: A Longitudinal Study.* Orlando, FL: Academic Press.

McCrae, R. R., & Costa, P. T. (1986). Personality, coping, and coping effectiveness in an adult sample. *Journal of Personality, 54*(2), 385–405.

McCrae, R. R., & Costa, P. T., Jr. (1990). *Personality in adulthood.* New York: Guilford Press.

McCrae, R. R., & John, O. P. (1992). An introduction to the five–factor model and its applications. *Journal of Personality, 60*(2), 175–215.

Mott, N. L. (1999). Serial Murder: Patterns in Unsolved Cases, *Homicide Studies 3:*241–255.

Nottelmann, E. D. (1987). Competence and self–esteem during transition from childhood to adolescence. *Developmental Psychology, 23*(3), 441–450.

Pervin, L. A., Cervone, D. & John, O. R. (2005). *Personality theory and research* (9th ed). John Wiley & Sons, Inc.

Roberts, B. W., & Friend–DelVecchio, W. (2000). The rank–order consistency of personality traits from childhood to old age: A quantitative review of longitudinal studies. *Psychological Bulletin, 126,* 3–25.

Ryu, C. H. (2020). Effects of Virtual Reality on Neuro–Cognitive and Behavioral Skills in Alcohol–Dependent Patients: A Quantitative Electroencephalography Imaging Investigation. *Journal of Medical Imaging and Health Informatics, 10*(10), pp.2279–2285.

Ryu, C. H. (2022). Using Anger Management Virtual Reality Cognitive Behavior Therapy to Treat Violent Offenders with Alcohol Dependence in South Korea: A Preliminary Investigation *Journal of Medical Imaging and Health Informatics, 10,* 52–61.

Sampson, R. J., & Laub, J. H. (1993). *Crime in the making: Pathways and Turning Points Through Life.* Cambridge, MA: Harvard University Press.

Silva, P. A., & Stanton, W. (1996). *From child to adult: The Dunedin study.* Oxford University Press.

7장. 분노의 화신 사이코패스

이수정. (2006). 최신 범죄심리학. 서울: 북카페.

Andrews, D., bonta, J., & Hoge, R. (1990). Classification for effective rehabilitation: Rediscovering psychology. *Criminal Justice and Behavior, 17,* 19–52.

Beck, A. T., Butler, A. C., Brown, G. K., Dahlsgaard, K. K., Newman, C. F., & Beck, J. S. (2001). Dysfunctional beliefs discriminate personality disorders. *Behav. Res.*

Ther. 39.1213−25.

Blackburn, R. (2000). Treatment or incapacitation? Implications of research on personality disorders for the management of dangerous offenders. *Legal and Criminological Psychology, 5,* 1−21.

Blackburn, R., Logan, C., Donnelly, J. P., & Renwick, J. D. (2008). Identifying psychopathic subtypes: Combining an empirical personality classification of offenders with the psychopathy checklist−revised. *Journal of Personality Disorders, 22*(6), 604−622, The Guilford Press.

Blair, R. J. R. (1995). A cognitive developmental approach to morality: Investigation the psychopath. Cognition, 57, 1−29.

Blair, R. J. R. (1997). Moral reasoning in the child with psychopathic tendencies. Personality and Individual Differences, 22, 731−739.

Blair, R. J. R., Colledge, E., Murray, L., & Mitchell, D. G. V. (2001). A selective impairment in the processing of sad and fearful expressions in children with psychopathic tendencies. *Journal of Abnormal Child Psychology, 29*(6), 491−498.

Blackburn, R. (2000). Treatment or incapacitation? Implications of research on personality disorders for the management of dangerous offenders. *Legal and Criminological Psychology, 5,* 1−21.

Blackburn, R. Logan, C., & Donnelly J. P. (2008). Identifying Psychopathic Subtypes: Combining an Empirical Personality Classification of Offenders With The Psychopathy Checklist−Revised. *Journal of Personality Disorders, 22*(6):604−22.

Bonta, J., Wallace−Capretta, & Rooney, J. (2000). A quasi−experimental evaluation of an intensive rehabilitation supervision to assessment of adaptive behavior. American *Journal of Mental Deficiency, 86,* 127−137.

Buss, A. H. (1966). Psychopathology, New York: John Willey & Sons, Inc.

Buss, A., and Perry, M.(1992). The aggression questionnaire. Journal of Personality and Social Psychology, 63, 452−459.

Buss, D. M. (1999a). Human nature and individual difference: The evolution of human personality. In L. A. Pervin & O. P. John(Eds), Handbook of personality: Theory and research(pp. 31−56). New York: Guilford.

Cooke, D. J., & Michie, C. (2001). Refining the construct of psychopathy: Towards a hierarchical model. Psychological Assessment, 13, 171−188.

Cooke, D. J., Michie, C. Hart, S. D., & Clark, D. A. (2004). Reconstructing psychopathy: Clarifying the significance of antisocial and socially deviant behavior in the diagnosis of psychopathic personality disorder. Journal of Personality Disorder, 18, 337−357.

Dolan, B. (1998). Therapeutic community treatment for severe personality disorders. In T.

Millon, E. Simonsen, M. Birket−Smith, & R. D. Davis (Eds.), Psychopathy: Antisocial, criminal, and violent behavior (pp. 407−430). New York: Guilford.

Dolan, M., Deakin, W. J. F., Roberts, N., & Anderson, I. (2002). Serotonergic and cognitive impairment in impulsive aggressive personality disordered offenders: are there implications for treatment?

Duncan, M. (2019). *The California evidence−Based Clearinghouse for Children Welfare.* Retrieved 26 March 2019.

Farrington, D. P. (2005). The importance of child and adolescent psychopathy. Journal of Abnormal Child Psychology, Vol. 33, No. 4, August 2005, pp. 489−497.

Farrington, D. P., & Coid, J. W. (2005). Early prevention of adult antisocial behaviour. Cambridge: Cambridge University Press.

Frick, P. J, Stickle, T. R., Dandreaux, D. M., farrell, J. M., & Kimonis, E. R. (2005). Callous−unemotional traits in predicting the severity and stability of conduct problems and delinquency. *Journal of Abnormal Child Psychology, 33,* 471−487.

Harrington, R., & Bailey, S. (2003). The scope for preventing antisocial personality disorder by intervening in adolescence. Liverpool, England: NHS National Programme on Forensic Mental Health.

Hare, R. D. (2005). PSYCHOPATH 진단명: 사이코패스 우리 주변에 숨어 있는 이상인격자. (조은경·황정하 공역). 서울: 바다출판사. (원전은 1993년에 출판).

Hare, R. D. (2008). PCL−R 전문가 지침서. (조은경, 이수정 공역). 서울: 학지사 심리검사연구소. (원전은 2004년에 출판).

Howard, K., Kopta, S., Krause, M., & Orlinsky, d. (1986). The dose−effect relationship in psychotherapy. *American Psychology, 41,* 159−164.

Karpman, B. (1946). Psychopathy in the scheme of human typology. Journal of Nervous and Mental Disease, 103, 276−288.

Karpman, B. (1948). The myth of the psychopathic personality. American Journal of Psychiatry, 104, 523−534.

Karpman, B. (1961). The structure of neurosis: With special differentials between neurosis, psychosis, homosexuality, alcoholism, psychopathy, and criminality. Archives of Criminal Psycho·dynamics, 4, 599−646.

Kopta, S., Howard, K., Lowry, J., & Beutler, L. (1994). Patterns of symptomatic recovery in psychotherapy. Journal of consulting and Clinical Psychology, 62, 1009−1016.

Lipsey, M. (1995). What do we learn form 400 research studies on the effectiveness of treatment for juvenile delinquents? In J. McGuire (Ed.), What works: Reducing reoffending: Guidelines from research and practice (pp. 63−78). Chichester, UK: Wiley.

Lykken, D. T. (1995). The antisocial personalities. Hillsdale, NJ: Erlbaum.

Millon, T. (1998). *Psychopathy: antisocial, criminal, and violent behavior*. New York: Guilford Press.

Porter, S. (1996). Without conscience or without active conscience? The ethology of psychopath revisited. Aggression and Violent Behavior, 1, 179－189.

Poster, C. & Rusbult, C. (1999). Injustice and Power Seeking. Journal of Personality and Social Psychology, 51(1), 191－200.

Ryu, C. H, Kim, K. W., Lee, B. C., Yeon, S. J., Lee, J., & You S. H. (2016). Effects of an Anger Management Virtual Reality Cognitive Behavioral Therapy Program on EEG Patterns among Destructive and Impulse－Control Disorder Patients. *Journal of Medical Imaging and Health Informatics*, *6*, 1319－1323.

Ryu, C. H. (2020). Effects of Virtual Reality on Neuro－Cognitive and Behavioral Skills in Alcohol－Dependent Patients: A Quantitative Electroencephalography Imaging Investigation. *Journal of Medical Imaging and Health Informatics*, *10*(10), 2279－2285.

Ryu, C. H. (2022). Using Anger Management Virtual Reality Cognitive Behavior Therapy to Treat Violent Offenders with Alcohol Dependence in South Korea: A Preliminary Investigation *Journal of Medical Imaging and Health Informatics*, *10*, 52－61.

Salekin, R. (2002). Psychopathy and therapeutic pessimism: Clinical lore or clinical reality? *Clinical Psychology Review*, *22*, 79－112.

Schwartz, M., Swanson, J., Wagner, R., Burns, B., & Hiday, V. (2001). Effects of involuntary outpatient commitment and depot anti－psychotics on treatment adherence in persons with severe mental illness, Journal of Nervous and Mental Disease, 189, 583－592.

Skeem, J. L., Monahan, J., & Mulvey, E. P. (20020). Psychopathy, treatment involvement, and subsequent violence among civil psychiatric patients. Law and Human Behavior, 26(6), 577－603.

Vasey, M. W., Kotov, R., Frick, P. J., & Loney, B. R. (2005). The latent structure of psychopathy in youth: A taxometric investigation. *Journal of Abnormal Child Psychology*, *33*, 411－429.

8장. 분노와 조현병

경찰청. (2020). 「경찰 물리력 행사의 기준과 방법에 관한 규칙(경찰청예규): 행설 및 사례연습」, 서울: 경찰청.

류창현·연성진. (2015). "범죄소년을 위한 분노조절 가상현실 인지행동치료 (VR－CBT) 프로그램 개발과 함의", 「아시아교정포럼학술지」, 9(3): 191－228.

류창현 외. (2016). 「알코올의존 보호관찰대상자의 충동분노조절 가상현실 인지 행동치료프로그램(IAM－VR－CBTP)에 관한 효과 검증 연구」, 서울: 법무 부 범죄예방정책국.

류창현. (2017). "범죄예방정책과 가상현실치료(VRT): 알코올의존 보호관찰대 상자의 가상현실 인지행동치료(VR-CBT) 중심으로", 「한국중독범죄학회 보」, 7(1): 65-93.

민성길. (2015). 「최신정신의학」, 서울: 일조각.

Anderson, P. L., et al. (2013). "Virtual reality exposure therapy for social anxiety disorder: a randomized controlled trial", Journal of Consulting and Clinical Psychology, 81: 751-760.

Azuma, R., Daily, M., & Furmanski, C. (2006). A review of time critical decision making models and human cognitive processes. Conference Paper in IEEE Aerospace Conference Proceedings. January 2006 DOI: 10.1109/AERO.2006.1656041.

Bellack A, Mueser K, Gingerich S, & Agresta J. (2004). Social skills training
for schizophrenia: a step by step guide, NY: Guilford.

Bordnick, P. S., et al. (2005). "Virtual reality cue reactivity assessment in cigarette smokers," CyberPsychology and Behavior, 8: 487-492.

Botella, C., et al. (1998). "Virtual reality treatment of claustrophobia: a case report", Behaviour Research and Therapy, 36: 239-246.

Botella, C. (2004). "Treatment of flying phobia using virtual reality: data from a 1-year follow-up using a multiple baseline design", *Clinical Psychology and Psychotherapy, 11*: 311-323.

Bouchard. S., et al. (2016). Virtual reality compared with in vivo exposure in the treatment of social anxiety disorder: a three-arm randomised controlled trial. British Journal of Psychiatry. Published online 15 December 2016. doi:10.1192/bjp.bp.116.184234.

Emmelkamp, P. M. et al. (2002). "Virtual reality treatment versus exposure in vivo: a comparative evaluation in acrophobia", Behaviour Research and Therapy, 40:509-516.

Ekman, P, & Friesen, W. V. (2003). Unmasking the face: a guide to recognizing emotions from facial expressions. UK: Cambridge University Press. Falconer, C. J., Rovira, A., King, J. A., Gilbert, P., Antley, A., Fearon, P., Ralph, N., Slater, M., & Brewin, C. R. (2016). Embodying self-compassion within virtual reality and its effects on patients with depression. British Journal of Psychiatry Open, 2: 74-80.

Freeman, D., Pugh, K., Antley, A., Slater, M., Bebbington, P., Gittins, M., Dunn, G., Kuipers, E., Fowler, D., & Garety, P. A. (2008). "A virtual reality study of paranoid thinking in the general population", British Journal of Psychiatry 192: 258-263.

Freeman, D., Evans, N, Lister, R, Antley, A, Dunn, G, & Slater M (2014). "Height, social comparison, and paranoia: an immersive virtual reality experimental study", Psychiatry Research, 30: 348-352.

Freeman, D., Bradley, J, Antley, A, Bourke, E, DeWeever, N, Evans, N, Černis, E, Sheaves, B, Waite, F, Dunn, G, Slater, M, & Clark, D (2016). "Virtual reality in the treatment of persecutory delusions", British Journal of Psychiatry, 209: 62−67.

Freeman, D., Reeve, S., Robinson, A., Ehlers, A., Clark, D., Spanlang, B., & Slater, M. (2017). "Virtual reality in the assessment, understanding, and treatment of mental health disorders", Psychological Medicine, 47: 2393−2400.

Keshavan, M. S., Anderson, s., & Pettergrew, J. W. (1994). "Is Schizophrenia due to excessive synaptic pruning in the prefrontal cortex? The Feinberg hypothesis revisited", Journal of Psychiatric Research. 28(3): 239−265.

Lee, J. S., Namkoong, K,, Ku, J., Cho, S., Park, J. Y., Choi, Y. K.,

Kim, J. J., Kim, I. Y., Kim, S. I., & Jung, Y. C. (2008). "Social pressure−induced craving in patients with alcohol dependence: application of virtual reality to coping skill training", Psychiatry Investigations, 5: 239−243.

Macedo1, M., Marques, A., & Queirós, C. (2015). "Virtual reality in assessment and treatment of schizophrenia: a systematic review", Jornal brasileiro de psiquiatria, 64(1): 70−81.

PERF (Police Executive Research Forum). (2016). Guiding Principles on Use of Force. Washington, D.C., USA.

Pericot−Valverde, I, Germeroth, L, & Tiffany, S. (2016). "The use of virtual reality in the production of cue−specific craving for cigarettes: a meta−analysis", Nicotine and Tobacco Research, 18: 538−546.

Rizzo, A. A., Difede, J., Rothbaum, B. O., Johnston, S., McLay, R. N., Reger, G., Gahm, G., Parsons, T., Graap, K., & Pair, J. (2009). "VR PTSD exposure therapy results with active duty OIF/OEF combatants", Studies in Health Technology and Informatics, 142: 277−282.

Rothbaum, B. O., Hodges, L., Watson, B. A., Kessler, C. D., & Opdyke, D. (1996). "Virtual reality exposure therapy in the treatment of fear of flying: a case report", Behaviour Research and Therapy, 34: 477−481.

Rothbaum, B. O., Smith, S., Lee, J. H., & Price, L. (2000). "A controlled study of virtual reality exposure therapy for the fear of flying", Journal of Consulting and Clinical Psychology, 68: 1020−1026.

Rousmaniere, T. (2016). Deliberate Practice for Psychotherapists: A Guide to Improving Clinical Effectiveness. NY: Routledge.

Rus−Calafell, M, Gutiérrez−Maldonado, J, Ribas−Sabaté, J. (2014). "Avirtual reality−integrated program for improving social skills inpatients with schizophrenia: a pilot study", Journal of Behavior Therapy and Experimental Psychiatry, 45: 81−89.

Saladin, M, Brady, K, Graap, K, & Rothbaum, B (2006). "A preliminary report on the use of virtual reality technology to elicit craving and cue reactivity in cocaine dependent individuals", Addictive Behaviors, 31:1881−1894.

Shah, L. B., Torres, S., Kannusamy, P., Chng, C. M., He, H. G., Klainin−Yobas, P. (2015). "Efficacy of the virtual reality−based stress management program on stress−related variables in people with mood disorders: the feasibility study", Archives of Psychiatric Nursing, 29: 6−13.

Sohn, B. K., Hwang, J. Y., Park, S. M., Choi, J. S., Lee, J. Y., Lee, Y., & Jung, H. Y. (2016). Developing a Virtual Reality−Based Vocational Rehabilitation Training Program for Patients with Schizophrenia. CYBERPSYCHOLOGY, BEHAVIOR, AND SOCIAL NETWORKING. 19, 686−691.

Sorkin, A, Weinshall, D, Modai, I, Peled, A. (2006). "Improving the accuracy of the diagnosis of schizophrenia by means of virtual reality", American Journal of Psychiatry, 163: 512−520.

Souto, T., Baptista, A., Tavares, B., Queirós, C., & Marques, A. (2012). "Facial emotional recognition in schizophrenia: Preliminar results of the Virtual Reality Program for Facial Emotional Recognition", Revista de Psiquiatria Clínica, 129−134.

Stahl, S. M. (2008). StahFs Essential Psychopharmacology: Neuroscientific Basis and Practical Applications, UK: Cambridge University Press. Sternberg, R. (1977). "Component processes in analogical reasoning", Psychological Review, 84(4): 353−37.

Valmaggia, L. R., Day, F, Garety, P, Freeman, D, Antley, A, Slater, M, Swapp, D, Myin−Germeys, I, & McGuire, P. (2015). "Social defeat predicts paranoid appraisals in people at high risk for psychosis", Schizophrenia Research, 168: 16−22.

Veling, W, Pot−Kolder, R, Counotte, J, van Os J, van der Gaag, M. (2016). "Environmental social stress, paranoia and psychosis liability: a virtual reality study", Schizophrenia Bulletin 42: 1363−1371.

(기타 문헌)

경찰통계자료. 경찰청 2018.12 기준.

뉴시스 (2019.05.22.). "경찰, 폭력에 5단계로 대응한다",
    (http://www.donga.com/news/article/all/20190522/95642431/1, 2020년 1월 20일 검색)

Https://www.youtube.com/watch?v=KL0XooLq5D8

Https://www.youtube.com/watch?v=−xrv6wDNNvE

Jibson, M (2009). Http://creativecommons.org/licenses/by−sa/3.0/

9장. 범죄소년의 분노조절 VR-CBT

김효정, 재비행청소년의 사회적응을 위한 사회적 유능성 증진 프로 그램의 효과 연구, 고려대학교 석사학위 청구논문, 2005.

경찰청, "표준선도 프로그램 워크시트", 2015. 류창현, 웃음치료, 교육과학사, 2009. 류창현, 최신 분노치료, 교육과학사, 2009.

류창현, 청소년을 위한 분노조절과 분노치료, 교육과학사, 2014. 류창현, 분노치료 워크북, 교육과학사, 2015.

서수균, 분노와 관련된 인지적 요인과 그 치료적 함의, 서울대학교

박사학위 청구논문, 2004.

이경숙, 이수정, 홍영근, 반사회적 성격평가척도(APSD)의 타당화 연구: 비행청소년을 중심으로, 한국정서·행동장애아교육학회, 29권 1호, 173-195, 2004.

이백철, 교정학, 파주, 교육과학사, 2015.

이상훈, 알코올 중독의 가상현실치료, 한국중독정신의학회, 18(1), 23-28, 2014.

이수정, 범죄심리학, 서울: 학지사, 2007

이은정, 한덕현, 청소년의 파탄적 문제행동에 대한 객관적 진단평가

와 인지행동치료를 위한 가상현실치료 기반의 시스템 개발 및 적용에 관한 연구. 학생정신보건 연구센터운영사업보고서, 2014.

한덕현, 인터넷 게임중독자 치료를 위한 가상현실치료 프로그램 콘 텐츠 개발, 국립서울병원학술연구용역사업보고서, 2013.

Becker, R., & Fernandez, E, Cognitive-behavioral therapy in the treatment of anger: A meta-analysis, Cognitive Therapy & Research 22(1): 63-74, 1998.

Bohil, C. J., Alicea, B., & Biocca, F. A., Virtual reality in neu-roscience research and therapy. Nature Reviews Neuroscience, 12, 752-762, 2011.

Brinkman, W. P., Hattangadi, N., Meziane, Z., & Pul, P., Design and Evaluation of a Virtual Environment for the Treatment of Anger. Paper presented at the Proceed-ings of Virtual Reality International Conference (VRIC 2011), Laval, France, 2011.

Center For Family Guidance, PC, "The CFG Health Network by Burlington Press Web Services", Online:http://www.ctrfamilyguidance.com/content/social_skills_g/virtual_re-ality_social_skill, 2015.

Chang, P. P., Ford, D. E., Mconi, L. A., Wang, N. Y., & Klag, M. J., Anger in young men and subsequent car-diovascular disease: the precursors study. Arch Intern Med, 162(8): 901-906, 2002.

Espinoza, M., Banos, R. M., Palacios, A. G., Cervera, J. M., Esquerdo, G, Barrajon, E., & Botella, C., Promotion of emotional wellbeing in oncology inpatients using VR, Annual Review of Cybertherapy and Telemedicine. In B. K. Wiederhold and G. Riva(Eds.). 2012 Interactive Media Institute and IOS Press, 53-57, 2012.

Gaggioli, A., Cipresso, P., Serino, S., Campanaro, D. M., Pallavicini, F., Wiederhold, B. K., & Riva, G., Positive Technology: A Free Mobile Platform for the

Self—Management of Psychological Stress. Annual Review of Cybertherapy and Telemedicine. In B. K. Wiederhold and G. Riva (Eds.). 2014 Interactive Media Institute and IOS Press, 25–29, 2014.

Gaggioli, A., Keshner, E. A., & G. Riva., Advanced Technology in Rehabilitation: Empowering Cognitive, Physical, Social and Communicative Skills through Virtual Reality, Robots, Wearable Systems and Brain—Computer Interfaces IOS Press, Amsterdam, 2009.

Gonzalez, J., Virtual reality application in the field of addiction. NIDA Project, 2000.

Gorrindo, T., & Groves, J. E., Computer simulation and virtual reality in the diagnosis and treatment of psychiatric disorders, Academic Psychiatry, 33. 413–417, 2009.

Hoffma, H. G., Patterson, D. R., Carrougher, G. J., Use of virtual reality for adjunctive treatment of adult burn pain during physical therapy: A controlled study, Clinical Journal of Pain, 16: 244–250, 2000.

Isnanda, R., Brinkman, W. P., Mark van der Gaag, V., W. Neerincx, M., Controlling a Stream of Paranoia Evoking Events in a Virtual Reality Environment. Annual Review of Cybertherapy and Telemedicine. In B. K. Wiederhold and G. Riva (Eds.). 2014 Interactive Media Institute and IOS Press, 55–60, 2014.

Jakupcak, M., Conybeare, D., Phelps, L., Hunt, S., Holmes, H. A., Felker, B., Kelvens. M., & McFall, M.E., Anger, hostility, and aggression among Iraq and Afghanistan War veterans reporting PTSD and subthreshold PTSD. J Trauma Stress 20(6): 945–54, 2007.

Jansari, A. S., Froggatt, D., Edginton, T., & Dawkins, L., In—vesting the impact of nicotine on executive functions us—ing a novel virtual reality assessment. Addiction, 108, 977–984, 2013.

Joseph A, Chapman M., Visual CBT: Using pictures to help you apply cognitive behavior therapy to change your life, Avy Joseph and Maggie Chapman, 2013.

Kassinove, H., & Tafrate, R. C., Anger management, Impact & Publishers, Inc, 2002.

Kuntze, M. F., Stoermer, R., Mager, R., Roessler, A., Mueller—Spahn, F., & Bullinger, A. H., Immersive virtual environments in cue exposure. CyberPsychology & Behavior, 4(4), 497–501, 2001.

Lee, J. H., Lee, J. H., Ku, J. H., Kim, K. U., Kim, B. N., Kim, I. Y., Yang, B. H., Kim, S. H., Wiederhold, B. K., Wiederhold, M. D., Park, D. W., Lim, Y. S., & Kim, S. I., Experimental application of virtual reality for nicotine craving through cue exposure, CyberPsychology & Behavior, 6(3), 275–280, 2003.

Lee, J. H., Lim, Y., Wiederhold, B. K., & Graham, S. J., A functional magnetic resonance imaging (fMRI) study of cur—induced smoking craving in virtual environments, Applied Psychophysiology and Biofeedback, 30, 195–204, 2005.

Lee, J. H., Han, D. H., Oh, S., Lyoo, I. K., Lee, Y. S., Renshaw, P. f., & Lukas, S. E., Quantitative electroencephalo−graphic (qEEG) correlteds of craving during virtual real−ity therapy in alcohol−dependent patients, Pharmacol−ogy, Biochemistry and Behavior, 91, 393−397, 2009.

Maiuro, R. D., Cahn, T. S., Vitaliano, P. P., Wagner, B. C., & Zegree, J. B., Anger, hostility, and depression in do−mestically violent versus generally assaultive men and non−violent control subjects. Journal of Consulting and Clinical Psychology, 56, 17−23, 1988.

Oliveira, J., Gamito, P, Morals, D., Brito, R., Lopes, P., & Norberto, L., Cognitive Assessment of Stroke Patients with Mobile Apps: A Controlled Study. Annual Review of Cybertherapy and Telemedicine. In B. K. Wiederhold and G. Riva (Eds.). 2014 Interactive Media Institute and IOS Press, 103−107, 2014.

Pagliar, F. L., Cascia, C. L., Rizzo, R., Riva, G., & Barbera, D. L., Assessment of executive functions in patients with obsessive compulsive disorder by neuro VR, Annual Review of Cybertherapy and Telemedicine. In B. K. Wiederhold and G. Riva (Eds.). 2012 Interactive Media Institute and IOS Press, 98−102, 2012.

Riva, G, & Mantovani, F., From the body to the tools and back: a general framework for presence in mediated in−teractions, Interacting with Computers, 24, 203−210, 2012.

Riva, G, Waterworth, J. A. Waterworth, E. L., The Layers of Presence: a bio−cultural approach to understanding pre−sence in natural and mediated environments. Cyberpsy−chology & Behavior, 7, 405−419, 2004.

Rizzo, A. S., "The Medical Virtual Reality (MedVR) Group at the Univesity of Southern Calidornia Institue for Creative Technologies". Online: http://medvr.ict.usc.edu/, 2015.11.06.

Rizzo, A. A., Buckwalter, J. G., Humphrey, L., van der Zaag, C., Bowerly, T., Chua, C., Neumann, U., Kyriakakis, C., van Rooyen, & Sisemore, D., The Virtual Classroom: A Virtual Environment for the Assessment and Rehabilita−tion of Attention Deficits, CyberPsychology and Behav−ior, 3, 483 499, 2000.

Rizzo, A. A., Neumann, U., Enciso, R., Fidaleo, D. & Noh, J. Y. (2001a). Performance Driven Facial Animation: Basic re−search on human judgments of emotional state in facial avatars. CyberPsychology and Behavior, 4, 471−487.

Rizzo, A. A., Neumann, U., Pintaric, T. & Norden, M., Issues for Application Development Using Immersive HMD 360 Degree Panoramic Video Environments, In Smith, M. J., Salvendy, G., Harris, D. & Koubek, R. J. (Eds). Usability Evaluation and Interface Design. New York: L.A. Erlbaum, 792−796, 2001.

Rizzo, A. A., Buckwalter, J. G., Humphrey, L. & van der Zaag, C., Virtual Environment

Applications for Neuropsycholo—gical Assessment and Rehabilitation, In Stanney, K. (Ed.) Handbook of Virtual Environments. New York: L.A. Erlbaum, 1027—1064, 2002.

Rothbaum, B. O., malcoun, E., Rizzo, A. S., & Josman, N., "Virtual Reality Exposure Therapy for Post—traumatic Stress Disorder", Retrieved April 1, 2010, from www. emilymalcoun.com/Virtual_reality_exposure, 2010.

Son, J. H., Lee, S. H., Seok, J. W., Kee, B. S., Lee, H. W., Kim, H. J., Lee, T. K., & Han, D. H., Virtual reality therapy for the treatment of alcohol dependence: A preliminary investigation with positron emission tomography. Journal of Studies on Alcohol and Drugs, 7, 1—8, 2015.

Spielberger, C. D., Manual for the State—Trait Anger Ex—pression Inventory—2, Odessa, FL: Psychological Re—sources, 1999.

Strickland, D., "Virtual Reality and Multimedia Applications for Mental Health Assessment and Treatment", Paper pre—sented at the ACM SIGGRAPH 2001 Conference. August 16, 2001, 2001.

Sulea, C., Soomaro, A., Wiederhold, B. K., & Wiederhold, M. D., Quantifying the Effectiveness of Virtual Reality Pain Management: A Pilot Study. Annual Review of Cybertherapy and Telemedicine. In B. K. Wiederhold and G. Riva (Eds.). 2014 Interactive Media Institute and IOS Press, 94—97, 2014.

Van Der Zwaan, J. M., Geraerts, E., Dignum, V., & Jonker, C. M., User validation of an empathic virtual buddy against cyberbullying. Annual Review of Cybertherapy and Telemedicine. In B. K. Wiederhold and G. Riva (Eds.). 2012 Interactive Media Institute and IOS Press, 243—247, 2012.

Wilson, J. A. B., Onorati, K., Mishkind, M., Reger, M. A., & Gahm, G. A., Soldier attitudes about technology—based approaches to mental healthcare, Cyberpsychology & Behavior, 11(6), 767—769, 2008.

Wrzesien, M., Rey, B., Alcaniz, M., Banos, R., Martinez, M. G., Lopez, D. P., Ortega, A. R., Rasal, P., Vargas, E. P., & Provinciale J. G., Virtual representations of the self en—gaging teenagers in emotional regulation strategies learning. Annual Review of Cybertherapy and Tele—medicine. In B. K. Wiederhold and G. Riva (Eds.). 2012 Interactive Media Institute and IOS Press, 248—252, 2012.

Ylvisaker, M.. Traumatic brain injury: Children and adolescents. Newton, MA: Butterwort—Heinemann, 2003.

Zimand, E., Anderson, P., Gershon, G., K., Hodges, L., & Rothbaum, B. Virtual Reality Therapy: Innovative Treatment for Anxiety Disorders. Primary Psychiatry, 9(7), 1—54, 2003.

10장. 코로나-19와 가상현실치료(VRT)

류창현, 연성진 (2015). 범죄소년을 위한 분노조절 가상현실 인지행동치료(VR-CBT) 프로그램 개발과 함의. *교정담론, 9(3)*, 191-228.

류창현 (2017). 범죄예방정책과 가상현실치료(VRT): 알코올의존 보호관찰대상자의 가상현실 인지행동치료(VR-CBT) 중심으로. *한국중독범죄학회보, 7(1)*, 65-93.

류창현 (2018). 청소년 및 성인 ADHD 생체신호분석 기반 분노조절 가상현실치료(VRT) 개발 의함의: 묻지마범죄예방 및 억제기술 중심으로. *한국중독범죄학회보, 8(2)*, 43-47.

류창현, 이재원, 유승현, 유봉기 (2016). 알코올의존 보호관찰대상자의 충동분노조절 가상현실 인지행동치료프로그램(IAM-VR-CBTP)에 관한 효과 검증 연구. 법무부 범죄예방정책국.

류창현, 한우섭 (2019). 청소년의 폭력적인 가상현실 비디오 게임(VR Video Games) 사용의 부정적 영향. *교정담론, 13(1)*, 33-71.

류창현, 장석헌 (2019). 피면담자의 VR-HMD 생체신호와 키니식(행동)진술분석 기반 자동 수사면담 및 신문 시스템 플랫폼 개발의 함의. *한국범죄심리연구, 15(1)*, 31-44

류창현, 장석헌 (2020). 조현병 대상자에 대한 경찰관의 초기대응 가상현실(VR-HMD) 면담교육 매뉴얼시스템 개발의 함의: 묻지마범죄 예방과 억제 중심으로. *한국경찰학회보, 22(1)*, 1-38.

류창현 (2020). 교정보호대상 청소년 ADHD 생체신호분석 기반 통합적 분노조절 가상현실치료(IAM-VRT) 개발의 함의. *한국중독범죄학회보, 10(3)*, 1-21.

Banskota, S., Healy, M., & Goldberg, E. M. (2020). 15 Smartphone apps for older adults to use while in isolation during the COVID19 pandemic. *West J Emerg Med, 21*:514-525.

Bai, Y., Maruskin, L. A., Chen, S., et al. (2017). Awe, the diminished self, and collective engagement: universals and cultural variations in the small self. *Journal of Personality and Social Psychology, 113*:185-209.

Botella, C, Riva, G, Gaggioli, A, et al. (2012). The present and future of positive technologies. *Cyberpsychology, Behavior and Social Networking, 15*:78-84.

Brooks, S. K., Webster, R. K., Smith, L. E., et al. (2020). The psychological impact of quarantine and how to reduce it: rapid review of the evidence. The Lancet 2020; 395:912-920.

Carl, E., Stein, A. T., Levihn-Coon, A, et al. (2019). Virtual reality exposure therapy for anxiety and related disorders: a metaanalysis of randomized controlled trials. *Journal of Anxiety Disorders. 61*:27-36.

Chirico, A., Cipresso, P., Yaden, D. B., et al. (2017). Effectiveness of immersive videos in inducing awe: an experimental study. *Sci. Rep., 7*.1218.

Csikszentmihalyi, M. (1990). *Flow: The psychology of optimal experience*. New York: HarperCollins.

Delle Fave A, Massimini, F, & Bassi M. (2011). *Psychological selection and optimal experience across cultures: social empowerment through personal growth.* New York:Springer.

Duan, L., & Zhu, G. (2020). Psychological interventions for people affected by the COVID−19 epidemic. *The Lancet Psychiatry 2020; 7.*300−302.

Facebook IQ. (2017) How Virtual Reality Facilitates Social Connection. https://www.facebook.com/business/news/insights/how−virtual−reality−facilitates−social−connection (accessed on Aug. 14, 2020).

Fredrickson, B. L. (2001). The role of positive emotions in positive psychology. The broaden−and−build theory of positive emotions. *Am. Psychol. 56.*218−226.

Fredrickson, B. L. (2004). The broaden−and−build theory of positive emotions. Philosophical Transactions of the Royal Society of London Series B, *Biological Sciences. 359.* 1367−1378.

Gaggioli, A., Bassi, M., & Delle Fave, A. (2003). Quality of experience in virtual environments. In: Riva, G, IJsselsteijn, W. A., Davide, F., eds. *Being there: concepts, effects and measurement of user presence in synthetic environment.* Amsterdam: Ios Press, 121−135.

Gaggioli, A., Chirico, A., Triberti, S., et al. (2016). Transformative interactions: designing positive technologies to foster self−transcendence and meaning. *Annual Review of Cyber. Therapy and Telemedicine, 14.*169−173.

Grace, L., & Hone, B. (2019). Factitious: large scale computer game to fight fake news and improve news literacy. *Extended Abstracts of the 2019 CHI Conference on Human Factors in Computing Systems.* New York: ACM, pp. 1−8.

Guan, F., Xiang, Y., Chen, O., Wang, W., & Chen, J. (2018). Neural basis of dispositional awe. Frontiers in Behavioral Neuroscience, 12:209.

Hadley, W., Houck, C., Brown, L. K., et al. (2018). Moving beyond role−play: evaluating the use of virtual reality to teach emotion regulation for the prevention of adolescent risk behavior within a randomized pilot trial. *Journal of Pediatric Psychology. 44.*425−435.

Https://search.naver.com/search.naver?sm=top_sug.pre&fbm=1&acr=3&acq=%EC%BD%9 4%EB%A1%9C%EB%82%9819+&qdt=0&ie=utf8&query=%EC%BD%94%EB%A1%9 C%EB%82%9819+%EC%84%B8%EA%B3%84%ED%98%84%ED%99%A9.

Imperatori, C., Dakanalis, A., Farina, B., et al. (2020). Global Storm of Stress−Related Psychopathological Symptoms: a brief overview on the usefulness of virtual reality in facing the mental health impact of COVID−19. *Cyberpsychology, Behavior, and Social Networking 2020.* [Epub ahead of print]; DOI: 10.1089/cyber.2020.0339.

Kriz, W. C. (2020). Gaming in the time of COVID−19. *Simulation & Gaming, 51*: 403−410.

Liu, S., Yang, L., Zhang, C., et al. (2020). Online mental health services in China during the COVID−19 outbreak. *The Lancet Psychiatry 2020; 7*:e17−e18.

Marston, H., & Kowert, R. (2020). What role can videogames play in the COVID−19 pandemic? *Emerald Open Research, 2*:34.

Newen, A. (2018). The embodied self, the pattern theory of self, and the predictive mind. Frontiers in Psychology, 9:2270.

Nicola M, Alsafi Z, Sohrabi C, et al. (2020). The socio−economic implications of the coronavirus pandemic (COVID−19): a review. *International Journal of Surgery. 78*:185−193.

North, M. M., North, S. M., & Coble, J. R. (1997). Virtual reality therapy: an effective treatment for psychological disorders. *Studies in Health Technology and Informatics. 44*:59−70.

Riva, G., Castelnuovo, G., & Mantovani, F. (2006). Transformation of flow in rehabilitation: the role of advanced communication technologies. *Behavior Research Methods, 38*:237−244.

Riva, G., Raspelli, S., Algeri, D., et al. (2010). Interreality in practice: bridging virtual and real worlds in the treatment of posttraumatic stress disorders. *Cyberpsychology, Behavior and Social Networking, 13*:55−65.

Riva, E., Rainisio, N., & Boffi, M. (2014). Positive change inclinical settings: flow experience in psychodynamic therapies. In: Inghilleri P, Riva G, Riva E, eds. Enabling positive change: flow and complexity in daily experience. Berlin: DeGruyter Open, pp. 74−90.

Riva, E., Freire, T., & Bassi, M. (2016). The flow experience in clinical settings: applications in psychotherapy and mental health rehabilitation. In: Harmat L, Ørsted Andersen F, Ulle´n F, Wright J, Sadlo G, eds. Flow experience. Cham: Springer, pp. 309−326.

Riva, G., Wiederhold, B. K., & Mantovani, F. (2019). Neuroscience of virtual reality: from virtual exposure to embodied medicine. *Cyberpsychology, Behavior and Social Networking, 22*:82−96.

Riva, E., Mantovani, F., & Wiederhold, B. K. (2020). Positive Technology and COVID−19. *Cyberpsychology, Behavior, and Social Networking, 23(9),* 1−7.

Riva, G., & Wiederhold, B. K. (2020). How cyberpsychology and virtual reality can help us to overcome the psychological burden of coronavirus. *Cyberpsychology, Behavior & Social Networking, 5*:227−229.

Riva, G., Browning, M., Castelnuovo, G, & Cavedoni, S. (2020). COVID feel good−an easy self—help virtual reality protocol to overcome the psychological burden of coronavirus. PsyArXiv. DOI: 10.31234/osf.io/6umvn.

Ryu, C. H., Kim, K. W., Lee, B. C., Yeon, S. J., Lee, J., & You, S. H. (2016). Effects of an Anger Management Virtual Reality Cognitive Behavioral Therapy Program on EEG Patterns among Destructive and Impulse—Control Disorder Patients. *Journal of Medical Imaging and Health Informatics, 6,* 1319—1323.

Ryu, C. H. (2020). Effects of Virtual Reality Therapy on Neuro—Cognitive and Behavioral Skills in Alcohol—Dependent Patients: A Quantitative Electroencephalography Imaging Investigation. *Journal of Medical Imaging and Health Informatics, 10(10),* 2279—2285.

Russell, J. A. (2003). Core Affect and the psychological construction of Emotion. Psychological Review 2003; 110:145—172.

Viana, R. B., & de Lira, C. A. B. (2020). Exergames as coping strategies for anxiety disorders during the COVID—19 quarantine period. *Games for Health Journal 9.*147—149.

Villani, D., Cipresso, P., Gaggioli, A., et al. (2016) Integrating technology in positive psychology practice. Hershey, PA: IGI—Global.

Vincelli, F. (1999). From imagination to virtual reality: the future of clinical psychology. *CyberPsychology & Behavior, 2:*241—248.

Vincelli, F., Molinari, E., & Riva, G. (2001). Virtual reality as clinical tool: immersion and three—dimensionality in the relationship between patient and therapist. *Studies in Health Technology and Informatics,* 81:551—553.

Wang C, Pan R, Wan X, et al. (2020). Immediate Psychological Responses and Associated Factors during the Initial Stage of the 2019 Coronavirus Disease (COVID—19) Epidemic among the General Population in China. *Int J Env Res Pub He., 17:*1729.

Wiederhold, B. K., & Riva, G. (2012). Positive technology supports shift to preventive, integrative health. *Cyberpsychology, Behavior and Social Networking, 15:*67—68.

Wiederhold, B. K. (2020). Connecting through technology during the coronavirus disease 2019 pandemic: avoiding "Zoom Fatigue." *Cyberpsychology, Behavior, and Social Networking, 23:*437—438.

Wiederhold, B. K. (2020). Using social media to our advantage: alleviating anxiety during a pandemic. *Cyberpsychology, Behavior, and Social Networking, 23:*197—198.

Wright, J. H., & Caudill, R. (2020). Remote treatment delivery in response to the COVID—19 pandemic. *Psychotherapy and Psychosomatics, 89:*1.

Wolf, L. J., Haddock, G., Manstead, A. S. R., & Maio, G. R. (2020). The importance of (shared) human values for containing the COVID—19 pandemic. *Brit J Soc*

Psychol, *59*.618−627.

11장. 뇌파와 정량뇌파 기반 ADHD 진단

김도원, 김명선, 김성필, 박영민, 박진명, 배경열, 이승환, 이재원, 임창환, 전양환, 진승현, 채정호, 황한정 (2017). 뇌파의 이해와 응용. 학지사: 서울.

김정인, 윤선경, 오현경, 이승환 (2015). 주의력결핍 과잉행동장애 아동의 뉴로피드백 훈련에 대한 임상적 의의. *J Korean Neuropsychiatr Assoc. 54*(1):62−68.

류창현, 연성진 (2015). 범죄소년을 위한 분노조절 가상현실 인지행동치료(VR−CBT) 프로그램 개발과 함의. *교정담론, 9(3),* 191−228.

류창현 (2017). 범죄예방정책과 가상현실치료(VRT): 알코올의존 보호관찰대상자의 가상현실 인지행동치료(VR−CBT) 중심으로. 한국중독범죄학회보, *7(1),* 65−93.

류창현 (2018). 청소년 및 성인 ADHD 생체신호분석 기반 분노조절 가상현실치료(VRT) 개발의 함의: 묻지마범죄예방 및 억제기술 중심으로. *한국중독범죄학회보, 8(2),* 43−47.

류창현, 이재원, 유승현, 유봉기 (2016). 알코올의존 보호관찰대상자의 충동분노조절 가상현실 인지행동치료프로그램(IAM−VR−CBTP)에 관한 효과 검증 연구. 법무부 범죄예방정책국.

류창현, 장석헌 (2019). 피면담자의 VR−HMD 생체신호와 키니식(행동)진술분석 기반 자동 수사면담 및 신문 시스템 플랫폼 개발의 함의. *한국범죄심리연구, 15(1),* 31−44

류창현, 장석헌 (2020). 조현병 대상자에 대한 경찰관의 초기대응 가상현실(VR−HMD) 면담교육 매뉴얼시스템 개발의 함의: 묻지마범죄 예방과 억제 중심으로. *한국경찰학회보, 22(*1), 1−38.

류창현 (2020). 교정보호대상 청소년 ADHD 생체신호분석 기반 통합적 분노조절 가상현실치료(IAM−VRT) 개발의 함의. *한국중독범죄학회보, 10*(3), 1−21.

류창현 (2021). 코로나−19 유행병의 새로운 대안: 긍정기술로서의 가상현실치료. *한국중독범죄학회보, 11*(1), 25−44.

이재원 (2016). 중독 그리고 도파민. 서울: 찜커뮤니케이션.

이재원 (2019). 중독과 정량뇌파. *J Korean Neuropsychiatr Assoc. 58*(2):115−124.

오수환, 정유숙. 윤희준, 이동익, 김병욱, 박정아, 이서지, 이빛나 (2018). 주의력결핍 과잉행동장애 환아들의 인지 행동적 특성과 정량뇌파와의 관계: 후향적 단면 연구. *J Korean Neuropsychiatr Assoc. 57*(3):266−273.

Abibullaev, B., An, J. (2012). Decision support algorithm for diagnosis of ADHD using electroencephalograms. *J Med Syst. 36*.2675−2688.

Arnold, L. E., Lofthouse. N., Hersch, S., Pan, X., Hurt, E., Bates. B., et al. (2013). EEG neurofeedback for ADHD: double−blind sham−controlled randomized pilot feasibility trial. *J Atten Disord 17*.410−419.

Arns, M., Gunkelman, J., Breteler, M., & Spronk, D. (2008). EEG phenotypes predict treatment outcome to stimulants in children with ADHD. *J Integr Neurosci.*

7.421−438.

Arns, M., Drinkenburg, W, & Leon Kenemans, J. (2012). The effects of QEEG−in formed neurofeedback in ADHD: an open−label pilot study. *Appl Psychophysiol Biofeedback 37.*171−180.

Arns, M., Conners, C. K., & Kraemer, H. C. (2013). A decade of EEG Theta/Beta ratio research in ADHD: a meta−analysis. *J Atten Disord. 17.*374−383.

Barry, R. J., Johnstone, S. J. & Clarke, A. R. (2003). A review of electrophysiology in attention−deficit/hyperactivity disorder: II. Event−related potentials. *Clin Neurophysiol. 114.*184−198.

Basar, E, & Stampfer, H. (1985). Important associations among EEG dynamics, event−related potentials, short−term memory and learning. *Int J Neurosci. 26.*161−180.

Barkley, R. A., Fischer, M., Edelbrock, C. S., & Smallish, L. (1990). The adolescent outcome of hyperactive children diagnosed by research criteria: I. An 8−year prospective follow−up study. *J Am Acad Child Adolesc Psychiatry. 29.*546−57.

Barkley, R. A. (1997). ADHD and the Nature of Self−Control Guilford Press, New York.

Bresnahan, S. M,, Anderson, J. W., & Barry, R. J. (1999). Age−related changes in quantitative EEG in attention−deficit/hyperactivity disorder. *Biol Psychiatry. 46*(12):1690−7.

Bruchmüller, K., Margraf, J., & Schneider, S. (2012). Is ADHD diagnosed in accord with diagnostic criteria? Overdiagnosis and influence of client gender on diagnosis. *J Consult Clin Psychol 80.*128.

Byeon, J., Choi, T. Y., Won, G. H., Lee, J., & Kim, J. W. (2020). A novel quantitative electroencephalography subtype with high alpha power in ADHD: ADHD or misdiagnosed ADHD? *PLoS ONE 15*(11):1−11.

Buzsaki, G. (2006). Rhythms of the Brain. New York: Oxford University Press.

Coghill, D., & Sonuga−Barke, E. J. S. (2012). Annual Research Review: Categories versus dimensions in the classifi cation and conceptualisation of child and adolescent mental disorders—Implications of recent empirical study. *J Child Psychol Psychiatry.* 53: 469−489. https://doi.org/10.1111/j.1469−7610.2011.02511.x PMID: 22288576.

Clarke, A. R. et al. (1998). EEG analysis in Attention−Deficit/Hyperactivity Disorder: a comparative study of two subtypes. *Psychiatry Research, 81*(1):19−29.

Clarke, A. R. et al. (2001). EEG−defined subtypes of children with attention−deficit/ hyperactivity disorder. *Clinical Neurophysiology, 112*(11):2098−2105.

Clarke, A. R., Barry, R. J., McCarthy, R., & Selikowitz, M. (2001). Age and sex effects in the EEG: development of the normal child. *Clin Neurophysiol. 112.*806−814.

Clarke, A. R., Barry, R. J., McCarthy, R,, & Selikowitz. M. (2001). Electrophysiological differences in two subtypes of attention deficithyperactivity disorder. *Psychophysiology*. *38*:212−221.

Clarke, A. R. al. (2002). EEG Analysis of Children with Attention−Deficit/Hyperactivity Disorder and Comorbid Reading Disabilities. *Journal of Learning Disabilities*, *35*(3):276−285.

Clarke, A. R., Barry, R. J., McCarthy, R., Selikowitz, M., & Croft, R. J. (2002). EEG differences between good and poor responders to methylphenidate in boys with the inattentive type of attention−deficit/hyperactivity disorder. *Clin Neurophysiol*. *113*:1191−1198.

Demos, J. N. (2005). Getting started with neurofeedback. New York: W.W. Norton.

del Campo, N., Mu ̈ller, U., & Sahakian, B. J. (2012). Neural and behavioral endophenotypes in ADHD. *Curr Top Behav Neurosci*. 11: 65−91.

Faraone, S. V., Biederman, J., Spencer, T., Wilens, T., Seidman, L. J., Mick, E., & Doyle, A. E. (2000). Attention−deficit/hyperactivity disorder in adults: an overview. *Biol. Psychiatry, 48*. 9−20.

Faraone, S. V., Perlis, R. H., Doyle, A. E., Smoller, J. W., Goralnick, J. J., Holmgren, M. A., et al. (2004). Molecular genetics of attention−deficit/hyperactivity disorder. Biol Psychiatry. 2005; 57: 1313−1323. https://doi.org/10.1016/j.biopsych.2004.11.024 PMID: 15950004.

Feldman, H. M., & Reiff, M. I. (2014). Attention Deficit−Hyperactivity Disorder in Children and Adolescents. *New England Journal of Medicine*. *370(9)*:838−46. doi: 10.1056/ NEJMcp1307215 PMID: 24571756.

Fuchs, T., Birbaumer, N., Lutzenberger, W., Gruzelier, J. H., & Kaiser, J. (2003). Neuro−feedback treatment for attention−deficit/hyperactivity disorder in children: a comparison with methylphenidate. *Appl Psychophysiol Biofeedback 28*:1−12.

Gogolla, N., Leblanc, J. J., Quast, K. B., et al. (2009). Common circuit defect of excitatory−inhibitory balance in mouse models of autism. *J Neurodev Disord*. *1*:172−181.

González−Castro, P., Rodríguez, C., López, Á., Cueli, M., & Álvarez, L. (2013). Attention deficit hyperactivity disorder, differential diagnosis with blood oxygenation, beta/theta ratio, and attention measures. *Int J Clin Health Psychol*. *13*:101−9.

Grove, W. M., Andreasen, N. C., McDonald−Scott, P., Keller, M. B. (1981). Shapiro RW. Reliability studies of psychiatric diagnosis: theory and practice. *Arch Gen Psychiatry, 38*:408.

Heinrich, H., Gevensleben, H., Freisleder, F. J., Moll, G. H., & Rothenberger, A. (2004). Training of slow cortical potentials in attention−deficit/hyperactivity disorder: evidence for positive behavioral and neurophysiological ef fects. *Biol Psychiatry*.

    55:772−775.

Hermens, D. F., Soei, E. X., Clarke, S. D., Kohn, M. R., Gordon, E., Williams, L. M. (2005). Resting EEG theta activity predicts cognitive performance in attention−deficit hyperactivity disorder. *Pediatr Neurol. 32*:248−256.

Hobbs, M. J., Clarke, A. R., Barry, R. J., McCarthy, R., & Selikowitz, M. (2007). EEG abnormalities in adolescent males with AD/HD. *Clin Neurophysiol. 118*:363−371.

Jafari, P., Ghanizadeh, A., Akhondzadeh, S., & Mohammadi, M. R. (2011). Health−related quality of life of Iranian children with attention deficit/hyperactivity disorder. *Qual Life Res., 20*(1):31−6.

Jeste, S. S., Frohlich, J., & Loo, S. K. (2015). Electrophysiological biomarkers of diagnosis and outcome in neurodevelopmental disorders. *Curr Opin Neurol. 28*(2):110−116.

Jeste, S. S., & Nelson, C. A. (2009). Event related potentials in the understanding of autism spectrum disorders: an analytical review. *J Autism Dev Disord. 39*:495−510.

Kang, J. Q., & Barnes, G. (2013). A common susceptibility factor of both autism and epilepsy: functional deficiency of GABA A receptors. *J Autism Dev Disord. 43*:68−79.

Kim, J. W., Lee, Y. S., Han, D. H., Min, K. J., Kim, D. H., & Lee, C. W. (2015). The utility of quantitative electroencephalography and Integrated Visual and Auditory Continuous Performance Test as auxiliary tools for the Attention Deficit Hyperactivity Disorder diagnosis. *Clinical Neurophysiology. 126*:532−540.

Kim, J. W., Lee, J. W. et al. (2015). Theta−phase gamma−amplitude coupling as a neurophysiological marker of attention deficit/hyperactivity disorder in children. *Neuroscience Letters, 603*, 25−30.

Koehler, S., Lauer, P., Schreppel, T., Jacob, C., Heine, M., Boreatti−Hümmer, A., et al. (2009). Increased EEG power density in alpha and theta bands in adult ADHD patients. *J Neural Transm 116*(1):97−104.

Kotchoubey. B., Strehl, U., Uhlmann, C., Holzapfel, S., König, M., Fröscher, W, et al. (2001). Modification of slow cortical potentials in patients with re fractory epilepsy: a controlled outcome study. *Epilepsia. 42*:406−416.

Lau−Zhu, A., Fritz, A., & McLoughlin, G. (2019). Overlaps and distinctions between attention−deficit/hyperactivity disorder and autism spectrum disorder in young adulthood: a systematic review and guiding frame work for EEG−imaging research. *Neurosci Biobehav Rev. 96*:93−115. https://doi.org/ 10.1016/ j.neubiorev. 2018.10.009 PMID: 30367918.

Lazzaro, I., Gordon, E., Li, W., Lim, C. L., Plahn, M., Whitmont, S., Clarke, S., & Barry, R. J. (1999). Dosen A, Meares R. Simultaneous EEG and EDA measures in adolescent attention deficit hyperactiv ity disorder. *Int J Psychophysiol. 34*. 123−13

Lenartowicz, A., & Loo, S. K. (2014). Use of EEG to diagnose ADHD. *Curr Psychiatry Rep. 16*:498.

Loo, S. K., & Makeig, S. (2012). Clinical utility of EEG in attention−deficit/hyper activity disorder: a research update. *Neurotherapeutics. 9*:569−587.

Loo, S. K., McGough, J. J., McCracken, J. T., & Smalley, S. L. (2018). Parsing heterogeneity in attention−deficit hyperactivity disorder using EEG−based subgroups. *J Child Psychol Psychiatry. 59*:223−231.

Lubar, J. F. (1991). Discourse on the development of EEG diagnostics and biofeedback for attention−deficit/hyperactivity disorders. *Biofeedback Self−Regul. 16*(3):201−25.

Lubar, J. F., Swartwood, M. O., Swartwood, J. N., & Timmermann, D. L. (1995). Quantitative EEG and auditory event−related potentials in the evaluation of attention−deficit/ hyperactivity disorder: effects of methylphenidate and implications for neurofeedback training. *J Psychoeducational Assess.* 143−160.

Mann, C. A., Lubar, J. F., Zimmerman, A. W., Miller, C. A., & Muenchen, R. A. (1992). Quantitative analysis of EEG in boys with attention−deficit−hyperactiv ity disorder: controlled study with clinical implications. *Pediatr Neurol 8*.30−36.

Markovska−Simoska, S., & Pop−Jordanova, N. (2010). Quantitative EEG Characteristics of Attention Deficit Hyperactivity Disorder in Adults. *Macedonian Journal of Medical Sciences. 3*(4):368−377.

Marshall, P. J., Bar−Haim, Y., & Fox, N. A. (2002). Development of the EEG from 5 months to 4 years of age. *Clin Neurophysiol. 113*:1199−1208.

McGough, J. J., McCracken, J. T., Cho, A. L., Castelo, E., Sturm, A., Cowen. J., et al. (2013). A potential electroencephalography and cognitive biosignature for the child behavior checklist−dysregulation profile. *J Am Acad Child Adolesc Psychiatry. 52*:1173−1182.

Monastra, V. J., Lubar, J. F., & Linden, M. (2001). The development of a quantitative electroencephalographic scanning process for attention deficit−hyperactivity disorder: reliability and validity studies. *Neuropsychology. 15*:136−144.

Monastra, V. J., Monastra, D. M., & George, S. (2002). The effects of stimulant ther apy, EEG biofeedback, and parenting style on the primary symptoms of attention− deficit/ hyperactivity disorder. *Appl Psychophysiol Biofeedback. 27*:231−249.

Nuwer, M. R. (1997). Assessment of digital EEG, quantitative EEG, and EEG brain mapping. *Neurology, 49*, 277−292.

Pop−Jordanova, N., Markovska−Simoska, S., & Zorcec, T. (2005). Neurofeedback treatment of children with attention deficit hyperactivity disorder. *Prilozi. 26*(1):71−80.

Prichep, L. S., & John, E. (1992). QEEG profiles of psychiatric disorders. *Brain Topography. 4*.249−57.

Quintana, H., Snyder, S. M., Purnell, W., Aponte, C., & Sita, J. (2007). Comparison of a standard psychiatric evaluation to rating scales and EEG in the differential diagnosis of attention−deficit/hyperactivity disorder. *Psychiatry Res. 152*.211−222.

Rockstroh, B., Elbert, T., Birbaumer, N., & Lutzenberger, W. (1990). Biofeedback produced hemispheric asymmetry of slow cortical potentials and its behavioural effects. *Int J Psychophysiol. 9*.151−165.

Rommelse, N. N., Altink, M. E., Martin, N. C., Buschgens, C. J., Faraone, S. V., Buitelaar, J. K., et al. (2008). Relationship between endophenotype and phenotype in ADHD. *Behav Brain Funct. 4*: 4. https://doi.org/10.1186/1744−9081−4−4 PMID: 18234079

Rommelse, N. N., Geurts, H. M., Franke, B., Buitelaar, J. K., & Hartman, C. A. (2011). A review on cognitive and brain endophenotypes that may be common in autism spectrum disorder and attention−deficit/hyperactivity disorder and facilitate the search for pleiotropic genes. *Neuroscience and Biobehavioral Reviews. 35*(6): 1363−1396. https://doi.org/10.1016/ j.ne ub iorev.2011. 02.015 PMID: 21382410.

Rossiter, T. R., & La Vaque, T. J. (1995). A comparison of EEG biofeedback and psychostimulants in treating attention deficit/hyperactivity disorders. *J Neurother. 1*:48−59.

Ryu, C. H., Kim, K. W., Lee, B. C., Yeon, S. J., Lee, J., & You, S. H. (2016). Effects of an Anger Management Virtual Reality Cognitive Behavioral Therapy Program on EEG Patterns among Destructive and Impulse−Control Disorder Patients. *Journal of Medical Imaging and Health Informatics, 6*, 1319−1323.

Ryu, C. H. (2020). Effects of Virtual Reality Therapy on Neuro−Cognitive and Behavioral Skills in Alcohol−Dependent Patients: A Quantitative Electroencephalography Imaging Investigation. *Journal of Medical Imaging and Health Informatics, 10(10)*, 2279−2285.

Saby, J. N., & Marshall, P. J. (2012). The utility of EEG band power analysis in the study of infancy and early childhood. *Dev Neuropsychol. 37*.253−273.

Shenal, B. V., et al. (2001). Quantitative Electroencephalography (QEEG) and Neuropsychological Syndrome Analysis. *Neuropsychology Review, 11*(1), 31−44.

Silk, T. J., Malpas, C. B., Beare, R., Efron, D., Anderson, V., Hazell, P., Jongeling, B., Nicholson,

J. M., & Sciberras, M. (2019). A network analysis approach to ADHD symptoms: More than the sum of its parts. PLOS ONE. Https://doi.org/10.1371/journal.pone.0211053.

Sin, K. S. (2008). Neurofeedback treatment for improvement of attention, alter native medicine [dissertation]. Pocheon: CHA University.

Stam, C. J. (2005). Nonlinear dynamical analysis of EEG and MEG: Review of an emerging field. *Clinical Neurophysiology. 116*:439–454.

Steiner, N. J., Sheldrick, R. C., Gotthelf, D., & Perrin, E. C. (2011). Computer–based at tention training in the schools for children with attention deficit/hyper activity disorder: a preliminary trial. *Clin Pediatr (Phila) 50*.615–622.

Swanson, J. M., & Castellanos, F. X. (2002). Biological bases of ADHD: neuroanatomy, genetics, and pathophysiology. Attention–deficit hyperactivity disorder: state of the science, best practices. Civic Research Institute.

Wender, P. (1995). Attention–Deficit Hyperactivity Disorder in Adults. New York: Oxford University Press.

Willcutt, E. G. (2012). The prevalence of DSM–IV attention–deficit/hyperactivity disorder: a meta–analytic review. *Neurotherapeutics. 9*.490–499.

Yizhar, O., Fenno, L. E., Prigge, M., et al. (2011). Neocortical excitation/inhibition balance in information processing and social dysfunction. *Nature. 477*.171–178.

12장. 청소년과 성인 ADHD 분노조절 VRT

강태웅, 김재원, 반건호, 송숙형, 김준원, 김지훈, 김윤정, 김정의, 김태호, 양수진, 양재원, 이소영, 박준호, 최지욱, 한덕현 (2015). 한국형 성인 ADHD 평가척도 개발 연구. *J. Korean Acad. Adolesc. Psychiatry. 26(4), 295–310.*

김민정, 윤정숙 (2014). 묻지마범죄 가해자의 일반적 특성 이해. 한국심리학회 연차학술발표논문집. 1, 184.

노동현, 김준원, 민경준, 이영식, 김붕년, 정재훈, 안지영, 한덕현 (2014). 성인 남자 주의력결핍 과잉행동장애 환자에서 인터넷 중독 성향에 관여하는 특성. 대한신경정신의학회, 53(3), 154–161.

대검찰청 (2015). 국민안전 범죄분석

대검찰청 (2014). 묻지마폭력 범죄분석 및 대책 III.

류창현 (2017). 범죄예방정책과 가상현실치료(VRT): 알코올의존 보호관찰대상자의 가상현실 인지행동치료(VR–CBT) 중심으로. 한국중독범죄학회보, 7(1), 65–93.

류창현, 연성진 (2015). 범죄소년을 위한 분노조절 가상현실 인지행동치료(VR–CBT) 프로그램 개발과 함의. 아시아교정포럼학술지, 9(3), 191–228.

류창현, 이재원, 유승현, 유봉기 (2016). 알코올의존 보호관찰대상자의 충동분노조절 가상현실 인지행동치료프로그램(IAM–VR–CBTP)에 관한 효과 검증 연구. 법무부 범죄예방정책국.

메디칼타임즈 (2017.03.29.). "대한소아청소년정신의학회, '성인 ADHD 질환 인식·치료 실태' 조사 결과…성인 ADHD 환자 10명 중 9명 우울증 등 공존질환 동반". http://www.mtjpost.com/news/articleView.html?idxno=5015

이문인, 김상훈, 김학렬, 박상학 (2011). 청소년의 품행장와 반항성장애에서 보이는 우울증상
과 연관된 특성. *J. Korean Acad. Adolesc. Psychiatry. 22,* 156－161.

연성진, 류창현 (2015). 분노형범죄에 대한 새로운 정책대안으로서의 가상현실치료(VRT)에 관
한 연구. 한국형사정책연구원연구총서, 15－AB－04, 1－102.

최문종 (2001). 외래 통원 알코올 의존 환자를 대상으로 한 한국어판 강박음주 갈망척도의 신
뢰도 및 타당도 연구, 석사학위논문, 연세대학교대학원.

한덕현, 이상훈, 오세만, 이명식 (2009). 알코올가상현실치료: 다감각 자극에 대한 알코올의존
환자의 갈망 및 뇌파 반응. 대한신경정신의학회, 48, 255－261.

헬스조선 (2014.06.30). "ADHD환자의 부모·형제자매도 자살 위험 높다." http://health.cho
sun.com/site/data/html_dir/2014/06/30/2014063002016.html

American Psychiatric Association. (2013). Diagnostic and Statistical Manual of Mental
Disorders, 5th ed., Arlington, VA, USA.

Adamovish, S. V., Fluet, G. G., Tunik, E., & Merians, A. S. (2009). Sensorimotor trainnig
in virtual reality: A review. *NeuroRehabilitation, 25,* 29－44.

Banos, R. M., Guillen, V., Quero, S. et al. (2011). A virtual reality system for the
treatment of stress－related disorders: A preliminary analysis of efficacy compared
to a standard cognitive behavioral program. *Int. J. Human－Computer Studies, 69,*
602－613.

Baren, M. (2002). ADHD in adolescents: will you know it when you see it? *Contemporary
Pediatrics, 19,* 124－143.

Barkley, R., Murphy, K., & Kwasnik, D.(1996). Psychological adjustment and adaptive
impairments in young adults with ADHD. *J Atten Disord. 1,* 41－54.

Biederman, J., Faraone, S. V., Spencer, T., Wilens. T., Norman, D., Lapey, K. A., Mick,

E., Lehman, B. K., & Doyle, A. (1993). Patterns of psychiatric comorbidity, cognition, and
psychosocial functioning in adults with attention deficit hyperactivity disorder. *Am
J Psychiatry. 150(12),* 1792－1798.

Bohil, C. J., Alicea, B., & Biocca, F. A. (2002). virtual reality in neuroscience research and
therapy. *Nature Reviews. Neuroscience, 12,* 752－762.

Catania, A. C., & Brigham, T. A. (1978). Handbook of applied behavior analysis / social
and inductional processes. New York: Irvington Publishers.

Cho, B. H., Ku, J., Jang, D. P., Kim, S., Lee, Y. H., Kim, I. Y., et al. (2002). The effect
of virtual reality cognitive training for attention enhancement. *Cyberpsychol &
Behav, 5,* 129-37.

Calvo, E., Casas, M., & Ramos－Quiroga, J. A.(2017) Treatment of attention deficit
hyperactivity disorder in adults using virtual reality through a mindfulness
programme. *Rev Neurol., 64(1),* 117－122.

Carter L, & Minirth, F. (2012). The anger workbook: An interactive guide to anger management. Thomas Nelson, Inc, U.S.A.

Chronis—Tuscano, A., Molina, B. S., Pelham, W. E., Applegate, B., Dahlke A., Overmyer, M., & Lahey, B. B. (2010). Very early predictors of adolescent depression and suicide attempts in children with attention—deficit/hyperactivity disorder. Arch Gen Psychiatry. 2010 Oct; 67(10), 1044—51.

David, D. (2006). Tratat de psihoterapii cogintive si comportamentale. Iasi: Ed. Polirom.

Ellis, A. & Bernard, M. E. (2007). Terapis rational emotiva si comportamentala in tulburarile copilului si adolescentului—teorie, practica si cercetare. Cluj—Napoca: RTS.

Falconer, C. J., Rovira, A., King, J. A., Gilbert, P., Antley, A., Fearon, P., & Ralph, N., Slater, M., & Brewin, C. R. (2016). Embodying self—compassion within virtual reality and its effects on patients with depression. B. J. Psych. Open. 2, 74—80.

Graffigna, G., Barello, S., Wiederhold, B. K., Bosio, A. C., & Riva, G.(2013). Positive technology as a driver for health engagement. Annual Review of Cybertherapy and Telemedicine 2013, 9—17.

Jaworska, N., Berrigan, L., Ahmed, A. G., Gray, J., Bradford, J., Korovessis, A., Fedoroff, P., & Kontt, V. (2012). Resting electrocortical activity in adults with dysfunctional anger: a pilot study. Psychiatry Research: Neuroimaging, 203, 229—236.

Jaworska, N., Berrigan, L., Ahmed, A. G., Gray, J., Bradford, J., Korovessis, A., Fisher, D. J., Bradford, J., Federoff, P., & Knott, V. J. (2013). The Resting Electrophysiological Profile in Adults With ADHD and Comorbid Dysfunctional Anger. Clin. EEG Neurosci. 44(2), 95—104.

Kim, H. K. (1983). Child psychopathology. Seoul: Hakjisa, 203—126.

Min, S. K. (2006). Modern psychiatry. 5th ed. Seoul: Ilchokak, 124—127.

Murphy, K. R, Barkley, R. A,, & Bush, T (2002). Young adults with attention deficit hyperactivity disorder: subtype differences in comorbidity, educational, and clinicalhistory. J Nerv Ment Dis. 190(3), 147—157.

Rose, F. D., Brooks, B. M., & Rizzo, A. A. (2005). Virtual realtiy in brain damage rehabilitation: Review. CyberPsychology and Behaviour, 8, 241—271.

Ryu, C. H, Kim, K. W., Lee, B. C., Yeon, S. J., Lee, J., & You S. H. (2016). Effects of an Anger Management Virtual Reality Cognitive Behavioral Therapy Program on EEG Patterns among Destructive and Impulse—Control Disorder Patients. Journal of Medical Imaging and Health Informatics, 6, 1319—1323.

Schubiner, H., Robin, A. L., & Neustern, L. S. (1996). School problems. In L. S. Neinstein (Ed.), Adolescent health care: a practical guide, pp. 1124—1142. Baltimore: Williams and Wiklins.

Yeh, S. C., Tsai, C. F., Fan, Y. C., Liu, P. C., & Rizzo, A. (2012). An innovative ADHD assessment system using virtual reality. 2012 IEEE EMBS International Conference on Biomedical Engineering and Sciences, 78－83.

13장. ADHD와 CD 자동식별을 위한 AI 분석

류창현, 연성진, "범죄소년을 위한 분노조절 가상현실 인지행동치료(VR－CBT) 프로그램 개발과 함의", 『아시아교정포럼학술지』, 9(3), 191－228, 2015.

류창현, 이재원, 유승현, 유봉기, "알코올의존 보호관찰대상자의 충동분노조절 가상현실 인지행동치료프로그램(IAM－VR－CBTP)에 관한 효과 검증 연구", 『법무부 범죄예방정책국』, 2016.

류창현, "범죄예방정책과 가상현실치료(VRT): 알코올의존 보호관찰대상자의 가상현실 인지행동치료(VR－CBT) 중심으로", 『한국중독범죄학회보』, 7(1), 65－93, 2017.

류창현, "청소년 및 성인 ADHD 생체신호분석 기반 분노조절 가상현실치료(VRT) 개발의 함의: 묻지마범죄예방 및 억제기술 중심으로", 『한국중독범죄학회보』, 8(2), 43－47, 2018.

류창현, 장석헌, "피면담자의 VR－HMD 생체신호와 키니식(행동)진술분석 기반 자동 수사면담 및 신문 시스템 플랫폼 개발의 함의", 『한국범죄심리연구』, 15(1), 31－44, 2019.

류창현, 장석헌, "조현병 대상자에 대한 경찰관의 초기대응 가상현실(VR－HMD) 면담교육 매뉴얼시스템 개발의 함의: 묻지마범죄 예방과 억제 중심으로", 『한국경찰학회보』, 22권 1호, 1－38, 2020.

류창현, "교정보호대상 청소년 ADHD 생체신호분석 기반 통합적 분노조절 가상현실치료(IAM－VRT) 개발의 함의", 『한국중독범죄학회보』, 10(3), 1－21, 2020.

류창현, 코로나－19 유행병의 새로운 대안: 긍정기술로서의 가상현실치료. 『한국중독범죄학회보』, 11(1), 25－44, 2021.

류창현, "ADHD 진단기준을 위한 뇌파(EEG)와 정량뇌파(QEEG) 측정의 임상적 유용성 연구", 『한국중독범죄학회보』, 11(3), 43－47, 2021.

Acharya, U. R., Oh, S. L., Hagiwara, Y., Tan, J. H., & Adeli, H., "Deep convolutional neural network for the automated detection and diagnosis of seizure using EEG signals", Comput. Biol. Med.,100:270－278, 2018.

Ahmadi, A., Kashefi, M., Shahrokhi, H., & Nazari, M. A., "Computer aided diagnosis system suing deep convolutional neural networks for ADHD subtypes", Biomedical Signal Processing and Control, 63, 1－10, 2021.

Altınkaynak, M., Dolu, N., Güven, A., Pektaş, F., Özmen, S. et al., "Diagnosis of attention deficit hyperactivity disorder with combined time and frequency features", Bio－cybernetics and Biomedical Engineering, 40:3, 927－937, 2020.

Alper, K. R., Prichep, L. S., Kowalik, S., Rosenthal, M. S., & John, E. R., "Persistent QEEG abnormality in crack cocaine users at 6 months of drug abstinence", Ne－uropsychopharmacology, 19:1－9, 1998.

American Psychiatric Association (2013). Diagnostic and Statistical Manual of Mental Disorders. 5th edition. VA, USA, Arlington.

Amit, Y., & Geman, D., "Shape quantization and recognition with randomized trees", 《Neural Computation》 9 (7): pp.1545−1588, 1997.

Barry, R. J., & Clarke, A. R., "Spontaneous EEG oscillations in children, adolescents, and adults: typical development, and pathological aspects in relation to AD/HD", J Psychophysiol, 23:157−173, 2009.

Biederman, J., Newcorn & Sprich, S., "Comorbidity of attention deficit hyperactivity disorder with conduct, depressive, anxiety, and other disorders", Am. J. Psychiatry, 148(5): 564−77, 1991.

Bycon, J., ChoiI, T. Y., Won, G. II., Lee, J. & Kim, J. W., "A novel quantitative electroencephalography subtype with high alpha power in ADHD: ADHD or misdiagnosed ADHD?", PLoS ONE 15(11): e0242566. https://doi.org/10.1371/journal.pone.0242566. pp.1−11, 2020.

Chen, H., Song, Y., & Li, X., "A deep learning framework for identifying children with ADHD using an EEG−based brain network", Neurocomputing, 356, 83−96, 2019.

Cheong K. H. Lai, J., Poeschmann, S., & Koh J. M., "Practical Automated Video Analytics for Crowd Monitoring and Counting", IEEE Access, 7:183252−183261. DOI:10.1109/ ACCESS.2019.2958255, 2019.

Einizade, A., Mozafari, M., Rezaei−Dastjerdehei, M., Aghdaei, E., Mijani, A. M. et al., "Detecting ADHD children based on EEG signals using graph signal processing techniques", In Proc. of the Int. Conf. on Biomedical Engineering, Tehran, Iran, 264−270, 2020.

Farone, S. V., Biegerman, J., Jetton, J. G., & Tsuang, M. T., "Attention deficit disorder and conduct disorder: longitudinal evidence for a familial subtype", Psychol. Med. 27(2):291−300, 1997.

FDA, "De novo classification request for neuropsychiatric EEG−based assessment aid for ADHD (NEBA) system [updated 2013]", 2013. Available from URL: www.accessdata. fda.gov/cdrhdocs/reviews/K112711.pdf, 2019.

FDA, "FDA permits marketing of first brain wave test to help assess children and teens for ADHD [updated 2013 Jul 15]", 2013. Available from URL: www.fda.gov/News Events/ Newsroom/PressAnnouncements/ucm360811.htm.

Goodfellow, I., Bengio, Y., & Courville, A., "Softmax Units for Multinoulli Output Distributions", Deep Learning. MIT Press. pp. 180−184, 2016.

Hunter, A. M., Muthén, B. O., Cook, I. A., & Leuchter, A. F., "Antidepressant response trajectories and quantitative electroencephalography (QEEG) biomarkers in major depressive disorder", J Psychiatr Re, 44:90−98, 2010.

Jokić−Begić, N., & Begić, "D.Quantitative electroencephalogram (qEEG) in combat veterans with post−traumatic stress disorder (PTSD)", Nord J Psychiatry, 57:351−355, 2003.

Khaleghi, A., Birgani, P. M., Fooladi, M. F., & Mohammadi, M. R., "Applicable features of electroencephalogram for ADHD diagnosis", Research on Biomedical Engineering, 36:1, 1−11, 2020.

Khoshnoud, S., Nazari, M. A., &. Shamsi, M., "Functional brain dynamic analysis of ADHD and control children using nonlinear dynamical features of EEG signals", Journal of Integrative Neuroscience, 17:1, 17−30, 2018.

Kim, J. W., Lee, Y. S., Han, D. H., Min, K. J., Lee, J., & Lee, K., "Diagnostic utility of quantitative EEG in un−medicated schizophrenia", Neurosci Lett, 589:126−131, 2015.

Kuhne, M., Scharchar, R., & Tannock, R., "Impact of Comorbid Oppositional or Conduct Problems on Attention−Deficit Hyperactivity Disorder", J. Am. Acad. Child Adolesc. Psychiatry, 36(12):1715−1725, 1997.

Lee, M. S., Park, S. B., Kim, G. M., Kim, H. J., Park, S., Kim, Y., et al., "The revised Korean practice parameter for the treatment of attention deficit hyperactivity disorder (II)−diagnosis and assessment", J Korean Acad Child Adolesc Psychiatry, 28:58−69, 2017.

Lih, O. S.et al., "Comprehensive electrocardiographic diagnosis based on deep learning", Artificial Intelligence in Medicine, 103. DOI:10.1016/j.artmed.2019.101789, 2020.

Lubar, J. F., "Discourse on the development of EEG diagnostics and biofeedback for attention−deficit/hyperactivity disorders", Biofeedback Self Regul, 16:201−225, 1991.

Magee, C. A., Clarke, A. R., Barry, R. J., McCarthy, R., & Selikowitz, M., "Examining the diagnostic utility of EEG power measures in children with attention deficit/hyperactivity disorder", Clinical Neurophysiology, 116:5, 1033−1040, 2005.

Mann, C. A., Lubar, J. F., Zimmerman, A. W., Miller, C. A., & Muenchen, R. A., "Quantitative analysis of EEG in boys with attention−deficit−hyperactivity disorder: controlled study with clinical implications", Pediatr Neurol, 8:30−36, 1992.

Mohammadi, M. R., Khaleghi, A., Nasrabadi, A. M., Rafieivand, M. S., Begol, M. et al., "EEG classification of ADHD and normal children using non−linear features and neural network", Biomedical Engineering Letters, 6:2, 66−73, 2016.

Mohan, L., & Ray, S., "Conduct Disorder", NUMC: StatPearls Publishing, Treasure Island (FL), 2019.

Monastra, V. J., Lubar, J. F., Linden, M., VanDeusen, P., Green, G., Wing, W., et al., "Assessing attention deficit hyperactivity disorder via quantitative electroencephalography:

an initial validation study", Neuropsychology, 13:424-433, 1993.

Ozturk, T., Talo, M., Yildirim, E. A., Baloglu, U. B., Yildirim, O., & Acharya, U. R., "Automated detection of COVID-19 cases using deep neural networks with X-ray images", Comput. Biol. Med.,121., 2020. DOI:10.1016/ j.compbiomed. 2020.103792

Parashar, A., Kalra, N., Singh, J., & Goyal, M. K., "Machine Learning Based Framework for Classification of Children with ADHD and Healthy Controls", Intelligent Automation & Soft Computing, 28:3, 669-682, 2021.

Pereda, E., García-Torres, M., Melián-Batista, B., Mañas, S., Méndez, L. et al., "The blessing of dimensionality: Feature selection outperforms functional connectivity-based feature transformation to classify ADHD subjects from EEG patterns of phase synchronization", PLoS ONE, 13:8, 1-24, 2018.

Poil, S. S., Bollmann, S., Ghisleni, C., O'Gorman, R. L., & P. Klaver, "Age dependent electroencephalographic changes in attention-deficit/hyperactivity disorder (ADHD)", Clinical Neurophysiology, 125:8, 1626-1638, 2014.

Polanczyk, G., de Lima, M. S., Horta, B. L., Biederman, J. & Rohde, L. A., "The worldwide prevalence of ADHD: A systematic review and meta regression analysis", American Journal of Psychiatry, 164:6, 942-948, 2007.

Shu Lih Oh, M. K., Jahmunah, V., Ooi, C. P., Tan, R., Ciaccio, E. J., Yamakawa, T., & Tanabe, M., "Classification of heart sound signals using a novel deep WaveNet model", 2020. DOI: 10.1016/j.cmpb.2020.105604.

Simon, V., Czobor, P., Balint, S., Meszaros, A., &. Bitter, I., "Prevalence and correlates of adult attention-deficit hyperactivity disorder: meta-analysis", British Journal of Psychiatry, 194:3, 204-211, 2009.

Snyder, S. M., & Hall, J. R., "A meta-analysis of quantitative EEG power associated with attention-deficit hyperactivity disorder", J Clin Neurophysiol, 23:440-455, 2006.

Snyder, S. M., Quintana, H., Sexson, S. B., Knott, P., Haque, A. F., & Reynolds, D. A., "Blinded, multi-center validation of EEG and rating scales in identifying ADHD within a clinical sample", Psychiatry Res, 159:346-358, 2008.

Stone, M., "An Asymptotic Equivalence of Choice of Model by Cross-Validation and Akaike's Criterion", Journal of the Royal Statistical Society: Series B (Methodological). 39 (1): 44-47, 1977.

Thapar, A., & Cooper, M., "Attention deficit hyperactivity disorder", The Lancet, 387, 1240-1250, 2016.

Tor, H. T., Ooi, C. P., Lim-Ashworth, N. S., Wei, J. K. E., Jahmunah, V., Oh, S. L., Acharya, U. R., & Fung, D. S. S., "Automated Detection of Conduct Disorder and Attention Deficit Hyperactivity Disorder using Decomposition and Nonlinear

Techniques with EEG Signals", Computer Methods and Programs in Biomedicine, 200(6): 1−25, 2021.

Tot, S., Ozge, A., Cömelekoğlu, U., Yazici, K., & Bal, N., "Association of QEEG findings with clinical characteristics of OCD: evidence of left frontotemporal dysfunction", Can J Psychiatry, 47:538−545, 2002.

Vapnik, V., "Section 5.6. Support Vector Machines. The nature of statistical learning theory", New York: Springer−Verlag New York, 2000.

Vaswani, Ashish, et al., "Attention is All you Need", NIPS. 2017.

14장. 피의자의 5가지 스트레스 반응상태들에 따른 키니식 행동분석

김효정, 재비행청소년의 사회적응을 위한 사회적 유능성 증진 프로그램의 효과 연구, 고려대학교 석사학위 청구논문, 2005.

경찰청, "표준선도 프로그램 워크시트", 2015. 류창현, 웃음치료, 교육과학사, 2009. 류창현, 최신 분노치료, 교육과학사, 2009.

류창현, 청소년을 위한 분노조절과 분노치료, 교육과학사, 2014. 류창현, 분노치료 워크북, 교육과학사, 2015.

서수균, 분노와 관련된 인지적 요인과 그 치료적 함의, 서울대학교 박사학위 청구논문, 2004.

이경숙, 이수정, 홍영근, 반사회적 성격평가척도(APSD)의 타당화 연구: 비행청소년을 중심으로, 한국정서·행동장애아교육학회, 29권 1호, 173−195, 2004.

이백철, 교정학, 파주, 교육과학사, 2015.

이상훈, 알코올 중독의 가상현실치료, 한국중독정신의학회, 18(1), 23−28, 2014.

이수정, 범죄심리학, 서울: 학지사, 2007

이은정, 한덕현, 청소년의 파탄적 문제행동에 대한 객관적 진단평가와 인지행동치료를 위한 가상현실치료 기반의 시스템 개발 및 적용에 관한 연구. 학생정신보건연구센터운영사업보고서, 2014.

한덕현, 인터넷 게임중독자 치료를 위한 가상현실치료 프로그램 콘 텐츠 개발, 국립서울병원학술연구용역사업보고서, 2013.

Becker, R., & Fernandez, E, Cognitive−behavioral therapy in the treatment of anger: A meta−analysis, Cognitive Therapy & Research 22(1): 63−74, 1998.

Bohil, C. J., Alicea, B., & Biocca, F. A., Virtual reality in neu−roscience research and therapy. Nature Reviews Neuroscience, 12, 752−762, 2011.

Brinkman, W. P., Hattangadi, N., Meziane, Z., & Pul, P., Design and Evaluation of a Virtual Environment for the Treatment of Anger. Paper presented at the Proceed−ings of Virtual Reality International Conference (VRIC 2011), Laval, France, 2011.

Center For Family Guidance, PC, "The CFG Health Network by Burlington Press Web Services", Online: http://www. ctrfamilyguidance.com/content/social_skills_g/virtual_ re−ality_social_skill, 2015.

Chang, P. P., Ford, D. E., Meoni, L. A., Wang, N. Y., & Klag, M. J., Anger in young men and subsequent car−diovascular disease: the precursors study. Arch Intern Med, 162(8): 901−906, 2002.

Espinoza, M., Banos, R. M., Palacios, A. G., Cervera, J. M., Esquerdo, G, Barrajon, E., & Botella, C., Promotion of emotional wellbeing in oncology inpatients using VR, Annual Review of Cybertherapy and Telemedicine. In B. K. Wiederhold and G. Riva(Eds.). 2012 Interactive Media Institute and IOS Press, 53−57, 2012.

Gaggioli, A., Cipresso, P., Serino, S., Campanaro, D. M., Pallavicini, F., Wiederhold, B. K., & Riva, G., Positive Technology: A Free Mobile Platform for the Self−Management of Psychological Stress. Annual Review of Cybertherapy and Telemedicine. In B. K. Wiederhold and G. Riva (Eds.). 2014 Interactive Media Institute and IOS Press, 25−29, 2014.

Gaggioli, A., Keshner, E. A., & G. Riva, Advanced Technology in Rehabilitation: Empowering Cognitive, Physical, Social and Communicative Skills through Virtual Reality, Robots, Wearable Systems and Brain−Computer Interfaces IOS Press, Amsterdam, 2009.

Gonzalez, J., Virtual reality application in the field of addiction. NIDA Project, 2000.

Gorrindo, T., & Groves, J. E., Computer simulation and virtual reality in the diagnosis and treatment of psychiatric disorders, Academic Psychiatry, 33. 413−417, 2009.

Hoffma, H. G., Patterson, D. R., Carrougher, G. J., Use of virtual reality for adjunctive treatment of adult burn pain during physical therapy: A controlled study, Clinical Journal of Pain, 16: 244−250, 2000.

Isnanda, R., Brinkman, W. P., Mark van der Gaag, V., W. Neerincx, M., Controlling a Stream of Paranoia Evoking Events in a Virtual Reality Environment. Annual Reviewof Cybertherapy and Telemedicine. In B. K. Wiederhold and G. Riva (Eds.). 2014 Interactive Media Institute and IOS Press, 55−60, 2014.

Jakupcak, M., Conybeare, D., Phelps, L., Hunt, S., Holmes, H. A., Felker, B., Kelvens. M., & McFall, M.E., Anger, hostility, and aggression among Iraq and Afghanistan War veterans reporting PTSD and subthreshold PTSD. J Trauma Stress 20(6): 945−54, 2007.

Jansari, A. S., Froggatt, D., Edginton, T., & Dawkins, L., In−vesting the impact of nicotine on executive functions us−ing a novel virtual reality assessment. Addiction, 108, 977−984, 2013.

Joseph A, Chapman M., Visual CBT: Using pictures to help you apply cognitive behavior therapy to change your life, Avy Joseph and Maggie Chapman, 2013.

Kassinove, H., & Tafrate, R. C., Anger management, Impact& Publishers, Inc, 2002.

Kuntze, M. F., Stoermer, R., Mager, R., Roessler, A., Mueller—Spahn, F., & Bullinger, A. H., Immersive virtual environments in cue exposure. CyberPsychology & Behavior, 4(4), 497—501, 2001.

Lee, J. H., Lee, J. H., Ku, J. H., Kim, K. U., Kim, B. N., Kim, I. Y., Yang, B. H., Kim, S. H., Wiederhold, B. K., Wiederhold, M. D., Park, D. W., Lim, Y. S., & Kim, S. I., Experimental application of virtual reality for nicotine craving through cue exposure, CyberPsychology & Behavior, 6(3), 275—280, 2003.

Lee, J. H., Lim, Y., Wiederhold, B. K., & Graham, S. J., A functional magnetic resonance imaging (fMRI) study of cur—induced smoking craving in virtual environments, Applied Psychophysiology and Biofeedback, 30, 195—204, 2005.

Lee, J. H., Han, D. H., Oh, S., Lyoo, I. K., Lee, Y. S., Renshaw, P. f., & Lukas, S. E., Quantitative electroencephalo—graphic (qEEG) correlteds of craving during virtual real—ity therapy in alcohol—dependent patients, Pharmacol—ogy, Biochemistry and Behavior, 91, 393—397, 2009.

Maiuro, R. D., Cahn, T. S., Vitaliano, P. P., Wagner, B. C., & Zegree, J. B., Anger, hostility, and depression in do—mestically violent versus generally assaultive men and non—violent control subjects. Journal of Consulting and Clinical Psychology, 56, 17—23, 1988.

Oliveira, J., Gamito, P, Morals, D., Brito, R., Lopes, P., & Norberto, L., Cognitive Assessment of Stroke Patients with Mobile Apps: A Controlled Study. Annual Review of Cybertherapy and Telemedicine. In B. K. Wiederhold and G. Riva (Eds.). 2014 Interactive Media Institute and IOS Press, 103—107, 2014.

Pagliar, F. L., Cascia, C. L., Rizzo, R., Riva, G., & Barbera, D. L., Assessment of executive functions in patients with obsessive compulsive disorder by neuro VR, Annual Review of Cybertherapy and Telemedicine. In B. K. Wiederhold and G. Riva (Eds.). 2012 Interactive Media Institute and IOS Press, 98—102, 2012.

Riva, G, & Mantovani, F., From the body to the tools and back: a general framework for presence in mediated in—teractions, Interacting with Computers, 24, 203—210, 2012.

Riva, G, Waterworth, J. A. Waterworth, E. L., The Layers of Presence: a bio—cultural approach to understanding pre—sence in natural and mediated environments. Cyberpsychology & Behavior, 7, 405—419, 2004.

Rizzo, A. S., "The Medical Virtual Reality (MedVR) Group at the Univesity of Southern Calidornia Institue for Creative Technologies". Online: http://medvr.ict.usc.edu/, 2015.11.6.

Rizzo, A. A., Buckwalter, J. G., Humphrey, L., van der Zaag, C., Bowerly, T., Chua, C., Neumann, U., Kyriakakis, C., van Rooyen, & Sisemore, D., The Virtual Classroom: A

Virtual Environment for the Assessment and Rehabilita—tion of Attention Deficits. CyberPsychology and Behav—ior, 3, 483—499, 2000.

Rizzo, A. A., Neumann, U., Enciso, R., Fidaleo, D. & Noh, J. Y. (2001a). Performance Driven Facial Animation: Basic re—search on human judgments of emotional state in facial avatars. CyberPsychology and Behavior, 4, 471—487.

Rizzo, A. A., Neumann, U., Pintaric, T. & Norden, M., Issues for Application Development Using Immersive HMD 360 Degree Panoramic Video Environments, In Smith, M. J., Salvendy, G., Harris, D. & Koubek, R. J. (Eds). Usability Evaluation and Interface Design. New York: L.A. Erlbaum, 792—796, 2001.

Rizzo, A. A., Buckwalter, J. G., Humphrey, L. & van der Zaag, C., Virtual Environment Applications for Neuropsycholo—gical Assessment and Rehabilitation, In Stanney, K. (Ed.) Handbook of Virtual Environments. New York: L.A. Erlbaum, 1027—1064, 2002.

Rothbaum, B. O., malcoun, E., Rizzo, A. S., & Josman, N., "Virtual Reality Exposure Therapy for Post—traumatic Stress Disorder", Retrieved April 1, 2010, from www.emilymalcoun. com/Virtual_reality_exposure, 2010.

Son, J. H., Lee, S. H., Seok, J. W., Kee, B. S., Lee, H. W., Kim, H. J., Lee, T. K., & Han, D. H., Virtual reality therapy for the treatment of alcohol dependence: A preliminary investigation with positron emission tomography. Journal of Studies on Alcohol and Drugs, 7, 1—8, 2015.

Spielberger, C. D., Manual for the State—Trait Anger Ex—pression Inventory—2, Odessa, FL: Psychological Re—sources, 1999.

Strickland, D.,"Virtual Reality and Multimedia Applications for Mental Health Assessment and Treatment", Paper pre—sented at the ACM SIGGRAPH 2001 Conference. August 16, 2001, 2001.

Sulea, C., Soomaro, A., Wiederhold, B. K., & Wiederhold, M. D., Quantifying the Effectiveness of Virtual Reality Pain Management: A Pilot Study. Annual Review of Cybertherapy and Telemedicine. In B. K. Wiederhold and G. Riva (Eds.). 2014 Interactive Media Institute and IOS Press, 94—97, 2014.

Van Der Zwaan, J. M., Geraerts, E., Dignum, V., & Jonker, C. M., User validation of an empathic virtual buddy against cyberbullying. Annual Review of Cybertherapy and Telemedicine. In B. K. Wiederhold and G. Riva (Eds.). 2012 Interactive Media Institute and IOS Press, 243—247, 2012.

Wilson, J. A. B., Onorati, K., Mishkind, M., Reger, M. A., & Gahm, G. A., Soldier attitudes about technology—based approaches to mental healthcare, Cyberpsychology & Behavior, 11(6), 767—769, 2008.

Wrzesien, M., Rey, B., Alcaniz, M., Banos, R., Martinez, M. G., Lopez, D. P., Ortega, A.

R., Rasal, P., Vargas, E. P., & Provinciale J. G., Virtual representations of the self en — gaging teenagers in emotional regulation strategies learning. Annual Review of Cybertherapy and Tele — medicine. In B. K. Wiederhold and G. Riva (Eds.). 2012 Interactive Media Institute and IOS Press, 248 — 252, 2012.

Ylvisaker, M., Traumatic brain injury: Children and adolescents. Newton, MA: Butterwort — Heinemann, 2003.

Zimand, E., Anderson, P., Gershon, G., K., Hodges, L., & Rothbaum, B. Virtual Reality Therapy: Innovative Treatment for Anxiety Disorders. Primary Psychiatry, 9(7), 1 — 54, 2003.

15장. 청소년의 폭력적인 VR 게임의 부정적 영향

김기덕, 신광철, "문화콘텐츠입문", 인문콘텐츠학회, p.14, 2013. 안일범, 스팀 2018 VR 탑 셀러 발표 신작 대거 등극 세대교체 '주목, 『경양게임스』, http://www.khgames.co.kr/ news/ arti — cleView.html?idxno = 116282, 2018.12.28.

윤홍만, 프랑스 깐느에서 '스페셜포스 VR' 워킹 어트랙션 체험존 운영, http://www.inven.co.kr/ webzine/news/?news = 196942&site = vr#csidx326a011b449688989aefe9b15b76728, 2018.04.03

조선 TV, http://news.tvchosun.com/site/data/htmldir/2019/03/ 06/2019030690141. html. 2019.

정재훈, 모션테크놀로지, 지스타 2018에 VR 슈팅 '블랙배지제로' 출품, http://www.inven.co.kr/ webzine/news/?news = 209973&site = vr#csidx127d2caf40c1c29824aed116bdb5902, 12018.11.07.

Abelson, R. P., Psychological Status of the Script Concept, 36 AM. PSYCHOLOGIST 715 — 27, 1981.

Anderson, C. A., & Ford, C. M., Affect of the Game Player: Short — Term Effects of Highly and Mildly Aggressive Video Games, 12 PERSONALITY & SOC. PSYCHOL. BULL. 390, 396 — 97, 1986.

Anderson, C. A. et al., The Influence of Media Violence on Youth, 4 PSYCHOL. SCI. PUB. INT. 81, 90, 2003.

Anderson, C. A., & Dill, K. E., Video Games and Aggressive Thoughts, Feelings, and Behavior in the Laboratory and in Life, 78 J. PERSONALITY & SOC. PSYCHOL. 772 — 788, 2000.

Anderson, C. A., & Bushman, B. J., Effects of Violent Video Games on Aggressive Behavior, Aggressive Cognition, Aggressive Affect, Physiological Arousal, and Prosocial Behavior: A Meta — Analytic Review of the Scientific Literature, 12 PSYCHOL. SCI. 353, 358, 2001.

Anderson, C. A., & Bushman, B. J., The Effects of Media Violence on Society, 295

SCIENCE 2377, 2377, 2002.

Anderson, C. A. et al., Violent Video Games: Specific Effects of Violent Content on Aggressive Thoughts and Behavior, 36 ADVANCES EXPERIMENTAL SOC. PSYCHOL. 199, 207−32, 2004.

Anderson, C. A., Shibuya, A., Ihori, N., Swing, E. L., Bushman, B. J., Sakamoto, A. Saleem, M., Violent video game ef−fects on aggression, empathy, and prosocial behavior in Eastern and Western countries: A meta−analytic review. Psychological Bulletin, 136, 151−173, 2010.

Arriaga, P., Esteves, F., Carneiro, P., & Monteiro, M. B., Violent Computer Games and Their Effects on State Hostility and Physiological Arousal, 32 AGGRESSIVE BEHAV. 146, 155, 2006.

Bargh, J. A., & Pietromonaco, P., Automatic Information Processing and Social Perception: The Influence of Trait Information Presented Outside of Conscious Awareness on Impression Formation, 43 J. PER−SONALITY & SOC. PSYCHOL. 437, 446, 1982.

Barlett, C. P., Harris, R. J., & Bruey, C., The Effect of the Amount of Blood in a Violent Video Game on Aggression, Hostility, and Arousal, 44 J. EX−PERIMENTAL SOC. PSYCHOL. 539, 545, 2008.

Bartholow, B. D., Bushman, B. J., & Sestir, M. A., Chronic Violent Video Game Exposure and Desensitization to Violence: Behavioral and Event−Related Brain Potential Data, 42 J. EXPERIMENTAL SOC. PSYCHOL. 532, 537−38, 2006.

Bartholow, B. D., & Anderson, C. A., Effects of Violent Video Games on Aggressive Behavior: Potential Sex Differences, 38 J. EXPERIMENTAL SOC. PSYCHOL. 283, 286−87, 2001.

Berkowitz, L., & LePage, A., Weapons as Aggression−Eliciting Stimuli, 7 J. PERSONALITY & SOC. PSYCHOL. 202, 206, 1967.

Blascovich, J., & Bailenson, J., Infinite Reality: The Hidden Blueprint of Our Virtual Lives (Reprint edition). William Morrow Paperbacks, 2012.

Bozza, J. A., Benevolent Behavior Modification: Understanding the Nature and Limitations of Problem−Solving Courts, 17 WIDENER L.J. 97, 110, 2007.

Bryant., J., & Zillmann, D., Effect of Intensification of Annoyance through Unrelated Residual Excitation on Substantially Delayed Hostile Behavior, 15 J. EX−PERIMENTAL SOC. PSYCHOL. 470, 478, 1979.

Carnagey, N. L., Anderson, C. A., & Bushman, B. J., The Effect of Video Game Violence on Physiological Desensitization to Real−Life Violence, 43 J. EX−PERIMENTAL SOC. PSYCHOL. 489, 495, 2007.

Calvert, S. L., & Tan, S., Impact of Virtual Reality on Young Adults' Physiological Arousal and Aggressive Thoughts: Interaction Versus Observation, 15 J. APPLIED DEV.

PSYCHOL. 125, 127, 135, 1994.

DeLisi, M., Vaughn, M. G., Gentile, D. A., Anderson, C. A., & Shook, J. J., Violent video games, delinquency, and youth violence new evidence. Youth Violence and Juvenile Justice, 11, 132−142, 2013.

Eisenberg, N., & Mussen, P. H., The Roots of Prosocial Behavior in Children 3, 1989.

Eaton WW, Romanoski A, Anthony JC, Nestadt G. Screening for psychosis in the general population with a self−re−port interview. J Nerv Ment Dis., 179, 689−93, 1991.

Fiske, S. T., & Taylor, S. E., Social Cognition, 231−34, 1984. Freeman, D., Pugh, K., Antley, A., Slater, M., Bebbington, P., Gittins, M., Dunn, G., Kuipers, E., Fowler, D., & Garety, P., Virtual reality study of paranoid thinking in the gen−eral population. The British Journal of Psychiatry, 192, 258−263, 2008.

Freeman, D., Slater, M, Bebbington, P. E., Garety, P. A,, Kuipers E, Fowler D, Met A, Read C, Jordan J, Vinayagamoorthy V. Can virtual reality be used to investigate persecutory ideation? J. Nerv Ment Dis., 191, 509−14. 2−3.

Freeman, D, Garety PA, Bebbington P, Slater M, Kuipers E, Fowler D, Green C, Jordan J, Ray K, Dunn G. The psy−chology of persecutory ideation II: a virtual reality ex−perimental study. J. Nerv Ment Dis., 193, 309−15, 2005. Freeman D, Garety P. A, Kuipers E, Fowler D, & Bebbington, P. E., A cognitive model of persecutory delusions. Br J Clin Psychol, 41, 331−47, 2002.

Freeman D., & Freeman J., Paranoia: The 21st Century Fear. Oxford University Press, in press, 2008.

Freeman, D., The assessment of persecutory ideation. In Persecutory Delusions: Assessment, Theory and Treatment (eds D Freeman, R Bentall, P Garety). Oxford University Press, in press, 2009.

Freeman D. Suspicious minds: the psychology of persecutory delusions. Clin Psychol Rev. 27, 425−57, 2007.

Freeman D, Garety PA, Bebbington PE, Smith B, Rollinson R, Fowler D, Kuipers E, Ray K, Dunn G. Psychological in−vestigation of the structure of paranoia in a non−clinical population. Br J Psychiatry, 186, 427−35. 2005.

Garbarino, J., & Bedard, C., Parents under siege: Why you are the solution, not the problem, in your child's life. New York, NY: Simon and Schuster Adult Publishing, 2001.

Geen, R. G., & O'Neal, E. C., Activation of Cue−Elicited Aggression by General Arousal, 11 J. PERSONALITY & SOC. PSYCHOL. 289, 292, 1969.

Gentile, D. A., Lynch, P. J., Linder, J. R., & Walsh, D. A., The Effects of Violent Video Game Habits on Adolescent Hostility, Aggressive Behaviors, and School Performance, 27 J. ADOLESCENCE 5, 18, 2004.

Greitemeyer, T., & Mügge, D. O., Video games do affect social outcomes: A meta−analytic review of the effects of vio−lent and prosocial video game play. Personality and Social Psychology Bulletin, 40, 578−589, 2014.

Greitemeyer, T., Everyday sadism predicts violent video game preferences. Personality and Individual Differences, 75, 19−23, 2015.

Hess, G. F., Principle 3: Good Practice Encourages Active Learning, 49 J. LEGAL EDUC. 401−402, 1999.

Hubbard, B., Researchers say Harris reconfigured video game. Rocky Mountain News. Retrieved on March 14, 2005 from http://denver/rockymountain.com/shooting/0502 doom8.shtml, 1999.06.18.

Kawachi, I., Kennedy, B. P., Lochner, K., &Prothrow−Stith, D., Social capital, income inequality, and mortality. Am J Public Health, 87, 1491−8, 1997.

Krahé, B., & Möller, I., Playing Violent Electronic Games, Hostile Attributional Style, and Aggression−Related Norms in German Adolescents, 27 J. ADOLESCENCE 53, 55, 2004.

Krijn, M., Emmelkamp, P. M. G., Olafsson, R. P., & Biemond, R., Virtual reality exposure therapy of anxiety disorders: A review. Clinical Psychology Review, 24, 259−281, 2004.

Lanier, J. Dawn of the New Everything: Encounters with Reality and Virtual Reality, The Open Books Co., 2017. (노승영 옮김, 가상현실의 탄생, 열린책들, 2018).

Langer, S. K., The Principles of Creation in Art. The Hudson Review, 2(4), pp. 515−534, 1950.

Langer, S. K., Feeling and form. Routledge and Kegan Paul London, 1953.

Milgram, P., Takemura, H., Utsumi, A., & Kishino, F. Augmented reality: a class of displays on the reality−virtuality continuum. In Telemanipulator and Telepres−ence Technologies (Vol. 2351, pp. 282−293). Interna−tional Society for Optics and Photonics, 1995.

Milani1, L., Camisasca, E., Caravita1, S. C., Ionio1, C., Miragoli1, S., & Blasio1, P. D., Violent Video Games and Children's Aggressive Behaviors: An Italian Study, SAGE Open, 1−9, 2015.

Mishkind MC, Norr AM, Katz AC, et al. Review of virtual real−ity treatment in psychiatry: evidence versus current dif−fusion and use. Current Psychiatry Reports 2017;19:80.

Moskowitz, G. B., Social Cognition: Understanding Self and Others, pp. 131−32, 2004.

Myin−Germeys, I., Krabbendam L., & van Os, J., Continuity of psychotic symptoms in the community. Curr Opin Psychiatry 16, 443−9, 2003.

Olfson M, Lewis−Ferna ´ndez R, Feder A, Gameroff MJ, Pilowsky D, Fuentes M. Psychotic symptoms in an urban general medicine practice. Am J Psychiatry, 159,

1412−9, 2002.

Polman, H., de Castro, B. O., & Marcel A. G. van Aken, Experimental Study of the Differential Effects of Playing Versus Watching Violent Video Games on Children's Aggressive Behavior, 34 AGGRESSIVE BEHAV. pp. 256−262, 2008.

Poulton, R., Caspi, A., & Moffitt, T. E, Cannon M, Murray R, Harrington H. Children's self−reported psychotic symp−toms and adult schizophreniform disorder. Arch Gen Psychiatry 57, 1053−8, 2000.

Sanchez−Vives, M. V., & Slater, M. From presence to con−sciousness through Virtual Reality. Nat Rev Neurosci., 6, 332−9, 2005

Seinfeld, S., Arroyo−Palacios, J., Iruretagoyena, G., Hortensius, R., Zapata, L. E., Borland, D., de Gelder, B., Slater, M. & Sanchez−Vives, M. V. Offenders become the victim in virtual reality: impact of changing perspective in domes−tic violence. Scientific Reports Volume 8, Article num−ber: 2692, 2018.

Sheese, B. E., & Graziano, W. G., Deciding to Defect: The Effects of Brad E. Video−Game Violence on Cooperative Behavior, 16 PSYCHOL. SCIENCE 354, 356, 2005.

Stein, J., Why Virtual Reality Is About to Change the World.

Retrieved February 9, 2017, from http://tim−e.com/3987022/why−virtual−reality−is−about −to−changethe−world/, p. 75, 2015.

Teng, Z., Nie, Q., Guo, C., Zhang, Q., Liu, Y., & Bushman, B. J., A longitudinal study of link between exposure to vio−lent video games and aggression in Chinese adolescents: The mediating role of moral disengagement. Developmental Psychology, Vol 55(1), 184−195, 2019.

van Os, J., & Verdoux, H. Diagnosis and classification of schizophrenia: categories versus dimensions, dis−tributions versus disease. In The Epidemiology of Schizophrenia (eds RM Murray, PB Jones, E Susser, J van Os, M Cannon): 364−410. Cambridge University Press, 2003.

Vail−Gandolfo, N. J., The Comparison of Violent Video Games to a Virtual Reality Exposure Therapy, Graduate Student Journal of Psychology, 7, pp. 23−28, 2005.

Valmaggia LR, Freeman D, Green C, Garety P, Swapp D, Antley A, Prescott C, Fowler D, Kuipers E, Bebbington P, Slater M, Broome M, McGuire PK. Virtual reality and paranoid ideations in people with an 'at risk mental state' for psychosis. Br J Psychiatry Suppl, 191 (suppl 51): pp. 63−8, 2007.

Wiederhold, B. K., & Riva, G, Virtual Reality Therapy: Emerging Topics and Future Challenges, CYBER−PSYCHOLOGY, BEHAVIOR, AND SOCIAL NETWORKING, 22, Number 1, 3−6, 2019

Wiederhold B. K, & Wiederhold M. D. Three−year follow−up for virtual reality exposure for fear of flying. Cyberpsychology & Behavior 6, 441−445, 2003.

Wiederhold B. K,, & Wiederhold M. D. Virtual reality therapy for anxiety disorders: advances in evaluation and treatment. Washington, DC: American Psychological Association, 2005.

Wiederhold B. K, & Bouchard S. Advances in virtual reality and anxiety disorders. New York: Springer, 2014.

Whitaker, J. L., & Bushman, B. J., A Review of the Effects of Violent Video Game on Children and Adolescents, 66 WASH. & LEE L. REV. 1033−1051, 2009.

Zillman, D., Bryant, J., Comisky, P. W., & Medoff, N. J., Excitation and Hedonic Valence in the Effect of Erotica on Motivated Intermale Aggression, 11 EUR. J. SOC. PSYCHOL. 233, 248−49, 1981.

찾아보기

[저자 소개]

류 창 현

주요 학력
- 경기대학교 일반대학원 범죄심리학 심리학박사
- 충북대학교 일반대학원 임상심리학 문학석사
- 나사렛대학교 신학대학원 M.Div. 신학석사
- 미국 State University of New York (SUNY) 항공운항, B.S.

주요 경력
- 현) 경기대학교 교정상담교육대학원 교수
- 현) 한국분노조절협회장
- 전) 을지대중독재활복지학과 교수/중독재활심리치료센터 센터장

국제논문
- Effects of an Anger Management Virtual Reality Cognitive Behavioral Therapy Program on EEG Patterns Among Destructive and Impulse-Control Disorder Patients
- Effects of Virtual Reality Therapy on Neuro-Cognitive and Behavioral Skills in Alcohol-Dependent Patients: A Quantitative Electroencephalography Imaging Investigation
- Using Anger Management Virtual Reality Cognitive Behavior Therapy to Treat Violent Offenders with Alcohol Dependence in South Korea: A Preliminary Investigation

방송출연 및 특강
- KBS, MBC, MBN 등 방송 다수 출연, 교도소, 보호관찰소, 법무연수원, 경찰교육원, KT, 학교, 군, 교회 등 특강

분노학

초판발행	2022년 8월 30일
지은이	류창현
펴낸이	안종만 · 안상준
편 집	양수정
기획/마케팅	정연환
표지디자인	이소연
제 작	고철민 · 조영환
펴낸곳	(주) **박영사**
	서울특별시 금천구 가산디지털2로 53, 210호(가산동, 한라시그마밸리)
	등록 1959. 3. 11. 제300-1959-1호(倫)
전 화	02)733-6771
f a x	02)736-4818
e-mail	pys@pybook.co.kr
homepage	www.pybook.co.kr
ISBN	979-11-303-1574-4 93350

copyright©류창현, 2022, Printed in Korea

정 가   43,000원